지역학 GEOJE Studies

거제학

이 헌

도서출판 GS 인터비전

글머리

거제는 섬이다.

거제는 한반도 남단 동쪽에 자리한 큰 섬이다. 한반도는 유라시아 대륙 아시아권의 동아시아에 속하는 반도다. 백두대간을 따라 동쪽이 높고 서쪽이 낮은 경동지형을 이루고 있으며 반도의 삼면으로 동해·남해·서해가 있다. 북으로는 압록강과 두만강이 있어 중국과 접하고, 서해를 사이로 중국과 가깝다. 남해와 동해로는 섬 국가 일본이 있다. 물론 한반도 전역은 다시 북쪽으로 조선민주주의인민공화국이 있고 북위 38도를 기준으로 남쪽에는 대한민국이 있다. 이 한반도의 남쪽 끝자락, 백두대간에서 태백산맥의 줄기를 따라 흐르다가 지리산에서 그 이어짐을 멈추기 아쉬운, 바다 건너 하나의 정점을 만드니 거제도 가라산이다. 이렇듯 백두산에서 일어나 지리산으로, 그리고 뜨거운 맥을 뻗어 거제의 산으로, 물은 근원을 이어가고 나무의 땅은 넓어진다.

거제는 섬이다

한반도는 지형이 S자형으로 동서가 좁고 남북으로 긴 형태를 지닌다. 최북단은 함경북도 온성군 남양면 풍서리(북위 43° 0'39")고 최남단은 전라남도 해남군 송지면 송호리(북위 34° 17'21")로 직선거리는 1,013 km다. 이런 한반도 남쪽 끝자락, 남단 육지에서 400 m 떨어진 곳에 큰 섬이 있어 이를 **거제도**라 한다. 거제도는 거제의 본섬이며, 거제는 본섬을 제외하고도 73개의 섬으로 이뤄져 있다.

섬은 '서다'에 기원한다.

우리말은 용언이 명사 구실을 하도록 활용형을 만들 때, 용언의 어간에 '~ㅁ', '~음', '~기' 따위를 붙인다. '달림', '달리기', '먹음', '먹기', '봄', '보기' 등이 그러하다. 따라서 '서다'를 명사형으로 활용하면 '섬'과 '서기'가 가능하고, 섬이란 표현은 이렇게 만들어졌을 것이다.

섬이 '서다'에서 왔다면, 수평의 바다에 우뚝 솟아 독립적 공간을 만들고 있는 무엇인가를 본 사람들은 이를 '섬'이라고 부르며, 어느 바다 어디쯤엔가 그런 모양의 '섬'이 있다고 전했을 것이다.

섬은 물에 둘러싸인 땅이다. 따라서 섬에서의 삶은 독립적이고 때론 육지 삶에 융합하며 형성된다. 그렇기에 폐쇄적인 섬에는 **독창적**이면서도 **종합적 요소**가 다양하게 서려 있고, 섬 지역을 이해하려면 예를 들어, 거제의 과거에 대한 이해로부터 정체성을 발견하는 등은, 섬이라는 것으로부터 시작해야 한다. 물론 섬의 미래를 짐작하려 할 때도 섬의 존재적 개념에서 섬 특징을 이해하고 이를 사회적, 산업적, 문화적 등 종합적으로 접근하며 살펴야 한다.

섬에선 섬을 닮아 섬이 되어가고

섬의 해안선은 무척이나 복잡하다. 리아스식 해안인 탓이다. 거제의 본섬, 거제도는 이러한 복잡한 해안으로 그 둘레가 한반도 섬 중에서 가장 길다. 그만큼 역사와 문화도 복잡하게 얽혔음이다. 해안선 굽이마다 제각각의 재질로 형성된 해변과 그런 포구처럼 지형·지리에 맞춰 살아가야 하는 삶은 평탄할 수 없었다. 사방이 바다라서 동서남북의 낮은 곳을 찾아 흐르는 하천과, 그 하천을 중심으로 이뤄진 들녘과, 들판 끝자락의 젖은 갯벌은 섬에서 생겨나서 섬에서 살며, 동경과 희망과 기대와 이 모두를 꿈꾸었을 섬사람. 거제인의 삶은 다양하면서도 폐쇄적인 독특한 **섬의 문화**를 이루며 한반도 역사의 한 영역을 이루고 있다.

섬의 역사는 섬을 닮는다.

섬은 원하고 바라는 것만 수용하지 않았다. 파도에 밀려온 육지의 잔해를 받아들이고 바람에 밀려온 외부인도 수용했다. 바다라는 언어가 **'모든 것을 받아들이는'** 것으로 짐작하면, 섬으로의 유배와 귀양을 통해 사연 많은 사람이 이어지고, 한반도 중심에서 멀리 떨어져 전쟁을 피하여 안전을 추구하며, 갈등을 버리고 평등과 균형과 평화를 위한 새로운 터전, 섬, 거제였다. 새로움은 희망 잃은 이들에게 기대가 되고, 피하며 외면한 아픈 마음이 치유되는 섬. 섬에서의 삶은 섬을 닮아 늘 새로움을 지향한다. 새로움이 희망이라면 섬에 살며 평화를 추구하고 평등을 허락하며 균형과 나눔을 수용해야 하니, 섬사람은 진보적일 수밖에 없다.

홍수에 떠내려오고 태풍에 밀려온 잔해에서 새로운 동식물이 나타난다. 들어온 이방인으로부터 그들이 영위한 문화가 섬에 접목되어 새로워진다. 하지만 자연은 도태하기도 하고 섬에 부합하지 못한, 너무도 이질적인 문화는 배척된다. 그러니 오랜 세월을 통해 구축된 섬, 거제의 생태와 문화는 다양한 변천 과정을 통해 자신만의 종을 만들거나 독특한 문화로 구축되었다.

역사도 그러하다. 역사의 중심에서 살다가 쫓기고 도망하여 피신처가 된 섬. 그곳에선 그들만의 역사를 꿈꾸지만 여의치 못할 땐 고스란히 녹아서 섬의 일부가 되고, 거제의 역사와 문화는 이런 특징 속에서 늘 새로운 섬을 만들어 왔다. 그리고 한동안 단절되며 고유하게 진화하다가, 어느 결 섬만의 **독창성**을 지니고 자리 잡으니 이는 모두 섬이 지닌 역량으로 개선·발전시킨 것들이다.

섬은 다양성을 지니고 있다.

섬은 폐쇄적 공간에서도 다양성을 품고 있다. 육지와 달리 해양에서 뭍까지 생태계가 다양하다. 해양생명은 뭍으로 오르고 뭍의 생명체는 바다를 탐하니, 생명체의 이동이 분주하여 또 다른 생태계를 등장시키기도 한다. 이러한 생명체의 다양한 욕구는 생산적이고, 생산물은 **생명성**을 지속하기 위해 섬의 자연환경에 다시 적응한다. 섬마다 고유한 종들이 흔한 것은 이러한 이유 때문이다.

주변국의 어선은 늘 거제도를 찾았다. 그들 중에는 이상향을 찾는 이도 있었고, 풍랑에 수동적으로 밀려들기도 했으며 풍어를 따라 들어오기도 하였다. 이 과정에서 그들의 독특한 언어와 풍습과 기호는 섬의 문화와 접목되어 거제도 곳곳에 스며들어 인간문화의 **갈라파고스**가 되었다.

섬은 적당한 거리에 떨어져 있다. 격리되어 분리된 섬에는 미움받고 쫓겨 오는 이의 삶과, 쫓겨 간 이를 그리워하며 땅끝으로 찾아온 삶도 있다. 이들 모두는 바다를 경계로 서로를 동경하며 살아가니 섬은 그리움의 대상이 된다. 격리가 그리운 것이라면 이는 섬의 특징이 되어줄 것이다.

이와는 달리, **섬을 버리고 피신한 역사도 있다.** 섬이 본국과는 떨어지고 외국과는 가까운 사정으로, 거제도는 일본과 중국이 가깝고 동남아시아의 여러 국가와도 가깝다고 할 것이다. 1271년, 왜구의 지나친 노략질과 삼별초(1232년~1273년)의 항쟁 등은, 거제인을 지금의 거창군(**가조현**)[1]으로 강제 이주시켰다. 중앙의 정책에 따른 강압적 소개가 이뤄진 것이다. 이후 유랑자 거제인들이 한을 품고 갯마을로 완전히 돌아온 것은 166(1271~1436)[2]년이 지나서다. 그 사이 대대로 이어진 설움의 한은 거제만의 토박이

1) 아주, 가조, 수월, 용산, 죽림 등 동일한 지명이 다수 있음
2) 고려 원종12년~조선 세종18년(1422, 세종4년부터 복귀가 진행됨)

성향을 만들었으며, 결국 섬은 격리되면서도 복귀하는 터전이 되어주었다. 이 과정에서 맺힌 한은 거제인들에게 실존의식을 증폭시켜 '나'만은 버릴 수 없는 의식의 토대를 만들어주기도 하였다.[3)]

따스한 온난해양지대 **북위 35도**, 이곳은 사람이 야외에서 가장 오랫동안 활동할 수 있는 천혜의 여건을 제공한다. 사람이 살기에 좋고, 공정이 긴 산업을 가능하게 한다. 거제가 해양문화관광의 중심이 되는 것이나, 세계적 **조선소**(BIG 2)가 둘이 있는 것은 어쩌면 지당한 일이다. 산업의 경우, 조업할 수 있는 기간이 길다는 것은 긴 공정을 보다 단축하는 의미가 있고, 조선산업은 이러한 지리적 특징이 필요한 산업이다.

한편, 미래산업으로 예측할 수 있는 우주개척산업은 우주선을 전제한다. 우주선은 제작공정이 긴 거대한 철구조물이다. 이는 거제가 현재의 조선산업을 망각해선 안 될 이유가 되어준다. 거제에서 만들어지는 거대한 선박은 5대양을 오가는 이동하는 섬과 같다. 이 같은 초대형 선박이 잉태되고 그 탯줄을 두는 거제 그리고 하늘의 배인 우주선을 지향하는 거제도는 천혜의 땅이다. 하늘의 혜택을 받은 거제의 잠재성은 오늘도 늘 푸른 동백(시화)과 해송(시목)의 향기로 **불멸의 에너지**를 만들고 있다.

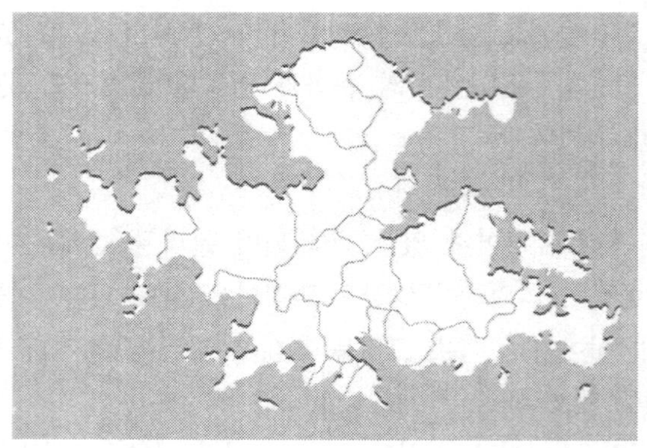

거제도와 거제(거제시)는 다른 정의다. 거제(거제시)는 본섬인 **거제도**와 **73개**의 부속섬을 아우르는 지명이다. 즉, **거제도**는 거제를 이루는 가장 큰 본섬에 해당하고, **거제**는 이와 더불어 73개 부속섬을 포함해 일컫는 명칭이다. 한편, 73개의 부속섬에는 10개의 유인도와 나머지 무인도가 있다. 그리고 섬과 섬 사이에는 많은 서(여)가 있다. 이렇게 많은 섬과 여로 구성된 거제는 오랫동안 **달빛 바다 윤슬에 문화가 되고, 하얗게 이는 파도에 역사가 되어왔다.**

3) 거제토박이들은 '내가~'를 '나가~'로 표현한다

거제학은 지역학이다. 지역학은 시대의 필수과제다. 지난 2021년, UNCTAD(유엔무역개발회의)는 개발도상국(그룹 A)에서 선진국(그룹 B, 32개국)으로 우리나라의 지위를 변경하였다. 기구 설립 이래 57년간의 첫 사례다. 이처럼 선진국에 진입한 우리는 보다 지역을 중심으로 발전방향을 수립하고, 각 지역의 특색에 맞는 준비를 통해 선진시민으로서 요구되는 자질을 함양하여 세계인의 모범적 리더가 되어야 한다. 따라서 지역분권적 환경에서 지역에 대한 이해가 새로운 학문으로 발전해야 할 것이다.

특히 거제는 조선산업의 재도약 기회와 천혜의 지역 환경을 통한 종합적 관광산업의 가치가 지역 주민은 물론 우리 국민과 세계인으로 확산하도록 문화와 선도적 의식을 발전시켜야 한다. 이를 위해 선진의 기초질서·윤리는 물론 시대가 요구하는 모든 의식적 가치관을 선행적이고 자발적으로 확립하여 혁신의 품격을 지녀야 할 것이다.

이 책은 지역학으로부터 시작한다. 지역학은 세상을 바라보며 스스로 위치를 발견하고, 가치를 찾아 세상에 도움 되려는 노력하는 자세다. 이를 지방학이라고 하지 않는 것은 모든 지역이 독자적으로 전역을 위한 가치를 지니고 있음에 있다. 지역과 지방은 다르지 않은가.

그동안 **거제학개론**을 통해 윤곽만 잡았던 초판, 이어 종교부문을 추가한 증보판 그리고 시시각각 변모하는 지역의 특성을 반영한 3판을 폈다. 하지만 한 권으로 많은 것을 담지 못하여 지역학 거제학을 다가가면서도 **개론**이라 하였다. 이런 개론의 과정을 거치며 절실한 시선으로 거제지역을 살펴 그동안 지역학이 보여준 윤곽을 존중하며 거제학을 시작했다.

책의 구성은 모두 **9장**이다. **제1장**은 지역학을 정의하고 학문적 관점에서 살폈다. 이 장을 중요시하는 것은 거제학이 지역학의 사례가 되고자 함이며, 거제지역에 대한 성실하면서도 상세한 분석을 위한 각오다. 이에 따라 학문으로서 거제를 발견하려 정의하고 목표를 정하여 이를 달성하려는 과정을 찾았다. 과정과 목표는 물리적 대상을 규정하게 하였고, 이들은 선후 없이 되돌며 반복되었다. 그러는 사이 특성을 통해 드러나는 거제의 특징들, 미래는 서서히 다가왔다. **제2장**에서는 섬이란 무엇인지로부터 시작한다. 섬이라는 낱말에 빠져 연구하며, 우리말이 지닌 가치를 찾고 섬의 정의와 대표적인 섬들을 살폈다. 섬이 품어야 하는 자연환경과의 동화와, 이 속에서 펼쳐진 역사와 문화와 예술로 접근하여, 각기 지닌 특색은 물론 남겨진 언어와 민속 등에서도 추적을 멈추지 않았다. 표해록과 유배문학에 남은 의미, 설화와 민요를 통해 전해지고 있는 종합적인 삶, 섬만의 고독하고 치열한 속담 등 일상에서 만날 수 있는 섬을 정리했다. 나아가 아직도 현실적 문제로 남겨진 교통과 복지를 기술하고 섬이 품고 있는 자원 등을 본격 분석하여 섬주민의 현실을 나타내 보였다.

제3장에서는 거제시의 일반현황과 기본현황을 분석하고, 시민이 선택한 상징과 거제 지역만의 주장들을 담았다. 이를 위해 대외적으로 대표하는 상징들을 기술하고, 시 행정 조직과 기능 및 의회 의정 구조를 정리했다. 나아가 안정과 발전을 위한 다양한 조직들을 살피며 산업단지와 산업현황, 상공활동 등은 물론 농업, 수산업의 형편도 분석하여 충실한 거제 삶을 짐작하도록 기술하였다. 그리고 교육과 치안, 안전을 위한 조직도 분석하여 그 현황과 대처하고 있는 상황을 살폈다. 이어 축제와 관광명소를 분류하여 거제의 주된 발전 방향에 대한 자구적 노력을 분석하였다.

제4장에서는 거제의 행정구역별 특성을 이해하기 위해 행정단위로 기술하며 9개 면과 9개 동의 역사와 현재를 담았다. **제5장**은 지역정서를 이해하기 위한 설화와 전설을 살피고, 이들과 함께 남겨진 문화재를 분석하여 역사적 가치는 물론 나아가야 할 방향을 탐구하였으며, 세계적 사례가 될 성곽의 다양성도 분석했다. 거제엔 모두 24개의 성이 있다. 이에는 우리의 필요에 의한 것이 있는 반면, 타국(일본)의 편익을 위해 설치된 4개(왜성)도 포함된다. 이는 거제역사의 단면이다.

제6장에는 거제의 자연을 이해하기 위해 종합적 기후를 살피고, 11대 명산으로 알려진 산과 주요한 의미를 지닌 봉들을 기술했다. 많은 산들의 바탕이 되고 거제를 섬으로 형성시킨 해안을 접근하여 포구와 해수욕장 구성을 분석하여 이들이 품고 있는 가치를 소개하였다. 14개 코스의 '섬앤섬길'과 13개 구간으로 이어진 '남파랑길' 그리고 독특한 해안경관을 보이는 구간들을 빠짐없이 기술하였다. 지형적 특성으로 구축된 교각과 터널과 새로이 개편된 전 구간의 도로를 포함시켰다.

육지에는 육지의 길이 있다. 길은 산에도 바다에도 있다. **제7장**에서는 지금까지 이어온 장들보다 더 상세히 섬지역을 이해하려 바닷길, 해도 또는 수도를 중심으로 해역의 특성을 기술하고, 이들 사이에 위치한 지역 및 인근 지자체의 도서 지역을 탐구하였다. 섬은 독자적이면서도 바다와 주변의 섬들로부터 이어져 있어 고독하지 않고, 서로가 서로를 도우며 존재·발전하기 때문이다. 이런 입장에서 나아가 종합적인 거제지역의 자연을 이해할 수 있도록 지질, 들판, 하천, 항만의 현황은 물론, 목본과 초본의 식물, 포유류에서 어류까지 동물의 서식 현황도 기술하였다.

제8장은 거제의 역사편으로, 섬의 역사 개관을 시작으로 선사시대부터 오늘에 이르기까지 한반도 정점의 역사들을 고스란히 담고 있는 거제. 특히 임진왜란과 정유재란 수군의 주된 활동 공간으로서 거제지역이 지닌 환희와 아픔과 고통의 현장을 기술하여 거제만의 의식과 역사적 유적을 소개하였다. 6·25 한국전쟁의 포로수용소를 잊지 않았으

며, 조선산업의 홍세와 위축도 탐구하였다. 거제지역이 이 나라를 위해 수행한 굵직한 사건들이다.

끝으로 **제9장**은 종교편이다. 섬은 위기에서 위험과 성취가 이뤄지는 곳이다. 이런 고단한 삶은 보다 사유적이고 신앙적이다. 섬지역에 남겨진 신앙적 삶을 살피며 삶을 이해하고 고등종교의 유입과 현재를 기술하였다.

그동안 **거제학개론**을 통해 지역학으로 접근하였다. 이제 이 책을 통해 개론에서 벗어나서 본격적인 지역학으로서의 체계를 수립하려 했다. 학문으로서의 거제지역을 분석하려 하였기에 모든 특성을 사례별로 기술해야 하지만, 학문의 무한함과 부족한 노력, 한정된 지면으로 충분하지 못한 게 사실이다. 앞으로도 지속적인 정리와 연구를 통해 이 책은 보완되어야 한다. 한 권에 담는 학문은 한계가 있고, 이를 알기에 늘 지고한 관심과 지순한 의식으로 또 새로운 시간으로 나아가는 지역을 고민할 것이다. 거제학을 마무리하며 부족한 것은 지혜였고 노력이었음을 다시 밝힌다. 하지만 누군가가 거제와 거제도를 이해하려 할 때 도움 되길 바란다.

거제엔 지역학을 위한 조직이나 기구가 없다. 이번을 기회로 관심이 시작되고 시민 모두가 지역에 대한 정확하고 타당한 이해의 계기가 되어준다면 모자람을 다행으로 여기리라. 지역학 거제학은 한순간 스쳐 가는 유행이 아니길 바라며…….

미래는 현실의 연장에 있고 현재는 과거로부터 이어져 오는 연속에 있다. 현실을 적절히 파악하면 과거의 삶을 유추하고 새로운 미래를 가늠할 수 있다. 지역학을 연구하며 중앙집권의 문제를 제기하되 지역주의나 지역이기만으로 나아가지 않는다면, 지역학은 광역적으로나 국가적으로, 범세계적으로도 의미가 있을 것이다.

우리나라의 지역학은 그 역사가 일천하다. 그러는 동안 중앙을 중심으로 발전한 양상은 오늘날 많은 문제를 보이며 지역소멸위기에 이르고 있다. 지역학의 대상이 지역의 개념에 따라 다양한 범주를 분석하여 보다 큰 개념으로 자리 잡을 수 있다면, 작은 지역에서부터 시작한 노력은 광역을 안정시키고 국가의 미래를 보장할 것이며, 전 우주적 가치를 위해, 전 인류와 존재를 위해 의미 있는 가치를 펼쳐 보이게 될 것이다.

차례

1장

왜, 거제학인가?

1-1 지역학

1-2 거제학

1-3 거제의 특징

1-4 거제의 미래

1-1 지역학

1-1-1 정의

지역학(Area Studies, Area Sciences)은 중앙학에 대응하는 개념이 아니다. 중앙이라는 정의는 중심이 되는 중요한 곳으로, 하나의 권역에서 그 중심적 국한된 세력이기에 넓은 의미에선 이 또한 지역일 뿐이다. 하지만 **지방학**이라고 하지 않는 것은 이 개념에 **중앙학**이 존재하는 것으로 진정한 의미의 지역학이 되지 못한다는 우려 때문이다.

따라서 **지역학**이란 일정한 지역의 지리나 역사, 문화, 산업, 사회상 등 종합적 관점에서 연구하는 학문이어야 한다. 간혹 지자체에서는 **지명학**[4]이라며 연구가 진행되기도 하지만 지자체의 연구가 아직도 분명한 방향을 잡지 못하는 현상일 뿐이다.

지역학은 적용하는 권역의 면적 단위에 따라 광의적 지역학과 협의적 지역학으로 구분할 수 있다. 광의적 지역학은 그 내부적으로 다양한 지역이 내재하는 경우로 광역단체, 국가, 대륙 또는 전 세계가 하나의 대상이 될 수 있으며, 협의적 지역학이란 광의적 지역학에 대응하는 것으로 광의적 지역학이 포함하는 단위 권역에 대한 학문적 접근이다.

광의적 지역학은 오래전 탐험가나 여행자, 선교사 등의 호기심으로 시작되었으며, 이를 통해 세계 각지에 대한 이해의 필요성이 대두되는 기회를 제공하였다. 이후 2차 세계대전을 통해 선진국들은 패권적 우월성을 확고히 하기 위해 체계적으로 타지역을 분석하였으며, 그들의 언어와 사회문화를 확산시키려 했다. 이러한 배경으로 선진국 중심의 의도에서 본격적으로 시작된 지역학은, 그 역으로 선진지역을 이해하려는 노력으로 이어졌다.

협의적 지역학은 한 국가 또는 특정 권역 내의 특정 지역을 대상으로 한다. 한 국가의 경우 수도권을 중심으로 행정, 정책, 산업 등의 결정권을 가지므로, 수도권은 점차 비대해지고 국가 발전을 주도하는 현상이 이어진다. 이런 과정이 심화되면 지방의 소멸은 가속화되고 지역별 균형은 사라진다. 이러한 현상은 이미 우리 사회에서 나타나고 있으며 지방은 물론 중앙의 권위와 기능 또한 불균형을 이루어 전체가 악순환에 빠져들고 있다. 한반도 전역이 균형 있는 발전을 도모하려는 것은 중앙과 지역의 조화를 이루려는 과정으로, 각 지역은 특색있는 발전을 하므로 우리의 삶을 다양하게 하여 미래로 나아가려는 통합적 노력 때문이다.

---

4) 지명학(地名學) : 지명을 어원적, 역사적 또는 지리학적으로 연구하여 분류하는 연구로, 그 지명의 언어가 쓰였던 기간, 역사, 인구분산과 같은 중요한 역사적 정보가 제공되며, 종교적 변화도 가늠할 수 있다

여러 측면에서 수도권을 중심으로 중앙집중 현상을 보이는 우리의 실정을 보면 지역의 소멸 위기는 매우 심각하다. 최근 경남 통영, 전남 여수와 나주, 강원 속초, 충북 충주시 나아가 경기도 포천과 동두천시가 **소멸위험지역**으로 분류되었다[5]. 소멸위험지역이 수도권 외곽으로 확산되고 있는 셈이다. 소멸위험지역은 **소멸위험지수**를 분석하여 판정하는데, 통계청 주민등록 연앙인구(해당 연도의 중앙일인 7월 1일 인구수로 출생률과 사망률) 자료와 월별 주민등록 인구통계 자료를 통해 기초 지자체를 대상으로 산출한다. 소멸위험지수 산출은 20~39세 여성 인구를 65세 이상 고령인구 수로 나눠 구하며, 소멸위험지수 값이 1.0 미만으로 하락하면 인구학적 쇠퇴 위험 단계에 진입했음을 의미한다. 소멸위험지수가 0.5에도 미치지 못하면 사라질 위험이 크다는 의미다. 소멸위험 기초 지자체(시군구 기준)수는 다음과 같다.

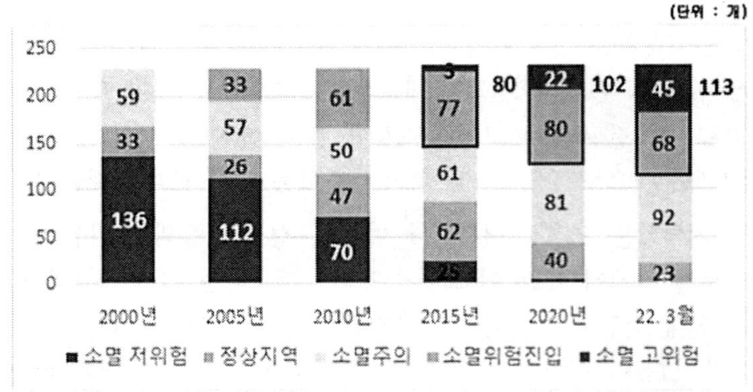

이를 보면 2022년 3월 기준 소멸위험지역은 113곳으로 전국 228개 시군구의 절반 수준(49.6%)이다. 2020년과 비교할 때 새로 소멸위험지역에 진입한 기초 지자체는 11곳이다. 이의 원인으로는 산업의 쇠퇴(통영, 논산의 조선업을 비롯한 제조업)와 학업을 위한 이동, 저출산, 고령화 및 일자리 감소현상 등을 야기하는 종합적 개발격차와 발전 기대성 격차로 분석된다. 특히 수도권 외곽(경기도 포천과 동두천시 등)이 사라질 가능성이 높은 원인은 비수도권 지역의 양질 일자리를 구성하는 지역 제조업이 쇠락하고, 일자리 상황이 악화하면서 청년인구의 유출현상이 심화되었기 때문이다.

지금 우리 사회는 지역 핵심도시를 중심으로 한 확장 시대가 끝나고 전체 인구가 감소하면서 중심으로 몰려드는 현상이 더욱 심화될 전망이다. 이런 현상으로 소멸 고위험지역에서 저위험지역으로, 저위험지역에서 수도권 핵심지역으로 인구 이동이 가속되고 있다.

---

5) 한국고용정보원, 2022.3.(2022. 4. 30. 동아일보)

이런 지역소멸에 대응하기 위해서는 지역 주도의 산업과 일자리 정책을 수립하고, 그에 맞는 맞춤형 인재 육성과 같은 고용체계를 구축하여야 하며, 각 지역은 그들이 지닌 특성을 활용하여 인구의 유입 또는 유출을 방지하는 정책을 마련해야 한다. 결국 중앙의 지원정책과 지역의 자구적 노력이 병행되어 안정된 미래가 보장되는 풍토를 만들어야 한다. 특히 지방자치권역에서는 지역별 격차가 외생적인 원인에 집중하기보다는 지역의 내재적·내생적 요소에서의 결정요인을 발견하여, 가치를 정립하고 개선하는 혁신적 노력으로 미래를 이어가는 기대를 발견해야 한다. 다만 지역학이 지역주의로 변질되어선 안 되며 지역갈등으로 나아가서도 안 된다. 지역학이 지역주의를 정당화한다면 이는 진정한 의미를 지닐 수 없다. 이는 지역학을 위해 지역의 정체성을 발견하려는 과정에서 매우 신중해야 할 사항이다.

지역학은 이기적 지역주의가 아니다

지역학은 기초자치단체나 광역자치단체 등 특정 지역의 정치, 경제, 사회, 문화, 역사, 자연, 지리 등 다양한 분야를 전문적으로 분석하고 통합적으로 이해하려는 학문이다. 따라서 해당 지역의 특수성과 보편성을 총체적으로 아우를 수 있는 융합적 사고를 위해 정치학, 경제학, 사회학, 문화인류학, 언어학, 문학, 법학, 역사학, 지리학, 자연생태학 등과 같은 다양한 분과학문의 학제적 교류를 바탕으로 융합학문적 자세가 필요하고, 이를 융·통합하는 체계를 갖춰야 한다.

광의적 지역학이 세계를 단위로 하는 경우, 일반적으로 국가 간의 외교에 대한 이해를 비롯하여 특정 국가의 문화, 역사, 지리, 경제, 사회, 자연 등에 관한 지식을 습득해야 하며, 이 경우 지역학은 **국제학**(international studies)이 된다. 이런 관점으로 우리의 지자체에 도입하려는 **협의적 지역학**(regional studies, area studies)은 지역마다의 특성을 연구하여 지역의 정체성을 파악하고 현상을 분석하여 새로운 발전의 가치를 창출하는 과정으로 전개되어야 한다. 이 경우, 서울학, 부산학, 경기학, 강원학, 세종학, 전북학, 전남학, 경남학 등 광역단체를 대상으로 하는 연구가 가능하고, 창원학, 공주학, 부천학, 목포학, 강릉학 등과 같이 기초자치단체를 연구 대상으로 할 수도 있다. 따라서 **거제학**은 국가적 단위를 중심으로 하기보다 거제지역에서의 노력을 중시하고 그런 관점에서 연구하고 정리한다.

왜, 지금 지역학인가?

미래는 현실의 연장에 있고 현재는 과거로부터 이어져 오는 연속성에 있다. 현실을 적절히 파악하면 과거의 삶을 유추하고 새로운 미래를 가늠할 수 있다. 지역학을 연구하며 중앙집권의 문제를 제거하여 지역주의나 지역이기만을 위한 발전으로 나아가는 경우가 아니라면, 지역학은 광역적으로나 국가적으로 나아가 범세계적으로도 의미가 있을 것이다.

우리나라의 지역학은 그 역사가 일천하다고 볼 수 있다. 그러는 동안 중앙을 중심으로 발전한 양상은 오늘날 많은 문제를 보이며 지역소멸위기에 이르고 있다. 지역학의 대상이 지역의 개념에 따라 다양한 범주를 분석하여 보다 큰 개념으로 자리 잡을 수 있다면, 작은 지역에서부터 시작한 노력은 광역을 안정시키고 국가의 미래를 보장할 것이며, 전 우주적 가치를 위해, 전 인류와 존재를 위해 의미 있는 가치를 지니게 될 것이다.

■ 지역학 특징

- 지역학은 여러 분야의 학문(이론, 기법, 논리 등)이 동원되고 응용하기 때문에 범용성의 특징을 지닌다.
- 방법론적 측면에서는 다양성을 가지고 있고, 시간·공간적 상황과 역사성이 강조되는 맥락성과, 가치판단을 위한 규범적 접근과 사실 확인을 위한 실증적 접근을 동시에 갖춰 규범성과 응용성이 활성화된 종합적인 학문이다.

■ 지역학 발전과정

- 지방자치제 부활이 논의되면서부터 지역에 대한 관심이 높아지고 관련한 지역학연구소가 생겨나 본격적인 연구가 시작된 초기 과정[6]
- 대학 부설연구소 등 학술단체를 통한 지역학연구소 설립 확대[7]
- 1997년~2000년대 초반까지 다양한 지역학연구소 설립·운영
- 지방자치단체 주도로 운영하는 지역학연구소 설립·운영[8]
- 각 시·도연구원의 지역학연구소(연구센터) 설립·운영[9]

6) 1963년 호남학연구원(전남대)
7) 1993년에 설립된 서울학연구소(서울시립대)
8) 1999년 설립·운영 충북학연구소
9) 2000년대 초반 이후, 제주학회, 대구경북학회, 대전세종지역학 연구센터 등

최근에는 기초 단위 자치단체 차원에서도 지역공간을 대상으로 하는 지역학에 대한 관심이 높아져 안동학, 청주화, 전주학, 안산학, 양주학, 광주학, 익산학 등이 생겨나고, 지역학에 대한 관심과 인식이 확산되며 활발한 논의가 이어지는 추세를 보이고 있다. 이들은 저마다 추구하는 가치나 방향에는 차이가 있으나 지역이 가진 특수성을 발굴하여 기록하고 지역정체성을 획득해 정립해나가려는 동일한 목표를 지니고 있다.

1-1-2 학문적 지역학

학문은 어떤 분야를 체계적으로 배워서 익히는 지식세계다. 이의 주체는 학자들로서, 학문은 그들의 연구 활동을 통해 구축된 결과를 축적해 놓은 지식체계며 경험적 결과물과 그 모든 과정을 포함한다. 학문은 지식체계로서의 학문과 활동으로서의 학문이라는 두 가지 관점에서 규정할 수 있다. 그러나 **지식체계**인 결과로서의 학문은 그 결과를 낳기까지의 과정, 즉 **활동**으로서의 학문과 불가분의 관계에 있다. 따라서 과정과 결과를 분리하기보다는 타당한 활동을 통해 결과를 도출한다는 이해가 필요하다.

각 분야의 학문에는 지금까지 그 분야 학자들이 발견하여 축적해 놓은 개념과 탐구방법이 있으며, 현재 학문을 하는 사람들은 그 개념과 탐구방법을 이용하여 각각 관련된 현상을 이해하는 활동을 하고 이를 보다 발전시켜간다. 그러나 협의적 지역학은 연구한 사례가 빈약하여 축적된 개념이나 탐구방법이 부족하다. 이런 현실에서 특정 지자체를 학문으로 접근하려는 것에는 새로운 의식과 진정한 관심과 그동안의 학문적 자세를 잊지 않아야 한다.

학문이란 문자적 의미로 보면 **'배우고 질문하는 과정'**이다. 그리고 과정은 진정한 앎에 접근하도록 하는 의심이 원천이다. 따라서 **의심**은 학문의 시작이요 전부라 할 수 있다. 현대적 의미로서의 **학문**은 'Science'나 'Wissenschaft'에 대한 번역이지만, 역사적으로는 **'학'**의 의미는 'learning'에 가깝다. 단순히 지식을 배우는 것이 **'학'**이고, 그 지식을 주체적으로 소화한 후, 자아의 지식체계를 구축하기 위하여 비판적 관점에서 의문과 반문(질문)을 하는 것이 **'문'**이다. 지역학 연구에서는 무엇보다 그 지역의 지리를 분석하고 연구하는 것으로부터 시작되어야 한다. 이를 통해 삶을 추정하며 익히고 질문을 하여 녹아있고 스며 있는 정체를 발견해야 한다.

그런데 지식을 배우는 사람은 다른 시간, 다른 장소, 다른 경험적 배경을 가지고 있다. 따라서 지식을 배울 때는 항상 자신의 입장에서 되짚어 보는 자세가 절대적으로 필요하다. 왜냐하면 어떤 지식이든 그 자체로서 완벽한 것은 없고 일정한 한계(경계)를 지니고 있어, 그 한계를 알아야 더 나은 단계로 발전시킬 수 있기 때문이다. 따라서 어떤 지식이든 항상 의문과 의심을 지니고 비판적으로 접근할 때 참된 지식이 될 수 있다. 그리고 이때 학문의 진정한 의미가 생겨난다.

지역학에서도 이러한 과정과 자세가 필요하다. 지역학을 위한 활동을 하는 동안 사회과학은 물론 산업공학과 인구동태 등 과학적 방법과 이를 통한 분석적 결과를 활용해야 하며, 지역 정책과 행정의 구조를 분석하여 역사적 관점인 시대환경과 그때마다의 결과를 잇는 구조를 파악해야 한다.

1-2 거제학

1-2-1 정의

지역학이 물리적으로 제한된 영역에 대하여 해당 지역 주민의 삶을 구체적으로 개선시키는 것에 관여한다고 할 때, 사람, 자연, 문화 등을 연구하여 주민과 지역문화 그리고 자연과의 실질적인 조화를 발견하는 방향으로 진행되어야 한다.

국가균형발전은 지역 간 발전의 기회균등을 촉진하고 지역의 자립적 발전역량을 증진하는 정책으로, 이를 통해 지역에 상관없이 국민 삶의 질을 향상하고 지속가능한 발전을 도모해 전국이 개성을 갖춰 골고루 잘 사는 사회를 구현하는 것이다. 이미 우리 정부는 국가균형발전의 목표에 관하여 다음과 같이 법제화하여 5개년계획을 수립했다.[10)]

- 지역혁신체계의 구축 및 활성화에 관한 사항
- 주민 생활기반 확충과 지역 발전역량 강화에 관한 사항
- 지역산업 육성 및 일자리 창출 등 지역경제 활성화에 관한 사항
- 지역의 교육여건 개선과 인재 양성에 관한 사항
- 지역의 과학기술 진흥에 관한 사항
- 국가균형발전 거점 육성과 교통·물류망 확충에 관한 사항
- 지역의 문화·관광 육성 및 환경 보전에 관한 사항
- 지역의 복지 및 보건의료 확충에 관한 사항
- 지역금융 활성화에 관한 사항

10) 국가균형발전특별법 제2조 및 제4조

- 성장촉진지역, 특수상황지역, 농산어촌 등의 개발촉진에 관한 사항 및 농산어촌과 도시 간 격차 완화에 관한 사항
- 공공기관 등의 지방이전 및 혁신도시 활성화에 관한 사항
- 국가혁신융복합단지의 지정 · 육성에 관한 사항
- 지역발전투자협약의 체결 등에 관한 사항
- 투자재원의 조달에 관한 사항
- 인구감소지역의 지정, 인구감소지역에 대한 시책추진 및 지원에 관한 사항
- 그 밖에 국가균형발전을 위하여 필요한 사항

이어 3대 전략과 9대 핵심과제 등의 지표를 선정하고 있다.

- 3대 가치

  분권 : 지역 주도의 분권형 균형발전 추진

  포용 : 국가균형발전체계의 발전적 복원

  혁신 : 지역 주도의 자립적 성장기반 마련

- 지원체계와 전략(지원체계)

  국가균형발전 프로젝트 추진

  균형발전총괄지표 개발 및 지역차등지원

  생활밀착형 SOC사업 확대

  지역발전투자협약(계획협약)본격 추진

  국가균형발전특별회계 개편

  지역혁신체계 구축

- 9대 핵심과제
  - 안정되고 품격 있는 삶을 위해 지역에 사람이 모일 수 있도록 교육, 문화, 보건, 복지 여건 개선

    ① 지역인재-일자리 선순환 교육체계

    ② 지역자산을 활용한 특색 있는 문화·관광 발굴

    ③ 기본적 삶의 질 보장을 위한 보건, 복지체계 구축

- 생기 도는 공간
  - ④ 매력있게 되살아나는 농산어촌
  - ⑤ 도시재생 뉴딜 및 중소도시 재도약
  - ⑥ 인구감소지역을 거주 강소지역

- 지역산업 활력으로 일자리가 생겨나는 지역혁신
  - ⑦ 혁신도시 지속
  - ⑧ 지역산업 혁신
  - ⑨ 지역 유휴자산의 경제적 자산화

이를 위해 지역은 지역적 조건과 특성을 고려하여 중앙과 지방자치단체 간 협력을 통하여 이루려는 노력을 지니고, 그 구현과 실현방식을 기존의 중앙에서 지방으로 일방적으로 추진하는 형태를 벗어나야 한다. 지역의 판단과 지역의 역량을 키우고 국토와 삶의 풍요를 지향하는 지역단위 네트워크를 중심으로 수행하여 그 효력을 발휘할 수 있도록 지역학을 발전시켜야 한다.

우리 사회는 **글로벌시대**에 즈음하여 지역문제를 화두로 삼고, 삶의 주체적 역량을 어떻게 각 지역이 실질적으로 배양할 것인가 하는 근본적 과제에 처해있다.

삶의 역량이란 문화적 삶을 일구어내는 주민주체의 지역 만들기와 깊은 관계가 있다. 이를 위하여 **지역대학**은 지역학을 필수적으로 다뤄야 할 것이다.

지역학은 지방학이 아니다

지역학은 지역에 관한 총체적이며 입체적인 그리고 세부적인 각 분야의 이해를 통해 **지역전문가**를 양성하고, 이를 기반으로 지역 활성화를 추구하여 지방이라는 한계를 극복하려는 학문으로 나아가야 한다. 따라서 지역학은 변방의 **지방학이 아닌 대등한 구성원으로서의 지역학문이 되어야 한다.**

거제학은 이런 측면에서 거제도와 그 부속섬이 학문 대상이다. 따라서 지역학이 특성상 개별학문으로의 가치를 충분히 지니듯이, 거제학은 거제의 정체성은 물론 지속가능한 지역발전을 위해 학문적 자세로 이어져야 할 필요가 있다.

지역학의 세부적 과제로는 지역 경제력을 위한 원동력(산업)의 발굴과, 환경 보존, 독립적 에너지 생산, 여성의 사회적 역할, 다른 도시와의 균형적 기능, 문화예술의 창달과 전통의 보존 등이다. 중앙 학문에서는 이러한 지역적 특성을 다루는 사례가 적어 각 지역에서의 지역학은 반드시 이뤄져야 한다.

섬 지역에서의 지역학인 거제학은 이러한 과정과 내용을 포함하여 섬으로서의 특징을 발견하고 접목하므로 독특한 가치와 정체성을 발견한 후, 섬으로의 가치는 물론 전역적인 역할을 찾아 지속적으로 살피는 노력의 결과물이다.

거제학은 거제의 본섬인 거제도를 중심으로 부속도서에 관한 전반적인 부문을 학문의 체계에 따라 다룬다. 철학과 과학적 학문으로 사회과학, 인문과학, 자연과학, 산업, 공학, 정신과학 및 미래과학에 이르는 범주를 지역 연구 대상으로 하고 종합적이고 실용적인 학문으로 전개한다.

거제학은 존재를 확인하고 미래를 향하는 지역학문이다

거제학은 지역학문이다.

지역학은 일정한 지역의 지리, 역사, 문화, 산업 등을 종합적으로 연구하는 학문으로, 글로벌시대에 따라 세계 여러 지역과 교류가 이루어지면서 이의 관심이 높아지고 있다. 하지만 아직은 지역학의 체계가 미흡하다. 거제학에선 이를 극복하여 독자적일지라도 지역학을 개척한다는 자세로 접근해야 한다. 이는 지역학이 학문의 체계를 수용하는 범위에 제한받는 것이 아니라, 그 대상 영역에 따른 구분이기 때문이다.

예를 들어, 거제학에서 사회과학의 도입은 섬 주민의 여러 현상을 과학적이고 체계적으로 연구하는 모든 경험과학을 포함하며, 거제지역의 사회현상을 연구의 대상으로 한다. 지역경제와 산업구조를 살피고, 지역 언어와 생활에서 발견되는 독특한 생활양식도 연구한다. 따라서 거제지역을 위한 사회과학 부문은 지역의 사회현상을 모두 포함하며, 지역에서 독특하거나 일상적인 특성의 일반화를 시도한다.

거제학의 인문학적 측면은 역사를 중심으로 시대적 문화와 예술은 물론, 신앙과 종교를 분석하고, 분석된 지향적 가치를 토대로 거제주민의 과거에서 현재까지를 조망하며 미래를 예측할 수 있도록 나아가야 한다. 이를 위해 지역 언어를 발굴하고 그 배경을 추론하여 지역민의 삶에 반영된 가치관과 의도를 찾고, 필요하다면 어원의 정의를 새로이 확립시키는 결정도 병행해야 할 것이다.

거제학에서의 자연과학은 자연현상을 통해 적응한 삶을 유추하며 이로 인해 확립된 삶의 형태와 그 속에서 구축된 속성을 찾는 과정이다. 이는 자연스럽게 인문학 부문의 특성을 보이며 정신현상, 생활과학, 생활환경에 이르고, 지역민의 가치관과 심리적 정체성을 발견하는 관점을 제공할 것이다.

이어 공학적인 측면은 산업이 주로 그 대상이다. 여기서 산업은 1차 산업, 2차 산업 그리고 3, 4차 산업이 당연히 포함되며, 거제지역만의 기술적이고 경험적인 분야를 정리하고, 이 정리를 통해 발굴한 새로운 기술과 체계가 있다면 학문으로 재정립할 필요가 있다.

나아가 위의 과정들에서 거제학은 문화와 예술을 만나게 될 것이며, 이는 다시 세분화가 필요한 경우, 다른 학문의 영역에서 다뤄질 충분성이 있도록 외연을 확대하고 그 가치를 구명하여야 하는데, 이는 문화와 예술이 곧 삶의 표현이기 때문이다.

인간의 사고 과정 중에는 인지라는 개념이 있다. 인지는 인식하여 알게 되는 과정이다. 따라서 거제학의 대상에서 인지되는 모든 것은 학문의 체계에서 검토하고, 모호한 분야는 새로운 영역으로 편성하여 접근시켜야 한다.

1-2-2 목표

원시시대 인류는 왜 생겨났으며, 왜 존재하게 되었을까? 두루미가 왜 나는지, 아이들은 왜 태어나며, 별들이 반짝이는 것은 왜일까?[11]

나 이외의 누군가 다른 사람 그리고 다른 동물과 식물들뿐만 아니라, 이들을 둘러싼 자연을 수용하는 삶은 개척적이다. 이 개척을 위해 열정적인 도전만을 필요로 하진 않는다. 왜냐하면 우리의 주변에 늘 존재하며 함께 하고 있기 때문이다. 이를 방관하지 않는 것이 중요하다. 하지만 객체로서는 늘 함께할지라도 그 개체는 항상 변하기 때문에 변화 속에서, 특수성 속에서 그리고 개별적인 것에서 공통성을 찾아 일반성을 발견하여 본질을 향하는 노력이 필요하다.

거제학은 존재를 확인하고 다음을 알아가는 과정이다.

이때 존재는 나만이 아니라 우리가 되고, 우리에서 모든 것으로 확산되며, 이 과정에서 비존재일 것 같은 영역을 배제해서는 안 된다. 학문의 존재에 대한 고민에서 배제될 것은 그 어떤 것도 없다. 하지만 **학문은 나로부터 시작하는 긴 여행이다.** 나에게서 타

11) 안톤 체홉

인으로, 타인에서 다른 존재로, 더 나아가 **비존재**로까지 접근하려는 시도는 학문의 과정에서 필수적이다. 모든 외부로부터의 독립적 존재인 나라는 자아는 그때서야 바람직하게 인지될 수 있다. 이는 생각하므로 존재하는 것이다.[12]

우리의 세계는 과거 어느 때보다 과학발전과 서로 간의 관계가 격변하며 새로운 질서와 중앙에 대한 전환기적 시기에 접어들었다. 이러한 변화에 대하여 단순한 지식과 이해 그리고 기존의 이론만으로는 객관성과 보편성을 지닌 분석이 어렵다. 현실을 보다 구체적으로 이해할 수 있는 새로운 분석의 틀을 구축하기 위해 현 상황에 대한 내재적이고 총합적인 분석이 필요하다.

지역학이 특정 지역의 현상을 내재적이고 총체적으로 분석할 수 있는 유용한 접근법이어야 하듯이, 거제학은 지역의 성립과 인간의 생업과 삶과 지역적 환경을 중시한다. 하지만 때로는 독자적인 분석의 시선으로 창의적인 기반을 확보하여 독자성을 극복하며 학문적 보편성을 확보하는 과정을 수용해야 한다.

거제학의 목표는 과거를 이해하고 현재를 검증하여 미래를 향하려는 것에 있다. 아울러 바람직한 거제학을 확립하기 위해서 먼저 정확한 **지역관**을 확립하는 것이 필요하다. 이 지역관은 **거제관**으로 거제의 특성을 유감없이 보여 줄 것이다.

이러한 과정의 목표는 다음과 같은 **기대효과**를 제공한다.

첫째, 정책활용에 대한 가능성과 타당성의 확보다. 이는 올바른 거제학을 수립한다면 시정을 펼치고, 시민을 지역에 대한 관심으로 향하게 할 것이다. 둘째, 경제적·사회적 기여다. 지역이 분석되고 성향이 드러나면 이에 적절한 경제구조와 사회적 입장을 수립함에 있어 매우 유용하다. 셋째 거제에 대한 학문적 연구결과를 확보함으로써 객관적인 시선으로 선진시민이 갖는 의식을 함양시킨다. 더불어 시정에서의 활용은 지리를 통해 장기적 도시계획을 수립하고 지구별 목적을 타당하게 수립할 수 있으며, 미래사회가 요구하는 환경을 적절하게 배치할 수 있다.

---

12) Cogito, ergo sum, 데카르트(Descartes)

거제학 기대효과

정책수립 타당성 확보
경제적·사회적 기여
선진 시민의식 함양
중장기 종합계획 작성 등

따라서 거제학은 **거제만이 추구하려는** 가치와 **방향을 설정하고, 거제가** 지닌 **특수성을 발굴하여** 지역**정체성을 획득한** 후 정립시켜야 한다.

거제학 목표

거제만의 특수성과 가치를 발견하여 정체성을 확립하고
국가와 세계를 위한 가치를 인식하며 실천하여
범우주적 존재가치를 찾아가는 미래를 향한다

우리의 마음에서 우러나오는 감정이나 사고에 대한 **인지**가 모여 정신현상을 정의하고, 나 이외의 다른 것을 인지한 후 타인과의 관계에서 오는 인지들을 모으면 **사회현상**이 정의된다. 자연을 인지하여 자연에서 일어나는 변화들을 정리하면 특정 지역에서의 자연현상도 정의할 수 있다. 이런 과정은 거제학에서 소홀할 이유가 없고, 이를 통해 거제의 정체성을 발견해야 한다.

하지만 모든 것은 변한다. 모든 것이 변한다는 것은 거제학에서도 적용된다. 거제학은 그동안의 변화를 추적하며 무언가의 명제를 찾으려 하지만, 그 또한 변화의 하나일 뿐일 것이다. 그렇기 때문에 변화의 구조를 엿보고 변화의 양상에서 적용될 수 있는 함수격의 명제를 발견한다면, 이는 **거제학이 추구하는 목표**가 될 것이다.

1-2-3 과정

학문의 과정은 거제학에서도 필요하다. 과정을 위한 내면적 부문은 인지에 대한 것이다. 이러한 인지를 확대하여 공론화시키고, 그 공감대 안에서 공통적인 **요소**를 찾는 **외**

연도 필요하다. 이를 위해선 조직적 구조가 요구되고 공론을 다룰 수 있는 물리적 구조가 필요하나 큰 장애는 되지 않으며, 잠재된 활동과 개별적 노력을 모으는 과정으로 극복할 수 있다.

개인의 인지에서 다수의 공통된 인지로 나아가는 과정은 학문에서 필수적인 것은 아닐지 모른다. 하지만 견해와 생각들은 다수에게서 보다 보편화될 것이며, 특수성에서 **일반화**를 추출하는 도구가 되어줄 것이다. 이러한 과정을 거친 명제가 유용하듯이 많은 관점에서의 인지에 대한 노력으로 지역에 대한 **지적 호기심**을 확산시켜야 한다.

지역의 체계적 **탐구과정**은 학문이 제공한 경험적 과정을 통해 진행되어야 하지만, 과정의 성립 배경을 이해하고 분류를 따라 전개한다면 기존의 지역학 한계에 대하여 자유로울 필요가 있다. 각 분야의 체계화된 학문들은 그들만의 고유한 절차와 방법이 있었다. 거제학의 절차와 방법은 각 분야의 것을 준용하되, 지역학의 대상이 규모적으로는 작으나 분야로서는 전반적인 것을 다뤄야 하기 때문에 학문적으로도 자유가 필요하다.

인간은 본능적으로 현재의 상황보다 나아지려는 **변화에 대한 욕구**가 있다. 이 욕구로 인해 파괴적인 과정이 생겨나기도 했었다. 하지만 주변을 둘러싼 환경의 변화와 개선, 질병이나 상해로부터의 보호와 치료, 고난으로부터 도피와 복귀 등은 모두 이 욕구의 소산물임을 알아 거제지역이 거쳐온 역사를 냉정하게 분석해야 한다. 나아가 지역의 물리적 한계나 중앙의 일방적 결정에 의해 또는 글로벌 역사적 흐름에 의해 수동적으로 나타난 현상도 적극적으로 분석하여 거제의 특성을 찾아내려 해야 한다. 거제학은 지역의 **정체성 발견**을 통해 거제의 **미래를 진단하고 전역의 미래**를 향해야 한다.

이러한 실천을 위해 거제는 거제학을 위한 도구를 구축하여 보다 객관적이고 폭넓은 영역을 지속적으로 연구하는 기틀을 마련해야 하며, 이를 통해 현시점의 한 순간 노력이 아니라 세대를 이어가고 깊이를 더해가는 과정을 확보시켜야 한다.

1-2-4 물리적 대상

거제학은 거제도를 중심으로 거제시에 관한 역사, 자연, 문화, 예술, 산업, 교육, 정치, 행정, 지리, 관광, 종교 등 모든 영역을 다룬다. 여기서 거제도는 거제의 본섬을 의미하며, **거제**는 본섬과 부속도서를 모두 포함하는 의미다.

거제에는 거제도와 73의 부속 섬이 있다. 부속도서 중 10개는 유인도며 63개는 무인도다. 그리고 섬이라 부르지 못하는 '서' 즉 '**여**'가 숱하게 많다. 여는 지역에서 부르는 서에 대한 지칭으로, 일반적인 섬이 아닌 매우 작은 면적의 것이다. 하지만 이런 구별도 모호할 때가 있다. 예를 들어, 해안에 승용차만한 크기의 바위를 둔다고 하면, 이는 새로운 '도'라고 볼 수 있을까? 아니면 '서'라고 불려야 할까? 인위적이라서 고민의 대상에서 제외하여야 할까?

섬의 정의는 쉽지만, 그 정의를 통해 파악하려는 것은 쉽지 않을 때가 있다. 이에 따라 거제학의 대상은 거제권으로 정의된 것만을 범위로 한정하고, 필요한 경우 해상과 지역에 영향을 미치는 해류의 범위까지 규정할 필요가 있다.

1-3 거제의 특징

거제도는 섬을 지칭한다. 이에 반해 **거제**는 물리적으로는 본섬인 거제도와 부속도서를 포함하며 나아가 물리적 공간에서 존재하거나 나타난 현상까지 포괄하는 개념적인 명칭이다. 즉 거제는 거제도와는 달리 개념적인 지명이자 추상적인 사회적 표현이다.

거제는 개념이며
거제도는 지리적이고
거제시는 행정적 통치권이다

거제의 **특성**은 섬이라는 속성에 의해 나타나는 특징들로 규합되지만 섬이라는 한계 속에서 진행된다. 이러한 특성을 형성하고 있는 것에는 섬만의 것이 있고, 육지에서 유입되어 섬에 정착된 것들도 있다.

최근엔 **연륙교**를 통해 육지화되고, 발전한 매체는 섬의 한계를 벗어나게 하고 있다. 결국 거제학은 거제의 모든 도서지역 **속성**을 통해 나타나는 **특성**들을 정리하여 **특징**짓는 과정으로부터 시작해야 한다. 하지만 특징이 속성과 특성을 포함한다고 볼 수만은 없다. 다만, 여기서 **특징**은 외형이나 성질 모두에 따른 것이며, **특성**은 성질에만 적용한 것이다. 이때 **속성**은 사물의 성질이나 징표를 의미한다.

즉, 거제학은 거제의 문화, 역사, 자연, 인구, 산업, 교육, 환경, 지리, 행정, 시정, 예술, 언어, 의식주, 종교, 사상 등의 **표징**을 통해, 학문의 절차인 과정과 그 과정을 통해 발견되는 결과에 관한 것이다. 그리고 이런 과정과 대상을 통해 거제는 여러 특성들이 정리된다. 다만, 이는 지속적으로 추구할 학문으로서의 과제다.

섬에서의 삶은 독립적이고 때론 육지 삶에 융합하며 형성된다. 그렇기에 폐쇄적인 섬에는 **독창적**이면서도 **종합적 요소**가 다양하게 서려 있다. 따라서 섬 지역을 이해하려면 예를 들어, 거제의 과거에 대한 이해로부터 정체성을 발견하는 과정 등은, 섬이라는 것으로부터 시작되어야 하며 미래를 짐작하려 할 때도 섬의 존재적 개념에서 비롯해야 한다. 한편, 섬의 미래는 어떨까?

거제는 섬이다

거제는 섬이다.

거제의 정체성은 이로부터 시작해야 하고, 이로서의 가치와 특성을 발견해야 한다. 거제섬의 **해안선**은 무척이나 복잡하여 이를 리아스식 해안(rias coast)이라고 한다. 거제도인 거제의 본섬은 리아스식 해안으로 그 둘레가 우리나라 섬 중에서 가장 길다. 더불어 거제는 본섬인 거제도 이외에 많은 부속도서로 이뤄진다. 이는 그만큼 역사와 문화도 복잡하게 얽혔음을 의미한다. 해안선 굽이굽이 마다 제각각의 재질로 형성된 해변과 그런 포구마다 지형·지리에 맞춰 살아가야 하는 삶은 평탄할 수 없었다. 또, 사방이 바다라서 동서남북의 낮은 곳을 찾아 흐르는 하천과, 그 하천을 중심으로 이뤄진 들판과 그 끝자락의 갯벌과 그리고 이들과 함께 섬에서 나서 섬에서 살며 꿈꾸었을 거제인의 삶은, 다양하면서도 폐쇄적인 독특한 섬의 문화를 이루었다(**폐쇄성**).

섬의 역사는 섬을 닮는다

섬의 역사는 섬을 닮는다.

섬은 원하고 바라는 것만 수용하지 않는다. 파도에 밀려온 육지의 잔해를 받아들이고 바람에 밀려온 외부인도 수용한다. 이와같이 유배와 귀양을 통해 사연 많은 사람이 이어졌고 전쟁과 피난으로 무수한 사람들이 들어왔다.

경남의 남해안은 예로부터 유배지로 인식되어, 하동군, 사천시, 고성군, 남해군, 창원시(마산), 김해시 등으로 많은 중앙관리들이 쫓겨왔다. 거제의 경우, 송시열을 비롯하여 김진규, 정황, 이행, 정서 등 500여 명으로 추정한다. 하지만 거제로 유배 온 유배객 수는 명확하지 않다. 이는 당시 주요 사건들과 관련된 인물이나 주동자들은 조선왕조실록이나 승정원일기 등에 기록되어 있지만, 연루된 자나 친인척들의 인물은 물론 경상감영, 각 진영, 지역 관청에서 보내온 형사 잡범도 포함되어 상세한 기록이 남아 있지 않기 때문이다.

이들은 지역에 남아 생활하며 나름의 한과 학문 그리고 풍습에 지대한 영향을 끼쳤고, 심지어 이를 흠모하여 서원을 건립하기도 하였다. 이 사례로는 거제면의 반곡서원이 있다. 그곳엔 우암 송시열과 동록 정혼성 등을 기리고 있다. 귀양 온 정서는 정과정곡을 지어 스스로를 달랬는데 지역에서의 연구결과 이곳에서 지은 것으로 확인하고 있다(부산 동래설 있음).

전국의 유배지는 333곳에 이른다. 경기도 37곳, 황해도 23곳, 강원도 26곳, 충청도 54곳, 전라도 56곳, 경상도 71곳, 평안도 42곳, 함경도 24곳 등이다. 이중 사건 단위로는 거제도가 전국 2위로 유배자수로는 전국 1위를 기록한다.[13] 세상의 변방인 거제로 유배 온 당사자들에겐 감당하기 힘든 고통이었을 것이다. 그러나 거제의 입장에선 당대 최고의 지식인들로부터 육지문화와 사상, 정신을 직접 배우거나 인식하는 계기가 되어 상대적으로 낙후된 거제의 학문과 문화를 발전시키는 촉매가 되었다. 거제도에는 고려시대부터 조선 말기까지 각종 죄인의 유배가 이어졌다.

유배와 같이 수동적으로 유입된 경우와는 달리 풍랑과 홍수로 밀려온 숱한 잔해들, 이들의 잔해에서 새로운 동식물이 나타나고, 들어온 이방인으로부터 그들이 영위한 문화가 섬에 접목되어 새로워진다. 하지만 자연은 도태하기도 하고, 섬에 부합하지 못하는 너무도 이질적인 문화는 배척되었다. 그러니 오랜 세월을 통해 섬, 거제의 생태와 문화는 다양한 변천 과정을 통해 자신만의 특종을 만들거나 독특한 문화를 구축하였을 것이다.

역사도 그러하다. 역사의 중심에서 살다가 쫓기고 도망하여 피신처가 된 섬, 그곳에선 그들만의 역사를 꿈꾸지만 여의치 못할 땐 고스란히 녹아서 섬의 일부가 된다. 거제도의 역사와 문화는 이런 특징 속에서 늘 새로운 섬이 되어왔다(**창의성**). 그리고 한동안 단절(**폐쇄성**)되며 고유하게 진화하다가, 어느 결 섬만의 **독창성**을 지니고 자리 잡으니 이는 모두 섬이 지닌 역량으로 개선·발전시킨 것들이다(**독자성**).

13) 거제도유배고전문학총서, 2014, 고영하

섬은 **다양성**을 지니고 있다.

섬은 육지와는 달리 해양에서 뭍까지 생태계가 다양하다. 해양생명은 뭍으로 오르고 뭍의 생명체는 바다를 탐하니, 생명체의 이동이 분주하여 또 다른 생태계를 등장시키기도 한다. 이러한 생명체의 다양한 욕구는 생산적이고, 생산물은 **생명성**을 지속하기 위해 섬의 자연환경에 다시 적응한다. 섬마다 고유한 종들이 흔한 것은 이러한 이유 때문이다.

섬은 폐쇄적이지만 다양하다

주변국의 어선은 늘 거제도를 찾았다. 그들 중에는 이상향을 찾아오는 이도 있었고(**도전성**), 풍랑에 수동적으로 밀려들기도 했으며 풍어를 따라 들어오기도 하였지만, 이들의 입도는 수동적이었다(**수동성**). 이 과정에서 그들이 지닌 독특한 언어와 풍습과 기호는 섬의 문화와 접목되어 거제도 곳곳에 스며들어 인간문화의 갈라파고스가 되었다.

섬은 적당한 거리에 떨어져 있다(**격리성**).

격리되어 분리된 섬에는 미움받고 쫓겨 오는 이의 삶과, 쫓겨 간 이를 그리워하며 땅끝으로 찾아온 삶도 있었다. 이들 모두는 바다를 경계로 서로를 동경하며 살아가니 섬은 그리움의 대상이 된다. 격리가 그리운 것이라면 이는 섬의 특징이 되어줄 것이다.

이와는 달리, 섬을 버리고 피신한 역사도 있다(**회피성**).

섬의 인구는 육지의 그것보다 급속히 감소하는 경향을 보인다. 이는 남서해안에 숱한 섬지역이 유인도에서 무인도화 되는 경향에서 잘 나타나고 있다. 섬은 생활하기에 불편한 사정이 너무도 많다. 물론 지금은 개선이 되는 측면도 많지만 섬을 벗어나려는 시도는 끊이질 않는다.

섬은 본국과는 떨어지고 외국과는 가까운 사정으로, 거제도는 일본과 중국이 가깝고 동남아시아의 여러 국가와도 가까이 있다. 하지만 적대적인 역사가 있어 가까우면서도 경계해야하는 격리된 처지다.

1271년, 왜구의 지나친 노략질과 삼별초(1232년~1273년)의 항쟁 등은, 거제인을 지금의 거창군(가조현)으로 강제 이주시키도록 하였다. 중앙의 정책에 따른 강압적 소개가 이뤄진 것이다. 이후 유랑자 거제인들이 한을 품고 갯마을로 완전히 돌아온 것은 166(1271~1436)년이 지나서다. 그 사이 대대로 이어진 설움의 한은 거제만의 토박이 성향을 만들었으며, 결국 섬은 격리되면서도 복귀하는 터전이 되어주었다(**복구성**). 이 과정에서 맺힌 한은 거제인들에게 실존의식을 증폭시켜 '나'만은 버릴 수 없다는 의식의 토대를 만들어 주기도 하였다.

거제에서는 어문법과는 달리 '나가 그것을 하겠다' 또는 '나가 경험한 것은~' 등과 같이 '나'를 중심으로 문장을 이어가는 어투가 남아 있다. 이러한 현상은 유랑인으로서의 처지에서 발현된 표현일 것이다. 그리고 이 발현은 스스로를 복구하려는 자존감의 발로였다.

천혜의 섬, 거제도

따스한 온난해양지대 **북위 35도**, 이곳은 사람이 야외에서 가장 오랫동안 활동할 수 있는 천혜의 여건을 제공한다. 이는 사람이 살기에 좋고, 공정이 긴 산업을 가능하게 한다. 거제가 해양문화관광의 중심이 되고 있는 것이나, 세계적 **조선소**(BIG 2)가 둘이 있는 것은 어쩌면 지당한 일이다. 산업의 경우, 조업할 수 있는 기간이 길다는 것은 긴 공정을 보다 단축하는 의미가 있고, 조선산업은 이러한 지리적 특징이 필요한 산업이다. 한편, 미래산업으로 예측할 수 있는 우주개척산업은 우주선을 전제한다. 우주선은 제작공정이 긴 거대한 철구조물이다. 이는 거제가 현재의 조선산업을 망각해선 안 될 이유가 되어준다.

거제에서 만들어지는 거대한 선박은 5대양을 오가는 이동하는 섬과 같다. 이 같은 초대형 선박이 잉태되고 그 탯줄을 두는 거제 그리고 하늘의 배인 우주선을 지향하는 거제도는 천혜의 땅인 것이다. 하늘의 혜택을 받은 거제의 잠재성은 오늘도 늘푸른 동백(시화)과 해송(시목)의 향기로 불멸의 에너지를 만들고 있다(**생산성**).

우리말 **섬**은 한자나 영어권이 지닌 분별이 없다. 섬은 한자어 '**도서**[14]'라는 두 음절로 각각 섬을 지칭하여, '**도**'가 사람이 활동할 수 있는 큰 섬이라면, '**서**'는 작아서 그렇지 못한 것을 일컫는다. '도'에는 사람이 살고, '서'에는 그저 독립적이지 못한 자연뿐이다. 거제에서는 '서'를 '**여**'라고도 한다. 한자인 서를 잘못 읽었을 것으로 추정된다. 하지만 기왕의 '여'라면 '여지'와 '여유'를 품고 있을지도 모른다. '도'로서 이름을 갖지 못한 '서(여)'가 거제엔 무수히 많다. 한편 영어권에서도 큰 섬을 아일랜드(island)라 하고 작은 섬을 아일랫(islet)으로 구분한다. 그러나 섬이라는 낱말에는 그런 구분이 없다. 이의 예로는 바다(해양 : 작은 바다 해, 큰 바다 양), 뫼(산봉 : 높은 산, 낮은 봉), 가람(하천 : 강 하, 내 천)[15] 등이다. 섬은 섬사람을 위해 만들어진 평등적 언어일 것에서,

---

14) 島(큰 섬 도), 嶼(작은 섬 여)
15) 海洋, 山峯, 河川

섬은 평등을 지향하고 있다(**평등성**).

근현대를 들어서며 거제도는 외부로부터 인식된 큰 사건의 현장이 되었다. 임진왜란과 정유재란, 6.25전쟁, IMF 외환위기와 같은 정치적이고 경제적인 측면에서다. 임진왜란의 최초 승리이자 최대의 승전을 알렸던 옥포대첩과 한산대첩 그리고 임진왜란의 3대 패배인 정유재란의 칠천량해전은 역사적 가치를 초월하여 지역민의 정서에 뿌리 깊게 정착해 있다. 또한 6.25전쟁에선 국민의 피난처로 포로들의 수용소로 기능하며 새로운 도전의 기회를 제공하고, 피어린 아픔을 회복시키는 계기를 제공하며 복구를 지원했다.

경제적 측면에서 우리의 IMF **외환위기**는 건국 이래 국민 삶에 지대한 영향을 끼쳤다. 그러나 거제의 조선소는 이 시기가 보기 드문 수주증가로 지역은 호황을 누렸을 뿐 아니라 생활고에 시달리던 많은 근로자의 희망을 품은 유입으로 시민이 26만 이상으로 증가하였다. 이 무렵 한국의 무역수지 흑자 중 대부분은 조선산업에서 이루어졌다. 이렇듯 거제는 지리적 가치로서 거대한 조선산업을 일으켰고, 아픔을 치유하고 회복시킨 역사를 가졌다.

지역에서는 이러한 역사를 통해 거제라는 낱말이 크게 구한다는 의미가 있어 우리의 역사에서 세 차례나 도움 되었다는 이야기를 잊지 않으며 하고 있다(**복구성**).

- **폐쇄성, 격리성, 격절성, 독자성, 회피성**
- **창의성, 다양성, 생산성**
- **도전성, 복구성**
- **평등성**

1-4 거제의 미래

미래는 오는 것이 아니라 만들어지는 것이다.

앞날이란 건 물리적 시간의 개념이지만 미래란 의미에서는 우리가 이끌고 갈 미지의 세계다. 이끌고 산다는 의미는 지금의 세계인이 이루려는 노력과 우리가 가꾸는 현실로 결정된다. 따라서 우리의 노력이 모든 세계적 관점에 있어야 하고 나아가 우리의 현상이 우주적 현상에 영향을 제공하고 있음을 인지해야 한다.

거제의 작은 마을에서부터 거제도를 넘어 경남과 한반도 그리고 전 세계를 인식하는 의식적 노력이 지구상의 거제의 미래인 것이다.

거제의 시선으로 세계를 본다

거제는 거제의 시선으로 세계를 바라보며 세계를 위해, 지구 삶을 위해 엄숙한 삶을 계획하고 세계와의 관계에서 존재적 가치를 발견해야 한다. 이것은 거제학이 추구하는 가치며 거제학이 내재한 철학이다.

하지만 미래는 미래사회를 대상으로 하기 때문에 현실에선 누구도 실증할 수 없다. 실증할 수 없다는 건 미래에 대한 불안감을 조성하고 특히, 급속히 발전하는 기술혁신과 환경변화, 예컨대 온난화, 온실가스, 부의 불균등 등은 현대인을 고통스럽게 하고 있다. 미래는 비관적으로 보면 인류의 멸망과 지구의 파괴로 이어진다. 하지만 그런 결과는 지금 우리의 몫임을 알 때, 행해야 할 태도가 있고 이를 지켜야 할 가치관으로 확립해 실천하려는 노력이 요구되는 단순한 일일지 모른다.

거제는 이와 같은 의식으로 미래의 가치를 존중하고 내재된 특징들을 살려 거제만의 기능으로 발전시켜 나갈 이유가 있다. 이렇게 본다면 거제의 미래는 거제의 현실에 있다. 그리고 세계인으로의 삶은, 미래적 삶은 현실적 거제인의 삶과 이어져 있다.

거제는 아홉 개의 면과 아홉 개의 동으로 구성된 중공업과 해양관광산업이 중심이다. 거제는 섬이지만 육지화되었고 KTX(Korea Train eXpress, 한국고속철도) 역사가 예정되어 있다. 또 가까이 접하고 있는 가덕도를 기반으로 하는 새로운 **허브공항**에 대한 계획도 있다. 이렇게 접근성이 개선되면 자연이 제공한 천혜의 기회를 통해 새로운 도시 위상이 만들어질 것이다.

거제의 자연을 살펴보면 그동안 낙후되었다는 생각을 지울 수 없지만, 이는 곧 보존이 철저했던 가치를 지니고 있어 시대가 요구하는 발전의 가능성은 충분하다. 치유와 회복을 요구하는 지금의 관심이 그러하다.

지역의 중심산업 중 하나는 조선업이다. 조선업은 세계경기에 매우 민감하지만 하나의 시장으로 연결되는 세계적 추세는 자유로운 무역환경이 필요하고 많은 물동량의 이동이 불가피하다. 이는 해운의 발전 가능성이 높다는 의미다. 따라서 친환경적 해운산업은 지속적인 발전으로 나아갈 것이다. 특히 조선업의 특징인 노동집약과 철용접의 산업기술은 미래의 우주시대를 앞두고 지켜야 할 산업이 되고 있다. 우주선은 물론 지구궤도에 건설될 우주정거장 그리고 다른 행성에의 기지건설은 조선업에서 이룬 기술력을 보다 발휘할 기회가 될 것이기 때문이다. 우주선이라는 용어에는 배라는 의미가 있다.

거제의 삶과 세계인으로의 삶 그리고 미래의 삶은 거제학이 이룰 궁극의 목표다. 거제학, 거제인은 미래를 위해 거제학을 어떻게 전개해야 할까?

비록 거제의 특징이 섬으로서의 폐쇄성과 격리성을 지녔어도 독자성으로 창의적 기능을 수행하고 있는 지금, 다양한 도전으로 친환경적 생산을 이룩해 간다면 지금까지 보여준 복구성을 펼치고 평등성을 추구하며 세계인으로서의 가치를 보여줄 수 있을 것이다.

■ 거제학의 자세와 미래

지역학 거제학을 위한 노력은 지역에서 부족하다. 연구기관의 부재와 행정 등 여론층에서의 인식 부족이 원인이다. 시 의회에서 잠시 관심을 보였지만 지속적 노력으로 이어지지 못했다. 이러한 구조적 취약성으로 지역에 대한 개발 우선과 조급한 도시계획 실현은 지역 갈등을 고조시키고 실질적 발전을 저해하는 현상으로 나타나고 있다. 이를 시민의 일각에선 지역의 미래가 보이지 않는다는 성토를 통해 나타내고 있다.

이는 지역의 미래와 전역적인 가치에 대한 논란을 증가시키게 된다. 따라서 지역학 연구기관이 시민·사회적으로 자생하거나, 자치단체의 정책 의지에 따라 마련되어 성실한 진행이 필요하다. 특히, 관련 연구기관이 설립된다면 이를 어떻게 지속할 것인지에 대한 의지가 구체적으로 마련되어야 한다.

다른 지역의 사례를 보면 거제학을 위해 나아가야 할 방향이 모색될 것이다. 다른 지역에서 나타난 문제점들은 먼저, 지역학 연구기관의 안정적 운영을 위한 제도기반이 취약하고 지속적인 예산 확보가 어려운 실정이다. 지역학은 오랜 시간의 연구 축적이 필요하고 중장기적으로 전개돼야 하지만 섣부른 기대충족만을 요구할 땐 위기가 올 것이다. 지역학의 여러 사업이 제도적 기반이 취약한 만큼 예산지원의 안정성을 확보하여 장기적 로드맵을 통해 발전해가야 한다.

이어, 담당 인력의 불충분과, 인력 공급이 불충분하여 안정되지 못하고 있다. 따라서 이런 현상이 없도록 지역학 연구 범위의 스펙트럼을 설정하고 이에 필요한 다양한 인력을 마련해야 한다. 물론 연령별 균형이 이뤄져 지역에 대한 경험자와 젊은 층의 참여로 늘 혁신적 기회가 제공되어야 할 것이다. 지역 출신 중에서 해당 식견을 갖춘 전공자의 참여를 필수적으로 고려해야 한다.

그리고 다른 지역학 관련 연구기관과의 유기적 연계를 도모하고 정부의 정책은 물론 세계적 동향을 분석하여 반영하는 기회를 유지해야 한다. 이는 지역학이 지닌 목표이며, 미래를 향한 활동 규범이다. 다만, 지역학 전문가들 간의 연계 채널은 물론 협력 시스템의 구축을 마련하여 지역학이 편협한 인식과 오해가 없도록 하되, 중앙적 사고가 섣불리 선진의 사례로 유입되는 것을 경계해야 한다.

기존의 향토사학자들의 자기만족식 연구도 문제가 된다. 시대는 변하고 세대는 나아가고 있다. 역사와 문화적 과거로부터 시작하는 지역학일지라도 그 방향은 현실에 있고 추구하는 바는 미래에 있다. 향토사학자들과 미래세대의 충합이 필요하다. 우주는 지구로부터 시작되고, 지구학은 세계학에서, 세계학은 아시아학, 한국학으로 비롯한다. 당연히 한국학의 구성은 지역학 연구가 기반이다. 지역학 활성화에 대한 지역민의 인식 전환 노력과 미래 가치 공유를 위해 합의할 수 있는 자세를 갖춰야 하는 것이다. 인류의 보편적 미래가치자원으로 지역의 정체성이 분석되고 지역공동체적 정신문화가 되살아나서 지역 토대와 정비 구축이 시도되면 이는 지역학이 제공하는 혜택으로 다가 올 것이다. 지금은 전역적으로 인구 감소와 고령화 현상이 심각한 수준이다. 지역학은 이러한 현상에 대하여 능동적으로 대처하는 구체적 가치로 작용한다. 이때 지역학은 처방이 아니라 체질의 개선 가치를 제공할 것이다.

2장

섬이란?

2-1 섬의 개념

2-2 섬 분포와 자연환경

2-3 섬 역사와 문화

2-4 섬 문학과 예술

2-5 섬주민의 생활

2-1 섬의 개념

2-1-1 정의

섬은 '**서다**'라는 말에 그 기원이 있을 것이다. 한자로는 이를 **도서**라하여 '큰 섬 **도**'와 '작은 섬 **서**'로 면적 등을 중심으로 구별한다. 이런 관점으로 보면 '**섬**'은 굳이 크고 작음을 구별하지 않으니 평등을 지향한 언어가 된다. 구분과 구별은 자칫 합리적이고 논리적이라고 할 것이다. 하지만 우리 민족이 오래전부터 **홍익인간**을 외치며 평등한 삶을 추구한 것으로 미루어볼 때, 합리성과 논리성을 극복한 결과, 도와 서를 **섬**이라는 한 단어로 통일시켰듯이, 처음부터 크고 작음을 구별치 않겠다는 염원이 서린 언어다. 이는 우리가 지켜가며 발전시킬 사상이다.

우리 언어는 이런 특징을 여러 낱말에서 보이고 있다. 예를 들면, **바다**를 지칭하는 한자어 **해양**은 '큰 바다 양'과 '작은 바다 해'의 합성으로 태평양, 대서양, 인도양 등과 같이 **양**의 쓰임이 있고, 남해, 동해, 지중해 등의 **해**의 쓰임이 있다.[16] **가람(강)**의 경우, 한자어 **하천**은 황하, 열하 등 **하**의 쓰임과 청계천, 산양천 등의 **천**의 쓰임으로 구별되어 사용하는 것을 알 수 있다.[17] 하지만 우리의 경우 모두 **강**인 것이다.

더불어 **뫼(메)**를 표현하는 **산봉**에서도 크고 높거나 산맥 전체는 **산**으로 나타내고 낮고 작거나 소속된 것을 **봉**이라 하는 한자어에 비해, 우리말은 모두 **뫼**가 되고 심지어 무덤과 봉곳하게 솟은 밥도 뫼라고 표현하므로, 평등은 우리 민족이 추구한 가치였다. 따라서 섬이라는 말이 평등성을 지니고 있다고 할 것이다.

이와같이 우리의 평등하고 차별하지 않으려는 의식을 곳곳에서 역력히 살필 수 있지 않을까? 우리에겐 민족의 사상 홍익이 전해오고 있지 않은가? 따라서 평등은 우리의 철학이며 자연에 대한 철저한 존중 의식의 결과다. 이는 섬, 거제에서 무엇보다도 우선해야 할 의식이어야 한다.

한편, **바다**는 외관상 수평의 세계다. 이때 수평의 수면에 갑자기 우뚝 솟은 땅은 새롭고 신비롭다. 섬은 그렇게 서 있다. 망망대해를 여행하다 발견하는 섬은 또 얼마나 행복과 안정과 설렘을 줄까.

다시 **섬**을 생각하자. 섬이 '**서다**'에서 기인했다면, 섬은 무언가를 향해 도약하려고 서 있는 위대한 존재로 인식할 수 있고, 제한된 공간의 암담함에서 기대와 희망이 제공되는 곳임을 짐작할 수 있다.

---

16) 해양(海洋)
17) 하천(河川)

우리나라는 한반도 일대를 통해 구축된 영토로 삼면이 바다를 접한다. 그중에서 남해와 서해에는 유난히 섬이 많다. 섬의 구분은 면적으로 가능하고 지리적 위치로도 분류할 수 있다. 그리고 사람이 거주하는 유무로 분류하기도 한다.

섬을 **면적**으로 분류하는 것은 영토적 관점과 사람의 유익을 중심으로 한 것이다. 또 다른 구별인 지리적 **위치**로의 분류도 통치권역을 중심으로 나타낸 결과며, 이 또한 사람의 유익을 따른 것이다.

이와는 달리 **생태계**와 그 보존상황, 특이한 **자연환경** 또는 **산업적 가치** 등에 따라서도 섬은 구별할 수 있다. 섬의 본질을 파악하기 위해서는 다양한 분류를 통해 분석할 필요가 있다.

한반도의 섬은 5,246개다
(북한 1,045 남한 4,201)

우리나라 섬은 모두 몇 개나 될까?

이에 대한 명확한 파악은 없는 형편이지만 대략 3,000여 개로 알려져 있다. 그렇다면 왜 정확한 섬의 개수조차 파악되고 있지 않을까? 이런 불명확은 그동안 우리들의 섬에 대한 관심과 다르지 않다. 섬은 떨어져 있고 작고 불편하며 열악하기만 하다는 인식이, 국토의 일부인 섬에 대한 생각이었을지도 모른다. 떨어져 있는 만큼 관심에서도 멀어진 결과다.

각종 국정 보고서에 따르면 남한의 섬은 3,358개 또는 4,201개로 나타나 있다. 이렇듯 섬의 개수를 저마다 달리 파악하므로 지금도 명확한 개수를 모른다고 봐야 한다.

이의 이유로 섬에 대한 정의의 불명확과 관심의 부족을 지적할 수 있지만, 예로부터 우리나라 섬의 개수는 도깨비도 모른다는 말이 있는 것을 보면, 섬의 개수를 엄격하게 제시하지 못하는 것은 정의와 해석의 차이 때문일 것이다. 뿐만 아니라 여태까지 섬이었던 지역이 **매립**으로 사라지고 **인공섬**을 만드는 지금, 섬의 개수를 항구적인 것으로 규정할 수는 없는 실정에 처해있다.

국토교통부가 공식 집계하여 발표한 섬의 총수는 3,358개다[18]. 이 중에 무인도는 2,876개로 전체 섬의 85.65%를 차지하고 있으며 그 나머지인 482개가 유인도다.

18) 2010년 1월

한편, **행정안전부**는 전국 지자체가 확보하고 있는 통계를 통해 집계한 개수를 4,201개로 발표했다. 이 중에 유인도는 482개, 무인도 3,719개로 조사되었다.

이들 자료는 현재 용도별로 공식적으로 사용되고 있다. 두 기관의 유인도 개수는 일치하나 무인도에서 나타난 차이는 정의와 사람의 유익성과 집계의 어려움에 따른 것이다.

오래전, 아이가 태어나도 한동안 호적에 올리지 않아 인구통계에 어려움이 있었듯이, 섬 개수의 경우 바위섬을 지적도에 올릴 것인가에 대한 판단은 매우 어려운 일이다. 따라서 자료를 통한 집계엔 한계가 발생한다.

섬은 사면이 물로 둘러싸인 작은 육지로,
유인도는 사람이 지속적으로 정착하며 경제활동을 해야 한다

섬의 정의는 무엇일까?

섬은 사면이 물로 둘러싸인 **작은 육지**다. 이는 섬을 다른 관점에서 보면 육지가 된다는 의미다. 우리나라 대부분의 섬은 바다로 둘러싸여 있고, 만조 시에도 해수면 위로 드러나며 형성되는 땅이다. 이 중에서 사람이 거주하는 경우는 **유인도**라 하고 그렇지 않은 걸 **무인도**라고 한다. **거주**는 사람이 **지속적으로 정착하여 경제활동을 하는 경우**를 의미한다. 따라서 **등대**를 관리하기 위한 등대원만이 거주하는 섬은 법률에 따라 무인도로 규정된다.

좀 더 구체적으로 살펴보면, **유인도**는 민간인이 생활근거를 두고 연중 계속적으로 생업을 영위하면서 거주하는 섬이다. 한편, 어업이나 농업을 목적으로 작업 기간에만 일시적으로 거주하거나, 전략상 군인이나 경찰만이 주둔하고 있는 도서는 비록 그곳에서 생활이 이어질지라도 유인도에서 제외한다.

군청이 소재하는 섬은 **군도**라 한다. 읍 또는 면사무소가 있는 도서는 **읍면도** 그리고 군도와 읍면도를 제외한 섬 즉, 행정기관이 없는 섬을 **낙도**[19]라고 부른다. 그러나 거제도와 같이 시청사를 지니고 있는 경우라도 굳이 **시도**라는 표현을 사용하지 않는다.

무인도에는 사람이 살지 않는다. 섬에는 갑자기 사람이 들어가 살기도 하고, 몇 가구가 살다가 지속적인 먹거리 확보나 소득 창출이 어려운 경우 또는 자녀교육, 의료문제 등으로 육지나 인근의 큰 섬으로 이동하기를 반복하는 사례가 잦다. 이런 경우는 유인

19) 낙도(落島)

도와 무인도의 **결정 경계**에 있는 것으로 섣불리 유·무인도로 규정하기가 어렵고, 이도 섬의 분류 등에서 명확한 통계가 잡히지 않는 이유가 된다.

한편, 섬의 정의 중에는 대양, 내해, 호소(소호 : 늪과 호수), 대하 등 수역에 둘러싸인 육지의 일부를 섬이라고 하여, 섬이 바다의 전유물이 아님을 밝히고 있다. 그리고 **오스트레일리아**(762만 7000 ㎢)와 같이 매우 큰 섬이나 그 이상의 큰 육지는 **대륙**이라 한다. **그린란드**(217만 5600 ㎢) 이하의 면적을 지닌 육지는 섬으로 정의한다.

섬은 지각운동에 의하여 해저의 일부가 융기하거나 해안산맥의 일부가 침수되어 형성되는 경우가 있고, 육지의 일부가 침강하여 그곳에 해수가 들어와서 형성된 것, 해저화산이 분출(화산도)하여 만들어진 것 또는 해안지역의 일부가 파도와 빙하의 침식을 받아 육지와 분리되어 형성되는 섬들도 있다.

바다에 있는 섬은 육도[20]와 양도[21]로 나누어진다. **육도**는 지질적으로 대륙과 같은 구성 물질로 되어 있으며, 육지의 일부가 대륙이나 또는 대륙에 가까운 큰 섬에서 분리되어 형성된 섬이다. **양도**는 육지와 관계없이 생성된 것으로서 화산섬과 산호섬이 여기에 속한다. 이에 따르면 **거제도는 육도**며 **제주도는 양도**가 된다.

섬은 국토의 일부다. 따라서 섬에도 **국유지**와 **사유지**가 있다. 무인도는 사유지가 국유지보다 많고, 이런 정황은 섬의 통계를 확정하는 데에 큰 걸림돌이 되고 있다. 지금까지 파악된 사유지는 61.24%(46.83 ㎢)며, 국유지는 전체 섬의 28.98%(22.16 ㎢), 공유지는 9.78%(7.48 ㎢)로 파악된다.

2-1-2 대표적인 섬

현재 파악되고 있는 섬을 본섬 기준 **면적별**로 분석하면 우리나라의 **5대 섬**은 제주도, 거제도, 진도, 강화도, 남해도 순이고, **인구 규모별** 5대 섬은 제주도, 거제도, 강화도, 남해도, 진도 순이다.

섬의 **해안선 길이** 기준 5대 섬은 거제도(본섬 386 km), 진도(306 km), 제주도(253 km), 남해도(205 km), 강화도(106.5 km) 순이다.

거제도는 해안선 길이로서는 국내 최장의 섬이다. 이는 리아스식 해안의 특징에 의한 것으로 포구와 해안의 절경이 발달하는 원인이다. 거제도의 최고점은 585 m(가라산)로 비교적 낮은 편이다.

---

20) 육도(陸島)

21) 양도(洋島)

한편, 거제도의 행정구역은 **9면 9동**으로 구성되어 205개 리와 178개 통 및 1,795개의 반을 지니고 있다. 시청은 고현동에 있다.[22)]

제주도는 행정구역상 제주특별자치도[23)]로 출범한 이래 제주시, 서귀포시의 2개 행정시와 7개 읍, 5개 면, 31개 행정동(62개 법정동), 172개 행정리(134개 법정리)로 개편되었으며, 특별자치도청은 제주시 연동에 있다.

영종용유도는 최근, 영종도와 용유도, 삼목도, 신불도, 실미도, 무의도, 소무의도 등의 섬과 연결한 매립에 의한 것으로 **인천국제공항** 등이 있는 신도시를 형성했다.

해안선은 일정 기간 가장 높은 해수면이다

해안선은 육지면과 해수면이 교차하는 선으로 **수선**(water line) 또는 **정선**[24)]이라고도 한다. 해수면은 조석, 파랑 등으로 끊임없이 오르내리므로 해안선의 위치는 일정하지 않다. 해수면의 고조시[25)] 해안선은 **고조해안선**, 저조시의 해안선은 **저조해안선**이라고 부른다. 그러나 대부분의 경우에 있어서 단순히 해안선이라고 할 때는 평균해면[26)]과 육지와의 경계선을 가리키지만, 국토의 육지부를 정의하는 경우에는 **고조해안선**을 따른다.

국립해양조사원에서의 해안선에 대한 정의는 '해수면이 **약최고고조면**(일정 기간 조석을 관측하여 분석한 가장 높은 해수면)에 이르렀을 때의 육지와 해수면과의 경계를 말한다'고 정의하고 있다.[27)]

남한 해안선 길이는 육지 해안선이 6,230 km고, 모든 섬의 해안선은 5,320 km다. 그러나 해안선 길이는 매립과 방파제 공사 등 해안시설이 수시로 늘어남에 따라 그 길이가 고정적이지 않다.

섬은 **만조** 때 사면이 바다 등 물로 둘러싸인 지역을 말하며, 현재 간척 또는 매립되었거나 방파제, 방조제, 교량 등으로 연륙된 도서와, 제주도의 본도는 섬에서 제외하는 경향으로 정책이 적용되고 있다. 그러나 원칙적으로는 이도 섬으로 분류한다.

---

22) 2018년 기준
23) 2006년 7월 1일
24) 정선(汀線)
25) 고조시(高潮時)
26) 평균해면(平均海面)
27) 공간정보의 구축 및 관리 등에 관한 법률 제6조

한편, 충청북도는 내륙으로 구성되어 바다를 접하고 있지 못하고, 강원도는 섬의 수도 적을 뿐만 아니라 유인도가 없다.

거제도와 **거제시**는 다른 개념이다
거제도는 거제시를 이루는 큰 섬인 본섬을 의미하고
거제시는 이 본 섬인 거제도와 73개의 부속섬을 아우른다

[우리나라 30대 섬]

(단위 : ㎢)

순위	도서명	소재지	면적
1	제주도	제주특별자치도	1,833.162
2	거제도	경상남도 거제시	379.233
3	진도	전라남도 진도군	374.981
4	강화도	인천광역시 강화군	305.750
5	남해도	경상남도 남해군	300.935
6	안면도	충청남도 태안군	113.460
7	영종용유도	인천광역시 중구	97.480
8	완도	전라남도 완도군	90.074
9	울릉도	경상북도 울릉군	72.861
10	돌산도	전라남도 여수시	70.307
11	거금도	전라남도 고흥군	64.765
12	지도	전라남도 신안군	54.703
13	창선도	경상남도 남해군	54.127
14	자은도	전라남도 신안군	52.193
15	백령도	인천광역시 옹진군	51.086
16	압해도	전라남도 신안군	49.232
17	안좌도	전라남도 신안군	48.923
18	교동도	인천광역시 강화군	47.141
19	비금도	전라남도 신안군	46.249
20	고금도	전라남도 완도군	45.558
21	도초도	전라남도 신안군	43.398
22	석모도	인천광역시 강화군	42.344
23	임자도	전라남도 신안군	40.049
24	암태도	전라남도 신안군	37.251
25	청산도	전라남도 완도군	32.963
26	보길도	전라남도 완도군	32.142
27	신의도	전라남도 신안군	31.668
28	신지도	전라남도 완도군	30.832
29	조약도	전란남도 완도군	28.701
30	금오도	전라남도 여수시	27.508

2-2 섬 분포와 자연환경

우리나라 **국토부**의 공식적인 섬의 개수는 3,358개(무인도 2,876개, 유인도 482개)[28]다. 그러나 방조제 공사, 연륙교 건설 및 인구이동 등으로 유인도의 수는 매년 감소하고 있는 형편이며, 정책적으로는 연륙교가 설치된 섬을 도서지방에서 제외하는 경향이다.

섬의 수에 따른 도별 순서는 전라남도, 경상남도, 충청남도, 경기도, 전라북도의 순이며, 군별로는 신안군(829개), 통영시(570개), 여수시(316개), 진도군(230개), 완도군(201개) 등으로 대부분의 섬은 전라남도에 속한다. 이로써 우리나라의 남해바다를 **다도해**라고 부른다.

섬과 육지와 **이격거리**에 따른 분포는 4 ㎞ 이내의 섬이 136개, 4 ㎞초과~12 ㎞이내의 섬은 92개, 12 ㎞초과~20 ㎞이내 75개, 20 ㎞초과~40 ㎞이내 91개, 40 ㎞초과~80 ㎞이내 48개, 80 ㎞ 초과는 30개 등으로, 도서지방의 발전 가치를 결정하는 요인이 되고 있어 특성에 따라 다양한 계획을 수립하고 있다.

제주도, 울릉도, 독도 등 화산섬을 제외한 나머지는 해수에 의한 침수작용으로 육지와 분리되어 섬이 되었다. 따라서 섬의 경사는 일반적으로 급하며 평지가 적고 척박한 환경을 지니고 있다. 그러나 발달한 침식작용으로 관광지로서의 가치가 높게 평가된다.

한편, 서해와 남해의 섬은 조류와 해류의 퇴적작용으로 **간석지**[29]가 넓게 발달해 있다. **서해의 섬**은 선캄브리아기[30]의 암석인 규암, 석영편마암, 편마암과 백악기 초기의 화강암류, 각력암[31], 석영반암 등의 지질로 구성되어 있으며, **남해 섬**들은 주로 선캄브리아기의 편마암류로 되어 있다. 특히, 추자군도[32]의 여러 섬들은 석영반암으로 형성되어 있으며 규장암 및 염기성 암맥이 곳곳에 있다. 제주도 남쪽 **마라도**는 현무암, **가파도**는 안산암이 분포하고 있다. **울릉도**는 이중화산으로서 열하분출[33]과 중심분출에 의하여 형성되었으며 **칼데라**(caldera)[34]를 가지고 있다. 구성은 현무암, 조면암, 안산암 등이다. 섬 중앙에 성인봉(983 m)이 있고 넓은 **나리분지**가 있다. 섬을 구성하는 암질에 따라 해안의 모래질이 결정된다.

---

28) 국토해양부, 2010
29) 간석지(tideland 干潟地) : 강을 따라 운반된 미립물질이 해안에 퇴적되어 생기는 개펄
30) 선캄브리아기(Precambrian age) : 고생대(캄브리아기)보다 오래된 시대의 총칭. 5억 9천만년 이전
31) 각력암(breccia 角礫岩) : 암석편이 퇴적될 때 모가 닳지 않고 그대로 퇴적된 암석
32) 추자군도(楸子群島) : 한반도 본토와 제주특별자치도 사이의 제주해협 상에 있는 42개의 섬
33) 열하분출(裂罅噴出 fissure eruption) : 용암이 열하를 따라 분출되는 상태. 지각은 많은 균열인 열하를 갖는데 대량의 현무암질 용암이 흘러나와 물처럼 흐르면서 넓게 퍼진다. 이와 같은 분출을 아이슬란드식 분출이라고도 하며 대규모로 반복되면 콜롬비아 대지나 데칸고원과 같은 거대한 용암대지가 형성된다.
34) 화구의 일종으로, 화산 폭발 후 빈 마그마 방으로 인해 화산 일부가 무너지면서 생긴 냄비 모양의 분지. 그 크기는 직경이 1 km 미만 것에서부터 최대 75 km까지 다양함. **백두산 천지연**도 이에 속함.

섬의 기후는 일반적으로 해양 영향에 의해 연중 기온변화가 적으며 강수량이 비교적 많다. 제주도의 연평균기온은 15℃, 남해안 지방은 13~14℃, 울릉도는 12℃ 정도다.

연강수량은 제주도 남동해안지역이 1,800 ㎜ 내외로서 전국 최대다우지며, 남해안지역은 1,500 ㎜, 울릉도는 1,400~1,500 ㎜의 강수량을 보이고 있는데 여름철의 강우량보다 겨울철 강설량이 더 많은 것이 특색이다.

주요 식생은 한반도 남·서 도서지방에는 난대림인 동백나무, 북가시나무[35], 가시나무, 녹나무, 참식나무[36], 감탕나무, 팽나무 등의 상록활엽수림이 자생한다. 제주도 한라산의 남쪽에는 난지식물이 많고, 울릉도는 비교적 북쪽에 치우쳐 있으나 해양성기후의 영향으로 상록활엽수가 분포한다. **난지식물**은 동백나무, 참식나무 등으로 해류를 통해 북상하여 황해도의 여러 섬까지 분포하고 있다.

2-3 섬 역사와 문화

내도(거제), 강화도, 제주도, 진도 등과 같은 섬에는 선사시대의 유적이 남아 있어, 오래전부터 인간이 거주하고 문화전파의 통로가 되어왔음을 알 수 있다.

섬은 역사상 해상활동의 근거지와 국방상 방어지역으로 중요한 역할을 담당해왔다. 신라 말, 당나라 해적들의 약탈이 심해지자 **장보고**는 흥덕왕3년(828)에 완도에 **청해진**을 설치하고 해적의 출몰을 제압하여 서해와 남해의 해상권을 장악하였으며, 당나라와 일본 간의 해상무역을 관장하는 큰 세력으로 성장하였다.

신라 말기와 고려 초에는 당나라의 해적과 여진의 침입으로 섬들은 어려운 지경에 처했다. 특히, 13~16세기에 걸친 왜구의 침입으로 거제도, 울릉도, 진도는 한때 **빈섬(공도)**이 되어 섬주민의 피해는 극심하였다. 그러나 섬은 국방상 중요한 역할을 하여, **강화도**는 고종19년(1232) 몽고군의 침입 때 약 39년간 항쟁하며 고려의 도읍이 되기도 하였다. **강화도**는 개경과 가까운 섬으로 천연의 요새가 되었으며, 육전에는 강하나 해전의 경험이 없는 몽고군을 맞기에 적절했다. 고려가 강화도로 천도한 뒤 **강화도의 도성**이란 의미로 **강도**라 불렀으며 오랫동안 몽고군과 대치하였다.

이 과정에서 **삼별초**는 강화도, 진도, 제주도, 남해도, 거제도를 중심으로 몽고군에 항

---

35) 상록활엽 교목으로 높이 20 m, 지름 60 ㎝ 정도며 수피는 녹회흑색이고 어린 가지에는 갈색 털이 밀생함
36) 상록교목으로 쌍떡잎 식물로 해변 모래밭에서 자라며, 높이 10 m 정도며 녹색 가지는 처음에 털이 있으나 없어짐

거하였으며 특히, 원종11년(1270)에는 진도에 **용장성**[37]을 쌓고 궁정(궁궐)을 조성하여 하나의 도성을 이루었다.

진도를 중심으로 항몽의식이 고무되었으며 남해안의 여러 섬과 연안 지역에서도 몽고에 대한 투쟁을 이어갔다. 이들 지역에는 지금도 당시의 유물과 유적의 흔적이 남아 있다. 뿐만 아니라 병자호란과 병인양요, 신미양요 등에서 **강화도**는 국방상 중요한 역할을 하였다.

한산도는 조선시대 임진왜란 당시 매우 중요한 역할을 하였다. 한산도는 주위에 도피할 곳이 없고 적이 궁지에 몰려 한산도에서 항거할 경우 굶주림을 피할 수 없는 곳이다. 이곳에서 이순신은 왜적을 크게 격파하여 **임진왜란 3대첩**의 하나를 이루었다.

섬은 **유배지**로 많이 이용되었다. 제주도의 김정희, 보길도의 윤선도, 강진의 정약용 등은 유배지에서 활동하며 섬 문화 발달에 기여해 **유배지 문화**를 형성시켰다. **거제도**에는 한국전쟁에서 발생한 공산포로를 수용한 **6·25 포로수용소**를 두었으며 아직도 그 잔해가 여러 곳에 남아 있다.

섬은 수난의 대상이기도 하였다. 고대와 근대에는 계속되는 왜구의 침입으로 **공도정책**[38]을 시행하는 대상지였으며, 현대에 들어서도 무장공비들의 출몰을 염려하여 마을을 폐쇄하기도 하였다. 그 한 예가 거제 남부면 **은방마을**이다.[39]

섬에 본격적으로 주민이 들어온 때는 임진왜란 이후부터다. 이와는 달리 울릉도의 경우, 조선 고종(1882년) 때 공도정책을 버리고 개척령을 공포하여 이주를 장려함으로써 본격적인 입도가 시작되었다.[40]

일반적으로 섬은 본토에서 먼 거리에 있기 때문에 교통이 불편하고, 평지가 적어서 농산물 생산도 부족하여 항상 기근에 시달린다. 또 최근까지 낙후된 어로장비 등으로 소득이 낮고, 교육, 문화 등의 혜택이 적어서 미개발 지역으로 남아 있는 경우가 많았다. 하지만 1970년대에 들어와서 섬을 **개발**하려는 움직임이 활발히 진행되었다.

도서개발은 전기가설, 무의촌 일소정책, 정기선 또는 명령항로 개통 등으로 이어졌으며, **도서개발촉진법**을 제정하여 본격적인 도서개발의 시대를 준비하였다.

그러나 아직도 섬의 고립성, 낙후성, 교육, 의료 등의 문제가 완전히 해소되지 않아 섬을 떠나려는 **이도현상**이 계속되고 있다. 특히, 젊은 층의 대도시를 향한 의욕은 이를 가속 시키고 있다.

---

37) 용장성(龍藏城)
38) 공도정책(空島政策) : 섬 거주민들을 본토로 이주시키는 정책
39) 1974년 정부에 의해 소개
40) 고종21년(1884)

이에, 현재의 섬은 그 자체로서의 가치와 주민들의 노력, 정부산업정책 및 지원 등에 의해 빠른 변화를 보이고 있으며, 거제도와 같이 이미 **도시경쟁력**을 충분히 갖춘 섬들도 나타나고 있다.

2-3-1 문화

인간 삶의 형태인 문화가 발생하려면 먼저 사람이 있어야 한다. 무인도라 하더라도 수산물이나 농산물 같은 자원이 풍부하거나 등대, 초소, 국방시설, 관광시설 등이 있을 경우 한때나마 섬의 문화가 발생할 수 있다.

하지만 **문화적 특성**이 정립되려면 일반적으로 **수 세대 이상**의 인간 삶의 역사가 있어야 한다. 섬의 문화적 특성 또한 섬과 섬사람이 특정되어야 하고 일정 기간 이상 유지되어야 한다는 전제가 필요하다.

섬은 유인도로 지속되는 곳이 있는가 하면, 이전에는 사람이 살았으나 현재는 살던 흔적만 남은 무인도가 있다. 이런 경우, 이전에 형성되었던 섬의 문화는 단절되고 사라진다. 또, 얼마 전에 입도하여 아직은 섬의 문화라고 정의하기 어려운 곳도 있다.

섬의 지리적 특성은 육지와 떨어진 외딴곳이다. 육지나 이웃 섬에 가기 위해서는 배와 같은 교통수단을 필수적으로 사용해야 한다. 하지만 이는 여러모로 불편하고 위험한 일이다. 따라서 섬에서의 생활은 고립을 피할 수 없어 섬이 만드는 자연환경에 부합하고 섬의 기후에 적응하여야 한다. 특히, 섬에서의 주된 생활은 어로 중심이므로 자연환경 중에서 기상과 일기는 매우 중요하다. 이러한 것은 섬의 생활이 현실적이고 실리적인 방식을 중심으로 이어져야 하며 생존을 더욱 적극적으로 받아들이도록 하고, 이 과정에서 그들의 생활방식은 섬만의 독자적인 문화특성을 만들게 한다.

섬 문화 중에는 중앙의 문화가 어떤 경로를 통해서 들어오면, 섬 사정에 맞도록 새로운 모습으로 변모시켜 정착시킨 특징을 찾을 수 있다. 따라서 섬 문화에서는 **폐쇄성**과 **독자성**이 두드러지게 나타나며, 더불어 **융합성**과 **통합성**을 보인다. 예전에는 바다로 인한 격리가 오늘날에 있어서는 심리적으로 더 크게 작용하므로 육지문화의 전파가 지연되고 섬 문화가 육지로 진출하기는 쉽지 않다. 이 같은 상황은 섬이 문화적으로 고립되어 나름의 순수성을 오래도록 유지할 수 있게 하였으며, 지금도 섬에서의 **굿**이나 **제사**에서 그 현상을 엿볼 수 있다.

섬은 인종적, 민속적으로 격리되고 타지와의 소통이 끊어지는 **격절성**[41]이 나타난다. 이 격절성은 외래문화가 접목되어도 자신들의 삶에 재편성하여 맞추도록 하지 원래의 것을 그대로를 수용하지 않게 한다. 이는 이질적인 문화를 여과 없이 수용하였을 때 지니게 될 부담을 줄이기 위한 것이다. 예를 들어 새로운 문화를 여과 없이 수용하였을 때 자연적 위기에 처하면, 기존의 문화를 버리고 새로운 것을 수용한 것에 대한 자연의 노여움이나 신을 부정한 탓이라고 여기게 되거나 아니면, 그러한 지적으로부터 자유로울 수 없다고 여기기 때문이다. 따라서 이런 인식은 스스로 개선해야만 했다.

섬의 격절성은 전통적인 습관과 풍습이 고스란히 남도록 하여 역사를 탐구하는 데 중요한 가치를 제공한다. 이러한 현상은 섬에 진입한 종교 활동(선교)의 과정에서도 발견된다. 섬에서의 선교는 매우 필요한 것이나, 기존의 토테미즘이나 샤머니즘을 융합하지 않고는 쉽지 않다. 거제 옥포교회 현관 앞에는 수백 년 된 당산목이 자리하고 있어 이들 간의 융합을 상징적으로 보여주고 있다.

또, 생물학적 **격절성**은 대륙이나 본토에서는 이미 절멸해 버린 종이 오랫동안 보존되기도 하고, 새로운 종이 발생하거나 변이들이 나타나게 한다. 이들은 섬에서 그 개체만의 독특한 습성을 지니게 하는 것으로 인종, 민족, 민속, 기타 생태계 등 여러 측면에서 그 사례를 확인할 수 있다.

오늘날 '**살아 있는 화석섬**'이라고 일컫는 태평양 에콰도르 영토인 **갈라파고스**[42]제도의 특이한 생물분포는 유명하다. 그리고 태평양의 미크로네시아, 폴리네시아, 멜라네시아의 여러 섬의 민족·문화 분포를 보면 격절성이 얼마나 심각한가를 이해할 수 있다.

미크로네시아는 **개벽신화**가 없고 세계는 원초부터 존재하였는데, 거기에 신이 출현하여 현존의 세계질서를 형성하였다고 하는 사상을 보인다. 세계를 천상계·지상계·지하계로 분할하는 우주관이 발달하였고, 곳에 따라 이 3계를 꿰뚫는 우주축 또는 세계나무의 표상을 볼 수 있다. 세계는 태고의 신이 이 세계나무를 오르는 과정에서 창조되었다고 믿는다. 그들의 신에 대한 관념은 체계적이어서 창조자인 영, 지하의 신, 하늘의 신과 그 아들이며 장난꾸러기 신인 문화영웅이 있다. 이러한 독특함은 격절성의 현상으로 볼 수 있다.

폴리네시아(Polynesia)의 경우, 추장은 대단한 권위를 지니고 대변인인 대판추장이 추장의 말을 전하는 위엄을 갖춘다. 부여된 권위는 여러 가지 금지령을 통해 행동을 제약한다. 이것을 **타부**(tabu/tapu)라 한다. 추장의 보이지 않는 마력이 발현하는 것이다. 이 또한 격절성의 현상으로 보인다.

---

41) 격절성(隔絶性)

42) 갈라파고스(Galapagos Islands) : 남아메리카 동태평양에 있는 에콰도르령 제도로서 살아 있는 자연사 박물관. 19개의 섬으로 구성. 아메리카 대륙으로부터 1,000 km 떨어져 있으며, 찰스 다윈의 진화론에 영향을 준 섬

우리의 경우도 제주도의 우주관이나 방언 등에서 격절성을 발견할 수 있다. 하지만 섬의 격절성은 현재와 같이 발전한 메스미디어와 사회통신망 등으로 서서히 섬 고유문화에 변화가 오고, 육지문화에 비하여 비효율적이고 낡은 것으로 치부되어 고유의 특색이 약해지고 있는 실정이다.

2-3-2 언어

언어의 특징은 **소통**하는 것으로 형성된다. 섬의 언어는 인구가 적은 관계로 잘 형성되지 않고 특히, 육지와 가까우면 왕래가 빈번하여 섬만의 특색 있는 언어가 형성되기 어렵다. 그러나 적절한 인구와 오랜 역사를 지니는 섬 즉, 제주도나 거제도 또는 낙도 등에서는 독특한 언어(**방언**)가 만들어져 독립된 형태를 보인다. 이 같은 현상은 문화에서도 유사하게 나타난다.

언어의 또 다른 특징은 **권위**에 의한 형성도 있다. 거제에서는 작은 섬을 **서**라고 하지 않고 **여**라고 하는 데, 이는 한자의 독음 실수에 따른 것으로 보인다. 이런 경우라면 권위가 소통에 참여하는 사람의 많고 적음에 의존한다고만 할 수 없으며(**사회적 경향**), 기존에 권위를 지니고 있는 이로부터의 오류도 수용될 수 있음을 의미한다(**권위자 오류**).

경기만, 태안반도, 다도해의 섬언어는 육지와 크게 차이가 없지만, 육지와 멀리 있고 규모가 큰 제주도는 독특한 언어현상이 생겨서 처음 접하는 경우 대화가 안 될 정도다. 이에 따라 제주도의 교육기관에서는 표준어 교육을 강조하여 육지로 나온 섬주민은 새로이 표준말을 익혀야 하는 노력을 어느 정도 해소시키고 있다. 이들의 경우 **고향말**(**지역어**)인 섬언어와 표준말을 모두 구사하면서 필요에 따라 적절한 어휘와 문장을 사용해야 한다.

예를 들어, 섬의 언어 중 특이한 사례로, 거제에서는 '무슨 일이든지 안 하고는 배기지 못하는 사람을 일컫는 말'로 **하고자비**가 있다. 이는 경상도 말 **하고재비**에 해당한다. 물론 거제는 경상도의 일부다. 하지만 경상도 내에서도 거제가 다른 표현을 보이는 것은 섬의 특징에 따른 결과로 보아야 한다. 거제에서는 **고기잡이**(**고기자비**)란 표현을 하루에도 수없이 사용한다. 따라서 '**~자비**'라는 건 익숙하게 입에 붙은 방식이고, 이에 따라 **하고재비**가 **하고자비**로 나타난 것이다.

또, 진도에서는 아들이 여럿일 때 큰놈(장남), 간뎃놈(차남), 시바(삼남), 니바(사남), 오바, 육바, 칠바 등 '**바**' 자를 넣는 경향이 있다. 이는 출산할 때 먹을 복을 많이 받도록 하는 습속으로, 솥뚜껑에다 아이를 받는 경우의 풍습에 기인한 것으로 보인다. 이

현상은 확장되어 그 아이 이름을 '**소드랑바**'라고 부르며, 장사하는 남자는 '**장씨바**', 귀머거리 남자는 '**먹바**'라 한다. 이는 매우 독특한 언어현상이다. 이러한 현상은 시급한 상황에서 구별해 부르기 좋은 방식으로 긴박하게 살아야 하는 섬사람들의 생활상을 반영한 결과일 것이다.

더불어, 섬의 지명은 매우 흥미롭다. 섬마다 불리는 지명은 섬의 풍속, 역사, 방언 등의 체계를 고찰하는 데 중요하다.

섬의 주된 소득과 생활이 어류를 잡고 해초를 채취하는 중심이다. 육지에서는 생소한 물고기가 많고 이러한 생선을 지칭하는 언어나 생선 부위를 나타내는 명칭 그리고 포획용 도구, 고기잡이 행동, 선박에 관한 용어 및 날씨에 관한 말 등은 매우 발달하였으며 그 수가 다양하다.

예를 들어, 섬에서는 '**섬을 산다**'는 말이 있다. 이 말은 섬 전체를 소유하기 위해 사들이는 것을 의미하는 것이 아니라, 무인도를 각 어촌이 공동으로 관리하며 어로 채취를 하려고 입찰을 통하여 임대하여 개인이 잠시 소유하는 것을 의미한다. 즉, 무인도를 한 해만 빌려 미역 같은 해산물(톳, 김, 앵초, 천초, 뱅포, 파래 등)을 채취한다는 의미다.

또, **물때**를 나타내는 말로는 다음과 같은 것이 있지만, 육지생활인들은 어렵게 여긴다. 이도 지역마다 조금씩 발음을 달리하거나 전혀 다른 언어가 사용되기도 한다.

- **밀물** : 바닷물이 육지 쪽으로 들어오는 것
- **썰물** : 바닷물이 빠져나가는 것
- **만조** : 밀물로 바닷물의 높이가 가장 높아진 때
- **간조** : 썰물로 바닷물의 높이가 가장 낮아진 때
- **조차** : 만조와 간조의 높이 차(간만의 차)
- **사리** : 만조·간조 수위차가 높고 조류흐름이 가장 빠른 시기(음력 15, 30)
- **백중사리** : 1년 중 밀물 수위가 가장 높고. 달이 지구와 가장 가까움 (음력 7월 중순경)
- **조금** : 만조·간조 수위차가 작고 조류 흐름도 가장 약한 시기(음력 8, 23)
- **무시** : 조금 다음날로 조금 물때와 비슷한 수위와 조류 속도가 약한 시기 (남부지역에선 잘 사용하지 않음)
- **조석** : 밀물과 썰물에 의해 바닷물의 높이가 주기적으로 오르내리는 현상. (달, 태양 등의 인력에 의함)
- **조석표** : 물때표. 일별 만조 및 간조 시간표
- **소조기** : 조금이 가까워지는 시기로 조차가 가장 적을 때
- **대조기** : 사리와 가까워지는 시기로 조차가 가장 클 때

섬의 언어 중, 소금 생산과 관련된 것을 보면 매우 흥미롭다. 소금은 일반적으로 **화염**과 **천일염**이 있다. 천일염은 자연의 상태에서 햇빛으로만 만든 것이고, 화염(정제염)은 불을 이용하여 굽거나 끓여 만든 소금이다. 화염제조에 관한 시설과 도구로는 **벗**(화염을 만들 수 있는 곳), **벌**(소금을 만들 주재료, 뻘흙), **섯등**(말린 벌을 쌓고 갯물을 자주 부어서 염기가 높은 염수를 만드는 시설, 석구단), **덕**(가마솥이 사용 중에 밑으로 주저앉지 않도록 소나무를 박아서 설치), **써끄뎅이**(배수로), **오리담**(바닷물이 괼 수 있도록 파 놓은 웅덩이), **써우레**(써레), **개비**와 **미래**(가마에서 소금을 모으는 도구), **송쿠리**(소쿠리) 등이 있는데, 이들은 모두 독특한 섬만의 언어인 셈이다.

거제도에는 대화를 하는 중에는 **"나가 그랬다"** 등과 같이 스스로를 나타내는 1인칭으로 '내가'라 하지 않고 **'나가~'**라고 하는 경향이 있다. 이는 다른 지역에서 통상적으로 표현하는 것과 사뭇 다르다. 거제는 경남의 위치적 입장에서 서부에 해당한다. 그러므로 진주권 언어에 해당할 것이지만, 여러 측면에서 독특한 방언을 사용하고 있다.

이같이 섬의 언어는 필수적인 것에 대하여는 상세하게 구별하여 정의하고, 삶에 큰 영향을 미치지 않는 것들은 간략히 하는 경향이 있다. 다만 섬에서의 필수적 영역은 육지의 그것과 사뭇 다르다. 그렇기 때문에 섬의 발전된 언어는 낯설고 이질적으로 여겨지며 섬언어의 특색이 되어준다.

하지만 오늘날 섬언어는 그 특색을 잃어가고 있다. 거제도, 강화도, 진도, 계화도 등과 같은 지역은 교각이 설치되어 연륙화 되었다. 또, 간척사업으로 섬이 육지에 포함되는 현상도 나타났다. 이런 현상은 섬에서의 생활 형태를 바꾸고 섬에서만 발생하던 상황을 소멸시켜 섬언어가 지닌 특징을 사라지게 한다.

뿐만 아니라, 개방된 교육과 표준어의 보급 및 확산은 물론, 육지로 출입하는 섬사람과 섬을 방문하거나 정착한 외지인과의 혼합이 심화하면서 섬언어의 보편화 현상은 가속되고 있다. 앞에서의 '나가~'라는 표현의 경우, 이미 섬의 젊은 층에서는 사라지고 있다.

섬에는 과거에 귀양 와서 대를 이어 토박이가 된 경우가 많다. 이 경우라면 고관 대대로 이어진 긍지 높은 가문의 언어와 풍습이 섬에 전파되어 섬의 언어와 문화에 영향을 끼쳤을 것이다. 이런 과정은 큰 섬의 경우, 지역적으로 다른 특징들이 나타나는 것에서 확인할 수 있다. 거제의 경우, 동남부와 서북부의 습관적 언어에는 다소 차이가 나타난다.

2-3-3 민속과 미래

섬의 민속에는 어려운 환경에서 살아가는 생존과 생활방식에 깃든 그들만의 멋이 녹아있다.

섬은 지리적 환경에 의한 자연현상이 다양하게 펼쳐져 바람이 강한 곳이 있는가 하면 눈과 지진으로부터 자유롭지 못한 곳도 있다. 섬의 주산업인 어로 생활은 대부분의 1차 산업이 그러하듯이 자연환경에 매우 밀착된 산업이다. 따라서 자연현상에 대한 풍습이나 풍속은 육지의 그것에 비하여 강력한 실천행동의 구조를 지닌다. 이 실천행동은 행위를 보다 체계적으로 발전시키게 하고 지속적으로 진행하게 하여 섬의 **민속문화**로 정착되었다.

특히, 섬의 자연환경은 인위적으로 극복하는 것에 한계가 있다. 이 한계를 풀어가기 위한 행동은 섬의 문화로 남았다. 지역별로 정착된 섬의 민속문화에는 아직도 과거의 모습을 지닌 채 계승되고 있는 것이 많으며, 대부분 거친 자연환경을 무엇인가에 의존하여서라도 극복하려는 독특한 애환을 담고 있어 그 가치가 높다. 대부분의 섬문화는 극복의 문화다.

섬의 문화는 극복의 문화다

섬의 민속 중에는 물속과 갯벌로부터 수확하는 해산물, 고기잡이, 그물질과 나아가 해변에서 다음 출어를 위한 그물 손질의 고달픔을 이겨내려는 어업 노래가 곁들어 진게 많다.

자연과 처절하게 싸워야 하는 어업노동과 그 과정에서 발생할 수도 있는 절체절명의 생명위기 순간 등은 자연현상을 존중의 대상으로 여기게 하였으며, 어느 순간부터 **숭배의 대상**으로 전환하게 하였다. 바다의 요사스러운 돌변은 지금도 그 예보가 적중하기 어려운 것과 같이, 그저 경이로운 대상에 대하여 숭배하고 받드는 대상으로 삼아 대접하는 게 편리했다.

이런 현상은 곳곳에 **당**과 **신앙터**를 마련하고, 풍물 **굿**과 기원의 **노래**들을 만들었다. 이들 모두는 섬의 민속문화적 증거로 남아 있다. 여기에는 하나같이 서려 있는 울부짖는 몸부림과 절규하는 감정의 노래가 있고, 그것은 섬 생활의 도피와 이상향을 동경하는 심정을 대신하고 있음을 확인시켜준다.

이런 관점에서 보면, 섬의 민속문화는 모두 **미래적 가치**를 지닌다고 볼 수 있다. 자신의 삶의 영역을 지키기 위한 다양한 노력, 승배와 협력 및 배려가 그것이다. 자연에 도전하지만 때로는 순응하는 자세에서는 **저항민속**과 **순응민속**이 나타난다. **저항민속**은 삶을 억압하는 세력에 대한 대항의 가치를 만들었고, **순응민속**은 자연과 같이 거부할 수 없는 현실을 수용하는 자세를 지니게 했다. 왜구의 침입이나 몽고군의 침략에서 나타난 섬주민의 행동과, 일제 강점기의 거제도와 완도 등지에서 일어난 항일민족해방운동은 저항의 하나였다.

섬의 민속문화에는 신명과 난장의 재미가 있고 자연 생태에 적응하려는 높은 의지와, 자유와 평등을 지향하는 정신이 있다. 더불어 지역과 성별의 경계를 넘어서는 교류와 화합의 정신과 고락을 함께 나누는 공존의 정신 등은 섬 민속문화에 기본적으로 내재하는 것들이다. 이런 문화적 자산이야말로 섬 민속문화의 가치며, 이 가치를 통해 미래사회의 발전상을 짐작할 수 있어, 섬 문화의 분석은 그 가치가 높다고 할 것이다.[43]

자연환경과 사회환경에 적응하면서도 대응하는 섬사람들의 **불굴의 신념**은, 삶을 이어가는 동안 민속문화에 담기는 중요한 요소가 되었다. 섬의 민속문화에는 민주적이고 공생적인 공간에서 펼쳐지는 생각과 행동이 의식으로 승화되어 스미었다.

이 현상의 예들은 거제도의 산지마을과 완도군의 땔감나무 분배의 사례에 나타난다. 섬에서는 자원을 고르게 분배하지 못하면 생존이 어렵다. 식량, 연료용 나무의 공정한 분배는 매우 중요하다. 이에 따라 분배의 풍습이 정착된다. 이곳에서는 주민들이 산을 공동으로 분할해 땔감나무를 채취하고, 산주에게는 산을 관리해주는 것으로 대가를 지불한다. 이는 산주가 산림을 독점하면 주민들의 연료문제가 심각해지는 것에 따른 사회적 합의로 보인다. 땔감나무의 사례는 모든 자원을 필요한 사람이 필요한 만큼 사용하도록 하는 지혜를 공유하는 사회적 관습을 만드는 과정이었으며, 독점으로 인한 불균형을 해소하고 공생하는 문화를 만들게 했다. 이는 민주적이고 공생적인 의식이다. 거제에서는 바다에서 생산한 생물을 항상 주변인과 나누는 문화가 있다. 이는 나누기 위해 방문해야 하는 과정에서 서로의 안부를 확인하고 어려움을 공유한다. 공생을 위한 **상부상조의 문화**다.

---

43) 문화제청

(1) 바람신앙

큰 바닷바람은 누구에게나 두려운 존재다. 지금도 태풍과 돌풍에 의한 해상사고는 심심찮게 발생하고 있다. 섬에 안주한 사람이나 바다에 나가 고기 잡는 사람, 물속에 들어가서 채취하는 사람 등 섬의 누구에게나 무서운 존재가 바람이다. 결국, 이들은 바람이 왜 생기며 언제 불고 어떻게 대처하는가에 대하여 고민하며 생존문제를 해결하려 했다.

거제도와 제주도에는 '영동할아버지 또는 영동할머니'를 위하여 제사지내는 **영동제**[44]가 있다. 옛날 제주도 한 포목장사가 외국에서 섬으로 들어오던 중 지금의 한림 앞바다에서 태풍을 만나 익사하였다. 이 상인이 영동할아버지로 그의 명복을 빌어주면 해상사고를 막을 수 있고 곡식도 풍성해진다고 전해져서, 해마다 2월 초하루부터 보름간(최근엔 3일로 단축) 제사를 지낸다.[45]

이러는 동안에는 모두 일손을 놓고 심지어 빨래도 하지 않는다. 이를 어기면 농사는 흉작이 되고 빨래에는 벌레[46]가 들끓는다고 전하기 때문이다. 이런 분위기에서 누구도 금기와 근신이 따르는 제사를 거역할 수 없었다.

2월 보름에 볏짚으로 배를 만들어서 오색단장을 하고 여러 가지 제물을 조금씩 실어 먼바다로 띄워 보내는 행위는, 영동할아버지를 떠나보내는 것으로 이때 동북풍이 불면 영동할아버지의 넋이라고 전해진다.

이런 풍습은 섬마다 여러 유형으로 변형되어 전해지고 있으며 심지어 다른 명칭으로 전래되는 사례도 있다. 2월 영동신앙은 섬뿐만 아니라 남부지방으로 확대되어 전국에 분포하는 민속제사가 되었다. 그러나 다도해의 도서지방에서 매우 발전된 형태를 보인다. 풍신의 존재를 중요하게 여기는 까닭이다.

이와는 달리 중서부 해안에는 10월 20일경에 부는 **손돌바람**[47]이 있다. 이 이야기는 고려 때 발생한 전란으로 왕은 강화도로의 파천길에 오르며 시작된다. 왕을 태운 배가 지금의 **손돌목**이라고 부르는 통진[48]과 강화 사이에 이르자 바람이 크게 일었다. 그때 사공이었던 손돌은 이를 피하고자 청하였으나 쫓기던 왕은 손돌을 의심하며 죽이려 했다. 급작스러운 상황에서 손돌은 바다에 바가지를 띄우면서 "제가 죽더라도

44) 음력 2월 중
45) 영동할아버지의 시신은 네 부분으로 나눠져 머리는 한림읍 협재, 몸뚱이는 한림읍 명월, 손과 발은 고내와 애월에 각각 표착하였다고 전함
46) 구더기
47) 손돌바람(孫乭風)
48) 통진(通津)

저 바가지가 바람을 따라 흐르는 대로만 가십시오"라는 유언을 남겼다. 이후 왕은 그의 말을 따라 위기에서 벗어났다. 왕이 안전한 곳에 이르러 말의 목을 베어 손돌의 넋을 위로하였다. 이후, 이 무렵의 추위를 **손돌추위**, 이때 부는 바람을 **손돌바람**이라고 한다.

이는 해마다 닥치는 한파를 의미하는 것으로, 지배층이라도 현지 주민의 생활에서 우러나오는 지혜를 수용해야 된다는 점과, 어려움을 겪으며 사는 바닷가 백성을 이해해 달라는 요구 그리고 한파를 미리 대비해야 한다는 등 생활의 지혜를 담고 있다.

이런 탓일까, 거제도에는 '**바람의언덕**'이라고 불리는 곳이 있어 중요한 관광자원으로 자리 잡고 있으며, 언제라도 이곳에 가면 수시로 몰아치는 바람을 만날 수 있다.

(2) 용왕굿

바람을 위한 영동할아버지나 영동할머니 제사 이외에도 바닷가 마을에는 용왕에게 제사를 지내는 풍습이 있다. 이는 주로 굿판으로 이어져 오고 있으며, 용왕굿은 마을 공동 제사로 안전과 풍어를 기원한다. 제주도의 경우 2~3일씩 굿을 진행한다.

이 굿의 과정은 초감제[49]로 시작되고, 이어 바닷가로 나가서 용왕을 흥겹게 맞이하는 '**용왕맞이**'가 진행된다. 그리고 '**씨드림**'이라 하여 마을의 부인들이 쌀(오곡)을 한 줌씩 바다 멀리 뿌린다. 곡식의 씨앗을 뿌리는 행위는 소라, 전복, 미역 등이 잘 자라도록 기원하는 것으로 **기르는 어업**에 대한 의식이라고 볼 수 있다.

한편, '**씨점**'이라 하여 돗자리에 쌀을 뿌리고 그 모양으로 점을 치기도 하였는데, 점을 친 후에는 한지에 밥, 나물, 달걀, 과일 등의 제물을 주먹 크기로 여러 개 만들어 바다에 던진다. 이 행위는 사해용왕에게 바다에 나가서 죽은 가족과 객사한 사람을 위한 제물을 바치는 것이며, 조그마한 꽃배를 만들어 멀리 띄워 보내는 것으로 마무리한다.

거제 죽림포(대숲개)에서는 '**죽림별신굿**'을 2년마다 거행하고 있다. 이 과정을 보면 다른 지방의 용왕굿과 유사하다. 죽림별신굿은 거제·통영지역의 다른 별신굿과 함께 대표적인 남해안별신굿으로 1987년 7월 1일 중요무형문화재 **제82-라호**로 지정됐다. 과거에는 거제의 대부분 마을에서 별신굿이 행해졌으나 현재는 그 명맥을 유지하는 곳이 많지 않다.

한편, 거제의 **용왕굿**은 **수산별신굿**[50]과 **죽림별신굿**[51]으로 구분되어 있다. 설날에

---

49) 초감제(初監祭)

마을별로 치러지며 아직도 행사가 이어지고 있으며, 예로부터 마을의 안녕과 풍어를 기원하기 위해 마을 사람들이 집단으로 진행하였다.

특히, 이와 같은 섬의 민속은 노래와 춤 그리고 음악이 응집되어 종합예술로서 우리나라 고유한 축제의 모태가 되었을 것이다. 따라서 각종 굿은 우리민족 고유의 샤머니즘을 공동체적 신앙의식으로 승화시킨 예술행사로 그 문화사적 가치가 높다.

(3) 어장고사와 배고사

전라남도 진도군 신의면 수품마을의 행사는 어장고사로 돼지머리와 어장에서 나는 고기(제주도는 가리지 않음), 떡, 술, 국, 밥, 그물 등을 마련해 두고 제주가 목욕 정제한 후 용왕에게 정성껏 고사를 올린다. 풍성한 어로와 무사한 귀가를 위한 것으로, 이때 기원하는 내용은 구두로 말하거나 무당을 불러서 굿의 형식으로 전한다. 주민들은 이의 효험을 의심치 않는다.

현재, 해안지역과 섬에서는 공동으로 풍어를 기원하는 **동제**와 **별신제**[52]가 개최된다. 이들은 풍어와 마을의 평안 및 무사고를 기원하는 의식이다. 이와는 달리 개인 제의로 **배고사**와 **배굿**이 있다. 이들은 선주마다 배에 모시고 있는 **배서낭신**[53]에게 배와 선원의 안전, 풍어를 기원한다.

배고사는 정초나 추석 같은 명절 또는 처음 배를 만들기 시작하여 용골을 앉힐 때, 진수식, 첫 출어, 첫 어획, 큰 고기를 잡았을 때, 풍어, 흉어 때 거행한다. 특히, 배를 새로 사서 띄우는 진수식을 할 때는 어장에 오색기를 두고 제사 지내며, 배의 중심인 조타실 안쪽에 신주를 모시는 곳을 마련하고 기관실, 선수, 선미에는 음식을 차려둔다. 비싼 고기가 잘 잡히고 안전하게 해 달라는 의미다.

거제 죽림마을과 동부면 수산마을 등에서는 아직도 남해별신굿이 이어져 오고 있으며, 얼마 전까지만 하여도 대부분의 갯마을에선 흔히 볼 수 있던 행사였다. 특히 거제의 별신굿에는 띠뱃놀이가 거의 유일하게 진행되고 있다.

---

50) 음력 12월 31일, 동부면 학동리 수산마을 일대에서 산신제, 골맥이굿, 제청부정굿, 시석 순으로 진행
51) 2월 8일, 들맞이 당산굿을 시작으로 2월 9일까지 골맥이굿, 부정굿, 용왕굿, 띠뱃놀이 등 12개의 굿마당이 펼쳐진다
52) 별신제(別神祭)
53) 배 안에 모시는 서낭신

(4) 당제사

어촌도 농촌과 다름없이 마을마다 **수호신**을 모신다. 마을수호신에 대한 당제사를 거행할 때는 배들이 귀항을 서둘러서라도 참여한다. **당집**을 짓고 안전과 풍어를 비는데, 당에는 **당신**(할머니, 노인, 장군 등)이 있다. 곳에 따라서는 **뱀**을 신체[54]로 삼기도 한다. 어떤 경로로 당의 신이 되었으며 어떻게 섬에 이로움을 주었는가 하는 내력들은 그 마을의 전설이나 무가[55]를 통해 전해온다.

인천광역시 연평도의 경우 **임경업** 장군사당이 있다. 조선 광해군 때 임경업이 중국에 가는 동안 이곳에서 머물렀다. 연평도에 머무는 동안 가시나무를 이용하여 항구입구를 막아 조기를 잡았다. 이러한 내력을 근거로 연평도 조기잡기를 시작한 은인이라고 여겨 사당에 모셨다. 이후, 연평도를 시발점으로 하여 서해안 일대는 임경업을 어업의 신으로 섬기기 시작했고, 서해안 뱃노래에는 반드시 임경업의 은덕을 칭송하는 내용을 포함시킨다.

(5) 개인제사

섬에서는 처음 입도하여 섬을 개척한 사람을 매우 중시한다. 섬사람들이 이들을 섬기는 민속문화는 섬을 개척하여 삶의 터전으로 바꾼 것에 대한 당연한 경의다. 대표적인 사례로 제주도 **삼성혈 제사**가 있다.

또 귀양을 왔거나 생활을 위해 섬에 들어온 입도조[56]에 대한 문중제사가 있다. 결국, 이들과 세시풍속까지 포함된 섬의 민속은 생존의 원인과 생활의 방법을 멋으로 이어온 전통이라고 볼 수 있다.

---

54) 신체(神體) : 신령을 상징하는 신성한 물체
55) 무가(巫歌)
56) 입도조(入島祖) : 다른 지역에서 섬으로 들어와서 정착한 최초의 선조

2-4 섬 문학과 예술

바다에서는 바다가 아니면 경험하기 어려운 것들을 보고 듣는 기회가 잦고, 이러한 사실들로부터 단순히 기록하거나 아니면 순수한 창작의 요소로 사용하는 사례가 많다. 특히, 섬에 사는 경우 다른 곳으로의 이동엔 선박을 이용할 수밖에 없으며, 선박을 통해 먼 길을 가는 동안에는 예상치 못한 환경에 처하기도 한다. 이런 사건·사고는 일반적으로는 경험할 수 없는 일을 겪게 하고, 그 극복의 과정은 다양한 예술로 펼쳐지는 기회를 제공하기도 한다.

표류기는 바다에서의 경험을 담은 기행문 형식의 기록이다. 표류의 과정은 물론 불시에 도착한 곳의 낯선 환경과 문화를 소개한다. 따라서 예술적, 역사적 가치를 지니고 있다. 우리의 경우 몇 권의 표류기 즉, **표해록**이 남아 있다. 이들 표해록에서는 바다와 섬을 다루고 있어 섬 문학의 한 부류가 되어준다.

또, 섬으로 유배 온 이들이 남긴 문집에서는 그 지역의 특징을 기록하거나 자연을 서정적으로 풀며 스스로의 한스러운 심경을 표현하기도 하였는데, 이는 **유배지 문학**으로 재조명되고 있다. 최근에는 이의 가치를 발견하려는 노력들이 진행되고 있으며, 거제의 경우 **정혼성**과 **김진규**[57] 등에 관한 정리가 진행되었다.

2-4-1 표해록[58]

표해록은 일종의 표류기로서 난파한 배에서 구사일생으로 살아 온 경험을 기록한 것이다. 바닷길 여행에서 풍랑을 만나 표류하며 겪은 체험과 여정들을 기록한 기행문 형식의 표해록에는 최부 표해록, 장한철 표해록, 문순득 표해록, 풍계 현정의 표해록 등이 전해온다. 이들은 바다에서 악전고투한 상황과 이국의 풍물제도를 일기체로 쓴 기행수필의 형식을 지니고 있으며, 사료적 가치 등 여러 측면에서 가치가 높다.

(1) 최부 표해록

조선 성종 때의 문신인 최부[59]가 성종18년(1487) 추쇄경차관[60]으로 제주도에 부임하였다가, 1488년 정월 부친상을 당하여서 급히 고향으로 돌아오는 과정에서 풍랑을 만나 중국 저장성 닝보부(영파)에 표류한 내용을 담고 있다.

---

57) 東麓 鄭渾性 : 1779~1843. 거제면 동상리 반곡서원 내 동록당이 있음. 김진규 : 1658~1716

58) 표해록(漂海錄)

59) 최부(崔溥)

60) 추쇄경차관(推刷敬差官) : 지역 행정을 감독하고 도망친 노비를 찾아내는 관리

최부는 그의 수하 43명과 함께 표류하다가 천신만고 끝에 절강 연해에 도착하였는데 제주에서 출발한 지 14일 만이었다. 이 과정에서 두 차례나 해적을 만나 탈출하였으며, 왜구로 오인되어 갖은 고초를 겪은 후 비로소 조선 관인의 대우를 받으며 호송받았다. 이후 영파, 소흥을 지나 운하를 따라 항주, 소주 등 번화한 강남지방을 경유하였으며 양주, 산동, 천진을 거쳐 북경에 도착하여 명나라 효종을 알현하였다. 다시 북경에서 요동반도를 거쳐 약 6개월 만에 압록강을 건넜다.

최부 이전까지 조선인으로서 중국 경제와 문화의 중심지였던 강남지방(강소성·절강성)과 산동지방을 여행한 이는 없었다. 그는 한성에 도착하자 성종의 명으로 청파역에 일주일간 머물면서 이 견문을 일기체 형식으로 작성했다. 1488년 3권 1책으로 간행된 이 책은 당시 중국에 대한 새로운 문화를 전해주었으며 당시 상당한 충격을 남겼다. 이 표해록에는 수차제작과 이용방법이 기록되어 있어 극심한 가뭄에 적용하기도 하였다.

(2) 장한철 표해록

제주에 살고 있던 장한철[61]은 영조46년(1770) 12월 25일 일행 28명과 함께 한양으로 과거를 보러 떠났다. 하지만 그가 탄 배가 육지에 접안하기 전에 태풍을 만나 표류하였다. 여러 날이 지나서 유구열도[62]의 한 무인도에 도착했다. 닷새 후인 이듬해 5월, 안남[63]의 상선에 발견되어 구조되었다. 결국 자신과 10명의 일행만이 생존하고 귀향하였다. 장한철은 이 과정에서의 감회를 표해록으로 작성하였다. 이 표해록은 1970년대에 발굴되었으며 제주특별자치도 유형문화재 제27호로 지정되어있다.

(3) 문순득 표해록

1745년 전라남도 신안군 도초면 우이도[64]에 입도해 생활하고 있던 문순득과 일행 5명은, 태사도라는 섬으로 홍어를 사러 갔다가 태풍을 만나 표류하게 되었다. 유구열도(오카나와)의 중산도에 도착한 후 여러 섬을 다니며 지내다가, 순조2년(1802) 10월 7일에 귀국하는 뱃길에 올랐다. 그러나 다시 태풍을 만나 필리핀 여송도(루손섬)에 표류하였다. 일행 중 4명은 귀국하고, 문순득과 김옥문은 중국 광둥(광동)의 장삿배를 타고 오문(마카오)에 도착한 후, 중국 황성을 거쳐 1805년 1월 8일에 돌아왔다.

---

61) 장한철(張漢喆)
62) 오키나와
63) 베트남(중국식 표현)
64) 우이도(牛耳島)

이때의 경험을 일기형식의 기행문으로 작성한 이 표해록은 당시 신유박해로 소흑산도(우이도)에 귀양 와 있던 정약전에게 간단히 구술하여 작성하였다. 이를 1차 표해록(1805~1816 작성)이라 한다. 그리고 이를 바탕으로 유암[65]이 상세하게 작성한 것을 2차 표해록이라고 하며, 이들은 1984년에 발굴되어 알려졌다.

(4) 풍계 현정의 표해록

풍계 현정은 해남 대흥사의 승려로 있었다. 순조11년(1811) 대흥사 천불전에 화재가 발생하였다. 천불전은 2년 뒤 초의선사의 스승인 완호대사와 제성대사에 의하여 중건되었으며, 1817년 천불상을 봉안하려 하였다. 풍계 현정은 그해 11월 경주에서 조성된 천불상을 대흥사로 옮기기 위해 2척의 배를 동원하여 해남을 떠났다. 일행이 남해를 지날 무렵 풍랑을 만나 그중 1척이 표류하여 일본까지 흘러갔으며, 1818년 8월 15일에 돌아와 천불전에 추가로 봉안되었다. 이 과정을 풍계 현정이 기록하였으며 **일본표해록**(1821년)이라고도 한다. 이로써 대흥사 천불전의 중건과 천불조성 및 봉안 과정이 상세히 전해지고 있다.

(5) 김광현 일행의 표해록

이는 **탐라표해록**으로 1828년 9월 7일 제주의 김광현 등 7인이 고기를 잡으러 추자도로 향했다가, 10일에 큰 바람을 만나 표류하여 9일 만에 중국 남해 보타산에 도착하고, 정해현을 지나 육로와 수로를 거쳐 40여 곳을 통해 국내로 귀환하는 과정의 내용이다. 김광현 일행의 표류는 당시 중국에 간 조선인들에게 널리 알려진 사건이었다.

한편, 우리나라의 표해록과는 달리, 네덜란드 하멜(Hamel,H.)이 제주도에 표착하여 14년 동안 억류된 과정을 기록한 **하멜표류기**가 있다.

반도국가인 우리의 경우 표류의 사실은 많았을 것이다. 그러나 이를 기록하거나 구술한 것이 발굴된 것은 그리 많지 않다. 우리의 표류기에는 외국 문물이 소개되고, 외국인의 우리나라 표류기에는 우리 문물과 문화가 역력히 드러난다는 점에서 주목할 필요가 있다.

---

65) 유암(柳庵)

2-4-2 유배문학

유배문학은 시대적·정치적 상황으로 인해 유형수로서 원악지(서울에서 멀리 떨어진 살기 어려운 곳)에 유배되어 겪은 유배적 사실의 직접체험과 유배상황에서 직면한 정신적 상황을 문학화한 작품이다.

우리나라의 대표적 유배지는 남해안의 섬들이었다. 크고 작은 섬에는 중앙의 유명 정치인들의 유배가 끊이질 않았다. 형벌에 따라 제주, 거제, 남해, 진도, 보길도 등은 유배지로 인식되었으며, 이곳에서는 많은 문학작품이 탄생하기도 하였다. 특히 조선시대는 당파의 당쟁이 극심하여 유배자가 많았다.

유배문학의 특징은 시대별로 내용에 차이가 난다. 조선 전기에는 결백을 호소하고 임금에 대한 변함없는 충성을 부각시키는 특징이 있고, 유배지의 생활이 유배인의 지위나 신분, 정치적 입지에 따라 상당히 달랐던 만큼 그 내용 또한 한과 설움이 잘 표현되어 있다. 대표적인 것으로는 윤선도의 전남 보길도에서 남긴 어부사시사, 오우가가 있다. 제주도에 남겨진 작품으로는 김춘택의 별사미인곡, 이진유의 속사미인곡, 안조환의 만언사·만언사답 등과 시조로는 유혁연·송시열·김춘택·조관빈의 작품이 있다. 한시에는 김정·정온·이익·광해군·송시열·김춘택·신임·임관주·조관빈·조정철·김정희 등의 작품이 있다. 수필류로는 김정의 제주풍토록, 이건의 제주풍토기, 김정희의 한글·한문 서간과 윤숙과 김정희의 제문 등이 있다.

거제도의 유배문학은 선비나 학자가 지은 한문학이 주류다. 이들 작품은 대부분이 거제의 경치를 밝고 아름답게 표현한 특징이 있으며, 지금까지 발굴된 한시는 120여 편에 이르고, 총 1,400여편의 글이 전해온다. 정서, 이행, 정황, 김진규, 김안국, 이정, 이범, 정이오, 김종직, 조현명, 이학규, 홍성민, 성해응, 송처검, 이근, 차좌일, 김창협, 신위, 권반, 주세붕, 송시열, 정혼성, 윤도원 등의 작품이다.

남해의 노도에는 서포 김만중의 한글로 쓰여진 소설 사씨남정기와, 금산을 올라 지은 한시를 남긴 남구만, 남해 풍속을 기록한 류의양 등이 있으며, **남해유배문학관**을 두고 있다.

2-4-3 설화

각 섬에는 입도조의 설화, 개도신화[66] 또는 장수, 무당 등 독특한 인물에 관한 이야기 등 섬의 성격을 규정할 수 있는 설화가 전해져 온다.

제주도에는 **설문대할망** 설화가 전해오는데, 설문대할망은 키가 큰 거대한 여신으로 제주도와 육지를 잇는 다리를 놓으려 했다. 그러나 그가 먹고 입을만한 자원이 없어서 실패하고 말았다. 이 설화는 이상과 현실, 소원과 실망의 교차가 절실하게 나타난 내용을 담고 있어 섬에서의 고단한 삶이 녹아있다. 당시의 여건에서는 끝내 실패한 이야기지만, 오늘날 발달한 교통수단들을 보면 그 바람은 실현된 것이다.

설문대할망 설화는 **거녀담**[67]의 일종인데 제주도의 지리적 조건에 알맞게 윤색되고 향토색이 농후하게 반영되었다. 이 설화를 통해 제주도의 풍토와 도민의 소원 그리고 그들이 처한 현실을 짐작할 수 있다.

거녀담에 대한 설화는 전라북도 변산반도 일대에서도 유사하게 전해져 오고 있다. 변산반도의 설화는 **여자거신**에 관한 것으로 그녀는 깊은 바다에서도 물이 무릎밖에 차지 않을 만큼 컸다.

이런 예는 섬이나 해안에서 유독 많다. 육지에서는 이미 소멸한 것으로 보이는 여러 가지 형태의 신화나 설화가 무가를 통해 섬에서 전승되고 있는 것은 다행한 일이다. 이들은 어쩌면 **웅녀**로부터 내려오는 우리민족의 위대한 여인에 대한 신성한 사상과 존엄이 이어진 것으로 해석할 수 있기 때문이다.

한편, 제주도나 거제도의 무속 중, 굿을 처음 시작할 때 온갖 신을 초청하는 초감제라는 절차가 있다. 우리나라의 천지개벽 신화인 **천지왕본풀이**가 그 좋은 예다.

천지왕본풀이[68]는 태초의 천지는 혼돈 상태로 있었다는 우리의 우주관을 담고 있다. 이에 따르면 태초에 하늘과 땅이 떨어지지 않아 서로 맞붙어 있었고, 암흑으로 휩싸여 한 덩어리로 되어 있었다. 이 혼돈의 천지에 개벽의 기운이 돌기 시작했다. 갑자년 갑자월 갑자일 갑자시에 하늘의 머리가 자방으로 열리고, 을축년 을축월 을축일 을축시에 땅의 머리가 축방으로 열려 하늘과 땅 사이에 금이 생겨났다. 이 간격이 점점 벌어지면서 땅에서 산이 솟아오르고 물이 흘러 하늘과 땅의 경계가 분명해졌다. 이때, 하늘에서는 푸른 이슬이 내리고 땅에서는 검은 이슬이 솟아서 서로 섞이어 음양이 상통되며 만물이 생겨나기 시작했다. 그러나 아직 태양의 존재는 없었으며, 별이 먼저 생겨나고 천

66) 개도신화(開島神話)
67) 거녀담(巨女談)
68) 제주도 신화. 현용준. 서문당 1972, 장주근 2001

황닭이 목을 들고 지황닭이 날개를 치며 인황닭이 꼬리를 쳐 갑을동방에서 동이 트기 시작했다. 하늘의 옥황상제 천지왕이 해와 달을 두 개씩 내보내어 천지를 개벽하게 하였으나 질서 없이 혼란스러웠다.

어느 날, 천지왕은 좋은 꿈을 꾼 후 지상으로 내려가 총명부인을 배필로 맞고자 했다. 총명부인은 자신을 찾아온 천지왕을 대접할 생각으로 부자인 수명장자의 집에 가서 쌀을 빌려 왔다. 하지만 수명장자는 쌀에 모래를 섞어 주었다. 첫술에 돌을 씹은 천지왕은 수명장자와 그 아들딸들의 악행을 전해 듣고 집을 불태워 벌을 주었다. 며칠간의 동침 후에 천지왕이 하늘로 올라가려 하자 총명부인이 자식을 낳으면 어찌할지를 물었다. 이에 천지왕이 아들을 낳거든 이름을 대별왕, 소별왕이라 짓고, 딸을 낳으며 대월왕, 소월왕이라 지으라고 하였다. 그리고 박씨 세 개를 내주며 자식들이 성장하여 자신을 찾으면 이를 심어 하늘로 뻗친 줄을 타고 올려보내라는 당부를 남겼다.

천지왕이 하늘로 올라간 후 총명부인이 아들 형제를 낳아 이름을 대별왕과 소별왕이라고 지었다. 형제는 자라서 아버지를 만나고자 박씨를 심었다. 박씨에서 싹이 돋아 덩굴이 하늘로 뻗어 올라갔다. 형제는 그 덩굴을 타고 하늘에 올라가 천지왕을 만났다.

천지왕은 대별왕에게 이승, 아우인 소별왕에게 저승을 각각 차지하도록 했다. 그러나 소별왕은 욕심이 많아 이승을 차지하고 싶었다. 형에게 서로 경쟁하여 이기는 자가 이승을 차지하자는 내기를 청했다. 동생은 먼저 수수께끼를 내었으나 이기지 못하자 한 번 더 하자고 졸라서, 서천꽃밭에 꽃을 심어 더 번성하게 한 이가 이승을 차지하자는 내기를 하였다. 대별왕은 꽃은 번성했지만 소별왕의 꽃은 그렇지 못했다. 소별왕은 대별왕이 잠든 사이에 대별왕의 꽃과 바꿔두었다. 잠에서 깬 대별왕은 꽃이 바뀐 것을 알았지만 소별왕에게 이승을 차지하도록 하고 자신은 저승으로 갔다. 소별왕이 이승에 와서 보니 해와 달이 두 개고 초목과 짐승도 인간 말을 하며, 인간 세상에는 도둑, 불화, 간음이 성행하고 있었다. 이에 소별왕은 형에게 혼란을 바로잡아 주도록 부탁했다. 대별왕은 활을 가지고 해와 달 하나씩을 쏘아 바다에 빠뜨렸다. 그리고 송피가루 닷 말 닷 되를 뿌려서 짐승들과 초목이 말을 못하게 했다. 또 귀신과 인간은 저울질하여 백 근이 넘는 것은 인간, 못한 것은 귀신의 세계로 보내어 인간과 귀신을 구별해 주었다.

천지왕본풀이 신화는 우주기원으로부터 세상의 질서가 잡혀가는 과정을 담고 있다. 이는 천지왕본풀이가 창조론이 아닌 개벽론을 나타내고 있는 것으로 우리의 사상 흐름에 작용하고 있음을 의미한다. 섬에서 거행하는 굿의 초감제 과정에서 이 내용이 전수되고 있다.

아기장수 전설[69]은 섬마다 다양하게 윤색되어 전해온다. 대부분의 아기장수 전설은 겨드랑이에 날개가 난 아기장수를 보고 커서 역적이 될 것이라 하여 부모가 죽였으며, 그때 연못이나 산에서 용마가 나타나 슬피 울다가 물에 빠져 죽는다는 얘기가 주된 골격을 이룬다.

이 전설은 새로운 영웅의 출현을 기대하는 대중심리가 표현된 것으로, 아기장수는 미래의 주인으로 설정되고 부모와 관군은 현재의 만족과 평안을 누리는 현실적 존재가 된다. 이 양자 간의 대립에서 결국 현실의 보신을 위하는 현실적 힘(**보수성**)에 의하여 미래의 꿈은 좌절되고 만다. 이 이야기는 가해자가 부모에서 관군으로 확대되거나 아기장수가 부모에게 죽었다가 다시 살아나 관군에 의해 거듭 죽임을 당한다는 구조로 전해지며 기본적인 구조는 동일하다. 이야기는 미래의 희망이 두 번씩이나 현실의 보수에게 좌절된다는 반복된 비극을 지닌다. 덧붙여 비인간계의 용마가 아기장수의 죽음 직후에 등장하며 시대의 불일치를 상징하는 비극이 강조되는 높은 문학성을 지닌다.

더불어 이 전설의 비극적 요인은 좁은 활동 공간, 아기장수와 용마의 시간 불일치, 영웅이 어린아이인 것, 부모의 **보수성**에 대한 아기장수를 통한 **진보의식 동경** 등이다. 전설에서 등장하는 날개는 우리나라 건국신화에 나오는 하늘이나 새와 같은 맥락을 이루며, 힘의 근원이 되거나 평민의 꿈을 상징하기도 한다.

또, 아기장수가 죽지 않고 역적도 되지 않으며, 나라에 큰일을 하는 영웅이거나 중간 관리 정도의 일을 한다는 이야기로 변질되어 전해지기도 한다. 아기장수를 살려주는 대신 역적이 되지 않는다는 **절충형**으로 변한 것이다. 이 변화는 인재가 드물고 어떻게 하든지 고난을 이기고 살아가야 하는 섬사람들의 타협과 생존의 의지를 보여준다.

육지에서의 아기장수로 지목되어 겨드랑이의 날개가 잘려진 장수가 탈출하여 울릉도의 입도주가 되었다는 전설도 이와 같은 계열이다. 아기장수에 대한 다양한 이야기는 제주도, 진도, 울릉도 등에서 구체화 되어 전해온다.

또, 우리나라에서 가장 많이 나타나는 **홍수 전설**은 비가 와서 천지가 물에 잠길 때 섬의 산꼭대기만 조금 남았다는 이야기로, 육지나 섬에 다양하게 남겨져 있다. 전라남도 신안군 암태면 도창리의 승봉산, 자은면 구영리의 두봉산, 울릉도의 갈미봉의 이야기가 그러하다. 이는 섬이나 육지에서 대홍수가 났을 때 모두 생존 의지로 희망을 지녀야 했기 때문이다.

69) 한국민속문학사전

2-4-4 민요

민요는 민중의 노동과 관련하여 형성되고, 환경에 따라서는 음악적 멜로디와 리듬이 곁들여진다. 그 내용은 장소와 상황에 따라 언제나 변할 수 있는 유동성을 지니고 있다. 그렇기 때문에 섬의 민요에는 섬의 환경적 특성이 잘 반영된다. 민요는 다른 문학에 비하여 서민들의 숨김없는 생활 정서를 반영하고 있다고 볼 수 있다.

섬의 민요에는 **사해용왕**을 불러 **안전**하기를 바라는 것과, 고단하고 위험한 생활을 지속해야 하는가 등 **신세한탄** 유형이 있다. 죽더라도 안전한 곳으로, 그보다는 살아서 **이상향**(제주 이어도)에 들어갔으면 좋겠다는 희망, 임경업 장군이나 용왕신의 덕분에 고기가 잘 잡혀서 부자가 되었으면 좋겠다는 내용이 대부분의 섬 민요에 담겨있다.

섬의 **자장가**에도 육지 자장가보다 어머니의 한탄과 소원이 잘 나타나며, **뱃노래와 고기잡이노래**에서는 지역에 따라서 그 곡조와 가사가 다르지만 모두 유사한 성격을 지닌다. **어업 노동요**는 뱃노래, 고기후리기노래, 그물당기기노래, 해녀의 노래, 멜후리는소리(멸치 후리는 노래) 등으로 다양하다. **해녀노래**는 대부분 한탄조로 구성된다. 내용의 중심은 섬에서의 삶을 통해 어떻게라도 극복하려는 노력과 그래도 남겨지는 처절한 한에 관한 것들이다.

한편, 섬이라고 하여 모두 어업에 치중하는 것은 아니어서 작은 농토라도 있으면 농사를 지었다. 여기에는 **농업 노동요**가 흔히 발견된다. 섬에서의 농업은 매우 숭상 받는 경향이 있다. 위험이 도사린 어업이 항상 근심거리였기 때문이다. 농업민요는 육지의 그것과 크게 다르지 않다. 지금도 제주도에서는 밭밟기 노래, 나무켜는노래, 촐비는 홍애기(꼴베는 노래), 따비질 노래 등 농업과 관련한 노동요가 많다. 또, 섬 민요의 특징으로 특산물을 궁궐에 진상해야 하는 것에 따른 주민 입장을 나타내고 있는 게 있다. 이는 그렇지 않아도 부족한 물품에 대한 진상은 섬주민들에게 피해로 여겨졌고, 궁궐 정치에 불만이라도 높을 땐 특산물 재배를 기피하는 사례로까지 번지는 현상이 발견되기도 한다. 이들 모든 과정은 설화나 민요로 남아 전해오며, 이같이 문학적 요소를 이용하므로 현실에서의 토로를 통해 극복하였다.

2-4-5 속담 및 기타

섬의 속담이나 수수께끼, **속신어**[70]도 사회적 소산이라면 섬의 특징이 잘 반영된 것으로 볼 수 있다.

전라남도 해안과 도서지방에는 속신어로 “나비가 날기 시작하면 복어를 먹지 않는다”는 말이 있다. 나비가 날아다니는 2월부터 4월 사이는 복어의 독성이 매우 강하고 전체 부위에 퍼져 있기 때문이다. ‘**고기 못 잡은 선장, 배 나무란다**’는 속담은 육지의 ‘서투른 목수, 연장 나무란다’와 동일한 의미로 사용되며, 섬의 생활상을 반영한 유형이다.

한편, **조수간만**을 고려한 날짜를 일컫는 말은 섬의 특징을 잘 반영하고 있는 사례다. 이들은 섬마다 비슷하나 서해안에서는 그 차이가 심한 편이다. 이 차이는 섬이 위치한 지역적 특색에 의존한다. 바람의 이름도 4방향, 8방향 등에 따라 달라서 **구비문학**[71]을 이해함에 있어 조심스러운 부분이다. 예를 들어 동풍은 샛바람이나 셋바람, 남풍은 마파람 또는 마바람, 서풍은 늦바람, 북풍은 하늬바람과 높바람으로 지역마다 다르다. 그리고 동남풍, 동동남풍, 동남남풍의 이름은 지역에 따라 큰 차이를 보이며 해석할 때 주의해야 한다.

섬사람이 육지에 나가는 등 여러 이유로 배를 탈 때, 이런 것은 좋고 저런 것은 나쁘다는 **민간속신**이 많다. 그만큼 바다로 나가는 것이 섬사람의 입장에서도 위험하고 어려웠던 것이다. 이 현상도 섬과 해안지역마다 달라서 서로 이해되지 못하는 것이 있고, 육지 사람으로서는 전혀 이해할 수 없는 표현들이 있다. 이의 예로는, 평소에는 괜찮은 일도 제사 때나 고기잡이 나갈 때는 안 되는 것이 있다. 울릉도에서 오징어를 잡으러 갈 때는 인사를 하지 않는다. 또, 고기잡이 할 때나 고기 잡으러 가는 길에서는 불(담뱃불 같은 것)을 빌려주지 않는다. 이것은 평소에는 문제가 되지 않으나 뱃일의 과정에서는 금기였다. 생사운명을 걸고 바다로 나갈 때, 사람에게 대한 인사는 신이나 자연에 대하여 부정하는 것으로 여기거나, 너무도 정중한 인사는 다시 못 볼 사이를 만들 수 있다는 점 그리고 남의 안부를 말할 처지가 아니라는 비장한 심리 때문이다. 또, 불은 이사 갈 때 지니고 가야 할 중요한 것으로 여기던 탓에서 보듯이 **재수**의 의미가 있다. 고기잡이 갈 때 미리 재수나 행운을 나누거나 도둑맞지 않아야 한다는 염려가 반영된 것이다.

이같이 섬의 언어적 현상과 말들은 하나같이 생활상의 깊은 속뜻을 지니고 있다.

---

70) 속신어(俗信語) : 속담, 격언과 같이 짧은 문구로 '~하면, ~한다'의 조건절과 결과절이 인과논리로 결합됨
71) 구비문학 또는 구전문학 : 말로 된 문학

2-5 섬주민의 생활

2-5-1 의복

의복은 섬지방이라고 해서 다른 지방과 크게 다르지는 않다. 전통적으로 남자는 하의로 바지를 입는데 겹바지, 솜바지, 홑바지 등 계절에 따라 두께가 다르다. 여자도 바지를 입지만 옷을 짓는 방법이 남자용과는 다르다. 여자의 아래옷은 속곳과 단속곳(완도 방언)이 있다. 속곳은 속에 입는 옷으로 다리통이 넓고 밑이 막혀 있다. 속곳 위에 바지를 겹쳐 입는다. 바지는 '가래바지'라고도 하는데 밑이 터져 있다. 바지 위에 단속곳을 입고 맨 위에 치마를 두른다.

남녀 모두 웃옷으로 저고리를 입었다. 남자 것은 기장이 길고 여자 것은 짧다. 요즘은 점차로 전통적인 의복이 사라지고 활동하기에 편리한 기성복을 많이 입으며, 전통적으로 흰색 옷을 많이 입었고 이는 섬에서도 동일하다.

그러나 지리적 조건과 생활 풍습이 특이한 제주도에서는 **감물염색**[72]의 옷을 많이 입었다. 덥고 습기 많은 기후에서 생활하는 제주도민에게는 항상 빳빳하여 피부에 잘 붙지 않는 옷감이 필요하였다. 이와 같은 이유에서 감물염색은 매우 적합하다. 감물 염색 방법은 7, 8월에 풋감을 따서 즙을 내고, 이 즙이 옷에 완전히 흡수되도록 충분한 양으로 염색한다. 찌꺼기를 털어낸 후 옷 모양을 펴서 직사광선에서 건조시킨다. 이러한 과정을 십회 정도 반복하면 짙은 적갈색으로 염색이 되고 풀을 먹인 옷과 같이 된다.

2-5-2 음식

도서지방의 특징적인 식품은 소금에 절인 **염장식품**이다. 전라남도의 여러 섬에서는 다양한 염장식품이 지금도 생산되고 있다.

젓갈은 주로 작은 어류, 게, 새우류, 어류내장, 어두(생선머리), 조개류 등을 염장하였다가, 삭으면 조미료를 가미하여 먹는 섬 지역 주민의 주요한 부식이다. 젓갈은 재료와 만드는 방법에 따라 맛이 달라지며, 소금의 양을 조절하는 것이 매우 중요하다. 젓갈은 2, 3년 동안 묵혔다가 먹는 것이 좋고, 아주 좋은 것은 5년 이상 묵히기도 한다.

젓갈은 예로부터 전해오는 우리나라 고유의 식품으로서 지방에 따라 종류도 다양하다. 대표적인 젓갈은 동해안의 명란젓과 오징어젓, 남해안의 멸치젓, 굴젓, 갈치내장젓,

---

72) 경상북도 청도 반시 천연 염색. 일명 '시염(柹染)'이라고 함. 우리나라 특유의 염색법

조개젓, 꼴뚜기젓 등이다. 이들 중에서 생산량이 가장 많은 것은 서해안의 새우젓과 남해안의 멸치젓이다.

섬에서 주로 이용하는 생선 **염장법**에는, 마른간법과 물간법 및 특수염장법이 있다. 일반적으로 널리 사용되는 방법은 마른간법과 물간법이다. **마른간법**은 주로 지방질이 적은 대구, 조기 등을 염장하는 데 사용하는 방법으로 생선에 직접 소금을 뿌리는 방법이고, **물간법**은 적당한 농도의 식염수에 어체를 담가두는 방법이다. 염장식품으로는 간조기, 오징어염장, 염장미역 등이 있다. **특수염장법**은 염장속도를 빠르게 하거나 제품의 맛을 독특하게 하기 위한 목적으로 하는 염장법이다. 이에는 다시 변압 염장법, 염수주사법, 압착 주사법 등이 있다.

한편, 과거 대부분 섬에서의 주식은 **고구마**와 **보리** 같은 밭작물이었다. 현재는 도서인구의 감소와 소득 증대 및 다수확 품종의 볍씨 보급 및 육지로부터의 식량공급이 편리하여 주식이 **쌀**로 바뀌었다. 고구마와 보리를 심던 밭에는 특용작물을 많이 심고 있으며, 대표적인 작물로는 **마늘, 시금치, 방풍나물, 갓** 등으로 높은 소득을 보이고 있다. 또, 남쪽의 섬에서는 **열대성 과일**을 재배하거나 버섯 등 지역마다 특색있는 농작물을 개발하여 더욱 다양해지고 있다.

2-5-3 주거

섬의 민가는 전라남도의 남서해안, 도서지방 그리고 영산강 연안을 중심으로 홑집인 **중앙 부엌형** 민가가 주류를 이루고, 제주도에는 겹집인 **3실형의 민가**[73]가 넓게 분포하고 있다. 울릉도에는 **투방집**이라는 홑집 형태의 **누목형 민가**[74]로 독특한 경관을 보인다. **홑집**은 대들보 아래의 방을 1열로 배치한 일자형의 단열형 가옥으로, 겹집[75]에 비해 개방적인 구조며 채광과 통풍이 유리하다. 고온 다습한 여름에 유리한 가옥 구조로 남서부 섬이나 평야 지대에 많이 분포한다. **투방집**은 풍부한 나무를 사용하여 너와를 지붕 재료로 사용하고 눈, 비, 햇빛, 바람 등을 막기 위하여 **우데기**[76]를 설치하였다.

이 중 다도해의 민가 중 가장 넓은 지역에 분포하는 가옥형식은 완도 청산도에 많이 남아 있는 것으로, 평면은 4칸집이 대부분이며 3칸집은 드물다. 구성은 큰채와 행랑채로 이뤄진다.

---

73) 삼실형 민가(三室型民家)
74) 누목형 민가(累木型民家) : 나무를 우물 정자 모양으로 쌓은 집
75) 겹집 : 田자형
76) 우데기 : 울릉도 민가 형식으로 방설·방우·방풍 등을 위해 본채의 벽 바깥쪽에 기둥을 세우고 억새나 옥수숫대 등을 엮어 친 별도의 외벽

큰채의 주요 구성은 큰방, 부엌, 모방, 마리 등이다. **4칸집**의 구성에서는 큰방, 뒷방, 마리(남해와 서해의 섬 지역 민가의 안채에 속한 독립된 단위 공간(실)으로, 주로 곡물을 보관하는 광의 기능과 제례 기능을 하던 공간), 김치고방, 모방 등으로 이뤄진다. **마리**에는 곡물을 저장하는 큰 항아리가 여러 개 있으며, 큰방 뒤에 있는 **뒷방**은 고구마 등 곡식을 저장한다. 마리와 큰방 앞에는 **토지**라 불리는 툇마루가 있다. 부엌에는 주된 취사장으로 큰방과 모방에 불을 넣는 아궁이가 있다. **모방**은 며느리가 사용하고 있는 안방이며, 모방 뒤의 **김치고방**은 김칫독을 두는 곳이다. 3칸 집은 원래 4칸 집이었으나 부엌과 접속된 모방 부분의 벽을 턴 구조다.

특히, 도서지방의 민가 **내부공간**과 기능을 살펴보면, 큰채에 있는 **마리**에는 3, 4대조까지의 선조 지방을 두고 수호신인 성주단지(성주동우, 성주오가리, 성주독)라는 가택신을 모셔 둔다. 가을에 추수한 곡식은 성주단지에 담아둔다. **마리**의 다른 기능으로 곡물 저장창고로 사용하기도 하였는데, 여러 종류의 곡물을 항아리에 나누어 담아둔다. 이런 이유로 마리에서는 취침을 하거나 손님 접대를 하지 않는다.

성주는 가택신 중에서 가장 높은 신으로, 명절이나 제삿날에 성주신에게 먼저 고하고 조상을 위한 상을 차린다.

큰방은 부엌과 마리의 중간에 있는 방이며 부엌쪽의 벽에 벽장이 있고, 침구 등 방안에서 사용하는 물건을 넣어둔다. 큰방은 가족 중에서 가장 연로한 부부가 차지한다. 즉, 조부모가 생존해 있으면 생활능력과 무관하게 큰방을 차지한다. 조부모가 없는 경우라면 작은방이나 모방에서 기거하던 다음 세대의 부부가 큰방으로 이동한다.

장자가 혼인하면 신부와 함께 모방이나 행랑채의 작은방을 사용하는데, 며느리가 사용하는 방을 **안방**이라 한다. 이곳은 자유로운 출입이 제한된다. **부엌**은 큰방과 모방 사이에 위치하므로 두 방에 불을 지피기가 편리한데 대부분의 다도해 가옥에서 사용되는 남방문화의 특징을 보인다. 부엌의 큰방 쪽 벽에는 받침대를 만들고 그 위에 청수를 담아두는 사발이나 종지를 놓아두는데 이를 조왕이라 한다. **조왕**은 부녀자들이 정성들여 모시는 가택신이다.

행랑채는 큰채에 비해 부속 건물이며, 내부 공간은 작은방, 웃방, 방애청, 헛청, 외양간 등이 있다. 큰채와 행랑채는 주로 ㄱ자형으로 배치된다. 한편, **담**은 대부분 돌로서 쌓았으며, 바람이 많은 곳에서는 지붕의 처마끝 정도의 높이로 만들었다. 이렇듯이 섬의 민가는 전체적으로 자연환경에 적응하도록 발달한 형태를 보인다.

2-5-4 교통과 통신

섬은 환경적 특성 때문에 교통이 불편하고, 교통수단은 주로 해상의 선박에 의존한다. **유인도 482개** 중에서 여객선이 취항하는 섬은 328개로 60.5%로 나타나 있다. 그 가운데 매일 여객선이 취항하는 섬은 207개, 격일 취항 섬은 60개, 3일제로 취항하는 섬은 14개 정도로 파악된다.[77] 이는 주민들로서는 불편한 운행구조다.

해상교통의 불편은 낙도일수록 심하다. 여객선 규모가 작고 노후 선박이 많아서 자주 발생하는 바람에도 취항하지 못하는 형편이다. 또, 섬 중에는 주위의 수심이 얕아서 여객선을 접안하지 못하고 **전마선**으로 섬까지 수송하는 경우가 많다. 뿐만 아니라 암초와 파도가 많아 선착장을 설치하기가 힘든 곳도 있다. 이런 경우엔 방파제를 만들어 개선할 수 있으나 이도 쉽지 못한 사정이다.

긴급한 상황을 위한 헬리콥터의 운행도 검토되지만 착륙시설마저도 만들 수 없는 경우가 있어 위험한 상황에 처해 있다. 이들을 위한 **명령항로**[78] 지정을 늘리고 모든 유인도에 여객선이 취항하도록 개선하며, 정기적인 **병원선**의 운항을 검토해야 한다.

2-5-5 자원과 활용

우리나라 섬 지역에는 경제적 가치가 높은 자원들이 산재해 있는 곳이 많다. 그러나 이들 중의 일부만 개발되었다. 섬 지역에 산재한 주요 자원으로는 어패류 양식, 염전, 잠수업 등을 위한 **수산자원**, 일부 섬에 분포하고 있는 규사, 고령토, 동, 아연 등의 **지하자원**, 특용작물을 비롯한 **농업 생산물** 그리고 최근에 부각되고 있는 섬의 문화유적과 수려한 해상경관의 **관광자원** 등을 들 수 있다. 거제도 해금강과 외도는 대표적인 해양관광지로 개발된 곳들이다. 특히, 최근의 관광트렌드가 치유와 체험 및 웰빙 걷기 등이므로 낙도에 대한 개발에 관심이 높다. 전남의 경우 '가고 싶은 섬'에서 **'살고 싶은 섬'**으로의 디자인에 전체 12개 섬을 지정하기도 했다.

바다와 육지의 구분은 해안선으로 나타난다. 일반적으로 물에 잠기지 않는 부분을 육지라 하지만 실제로 해수면은 매 순간 바뀌며 그 경계선은 불분명하다. 해수면이 높아졌을 때를 만조라 하고 낮아졌을 때를 간조라 한다. 그리고 해안선은 각각 만조선[79], 간조선[80]

77) 1994년 기준

78) 정치상 또는 경제상 필요에 따라 정부에서 보조금을 주거나 세 따위의 특권을 주면서 해운업자에게 경영을 명령하는 항로

79) 만조선(滿潮線)

80) 간조선(干潮線)

이라 한다. 최소의 육지는 만조선으로부터 그 윗부분이다. 그리고 최소의 바다는 간조선으로부터 그 아랫부분이다. 이때 만조선과 간조선 사이의 지대를 **갯벌** 또는 **간석지**[81]라고 한다. **간석지**는 강을 따라 운반된 미립 물질이 해안에 퇴적되어 생긴 개펄부분으로, 조차가 큰 해안에서 만조 시에는 침수되고 간조 시에는 노출되는 넓고 평탄한 해안 퇴적 지형이다.

한편, **간척지**[82]는 바다나 호수 따위를 둘러막고 물을 빼내어 만든 땅, 즉 갯벌을 육지로 개발한 것을 의미한다.

해안선의 기준은 만조선이다
갯벌은 육지와 바다의 중간적 성격을 띤 부분이다

국토지리정보원에서 발행하는 지형도에 표시된 **해안선**은 **육지의 출발점**인데, 그 해안선은 **만조선**을 기준으로 한다. 또한 국토부가 발행하는 해도에서의 **수심**은 **간조선**을 기준으로 한다. 이때 **만조선에 의한 해안선이 육지와 바다를 나누는 경계**가 되는 것이다.

갯벌(**개펄**)은 갯가의 개흙이 깔린 벌판 즉, 거무스름하고 고운 흙이 깔린 부분을 의미하고, 이는 바닷물이 드나드는 모래사장이거나 그 주변의 넓은 땅을 의미한다. 따라서 갯벌은 육지와 바다의 중간적 성격을 띤 부분이다. 지형도에서는 해안선 바깥쪽에 점을 찍어 나타내고, 해도에서는 바다를 상징하는 **파란색**과 육지를 나타내는 **노란색**의 중간색인 녹색으로 표시한다.

(1) 지하자원

섬 지역의 지하자원으로는 약 40여 종의 광물이 분포하고 있는 것으로 파악된다. 이들 광물 중에는 납석, 규석, 규사가 매장량의 55%를 차지하고 있다.

지역별 분포 광물은 백령도의 철과 석회석, 신안군 도초도와 비금도 및 압해도의 사금, 규사, 납석, 석회석, 철광석 그리고 완도군 일대 도서의 고령토, 규사, 엽납석[83] 등이며, 진도군의 조도에는 다이아스포어[84], 황철석[85], 천청석[86] 등이 있다. 또, 신안

81) 간석지(干潟地)
82) 간척지(干拓地)
83) 엽납석(葉蠟石, pyrophyllite) : 보통 백색 또는 녹색을 띤 빛깔로 잎모양 또는 치밀한 괴상(塊狀)을 이룬다. 괴상은 비누석(soap stone)과 같은 클레이 원료·농약에 사용된다.

군 일대 도서, 군산 선유도, 보령 월산도에 분포된 사금, 사철, 질콘늄, 세늄, 티탄철 등도 매장되어 있다.

특히, 전라남도의 무안과 신안 등의 해안과 해저에 분포하고 있는 규사는 반도체의 원료가 된다. 그리고 서남 해안선과 도서에는 국토 면적의 4%가 넘는 약 4천㎢의 간척지 조성되었다. 이곳의 **해저**에는 경제적 가치가 높은 광물자원과 골재자원이 많이 있는 것으로 알려지고 있으며, 남서 해양의 대륙붕 3·4·5광구에서는 석유와 천연가스의 부존87) 가능성이 높다.

(2) 수산자원

섬 지역은 입지 특성상 다양한 수산자원을 보유하고 있다. 연근해어장을 중심으로 어업, 양식업, 수산제조업 및 제염업 등은 이미 경제적 가치를 높이고 있으며, 연근해 **주요어장**으로는 연평도어장, 고군산군도어장, 청산도어장, 나로도어장, 칠산도어장, 서거차도어장, 흑산도어장, 장승포어장 등이 있다. 이곳에서는 삼치, 조기, 문어, 전갱이, 새우, 민어, 고등어, 갈치, 장어, 멸치 등 70여 종에 달하는 어족이 생산된다.

한편, 어류, 패류, 해조류 등의 천해 양식업이 활발하게 진행되고 있다. 완도, 고흥, 강진, 무안, 여수 등을 중심으로 한 **김 양식**과 전라남도의 해창만과 섬진강 하구, 부산의 가덕만과 경상남도 통영, 거제, 진교만 부근의 집약적 **굴 양식**이 그 대표적인 양식업이다. 그 밖에 미역, 꼬막, 백합, 바지락, 전복 등 패류와 해조류의 양식업도 매우 활발하다. 수산가공업으로는 수산물의 **건제품**과 **염장식품**을 비롯한 다양한 종류들이 급성장을 보인다.

(3) 특산물

신안, 서산, 무안 등지에서는 많은 염전이 조성되어 **천일제염업**이 발달해 있다. 도서지역의 농산물과 특용작물은 논에 의한 생산보다 밭에 의존한 경제성 작물을 주로

---

84) 다이아스포어(Diaspore) : 결정형은 투명하고, 괴상의 것은 백색·회백색이거나 황색·녹색을 띠며 불투명하다. 변질된 산성 화성암 속에서 산출된다. 내열성이 강해서 내화재로 사용된다.

85) 황철석(黃鐵石, pyrite) : 다이아몬드와 같은 결정구조를 가지는 등축정계에 속하는 광물로 색깔은 옅은 놋쇠황색을 띤다. 주로 황, 황산, 황산암모늄 등의 제조에 사용되며 고무공업, 비료용으로도 중요하다.

86) 천청석(celestite, 天靑石) : 화학성분은 SrSO4로서 스트론튬의 황산염 광물이다. 중정석(重晶石)과 비슷한 판상(板狀), 때로는 주상(柱狀) 결정을 나타내며, 섬유상 · 입상(粒狀) · 괴상(塊狀)을 이루기도 한다. 밑면 및 주면(柱面)에 쪼개짐이 분명하다. 굳기 3.0~3.5, 비중 3.9~4.0이다. 무색 · 백색 · 담청색이며, 투명하거나 반투명하다.

87) 부존 (賦存) : 천부적으로 존재하는 것

생산하고 있다. 주요 작물로는 유채, 참깨, 땅콩, 고구마, 알로에, 포도, 마늘 등이 있으며 파, 시금치, 참외, 방풍나물, 갓 등의 원예작물도 생산되고 있다. 이들의 분포는 다도해 대부분 섬에서 유채를 많이 재배하고 있고 덕적군도의 고구마, 안면도의 땅콩, 조도군도의 고구마와 양파, 보길도와 노화도 및 남해의 마늘이 유명하고 도초도, 비금도, 압해도, 지도, 욕지도의 고구마와 마 등을 들 수 있다.

(4) 관광자원

섬 지역은 유적과 유물은 물론 유·무형의 문화재를 비롯하여 기암괴석으로 이루어진 많은 해상경관의 관광자원을 보유하고 있다. 도서지역에 분포하는 주요 문화적 관광자원은 다음과 같다.

강화군 교동도에는 1629년(인조7)에 축조한 교동읍성과 **교동향교**가 있고, **석모도**에는 635년(선덕여왕4)에 창건된 보문사가 있으며, 이곳에는 특히 나한전이라 불리는 석실과 낙가산 중턱에 위치한 마애석불좌상이 유명하다.

전라북도 부안군 위도[88]에는 조선 중기의 건축물이며 지방 유형문화재인 위도관아가 있다. 전라남도 지역의 문화관광자원은 주로 이순신과 관련된 유물유적이 주종을 이루고 있으며, 이순신을 문화관광상품으로 개발한 곳으로는 목포, 진도군, 여수시, 통영시, 거제시, 진해(창원) 등이다.

한편, 신안군 도초도 용담산 기슭에 위치한 만년사, 신안군 압해읍의 선돌, 여수시 백야도의 백야산성, 여수시 이죽도[89]의 이대원장군사당[90] 등이 주요 문화관광자원을 이루고 있다.

섬은 수려한 해상경관과 기암괴석이 있어 해상공원을 형성하기 좋은 환경을 지닌다. **거제도**에는 해금강, 외도, 지심도, 저도, 이수도, 산달도 등이 그러하고, 최근 이들을 통해 항노화 산업 등 다양한 웰빙 산업화가 진행되고 있다.

섬 지역의 대표적인 국립공원으로는 **태안해안국립공원**, 홍도·조도·백도를 중심으로 한 **다도해해상국립공원**, 한려수도의 여러 섬을 중심으로 한 **한려해상국립공원** 등이 있고, 이 밖에도 많은 **도립공원**과 **지정 관광지**를 보유하고 있다.

---

88) 위도(蝟島)

89) 이죽도(異竹島)

90) 여수 손죽도 사당 : 임진왜란 5년 전인 1587년에 침입한 왜구를 당시 녹도수군만호진의 책임자였던 이대원(李大源, 1566~1587)수군만호가 격전을 벌이다 왜적을 물리치고 전사한 곳에 섬 주민들에 의해 세워진 사당. 1919년과 1923년에 중수를 거쳐 1983년 마을 주민의 정성으로 현재 사당 건물을 중창하여 이때부터 충렬사로 불렸다.

주요 **해수욕장**으로는 인천 용유도의 을왕리해수욕장과 용유팔경, 옹진군 덕적도의 서포리해수욕장과 덕적팔경, 충청남도의 당진시 대난지도의 난지도해수욕장, 보령시 원산도의 원산도해수욕장, 전라북도의 군산시 선유도의 명사십리로 유명한 선유도해수욕장과 인근의 망주봉과 무산십이봉의 절묘한 산악경관이 있으며, 부안군 위도의 위도해수욕장 등이 있다. 거제도에는 몽돌로 유명한 **학동흑진주몽돌해수욕장, 농소해수욕장**과 백사장으로 유명한 **구조라해수욕장, 명사해수욕장** 등이 있다.

또, 전라남도 홍도는 수려한 경관으로 **다도해해상국립공원**의 중심 관광지며, 매년 음력 2월 그믐과 3월 그믐 사이에 2.8㎞의 바닷길이 갈라져 현대판 **모세의 기적**이라 불리는 **진도군 모도**[91]가 있다. 또, 진도의 관매도[92]에는 관매팔경과 관매해수욕장으로 유명하다. 진도군의 조도육군도[93]는 35개의 유인도와 145개의 무인도로 구성되어 기암괴석이 절경이다. 완도군 보길도는 윤선도의 유적지와 중리해수욕장으로 유명하고, 금당도는 금당팔경으로 이름이 높다.

다도해해상국립공원 중에서는 백사청송[94]의 아름다운 경치를 보유한 고흥군 나로도, 온 섬들이 기암괴석과 함께 온통 흰 바다를 이루고 있는 거문도와 백도, 동백꽃으로 유명한 오동도는 인근에 돌산대교, 만성리해수욕장과 소금강으로 불리는 향일암 등으로 한려해상국립공원의 가치를 높이고 있다.

한려해상국립공원에는 경상남도의 남해대교와 상주해수욕장, 남해 금산의 38경, 거제도 **해금강**의 기암괴석 절경과 통영의 한산도 제승당과 남망산공원[95] 등이 있다.

특히, 섬과 섬을 잇는 관광벨트화가 진행되고 있으며, 해양문화관광에 대한 관심은 매우 고조되고 있다.

(5) 개발 가능성

섬주민의 생활과 섬의 개발은 앞으로 발전될 여지가 많다. 첫째, 섬 주변의 해양은 조류, 적당한 수온, 풍부한 먹이사슬 등으로 천혜의 어장을 형성하여 각종 어류가 풍부하고, 해조류·패류 등의 양식에 적합하다. 지금도 김, 미역, 다시마 등과 전복, 꼬막, 개조개 등 조개류의 양식업이 활발하다.

91) 모도(茅島)
92) 관매도(觀梅島)
93) 조도육군도(鳥島六群島)
94) 백사청송(白沙靑松)
95) 남망산공원(南望山公園)

둘째, 아름다운 섬의 자연과 맑고 깨끗한 바다와 공기는 많은 관광객을 유치할 수 있는 귀중한 자원이 될 수 있다. 소득이 높을수록 휴양과 레저공간으로서 비중이 높아질 것이다. 섬에 별장을 만들고 리조트나 호텔을 통한 휴식과 휴양은 물론, 낚시, 해양레저, 요트문화 등 레저공간으로서 섬은 좋은 입지적 조건을 지니고 있다. 섬의 접근성을 개선하고 안전하고 편리한 환경을 조성한다면 관광지로의 개발 가치는 매우 높다. 특히, 남쪽의 섬들은 여름에는 **피서지**로 겨울에는 **피한지**로서 사계절 관광이 가능하며 이를 통한 힐링과 웰빙 관광을 구현할 수 있다.

셋째, 섬은 위치에 따라서 어업전진기지로 개발이 가능하고, 연근해 어로 선박들에 대한 물류공급기지로서의 가치가 있다. 또, 수산물을 가공 처리하는 공장 건설도 기대할 수 있다.

넷째, 어촌 자원을 지역 여건에 맞게 개발하여 어민 소득원을 다양하게 높일 수 있다. 그리고 쾌적한 어촌 정주 생활환경을 조성하여 인구 유출을 막는 한편, 섬의 자생적 발전력을 회복시키는 현대적 혜택을 부여한다면, 섬으로 귀촌·귀어하는 경향을 높일 수 있어 근본적인 섬의 발전에 기여할 것이다.

다섯째, 거제와 같은 지역에서는 조선산업을 더욱 발전시킬 수 있는 조건을 갖추고 있으며, 해양플랜트는 물론 미래를 위한 종합적인 플랜트산업도 가능할 것이다.

끝으로, 대륙붕의 원유자원과 천연가스를 개발할 경우, 섬에는 이에 필요한 각종 부대시설을 설치할 수 있으며, 본토와 연결되는 동력자원의 주요 공급지로서 가능성을 지니고 있다. 특히, 심해를 경유하는 통신망 관리 시설과 해양연구를 위한 전진기지로서의 가치가 있다.

(6) 숙원사업

섬의 특성상 아직도 몇 가지 숙원사업이 남아 있다.

첫째, **전력 공급**을 원하는 섬이 아직도 있다. 전기가 공급되지 않아서 낙후된 생활을 하거나 부족하여 어려움을 겪고 있는 섬도 있다. 50호 이상 규모의 유인 도서는 이미 전력이 공급되고 있지만, 그 미만의 섬은 태양력을 이용한 자가 발전을 이용하고 있어 소규모 시설로 충분한 전력을 공급받지 못하거나 아예 전력보급이 없는 곳도 있다.

둘째, **의료서비스**에 대한 개선이다. 병원을 갖춘 섬은 드물고 특히 종합병원은 큰 섬을 제외하곤 전무한 사정이다. 대부분의 섬에는 보건소나 진료소가 있는 수준이며 이마저도 없는 곳이 많다. 따라서 병원선의 정기적 운영이 필요하며 긴급한 환자에 대한 신속한 후송제도가 필요하다.

셋째, **식수와 주거**의 문제가 있다. 섬에 따라서는 풍부한 지하수 개발로 간이 상수도를 시설한 곳도 있지만, 그러한 섬은 전체 중 안전 급수율이 47.2%에 불과하다. 아직도 우물과 펌프에 의존하는 비율은 52.8%나 된다. 그러므로 위생적인 식수 공급과 아울러 개량된 주택 보급으로 생활환경을 개선하는 일이 시급하다.

넷째, **교육의 문제**다. 아직 학교가 없는 도서가 많다. 분교의 경우는 오히려 줄었다. 이는 학령인구의 감소에 따른 것이지만 최근의 현상을 충분히 반영하지 못하는 교육체계가 현실이다. 도서는 지역적으로 격리된 곳이고 주민의 수가 적기 때문에 분교 및 분실의 시설 개선과 확충이 특별히 요구된다. 열악한 교육환경과 교육질의 향상이 필요하지만 이들이 부족하여 젊은 층이 섬으로 들어오는 게 현실적으로 어렵다. 이를 개선하기 위하여 섬 지역에 교육의 장을 확대하고, 교사를 우대하여 교육에 전념할 수 있게 해야 한다. 또, 도시 학교와 자매결연 등을 통해 정기적으로 이동하는 교육시스템도 필요하며, 사이버교육의 활성화도 검토되어야 한다.

다섯째, 접근성 개선을 위한 **교통문제**가 있다. 여객선의 운항 횟수를 증설하거나 연륙교를 설치하여 쾌적한 이동이 될 수 있게 개선해야 한다. 접근성이 개선되어야 섬에서의 생활의 질이 향상될 것이며, 섬의 특성을 통한 지속적인 발전이 가능해진다. 그리고 이런 과정들이 가능하여야 섬의 문화는 유지되고 발전될 것이다.[96] 하지만 섬의 접근성 개선에 대한 우려의 시선도 있다.

그러나 이러한 개선만으로 섬의 지속적인 발전이 가능한 것은 아니다. 특히, 정부나 정책에 의존하기보다는 섬 주민들의 직접 참여하려는 의지는 물론, 그동안 섬이 지닌 문화와 역사의 가치를 탐구하고 특성들을 이해한 후 발전의 주체로서 활동해야 한다.

96) 한국민족문화대백과

3장
거제시

3-1 현황

3-2 행정 · 의정

3-3 산업

3-4 교육

3-5 경찰서

3-6 소방서

3-7 축제와 관광명소

3-1 현황

3-1-1 일반현황

(1) 연혁

연대	연 혁
BC삼한시대	변한12개국(6가야,6포상국) 중 **독로국**(왕도지:사등성. 두루국/두로국)
AD520	삼국시대 신라 23대 법흥왕7년 소가야국으로 개칭
532	삼국시대 신라 23대 법흥왕19년 금관가야국으로 개칭
677	삼국시대 신라 30대 문무왕17년 **상군**이라 칭함
757	삼국시대 신라 35대 경덕왕16년 거제군 개칭, 3속현(**아주,명진,송변**)을 둠
983	고려 6대 성종2년 **기성현**이라 칭함
1271	고려 24대 원종12년 왜구침입과 삼별초군의 입도로 거창군 가조현으로 이주
1414	조선 3대 태종14년 거창과 거제를 통합 제창현으로 하고 이듬해 거제현으로 환원(1415)
1422	조선 4대 세종4년 왜구침입 종식으로 거창군에서 거제로 귀향
1423	조선 4대 세종5년 고현(고정부곡)에 거제읍성 축성(1432년 낙성, 사등성에서 현아를 이전)
1489	조선 9대 성종20년 거제현을 거제부로 승격
1592	조선 14대 선조25년 임진왜란 발발 옥포대첩 승리하나 5월1일 읍성 함락
1895.5.26.	조선 26대 고종32년 칙령 제98호 경상남도 거제군으로 승격
1896.8.4.	조선 26대 고종33년 칙령 제36호 경상남도 거제부로 승격
1900.5.16.	조선 26대 광무4년 칙령 제19호 진남군 설치. 한산면 분리. 가조도를 동면에 편입
1909.3.13.	조선 27대 융희3년 칙령 제28호 진남군을 용남군으로 개칭. 동면에서 가조도 분리
1909.6.25.	조선 27대 융희3년 칙령 제30호 외포면 폐지. 덕포리를 이운면에 편입. 하청면 북부를 장목면으로 분리 신설(9면 156리로 개편)
1914.3.1.	부령 제111호(1913.12.29. 공포) 용남군과 거제군을 통합 **통영군**으로 칭함. 서부면을 거제면으로 개칭

연대	연 혁
1929.4.1.	부령 제79호 통영군 가조면을 폐지하고 창호리를 사등면에 환원
1938.10.1.	부령 제197호 이운면을 **장승포읍**으로 승격
1944.11.30.	일운면에 고현출장소 설치
1953.1.1.	법률 제271호 통영군에서 분리하여 거제군으로 복군 대통령령 제737호 장승포읍 장승포리에 군청 개청(1953.1.22.)
1956.10.30.	대통령령 제1032호 군청을 장승포에서 고현으로 이전
1959.2.22.	군 조례 제2호 동부면 저구출장소 설치
1963.1.1.	법률 제1179호 일운면 고현출장소를 **신현면**으로 승격(1읍9면)
1967.8.12.	군 조례 제127호 장목면 외포출장소 설치(1읍9면2출장소)
1975.10.1.	대통령령 제7818호 장목면 유호리 저도와 망와도를 진해시에 편입
1977.7.1.	군 조례 제412호 하청면 칠천출장소 설치(1읍9면3출장소)
1979.5.1.	대통령령 제9409호 신현면을 **신현읍** 승격(2읍8면2출장소)
1983.2.15.	대통령령 제11027호 동부면 저구출장소를 남부면으로 승격(2읍9면 2출장소). 동부면 명진리를 거제면에 편입
1986.12.1.	군 조례 제948호 장승포읍 옥포출장소 설치(2읍9면3출장소)
1987.1.1.	대통령령 제12007호 일운면 옥림리 0.16㎢(중촌1,2동)를 장승포읍 장승포리에 편입(대림 1,2동)
1987.10.20.	군 조례 제986호 사등면 가조출장소 설치(1직할출장소2읍9면4출장소)
1989.1.1.	법률 제4050호 장승포읍을 거제군에서 분리하여 **장승포시**로 승격
1993.12.1.	대통령령 제14006호 진해시 안곡동 산102(저도), 산103(망와도)을 거제군 장목면 유호리 산88-1(저도), 산4(망와도)로 환원
1995.1.1.	법률 제4774호 도농복합형태의 시 설치로 장승포시와 거제군을 통합 **거제시** 설치
1995.4.25.	거제시 조례 제125호 옥포2동 관할구역 28개통을 30개통으로 조정
1997.1.13.	거제시 조례 제205호 옥포2동 관할구역 30개통을 35개통으로 조정
1997.10.31.	거제시 조례 제226호 신현읍 양정리 관할구역 중 양정, 제산1,2,3을 양정, 제산1,2,3,4,5,6으로 조정
1998.4.17.	거제시 조례 제247호 신현읍 양정리 관할구역 중 제산6을 제산7, 덕산2,3,4로 분할

연대	연 혁
2000.7.26.	거제시 조례 제350호 장승포동 관할구역 7개통을 6개통으로 조정
2003.12.10.	거제시 조례 제503호 신현읍 장평리 관할구역 중 장평1을 장평1,8로 조정. 신현읍 수월리 관할구역 해명2를 해명2, 수덕으로 조정. 능포동 관할구역 15개통을 16개통으로 조정
2008.7.1.	거제시 조례 제762호 신현읍을 **장평동, 고현동, 상문동, 수양동**으로 전환
2009.4.1.	거제시 조례 제805호 장평동, 상문동 관할구역 중 통을 각각 17개통 및 11개통으로 조정
2011.10.1.	거제시 조례 제979호 일운면 소동리 관할구역을 소동1,2,3으로 조정. 장승포동, 장평동, 고현동, 아주동, 상문동 관할구역 중 통에 대한 전반적 조정
2013.1.10.	거제시 조례 제1074호 연초면 죽토리 관할구역 중 양지를 양지, 희가로로 조정. 마전동 및 옥포2동, 상문동, 수양동 관할구역 중 통에 대한 조정
2014.12.1.	거제시 조례 제1197호 사등면 사곡리 두동을 두동, 영진으로 조정. 아주동을 13개통, 상문동을 15개통으로 조정
2014.12.1.	거제시 조례 제1198호 양정동 31필지를 고현동으로 편입하여 행정구역 명칭 및 경계 조정
2016.5.1.	장승포동과 마전동을 장승포동으로 행정동 통합(9면 9동 3출장소)

(2) 위치

거제시는 경상남도의 남해안 중심부에 위치하고 있으며, 우리나라에서 제주도에 이어 두 번째로 큰 면적을 지닌 섬이다.

시청 소재지	경 도		위 도		해안선길이 (섬둘레)	면적
	방위	동경	방위	북위		
계룡로 125 (고현동)	동단	128° 45`22`	남단	34° 39`59``	총 443 ㎞ (거제도 275.1㎞)	총 403.23 ㎢ (거제도 386 ㎢)
	서단	128° 27`25``	북단	35° 02``15``		

거제의 **위치**는 동쪽으로 부산 가덕도와 직선거리 9 km, 서쪽으로 통영시와 거제대교를 사이에 두고 있으며, 북서쪽 해안은 진해만을 끼고 진해, 마산, 고성과 마주하고 있다.

지형은 주로 산악지형으로 되어 있으며, 동쪽 해역은 한류와 난류가 교차하는 곳으로 각종 어류의 서식처가 되고 있다. **거제의 해안은 리아스식 해안**(rias coast)으로 다도해를 이루어 주위에는 유인도와 무인도가 산재해 절경을 이루고 있으며, 부근 해역은 청정해역으로 지정되어 보존되고 있다.

교통편은 울산에서 시작하는 **국도 14호선**이 부산, 창원, 고성, 통영, 거제대교로 이어진다. **고속도로**는 대전-통영을 통해 이뤄지며, 접속도로가 거제 중심부를 관통하여 옥포(연초면 송정)를 통해 거가대교로 이어진다. 다시 중심부에서 옥포, 아주, 장승포, 일운면 지세포, 학동을 거쳐 남부면 저구리까지로 연결된다.

거가대교는 2003년 착공하여 2010년 12월 13일 완공되어 부산까지 이어지므로 김해, 양산, 창원은 물론 경남의 동부권으로 접속이 원활하고 시간적으로나 공간적으로 이곳들과 단일 생활권을 형성하게 하였다.

철도는 김천에서 거제까지로 잇는 남부내륙고속철도 계획이 있고, 마산과 장목 간의 국도 5호선 연장도 건립계획을 수립하고 있다.[97]

항공편은 김해부산공항이 근접해 있으며, 사천공항을 이용권으로 하고 있어 신속하게 수도권 및 해외로 이동할 수 있으며, 가덕도 신공항이 계획되어 있다.[98]

한편, 해상이동으로 일본으로의 항로개척을 검토하고 있어 육·해·공 경로를 통한 3포트(Three Port)가 자연스럽게 형성하는 지리적 여건을 갖추고 있다.

특히, **북위 35°** 를 중심으로 위치한 **지리적 특징**은 야외활동에 최적하여 조선·해양플랜트산업은 물론 천혜의 리아스식 해안을 중심으로 해양관광산업의 적지의 조건을 충분히 갖추고 있다.

(3) 면적

우리나라의 두 번째 큰 도서지역인 거제도의 면적은 403.23 ㎢로 경남 총면적의 약 4%며, 남한의 0.4% 정도다. 이는 가장 큰 섬인 제주도(1,850.2 ㎢)와 비교하면 면적은 작으나, 해안선 길이(거제도 본섬 275.1 ㎞, 부속도서 포함 443 ㎞)는 제주도(253 ㎞)보다 길다. 하지만 이 같은 사정은 다른 도서지역의 매립 등으로 변화가 잦다.

97) 고속철도(KTX)
98) 2035년 개항 예정

3-1-2 기본현황

(1) 행정구역[99]

거제시 행정구역은 산업의 발전과 정부의 시책에 따라 급격히 변하였다. 이러한 변화는 인근 통영과의 관계와도 매우 얽혀있다. 거제와 통영이 동일한 행정구역으로 지정된 시기가 그 탓이다.

거제의 행정구역은 **9면 9동**에 **205개 리**와 180개 통 및 1,820개의 반으로 구성되어 있다. 이는 시의 발전에 따라 지속적인 변화가 예상된다.

면동	리	통	반	비 고
계	205	180	1,820	
일운면	19		62	
동부면	18		50	
남부면	12		27	
거제면	23		75	
둔덕면	20		37	
사등면	31		109	
연초면	27		64	
하청면	27		56	
장목면	28		76	
장승포동		13	116	
능포동		16	136	
아주동		17	126	
옥포1동		12	79	
옥포2동		36	248	
장평동		22	168	
고현동		33	216	
상문동		17	106	
수양동		14	69	

99) 2017 거제시정백서

(2) 인구·세대[100)]

[단위 : 명, 세대]

행정기관	세대수	인 구			한국인 (주민등록인구)			거주외국인 (출입국관리소등록신고)		
		계	남	여	계	남	여	합계	남	여
전월 합계	103,628	245,282	129,208	116,074	240,059	125,673	114,386	5,223	3,535	1,688
당월 합계	103,602	244,700	128,886	115,814	239,554	125,392	114,162	5,146	3,494	1,652
전월 대비	-26	-582	-322	-260	-505	-281	-224	-77	-41	-36
일운면	4,030	8,301	4,263	4,038	8,176	4,179	3,997	125	84	41
동부면	1,658	3,181	1,705	1,476	3,066	1,604	1,462	115	101	14
남부면	907	1,613	844	769	1,543	788	755	70	56	14
거제면	3,446	7,361	3,667	3,694	7,277	3,611	3,666	84	56	28
둔덕면	1,517	2,992	1,609	1,383	2,830	1,462	1,368	162	147	15
사등면	5,730	13,005	6,754	6,251	12,831	6,651	6,180	174	103	71
연초면	4,140	8,279	4,666	3,613	7,992	4,443	3,549	287	223	64
하청면	2,393	4,618	2,410	2,208	4,499	2,307	2,192	119	103	16
장목면	2,481	4,566	2,367	2,199	4,433	2,246	2,187	133	121	12
장승포동	2,899	6,066	3,369	2,697	5,779	3,153	2,626	287	216	71
능포동	4,127	9,167	4,988	4,179	9,091	4,937	4,154	76	51	25
아주동	10,323	27,639	15,011	12,628	26,800	14,330	12,470	839	681	158
옥포1동	3,596	7,728	4,173	3,555	7,156	3,844	3,312	572	329	243
옥포2동	11,179	25,963	13,526	12,437	25,624	13,353	12,271	339	173	166
장평동	9,998	21,652	12,418	9,234	20,666	11,694	8,972	986	724	262
고현동	14,977	34,447	17,647	16,800	33,986	17,454	16,532	461	193	268
상문동	11,967	34,319	17,344	16,975	34,181	17,303	16,878	138	41	97
수양동	8,234	23,803	12,125	11,678	23,624	12,033	11,591	179	92	87

100) 2022.3월말 현재

(3) 인구현황[101)]

1) 남녀비율

계	세대수	여		남		비고
		인원	비율	인원	비율	
241,216	103,674	114,925	47.64	126,291	52.36	

- 경남 인구 3,378,430명, 7.49%에 해당
- 65세 이상인구 : 28,842명 11.96%
- 고령화 사회기준 : 65세 이상자가 7% 이상

따라서 거제시는 이미 고령화 사회에 진입함.

2) 인구증감 요인별 현황

구분	증감	증가요인			감소요인			시군구 내 이동
		출생	진입		사망	전출		
			시군구간	시도간		시군구간	시도간	
인원	-776	168	521	992	77	639	1,650	2,426

그동안 거제시는 조선산업의 발전 등으로 인구가 지속적으로 증가하였으나, 조선업 경기의 침체로 2016년부터 몇 년간 매월 평균 300명씩 감소하였다. 이에 따른 인구 전출은 주로 도시권으로 나가는 경향이 높고 산업 이동과 자녀 교육 등이 원인으로 분석되었다.

3) 계층별 인구현황

구분	합 계	유소년인구 (14세 이하)	생산가능인구 (15~64세)	고령인구 (65세 이상)
인원	241,216	39,330	173,044	28,842
비율(%)	100.00	16.30	71.74	11.96

구분	0~9	10~19	20~29	30~39	40~49	50~59	60~69	70 이상
인원	24,145	27,952	22,796	32,802	47,254	40,041	28,798	17,428
비율(%)	10.01	11.59	9.45	13.60	19.59	16.60	11.94	7.22

101) 2021. 12월 현재, 거제시

(4) 인구동태 현황(1989~2021)

(단위 : 명)

연별	세대	인구									인구증가율(%)	인구밀도	면적(㎢)	세대당인구	65세 이상 고령자
		합 계			내 국 인			외 국 인							
		계	남	여	계	남	여	계	남	여					
1989	36,434	150,977	78,602	72,375	150,977	78,602	72,375	-	-	-	-2.50	379.39	397.95	4.14	-
1990	37,584	144,233	74,429	69,804	144,233	74,429	69,804	-	-	-	-4.47	362.35	398.05	3.84	-
1991	37,810	143,890	73,326	70,564	143,890	73,326	70,564	-	-	-	-0.24	361.44	398.10	3.81	-
1992	39,764	144,021	73,048	70,973	144,021	73,048	70,973	-	-	-	0.09	361.63	398.25	3.62	-
1993	41,375	146,533	74,324	72,209	146,533	74,324	72,209	-	-	-	1.74	367.07	399.20	3.54	-
1994	42,952	150,137	76,335	73,802	150,137	76,335	73,802	-	-	-	2.46	376.09	399.20	3.50	8,554
1995	45,430	155,140	79,560	75,580	155,140	79,560	75,580	-	-	-	3.33	388.63	399.20	3.41	9,604
1996	48,199	161,600	83,047	78,553	160,894	82,561	78,333	706	486	220	3.71	402.73	399.51	3.34	9,955
1997	50,272	165,887	85,321	80,566	164,652	84,417	80,235	1,235	904	331	2.34	411.88	399.76	3.28	10,429
1998	52,969	171,210	87,910	83,300	170,275	87,266	83,009	935	644	291	3.42	425.86	399.84	3.21	10,872
1999	54,063	174,291	89,620	84,671	173,090	88,776	84,314	1,201	844	357	1.65	432.83	399.90	3.20	11,217
2000	55,062	176,028	90,345	85,683	174,981	89,619	85,362	1,047	726	321	1.09	437.50	399.96	3.18	11,588
2001	56,989	180,496	92,861	87,635	178,980	91,743	87,237	1,516	1,118	398	2.29	447.11	400.30	3.14	12,118
2002	58,729	183,897	94,944	88,953	182,035	93,533	88,502	1,862	1,411	451	1.71	454.30	400.69	3.10	12,541
2003	61,456	188,850	98,013	90,837	186,208	96,003	90,205	2,642	2,010	632	2.29	464.72	400.69	3.03	12,990
2004	63,813	193,434	100,620	92,814	190,141	98,068	92,073	3,293	2,552	741	2.11	474.52	400.70	2.98	13,480
2005	67,299	199,483	104,161	95,322	195,609	101,160	94,449	3,874	3,001	873	2.88	487.26	401.45	2.91	13,929
2006	70,545	205,821	107,824	97,997	201,412	104,360	97,052	4,409	3,464	945	2.97	501.61	401.53	2.86	14,496
2007	74,380	213,638	112,483	101,155	208,208	108,290	99,918	5,430	4,193	1,237	3.37	518.46	401.59	2.80	15,210
2008	79,463	224,855	119,522	105,333	217,211	113,525	103,686	7,644	5,997	1,647	4.32	540.88	401.59	2.73	15,784
2009	84,371	233,589	124,524	109,065	225,522	118,410	107,112	8,067	6,114	1,953	3.83	561.49	401.65	2.67	16,195
2010	86,467	236,435	125,689	110,746	228,355	119,547	108,808	8,080	6,142	1,938	1.26	568.61	401.60	2.64	16,475
2011	88,629	241,711	128,308	113,403	232,787	121,587	111,200	8,924	6,721	2,203	1.94	579.62	401.62	2.63	17,009
2012	90,793	245,972	130,760	115,212	236,944	124,076	112,868	9,028	6,684	2,344	1.79	589.40	402.01	2.61	17,710
2013	93,572	253,349	135,478	117,871	242,077	127,020	115,057	11,272	8,458	2,814	2.17	602.11	402.05	2.59	18,470
2014	97,392	262,011	140,822	121,189	248,287	130,708	117,579	13,724	10,114	3,610	2.57	617.38	402.16	2.55	19,366
2015	101,534	270,879	146,373	124,506	255,828	135,281	120,547	15,051	11,092	3,959	3.04	634.34	403.30	2.52	20,073
2016	102,413	271,361	146,283	125,078	257,183	135,738	121,445	14,178	10,545	3,633	0.53	639.28	402.30	2.51	20,932
2017	101,279	264,994	141,525	123,469	254,073	134,079	120,732	10,183	7,446	2,737	-1.21	631.55	402.30	2.51	21,944
2018	100,775	257,989	136,303	121,686	250,516	131,003	119,513	7,473	5,300	2,173	-1.40	622.71	402.30	2.49	23,456
2019	101,969	256,578	136,198	120,380	248,276	130,141	118,135	8,302	6,057	2,245	-0.89	617.14	402.30	2.43	24,892
2020	103,779	252,399	133,642	118,757	245,754	128,978	116,776	6,848	4,836	2,012	-1.02	610.87	402.30	2.47	26,869
2021	103,674	246,620	129,935	116,685	241,216	126,291	114,925	5,404	3,644	1,760	-1.85	599.59	402.30	2.33	28,842

* 2016년 이후, 조선산업에 따른 지역경기의 하락으로 인구가 감소하는 추세를 보임.

3-1-3 상징[102)]

(1) 슬로건

1) 블루시티거제

거제시는 사면이 푸른 바다로, 그 바다를 끼고 발전하는 **세계 1위의 조선산업 도시**이자 **해양관광·휴양도시**다. 따라서 그 상징으로 푸른 바다를 나타내는 블루(Blue)와 산업역군을 의미하는 블루컬러를 동시에 표현하여 역동적이고 희망적인 도시 이미지를 나타내고 있다.

2) 블루시티 심벌의 의미

이 심벌은 조선산업과 해양관광도시를 뜻하는 배와 바다, 한려해상 국립공원의 풍치를 안겨주는 동백꽃, 시민의 힘찬 기상을 담은 갈매기를 모티브로 하였으며, 자연스러운 서체와 밝은 색상 그래픽 요소를 결합하여 새롭게 도약하는 거제시의 모습을 산뜻하고 친근하게 표현하고 있다.

슬로건에 주되게 사용된 파란색은 맑고 깨끗한 해양관광도시 거제를 나타낸다. 분홍색과 주황은 풍요로운 관광자원과 따뜻한 거제의 의미를 내포하고, 연두색은 활기찬 시민의 기상을, 하늘색은 푸른 바다와 청정한 지역임을 상징적으로 표현하였다.

3) 색상

Blue City GEOJE의 전용색상은 거제시를 차별화시키는 또 하나의 중요한 수단이므로, 지정된 색상을 통일성 있고 지속적이며 정확하게 사용하는 것이 중요하다. 전용색상은 지정된 별색 사용을 원칙으로 하며 미디어의 표현 매체에 따라 4원색으로 인쇄를 할 수도 있다.

전용색상의 활용에는 정확한 색상과 명도, 채도 등을 유지하여 사용·관리되어져야 한다고 거제시는 명시하고 있다.

---

102) 거제시청

(2) 거제시 심벌

이 심벌의 의미는 푸른 바다와 태양은 태평양의 중심에서 세계로 나아감을 의미하고, 갈매기 3마리는 조화·균형·화합을 나타내며, 가운데 바위 모양은 시민의 강한 의지와 끈기를 표현하고, 아래쪽 4개의 잔잔한 물결은 4면이 바다라는 점과 지역의 안정과 평화로운 도시를 상징한다.

1995년 1월 1일로 새로이 거제 전 지역이 통합되어 거제시로 출범함에 따라 시의 의미를 총체적으로 상징하고 시민에게 일체감을 갖게 할 수 있는 심벌마크(symbol mark)를 제정하였다.

이 심벌마크의 전체적인 형태는 푸른 바다 위에 찬란히 솟아오르는 태양과, 갈매기가 조화롭게 날고 있는 섬의 전형적인 이미지로 안정과 화합의 느낌을 제공하고, 거제시만의 독특한 개성적 이미지와 지방분권과 국제화시대에 맞는 미래지향적이고 발전적 이미지를 내포한다.

■ **콘셉트(concept)**

이의 둥근 원은 찬란히 솟아오르는 태양을 나타내고 시민의 희망과 정열을 상징하며, 3마리의 갈매기는 조화와 균형을 이루면서 서로 돕고 화합하는 진취적 기상으로 살아가는 해양관광도시를 의미한다. 중앙부분의 바위 모양은 해금강의 수려한 자연경관과 섬의 이미지로 시민의 강한 의지와 끈기를 담고 있으며, 잔잔한 바다의 물결모양은 지역의 안정과 평화로운 고장을 상징하고, 세계를 향해 무한히 뻗어나가는 거제의 미래상을 나타낸다.

(3) 로고

조형적 이미지를 고려하여 제작된 로고타입은, 심벌마크뿐만 아니라 다른 디자인 요소와의 조화와 가독성을 고려하여 한글, 한문, 영문으로 구성되어 있다.

로고타입의 사용은 기본적으로 인쇄나 컴퓨터 프린팅, 컬러복사기에 의한 복제를 원칙으로 하며, 특별한 경우 그리드시스템[103]에 의한 작도 교정에 따라 정확히 표현되어야 한다.

거 제 시
巨 濟 市
GEOJE
GEOJECITY

거제시 巨濟市 GEOJE GEOJECITY

(4) 시그니처(signature) 시스템[104]

이는 CI(Corporate Identity)[105]의 기본요소인 심벌마크와 로고타입을 체계적으로 조직하고 효과적으로 조화시켜 거제시의 통일된 고유 이미지가 형성되도록 디자인하였다. 이 조합체계는 CI 기본시스템의 완성형을 보여주는 매우 중요한 부분이며, 각 항목별 기준에 따라 정확하게 사용되어야 한다.

---

103) 그리드시스템(grid system) : 건축계획이나 도시계획에서 모듈로서의 기준 치수에 의한 격자형 패턴에 따라서 평면적, 입체적으로 구성하는 계획 수법

104) 시그니처(signature) : 서명과 특징이라는 의미. 평소에 자주 사용되는 서명

105) CI(Corporate Identity) : 기업 이미지를 통합하는 작업CIP(Corporate Identity Program)

(5) 상징물

1) 시기

태양은 시민의 정열과 희망을 갖게 하고, 갈매기는 조화롭게 서로 돕고 화합하여 미래를 향해 나아가며, 바위섬 모양은 해금강의 수려한 자연경관을 부각시켰다. 물결은 4면이 바다임을 나타내며 안정과 평화를 의미한다.

2) 시화(동백꽃)

한려해상국립공원의 풍치를 안겨주는 거제의 상징이며, 빨간 꽃봉오리는 시민의 순결함과 정열을 나타낸다.

3) 시목(해송)

사계절 푸르러 변치 않는 시민기상을 나타내며, 해안변의 해송은 끈기와 씩씩하고 강직한 힘을 나타낸다.

4) 시조(갈매기)

섬과 바다를 가꾸는 시민의 벗이며, 해양관광도시로 뻗어가는 시민의 힘찬 기상과 화합단결로 영원한 번영을 이룩함을 의미한다.

5) 시어(대구)

수산자원을 보호·육성하고 수산물에 대한 관심을 제고하며 나아가 바다를 지키는 거제시민의 근면 성실과 진취적 기상을 나타낸다.

(6) 캐릭터(몽돌이, 몽순이)[106]

거제시의 상징 캐릭터로 선정된 몽돌이와 몽순이는 대내외적으로 시를 대표하고, 문화사절 및 홍보도우미로서 뉴밀레니엄시대의 거제시가 야심차게 펼치는 해양관광사업의 주역으로서 역할을 다할 수 있도록 차별화되고 양질화된 이미지 구현을 목표로 한다.

106) 1999년에 처음으로 제정하였으나, 시대에 맞춰 전체적인 색상과 도안을 변경

몽돌은 거제시 및 거제시민의 고유성인 친화력, 단결력, 생활력을 상징적으로 내포하고 있으며, **친화력**은 모나거나 편협하지 않아 세상 어떤 요인들과 친해질 수 있는 원만한 성품을 나타낸다. **단결력**은 시민이 화합을 이루어 다함께 잘 살 수 있는 단합된 힘을 표현하며, **생활력**은 인내와 끈기로 주어진 역경을 극복하고 변화에 적응하여 발전적 가치를 창출해 가는 강인한 정신을 표현한다. 더불어 부지런한 근면성, 한결같은 항상성 그리고 믿음직한 신뢰성을 포함하고 있다.

1) 몽돌이

이는 매사에 적극적이고 활동적이며 여유롭고 유머를 내재한 개방적 성격을 상징한다. 형용의 의미는 우직한, 든든한, 힘센, 책임감 있는, 총명한, 활기찬, 품격을 지닌, 친절한, 귀여운, 원만한 등이다.

2) 몽순이

이는 순하고 애교가 있으며 사리판단이 빠르고 적극성을 지닌 애살형 성품을 지닌다. 형용사적 특징은 생활력이 강한, 섬세한, 지혜로운, 덕성스런, 애정 어린, 살가운, 친절한, 귀여운, 원만한 등이다.

3-1-4 9경·9미·9품

거제에는 대표적인 볼거리 8경과 먹거리 8미 그리고 특산 품으로 8품을 선정하였으나, 시대의 변화에 따라 2019년 5월 **거가대교**를 더하여 9경으로 하는 등 9 시리즈를 확정하였다. 이와 같은 9시리즈화는 거제의 9경을 **'구경가자'**, 거제에서 **'구미에 맞는'** 9미를 먹자, 거제의 **'긋(Good)품을 구입하자'**는 등 홍보적 흥미를 전개하였다.

구분	내용
9경	거제 해금강 바람의언덕과 신선대 외도보타니아 학동흑진주몽돌해변 거제도 포로수용소유적공원 동백섬 지심도 여차·홍포 해안비경 공곶이·내도 거가대교
9미	거제 대구탕 거제 굴구이 멍게·성게 비빔밥 거제 도다리쑥국 거제 물메기탕 거제 멸치쌈밥·회무침 거제 생선회·물회 바람의핫도그 볼락구이
9품	거제 대구 거제 멸치 거제 유자 거제 굴 거제 돌미역 거제 맹종죽순 거제 표고버섯 거제 고로쇠수액 왕우럭조개

(1) 9경

1) 거제도 포로수용소유적공원

1950년 6월 25일 새벽 4시, 북한군의 남침으로 시작된 한국전쟁으로 수많은 포로들이 발생하였고, 이들을 수용하기 위한 장소가 필요하여 1951년부터 거제도 고현, 수월지구를 중심으로 포로수용소가 설치되었다.

인민군 15만, 중국군 2만 등 최대 17만 3천 명의 포로를 수용하였고, 그 중 300여 명의 여자포로도 있었다. 1951년 7월 10일 최초의 휴전회담이 개최되었으나 전쟁포로 문제에서 난항을 겪었고, 특히 반공포로와 친공포로 간 유혈살상이 자주 발생하였으며, 1952년 5월 7일에는 수용소 사령관 돗드 준장이 포로에게 납치되는 등 냉전시대 이념 갈등의 축소 현장과 같은 모습이었다. 1953년 6월 18일 한국 정부의 일방적인 반공포로 석방을 계기로 1953년 7월 27일 휴전협정이 조인됨으로써 전쟁은 끝났고, 수용소는 폐쇄되었다.

거제도 포로수용소는 1983년 12월 20일 경상남도 문화재 자료 제99호로 지정, 보호되고 있으며, 지금은 일부 잔존 건물과 당시 포로들의 생활상, 막사, 사진, 의복 등 생생한 자료와 기록물들을 바탕으로 거제도 포로수용소 유적공원으로 다시 태어나 전쟁역사의 산 교육장 및 세계적인 관광명소로 조성되었다.

2) 거제 해금강

생태적 보전 가치가 높은 이 섬의 원명은 **갈도**다. 자연경관이 뛰어나 1971년 **명승 제2호 거제 해금강**으로 지정되어 등재되었다. 섬은 긴 세월동안 파도와 바람에 씻긴 형상이 갖가지 모습을 연출한다. 사자바위, 미륵바위, 촛대바위, 신랑바위, 신부바위, 해골바위, 돛대바위 등이 있으며, 자생 풍란을 비롯한 자연 야생초가 많아 **약초섬**으로도 불린다. 수십 미터 절벽에 새겨진 **만물상**과 **십자동굴**은 해안비경의 절정을 이루며, 갈도 앞 **사자바위** 사이로 솟는 일출의 모습은 유명하다.

3) 학동흑진주몽돌해변

이 해변은 학동에 있으며 흑진주 같은 검은 몽돌로 이루어져 전국적으로 이름난 아름다운 곳이다. 특히, 남해안의 맑고 깨끗한 물이 파도치며 굴리는 몽돌의 소리는 **한국의 아름다운 소리** 100선에 선정되었다. 뒤로는 희귀식물의 보고인 노자산과 가라산의 능선이 부드럽고, 야생 **동백림 군락지**에서는 천연기념물로 지정된 **팔색조**가 서식한다. 학동마을 옆 수산마을에는 **별신굿**이 오늘날까지 이어져 오고 있다.

4) 여차·홍포해안 비경

망산 자락 밑에 모여 앉은 바위섬들의 모습은 이웃과 어울려 사는 주민을 담은 한 폭의 그림을 연상하게 한다. **홍포마을**의 **노을**은 바다비경과 더불어 뛰어나고, 뒷산인 망산은 **천하일경**으로 찾는 이가 많다. 홍포마을에서 가파른 산자락을 돌아간 곳에는 **여차마을**이 있다. 이곳은 몽돌해변으로 파도가 밀려왔다가 밀려갈 때마다 자연의 소리가 싱그럽고, 이 소리와 더불어 자라는 자연산 돌미역은 진미의 일품이다. 이 두 마을을 잇는 길은 **섬앤섬길**의 한 구간으로 지정되어 있다.

5) 외도보타니아

거제도와 4 ㎞ 정도 떨어져 있는 외도는 지리적 여건에도 불구하고 물이 풍부하고 기후가 온난하며, 강우량이 많아서 여러 가지 난대 및 열대성 식물이 자라고 있으며, 맑고 푸른 바다에 둘러싸여 거제해금강, 홍도, 대마도 등을 관망할 수 있다.

1969년부터 소유자 (고)이창호, 최호숙 부부가 145,002 ㎡의 부지에 희귀 아열대 식물 740여 종과 리스하우스 등 7동의 편의시설을 설치하였으며, 1년 내내 꽃이 지지 않는 곳으로, 지중해의 어느 한 해변을 옮겨 놓은 듯 이국적인 모습의 건물과 조경으로 가꾸어져 있다.

한려해상국립공원 내 위치한 외도는 동도와 서도로 나뉘어 있고, 수심이 30~50 m, 해발 84 m로, 서도에 식물원과 편의시설이 조성되어 있으며, 동도는 자연 상태 그대로 보존되고 있다.

2002년 3월 KBS 드라마 '겨울연가' 마지막회 촬영지로 알려지면서 국내외 관광객들이 많이 찾는다.

1995년 4월 25일 '외도자연농원'이란 이름으로 개원한 지 2년 만에 연간 백만 명 이상의 관광객이 찾는 관광명소로 자리매김했고, 최근에는 한국관광공사, 네티즌에 의해 한국 최고의 관광지로 선정되기도 했다.

6) 바람의언덕과 신선대

해금강을 향하는 길에서 함목마을 지나면 북쪽으로 내려선 한 폭의 그림 같은 **도장포마을**이 있고 이를 돌아가면 작은 반도를 만들고 있는 **바람의언덕**이 있다. 이곳에서 보는 학동마을과 구조라마을의 바다는 호수와 같다. 바람의언덕은 띠가 가득히 자라 **띠밭늘**로 불렸다. 이곳에서 나와 해금강가는 길을 넘어서면 남쪽 해안으로 신선이 내려와 즐겼다는 넓적한 바위 **신선대**가 있다.

7) 동백섬 지심도

동백섬으로 대표적인 곳이 지심도다. 사람들은 겨울의 찬 기운에 봄이 그리우면 장승포항에서 20분가량 도선을 타고 가는 섬, 동백섬으로 간다. 늘 푸른 나무의 동백은 계절을 이기고 붉은 꽃을 피운다. 지심도에선 동쪽으로 **대마도**가 보이고 서쪽으로 건너편엔 거제본섬이 있어 단숨에 닫을 수 있는 듯하다. 지심도는 언제나 쪽빛바다의 초록빛 섬으로 동박새와 직박구리, 박새가 날고 이를 따라 큰 매가 높이 맴을 돈다. 지심도는 일제강점기에 군부대가 자리하여 지금도 그 잔해가 붉은 꽃들 사이에 남아 있다. 동백꽃이 떨어지면 오가는 숲길은 붉은 양탄자를 깐 듯 비경의 백미다.

8) 공곶이·내도

사람의 승리란 이런 것이다. 수선화와 같은 사람의 손으로, 큰 몽돌과 같은 사람의 마음으로 쌓고 다듬고 가꾸어 만든 거제 본섬의 산자락은 언제나 꽃들이 피어난다. **와현해수욕장**을 지나 왼편으로 난 해안을 따라 깊숙이 들어가면 **예구마을**에 닿는다. 이곳에서 낮은 고개를 넘어서면 남쪽 바다에 **내도**가 있다. 내도방향으로 산 고개를 내려가는 자락이 공곶이다. 공곶이 가는 길은 돌담과 동백숲의 동굴이 이어지며 그 곁으로 만들어진 다랑이 화원은 사계절마다 적합한 꽃이 피어있다. 공곶이는 어느 부부의 노력으로 만들어졌다. **다랑이(다랭이[107])화원 공곶이**를 찾는 이가 그 내력을 듣게 된다면 부부의 정성과 근면성을 덤으로 얻게 될 것이다.

내도는 외도의 안에 있다고 하여 '안섬, 모자섬'이라고도 부르고, 구조라 선착장에서 도선으로 배를 타고 간다. 어족이 풍부하여 낚시터로도 유명하고, 김과 굴 양식이 활발하다. 1982년 내도분교 운동장에서 선사시대의 유적인 조개무지와 토기 등이 발견되었다.

---

107) 경북방언

9) 거가대교

국내 최대, 세계 최초, 세계 최고의 토목 기술의 집합체인 거가대교가 2004년 12월 착공하여 6년간의 공사기간을 거쳐 2010년 12월 14일 개통했다. 거가대교는 경남 거제시 장목면 유호리에서 부산광역시 강서구 천성동 가덕도를 잇는 다리로써 총 길이 8.2 ㎞의 왕복 4차선 도로로 2개의 사장교(4.5 ㎞)의 해저침매터널(3.7 ㎞)뉘어져 있다. FAST TRACK방식(설계와 시공을 병행하는 기법)을 이용하여 건설되었고, 침매터널은 48 m 수심을 포함 5가지 세계신기록을 세웠다.

거가대교 개통으로 거제와 부산 간 거리는 140 ㎞에서 60 ㎞로 줄었고, 시간은 2시간여에서 50분으로 단축되었다. 또한 대전~통영, 대구~부산 간 고속도로가 U-Type형으로 연결되어 물류비용을 획기적으로 절감하고 남해안관광벨트의 핵심인프라 구축에 기여하고 있다.

낮에는 확 트인 바다 풍경을, 밤에는 아름다운 야경을 감상할 수 있는 유호전망대가 설치되어 사진 찍기에 최적의 장소를 제공하고 있다.

(2) 9미

1) 멍게·성게 비빔밥

멍게비빔밥과 성게비빔밥은 거제의 손꼽히는 특미다. 멍게비빔밥은 4~6월경에 거제의 연안에서 채취하는 멍게를 속의 펄을 제거하고 다진 후, 약간의 양념으로 간을 맞춰 버무린 다음 저온에서 반숙성 시킨다. 비빔밥으로 먹을 때는 참기름, 깨소금, 김가루 등을 뜨거운 밥 위에 올려 비빈다. 이 비빔밥은 향긋한 멍게향이 일품이다.

성게비빔밥은 청정해역 거제바다에서 해녀들이 채취한 성게를 사용한다. 맛은 쌉쌀하면서도 향긋하다. 이는 식욕을 살리고 영양의 균형을 잡아준다. 성게는 **밤송이조개**라고도 하고 제주도에서는 이를 **구살**이라고 부른다. 비빔밥은 비교적 간편한 구조다. 그렇기 때문에 사랑받는 식단이다.

2) 거제 도다리쑥국

거제의 봄에는 도다리와 쑥이 펼치는 드라마가 있다. 예로부터 대표적인 봄철음식 재료인 쑥과, 바다의 대표 생물인 도다리가 만난다. 봄철의 단단하고 부드러운 도다리에 쑥과 된장을 넣어 끓인 도다리 쑥국은 구수한 향과 담백한 맛으로 봄날의 서정을 돋운다.

3) 거제 물메기탕

그동안 어부들은 물메기를 잡으면 흉측한 모양과 여린 육질로 버려왔다. 동해 강원도에서 곰치라 하지만 남해에선 물미기라고 부른다.

물메기탕은 누구라도 시원한 맛을 즐길 수 있고 미식가들이라면 회무침도 좋다. 거제에선 주로 11월부터 시작하여 겨우내 물메기 조업이 성하여 한겨울의 미각을 기억에 남겨준다.

4) 거제 멸치쌈밥·회무침

이 음식은 초고추장으로 멸치를 통째로 먹기에 칼슘과 비타민 풍부, 무기질의 좋은 공급원이 되며, 고단백, 저칼로리로 열량이 낮아 다이어트에 효과적 효능을 지니고 있어 다이어트에 도움이 된다.

더불어 노화 방지, 어린이 성장발육 촉진에 도움이 된다. 미량 영양소인 셀렌은 비타민 E와 마찬가지로 항산화 작용이 있어 노화 예방에 효과적이며 단백질이 풍부하고 필수아미노산이 다량 함유되어 있어 아이들 성장발육에 좋다.

5) 볼락구이

거제에선 **뽈락구이**로 더 잘 통하며, 잘 구운 볼락의 쫄깃하고 짭짤한 껍질 맛은 한 번의 시식으로 만족할 수 없어 항상 입에 당기는 음식이다. 부드러우면서 고소한 속살은 그 어떤 생선구이와도 비교되지 않는다는 평을 받는다.

6) 거제 대구탕

대구는 머리와 입이 커서 붙여진 이름이다. 전체적인 생김새는 명태와 비슷하지만 몸 앞쪽이 보다더 두툼하고 뒤쪽은 점점 납작해지며 명태보다는 큰 편이다. 대구는 10월에서 다음 해 2월 사이에 진해만에서 주로 잡히며, 한때 어획량이 급속히 감소하여 귀한 생선으로 취급되었다. 최근에는 치어방류사업 등 다양한 복원사업을 통해 어획량이 많이 늘었으나 여전히 고급 어종으로 그 맛과 영양을 자랑한다. 제철인 12월에는 거제 외포에서 **대구축제**가 개최되고, 거제시의 시어로 지정되어 있다. 겨울에 먹는 대구탕의 깊은 맛은 표현을 어렵게 한다. 대구는 탕으로도 먹지만 여러 양념으로 버무린 찜으로도 좋다.

7) 거제 굴구이

거제는 청정해역으로 미 FDA에서도 인정하고 있다. 이 일대에서는 **바다의 우유라**는 굴 양식이 성하다. 굴이 남성은 물론 여성의 미용에도 좋다는 보고가 있은 후, 굴의 제철이면 굴구이를 먹기 위한 인파가 곳곳에서 장사진을 이룬다. 이에 따라 굴양식도 증가하여 비교적 저렴한 비용으로 푸짐하게 먹을 수 있다.

거제의 굴구이는 숯불이나 일반 석쇠에 굽는 형식이 아니라, 큰 양철 솥에 굴을 가득 채우고 불기에 쪄서 익혀 먹는다. 굴은 최근에는 구이와 더불어 다양한 요리로 발전하고 있다.

8) 거제 생선회·물회

모든 바닷가 마을에서 즐겨 먹는 음식이 생선회다. 하지만 거제에서의 생선회는 남해의 풍부한 영양분과 거칠고 세찬 바닷속의 환경에서 자란 생선으로 요리되어 그 맛은 더할 나위가 없다.

거제는 섬인 관계로 계절별로 적합한 생선을 회로 장만하는데, **정월 도미, 2,3월 가자미(도다리), 4월 삼치, 5월 농어, 6월 숭어, 7월 장어, 9월 전어, 10월 갈치** 등이다. 겨울인 11월과 12월에는 대부분의 어종이 생선회로 가능하다.

9) 바람의핫도그

이는 2019년도에 9시리즈로 확대하면서 추가된 것으로, 지역의 고유 브랜드를 통하여 모든 사람에게 매우 인기 있는 간식거리로 유명하다.

(3) 9품

1) 거제 유자

거제에 유자가 들어온 내력은 확실하지 않지만, **장보고가 문성왕2년(840년)**에 당나라에서 가져와 남해안 지역에 전파한 것으로 구전된다. 세종실록 세종8년(1426년) 전라도와 경상도에 유자를 심게 하였으며, 착과량을 조사하고 상납하게 하였다는 기록이 있다. 동국여지승람에서는 유자 생산지역으로 경남권의 거제, 곤양, 남해, 사천, 하동, 창원, 능천, 기장이라고 기술되어있다.

거제유자는 연평균기온이 13℃ 이상의 온난한 기후에서 작농 되어 색깔이 진하고, 껍질이 두꺼우며 유포가 발달 되어 향이 강하고 오래 지속되는 특징을 지니고 있다.

2) 거제 대구

대구는 동해와 서해에서 분포하는 한대성의 심해어로 깊은 바다에 떼를 지어 살며, 겨울철에는 냉수층을 따라 진해만까지 산란하기 위해 이동한다. 동남해안에서 잡히는 대구는 50 cm 이상이며, 서해에서 잡히는 대구는 50 cm 미만이다. 거제에선 진해만을 중심으로 무게 7.5 kg 이상 나가는 대구를 최상급으로 여긴다. 조선왕조실록(태종실록~중종실록)에는 매년 10월 거제의 대구를 진상했다는 기록이 있다.

대구는 단백질 17.6%, 지방 0.5% 들어있는 고단백질 저지방 식품으로 간세포의 재생을 원활하게 하며, 시스테인과 메티오닌 등 필수 아미노산이 풍부하여 해독작용에 관여하는 글루타티온 이란 물질을 잘 합성할 수 있게 한다. 또, 노폐물을 체외로 배출시키는 기능도 있으며, 글루탐산은 암모니아와 젖산 대사를 촉진하여 피로회복에도 도움이 된다.

3) 거제 멸치

거제는 난류와 한류가 교차하는 청정해역이다. 갓 잡아 삶아 햇볕아래서 바닷바람으로 건조시킨 **거제멸치**는, 살이 연하고 비린내가 나지 않으며 신선도가 뛰어나고 맛이 담백하다. 멸치고유의 맛이 뛰어나 풋고추 멸치볶음, 멸치야채튀김, 잔멸치조림, 파멸치무침, 맥주안주 등 여러 가지 용도로 사용할 수 있다.

멸치의 종류는 일반적으로 크기를 기준으로 하며, 잡는 시기별로 구분하여 각각 다른 이름으로 불린다. 7, 8월에 나는 것은 **초사리**, 9, 10월에 나는 것은 **오사리**, 11월에 나는 것은 **중사리**, 12~3월에 나는 것은 **늦사리**라 한다. 이를 다시, 7월1일~8월20일 사이에 나는 것을 **하절품**, 8월20일~11월20일 사이에 나는 것을 **추절품**, 11월20일~1월30일 사이에 나는 것을 **동절품** 그리고 2월1일~3월30일 사이에 나는 것을 **춘절품**이라고 한다.

색상별로는 백색멸치(시로구찌) 황백색멸치(우스시로), 황색멸치(우스), 황적색 멸치(우스야까), 적색멸치(아까) 등으로 구분한다.

거제 멸치를 지하 5미터 정도의 저장탱크에서 2년간 충분한 발효와 숙성과정을 거쳐 만든 **멸치액젓**이 있다. 이 액젓은 멸치 본래의 맛과 영양이 살아 있는 것으로 거제의 전통적인 수산식품으로 알려져 있다.

4) 거제 고로쇠수액

통일신라 말 도선국사가 백운산에서 이른 봄 득도하고 일어서려고 하였으나 무릎이 펴지지 않았다. 그때, 곁에 있던 나무를 잡고 일어서려다 나무가 부러졌다. 그때 부러진 나무에서 물이 떨어지는 것을 보고 그물을 마신 후 무릎이 펴졌다. 이에 뼈에 이로운 물이라고 하여 **골리수**[108]라 불렀으며, 이후 고리수, 고로쇠 등으로 불리고 있다.

고로쇠는 단풍나무과에 속하는 낙엽활엽수로 잎은 원형이며 다섯 갈래로 얕게 찢어져 있고, 4~5월에 담항색 꽃이 피어 9월에는 열매가 익는다. 한 그루에서 암수를 구성한다. 고로쇠나무는 거제의 노자산, 가라산, 북병산, 계룡산 자락에 약 2만 여 그루가 자생하고 있으며, 이를 통해 연간 20만ℓ 정도의 고로쇠 약수를 채취하고 있다.

5) 거제 표고버섯

거제에서 생산되는 표고버섯은 맛과 향기가 좋아 왕에게 진상되었다. 신선하고 담백한 무공해 식품인 표고버섯은, 고급요리에 사용되며 약리효과가 뛰어나 동맥경화증과 고혈압을 예방하고 항암작용, 항바이러스 작용 등 성인병 예방에 좋은 건강 증진 식품으로 알려져 있다. 거제의 표고버섯은 참나무 원목에서 재배하며 적기 수확과 선별 및 규격출하로 소비자들의 반응이 좋다.

표고버섯의 종류는 1등급부터 5등급으로 나뉘고, **화고, 흑화고, 동고, 향고, 향신, 등의** 등으로 구분되어 불린다.

6) 거제 굴

거제의 굴은 미 FDA 에서 청정지역으로 지정한 연안에서 생산된다. **비타민A, 칼슘**이 다량 함유되어, **스태미나**(stamina) **식품**으로 알려졌다.

7) 거제 돌미역

거제와 통영사이의 견내량과 거제 여차에서 생산되는 자연산 돌미역은, 3~4월 봄철에 전통방식으로 채취된다. 채취된 미역은 바닷바람에 건조시켜 상품화되는데 무공해 건강식품으로 알려졌다. 전통적인 미역 채취방식은 빠른 물살에 배가 떠내려가지 않도록 닻을 내린 후, 장대(트릿대)를 이용해 미역을 끌어 올리는데 이 작업과정은 눈길을 모은다.

---

108) 골리수(骨利水)

학동과 여차의 돌미역은 미 FDA가 지정한 청정해역에서 생산되며, 몽돌해변에 미역을 말리는 풍경은 어촌마을의 정취를 더해준다.

8) 거제 맹종죽순

맹종죽(대나무)은 거제 하청면을 중심으로 대단위 군락을 이루고 있으며, 전국 재배의 70~80% 정도를 차지하고 있다. 수확시기가 빨라 3월말부터 생산가능하며, 다양한 가공을 통해 상품으로 개발되었다. 하청면에는 맹종죽축제를 이어가고 있다. 맹종죽은 대부분 20 m 이상 자라는 큰 대나무다.

맹종죽 죽순은 3월부터 5월까지 채취가 가능하며 지름 20 ㎝ 정도로 굵은 것이 많다. 단백질, 당질, 지질, 섬유, 회분, 칼슘, 인, 철, 염분 등이 함유되어 있어 건강식으로 사용된다.

맹종죽의 전래는 거제 지역민[109]이 소득을 증대하기 위해 1927년 일본으로부터 3그루를 가져와 심은 것으로부터 시작되었다.

9) 왕우럭조개

왕우럭조개는 진판새목목 개량조개과의 연체동물로 살을 일부 껍데기 밖으로 내놓고 다니는 대형패류다. 수심이 15~20 m 정도의 모래가 섞인 진흙에 주로 서식한다. 주로 패류형망 등을 이용한 잠수사가 채취하며 전복과 유사한 씹는 맛을 느낄 수 있고, 비린내가 거의 나지 않는 감칠맛으로 인기가 좋다. 칼로리와 지방 함량이 낮아 다이어트에 효과적이며, 타우린이 풍부하여 콜레스테롤을 감소시키고 혈압 안정 당뇨병 예방에 뛰어난 효과가 있다.

거제에서는 '껄구지'라고도 부르며, 1월에서 6월이 제철로 감칠맛이 나서 초밥이나 숙회로 먹는다. 브로콜리와 함께 요리하면 단백질과 섬유소를 동시에 섭취하게 된다.

---

109) 소남 신용우

3-1-5 시민헌장

> 태백의 정기가 남으로 뻗어 큰 바다에 솟아오른 거제는, 겨레의 예지가 살아 숨 쉬는 은혜의 고장, 우람한 산봉, 수려한 포구마다 수많은 난세를 의연하게 지킨 승리의 터전이다.
>
> 우리는 저 바다 광활한 기상을 배워 익혀서, 오늘의 일터에서 땀을 쏟는 건설의 역군이고자 여기 큰 다짐을 마음에 새긴다.

3-1-6 거제의 노래

1. 섬은 섬을 돌아 연연 칠백리 구비구비 스며 배인 충무공의 그 자취 반역의 무리에서 지켜온 강토 에야디야 우리거제 영광의 고장
2. 구천 삼거리 물따라 골도 깊어 계룡산 기슭에 폭포도 장관인데 갈고지 해금강은 고을의 절승 에야디야 우리 거제 금수의 고장
3. 동백꽃 그늘 여지러진 바위끝에 미역이랑 까시리랑 캐는 아기 꿈을랑 두둥실 갈매기의 등에나 실고 에야디야 우리거제 평화의 고장

거제의 노래

3-1-7 자매도시

(1) 국내

1) 전라남도 구례군

1998년 12월 10일 결연했다. 구례군은 지리산의 높은 기상과 섬진강의 푸른 이상을 안고 조상 대대로 충과 효와 얼을 숭상하며, 아름다운 명승고적과 찬란한 문화유산을 간직하고 있다.

2) 경상남도 하동군

1999년 11월 16일 결연을 체결했다. 하동군은 민족의 영산 지리산을 유유히 흐르는 맑은 섬진강이 포근히 감싸 안고 청정한 남해바다를 굽어보는 천혜의 자연경관을 지니고 있어 물길과 꽃길의 고장이다. 쌍계사와 십리벚꽃길이 유명하고 소설 토지의 무대가 되었다.

(2) 외국

1) 중국 길림성 용정시

중국 길림성 용정시는 인구 18만 명 규모의 도시로 1996년 9월 21일 결연하였다. 용정시의 면적은 2,591㎢, 주요산업은 의약, 화공, 식품, 경공업, 야금기계 등으로 많은 기업체가 있다. 지역특성으로는 조선족이 약 70% 정도며 기후는 비교적 쌀쌀한 편이다. 일송정, 윤동주의 묘 및 시비, 조선민속박물관 등이 있어 한민족의 얼이 서려 있는 곳이며, 백두산(장백산)의 길목이며 발해의 유적이 많은 곳이다.

2) 중국 화북성 진황도시

중국 화북성 진황도시(친황다오시)는 산해관(산하이관)[110]이 있는 곳으로, 인구 250만명, 면적 7,523㎢ 정도며 1994년 6월 17일에 결연을 체결했다. 주요산업은 유리산업, 직물산업, 기계산업 등이며, 기후는 북위 40°, 동경 119° 에 위치하여 비교적 온화한 편이다.

---

110) 산해관(山海關) : 만리장성의 동쪽 끝에 자리한 관문

3) 중국 강소성 계동시

계동시(치동시)는 중국 상해와 가까우며 바다와 만나는 입구 북측에 위치한다. 삼면이 바다와 접해있고 반도형의 특징을 갖고 있다. 면적은 1,208㎢, 인구는 112만명 정도며, 기후는 온대와 아열대가 교차하는 곳으로 연평균 강수량이 1,000 mm 정도다. 해양경제, 전동공구, 건축, 교육 등이 발달한 도시다.

4) 미국 괌도

1973년 4월 28일 결연식을 가졌으며, 인구 16만명, 면적 549㎢ 정도의 섬이다. 주요산업은 관광과 농업이며, 위치는 북위 13° 27, 동경 144° 47에 있어 비교적 온화한 기후를 보이고 있고 관광지로 유명하다.

5) 일본 후쿠오카현 야메시

인구 6만 9천명으로 후쿠오카시로부터 남쪽 약 50㎞지점에 위치하며 면적은 482.53㎢다. 결연일은 2012년 5월 3일이다.

주요산업은 관광과 농업이고, 지역특성은 중남부는 평야며 북동부는 산림으로 구성되어 차, 국화, 표고버섯 등의 농산물이 유명하다.

3-1-8 우호교류도시

■ **중국 요녕성 심양시**

2011년 7월 12일 결연한 도시로 인구 720.4만명(한족 90%, 만족, 조선족, 회족 몽고족 등 38개 민족으로 구성)이고, 위치는 동북3성의 남부쪽이며 요녕성의 중부에 위치하고 있다. 면적은 12,980㎢다.

기후는 온대 반습윤[111] 대륙성 기후로 연평균 8.3℃며 강수량은 500 mm 정도다. 주요자원은 광산자원으로 석탄, 석유, 천연가스, 철광석 등 풍부한 편이고, 관광자원으로는 심양고궁(청조황궁)[112], 동릉(청태조 누르하치 능묘), 북릉(청태종 능묘), 장쉐량(장학량)의 옛 거주지 등이 있다.

---

111) 모든 농작물 재배에 필요한 수분을 보유하나 연중 강수가 불규칙하여 관개시설이 필요한 지역

112) 청(淸) : 중국의 마지막 왕조. 통치기간은 1616년~1912년. 1616년 누르하치가 여진족을 통합하여 후금국을 세우고, 1636년 태종 때 국호를 대청으로 개칭. 명나라가 망하는 틈을 타서 중국에 침입, 순치~강희 연간에는 명나라의 유족, 삼번(三蕃)의 난, 대만의 정씨(鄭氏) 등을 평정하고 전국 지배에 성공하였다. 강희·옹정·건륭의 3대 130여 년간의 전성기에는 영토를 크게 확장하고 제도정비, 대규모의 편찬사업을 추진하여 학술을 장려하는 한편 사상 통제에 의한 '문자의 옥'을 치르고 변발을 강요하였다.

1929년 장쉐량113)은 '동북익지'후 봉천을 심양시로 개명하고, 1931년 일본이 9·18 사변 후 심양을 점령하였으며 그 이름을 다시 봉천시로 개명하였지만, 1945년 항일 전쟁 승리 후 다시 심양시로 개명했다.

3-2 행정·의정

3-2-1 행정

거제시 행정조직은 청사를 중심으로 시장 직속업무를 수행하기 위한 4개의 담당관이 있으며, 주민의 편익을 위해 5개의 국을 두고 있다. 이는 인구에 따른 행정안전부의 조직 권고를 준수한 결과다(2022.04현 및 2019년 기준).

그리고 직속기관으로 보건소와 농업기술센터를 두고 있으며, 환경사업소를 두고 있다. 또, 공기업인 거제해양관광개발공사가 있다.

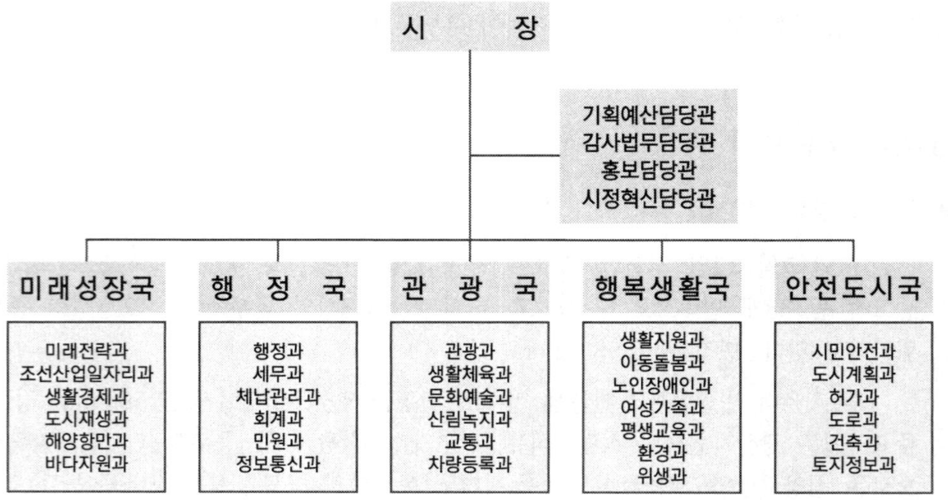

113) 장쉐량(장학량 張學良 1898.6.4~2001.10.14) : 중국 군인, 정치가. 일본의 중국 침략에 대항하기 위해 장제스를 구금하는 시안사변을 일으켰고, 공산당과 내전을 종식하고 일본과 싸우기를 요구하였으며, 이것으로 중국 공산당과 국민당 사이에 제2차 국공합작이 이루어졌다.

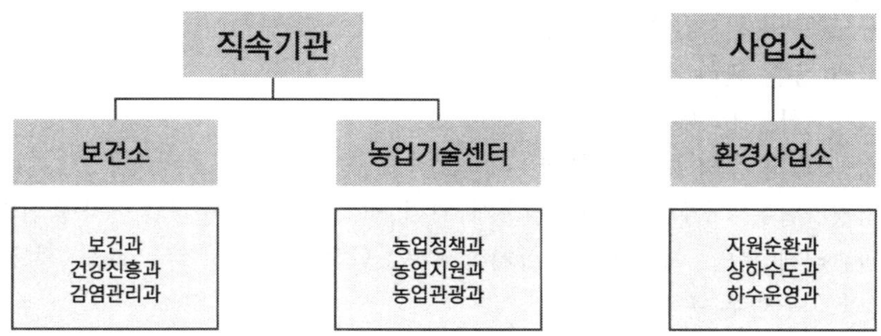

한편, 주민자치를 위한 행정조직으로 9개면 사무소와 9개동 주민센터를 운영한다.

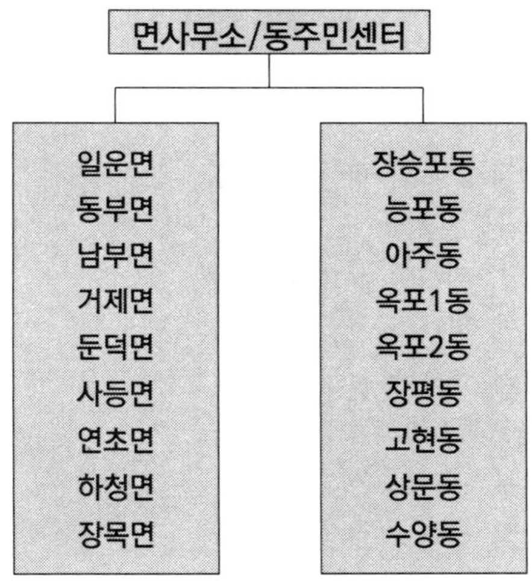

(1) 기획예산담당관 : 기획, 예산, 인구정책, 경영평가

- 시행정의 종합기획조정, 시의회 관련업무의 운영 및 협력
- 예산편성 및 관리
- 인구정책 및 정책개발 업무, 각종 위원회 총괄 관리 및 행정협의회 운영
- 시장 지시사항 및 공약사업 관리에 관한 사항
- 제안제도 운영 등 아이디어 개발에 관한 사항
- 주민건의사항 총괄 관리
- 지방채, 기채 등 채무부담행위 총괄 관리
- 중기지방재정계획 수립, 주민참여예산제도 운영, 국·도비 확보에 관한 사항

- 소규모주민숙원사업 및 편익사업 관리
- 기금의 총괄 관리
- 재정보전금, 교부세 신청 및 관리
- 재정공시 및 분석에 관한 사항
- 경영평가업무, 거제해양관광개발공사 관리 및 지도, 지방공기업·출자·출연기관 관리
- 성과관리제 운영, 거제발전 종합계획 수립, 남해안권 발전업무 총괄, 정책자문단 운영 및 지원업무 총괄 등

(2) 감사법무담당관 : 감사, 법무, 조사

1) 감사

- 자체감사계획수립 및 감사실시
- 자체감사 결과 처분요구
- 상급기관 감사 수감계획 수립 및 수감·취합
- 대형공사 시민감시관제 운영
- 청렴도 향상(제도개선, 내부통제) 추진 업무
- 공직자 재산등록 일반 및 공직자윤리위원회 운영
- 다수인 관련민원 관리
- 과내 예산·회계(물품)·경리관리
- 청내문서 및 과내서무 관리
- 부패방지 종합대책 및 청렴도 향상
- 지방공기업 감사에 관한 사항
- 일상감사에 대한 사항
- 자치법규의 제·개정에 관한 사무

2) 법무

- 조례·규칙 심의회운영, 자치법규정비 및 전산관리, 무료법률상담실 운영
- 행정소송, 행정심판
- 국가소송, 민사소송
- 시 영조물(공공시설) 관리 배상

3) 조사

- 특명사항 조사
- 비위첩보 및 기동감찰 추진
- 홈페이지 민원사항 관리
- 진정민원사항 처리
- 공무원 비위조사 및 직무감찰
- 시민 신문고 운영
- 민원부조리 조사 처리
- 불친절공무원 조사 처리
- 진정민원 처리
- 납세자 권리보호에 관한 사무

(3) 홍보담당관 : 공보, 홍보미디어, 문화예술, 문화재

1) 공보

- 공보제작
- 언론사 공고·광고
- 보도자료 송고

2) 홍보미디어

- 홍보기획
- 거제시 SNS, 인터넷 홍보총괄 운영
- 거제시보 제작
- 시정뉴스 제작

3) 문화예술

- 문화예술단체 지도·감독
- 문화예술행사 추진
- 문화예술진흥기금 조성 관리
- 문화예술창작촌 조성, 청마기념 관련사업
- 출판사, 인쇄사 등록
- 문화바우처 사업

4) 문화재

- 기록물(사진, 영상) 관리
- 문화재 관리 기본계획 수립
- 문화재 지정 및 해제 신청
- 문화재 정비 등

(4) 시정혁신담당관 : 시민신문고, 규제개혁, 기초질서

- 시정 혁신의제 기획에 관한 사항
- 시정혁신 위원회 운영에 관한 사항
- 지역혁신, 지방분권, 국가균형발전 종합계획 수립 및 추진
- 시민신문고 운영
- 직소민원 처리
- 인터넷 '거제시에 바란다' 운영
- 시의 규제등록 및 관리 총괄
- 규제개혁 관련 정부정책(규제총량제, 한시적 규제유예제 등) 추진
- 중앙부처 법령개선 건의과제 발굴
- 상위 법령과 불합리한 자치법규 등 발굴 및 개선
- 기업 등 지역현장 규제 애로 발굴 및 개선
- 시의 규제완화 추진실적 평가 대응
- 시민의식 선진화 운동본부 설립 및 운영 지원과 추진
- 찾아가는 시민강사단 운영·관리

(5) 일자리정책과

- 일자리정책 종합계획 수립 및 추진에 관한 사항
- 일자리 위원회 운영에 관한 사항
- 고용 안정 및 일자리 창출에 관한 사항
- 일자리 안정자금 지원 및 일자리지원센터 운영
- 공공일자리 사업 총괄 및 추진에 관한 사항
- 취업알선, 직업능력 개발훈련 및 지원에 관한 사항
- 채용박람회 및 취업관련 행사 추진
- 외국인 근로자 지원
- 청년 고용 종합대책 추진 및 청년 맞춤형 인력 양성 추진
- 지역공동체사업 총괄 기획 및 활성화 등에 관한 사항

- 지역공동체일자리, 공공근로 등 사업
- 마을기업, 협동조합, 사회적기업 등 사회적경제 업무에 관한 사항

(6) 조선경제과

- 중장기 산업정책 수립, 산업재배치 및 전환
- 미래산업 동력 발굴, 4차산업 창원지원 및 육성에 관한 사항
- 중소기업 육성 및 지원
- 비정규직 근로자 지원센터 관리
- 노·사·민·정 관련 업무
- 무역 및 시장 개척에 관한 사항
- 경제살리기 노사정 정례협의회 운영
- 지역경제 활성화 대책
- 전통시장 관리, 시장 개량지원 및 대규모 점포관리
- 소비자 보호, 거제사랑상품권 관리
- 물가안정 및 품질인증제, 원산지표시제, 가격표시제
- 대부업, 통신·방문판매업 관리
- 지식재산권, 소상공인 지원 및 협동조합
- 제조담배 소매인 지정·관리
- 근로자가족복지관 관리 및 운영
- 조선해양산업 지원에 관한 사항
- 조선해양 엑스포 유치
- 조선해양 MICE[114] 기반 조성
- 조선해양 HSE(건강·안전·환경) 지원센터 건립 추진
- 스마트 자율운항 선박 시운전 관제센터 유치
- 해양플랜트 인력 육성에 관한 사항
- 새마을금고 육성·지도에 관한 사항
- 신재생에너지 보급 사업
- 에너지 바우처 제도
- 가스, 석유, 전기 등 에너지 관련 사항
- 광업, 계량 및 승강기 관련 사항
- 지심도자가발전소시설 관리 및 운영

---

114) 기업회의(Meeting), 포상관광(Incentive trip), 컨벤션(Convention), 전시박람회·이벤트(Exhibition&Event) 국제회의와 전시회를 주축으로 한 유망 산업과 참여자 중심의 보상관광과 메가 이벤트 등 융·복합산업

(7) 산단추진과

- 일반산업단지 개발사업
- 국가산단 관리·지원
- 일단의 공업용지 조성
- 해양플랜트국가산업단지 관련 인·허가
- 입주기업 확보 및 지원
- 특수목적법인 설립 및 운영 지원
- 해양플랜트국가산업단지 분양 및 보상 지원
- Oil&Gas 플랜트 실증 테스트베드 구축
- 산·학·연 실무협의회 구성 및 운영
- 해양플랜트 모듈생태계 조성사업
- 해양플랜트산업지원센터 구축

(8) 투자유치과

- 투자유치에 관한 총괄계획 수립 및 지원
- 산업자본 유치 기획 및 조정
- 투자유치 사업에 대한 입지지원
- 국내외 기업유치 및 대규모 자본투자자 발굴 유치
- 중앙부처와 경상남도 지원 사업 유치
- 해양휴양특구 조성 및 관리

(9) 해양항만과

- 해양항만의 종합기획·조정
- 공유수면 관리 및 점·사용 허가 등
- 공유수면 매립 및 기술지도·감독
- 갯벌, 무인도서 관리
- 어항 및 항만 재개발 사업(고현항 재개발 사업 포함)
- 어촌종합개발, 해양(어촌)관광개발 사업
- 연안 정비·관리계획 수립 및 집행
- 어항시설 재해예방대책 수립 및 복구 지원
- 어항시설 관리 보존
- 해양마리나·레포츠 시설 사업

- 해수욕장 수질 및 시설 보전·관리
- 해양·수상 레저기구 등록 관리
- 수상레저사업장 등록 및 지도·감독
- 어촌체험마을 조성
- 조선해양문화관 시설물 설치·보수
- 그 밖에 해양항만 업무에 관한 사항

(10) 어업진흥과

- 수산진흥의 종합기획·조정
- 어촌인력 육성
- 연근해 어업허가 및 낚시어선, 신고어업 관리
- 어선등록 및 어로시설, 장비개량, 어업구조 조정사업
- 불법어업 지도 단속 및 안전조업 지도
- 마을어업, 정치망어업, 양식어업, 구획어업 관리·지도
- 어촌계, 수산단체 관리·감독 및 지도
- 수산자원 조성 및 자율관리어업 육성 관리
- 광역 및 일반어장 정화사업
- 육해상 종묘 생산업 관리·지도 및 내수면 관련 업무
- 지정해역 위생관리 및 적조방지대책 추진
- 수산물 생산, 가공, 유통, 수출장려 등
- 수산재해 예방대책 추진
- 해양오염 방지대책 및 감시
- 수산자원보호구역 및 연안생태계 보전관리
- 폐스티로폼 감용장 운영·관리
- 수산업 남북교류·협력에 관한 사항
- 그 밖에 수산업무에 관한 사항

(11) 행정과

- 의전에 관한 사항
- 보안에 관한 사항
- 공인관리
- 공무원 복무에 관한 사항

- 공무원 인사 및 교육훈련에 관한 사무
- 공무원 보수 및 복리 후생에 관한 사항
- 공무직근로자 정수 관리, 채용, 보수지급 등에 관한 사항
- 행정조직 및 정원 관리
- 선거 및 국민(주민)투표에 관한 사무
- 하부 행정기관의 지도·감독에 관한 사무
- 민주평통(헌법기구), 민족통일협의회 업무 지원
- 새마을 단체, 바르게살기운동, 자유총연맹 업무 지원
- 사회단체 지원에 관한 사항
- 지역 여론수렴 및 동향관리
- 시민상 및 시정 유공자 표창
- 행정구역 관리
- 재외향인회 관리
- 행정종합관찰제 운영
- 국내·외 도시간 교류 및 협력에 관한 사항
- 국가기반체계 보호
- 적십자회비 모금업무에 관한 사항
- 공무원 노동조합 지원 및 관리
- 단체교섭 및 단체협약 체결
- 공무원 국외여행 업무에 관한 사항
- 명예시민 및 홍보대사 관리
- 살기좋은지역만들기 사업 추진
- 면·동 기능전환에 관한 사무
- 사무전결 및 사무위임 규정에 관한 사무
- 주민자치센터의 설치 및 운영에 관한 사항
- 발간실 관리 및 운영
- 문서 및 우편물 수발·통제
- 통합방위협의회 운영에 관한 사항
- 정부·자체연습의 계획 및 조정 통제
- 인권보장 및 증진에 관한 사항
- 다른 부서에 속하지 아니하는 사항

(12) 세무과

- 지방세정 운영계획 수립에 관한 사항
- 지방세 목표액 책정
- 지방세 비과세, 감면 처리
- 조세포탈에 대한 고발에 관한 사항
- 지방세 부과에 관한 사항
- 표준지방세 정보시스템 관리 운영
- 지방세 시가표준액 산정 업무
- 시세심의위원회 운영에 관한 사항
- 토지, 건축물 현황 조사
- 지방세 세무조사계획 수립 및 지도 감독
- 지방세 이의신청 및 소송업무에 관한 사항
- 지방세원 조사 및 재조사 심사청구
- 토지, 건축물 시가표준액 조사 결정 고시
- 주택현황 및 주변특성조사
- 개별주택가격 결정공시 및 이의신청 심사 처리
- 체납처분 면탈 등에 관한 사항
- 지방세 징수 및 국세 위탁 징수
- 지방세 체납처분 및 결손처분
- 지방세 완납증명 및 납세확인 경유제 운영
- 세외수입 부과·징수 및 총괄
- 각종 기부금품 통제
- 수입증지 관리
- 시금고 관리 감독
- 시세입금 결산

(13) 회계과

- 각 회계의 출납, 결산에 관한 사항(상·하수도 공기업, 각종 기금 제외)
- 국·도비의 출납
- 세입·세출 외 현금 및 유가증권의 출납
- 공사·용역 입찰 및 계약에 관한 사항(상·하수도 공기업 제외)
- 물품조달 및 출납관리

- 관용차량 관리 및 운영
- 공유재산의 종합관리(재산의 종합집계, 소관 미지정 재산의 관리부서 지정 등)
- 공유재산의 취득, 처분 및 관리에 관한 사항
- 청사관리에 관한 사항
- 복식부기 재무제표 작성
- 복식부기 회계 관리
- 부가가치세 신고 및 납부
- 공공시설 건축(설계, 공사, 영·수선)에 관한 사항(계획수립, 사전행정절차 이행 및 예산확보는 해당부서에서 업무 분담)

(14) 민원봉사과

- 민원행정의 종합기획·조정
- 외국인 등록업무
- 제증명 발급 교부 및 열람
- 여권발급신청 접수 및 교부
- 민원불편 신고센터 운영
- 가족관계등록에 관한 사무
- 주민등록 업무
- G4C(Government for Citizen) 전자정부 민원관리
- 정부 민원안내 콜센터 운영
- 학령아동조사 및 취학
- 고객만족 행정 및 민원제도 개선
- 토지이용계획 확인원 발급
- 행정정보공개에 관한 사항

(15) 정보통신과

- 지역 및 행정 정보화
- 전산개발 및 보급
- 홈페이지 구축 및 운영
- 각종 통계조사
- 종합정보통신망 구축 및 운영
- 음향시설 장비관리 및 운영
- 통신실, 전산실 관리 및 운영

- 정보통신공사 사용 전 검사
- 전자문서 관리 및 시스템 운영관리
- 시정사료 기록 및 문서의 보전 · 관리
- 행정자료실 관리 및 운영
- 개인정보보호에 관한 사항
- 정보통신 보안정책 수립 및 보안성 검토
- 사이버침해 대응 및 네트워크 접근 제어
- 스마트시티 추진에 관한 사항

(16) 주민생활과

- 복지정책 총괄 및 복지계획 수립·조정
- 지역사회보장계획 수립 및 평가
- 지역사회보장협의체 운영
- 호국보훈업무 및 보훈단체 관리
- 재해구호계획 수립 및 단체 관리
- 주민생활서비스 기본계획 수립 · 조정
- 재단법인 희망복지재단 관리·감독
- 삶의 질 개선 위원회 운영
- 주민소득지원 및 생활안정기금, 자활기금 운영
- 기초생활보장 수급자 자녀 장학기금 운영
- 기초생활보장 수급자 관리
- 의료급여에 관한 사항
- 지역자활센터 운영 및 자활사업 추진
- 행려자 관련 업무
- 지역사회서비스 투자사업 추진
- 민·관 네트워크 구축 관련 업무
- 지역자원의 발굴·동원·연계 관리
- 자원봉사계획 수립 및 자원봉사단체 지원 관리
- 이웃돕기 및 후원 결연사업
- 사회복지 통합사례관리
- 긴급복지에 관한 사항
- 행복 생활민원 처리 기동대 운영
- 수급권자 통합 조사

- 취약계층 및 차상위 계층 실태조사 및 관리
- 복지상담실 운영
- 청소년 건전 육성 및 청소년 보호
- 청소년 상담복지센터 운영
- 청소년수련시설 설치(허가) 및 관리 운영

(17) 사회복지과

- 사회복지법인(노인, 장애인, 아동 관련)에 관한 사항
- 사회복지사업법에 따른 시설(노인, 장애인, 아동 관련)에 관한 사항
- 사회복지관, 면 복지회관 관리
- 노인복지 증진에 관한 사항
- 장사 및 추모의 집 관련 업무
- 노인복지시설 및 단체 관리
- 공원묘지 관리
- 장애인시설·단체의 관리, 지원에 관한 사항
- 장애인복지 증진에 관한 사항
- 장애인 등 편의시설 관리에 관한 사항
- 아동복지시설 지원, 관리 및 아동복지 증진에 관한 사항
- 드림스타트 사업 추진

(18) 여성가족과

- 저출산·고령화 종합대책 수립 및 출산장려시책 추진
- 여성권익 증진에 관한 사항
- 여성발전기금 운영·관리
- 여성인력개발 및 여성 새로 일하기 센터 운영
- 성별영향분석평가
- 미혼모, 저소득 한부모가족 등 건강가정지원사업
- 여성회관 관리 및 운영
- 영유아복지 증진
- 보육시설 관리
- 다문화가족 지원에 관한 사항
- 외국인 지원에 관한 총괄 사항
- 결혼중개업에 관한 사항

(19) 교육체육과

- 교육경비지원 등 학교지원 업무
- 거제시장학금 관리·운영
- 평생교육프로그램 개발 및 평생학습공동체 조성
- 시민자치대학 운영
- 영어마을 조성 및 운영
- 도서관 정책에 관한 사항
- 체육회 및 생활체육회 육성·관리
- 체육행사 지원에 관한 사무
- 체육시설물(업) 설치 및 사후관리
- 스포츠마케팅 추진 및 육성 개발
- 체육시설업 신고 및 지도·단속
- 계룡궁도장, 거제시요트장, 양정테니스장 관리·운영
- 거제시청 요트팀 및 씨름단 지원·육성

(20) 환경과

- 환경기본계획 운영에 관한 사무
- 자연보호 및 행락질서 확립
- 상수원보호구역 관리
- 환경개선부담금 부과·징수
- 환경개선부담금 징수를 위한 차량 압류등록 및 해제등록
- 야생동·식물 보호 및 수렵면허에 관한 사무
- 자연생태계 보전
- 환경 관련 단체 지도 관리
- 토양오염도 검사 및 토양오염 누출검사 실시
- 배출시설 및 방지시설 관리에 관한 사무
- 자동차 배출가스 단속
- 소음·진동 관리에 관한 사무
- 대기·수질 관리에 관한 사무
- 수질오염총량제 및 수질오염 방지대책 추진
- 비산먼지 및 특정 공사장 관리
- 다중이용시설 등 관리
- 악취배출사업장 관리

- 유독물 관리
- 환경기초자료 전산망 운영
- 가축분뇨배출시설 관리
- 오수처리시설 및 정화조 관리
- 분뇨 등 관련 영업자 관리
- 전문공사업 및 측정대행업 관리
- 어린이 활동공간의 위해성 관리
- 그 밖에 수질오염원 설치(변경) 신고
- 기후변화 관련 업무
- 늘푸른거제21시민위원회(지속가능발전협의회) 관련 업무 전반
- 미세먼지 관리에 관한 사무

(21) 위생과

- 대표음식, 향토음식점 발굴 및 지원
- 모범음식점 지정 및 관리에 관한 사항
- 식생활문화개선 사업
- 식품 및 공중위생업 허가, 등록, 신고
- 식품제조·판매업 등록, 신고 및 지도관리
- 노래연습장, 게임제공업 등록 및 지도관리
- 식품 및 공중위생업 지도관리
- 식중독 예방 및 관리
- 부정·불량식품 관리
- 어린이 식생활 안전 및 급식관리지원센터 관리
- 식품진흥기금 운영관리

(22) 관광진흥과

- 관광시책의 종합 기획·조정
- 거제시 관광종합개발계획 수립 추진
- 천만 관광거제 위원회 운영
- 거제관광특구 지정 운영
- 핵심관광지, 관광사업체 육성
- 관광업체의 등록신고 및 관리
- 관광실태 조사·연구

- 관광개발전략 및 관광산업 투자유치
- 관광지(단지) 지정 및 조성
- 신규 관광자원개발 및 공모사업 추진
- 문재인 대통령 생가 복원
- 별빛문화거리 조성
- 관광지 운영 및 관리
- 유원지 시설물 설치·보수
- 옥포대첩기념공원 설치·보수
- 김영삼 대통령 생가 및 기록관 시설물 설치·보수
- 국내 다른 과에 속하지 않는 사항

(23) 관광마케팅과

- 국내·외 박람회 및 홍보전 추진
- 국내·외 온라인 및 오프라인 매체활용 관광홍보
- 관광홍보 업무 협약 체결 및 팸투어 지원
- 지역특산물 해외 판촉전 및 시장 개척
- 북한도시 자매결연 추진
- 남북간 문화적·역사적·산업적 교류업무 추진
- 평화촌, 고려촌 조성
- 북한이탈주민 보호·관리 및 정착촌 조성
- 신규 관광상품 발굴 및 관광콘텐츠 육성 개발
- 저도 소유권 반환 및 명품 관광지 조성
- 시 대표축제 육성 발굴 및 지원 관리
- 관광안내소 운영 및 자원봉사자 관리
- 거제블루시티 투어 운영 및 단체관광객 인센티브 지원
- 관광수용태세(홍보물, 표지판 등) 개선 및 관리
- 관광객 만족도 및 친절도 향상 서비스 업무
- 웰니스 관광 육성
- 축제 및 이벤트 행사 추진

(24) 문화예술과

- 문화예술 진흥 및 지원에 관한 사항
- 문화예술단체의 지도 육성
- 문화산업에 관한 사항
- 문화콘텐츠사업 유치
- 공연장 및 공연자 지도·감독에 관한 사항
- 출판·인쇄업 관리
- 명승지 및 천연기념물 보호 관리
- 문화재, 향교, 전통사찰 보호 관리
- 박물관 운영 지도
- 문화예술재단 지도·감독에 관한 사항

(25) 산림녹지과

- 산림 기본 통계
- 임업정책자금 지원에 관한 사항
- 독림가 및 임업후계자 육성 관리
- 가로수 식재 및 관리
- 도시녹화 조경사업
- 사방 및 산사태 예방 관리
- 조림사업에 관한 사항
- 공유임야 관리
- 보호수 및 천연보호림 관리
- 임업진흥지역 지정 및 관리
- 종묘생산업 등록 관리
- 산지이용구분 및 산지에서의 구역 등의 지정에 관한 사항
- 임목벌채 및 임산물 채취 허가
- 숲가꾸기 사업 및 산림일자리 창출
- 토사석 채취 허가
- 산림경영계획의 수립 및 인가, 사후관리
- 산림내 불법행위 지도·단속 사법처리
- 산불예방 및 진화
- 산림병해충 등의 예방, 구제

- 산림정화보호, 오염방지
- 국립공원용도지구 관련 협의
- 국립공원 과태료 부과·징수
- 국립공원 행위허가 협의
- 공원녹지기본계획 수립
- 공원조성계획 수립
- 공원녹지 점·사용 허가 및 관리
- 도시숲, 마을숲 조성 및 관리
- 군립공원 관리
- 산촌종합개발 및 시행에 관한 사항
- 자연휴양림, 산림욕장, 수목원, 목재문화체험장 조성 및 관리
- 임도시설 및 등산로 개설 정비
- 거제 명품길 개설 정비

(26) 교통행정과

- 교통행정의 종합기획·조정
- 도시교통정비중기계획 수립 시행
- 교통영향분석 및 개선대책 수립
- 자동차 매매, 폐차, 정비업 등록 및 지도
- 주·정차 금지구역 지정 및 해제
- 운수·운송사업 허가, 등록 및 취소
- 사업용자동차에 관한 사항
- 여객·화물자동차 운송사업 관리
- 삭도·궤도사업 및 창고업 관리
- 시내·시외버스 노선 조정 및 신설
- 주차장 신고 및 관리
- 법규 위반차량 지도단속
- 교통안전시설물 설치 및 관리
- 공영주차장 관리
- 교통유발부담금 부과 및 징수

(27) 차량등록과

- 자동차 등록에 관한 사무(다만, 과태료 등 징수를 위한 압류·해제등록 등은 소관부서에서도 수행)
- 건설기계 관련 업무 전반
- 차량 특별사법경찰관에 관한 사항
- 무단방치차량 처리 및 무보험 차량 지도 단속
- 기타 차량 등록 및 관리에 관한 사항

(28) 허가과

- 공장 창업 계획 승인·변경
- 공장 등록 및 관리
- 개발행위허가 및 불법 개발행위 지도·단속
- 수산자원보호구역 내 행위허가 및 불법행위 단속
- 건축허가(신고) 및 사용승인
- 건축물의 용도변경허가(신고) 및 사용승인
- 농지전용허가, 협의, 변경, 취소 및 농지의 용도변경 승인
- 농지보전부담금 부과, 징수, 환급, 결손처분 등에 관한 사항
- 농지의 타용도일시사용허가, 협의, 변경, 취소
- 농어촌관광농원, 농어촌휴양관광단지 승인
- 산림형질변경 및 전용허가·신고
- 대기, 수질, 소음, 진동 등 배출시설의 허가·신고(가동개시 포함)
- 비산먼지 및 특정 공사 신고
- 가축분뇨배출시설 인허가
- 오수처리시설 및 정화조 인·허가
- 분뇨 등 관련 영업자 인·허가
- 특정 토양오염유발시설 설치신고
- 전문공사업 및 측정대행업 등록
- 기타 수질오염원 설치(변경) 신고
- 국내 다른 과에 속하지 아니하는 사항

(29) 도시계획과

- 도시행정의 기획·조정
- 도시기본계획 수립 및 변경
- 도시관리계획 결정 및 변경
- 도시개발사업
- 택지개발사업
- 도시계획시설사업 시행자 지정 및 실시계획인가
- 한국토지정보시스템(도시계획 관련 분야) 관리
- 살고싶은도시만들기 시범사업
- 도시시설(하천, 공원, 시설물, 광고물 등)의 디자인 협의·조정
- 도시경관 사업
- 옥외광고물 등 허가·신고 및 지도 단속

(30) 안전총괄과

- 안전관리 정책 총괄 및 조정
- 지역 안전공동체 육성 및 지원
- 민관협력 및 범국민 안전문화운동 전개
- 시가 시행하는 사업(시에서 채용한 근로자 포함)의 산업안전보건에 관한 총괄 관리
- 재난정책 총괄
- 안전관리계획 수립
- 재난안전대책본부 운영
- 국가재난관리정보시스템 운영
- 재난상황 접수 및 처리(재난관리 종합상황실 운영)
- 자연재난 대책 수립 및 시행
- 자연재난 피해복구 계획 수립 및 피해 상황 분석·확인
- 재해위험지구 관리
- 재해영향 평가 및 사전재해 영향성 검토·협의
- 풍수해 예방대책
- 특정관리대상시설 지정 및 안전점검 종합계획 수립
- 경보종합계획 수립 및 경보발령에 관한 사항
- 재난안전통신망 및 재난경보에 관한 사항
- 민방위계획 수립 및 교육훈련에 관한 사항

- 민방위 시설 보호 및 장비 유지관리
- 민방위대 조직 편성·동원
- 민방위협의회 운영
- 인력동원 자원 편성, 운영 관리
- 공익근무요원 복무 관리
- 직장민방위대 교육
- 민방위 경보시설 유지 관리
- 비상대비에 관한 사항
- CCTV 통합관제센터 운영에 관한 사항

(31) 도로과

- 도로 점·사용 허가 및 관리
- 노점상, 노상 적치물 단속 및 행정처분
- 국토교통부 소관 국유재산 관리
- 도로구역에 속한 공유재산(구거, 유지 등)의 관리 및 용도폐지
- 과적차량 단속 및 행정처분
- 도로편입 용지 손실보상 업무
- 토지소유자 및 관계인이 20인 이상인 공익사업 보상
- 도로사업 종합계획 및 도로유지 관리
- 시도·농어촌도로 정비계획 수립 시행
- 도시계획도로 개설 및 유지 관리
- 어린이 보호구역 개선사업
- 사도 개설허가
- 국가시행도로사업 지원 업무
- 도로부속시설물 유지 관리
- 도로 및 교량관리에 관한 사무
- 자전거 이용 활성화 추진
- 가로등·보안등 신설 및 관리
- 비법정도로 개설 및 관리

(32) 지역개발과

- 도서종합개발사업계획 수립 시행
- 전문건설업 등록 및 관리

- 하천개수 및 유지관리
- 온천관리 및 신고
- 행정타운 및 화물터미널 조성 등
- 지심도의 명품섬 조성사업 추진
- 공유재산이 아닌 그 밖의 구거 관리

(33) 건축과

- 건축정책의 기획·조정
- 건축디자인 기준의 설정
- 건축디자인 시범사업
- 건축위원회의 구성·운영
- 건축물의 철거신고
- 건축물대장의 관리에 관한 사무
- 위반건축물에 대한 조사 및 정비
- 건축물의 부설주차장 유지·관리
- 이행강제금 등의 부과·징수
- 농어촌주택개량사업
- 저소득층을 위한 아파트 건립 사업
- 주거 급여에 관한 사항
- 저소득가구 전세자금 지원 사업
- 학교용지부담금 부과·징수
- 주택종합계획의 수립·시행
- 주택건설(대지조성)사업계획 승인 및 사용검사
- 주택조합의 (설립·변경·해산)인가, 신고
- 주택의 입주자 모집공고안 승인
- 행위허가, 신고
- 주택관리업의 등록 및 말소
- 공동주택관리 분쟁조정위원회의 구성·운영
- 공동주택관리지원계획의 수립 및 시행
- 공동주택관리 보조금지원심의위원회의 구성·운영
- 임대사업자의 등록 및 말소
- 임대주택조합 설립(변경·해산) 인가
- 임대 조건 신고

- 자체관리 인가
- 임대주택분쟁조정위원회의 구성·운영
- 임대주택의 매각신고, 분양전환 승인·허가·신고
- 부도임대주택 등의 실태조사 및 매입허가
- 정비계획의 수립 및 정비구역의 지정
- 정비사업조합설립추진위원회의 승인
- 주택재개발사, 도시환경정비사업, 주택재건축정비사업조합설립(변경)인가
- 시거환경개선, 주택재개발, 주택재건축, 도시환경정비사업(시행·변경·중지·폐지)인가
- 관리처분계획의 인가
- 정비사업의 준공인가
- 도시분쟁조정위원회의 구성·운영
- 도시·주거환경정비기금의 설치
- 저소득가구 전세자금 지원 업무
- 공동주택관리 조사·검사

(34) 토지정보과

- 미등기 토지소유자 주소등록 접수 정리
- 외국인 토지 취득신고·허가
- 부동산 등기신청 지연과태료 부과 · 징수
- 지적공부 소유권 변동 전산처리
- 지적통계 및 공부 보존 관리
- 토지이동지 조사 및 정리
- 지적측량에 관한 사무
- 공유토지 분할
- 지적 재조사 및 등록사항 정정
- 개별공시지가 조사 및 결정, 확인서 발급
- 개발부담금 부과·징수
- 부동산계약서 검인 및 실명제 업무
- 부동산중개업소 허가 및 지도·감독
- 토지의 개발·이용 등 실태조사
- 토지거래 허가 및 신고
- 도로명 및 건물번호 부여

- 부동산 거래신고 업무
- 부동산 소유권이전등기 등에 관한 특별조치법 업무
- 한국토지정보시스템(KLIS : Korea Land Information System) 운영 및 관리
- 지적불부합지 정리 업무
- 법인아닌 사단·재단 부동산등기용 등록번호 부여 업무
- 지적정보센터 운영
- 토지종합정보망 구축 및 관리
- 토지표시변경 등기촉탁 업무
- 지리정보시스템 구축 및 운영 관리
- 도시기준점 설치 및 관리
- 항공사진 및 수치지도 제작 및 관리
- 지리정보 관련 전산장비 운영 관리
- 지적기준점 보존관리
- 지적정보화에 관한 사항
- 지적장비(전산, 측량) 운영 및 관리

(35) 보건과

- 보건지소, 보건진료소 지휘 감독
- 공중보건의사 관리 감독
- 일반회계관리
- 지역보건의료계획 수립 및 시행 평가
- 전염병 예방 및 예방접종에 관한 사항
- 각종 방역소독사업
- 소독업체 신고 및 지도 관리
- 소독의무 대상시설 지도 관리
- AIDS, 결핵, 한센병 등 만성질환자 관리
- 의료인 및 의료기관에 대한 지도 등에 관한 사항
- 약사에 관한 사항 및 마약·향정신성의약품 관리에 관한 사항
- 의약품 판매업소 개설 및 지도 관리
- 생물테러에 관한 사항
- 각종 병리검사에 관한 사항
- 안경업소, 안마시술소, 의료기기판매(임대)업소 개설 등에 관한 사항

- 농어촌의료서비스 개선사업에 관한 사항
- 기타 타과에 속하지 아니하는 사항

(36) 건강증진과

- 시민건강생활실천 사업에 관한 사항
- 시민보건교육 및 구강보건사업
- 시민보건 진료 및 예방접종에 관한 사항
- 모자보건, 가족계획 사업에 관한 사항
- 방문보건사업 및 노인보건에 관한 사항
- 정신보건에 관한 사항
- 건강진단 및 만성퇴행성질환 등의 질병관리에 관한 사항
- 가정, 사회복지시설 등을 방문하여 행하는 각종 보건의료사업
- 지역주민의 보건의료 증진 및 이를 위한 연구 등에 관한 사업
- 장애인 지역사회중심재활사업
- 암 예방관리 및 희귀난치성 질환에 관한 사항

(37) 농업정책과

- 농업행정의 종합대책 수립 추진
- 농지의 보전 및 이용대책에 관한 사항
- 가축사양 관리 및 가축방역에 관한 사항
- 녹색농촌 체험마을 조성
- 농림사업, 농업발전사업 추진
- 농업인 삶의 질 향상 및 복지 증진
- 농어촌민박 육성
- 밭기반 정비사업 및 농로, 기계화 경작로 확·포장 공사
- 개간 및 경지정리사업
- 농촌 농업용수 개발사업
- 수리시설물 및 양수장비 관리
- 농업기반시설 조성 및 관리
- 정주생활권 사업
- 농림축산식품부 소관 국유재산 관리
- 농업용으로 이용되는 공유재산인 구거 및 유지의 관리

- 서상 농촌테마공원 조성 및 관리
- 권역단위 거점개발 사업
- 마을단위 특화개발 사업
- 후계농 선정·관리
- 유기동물보호소 운영
- 축산물판매업 인·허가 및 가공업 관리

(38) 농업지원과

- 농촌지도사업 종합계획 수립 추진
- 농업인 학습단체 및 강소농 육성
- 농촌 어메니티(쾌적) 사업 추진에 관한 사항
- 식량작물 생산 및 농작물 재해대책 변경
- 병해충 예찰 및 방제에 관한 사항
- 시설원예, 채소, 과수, 화훼, 특용작물 생산 및 재배기술 지도
- 농업분야 직접지불제사업에 관한 사항
- 품목별 농업인 단체 관리·운영
- 농산물 유통 및 수출에 관한 사항
- 양곡수급 공공비축 미곡 매입 및 매출
- 농촌생활자원 개발 및 활용에 관한 사항
- 전통 문화 생활기술 도시 소비자 농업육성
- 농촌여성조직체 육성, 농작업 안전 및 환경개선 추진
- 비료, 농약, 농업자재 수급에 관한 사항
- 농업·농산물 남북교류 협력에 관한 사항
- 로컬푸드 및 우수 농특산물 브랜드화 사업
- 농촌융복합산업 추진
- 기후대응 아열대작목 소득화 및 스마트 농업 추진
- 지역특화품목 육성 사업 추진
- 농업재해보험 및 종자업 등록에 관한 사항
- 귀농·귀촌 지원에 관한 사항
- 농산물 가공 지원센터 운영에 관한 사항
- 농촌교육농장 육성 및 체험 활동에 관한 사항
- 농촌어르신 복지실천 시범

- 우리쌀 이용·가공 및 여성창업 활동 지원
- 농업 소득 증진 시책 추진에 관한 사항
- 고품질 친환경 농산물 생산 시책 추진

(39) 농업육성과

- 농업개발원 관리 운영에 관한 사항
- 농업개발원 관광자원화에 관한 사항
- 농업개발원 기반 확충 및 관리운영에 관한 사항
- 거제섬꽃축제에 관한 사항
- 산업 곤충 육성에 관한 사항
- 도시농업 육성에 관한 사항
- 농업기계 지원 임차 운영 및 교육훈련 등에 관한 사항
- 지역특화작물 시험연구 및 농특산물 개발
- 아열대 과수 지역 적용 시험에 관한 사항
- 조직배양실 운영에 관한 사항
- 농촌진흥청 공동 연구사업 추진에 관한 사항
- 친환경 토양 검정실 운영
- 미생물 증식 유기농법 개발에 관한 사항
- 초화류 생산 공급에 관한 사항
- 농업경영 개선에 관한 사항
- 친환경농업 육성에 관한 사항
- 농업인 교육에 관한 사항
- 자연생태테마파크 운영에 관한 사항

(40) 자원순환과

- 폐기물처리기본계획 수립 시행
- 쓰레기 수거 및 처리에 관한 사무
- 생활폐기물 수집·운반 대행업체 관리
- 대형폐기물 수집·운반 처리
- 재활용품 수집 및 재활용품 선별장 관리
- 1회용품 사용규제
- 음식폐기물 감량 및 자원화·사료화 정책

- 폐기물 처리허가 및 지도 감독
- 폐기물처리시설 사용수수료 부과·징수
- 사업장 및 건설폐기물 배출자 신고
- 폐기물처리시설 주변지역 주민지원 사무
- 폐기물매립시설의 관리·운영
- 폐기물소각시설 보수공사 및 위탁운영에 관한 지도·감독
- 폐기물소각·매립시설, 재활용선별시설, 음식물류폐기물처리시설의 설치
- 폐기물처리시설 설치부담금 부과
- 공중화장실 관리
- 폐기물 불법처리 및 단속
- 사업장폐기물 배출신고 및 지도 점검

(41) 상하수도과

- 상수도 행정의 종합계획 수립
- 상수도 지방공기업 운영·관리
- 상수도 특별회계 관리
- 상수도 시설의 유지 관리 및 배수 급수
- 상수도 사용료의 부과·징수
- 물관리 종합대책 추진
- 배·급수량 조절
- 상수도 공사의 측량설계 시공 감독
- 소규모 수도시설 설치 및 유지 관리
- 급수공사대행업 및 저수조청소업 지도 감독
- 소규모 주민숙원사업 등 수도업무에 관한 사항
- 상수도 누수방지 및 유수율 제고 종합대책 추진
- 먹는물 공동시설(약수터, 공동우물) 관리
- 하수행정종합계획 수립
- 하수도요금 징수 관리
- 하수도공기업특별회계 관리
- 하수도시설 자산 운영 및 관리
- 공공하수시설 설치 및 개량
- 하수관거 설치 및 개량

- 하수도시설 및 차집관로 유지 관리
- 하수도준설 및 민원처리
- 공공하수도 배수설비 설치신고 및 준공처리
- 지하수 관리

(42) 하수처리과

- 하수처리 행정의 종합계획 수립
- 공공하수처리시설물 운영 및 관리
- 중계펌프장 운영 및 관리
- 자원화시설 운영 및 관리
- 분뇨처리시설 관리
- 분뇨처리장 운영·관리

3-2-2 의회

거제시의회는 1991년 4월 15일 초대 의회는 장승포 7명, 거제군 11명으로 구성하여 개원하였다. 1995년 1월 1일 장승포시와 거제군 의회를 도시통합에 따라 통합되었으며, 그해 1월 11일 초대 거제시 의회 의장단이 구성되었다.

(1) 의결권

- 조례의 제정·개정 및 폐지
- 예산의 심의·확정
- 결산의 승인
- 법령에 규정 외 사용료·수수료·분담금·지방세 또는 입금의 부과와 징수
- 기금의 설치·운용
- 중요재산의 취득·처분
- 공공시설의 설치·처분
- 법령과 조례에 규정된 것을 제외한 예산의 의무부담이나 권리의 포기
- 청원의 수리와 처리
- 외국 지방자치단체와의 교류협력(자매결연, 국제행사 유치 · 개최 등) 에 관한 사항
- 기타 법령에 의하여 그 권한에 속하는 사항

(2) 자율권

- 임시회 소집, 개회, 휴회, 폐회, 회기결정
- 회의규칙 등 의회운영 관련규칙 제정
- 위원회 구성 및 의안 발의권
- 의장, 부의장 선출 및 불신임 의결권
- 의원의 자격·징계 결정권
- 내부조직권
- 질서유지권
- 의원의 징계 및 자격심사권

(3) 청원수리권

의회에 청원을 하고자 하는 경우에는 의회 의원의 소개로 청원서를 제출할 수 있다. 청원의 취지와 이유를 구체적으로 명시하여야 하고 필요한 참고자료를 첨부할 수 있다.

주민이 행정기관에 청원을 할 수 있는 청원권은 헌법에 보장되어 있는 국민의 권리다. 그러나 주민이 지방의회에 청원하고자 할 때에는 의원 1인 이상의 소개를 얻어 제출하여야 한다. 따라서 지방의원은 청원의 취지에 찬동하는 경우에 청원의 소개 의원이 될 수 있다.

(4) 의견제시권

지방의회는 주민의 대표기관으로서 그 자치단체의 공공이익을 위해 당해 자치단체의 집행기관, 중앙정부, 다른 자치단체, 기타 공공 및 민간단체 등에 대하여 의견을 제시할 수 있는 권한을 가진다. 의견 제시권은 지방의회의 의결권과 감시권에 대한 보완적이고 부가적인 권한이다.

(5) 출석요구권 및 질문권

지방의회는 집행기관의 사무를 감시하고 안건심사를 원활히 하기 위하여 직접 관련이 있는 서류의 제출을 단체장에게 요구할 수 있는 권한을 가지고 있다. 의회의 서류 제출 요구는 늦어도 제출일 3일 전까지 이루어져야 한다.

(6) 의안발의권

지방의원은 의회에서의 심의·의결대상이 되는 의안을 발의할 수 있는 권한을 갖는다. 그러나 업무의 성질상 단체장의 권한에 속하는 사항과 예산안 및 결산, 동의안, 승인안과 같은 의안은 의원이 발의할 수 없다. 의안 발의권은 의원 개인이 행사하는 권리가 아니라 일정 수 이상의 다른 의원의 찬성이 있어야 한다. 조례안 등 일반적인 의안의 발의정족수는 재적의원 1/5 이상 또는 10인 이상으로 되어 있다.

(7) 기타의 권한

서류제출(자료) 요구권, 동의발의권, 발언권, 표결권, 선거권 및 피선거권을 갖는다.

(8) 본회의

의회는 본회의, 상임위원회, 특별위원회로 구분된다. **위원회**는 의안심의의 능률성 전문성 기술성을 높이기 위하여 의회운영에 자율성을 부여하는 의회의 내부기관으로서 합의제며 **예비심사기능**을 한다.

회의는 연2회 개최되는 **정례회**와 필요에 따라 개최되는 **임시회**가 있는데, 회의의 총 일수는 100일을 넘지 못한다. 총선 후 최초의 임시회는 의회사무처장(국장·장)이 소집하나, 특정한 일로 시장이나 재적의원 1/3이상이 소집을 요구할 때에는 의장은 임시회를 15일 이내에 소집한다.

(9) 상임위원회

상임위원회는 각종 의안을 전문적이고 능률적으로 심사하기 위하여, 의회 내에 설치되는 기관으로서 의안을 심사하여 본회의에 보고한다. 회기 중에는 위원장이 필요하다고 인정하거나 재적의원 1/3 이상의 요구가 있을 때에 개회하며, 폐회 중에는 본회의의 의결이 있거나 의장이 필요하다고 인정할 때, 재적의원 1/3 이상의 요구 또는 시장의 요구가 있는 때에 한하여 개회하여 안건 등을 심사한다. 상임위원회는 의회운영위원회, 총무사회위원회, 산업건설위원회가 있다.

운영위원회는 의회운영 관련제도 및 규정, 의회사무국 소관에 관한 사항을, **총무사회위원회**는 기획예산담당관, 감사법무담당관, 시정혁신담당관, 행정국, 주민생활국, 보건소, 거제해양관광개발공사의 소관에 관한 사항을 다룬다. 또, **산업건설위원회**는 경제산업국, 관광국, 안전도시국, 농업기술센터, 환경사업소의 소관에 관한 사항을 다룬다.

(10) 특별위원회

특별위원회는 다수의 상임위원회 소관과 관련되거나, 특정사안에 관하여 조사 등이 필요한 경우에 본회의 의결로 설치할 수 있다. 특정사안의 조사, 예산안 심사 및 결산 승인, 때로는 행정사무감사나 조사 등을 위해서 구성하기도 한다. 상임위원회는 상설되어 그 소관에 속한 사항을 심사 처리하지만, 특별위원회는 특정 사안의 조사를 위하여 구성되는 것으로 활동기간이 정해지며, 활동결과 보고서를 작성하여 본회의에 보고하고 특정사안에 대하여 시정·개선을 요구한다. 일반적으로 예산결산특별위원회, 조사특별위원회, 기타특별위원회 등이다. 2017년도에는 거제지역의 조선산업 어려움으로 관광산업 발전에 대한 시민의 요구가 높아지자 **관광산업발전을위한 특별위원회**를 1년간 운영하고 보고서를 제출하기도 하였다.

(11) 조직

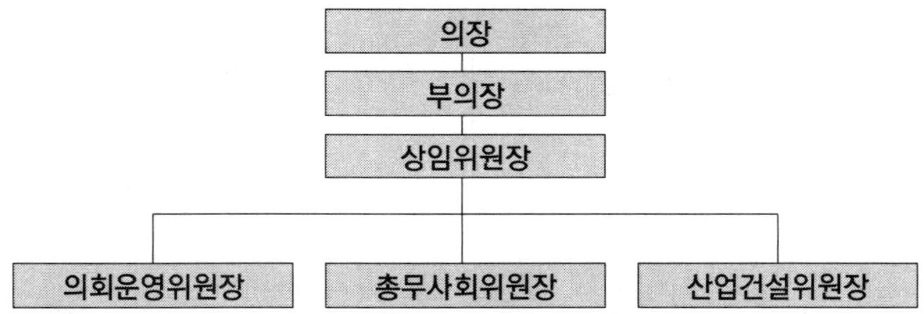

3-2-3 거제해양관광개발공사

지방자치단체는 지방공기업법에 따라 공사를 설치할 수 있다. 거제시는 지역의 발전과 주민의 복리 증진에 기여함을 목적으로 '거제해양관광개발공사 설립 및 운영조례' 및 '**지방공기업법**' 제49조의 규정에 근거하여 설치하였다.

2010년 9월 16일 공사 설립 기본 계획을 수립하고, 2011년 10월 31일 거제해양관광개발공사 설립 및 운영 **조례**를 제정한 후, 2011년 12월 28일 법인설립 등기를 통해, 2012년 1월 1일 거제해양관광개발공사로 출범하였다. 초기 자본금은 220억원 (수권 자본금 880억원)이었다.

개발공사는 윤리경영을 표방하여, 행동강령, 윤리헌장, 청렴실천 서약 및 직원부조리 신고 등을 발표했다.

(1) 주요사업

- 해양관광시설 조성, 관리 및 관광 상품 개발
- 토지개발 등을 위한 토지의 취득, 개발 및 공급, 임대관리
- 산업단지 조성, 관리 및 항만 개발사업
- 도심 재건축, 재개발 등 각종 도시 개발사업
- 도로 등 교통 관련 시설의 건설 및 유지관리 공공시설 및 시설물의 관리 운영 대행
- 국가, 시, 타 지방자치단체와 공공기관으로부터 대행 또는 위탁 사업
- 시장이 필요하다고 인정하여 대행하는 사업의 추진 및 관리
- 그 밖에 지방공기업법 제2조와 관련되는 공공성과 수익성이 있는 경영수익 사업 등

(2) 조직

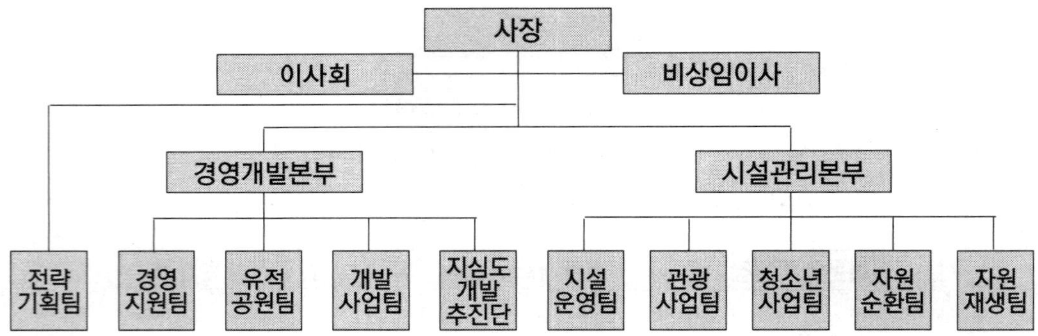

3-2-4 희망복지재단

2011년 6월 거제시희망복지재단 설립계획을 수립하고, 9월 20일 거제시희망복지재단 설립 및 운영에 관한 조례를 제정하였다. 2012년 6월 8일 창립 발기인 대회 및 창립총회를 개최하여, 7월 31일 (재)거제시희망복지재단 설립 허가(경상남도)를 받았다. 8월 17일 법인설립등기, 10월 18일 (재)거제시희망복지재단 창립식을 통해 출범했다. 2014년 11월 28일 거제시 및 옥포종합사회복지관 위·수탁 협약을 체결하였으며, 12월 31일 지정기부금단체 지정(기획재정부 공고 제2014-216호)을 하였다.

주요사업으로는 모금사업으로 희망천사·행복천사, 희망블루시티 모금사업 등이 있으며, 나눔사업, 사회복지관 운영, 조사연구사업, 교육사업 및 복지네트워크 구축 등이다.

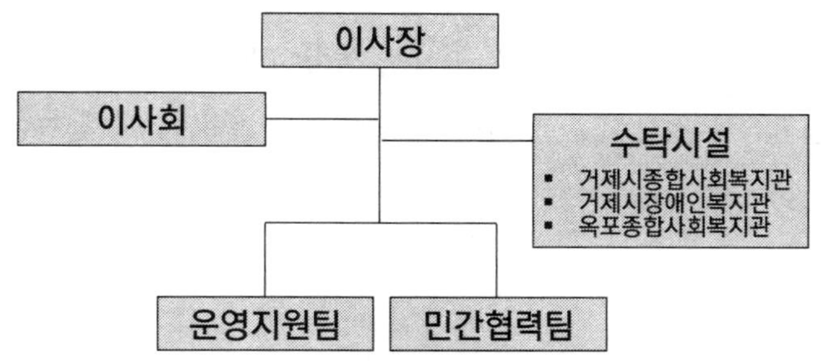

3-3 산업

3-3-1 산업체 현황

(1) 지역별 분포

계	동부면	거제면	둔덕면	사등면	연초면	하청면	장목면	아주동	옥포2동	장평동	고현동	수현동
144	8	9	12	43	45	12	8	1	1	2	1	2

(2) 용도별 분포

계	관리지역			공업지역		공업지역	농림지역		자연녹지	2종 주거·생산
	일반	계획	지구단위	일반	준		진흥	임업용		
144	27	35	25	14	4	1	7	3	8	24

(3) 규모별

대 기 업(300이상)		중소기업(50~299)		소기업(1~49명)	
업체수	종업원수	업체수	종업원수	업체수	종업원수
6	64,186	21	2,077	117	1,744

(4) 업종별

조선관련업		수산(가공)업		농축산(가공)업		기타	
업체수	종업원수	업체수	종업원수	업체수	종업원수	업체수	종업원수
61	66,397	26	857	15	197	42	558

(5) 세부업종별

계	조선해양				수산업				농축산				레미콘	아스콘	가스제조
	선박구성	강선건조	금속조립	도금도장	가공처리	건조염장	냉동	훈제조리	과실채소	도정도축	건강보조	액상장류			
144	42	5	11	3	8	11	3	4	8	1	5	1	5	4	2

기계장비	비료질소	재생플라	공기정화	방송장비	비금속광물	금속구조	제어장치	석면암면	제재씽크	벽돌블록	창호	의복	천막	도로관료	전기장비조명	농약	시멘트
4	2	1	1	1	1	4	2	1	3	2	1	1	1	1	3	1	1

3-3-2 상공회의소

1995년 2월 27일 거제상공회의소 설립추진을 위한 모임을 시작으로 7월 29일 창립총회를 가졌으며, 1996년 2월 14일 설립인가를 받았다. 1998년 2월 28일 사무실을 옮겼고 1996년 4월 10일 법인등기를 하였다. 현재의 고현로 14길(고현동 금곡마을)로 위치를 옮긴 것은 2004년 4월 29일이다. 2008년 11월 7일에는 국가기술자격 상설 검정장을 개설하였다.

거제상공회의소의 비전(VISION)은 '성공 비즈니스와 함께하는 최고의 경제단체'다. 이에 따라 미션(MISSION)은 '전문적인 비즈니스 정보와 맞춤서비스로 최상의 성과를 약속합니다'며, 지역경제활동 전반에 걸쳐 다양한 정보와 서비스를 제공하는 종합경제단체로서, 무한 경쟁시대의 급변하는 산업환경 속에서 보다 전문화된 정보와 차별화 된 서비스로 회원 및 경제계 전체를 대표한다.

그리고 전 산업 분야에 걸쳐 축적된 경험과 전문성, 독창성을 바탕으로 기업이 핵심 가치를 향상시키는 새로운 미래 가치를 제공하고 있다.

3-3-3 국가산업단지

단지명	업체명	조성년도	면적(㎢)	유치업종	생산품
계	3		12,949.1		
죽도 공단	삼성중공업(주)	1974~2015	4,260.1	중형조선소, 조선기자재공장	선박 및 해양플랜트
옥포 공단	대우조선해양(주)	1977~2015	5,747	신조선, 해상플랜트, 특수선박 등	선박 및 해양플랜트
지세포 자원비 축공단	한국석유공사거제지사	1981~2010	2,942	원유 비축시설	원유

3-3-4 일반산업단지

단지명	시행사	조성년도	면적(㎡)	유치업종	비고
오비 일반산업단지	대우건설 (주)	2003-2011 (524.5억원)	195,968	기타운송장비제조	연초면 오비리 1208
한내 조선특화농공 단지	삼성중공업 (주)	2008-2015 (4,257억원)	282,241	금속가공제품제조,기타 운송장비제조	연초면 연하해안로 825
모사 일반산업단지	(주)건화	2010-2015 (89억원)	403,997	금속가공제품제조,기타 운송장비제조	연초면 연하해안로 841-54
오비2 일반산업단지	㈜원진 외 3개사	2013-2016 (426억원)	108,613	기타운송장비제조	연초면 오비리 산1번지
덕곡 일반산업단지	큐테크모아 (주)외 1개사	2013-2016 (433억원)	149,881	금속가공제품제조,기타 운송장비제조	하청면 덕곡리 838

(1) 한내협동화단지

- 위치 : 거제시 연초면 연하해안로 일원
- 입주업체 : 세양기업(주), ㈜거성, 장한한내지점, 장한제2공장, 신영기업거제지점, 신영기업 제2공장, 세양기업, 세양기업 제2공장, 민성기업, 호진기업, 광성기업, 평화산소공업사, 대화중공업 등
- 입주형태 : 협동화단지(제2종지구단위계획결정)
- 업종 : 금속구조재 제조업 외
- 주납품처 : 대우조선 및 삼성조선

(2) 성내협동화단지

- 위치 : 거제시 사등면 거제대로 일원
- 입주업체 : ㈜신성, 건화기업, 육일기업, 대기공업, 화양산업, ㈜퍼쉬
- 입주형태 : 협동화단지(제2종지구단위계획결정)
- 업종 : 선박구성 부분품 제조업, 도장 및 기타 피막처리
- 주납품처 : 대우조선 및 삼성조선

(3) 두동협동화단지

- 위치 : 거제시 사등면 두동로 193
- 입주업체 : ㈜신화, 신화기업 제2공장, 비나코그린, 광성기업(주) 두동공장
- 입주형태 : 개별창업으로 집단화된 지구
- 업종 : 선박구성부분품, 금속 조립구조재, 도장 및 기타 피막
- 주납품처 : 대우조선 및 삼성조선

3-3-5 농업

- 농가수 : 5,474세대
- 농가인구 : 12,612명
- 농지면적 : 4,391 ha(논 2,204 ha, 밭 2,187 ha)
- 가구당 경지면적 : 0.80 ha

(1) 식량작물 생산현황

(단위 : ha,Kg,M/T)

연도	합계		미곡		맥류		잡곡		두류		서류(고구마 등)	
	면적	생산량	면적	생산량	면적	생산량	면적	생산량	면적	생산량	면적	생산량
2005	2,597.50	13,807.0	2,100.0	9,814.0	51.5	113	96	210	180	270	170	3,400.0
2006	2,442.00	13,788.0	1,986.0	9,729.0	29	98	70	132	177	252	180	3,577.0
2007	2,347.00	11,701.8	1,962.0	9,061.0	26.5	88.8	52	116	171.5	233	135	2,203.0
2008	2,304.80	12,039.5	1,925.0	9,494.0	15.1	50.2	56.3	84.4	172.4	230.9	136	2,180.0
2009	2,231.00	12,863.7	1,870.0	9,294.0	17	57	51.4	73.1	171.1	234.6	121.5	3,205.0
2010	2,213.70	11,118.6	1,872.0	9,154.0	17	52	53.6	76.1	160.1	212.5	111	1,624.0
2011	2,154.60	11,984	1,861	9,117	12.4	26	51.3	89.4	126.9	176.6	103	2,575.0
2012	2,106,4	11,739,0	1,840	8,604	11,0	29,1	47,3	87,5	104,1	141,4	104,0	2,877
2013	1,966.4	10,268.9	1,764.0	8,664.0	18.1	50.9	48.9	84.2	30.7	40.6	104.7	1,429.2
2014	1,935.20	8045.79	1,690	7,966	64	0.27	46.8	78	28.7	0.06	105.7	1.46
2015	1,823.9	10,070.8	1,553	7,858	15.5	56.4	28.4	45.4	81	126.7	146.0	1,984.3

(2) 채소류 생산현황

(단위 : ha,Kg,M/T)

연도	합계		과채류		엽채류		근채류		조미채소		양채류	
	면적	생산량	면적	생산량	면적	생산량	면적	생산량	면적	생산량	면적	생산량
2005	771	21,268	70	2,406	170	6,506	121	4,404	410	7,953	-	-
2006	702	22,040	32	2,155	165	7,076	108	5,012	397	7,797	-	-
2007	618	21,634	46	2,922	157	7,159	90	4,314	325	7,239	-	-
2008	500	15,900	38	2,372	96	3,466	56	2,728	310	7,334	-	-
2009	454	13,301	38	1,541	92	3,345	55	2,358	270	6,057	-	-
2010	322	8,432	41	1,180	63	1,048	22	506	196	5,699	-	-
2011	173.4	6,168.0	49.5	1,809.8	63.3	2,970.3	28	816.3	32.6	571.57	-	-
2012	248.8	8,726.5	48.1	1,903.9	76.7	2,697.6	28.2	850.8	95.7	3,274.1	-	-
2013	215.3	7,229.4	36.2	900.00	62.6	2,100.0	26.9	800	87.8	3300	1.8	129.4
2014	267.3	7,731.8	39.6	936.8	72	2,395.3	29.1	801.8	124.8	3468.3	1.8	129.4

(3) 과실류 생산현황

(단위 : ha,Kg,M/T)

연도	합계		유자		감		만감류*		포도		참다래		기타	
	면적	생산량	면적	생산량	면적	생산량	면적	생산량	면적	생산량	면적	생산량	면적	생산량
2008	236.6	1412.3	169.3	846.5	34.6	283.2	_	_	_	_	0.6	6.8	32.1	275.8
2009	239	1952.6	163.4	1300	36.4	305.2	_	_	_	_	0.8	26.4	38.4	321
2010	214.2	2102.8	137.7	1307	37.6	372	_	_	_	_	2.5	17.8	36.4	406
2011	207.6	1447	138	814	29	209	15	192	7	111	2	9	16.6	112
2012	215.6	1653.6	134.3	842.8	28.4	262.6	15.1	192.6	10.9	145.2	7.7	9.9	19.2	200.5
2013	-	-	-	-	21.3	180.3	-	-	24	303.3	-	-	-	-
2014	232.3	1871.6	133.2	695	27.6	289.6	13.2	383	16.6	164	12.5	41	29.2	299

* 밀감류 + 오렌지류, 나무에 오래 두었다가 따는 밀감류. 대표적으로 한라봉이 있음.

3-3-6 수산업

거제도의 수산업의 유형은 다음과 같다.

- **정치망어업** : 일정한 수면에 어구를 설치하여 수산동물 포획
- **해조류양식어업** : 수면의 바닥을 이용하거나 수중에 시설을 설치하여 해조류 양식
- **패류양식어업** : 수면의 바닥을 이용하거나 수중에 시설을 설치하여 패류 양식
- **어류 등 양식어업** : 수면의 바닥을 이용하거나 수중에 필요한 시설을 설치하거나 그 밖의 방법으로 패류 외의 수산동물을 양식하는 어업
- **마을어업** : 일정한 지역에 거주하는 어업인이 해안에 연접한 일정 수심 이내의 수면을 구획하여 패류·해조류 또는 정착성 수산동물을 관리·조성하여 포획·채취하는 어업
- **협동양식어업** : 마을어업의 어장 수심의 한계를 초과한 일정한 수심 범위의 수면을 구획하여 일정한 지역에 거주하는 어업인이 협동하여 양식하는 어업
- **외해양식어업** : 외해의 일정한 수면을 구획하여 수중 또는 표층에 필요한 시설을 설치하거나 그 밖의 방법으로 수산동식물을 양식하는 어업
- **연안어업** : 연안의 수역에서 소형 어선을 이용하여 수산물을 어획하는 일반적인 해면어업

- **구획어업** : 일정한 수역을 정하여 어구를 설치하거나 무동력어선 또는 총톤수 5톤 미만의 동력어선을 사용하는 어업
- **육상해수양식어업** : 인공적으로 조성한 육상의 해수면에서 수산동식물을 양식하는 어업
- **종묘생산어업** : 일정하게 구획된 바다·바닷가 또는 인공적으로 조성한 육상의 해수면에 시설물을 설치하여 수산종묘를 생산하는 어업
- **낚시어선업** : 낚시인을 낚시어선에 승선시켜 낚시터로 안내하거나 그 어선에서 낚시를 할 수 있도록 하는 어업
- **나잠어업** : 산소공급장치 없이 잠수한 후 낫·호미·칼 등을 사용하여 패류, 해조류, 그 밖의 정착성 수산동식물을 포획·채취하는 어업
- **맨손어업** : 손으로 낫·호미·해조틀이·갈고리 등을 사용하여 수산동식물을 포획·채취하는 어업
- **외줄낚시어업** : 어획 대상 어군이 얕은 곳에 산발적으로 분포할 때 쓰는 낚시어구를 이용하여 잡는 어업
- **투망어업** : 투망을 사용하여 수산동물을 포획하는 어업
- **손꽁치어업** : 해초를 이용하여 손으로 꽁치를 포획하는 어업

(1) 어업권현황[115)]

어업권	현황(건수/면적)
정치망어업	50건 / 481 ha
해조류양식어업	7건 / 18 ha
패류양식어업	351건 / 1,650 ha
어류 등 양식어업	110건 / 375 ha
마을어업	119건 / 2,742 ha
협동어업	25건 / 194 ha

115) 2016년 말

(2) 허가어업현황

구 분	현 황
연안어업	2,441건 / 2,154척
구획어업	279건 / 79,484 ha
육상해수양식어업	35건 / 4.4 ha
육상종묘생산어업	109건 / 4.4 ha
해상종묘생산어업	95건 / 311.2 ha

(3) 어항현황

구분	계	국가어항	지방어항	어촌정주어항 (80)		마을공동어항
				육지부	도서부	
계	117	6	20	52	28	11
일운면	9	지세포 구조라		와현, 예구, 양화, 망치, 옥림	지심도, 내도	
동부면	11		율포, 동호, 가배	영북, 영월, 오송, 수산, 학동, 함박, 양지말		
남부면	10	다대·다포 대포·근포	도장포, 쌍근	명사, 저구, 여차, 탑포, 갈곶		홍포
거제면	12		거제, 죽림	오수, 내간, 소랑, 고당, 법동	실리, 산후, 산전	외간, 아지랑
둔덕면	13			어구, 녹산, 호곡, 술역, 내평, 학산, 아사	면포, 발포, 송포, 미포, 왜선포, 염막포	
사등면	21		성포, 유교	광리, 사곡, 견내량, 청포, 청곡, 후포, 지석, 항도, 금포, 성내	고개도, 신교, 실전, 계도, 창촌, 신전, 군령포, 창외, 진두	
연초면	1		한내			
하청면	17		하청, 물안, 송포	석포, 덕곡, 유계	어온, 대곡, 연구, 곡촌, 황덕도 금곡, 옥계, 장곶	해안, 와항, 실전
장목면	21	외포	장목, 유호, 농소 시방, 관포, 황포, 이수도	송진포, 궁농, 구영, 두모, 대금, 대계, 소계, 흥남		동진개, 임호, 신촌, 매동, 군항포
능포동	1	능포				
옥포동	1			덕포		

3-4 교육

3-4-1 유아교육

유치원은 공립 29개며, 57개 학급수, 원아는 1,068명이고, 교원수는 64명이다. 사립 유치원은 모두 27개로 187개 학급, 원아수 4,303명, 교원은 263명이다.

3-4-2 초등교육

교 명	학급수	학생수	교원수	주소
거제고현초등학교	35	895	45	계룡로 25
거제상동초등학교	38	936	47	상동5길 75-41
거제중앙초등학교	43	1,118	54	중곡로2길 45
거제초등학교	13	245	18	거제면 읍내로2길 20
계룡초등학교	28	669	36	거제중앙로 1821-7
국산초등학교	42	1,094	53	국산1길 2
기성초등학교	22	497	29	사등면 언양로 541
내곡초등학교	45	1,133	56	아주2로 112
능포초등학교	8	107	13	능포로 208
동부초등학교	7	74	11	동부면 동부로 27
동부초율포(분)	5	23	6	동부면 율포4길 1
마전초등학교	14	310	19	마전2길 3-4
명사초등학교	6	34	9	남부면 명사해수욕장길 11
사등초등학교	6	129	9	사등면 성포로 21
삼룡초등학교	39	927	49	거제중앙로 1548
송정초등학교	7	79	10	연초면 송정이목로 47
수월초등학교	30	750	37	수양로 420
숭덕초등학교	6	76	10	둔덕면 거제남서로 4720
신현초등학교	20	431	27	서문로1길 7
아주초등학교	33	797	41	탑곡로4길 24
양지초등학교	31	792	40	장평1로 170
연초초등학교	10	180	14	연초면 거제대로 4280
오량초등학교	6	71	10	사등면 거제남서로 5405
오비초등학교	6	115	9	연초면 오비5길 21
옥포초등학교	21	489	28	옥포로13길 12
외간초등학교	7	97	10	거제면 외간옥산1길 10
외포초등학교	6	106	9	장목면 외포5길 17
일운초등학교	15	319	20	일운면 지세포로 74
장목초등학교	7	54	10	장목면 거제북로 1220
장승포초등학교	27	648	35	신부로1길 19

장평초등학교	20	420	27	장평1로 116
제산초등학교	45	1,241	57	제산로 70
중곡초등학교	37	1,006	46	중곡로 27
진목초등학교	35	808	44	진목1길 101
창호초등학교	7	74	10	사등면 가조로 1281-16
칠천초등학교	6	36	9	하청면 칠천로 372
하청초등학교	10	191	15	하청면 하청로 22
대우초등학교(사)	18	497	24	아주로3길 63
계(37)	761	17,468	996	

3-4-3 중학교

교 명	학급수	학생수	교원수	주소
거제고현중학교	23	617	42	거제중앙로7길 19
거제장평중학교	22	633	38	장평4로 40
거제제일중학교	8	147	18	거제면 읍내로 13길 12
거제중앙중학교	32	948	57	중곡로2길 51
계룡중학교	36	1,128	65	고현로14길 37
동부중학교	5	91	15	동부면 동부로 28-6
성포중학교	7	120	17	사등면 가조로 46
수월중학교	27	828	51	해명로 70
신현중학교	16	452	30	서문로1길 17
연초중학교	7	146	16	연초면 죽토양지1길 26
옥포성지중학교	18	457	33	거제대로 3699
옥포중학교	21	601	41	옥포대첩로 99
지세포중학교	7	152	16	일운면 지세포3길 3
하청중학교	4	92	13	하청면 서리1길 5
거제중학교(사)	24	764	38	아주로3길 61
둔덕중학교(사)	3	57	10	둔덕면 하둔3길 7-3
외포중학교(사)	3	39	9	장목면 옥포대첩로 942
장목중학교(사)	3	41	9	장목면 옥포대첩로 1595-8
해성중학교(사)	22	658	37	두모길 4-2
계(19)	264	7,971	517	

3-4-4 고등학교

교 명	학급수	학생수	교원수	주소
거제공업고등학교	24	465	63	계룡로 11길 63
거제상문고등학교	34	1,251	72	수양로 29
거제여자상업고등학교	12	228	28	거제면 동상3길 21
거제옥포고등학교	34	1,162	68	연초면 국산로 27
거제제일고등학교	25	742	54	거제면 읍내로 13길 22-5
거제중앙고등학교	37	1,319	75	중곡로2길 61
경남산업고등학교	28	785	58	하청면 서리1길 17
연초고등학교	30	1,127	61	연초면 연사1길 40
거제고등학교(사)	27	999	55	아주로3길 61
해성고등학교(사)	27	1,039	58	두모길 4
계(10)	278	9,117	592	

3-4-5 특수학교

구분	교명	학교수	교원수	학급수	학생수	주소
특수학교	거제애광학교	1	30	47	148	거제대로 3063
각종학교	거제국제외국인학교	1	18	8	122	서간도길 9-8

- 애광원

사회복지법인 거제애광원은 장애인 보호시설로 장애인들의 편안하고 포근한 안식처가 되어 더 큰 세상으로 나갈 수 있도록 하는 희망의 터전이다. 1952.11.27. 애광영아원을 설립하는 것으로 시작한 이곳은 세계인의 주목을 받는 곳이다. 1979년에는 애광기술학교를 개설하였으며, 1980년 지적장애아 특수학교 개교, 1986 독일 프뢰벨학교와 자매결연, 1988년 애빈하우스 개설, 1992년 특수학교 신축, 2008년 장애인숙소 증축, 2014년 공동생활가정 성빈 세나네, 성빈 네나네 등을 증설하는 등 많은 시설과 혜택을 제공하고 있다.

전체적인 조직은 지적장애인 거주시설(애광원), 장애인 요양 거주시설(민들레집), 장애인 공동생활가정(성빈마을), 장애인 직업재활시설(애빈), 지적장애 특수학교시설(거제애광학교) 및 일반 영유아 보육시설 등이 있다.

김임순 원장은 한국전쟁(6·25) 중이던 1952년, 두 살 배기 딸아이와 함께 거제도 옥녀봉 기슭의 피난민 막사에서 삶을 시작하였다. 그 때 움막 하나가 눈에 띄었고 거적을 열어젖히자 일곱 명의 갓난아기가 굶주림에 울고 있었다. 미군용 담요에 싸인 채 탯줄이 떨어지지 않은 아이도 셋이나 됐다. 그날부터 일곱 갓난아기들과의 생활이 시작됐으며, 잘 나오지 않는 젖을 번갈아 물렸다. 이런 사정에서 시작한 그는 1989년 막사이사이상으로 받은 상금 전액을 이용하여 학교를 건립하고 중증장애인을 위한 큰 공동체로 변모시켰다. 그의 별명은 '깡패할머니'로 통했다. 이는 애광원 아이들 복지를 위해 물불 안 가리고 공무원들에게 호통쳤기 때문이다.

3-4-6 대학교

구 분	교 명	교수	전공	학생수	주 소
대학교	거제대학교	43	1계열, 9학과	1,989	마전1길 91

3-5 경찰서

거제경찰서는 24만 시민의 치안유지를 담당하는 경남도경찰청에 소속된 자치경찰 기관이다. 경찰서의 법적 근거는 경찰법 제2조 국가경찰과 자치경찰의 조직 및 운영에 관한 법률 제13조에 근거한다.

거제경찰서는 본서 조직과 함께 5개의 지구대와 4개의 파출소, 3개의 치안센터로 이루어져 있으며, 경찰서장은 기관장으로 주로 총경이 임명되지만 지역에 따라 경무관이나 경정이 임명될 수 있다. 협력단체로는 경찰발전협의회, 안보자문협의회 및 집회시위자문위원회로 구성되어 있다.

3-5-1 거제 경찰서 연혁

2019.02.11. 지역경찰제 운영시스템 개편(5지구대, 4파출소, 6치안센터)

2013.06.03. 지역경찰제 운영시스템 개편(4지구대, 4파출소, 6치안센터)

2010.05.01. 지역경찰제 운영시스템 개편(2지구대, 6파출소, 7치안센터)

2009.10.19. 지역경찰제 운영시스템 개편(5지구대, 2파출소, 8치안센터, 1초소)

2008.05.29. 정원조정(경찰관) 269명 → 254명

2004.01.24. 지구대 명칭 변경(중부→옥포, 서부→ 신현, 동부→장승포지구대)

2003.08.01. 지역경찰제 시행(5개 지구대, 15개치안센터)

1995.01.27. 장승포경찰서를 거제경찰서로 개칭(15개 파출소)

1990.10.05. 거제경찰서를 장승포경찰서로 개칭(6개 파출소, 10개 지서)

1987.09.30. 경찰서 청사 신축 옥포2동 현청사로 이전

1948.08.15. 제 23구 경찰서를 거제경찰서로 개칭

1946.05.16. 제 7관구 경찰청 제 23구 경찰서로 개칭

3-5-2 조직

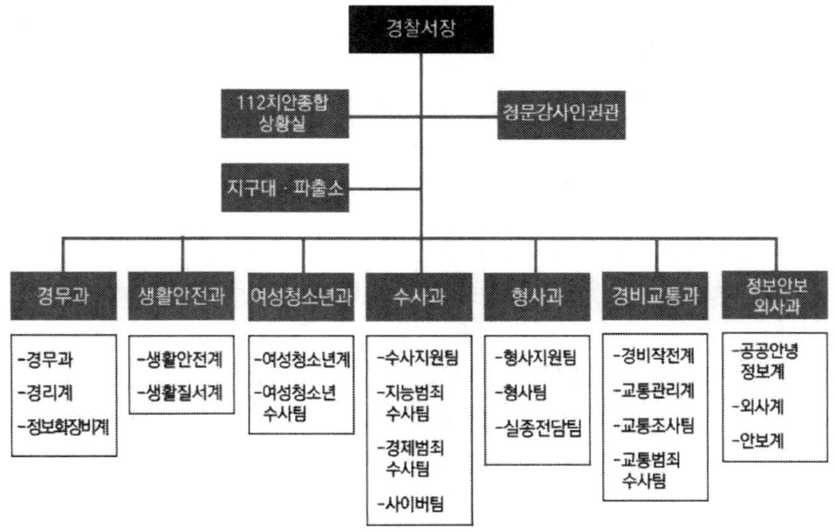

3-5-3 지구대

(1) 신현지구대

이 지구대는 시청, 교육청, 법원 등 주요기관이 위치하고, 거제시 중심지 대단위 아파트단지 형성으로 유입, 유동인구 급격히 증가하며 거제포로수용소, 계룡산의 관문으로 관광객이 많은 편이다. 고현동, 상문동, 수양동을 관할한다.

- 1963.01.01. 신현지서 신설
- 1991.08.01. 신현지서에서 신현파출소로 개칭
- 1994.08.24. 신현파출소 신축 청사 준공식
- 2003.08.01. 신현·사등·장평파출소 신현지구대통합
- 2019.04.18. 신현지구대 신축 이전

(2) 옥포지구대

옥포지구대는 임진왜란 당시 충무공 이순신 장군의 첫 전승지로서 옥포 대첩기념공원이 위치해 있으며, 연 200만톤 선박건조의 대우조선소가 위치해 있어 조선소 근로자와 외국인이 밀집되어 있어 폭력사건 및 도난 사건 발생 우려가 높은 지역을 관할한다. 옥포1동, 옥포2동을 관할한다.

- 1975.05.03. 옥포임시 파출소 설치
- 1977.10.01. 거제경찰서 옥포파출소로 승격
- 2003.08.01. 아주파출소와 통합 옥포지구대 개소

(3) 장평지구대

장평동은 삼성조선등 조선업체가 위치하고 있어 원룸 및 유흥업소 밀집지역으로 강·절도·폭력사건 등 치안수요가 많은 특징이 있다. 장평동, 사등면(가조도 포함)을 관할한다.

- 1990.11.20. 장승포경찰서 장평지서 준공 및 개서
- 1991.08.01. 장승포경찰서 장평파출소로 개칭
- 2009.10.16. 장평지구대 개칭
- 2020.11.06. 리모델링 개소

(4) 장승포지구대

장승포지구대는 여객선터미널과 외도 해상공원, 해금강, 지심도 등지로 수시 운항하는 유람선 터미널이 있어 유동인구가 많은 편이며, 관내에 있는 거제문화예술회관은 시의 문화, 예술발전과 시민의 정서함양을 위해 현대적인 시설로 단장되어 열린 문화 예술공간으로써 지역주민들에게 수준높은문화, 예술혜택을 제공하고 있다. 이를 관할한다. 장승포동, 능포동, 마전동, 일운면을 관할한다.

- 1951.11.01. 거제경찰서 직할파출소 설치
- 1963.07.12. 직할파출소에서 장승포파출소로 개칭
- 2003.08.01. 일운·능포파출소와 통합, 동부지구대로 개칭
- 2004.01.24. 동부지구대에서 장승포지구대로 개칭
- 2015.11.27. 장승포지구대 신축 이전

(5) 아주지구대

대우조선해양 조선소가 있고 이로 인한 대단위 아파트단지 형성으로 유입, 유동인구 급격히 증가하여 치안수요가 많은 특징이 있다. 아주동을 관할한다.

- 2001.02.20. 아주파출소 신축 및 개소
- 2003.08.01. 옥포지구대와 통합 및 아주치안센터로 명칭 변경
- 2019.02.11. 아주지구대로 개소
- 2020.11.05. 리모델링 개소

3-5-4 파출소

(1) 연초파출소

관내에는 연초면 한내공단 내 임천공업(조선소) 등 20개 기업체 3,000여명의 근로자가 종사하고 있으며, 한내공단 활성화 및 장목면 일원 거가대교 접속 접속도로 공사로 인해 외부인구 유입이 증가하고 있는 실정이다. 하청치안센터를 두고 있다. 연초면, 하청면을 관할한다.

- 1945.10.21. 국립경찰 창설과 함께 거제경찰서 칠천지서로 개서
- 1945.12.10. 경찰청 제23경찰서 하청지서로 개칭
- 2003.08.01. 연초·하청·장목파출소를 통합 북부지구대로 개칭
- 2010.04.30. 북부지구대를 연초파출소와 장목파출소로 분리

(2) 거제파출소

거제면 서정리에 경남유형문화재로 지정되어 있는 거제향교, 둔덕면 산방리에 산방산비원 등이 있으며 주민들 대부분 굴양식업과 농업에 종사한다. 둔덕치안센터를 두고 있다. 거제면, 둔덕면을 관할한다.

- 1945.10.21. 국립경찰 창설과 함께 거제경찰서 성내지서로 개서
- 1985.01.30. 성내지서를 거제지서로 변경
- 2003.08.01. 남부·동부·둔덕·거제파출소를 남부지구대로 통합
- 2009.10.19. 거제파출소 개소(거제,둔덕면 관할)

(3) 동부파출소

동부면과 남부면은 거제시 최남단에 위치하고 학동몽돌해수욕장, 해금강, 바람의 언덕등 명소로 인해 관광객의 왕래가 잦아 도난사건 발생 우려가 높은 지역이다. 남부치안센터를 두고 있다. 동부면, 남부면을 관할한다.

- 1945.10.21. 국립경찰 창설과 함께 거제경찰서 산양지서로 개서
- 1952.01.03. 산양지서를 동부지서로 개칭
- 2003.08.01. 동부파출소가 남부지구대로 통합
- 2009.10.19. 동부,남부면을 동부파출소로 개소

(4) 장목파출소

거제도 최북단으로 거가대교가 접속해 있고 장목관광단지, 골프장, 해수욕장 (4개소), 김영삼 전대통령 생가등이 있으며 주민 대다수가 전형적인 거제지역 토착민으로 농,어업(잠수기) 종사한다. 장목면을 관할한다.

- 1986.09.20. 장목파출소 개소
- 2003.08.01. 연초·하청·장목파출소를통합 북부지구대로 개칭
- 2010.05.03. 장목·연초파출소를 분리하여 장목파출소 개소

3-6 소방서

3-6-1 거제 소방서 연혁

- 1987.12.01. 충무소방서 장승포, 신현파출소 개소
- 1988.03.10. 거제출장소 개소
- 1989.11.23. 장승포소방서 청사 신축 기공
- 1990.02.12. 장승포소방서 승인 대통령령 제12923호
- 1990.03.08. 장승포소방서 개서
- 1990.08.23. 장승포소방서 청사 개청
- 1991.06.13. 장승포소방서 옥포파출소 개소 대통령령 제13358호
- 1994.03.16. 거제군 전역 관할 대통령령 제14192호
- 1995.02.04. 장승포소방서 구조 구급계 신설 도 규칙 제2238호 94.12.30
- 1995.03.18. 거제소방서로 명칭 변경 법률 제4774호
- 1996.02.26. 하청출장소 개소
- 1997.10.30. 거제소방서 119일반구조대 승인 도 규칙 제2392호
- 2006.11.02. 119안전센터 명칭변경 및 거제119안전센터 승격
- 2008.03.31. 거제소방서 장승포119안전센터 신축 준공
- 2009.07.01. 거제소방서 연초119안전센터 승인
- 2013.10.31. 소방행정과,예방대응과 → 소방행정과,예방안전과,현장대응과 전환
- 2013.10.31. 동부119안전센터 승인
- 2015.01.01. 현장대응과 → 현장대응단 명칭변경제3087호
- 2016.07.07. 사등119지역대 신설
- 2018.07.06. 거제119안전센터 증축 준공
- 2019.07.01. 도 지방공무원 정원배정규정 훈령 제1406호(정원 233명 → 256명)
- 2020.07.01. 사등119안전센터 승격, 정원 256명 → 288명
- 2021.05.03. 정원 288명 → 309명

3-6-2 조직

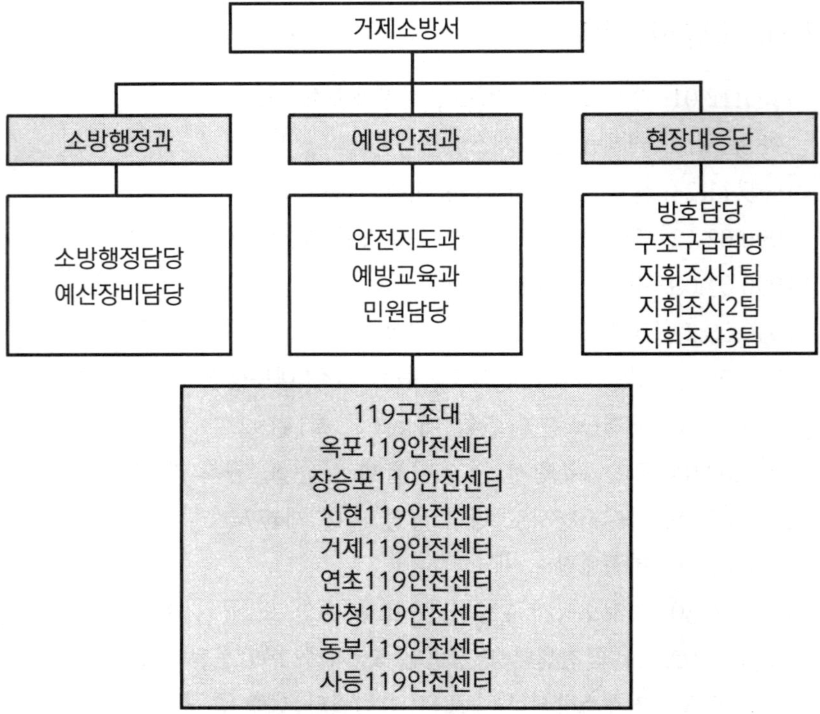

3-6-3 현황

(1) 인력현황

구분	계	소방정	소방령	소방경	소방위	소방장	소방교	소방사	공무직	보조
정원	309	1	3	17	24	41	77	146	3	8
현원	286	1	3	18	41	35	41	147	3	8

(2) 소방차량

합계	펌프카	물탱크차	화학차	고가사다리차	굴정사다리차	구조차	구급차	지휘차	순찰차	배연차	기타
41	9	4	1	1	1	1	9	1	4	1	9

3-6-4 부서별 관할현황

부서명	위치	관할구역	관할면적 (㎢)	인구(명)	소방 대상물	개청일
119 구조대	거제시 진목로 1 (옥포2동 1297)	거제시 일원	402.3	247,069	12,954	1997.10.30
옥포119안전센터		3개동 (아주/옥포1/옥포2)	23.3	61,434	3,469	1991.06.13
신현119안전센터	거제시계룡로52 (상동동 476-14)	3개동 (장평/고현/상문)	7.3	75,157	3,432	1987.12.01
장승포119안전센터	거제시 능포로 77 (장승포동 257-4)	2개동 (장승포/능포)	33.2	16,204	1,239	1987.12.01
거제119안전센터	거제시 거제면 거제남서로 3429 (거제면 서정리 767-5)	2개면 (거제/둔덕)	71	7,949	754	2006.11.02
연초119안전센터	거제시 연초면 거제북로 1 (죽토리 1140-1)	2개동, 1개면 (수양/고현[중곡],연초)	115,1	48,625	2,486	2009.07.01
동부119안전센터	거제시 동부면 거제대로 957 (동부면 학동리 264-3)	3개면 (동부/남부/일운)	51.9	12,501	1,006	2013.10.31
사등119안전센터	거제시 사등면 덕호리 197-7	2개면 (사등/둔덕)	34.8	15,780	568	2018.01.24
하청119지역대	거제시 하청면 하청중앙1길 48-5 (하청면 628-39)	2개면 (하청/장목)	66.1	9,419	1003	1996.02.01
계		9개면, 9개동	402.3	247,069	12,954	

3-7 축제와 관광명소

3-7-1 축제

(1) 신년해맞이축제

- 장소 : 경상남도 거제시 장승포동 66 일원
- 기간 : 1월 1일
- 주최 : 신년맞이행사추진위원회
- 개요 : 새해 첫날, 장승포 몽돌개에서 다채롭게 펼쳐지는 이 축제는, 한 해의 무사안녕을 빌고 새해 아침 첫 해돋이를 맞이하기 위한 것으로 장승포의 각 단체가 거제시 후원으로 개최한다. 전국적으로 많은 관광객들이 찾아오고 있으며, 관광객들에게 새로운 볼거리를 제공하고 활력 넘치는 거제시를 대외적으로 알리는 계기를 마련하고 있다. 특히, 12월 31일 **송년불꽃축제** 행사를 함께 개최하여 이틀간에 펼쳐지므로 인기가 높다.

(2) 송년불꽃축제

- 장소 : 장승포항 일원
- 기간 : 12월 31일
- 주최 : 거제시
- 개요 : 한 해를 보내는 아쉬움과 새해를 맞이하는 희망과 설렘을 이어가는 축제로서, 민속놀이와 이색체험행사 각종 축하공연과 더불어 화려하게 하늘을 수놓은 불꽃을 연출한다. 더불어 관내 인기 공연팀과 지역가수의 공연 등이 이어지고 불꽃축제 카운트다운 불꽃행사가 수십 분 동안 진행된다.

(3) 국제펭귄수영축제

- 장소 : 덕포해수욕장
- 기간 : 1월 중순
- 주최 : 거제도국제펭귄수영축제위원회(옥포동 덕포)
- 개요 : 겨울의 깨끗하고 푸른 바다에 뛰어드는 젊음과 낭만 속에서 피어나는 우정과 사랑 등의 행사로 행복을 만드는 특별한 축제로 알려져 있다. 2004년도 1월 처음 개최된 이후 전국적 관심을 모으고 있다. 한겨울 바다 수영 및 맨손으로 광어잡기, 에어로빅 공연 등 볼거리가 부족한 한겨울 추위에 도전하는 짜릿함을 느낄 수 있는 행사다. 이 시기에는 거제 시어로 지정된 대구가 많이 잡혀 장목면 외포등지를 비롯한 거제 전역에서 담백한 대구 요리를 맛볼 수 있다. 축제기간 동안에는 풍물마당 지신밟기, 축하공연과 본격적인 행사로 50 m 반환수영, 펭귄미인선발대회 등이 진행된다.

(4) 바다로세계로

- 장소 : 거제종합운동장, 구조라해수욕장, 학동흑진주몽돌해변, 와현모래숲해변, 지세포항 등
- 기간 : 매년 7월 말~8월 초
- 주최 : 거제시청(관광과)
- 개요 : 천혜의 관광자원과 문화예술공연을 함께 즐길 수 있는 **전국 최대규모**의 해양축제로서, 여러 해수욕장에서 동시에 개최된다. 주요행사는 플라이보드대회, 뷰티바디챔피언십, 드래곤보트대회, 핀수영대회 등 해양스포츠와 더블루콘서트, 정오의 희망곡 공개방송, 맨손고기잡기 체험 등 다양한 프로그램으로 4일간 진행되며, 거제의 여름을 시원하고 낭만이 가득한 추억으로 만들어 준다.

(5) 섬꽃축제

- 장소 : 거제시농업개발원(거제면)
- 기간 : 10월 ~ 11월
- 주최 : 거제시 농업기술센터 농업관광과
- 개요 : 미래 지향적 농업방향 제시와 난지농업의 활로 개척 등으로 관광거제에 부응하는 대표적 가을축제다. 가을국화꽃 전시, 국화작품전시, 꽃동산 전시, 첨단농업 전시, 국화전시 및 농특산물 홍보 판매 등 다양한 전시 및 행사가 열린다. 2006년 가을꽃전시회로 시작된 '**거제섬꽃축제**'는 농업개발원의 난지농업 시험장을 기반으로 하여 독창적인 축제모델로 발전시켜 왔다. 꽃과 문화, 사람이 어우러지는 종합적인 가을꽃 축제로 해양관광지 거제에 걸맞은 '**시민이 만드는 축제**'라는 슬로건으로 가을꽃의 향연, 우리농업 둘러보기, 시민과 함께하는 문화공연, 각종경연, 체험행사 등 다양한 테마가 펼쳐진다.

(6) 옥포대첩기념제전

- 장소 : 옥포대첩기념공원, 옥포중앙공원 등 옥포동 일원
- 기간 : 6월
- 주최 : 거제시 및 옥포대첩기념제전위원회
- 개요 : 임진왜란 첫 승전인 옥포대첩을 기념하는 행사로 기념식을 비롯하여 문화예술, 민속, 이벤트행사 등이 다양하게 진행되며, 시민 참여마당 및 볼거리 등 지역 문화축제행사로 정착되었다.

(7) 맹종대나무축제

- 장소 : 거제맹종죽테마파크(하청면 용등산 일대)
- 기간 : 4월말
- 주최 : 거제맹종죽영농조합법인
- 개요 : 맹종죽 대나무숲을 관광자원으로 활용하기 위해 하청면 실전리 일대 맹종죽 군락지에 10만2,154 ㎡(3만여평) 규모로 개장하였다. 맹종죽을 이용한 창조적 활용과 보존을 통하여 죽림욕을 이용한 치유, 바다경관과 환경예술을 접목한 경관치유, 맹종죽을 이용한 체험놀이치유가 가능한 죽림테라피의 축제 공간이다. 체험행사로는 대잎차 시음회, 소원담장, 죽순 시식행사, 스탬프 이벤트, 문화공연은 타악공연, 아카펠라공연, 숨소슬 뮤직 테라피, 죽제품 전시회가 있다. 경연대회로는 맹종죽테마공원을 둘러보고 멋진 장면을 촬영한 사진의 주인공을 뽑는 사진 공모전이 진행된다. 맹종죽은 하루에 20~40 cm 정도 자라고 최대 20 m 이상 자라기도 한다.

(8) 양지암축제

- 장소 : 능포동 조각공원 일원
- 기간 : 5월 하순
- 주최 : 양지암축제추진위원회
- 개요 : 푸른바다를 배경으로 양지암의 절경과 각종 체험이벤트를 지닌 이 축제는, 능포동에서 열리던 양지암 장미축제와 능포 바다등축제가 통합된 것이다. 양지암 장미공원과 조각공원 일대를 중심으로 장미차 시음과 초등학생 사생대회, 페이스페인팅, 체육대회, 노래자랑 등 다채로운 행사가 펼쳐진다. 또, 능포항 내 거제수협 능포 위판장에서는 거제 앞바다에서 잡히는 보리새우와 돔, 문어, 해마 등의 수산물을 소재로 만든 높이 1~3 m의 등불이 밤바다를 배경으로 불을 밝힌다.

(9) 산방산삼월삼짇날축제

- 장소 : 거제시 둔덕면 산방산 임도
- 기간 : 4월 초중순
- 주최 : 둔덕번영회
- 개요 : 산방산은 예부터 못자리가 시작되기 전 삼월 삼짇날이 되면, 인근 마을에 거주하는 선남선녀들이 새 옷으로 갈아입고 정성스레 오곡밥을 지어 이른 아침부터 정상에 모여 참꽃과 산나물을 채취하며 마음을 나눴다. 아름다운 산방산을 가꾸기 위해 1회부터 9회까지 산방산 참꽃축제를 개최한 둔덕면은, 10회째를 맞은 지난 2005년부터 삼월 삼짇날 축제로 명칭을 변경해 지금까지 그 아름다운 전통을 이어오고 있다. 주요행사는 산신제(축문 및 제례), 산방산 등반 등이 있다.

(10) 대금산진달래축제

- 장소 : 대금산 일원
- 기간 : 4월
- 주최 : 대금산진달래축제 추진위원회 및 장목면사무소
- 개요 : 산 중턱부터 정상까지 2.4 ha에 걸친 진달래 군락이 연분홍빛 꽃물결의 장관을 이루는 4월에 개최되며, 2014년부터 휴식년제를 도입하였으나 2016년부터 다시 개최하였다. 주요행사는 길놀이, 산신제례, 초청공연, 행운권 추첨, 대금산 열전, 진달래 화전 만들기 체험 등이 있다.

(11) 몽돌해변축제

- 장소 : 학동흑진주몽돌해변
- 기간 : 10월
- 주최 : 동부면
- 개요 : 우수한 관광자원인 몽돌을 소재로 전국적으로 특색 있고 차별화된 축제다. 체험형 문화관광 축제 형태로 진행되며 공연행사, 불꽃행사 등이 음악과 함께 진행된다.

(12) 대구수산물축제

- 장소 : 외포항 일원
- 기간 : 12월
- 주최 : 거제대구수산물 축제위원회 및 거제수산업협동조합
- 개요 : 거제의 시어인 대구를 통해 진행되는 축제로, 어업인만의 축제가 아닌 누구나 참여가 가능하다. 축제기간 동안 외포지역 횟집을 이용하면 가격을 할인해주는 특혜가 제공된다.

(13) 시민의날행사

- 장소 : 거제시 일원
- 기간 : 10월
- 주최 : 시민의 날 기념행사 추진위원회
- 개요 : 향토문화를 계승하고 범시민적으로 경축하며, 시민의 자긍심과 애향심을 고취시키고, 시민화합과 지역사회 발전에 기여하기 위하여 10월 1일을 **거제시민의 날**로 정하였다. 다채로운 행사가 격년제로 열리며, 민속행사, 체육행사, 시민노래자랑, 길거리공연, 시민한마음걷기, 청소년 문화축제, 향토음식 개발 및 좋은 식단 시식회, 바둑대회, 전통장터 등 화합 문화행사가 거제시 곳곳에서 펼쳐진다.

(14) 예술제

- 장소 : 거제시 일원
- 기간 : 10월 초순
- 주최 : 예총 거제지부

- 개요 : 우수 예술인 발굴과 지역 문화예술의 저변 확대를 위해 매년 10월초 예총 거제지부 주관으로 개최된다. 거제시 일원에서 초청공연, 거제예술상 시상식, 한국전쟁문학 세미나, 시화전시회, 전국사진 공모전, 거제지부 회원전, 거제어린이 무용단 정기공연, 독창경연대회, 국악한마당, 가을경축 대음악회, 시 낭송대회, 폐왕성 공연, 합창페스티발, 모닥불 피워놓고 시인과 함께 하기, 미술협회 정기전, 거제무용단 정기공연, 사생대회, 한국화 29인 초대전 등 다양하고 홍겨운 문화예술행사가 진행된다.

(15) 기타

- **전통민속예술축제** : 거제시 전통민속예술단체협의회가 주관하며 농업개발원을 중심으로 개최된다.
- **청소년문화축제** : 거제YMCA주관으로 5월 경 독봉산 웰빙공원을 중심으로 진행된다.
- **청마꽃들축제** : 둔덕면 방하마을 앞들에서 진행되며 청마꽃들축제위원회가 주관한다. 그동안 **코스모스축제** 등으로 진행되었다.
- **남부면 수국축제** : 남부면 다대리, 7월경에 주민자치위원회 및 발전협의회의 주관으로 진행된다. 거제 남부면 도로에는 수국이 심겨져 꽃이 피면 장관을 이룬다.
- **사등면 해변가요제** : 7월경 사등면 모래실 인근에서 진행되며 주민자치위원회가 주관한다.

3-7-2 관광명소

(1) 거제조선해양문화관

우리나라 어촌의 전통문화와 어업 변천사 등을 보전·전시하기 위해 2003년 10월 15일 거제시 일운면 지세포리에 설립한 문화관이다. 이 문화관에는 어촌민속전시관과 조선해양전시관이 있다.

어촌민속전시관은 전체 2층 규모로 이루어졌으며, 각 층에는 우리나라 어촌의 전통문화와 바다의 신비를 체험할 수 있도록 다양한 전시 공간이 마련되어 있다. 1층은 거제도의 신비한 바다세계를 시뮬레이션을 통해 경험할 수 있는 **'체험의 바다'**, 우리나라 조선산업의 역사와 천혜의 수산자원에 관한 자료를 전시한 **'부흥의 바다'**, 북태평양 연근해의 어종 중 형태와 색상이 화려한 난류성 어종을 전시한 **수족관**을 비롯해 기획전시실 등의 부스로 구성되었다. 2층에 있는 **'생활의 바다'**에서는 거제도의 수산 음식과 어촌의 일상, 어선의 제작 과정 등을 볼 수 있고, '**전통의 바다**'에서는 거제도의 역사와 문화, 거제도를 빛낸 인물들을 만날 수 있다. 경상남도 거제시 일운면 지세포리에 있다.

조선해양전시관은 조선테마파크로 국내 최대 규모의 조선산업단지를 자랑하며 조선산업의 역사성을 정리해 두었다. 이로서 중공업의 경직된 이미지를 친근하고 새로운 차원으로 개선하며 다양한 문화공간을 제공한다.

(2) 거제박물관

1991년 12월 21일에 개관하였다. 이 박물관은 대우그룹 김우중회장의 지원으로 만들어진 거제문화재단의 산하기관으로서, 거제도에 흩어져 있는 유적·유물들을 발굴·보존·전시함으로써 거제지역을 보다 학술적이고 체계적으로 이해함과 동시에 건전한 문화공간 확보와 역사 인식에 대한 학술적 자료를 확보가 가능해졌다.

연건평1,007 ㎡, 전시면적 640 ㎡의 규모를 갖추고 있으며 토기, 자기, 서화 등 총 1,000여 점의 유물을 보관·전시하고 있다. 모두 3개의 전시실로 구성되었는데 **제1전시실**은 기획전시실 공간으로 지역 내의 여러 문화행사(전시행사)를 치를 수 있게 되어 있다. **제2전시실**은 점차 사라져가는 거제도의 민속품을 통해 거제의 문화를 알 수 있는 민속실이다. 전시물은 반농반어의 산업적 특색을 지닌 섬에서의 농경과 수산에 관계되는 용구들이 대부분이다. **제3전시실**은 거제도 내의 유적과 이에 관계되는 유물 등 고고학 자료를 중심으로 전시되어 거제도의 역사발전 상황을 한눈에 볼 수 있도록 해놓았다. 또한 청동기시대, 철기시대, 가야시대, 그리고 신라시대에서 조선시대까지의 유물들을 함께 전시하고 있다. **별실**에는 거제도 포로수용소 유적의 사진과 유엔군이 쓰던 철모 등이 있으며, 당시 수용되었던 포로들이 그린 것으로 알려진 그림 2점이 전시되어 있다.

(3) 자연휴양림

1993년에 개장하였으며 하루 수용인원은 600명이다. 위치는 해발 565 m의 노자산 동쪽 중턱의 완만한 경사지에 조성되어 있다. 휴양림 중간에는 계곡이 가로지르고 작은 소로가 거미줄처럼 연결되어 각 시설로 연결되어 있다. 노자산으로 이어지는 산책로와 등산로와도 연결된다. 등산로를 따라 산행하는 중간에 경치를 볼 수 있도록 전망대가 설치되어 있으며, 정상에 오르면 거제시와 한려해상국립공원, 해금강, 대마도를 볼 수 있다.

휴양림에는 숲속의 집, 숲속수련장, 숲속교실, 텐트장, 야영데크, 전망대, 야외교실, 체력단련장, 어린이놀이터, 삼림욕장, 사방댐, 물놀이장, 목교, 오솔길, 잔디광장 등이 있다. 주변에 동백림(천연기념물 233)과 팔색조가 있는 해금강과 구조라해수욕장, 학동몽돌해변, 외도해상자연공원, 거제포로수용소(경남문화재자료 99호) 등의 관광지가 있다.

(4) 거제민속박물관(순리원)

경상남도 거제시 연초면 명동리 대금산 입구에 있는 사립박물관으로, 전직 교육자이자 아동문학가[116]가 일생을 통해 수집한 1만 2,000여 점의 민속자료, 서화, 도자기 등 다양한 소장품을 전시하고 있다.

이 박물관은 연초면 명동마을에 있던 구 명동초등학교 폐교부지를 이용하여 만들었다. 교실로 사용되던 7개의 전시장에는 크고 작은 유물이 있고 복도에는 디딜방아, 농기구 등의 농경유물, 혼례용품을 비롯한 전통 생활도구, 1970년대 LP판 등 예전의 향수를 불러일으키는 다양한 전시품을 보관하고 있다. 운동장에는 녹지를 조성하여 아름다운 자연공간을 갖추고 부지 내에는 곤충생태원을 설치하여 다양한 볼거리를 제공하고 있다.

(5) 해금강테마박물관

남부면 해금강로 120(갈곶리 262-5)에 2005년 8월 5일 개관한 해금강테마박물관은 천혜의 자연경관을 자랑하는 한려해상국립공원 해금강에 있다. 이곳은 파란 바닷물이 금방이라도 눈동자를 물들게 할 것만 같은 청정 남해 바닷가 언덕에 자리하여 주변 환경이 천연의 자연박물관이 되는 곳이다. 박물관은 폐교를 활용하였으며 여유있게 트인 자리에 위치하고 주차공간도 넓다.

이 박물관은 여러 가지 주제로 구성되어 있다. 1층은 한국 근·현대사 생활자료 박물관으로 광복 및 한국전쟁 후 보릿고개를 넘으며 겪었던 기성세대들의 아픔을 추억으로 승화시켜주는 공간이다. 386세대의 문화를 아이들이 체험해볼 수 있도록 구성되어 있다. 2층 유럽장식미술 박물관에서는 유럽 여러 나라의 다양한 장식미술을 전시하여 세계문화·역사체험을 할 수 있다.

---

116) 옥미조

(6) 청마기념관

거제시 둔덕면 방하리에 있는 청마 유치환 기념관은 그가 태어난 곳에 세워졌다. 2000년 5월 20일에 준공하여 2008년 1월에 개관하였다. 기념관의 면적은 3,583 ㎡고 주요시설로는 기념관과 청마의 초가집 생가가 복원되어 있다. 그리고 시비와 유치환의 청동상이 있다. 청마는 친일행각으로 논란이 야기되기도 하였다.

(7) 매미성

매미성은 2003년 **태풍 매미(제14호)**로 경작지를 잃은 밭주인[117]이 자연재해로부터 작물을 지키기 위해 오랫동안 홀로 해안의 둑에 돌을 쌓아 올린 석벽이다. 바닷가 근처에 네모반듯한 돌을 쌓고 시멘트로 메우길 반복한 것이 유럽의 중세시대를 연상케 하는 성이 되었다. 설계도 한 장 없이 진행된 과정이라고는 믿기지 않는 규모와 그 모양새가 좋다. TV방송에서 몇 번 소개되어 찾는 이들이 많다. **17년째 혼자** 쌓은 성곽의 규모만 120~130 m인데 주인에 따르면 아직도 미완성이라고 한다. 장목면 복항마을에 위치한다.

(8) 자연예술랜드

동부면 구천리 452에 위치한 자연예술랜드는 지역출신의 난·수석 전문가[118]가 30여 년의 한결같은 예술혼과 열정으로 설립하였다. 오랫동안 수집한 정원석, 동양란 및 서양란, 분재, 야생화, 민속품, 목공예품 등을 고향인 거제로 가져와 관광명소를 만들었으며, 석부작과 목부작 등을 이용하여 일명 미니어처 **장가계**를 만들었다. 특히, 해금강 암벽에 자생 풍란이 줄어들자 **풍란 되살리기 운동**을 전개하였다. 자연예술랜드에는 풍란 석·목부작 400여 점, 수석 및 정원석 500여 점, 실생산수화 10여 점, 분경분화 50여 점, 각종 자연예술품 100여 점 등이 있다.

(9) 산방산비원

둔덕면 산방리 197에 위치한 비원은 산방산과 어우러진 경남 최대의 규모다. 면적 약 3만여 평에 1천여 야생화가 있으며 희귀식물도 포함되어 있다. 2007년 개장한 이래 찾는 이가 많고, 2015년 농림축산식품부에서 우수 관광농원으로 선정되었다. 비원

117) 백순삼
118) 능곡 이성보

내에는 고희 분재원, 수련 연못, 진달래길, 솔롱거스 분수대 등 다양한 볼거리로 구성되어 있으며, 초가와 장승 등 한국적 정서에 부합한 시설들이 있다. 인근에는 청마기념관, 폐왕성, 지석묘 등이 있다.

(10) 거제알로에테마파크

거제시 거제면 거제남서로 3937에 위치한 이 테마파크는 알로에 생산을 중심으로 한 공원이다. 이로서 알로에는 거제의 특산물인 유자, 맹종죽과 더불어 유명해졌으며, 우리나라 전체 보급의 60% 이상을 점유하고 있다. 이곳은 체험형 테마파크로 1시간가량 휴식할 수 있으며 알로에 족욕, 음식 만들기, 초콜릿 만들기, 비누 만들기, 화장품 만들기 등이 가능하다. 이곳에서는 계절별로 피는 알로에 꽃을 감상할 수 있다.

(11) 옥포대첩기념공원

거제시 팔랑포2길 87에는 넓이 10만 9398 ㎡의 임진왜란 첫 승리를 거둔 옥포대첩을 기념하는 공원이 있다. 임진왜란 당시 전라좌수사였던 이순신이 경상우수사 원균과 함께 옥포만에서 왜선 50여 척 중 26척을 격침시켰다. 옥포해전은 당시 조선의 첫 승첩으로 이후의 전황을 유리하게 전개시키는 계기가 되었다. 1957년 6월 12일에 기념탑을 세웠으며, 1963년에는 옥포정을 완공하였다. 1973년에 옥포조선소가 들어서며 기념탑과 옥포정을 아주동 탑곡마을로 이건하였다. 그러나 주변이 협소하여 1991년 12월부터 현 위치에 재건하여, 높이 30 m의 기념탑과 참배단, 옥포루, 팔각정, 전시관 등을 건립하여 1996년 6월에 개원하였다.

충자[119]를 형상화한 참배단에는 이순신장군의 영정이 있다. 전시관은 옥포해전 당시의 해전도 등 이순신과 관련된 유물이 전시되어 있으며, 옥포루라는 전망대를 겸하고 있는 팔각정자가 있다. 공원에서는 매년 이순신장군의 제례행사가 열리며, 6월 16일을 전후하여 약 3일간 옥포대첩기념제전이 열린다. 인근에는 덕포해수욕장, 대금산 등의 관광지와 장목진객사, 영등성, 구율포성, 이수도패총의 유적지가 있다.

(12) 문화예술회관

거제시 장승로 145에 위치한 문화예술회관은 순풍에 돛을 달고 항해하는 형상을 개념화 하여 건축되어있어 건물 자체로서의 조형적 미감이 뛰어나다. 이곳은 장승포

---

119) 충(忠)

항이 내려다보이는 곳으로 풍광 또한 뛰어나다. 더불어 종합문화회관으로서 기능을 갖추어 거제의 **랜드마크(표지물 landmark)**가 되고 있다. 이 회관은 대극장과 소극장으로 구성되어 있고 전시실, 아트스포츠센터, 호텔 등이 갖춰진 현대식 구조다. 특히, 야간에는 돛에 해당하는 부분에 색색의 조명을 설치하여 뛰어난 볼거리를 제공한다.

대극장은 총 3181.24 ㎡로, 주무대, 측무대, 후무대, 오케스라피트 등이며, 고정객석은 1,091석, 오케스트라피트 104석, 장애인석 14석 총 1,209석이다. 부대시설로는 연습실 6실, 분장실 8실 등이 있다. 더불어, 200명이 동시에 출연할 수 있는 230평 규모의 웅장한 무대를 갖추고 있으며, 이동무대, 3대의 분리형 승강무대, 최첨단 조명시설과 음향시설을 보유함으로써 오페라, 뮤지컬, 연극, 무용 등 모든 장르의 무대공연을 완벽하게 지원하는 시스템을 갖추고 있다.

소극장은 스타디움(stadium) 형식의 130여 평 무대와 430석의 객석과 회전무대, 완벽한 조명, 음향시설 등이 갖춰져 있다. 실험적인 작품을 비롯해 연극, 합창, 실내악, 콘서트 등에 적합하다. 또, 첨단 영화상영 시스템이 설치되어 있어 극장으로서의 역할이 충분하다.

전시실은 총 면적262 ㎡(80평) 규모로, 회화, 조각, 서예, 사진, 공예 등 크고 작은 다양한 전시가 가능하도록 시설되어 있으며 레일형 파티션으로 구분으로 자유로운 연출이 가능하다.

(13) 문화관광농원

동부면 오송리(동부면 가배오송길 123)에 위치하며 민박, 야외예식장, 야외수영장, 오토캠핑장, 각종 스포츠 시설 등을 통해 다양한 활동을 할 수 있다. 200 m 트랙의 운동장이 있다.

(14) 버드앤피쉬

동부면 동부로(산촌마을)에 위치한 버드앤피쉬(Bird & Fish)는 각종 조류와 물고기들을 관람하거나 만져보는 체험장이다. 농민의 소득증대와 관광객 유치를 위해 동부면 구천권역단위 종합정비사업의 일환으로 예산을 지원받아 2018년 개장하였다. 체험장 시설은 온실형식으로 식물생태체험장, 어류생태체험장, 조류생태체험장 등으로 꾸며져 있고, 전체 온실규모는 4958 ㎡로 30여종의 다양한 앵무새와 100여종의 식물 및 90여종의 열대어와 토속 민물고기가 전시되어있다.

(15) 거제식물원(돔식물원)

거제면 거제남서로 3595에 있는 이 식물원은 푸르고 풍요로운 삶의 질을 향상하고 지속가능한 생태계를 유지 보전하고, 교육문화 가치의 미래구현에 기여하며 독특한 녹색관광을 자원화하고 있다. 특징으로는 사계절 다양한 식물의 보고와 환상적인 정글탐험, 미래가치의 식물문화 확산 및 식물탐험을 통한 녹색관광 허브로서의 역할을 수행한다.

거제식물원은 지역의 식물 생태계를 비롯하여 열대, 난대, 온대 등 다양한 환경의 식물을 한눈에 관찰하고 체험해 볼 수 있는 고품격 체험·연구·전시·교육·휴식의 공간을 제공한다. 관람자에게 식물 생태계에 대한 다양한 테마 체험과 식물문화 배움의 장을 제공함으로써 환경을 보전하고 지속 가능한 미래가치를 함양하는데 기여하기 위해, 거제정글돔(열대온실), 야외생태정원, 수생정원, 석부작정원, 잔디광장, 편의시설, 관리시설, 주차장 등을 완비하고 있다. 특히, 오랜 세월동안 식물과 상생해온 우리민족의 역사와 문화를 생생하게 보여주고, 친환경 환경문제를 인식하고 행동하는 사람을 키워내며 사계절 다양한 전시와 프로그램을 통하여 삶에 활력을 주고, 생명을 존중하는 평화의 녹색 도시 거제로서의 품격을 높이고 있다. 더불어 야생식물의 보전과 증식을 확대하고 다양한 식물종의 증식 연구, 식물유전자원 교배, 품종 개발 등 자생식물을 육성하고 복원하는 식물연구보전 기능의 역할도 수행한다. 나아가 식물이 사회문화를 주도하고 기후변화와 환경문제 해결에 앞장서는 우리나라의 대표 식물원이 되기 위한 포부도 지니고 있다.

(16) 숲소리공원

숲소리공원은 거제시 서정1길 97-40에 있는 동·식물과 테라피가 접목된 공원으로 2018년부터 조성을 시작하여 2020년 3월에 완공되었다. 곤충·표고버섯 체험장에는 장수풍뎅이 표고버섯이 자라는 것을 눈으로 볼 수 있는 자연학습 공간이 마련되어 있고, 또한 아이들이 가장 좋아할 도토리 놀이터가 조성되어 있다. 숲소리공원의 으뜸이라 할 수 있는 동물체험장에는 21마리 양과 20마리의 토끼가 있으며, 먹이주기 체험이 운영된다. 가족단위 방문객에게 이 공간은 개방된다.

편백나무 숲 산책로 주변에는 벤치와 평상을 설치하여 도심 속 지친 몸을 힐링 할 수 있는 농촌휴식의 공원이다.

(17) 파노라마 케이블카

동부면 거제중앙로 288, 노자산에는 자연산과 노을 그리고 숲과 바다의 경계 없는 자연 속으로 끝없이 펼쳐지는 천혜의 절경을 감상할 수 있는 관광용 케이블카가 운영되고 있다. 거제파노라마케이블카는 학동고개에서 노자산 정상을 연결하는 1.56km 구간에 운행되며, 상부전망대에서는 노자산과 다도해 전경을 경계 없이 360도로 접할 수 있다. 총 45대의 캐빈 중 10대의 크리스탈 캐빈은 바닥이 유리로 되어 있어 노자산 숲길을 걷는 듯한 느낌을 준다. 2022년 3월 19일 개통했다.

4장

거제시 행정구역

4-1 9개 면

4-2 9개 동

우리나라의 행정은 광역(시, 도, 특별자치구), 군, 시, 면, 동, 리, 통으로 구분된다. 광역에는 구가 있고 구와 기초자치단체인 시에는 동이 있으며 동에는 통이 있다. 또, 기초단체인 군에는 면이 있고 면에는 리가 있다. 리(동)에는 법정리(동)와 행정리(동)가 있다.

법정리(법정동)는 법률로 정하여진 리로 지번의 기준이 된다. 한편, **행정리(행정동)**는 인구와 생활권을 고려하여 법정리에 1개 및 여러 개, 또는 여러 개의 법정리를 하나로 통합 설치한 행정구역으로 도시지역의 통과 유사한 개념이다. 행정리는 20~100여 가구가 모여 사는 전통적인 촌이나 마을을 기초로 하는 경우가 많아 법정리를 행정리에 포함시키는 경우도 있다.

4-1 9개 면[120]

4-1-1 거제면

거제면은 모두 10개의 법정리로 구성되어 있어 남동리, 내간리, 동상리, 명진리, 법동리, 서상리, 소랑리, 옥산리, 오수리, 외간리가 그것이다.

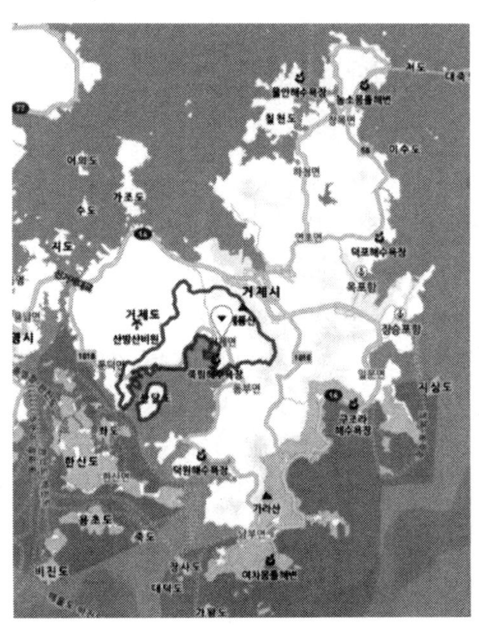

120) 거제시청

거제면은 남서쪽으로 거제만을 건너 통영시 한산도와 마주하며, 1개의 유인도인 산달도와 4개의 무인도로 이루어져 있다. 거제면은 내만에 있는 분지성 해안평야를 제외하고는 해발고도 300 m 이하의 구릉이 거제만에 몰입된 구릉지대다. 주산업은 농업과 수산업이다. 농업은 쌀과 보리가 중심이었으나 보리는 최근에는 보리를 거의 심지 않는다. 수산업으로는 거제의 가장 대표적인 굴 양식지로 알려져 있으며, 생산된 굴은 국내뿐만 아니라 일본과 미국에도 수출되고 있다. 최근에는 바나나, 파인애플, 알로에, 한라봉 등 열대성 과일을 재배하고 있다.

문화재로는 거제현 관아(사적 제 484호), 거제향교(경남유형문화재 206), 반곡서원(경남문화재자료 제11호), 수정봉성, 거제 송덕비군 등이 있다. 특히 관아를 구성한 기성관은 거제 최초로 국가보물로 지정되었다.

(1) 남동리

읍내면의 읍기[121]에 속하였으나 고종26년(1889) 남동리로 되었다가, 1915년 법정리가 되었으며 남산 아래에 있어 남동이라 한다.

대부분의 면적이 평지로 이루어져 있으며 서쪽으로 남해와 접하고 있다. 남동쪽으로는 실개천이 흐르고 있고 동쪽으로는 선자산 등이 자리하고 있다. 자연마을로는 남동, 서당골 마을 등이 있다. 남동마을은 남산 동쪽 아래에 위치하여 붙여진 이름이며, 서당골마을은 서당이 있었다 하여 이름 붙여지게 되었다.

(2) 내간리

본래 읍내면 서부의 내간덕방[122]으로 1915년 내간리로 법정하였으며, 1941년 이후 행정리로 내간과 송곡[123]이 분리되었다.

위치는 마안산에서 남동쪽으로 뻗어 내려온 산줄기 안 쪽에 위치하고 있으며 마을 남동쪽으로 남해와 접하고 있다. 자연마을로는 가목, 간덕, 생골, 안골마을 등이 있다. 가목마을은 생골 남쪽 바닷가에 있는 마을로 가지처럼 뻗어나갔다 하여 붙여진 이름이다. 간덕마을은 내간리와 외간리에 걸쳐 있는 마을이라 이름 붙여졌으며, 생골마을은 생골로 가는 고개에 위치해 붙여진 이름이다. 안골마을은 생골 서쪽 안에 있는 마을이라 하여 불리게 된 이름이다.

---

121) 읍기(邑基) : 읍의 터
122) 내간덕방(內看德坊)
123) 내간(內看), 송곡(松谷)

내간마을은 내간덕은 읍기에서 바라보면 안쪽에 있는 큰 마을이고, 밖에 있는 동쪽의 큰 마을을 외간덕이라 한다.

덕촌마을은 내간리의 산방산 밑 큰 마을을 덕촌이라 하고, 중리가 아래에 있어 윗마을이라고도 한다.

중리마을은 내간 들판에 있는 중심 마을이다. **굼턱배미보**는 중리의 들판 낮은 곳에 있는 굼턱[124]논에 물을 대는 보다. **칠성바위**는 중리마을 앞에 있는 일곱 개의 바위다.

양지마을은 중리마을의 동쪽 외간덕과 경계하는 낮은 산의 양지바른 곳에 있는 마을로 옛날에는 양지몰이라 하였다. **가문여**는 양지마을 앞바다에 있는 작은 돌섬이다. **구릉들**은 양지몰 앞 구렁에 있는 논이다, **굴등몬당**은 양지몰 서쪽에 있는 산꼭대기로 박쥐굴이 있다. **떡배미**는 양지몰 위쪽에 있는 다락논으로 고종22년 흉년 때 떡 한쪽과 바꾸어 흉년을 보냈다는 곳이다. **마당바위**는 양지몰 서쪽에 탕건 모양의 바위 옆의 넓은 바위다. 만산골은 양지몰 뒤쪽에 있는 산골짝에 묘소가 많은 곳이다.

송곡마을은 내간덕의 서쪽에 위치하고 옛날부터 유생이 많아 생곡 또는 성인골이라 하였고, 농사골 또는 세경골이라고도 하였으나, 고종26년(1889) 명곡으로 불렸다. 다시 송림이 울창하여 1942년 5월 1일부터 송곡이라 하였다. **가나몰**은 생골의 남쪽 바닷가에 있는 갯마을로 가지가 무성한 잡나무가 많아 가목마을이라 하기도 하였다.

답답골재는 생골에서 둔덕면 대밭골로 넘어가는 큰 고갯길로 옛날에는 중요한 대로 역할을 하였으나, 너무 경사져서 52개 구비를 치지만 코가 땅에 닿을 정도로 답답하게 여겨져 이 같은 이름으로 불리었다. 일명 **신두구비재**라고도 한다. **미륵소골**은 생골 북쪽의 골짜기에 돌미륵이 발견되어 내원사로 옮겨졌다.

유처자묘[125]는 내원사 동쪽의 묘로, 옛날 정승 유씨의 딸이 열 살 때 집안에 변을 당하여 어머니는 남해로 가고, 딸만 어느 집에 부치어 살다가 시집도 못가고 죽어 마을 사람들이 장사를 지내주었다. 철종13년(1862) 하겸락이 묘비를 세웠다.

(3) 동상리

읍내면의 읍기방으로 고종26년(1889) 동상과 동하리로 분리되었다가, 1915년 법정동리령[126]으로 동상리가 되었다. 마을 대부분의 지형은 평탄하며 남쪽으로는 배끝들녘이 펼쳐져 있다. 마을의 동쪽은 완만한 구릉성 지대로 계룡산과 선자산의 줄기와 이어져 있으며, 서쪽으로 남해와 접해 있다. 자연마을로는 동상, 배끝마을 등이 있다.

---

124) 굼턱 : 움푹 들어간 지형(곳)
125) 유처자묘(柳處子墓)
126) 법정동리령(法定洞里令)

동상마을은 거제면의 동쪽 위에 위치하여 붙여진 이름이며, 배끝마을은 배끝들 주변에 자리하여 붙여졌다.

고자산치는 동상마을의 동북쪽 수정봉의 중허리를 올라 계룡산 너머 용산으로 가는 가파른 고개로, 옛날 할머니가 친정아버지 제사 때 고갯길에 오르자 아들이 손목을 잡고 올랐다는 고개다. 이곳의 전설은 여러 유형으로 남아 있다. **도론곡**은 동상의 수정봉 밑에 있는 들을 안들이라 한다. 숙종5년(1715) 거제향교를 사슴골에서 옮겼다가 철종13년(1862) 서정리로 이건하였다. 향교가 있던 마을을 교동이라 하고 그 골짜기를 도론곡이라 부른다. 지금은 반곡서원[127]이 있다. **동산**은 읍내의 동북쪽 수정봉 뿌리인 동산은 수림이 울창하고 평탄하여 사람들이 산림욕과 놀이터로 사용하였으며, 옛날에는 신랑이 동상례[128]를 행하던 곳이다.

반곡서원은 사립교육 기관으로 현재의 중등과정에 해당한다. 이 서원은 현종15년(1674) 효종비인 인선대비 별세 때, 제복문제로 좌의정 우암 송시열이 거제로 유배되어 사숙을 창설하였으며, 숙종30년(1704) 거제유림이 반곡서원을 창건하고 1971년 우암사를 복원하였다. 서원은 송시열을 주벽으로 하고 김진규와 김창집, 이중협, 민진원, 김주근을 배향한다. 서원 앞에는 동록 정혼성[129]을 배향하는 사당인 동록당이 있다. 1868년 대원군을 서원 철폐령으로 폐원되었다가 1906년 구한말에 복원되었다. 이 서원의 현판은 당대 영남서예 대가로 전국적 명성을 얻었던 거제 출신 성파 하동주[130]가 썼다.

세진암은 옥산금성 밑 반곡서원 동편 조계종의 거제본산으로 비구승의 절이다. 우물이 맑아 많은 신도들이 세수하고 마시며 불공하였다 하여 세진암이라 한다. 이 절에는 삼백년 전 고성군 하이면의 뒷산에서 옮겨온 향나무로 만든 삼존불상을 봉안하고 있어 1971년 동산문화재로 등록되었으며, 그 불상 안에는 팔경과 칠보를 넣었다는 기록이 있으나 당시의 비구승이 가져갔다는 말이 전해온다.

여시바위는 수정봉 동쪽의 바위 밑에 여우가 살았다는 바위다. **옥산성지(옥산금성)**[131]는 현종5년(1664) 거제현아를 고현에서 옮겼으나 읍성이 없어 부사 송희승이 고종10년(1873) 축성하고자 상계하였다. 그러나 주민부역을 염려하는 왕이 명으로 읍성을 불허하자 준비한 석재로 수정봉(143m)에 테뫼식 산성(수정산성)을 쌓았다. 1974년 2월 16일 지방기념물 제10호로 지정되었다. 성내에는 연못, 무기고, 군량고 등의 터가 남겨져 있고, 성문에는 옥산금성이라고 암각한 큰 돌이 있다. 이 일로 송희승은 파직되는 문책을 받았다.

---

127) 반곡서원(盤谷書院)
128) 신랑이 신부집에 머무르는 동안 신부집의 젊은 일가친척들이나 마을 청년들이 고초를 당하는 의식
129) 동록 정혼성(東麓 鄭渾性)
130) 성파 하동주(星坡 河東州) : 1869~1943. 거제면 동상리. 추사체 전승
131) 옥산성(금성)(玉山金城) : 수정산성

(4) 명진리

거제면의 동쪽 계룡산 아래 마을인 명진리는 신라 경덕왕16년(757) 거제군의 속현인 명진현지[132]였다. 원종12년(1271) 왜구 침범 등의 원인으로 공도정책에 따라 **거창 가조현**으로 모두 피난 갔다가 세종4년(1422)에 돌아왔다. 1432년 동부면에 속하였으며 영조45년(1769) 명진방, 고종26년(1889) 명진과 남송리로 분리되어 개칭되었다. 1915년 6월 1일 다시 명진리로 통합하여 법정리가 되었으며, 1983년 2월 15일 거제면에 편입되어 명진, 남정마을이 행정리가 되었다.

전체적인 지형은 완만한 구릉성으로 이루어져 있으며, 계룡산, 선자산에서 남쪽으로 뻗어 나온 산줄기 안자락에 위치하고 있다. 자연마을로는 명진, 남송, 냉정마을 등이 있다. 명진마을은 맹진들 위에 위치하여 이름 붙여지게 되었으며, 남송마을은 소나무가 많아 붙여진 이름이다. 냉정마을은 명진들 서쪽에 위치한 마을로 물이 매우 찬 샘이 있어 이름 붙여지게 되었다.

명진마을은 원래 귀중한 바다라는 의미를 지니고 있고, 동쪽 계룡산이 가까이 있어 해돋이가 늦고 앞쪽에 있는 거제만에도 달빛이 반사되지 않아 비교적 어두운 편이다. 옛날 주전(고려 때 쇠를 녹여 화폐 주조)골이 있었으며 일대에는 은과 동을 채굴한 광산이 있었다. **농바위**는 명진마을의 남쪽에 장농 같은 큰 바위다. **삼밭골**은 명진 남쪽에 있는 골짜기에 옛날 산삼을 재배하는 밭이다. **서당곡**은 명진의 북쪽 계룡산 기슭에 서당이 있어 그 골짜기를 서당골보라 하였다. **선자산**[133]은 명진리 남동쪽과 삼거리를 경계하는 산으로 높이 522 m의 거제도 다섯 번째 높은 산이다. 북서는 계룡산, 동남은 옥녀봉으로 연결되어 부채모양이어서 붙여진 이름이다. **화산**[134]은 명진 남쪽 미나리등 위에 넓덕등이 있고, 이 등마루에는 진달래와 철쭉이 봄철에 펴서 꽃산 또는 화산이라 불렀다.

남정마을은 고종26년(1889) 남송리라 하였으며, 남쪽의 들판에 차가운 샘이 있어 남정이라 하였다. **가는등**은 명진마을 남쪽에 큰 고랑이 있고 그 아래에 작은 등마루가 있다. 1913년 면사무소를 두었는데 율포진으로 옮겼다.

남송마을은 냉정마을의 동남쪽 들판에 방풍림인 소나무 숲이 울창하여 남송이라 하였다.

냉정마을은 명진의 서쪽 읍내로 가는 길가에 찬샘이 있어 냉정이라 하였다. **벼락바위골**는 냉정의 북쪽에 있는 골짜기에 벼락을 맞았다는 바위다. **솔밭등**은 삼밭골과 추장등

---

132) 명진현지(溟珍縣址)

133) 선자산(扇子山)

134) 화산(花山)

골 사이에 있는 등마루로 송림이 울창하여 솔밭등이라 하였다. **용보들**은 명진마을 남쪽에 있는 들판으로 용이 승천하였다는 용보가 있고, 그 옆에 할미바위와 용바위가 있다. **제사곡**은 서당골 남쪽에 있는 골짜기에서 옛날 산신제를 지냈다하여 제사골이라 하고 제식골보도 있다. **주전곡**[135]은 냉정의 북쪽 벼락바위 남쪽에서 고려 때 엽전을 만들던 곳으로 주전골 또는 치점골이라고 하였다.

(5) 법동리

둔덕면의 법동포방[136]이었으나, 고종32년(1895) 효량과 함께 서부면에 편입되어 소랑, 법동, 산달리로 개칭하였고, 1915년 법동리로 법정되었으며, 1960년 이후 고당에서 법동포를 분리하고 산달을 전등, 후등, 실리로 나누어 5개 행정리가 되었다.

거제만에 접해 있으며 **복섬**, **고니섬**, **호두섬**을 포함한 농어촌마을이다. 거제군 둔덕면의 지역으로서 법동개, 법동포 한데서 법동이라는 명칭이 생겼다. 자연마을로는 고당, 아지랑이, 산달 등이 있다. **고당**은 **해미당**이라고도 부르며 해미당재 밑에 있는 마을이라 붙은 이름이다. **해미당재**는 해미당(마고할미를 못니 당)이 있어 붙은 이름이다. 산달도는 당골산(국사봉, 소토골산 235 m), 뒷산(뒷들산 217.2 m), 건너재산(209 m)의 삼봉이 있어, 이들 사이로 달이 솟아오른다고 하여 삼달이라 불렸다. 약 400년 전 이 섬에서 정승이 태어난 이후 산달이라 하였으며, 경상도지리지에는 소를 키우던 목장이 있었다고 기록되어 있다.

고당마을은 일명 할미당 마을로 고능도(고승도)[137]가 앞을 막아 어항을 보호하였으나, 고능도는 간척으로 본섬과 이어졌다. 고능도에는 착하고 어진 할머니가 살았는데 마고할미라 불렀다. 마을 아이들을 지극히 사랑하다 세상을 떠나 주민들이 제당을 짓고 동네 제사를 지내 **할미당** 또는 **해미당**이라고 하였다. **해미당재**는 고당에서 둔덕면 하둔리로 넘어가는 옛 큰 길이다. **호두도(동섬)**[138]는 해미당 남동쪽에 있는 섬으로 지형이 호랑이의머리처럼 생겨 호랑이 섬이라고 한다.

법동포마을은 둔덕면에 속하는 동쪽 법둥개라는 언덕 밑의 갯마을이다. **아지랑마을**은 법동포에 속하는 갯마을로 거제도의 최서단으로 한산면의 서좌도와 마주보는 반도다. 서쪽은 **둔덕 아지랑**, 동쪽은 **거제 아지랑** 마을이 있고 남쪽에는 **고승도**가 있다. **아지랑곶**[139]은 법동포의 서남쪽 반도와 같이 뾰족한 언덕 높이 108 m에 삼각점이

135) 주전곡(鑄錢谷)
136) 법동포방(法東浦坊)
137) 고능도(고승도)(姑能島, 高乘島 5,256 ㎡)
138) 호두도(虎頭島)

있는 곳으로 거제도의 **동쪽 갈곶**, **서쪽 서곶**, **북쪽 장곶** 그리고 **남쪽에 아지랑곶**이 있다. **어구망치**[140]는 거제 아지랑곶에서 둔덕으로 넘어가는 재로 한산도를 바라보는 망재라 불린다. **복도**[141]는 아지랑마을의 끝자락에 있는 복이 많은 작은 섬이다.

산달도는 법동리 동남쪽 거제만의 가운데 있는 면적 1,843천 ㎡, 둘레 6 ㎞의 섬으로 삼봉이 있고, 성종 원년(1470) 수군절도사의 수영이 있었으며 현재는 연륙교[142]가 설치되어 있다.

산달전등[143]**마을**은 산달도는 삼봉(당골산, 뒷산, 건너재산)으로 이뤄진 섬으로 지금은 연륙교가 있어 왕래가 자유롭다. 법동의 할미당과 마주보는 앞등마을로 산달 1구에 해당한다. **국사봉(당골산)**은 산달도 삼봉 중 수봉을 일컬으며, 235 m로 정상부엔 삼각점이 있고 성종 원년(1470) 거제에 칠진을 두었을 때, 수군절도사의 수영을 두고 수군의 전술훈련을 하여 국사봉이라 하였다.

산달후등[144]**마을**은 산달도의 동편으로 전등마을 너머에 위치하며 산달 2구에 해당한다. **새바지몰**은 산달도의 동쪽 끝에 동풍의 샛바람이 강하게 불어오는 갯마을이다. **실리마을**은 산달의 후등마을에 속하며, 서쪽 한산도를 바라보는 높이 209 m의 삼각점이 있는 봉우리가 시루처럼 생겨 시루마을이라 불렸다.

고승(능)도[145]는 할미당을 동남쪽으로 막아주던 섬으로 간척사업에 따라 본섬 거제도와 연륙되었으며, 옛날 마고할미 같은 사랑을 주는 할머니가 살았다고 한다.

(6) 서상리/서정리

고종26년(1889) 서상과 서하리로 분리되었다가, 1915년 법정동리령으로 서상리로 불린다. 동쪽으로 동산이 있고 뒤쪽으로 골짜기가 있는 농촌 마을이다. 서정의 위쪽이 되므로 서상이라는 명칭이 생겼다. 자연마을로는 서상, 서하마을이 있다. 서상마을은 서상리의 본 마을이고, 서하마을은 서상 밑에 있어 이름 붙은 이름이다. 서상 뒤쪽에 있는 골짜기는 지형이 홈통처럼 길고 좁아 홍골이라 부른다. 서하 동북쪽에는 거제저수지가 있다.

---

139) 아지랑곶(阿支浪串)
140) 어구망치(於九望峙)
141) 복도(卜島)
142) 620 m. 2018년 9월 20일 준공
143) 산달전등(山達前嶝)
144) 산달후등(山達後嶝)
145) 고승(능)도(高乘島)

거제면 북동부에 위치하며 서정천이 흐른다. 정자나무가 많았으므로 서정이라는 명칭이 생겼다. 자연마을로는 각산, 기목정, 비석걸 등이 있다. 각산마을은 서정리에서 으뜸인 마을이다. 기목정은 둘레 4 m쯤 되는 괴목나무가 있어 붙은 이름으로 괴목정이라고도 한다. 비석걸은 거제현감의 선정비가 있었다 하여 붙은 이름이다. 유적으로는 서정리 북쪽에 있는 거제향교 등이 있다.

거제기성관[146]은 현종5년(1664)에 거제현관아와 함께 고현에서 이건되어 온 이래, 죽림포의 전선대장이 수군을 양성하거나 아전들의 교육장으로 사용되기도 한 거제 관아의 객사다. 정면 9칸 측면 3칸으로 구성되었으며 다른 곳에서는 유래를 보기 드문 솟을지붕 처리기법으로 통영 세병관, 밀양 영남루, 진주 촉석루와 함께 경남의 조선시대 4대 건축물에 들어, 2021년 12월 22일 **국가보물**로 지정되었다.

거제동헌지[147]는 현종5년(1664) 거제동헌은 거제질청[148]과 함께 고현에서 서상리로 이건하였다. 한일합방 이후에는 일본인 소학교 교장의 사택으로 사용되었으며 광복 후 멸실되었으나 지금은 거제면사무소가 있다.

거제질청은 현종5년(1664) 고현에서 서상리로 이건하여 육방[149]의 질청[150]이었으나, 1914년 거제가 통영군에 통합되자 1926년 거제등기소로 사용하였다. 지금의 질청은 1983년 전면해체 후 복원·신축한 것이다. 거제현관아 맞은편에 있다. **거제송덕비군**은 현종5년(1664) 이래 250년 동안 부사, 암행어사, 통상국, 순상국, 관찰사[151] 등 선정한 송덕비 14기를 모아 1970년 기성관 경내에 수립하였다.

거제재래시장은 읍내장터라 하며 거제서부지역의 농수축어산물과 등짐장수의 공산품을 팔고 사는 장날이 서던 곳이다. 4일과 9일의 5일장이 개장되어 오늘에 이르고 있다. **거제저수지**는 1933년 거제수리조합에서 최초로 저수지를 축조하였다.

---

146) 거제기성관(巨濟岐城館) : 국가보물(교부번호 제2021-66호)
147) 거제동헌지(巨濟東軒址)
148) 거제질청(巨濟秩廳)
149) 육방(六房)
150) 아전들이 직무를 보는 곳
151) 부사(府使), 암행어사(暗行御史), 통상국(統相國),순상국(巡相國), 관찰사(관찰使)

(7) 소랑리

마을 뒤쪽으로 큰골산(220.0 m), 포옥산(268.8 m)을 두고 있으며 동쪽으로는 화암산(의암산 308.5 m)이 있다. 서쪽에는 사슴산(90.2 m)과 더불어 제1천, 제2천 사이로 주택단지가 자리 잡고 있다. 이런 지형으로 마을이 매우 따뜻하며 평온하다. 거제만에 접하여 깔마꼬지, 녹꼬지, 사삼꼬지 등의 곶이 있는 농어촌마을이다. 돌이 많은 돌밭골, 불당이 있었다는 불당곡 등의 골짜기가 많다. 원래 거제군 둔덕면의 지역으로서 효랑동 또는 소랑이라 한데서 명칭이 생겼다. 이곳은 거제만의 내해에 해당하고 산달도가 막고 있어 파도가 잔잔하다. 마을에 물이 적다는 의미로 소랑이라 하였다는 구전도 있다. 자연마을로는 소랑, 갯머리, 건네몰 등이 있다.

소랑마을은 소랑리의 원마을이며 갯머리마을은 소랑 남쪽에 있는 마을이다. **까막재**는 소랑마을에서 법동 고당마을로 넘어가는 경사가 가파른 옛 큰길이다. **까마귀곶**은 소랑 남쪽 사심곶이 동쪽에 까마귀 모양의 뾰족한 곶이다. **불당골**은동쪽에 있는 골짜기로 옛날 불당이 있던 곳이다. **농바위**는 화암산의 정상에 농 모양의 바위다.

건네몰마을은 소랑 건너쪽에 있는 마을이다. 신돌바우 밑에는 광바우올이라 부르는 어장이 있는데 이는 큰 바위가 있어 붙은 이름이다. **갯머리**는 남쪽 갯마을로서 바닷가 선창이다. **영끝**은 마을 동쪽 해안가 지형의 끝자락이다. **생구지치**는 마을 서쪽 끝에 있는 사슴산의 끝자락으로 샛바람이 강하게 부는 곳이다.

답답골재는 포옥산 북쪽에서 송곡으로 넘어가는 큰 고갯길로 옛날에는 중요한 대로 역할을 하였으나 경사가 심하여 넘어가기 힘든 고갯길이다. **생골재**는 소랑 동북쪽에 송곡의 생골로 넘어가는 고갯길이다. **장개재(소랑개재)**는 큰골산 왼쪽 마을에서 둔덕 상죽전으로 넘어 다니던 길로서 장씨 문중의 묘가 있어 그 이름을 따서 붙여진 옛 고갯길이다. **광바우물**은 동쪽 신들바위 밑에 옛날 정치망 어장이 있었던 곳에 있었다. **의암산(화암산)**[152]은 동쪽 송곡으로 가는 길의 위쪽 산으로 높이 122 m지점에 삼각점이 있고, 장옷을 걸쳐 놓은 모양의 바위가 있어서 옷바위산이라고도 한다. **불목등**은 송곡마을로 가는 길에 가운데가 솟아서 불룩하게 언덕진 곳이다.

---

152) 의암산(衣岩山)

(8) 옥산리

영조45년(1769) 옥산방[153]이었으며, 서북을 막아주는 백암산[154]의 바윗돌에서 구슬이 나서 옥산이라 하였다. 고종32년(1895)에 동림, 화원, 옥산리로 분리되었다가 1915년 옥산리로 법정리가 되었다.

계룡산에서 북서쪽으로 뻗어 나온 산자락 기슭에 자리하고 있는 마을이다. 마을 동쪽은 산지가 분포하며, 남쪽은 비교적 평탄한 지형으로 이루어져 있다. 자연마을로는 옥산, 진등, 새터마을 등이 있다. 옥산마을은 옥산 밑에 위치하여 붙여진 이름이며, 진등마을은 산등성이 아래에 자리한다고 불리는 이름이다. 새터마을은 옥산 남쪽에 새로 된 마을이라 하여 이름 붙여지게 되었다.

옥산마을은 옥산리의 본 마을로 둔덕면 상둔리로 넘어가는 큰 길(옥산치) 가에 있는 마을이다. **옥란숲**은 옥산과 외간리의 경계들판에 아름드리 숲이 있는데 지금도 여러 그루가 남아 있다. **옥산재(옥산치)**는 둔덕면 상둔리로 넘어가는 고개다. **옥산저수지**는 팔골재 밑에 일제시대 포강(늪)을 저수지로 확장하였다.

동림마을은 옥산의 동쪽 계룡산 밑 야산에 송림이 울창하여 동림이라 하였고, 동쪽에는 녹동이 있다. **노송나무걸**은 동림마을 동남쪽에 수령 200년가량 되는 노송이다. 동림들은 동림마을 앞의 들판으로 동림평이라 부르기도 한다. **동림저수지**는 일제말기 때 부역으로 축조하였다가 광복 후 저수지로 확장하여 동림평에 용수공급하고 있다. 통샘은 동림 동남쪽 들판에 통처럼 축조한 샘터다.

화원마을은 옥산의 동북쪽 김실령재로 올라가는 낮은 뒷산에 봄철이면 진달래가 만발하여 꽃산, 화산으로 불리었으며 꽃담장 화원이라고도 하였다.

귀목정마을은 옥산, 외간, 서정리가 합치는 삼거리 느티나무 밑에 정자가 있어 길손을 쉬어가던 곳이다. **두곡치**[155]는 화원에서 사등면 두동을 지나 사곡삼거리로 넘어가는 고개로 팔골재라고도 하며 지금은 왕복 4차선 포장도로가 나 있다. **사슴골**은 계룡산 밑 옛날에 사슴목장이 있었다. **열마지기골**은 화원 뒷산을 올라가면 김실령재의 중간지점에 분지가 있고, 외딴집에서 논 2,000평을 개간하여 영농하였으므로 열마지골이라 하였는데, 지금은 노루, 사슴, 멧돼지를 기르는 농원이다. **제장군묘**는 임진왜란 옥포대첩의 다음날 5월 8일 옥포고개를 넘어오는 왜군과 맨 먼저 싸운 의병장 선무 원종 이등공신 제인국[156]의 묘다.

---

153) 옥산방(玉山坊)
154) 백암산(白岩山) : 494.6m
155) 두곡치(豆谷峙)
156) 제인국(諸仁國)

(9) 오수리[157]

영조45년(1769) 읍내면 동부 오수항방[158]이었으나, 고종26년(1889) 서부에 편입하고 봉곡리[159]라 개칭하였다. 고종32년(1895) 죽림과 오수리로 분리되었고, 1915년 오수리로 법정하였으며, 1961년 10월 1일 죽림과 오수를 1개의 행정리로 하였으나 선창마을은 분리하였다. 오수항은 죽림반도[160]에 오동나무가 많았다고 하지만 확인할 수 없다. 또 **오수**는 뒷산의 모양이 까마귀머리 같다고 불리었다. 거제도의 서쪽에 **오량**, 북쪽에 **오비**와 함께 **삼오**가 있다.

마을 서쪽이 남해와 접하고 해안은 죽림해수욕장이라 한다. 자연마을로는 죽림, 붉은등마을이 있다. 죽림마을은 오수리에서 으뜸가는 대숲이 많았다 하여 붙여진 이름이며, 붉은등마을은 죽림 동남쪽에 위치한 마을로 붉은 등마루 밑에 위치하여 이름 붙여지게 되었다.

오수마을은 오수목의 본 마을로 거제면 평야지대를 바라보는 평지형의 마을이다. 목넘개는 오수목에서 대숲개로 넘어가는 해안으로 남동리와 동상리에 인접해 있다.

죽림마을은 영조45년(1769) 읍내면 서부 죽림포방이었고, 숙종37년(1711) 거제도 호부겸 김해진관의 관방으로 어해정[161]을 건립하고 전선대장을 두었으며, 고종26년(1889)죽림리로 개편되었다가 1915년 법정 오수리에 편입되었다. **미륵불당**은 죽림포의 남쪽 바닷가에 미륵돌부처를 모시는 당집이 있어, 주민들은 마을의 평안과 풍어를 기원하는 동제를 지냈다. 고종22년(1885) 흉년 당시 **곤발네할머니**가 아침마다 풍년오기를 기원하였다는 전설이 남아 있다. **붉은등**은 대숲개 앞 찬샘이가 있고 그 들판 위에 상여집이 있었다는 곳이다. **해끝**은 죽림포의 서쪽 끝에 있는 높이 41 m인 산이 있다. 이곳에는 삼각점이 있으며 바다로 뻗어 작은 반도형태를 지녀 저녁노을을 바라보는 곳으로 유명했다. 조선 수군의 탄약창고가 있었다고 전해진다.

선창마을은 오수목의 동쪽 바닷가 거제평야에서 생산된 곡물을 육지 통영으로 운송하던 선창이 있었다. 동부면과 경계를 이루는 곳으로 지금은 바다쪽이 매립되어 선창의 의미가 사라졌다.

---

157) 오수리(烏首里)
158) 오수항방(梧樹項坊)
159) 봉곡리(鳳谷里)
160) 죽림반도(竹林半島)
161) 어해정(禦海亭)

(10) 외간리[162)]

영조45년(1769) 외간덕방이었고 1915년 외간리가 되었으며 읍내에서 바라보면 가까운 바깥쪽 큰 마을이라 외간덕이라 하였다. 다른 입장으로는 예전에 둔덕이 거제도의 중심이었을 때 이곳을 기준으로 가까운 곳을 내간, 먼 곳을 외간이라고 하였다는 주장도 있다. 대부분의 지대가 완만한 구릉성 지형으로 이루어져 있으며, 마을 서쪽에 대봉산(459.5m)이 위치하고 있다. 남쪽은 남해와 접한다. 자연마을로는 외간, 구령재, 범밧골마을 등이 있다.

외간마을은 관덕의 바깥쪽이 된다고 붙여진 이름이다. **개여시바위**는 외간 북서쪽 미역바위 위쪽에 여우가 자주 나타나는 바위다. **간덕고개**는 외간과 내간 사이 작은 고갯길이다. **야도바위**[163)]는 외간 서쪽의 선바위 다음에 큰 바위가 있고, 마을 아이들이 항상 모여 놀던 곳이다. **언골재**는 외간 북서쪽의 언골에서 대봉산[164)] 중허리를 지나 둔덕면 옥동으로 넘어가는 고갯길이다. **탕건바위**는 외간 서북쪽 산에 탕건처럼 생긴 바위다.

간덕천은 옥산의 백암산[165)] 밑에서 흐르는 하천이 외간덕을 지나 거제만에 이른다.

구렁재마을은 구렁처럼 깊숙한 고개 밑에 위치하여 불리는 이름이다. **범밧골마을**은 범처럼 생긴 바위가 있어 불리게 되었다.

4-1-2 둔덕면

둔덕면에는 모두 9개의 행정리가 있어 거림리, 방하리, 산방리, 상둔리, 술역리, 시목리, 어구리, 하둔리, 학산리 등이다.

남쪽과 북쪽은 거제면과 사등면에 각각 접하고, 서쪽은 한려수도를 건너 통영시 용남면과 마주하고 있다. 이곳의 대부분은 해발고도 500 m 이하의 구릉성 산지로 구성되어 있으며 비옥한 평지가 비교적 적은 편이다. 다만 대봉산(459.5 m)과 산방산(507.3 m)에서 발원하여 남서쪽으로 흐르며 하둔포로 나가는 둔덕천 유역이 있어 평지가 어느 정도 형성되었다. 주산업은 농업과 수산업으로, 농작물은 거봉포도, 맥류 등이며 도미, 가자미 등의 연안어업과 굴, 홍합 등의 양식업이 성하다.

---

162) 외간리(外看里)
163) 야도(野徒)바위
164) 대봉산(大峰山) : 459.5m
165) 백암산(白岩山)

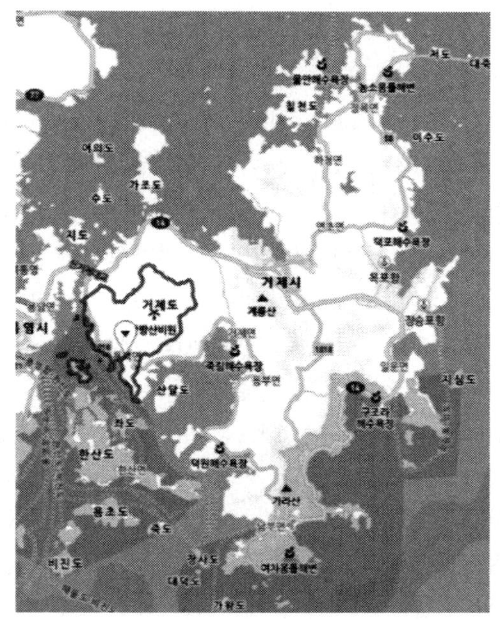

문화재로는 둔덕기성(폐왕성지:경남기념물 제11호), 거림리 사지 등이 있다. 최근에는 둔덕고분군을 발굴하는 노력도 있었다. 특히 고려 의종의 폐왕성을 중심으로 고려사에 대한 관심이 높으며, 면의 명칭을 고려면으로 하려는 시도가 있었다.

(1) 거림리

거림리는 둔덕면 중앙에 위치하고 마장, 거림, 농막의 3개 행정리로 구성된다. 영조 45년(1769) 거림치방이며, 고려 성종14년(995) 기성현지로 토성을 쌓고 마을 주변과 북쪽 당산등과 청룡등에 울창한 숲을 육림하여 마을을 수호하는 곳을 거림치[166]라 하여 유래한 지명이다.

서쪽으로 할미봉이 있고, 거림저수지와 거림소류지가 조성되어 있다. 자연마을로는 거림, 농막, 마장[167] 등이 있다. 거림은 기성현의 옛터로 토성 안에서는 고려유물이 출토되었다. 농막은 의종이 둔전을 두고 농사를 짓게 한 곳으로 전해오며, 윗마을에 망하터라 불리우는 농막터의 마을이 있었다. 거림리의 뒷산 우두봉에 폐왕성이라는 산성이 있는데, 성안에는 못이 있으며 북단에는 기우제와 산신제를 지내는 제단이 있다.

166) 거림치(巨林峙)
167) 농막(農幕), 마장(馬場)

고려 의종 때 무신들이 **경인란**을 일으켜 왕이 거제도로 쫓겨 오게 되어 3년 간 살았던 산성이다. 제신암과 제사곡[168]이 있다.

거림마을은 기성현의 옛터로 토성 안에서 고려유물이 출토되었으며 마을을 수호하는 숲이 울창하여 거림치라 하였다. **두덕들**은 거림의 서남쪽에 있는 등마루와 논들로 의종을 따라온 관원의 마을과 객사가 있었다. **마하터**는 의종 때 고관들이 하마 하던 곳이라는 이야기가 남아 있다. **망골**은 거제 둔덕기성(폐왕성, 사적 제509호) 밑에 있는 골짜기의 능선에서 정중부의 군사가 추격해 오는 것을 망보던 곳이다. **마고덜경**은 거제 둔덕기성(사적 제509호)에 의종24년(1170년) 성을 보강해 쌓을 때, 옛날 전설의 신선 마고할미가 치마에 돌을 가져와 성을 쌓고 나머지 돌을 버렸다는 '너설'이 방언으로 '덜겅'이라 하여 불리며 규모는 1 ha정도다. 그러나 마고할머니의 얘기가 둔덕기성 축조 당시의 것인지 폐왕성 개축의 것인지 명확하지 않다. **뱀등, 개구리등, 독수리바위**는 마장의 윗골 우두봉[169]의 줄기가 뱀의 형상으로 내려오며, 그 아래 개구리 형상을 하고 있는 작은 등마루를 잡으려는 모양을 이룬다. 이때 서남쪽 우두봉 큰 줄기에 독수리 바위가 있어 뱀을 경계하며 개구리를 보호하고 있는 형상을 이룬다.

옥토들은 거림마을 앞 토심이 깊고 비옥한 논들로 소출이 많아 옥토라 하였으며, 거제도에서는 1 **둔덕**, 2 **하청**이라는 말이 전래되고 있다. **우마장**은 우두봉에서 거제 둔덕기성(사적 제509호, 폐왕성 경남기념물 제11호)에 이르는 양지바른 넓은 초원은 의종이 말을 방목하였으며, 그 뒤에는 소를 풀어먹였기에 **거제는 소섬, 제주는 말섬**이란 이야기를 남겼다. 약초를 먹은 거제소를 최고로 평했다.

농막마을은 의종이 둔전을 두고 농사를 짓게 하였다고 하나 명확한 근거는 없으며, 윗마을 농막터에 마을이 있다.

마장마을은 의종이 거제도로 쫓겨 와서 감목관[170]을 두고 호위군의 군마를 방목하였다가 계류시켰던 마을이란 이야기가 전해지고 있으나 근거가 부족하다. **역둔답**은 마장의 위쪽 들판에 국마를 기르는 사람들의 농토다. **기와집몰랑이**는 마장마을 위 밭들에 기성현이 있을 당시 아전들의 기와집 마을이 있던 곳으로 지금도 토기와 기왓장이 출토되고 있다. **갓등**은 청룡등 북쪽 끝에 갓모양의 등마루가 있다. **기성현지**[171]는 고려 성종2년(983) 진주목의 영현이었다가 995년 산남도라 하고, 관하에 기성현을 두었으며 거림리 274의 2번지 밭을 중심으로 토성을 쌓았다. 의종은 의종24년

168) 제신암(祭神岩)과 제사곡(祭祀谷)
169) 우두봉(牛頭峯)
170) 감목관(監牧官)
171) 기성현지(岐城縣址)

(1170) 8월 30일 정중부의 반란으로 10월 2일 거제도의 거제현으로 쫓겨 온 이후 3년간을 이곳에서 지냈다. 1996년 5월 13일 문화재전문위원[172]이 '상사리 8월 4일'이라고 표기된 기와를 발굴하며 거제의 독로군(두루국, 두로국)과 상군을 재조명하게 되었다. 이를 통해 의종 이전의 성을 둔덕기성이라 하고, 이후는 폐왕성이라 부른다. **빈정승묘**[173]는 농막의 망아터 뒷산 중허리에 큰 묘로 비석은 없으나, 임진왜란 당시 장군이었던 수성 빈씨의 묘라고 불린다. **서당곡**은 마장마을 서쪽 골짜기에 고려시대부터 서당이 있었다. **새양골**은 의종이 쫓겨 와서 학교를 설립하였다는 거림마을 위쪽을 새양골이라 한다. **안치봉**[174]은 농막의 남쪽에 있는 산기슭에 의종의 대비를 살게 한 대비장이 있었다고 하나 확인되지 않는다. **여관곡**은 농막과 하둔의 경계에 있는 골짜기에 기성고을의 세금을 수납하던 기관이 있었다.

자주방은 여관곡[175]에 의종이 자체 방위를 위하여 군사를 주둔시켰던 곳이다. 제장군묘는 마장 서당곡 위에 뒤앞데기의 넓은 초원으로, 임진왜란 때 거제도의 첫 의병장으로 송정과 다공 밀바대 싸움에서 왜적을 섬멸하고, 이순신 휘하에서 7년간 전공을 세워 선무원종이등공신의 녹권을 받은 수문장 제진의 묘와 비석이 있다. **제신암과 제사곡**은 우두봉 꼭대기에 높이 30 m의 큰 바위가 있으며 바위에는 굴이 있다. 이곳에선 산신제를 지내고 사두등(뱀등) 밑 골짜기에서는 기우제를 지냈으며 골짜기마다 산답이 있었다.

거제 둔덕기성(사적 제509호, 폐왕성 고려시대 의종 경남기념물 제11호)은 신라시대(7세기) 성에 대한 지칭으로 사적 제509호며, 폐왕성은 고려 의종24년(1170) 8월 30일, 정중부의 숭문주의 반란으로 거제로 온 의종이 10월 2일 중허리에 견내량(전하도)을 내려 보는 곳에 둘레 570 m, 높이 5 m의 산성을 쌓고, 3년간 반란군의 추격을 감시하였다고 전하는 경남기념물 제11호로, 동일한 성에 대한 지칭이다. 성내에는 못이 있고 북측에는 제단이 있어 주민이 해마다 산신제를 올려 기성이라 하였다. 의종은 명종3년(1173) 8월 경주 동북면 병마사 김보당이 왕의 복위를 꾀하다 정중부가 보낸 이의민에 의하여 경주에서 함께 살해당했다. 성 밑까지 임도가 개설되어 자동차로 오를 수 있다. **거제 고도현치소지**는 경남기념물 162호로 둔덕면 거림리 285번지 일대에 983년 기성현 관아터가 있다. 이곳에서는 막새기와, 명문기와, 신라와 고려 토기 및 고려청자와 분청사기 등도 발굴되었다. **홈골보**는 둔덕천의 시목 앞에서 보를

172) 동아대박물관장 심봉근
173) 빈정승묘(賓政丞墓)
174) 안치봉(安置峯)
175) 여관곡(如關谷)

막아 농업용수를 1 km정도 끌어와서, 마장천이 깊게 파인 곳에서 큰 나무에 홈을 파거나 널빤지로 수로를 만들어 물길을 이었다. 이 수로를 감시하는 이를 상주시키는 외딴집이 있었으나 지금은 사라졌다. 현재는 교량과 도수로가 함께 가설되어 있다.

(2) 방하리

둔덕면의 중앙에 위치한 마을로 동쪽으로는 위대밭골이 펼쳐지고 서쪽에는 둔덕천이 있다. 북쪽 산방산 밑으로는 마을이 조성되어있으며, 대밭골 앞에는 매주산[176]이 있다. 자연마을로는 방하, 죽전 등이 있으며 산방리의 밑에 위치하여 방하리라고 하였다.

죽전에는 둔덕천 지류인 죽전천이 흐르고 계곡을 따라 윗대밭골 아래 대밭골이라는 밭이 조성되어 있으며, 소량개재를 넘어가는 좁은 골짜기에 조성된 마을이다. 방하마을 아래쪽 고름등에 고려 의종 때 정중부의 경인난으로 희생된 고려병사들의 무덤이 있다. 방하리는 동쪽으로는 장갓재 너머 위대밭골이고, 서쪽은 둔덕천을 경계로 거림리며, 남은 하둔리와 접하며 북은 산방산 밑의 큰 마을인 대몰 아래에 마을이 형성되어 있다. 산방방에 속하였다가 고종32년(1895) 방하리가 되었고, 1915년 법정리가 되었으며, 방하와 죽전의 행정리가 있다.

방하마을은 산방리의 밑에 있으니 방하리라 하였고, 1913년 면사무소를 이곳에 두었으나 일본인의 입주가 늘어 1928년 하둔리로 옮겼다. **공주샘**[177]은 방하마을의 동편에 있는 찬샘으로, 의종의 공주가 좋은 물을 찾아 자주 다녔다하여 공주샘이라 하나 근거가 없다. **고려무덤**은 의종이 정중부의 경인난으로 24년(1170년) 8월 30일 군기감에 수감되었다가, 10월 2일 거제로 쫓겨 올 때 추종하던 백관과 호위군이 따라왔으며, 1173년 왕이 복위를 꾀하여 경주로 나갔다가 정중부가 보낸 이의민에게 허리꺾임의 시해를 당했다. 따라온 이들은, 명종26년(1196년) 판병부사였던 이의민이 삼족참형 될 때까지 27년간 개성으로 환도하지 못하고 거제현에서 살았다. 그러는 동안 늙은 배관이나 가족들이 죽어 방하마을 아래쪽 고름등에 고려장지를 설치하였으며, 이를 **고려무덤**이라고 부른다. 1950년 한국전쟁 때 서울의 대광중학교가 피난 와서 학교를 건설하는 과정에서 그릇, 칼, 수저 등 많은 유물이 발굴되었다. **둔연들**은 방하마을 아래의 넓은 들판으로, 둔덕천 옆에 찬물이 솟아오르는 연못의 물을 논에 대었다.

식기도가리는 방하마을 동쪽에 있는 논으로 1885년 흉년 때 밥 한 그릇과 바꾸어

176) 매주산(埋珠山)
177) 공주(公主)샘

굶주림을 극복했다는 곳이다. **장갓재**는 방하마을 동쪽, 윗대밭골로 넘어가는 작은 고개로 장가들 때 가마를 타고 오고 가는 것을 보고 장갓재라 하였으며 또 거제읍 장터에서 삼십리를 걸어오다 밤이 늦어 도깨비를 만나 장거리와 갓을 잃어버렸다고 하여 장갓재라 불렀다고도 한다. **찬물도랑보**는 둔연들판에 물을 이어주는 맑은 찬물이 솟는 도랑보다.

죽전마을은 둔덕천의 지류로 죽전천이 있고, 계곡따라 윗대밭골 아래는 대밭골이라 부른다. 동쪽은 답답골재를 너머 거제면 송곡으로 가는 큰 길이 있었다. 동남은 소랑개재를 넘어가는 좁은 골짜기에 이 마을이 있다.

답답골재는 둔덕에서 읍내의 서부로 통하는 큰길로, 윗대밭골로 올라가 소랑고개를 지나면 송곡고개에 이르고, 급경사의 산길을 오르고 내리는 과정이 반복되어 이를 답답골재라 한다. **돌비석거리**는 위아래 대밭골 사이에 있는 돌부처의 비석으로, 옛날 고기잡이 갔던 남편을 기다리다가 돌비석이 되었다고 하는 남녀 한 쌍의 부처비석이 있어 불리었다. **매주산**[178]은 아래 대밭골 앞산으로 높이 209 m에 삼각점이 있으며, 의종이 쫓겨 올 때 보물을 가져와 신하들이 이를 묻었다고 하여 부르게 되었다.

(3) 산방리

거제부 읍지에 따르면 영조45년(1769) 산방방으로 지정되었으나, 고종32년(1895) 방하와 죽전리가 분리되었다. 산방산 밑을 절골이라 부르며 거제명산 산방산을 배경으로 하여 이같이 불린다. 산방산에서 서쪽으로 뻗어 나온 산줄기 끝자락에 위치하고 있는 마을로 동쪽에서 남서쪽으로 갈수록 고도가 낮아지는 지형이다. 자연마을로는 산방, 대몰, 밭가운데, 절골마을 등이 있다. 산방마을은 산방산 아래에 위치하여 붙여진 이름이며, 대몰마을은 산방리의 큰 마을이라 하여 불리는 이름이다. 밭가운데마을은 산방산 남쪽 밭 가운데에 있는 마을이라는 의미에서 이름 붙여지게 되었으며, 절골 마을은 절터가 있었다는 의미로 불렸다.

산방마을은 대몰이라고 하였는데 산방산 밑이라 산방이라 한다. **갈미보**는 산방의 서북쪽 끝 둔덕천을 가로막아 마을 앞 큰 들판에 물을 공급하고, 그 중간지점에는 물레방앗간이 있었다. 이 방앗간은 1945년 광복 전까지 둔덕평야의 유일하게 도정을 하던 곳이었다. **구절암**은 산방산 중턱 절벽 아래 옛날 귀절암이 있었다고 하며 지금은 절터와 미륵상이 남아 있다. **매바위**는 무제터 위에 매를 닮은 바위가 있어, 앞쪽

178) 매주산(埋珠山)

산줄기의 꿩을 잡으려는 형상을 보인다. **무제터**는 산방산 정상부분은 세 개의 봉우리로 둘러싸여 있다. 이의 서편 봉우리 바위굴에는 물이 흐르는 곳이 있다. 가뭄이 오면 이곳에서 기우제를 지냈으며, 기우제를 지낸 경우에는 반드시 삼일 이내에 비가 내렸다고 한다. **보현사**는 산방산의 부처굴 밑에 옛날부터 절이 있었다. 1936년 대덕사를 창건하고 통영 용화사의 포교소를 삼았는데 1954년 5월에 절골마을 위로 옮겼다. **부처굴**은 보현사에서 입구에서 산방산을 오르면 전망바위를 지나 정상부 가까이 20평가량의 동굴이 있고 이곳에는 박쥐가 서식한다. **삼신굴**이라고 부르기도 하며 석조삼존좌불이 있었다. 광복 후 주불인 석가모니불의 머리 부분이 떨어져 나갔고 아미타불과 약사여래불은 도난을 당했지만 현재는 삼불이 다시 봉안되어 있다.

설매등179)은 대몰마을 뒤의 등마루로 경사가 완만하고 잔디가 잘 자라서 어린이들의 놀이터가 되어 준 곳이다. 이곳에는 선무원종이등공신 제억의 묘소가 있으며 이른 봄 눈 속에서도 매화꽃이 피어 설매등이라 한다. **숯골고랑**은 산방산골짜기에 참나무 숯을 굽는 굴이 있었으며 생산된 숯은 기성현에 공급하였다. **염소골**은 산방산의 수목은 사백 여종에 달하며 많은 산야초가 서식한다. 이를 먹으며 곳곳의 바위에서 살고 있는 산양은 약염소라 불렸다.

오색토는 산방산을 일명 삼봉산이라고도 하며, 정상에는 분지를 형성하고 있어 봄철 중국에서 날아오는 황사가 오랫동안 쌓여서 푸르고, 누렇고, 붉고, 희고, 검은 다섯 색상을 보인다. 이곳은 천하의 대명지로 알려져 보름달 밤에 암매장을 하였다. 그러나 암매장 후에 마을엔 큰 가뭄이 계속되었다. 가뭄이 들면 주민들이 올라가 암장묘를 찾아 없앴다. **옥굴**은 고려 원종12년(1271) 왜구의 침범과 삼별초난으로 주민들의 고초가 극심하여 거제현민은 거창의 가조현으로 옮겨갔다. 그러나 옥씨 일가는 피난을 가지 못하여 산방산 중간높이인 200 m 지점의 동굴 속에서 1392년 조선 창건 때까지 숨어 살았다고 한다. 한편 거제도민은 세종5년(1423) 태평성세가 되면서 사등성 등지로 돌아왔다. 피난 가지 못한 사람은 153호 423명이었다는 기록이 세종실록에 남아 있다. **용수골**은 둔덕천 옆 산방들 아래에는 맑은 물이 솟는 곳이 있어 용이 목욕한 후 승천하였다고 전한다. 마을에서 용신제를 지낼 때는 이 물을 사용하였으며 건너 마장마을 사람들은 겨울철 식수로 사용하였다.

중산골은 절골마을에서 동쪽으로 깊숙이 들어가면 산방산에 옛 절이 있고, 이곳에는 노승이 입적하면 화장하여 사리를 채집하고 부도탑을 세웠다는 참나무 화장터가 있다. 이곳을 중산골이라 한다.

---

179) 설매등(雪梅嶝)

(4) 술역리[180]

통영시를 바다 건너로 마주하고 있는 이곳은, 서북쪽으로는 내평과 술역마을이 있고 남쪽으로 호곡과 녹산마을이 있으며 바다에는 화도가 있다.

영조45년(1769) 서북은 영등방, 남부와 화도는 하둔덕방에 속하였다가, 고종32년(1895) 술역, 녹산, 화도리로 분리되었으며 1915년 술역리로 통합되었다. 육지와 교역하는 역이 있어 수역이라 하였고 이후 술역이라 불렀다.

둔덕면 남서부에 위치하며 서쪽에 당산이 있으며 방화섬과 불섬을 포함하는 농어촌마을이다. 장구배미, 인떡배미 등의 논이 있고 장구배미는 지형이 장구처럼 잘록하여 붙은 이름이다. 자연마을로는 녹산, 미영밭구미, 진작구미, 범골 등이 있다.

녹산마을은 술역 동남쪽에 있다. **미영밭구미**는 미영밭이 있었다 하여 붙은 이름이다. 진작구미는 미영밭구미 서쪽에 있는 마을이다. **범골**은 녹산 서북쪽에 있는 마을로 범골저수지가 있다.

술역마을은 기성현 시절 통영시로 농수산물, 공산품 등을 운송하던 곳으로 수역이라 하였으며, 의종 당시 시종문무관의 관수용이 늘어나 항구의 역할을 충족하였다. 내평마을은 술역의 북쪽 안들에 있는 마을이다. 녹산마을은 하둔에 옛날 여객선 부두가 있었으나 수심이 얕고, 간조 시에는 간석지가 되므로 광복 후 녹산 부두로 옮겼다. 앞에는 딴녹섬 또는 소록도가 있어 녹산이라 하였다. 호곡마을은 술역에서 남쪽으로 고개를 넘으면 바닷가 절벽에 굴이 많이 있는 마을로, 그중에는 호랑이가 살았다고 하는 굴이 있어 이를 범굴이라 하였으며, 마을의 이름도 호곡이라 불렀다. 화도를 사는 도선의 선착장이 있다. **구렁샘**은 술역 남쪽의 바다 옆에 있는 들판에 맑은 물이 솟아나 수역(술역)의 선박용수나 주민 식수로 사용하는 샘이 있었다. **맞바구미**는 녹산과 하둔의 경계 바닷가에 방답구미를 바라보는 주막과 잡화점을 하던 곳이 있었다. 1935년 둔덕 간척지 조성에 필요한 흙을 이 일대의 산에서 채취하였다. 지금은 도로의 확장 등으로 잡화점 등은 이주하였다. **미영밭구미**는 화도의 염막개 동북쪽에 있는 목섬의 서쪽 마을로 목화를 재배하여 미영밭구미라 한다. **미포**는 화도의 동남쪽에 논이 있는 곳을 쌀개 또는 미포라 한다. 발개는 염막개 서남쪽 바다에 민물과 썰물 때 고기가 많아 죽방렴을 설치한 어장이 있었다.

화도[181]는 녹산과 통영의 바다 중간에 있는 섬으로 거제의 부속섬 중에서 네 번째 면적의 섬이다. 통영쪽으로 부속섬인 방화도가 있으며 호곡 방면으로는 목섬이 있다.

---

180) 술역리(述驛里)
181) 화도(花島) : 적도赤島, 화도火島, 각도角島, 어도魚, 불섬, 붉섬 등으로 불렀음

봄철이면 진달래꽃이 온통 붉게 섬에 피고, 방화도의 봉화불이나 등대불이 붉게 비쳐 화도라 한다. 예전에는 적도(저녁노을을 받아 붉게 빛남), 화도(임진왜란 당시 봉홧불을 올림), 각도, 어도 등으로 불리기도 하였다. 화도에서 목섬으로는 하루에 두 번씩 바닷길이 열린다. 면포, 미포, 발포, 송자포, 염막포, 외선포, 송포(솔개) 등 7개 마을이 있다. **송포**는 녹산마을 서남쪽 녹산천의 하구로 울창한 송림이 어부림을 형성하였다. 옛날 돌그물(독살, 돌발)을 설치하여 봄에 멸치와 갈치를 가두어 잡은 곳이다. **시묘등**은 범골 뒤쪽에 있는 등마루에 효성이 지극한 아들이 아버지묘 옆에 초막을 짓고 삼년을 살았다는 얘기가 전해온다. **염막포**는 송포 동쪽 바닷가에 소금밭과 작업용 막사가 있었다. **와선포**는 화도 남단으로 임진왜란 때 왜선이 침입한 곳을 왜선포라 하였다는 설과, 시원한 바닷가에 신선이 내려와 누워 잠을 잤기에 와선포라 하였다는 얘기가 있다. 높이 115.3 m 와선산에는 삼각점이 있다. **작은진개**는 영등진을 큰진개라 하고, 남쪽 술역지역을 작은진개라 하여 군선이 정박하던 포구다. **깽수바위**는 내평 동쪽 산에 있는 바위를 두드리면 꽹과리 소리가 나는 바위가 있다. **투구바위**는 염막개 남쪽의 투구 모양 바위다.

방화도는 화도 서북쪽 통영 동호만 앞바다에 돌고래 모양의 섬이 있고, 이곳의 높이 25 m 지점에는 삼각점이 있다. 임진왜란 때 봉화를 통해 교신하였으며 근래에는 등대를 설치하여 일명 등대섬이라고도 한다. **범바위굴**은 술역의 범굴 산등성이 높이 72.4 m에 삼각점이 있고, 이 바닷가에는 호랑이가 살았다는 동굴(범굴)이 있어, 이 일대 마을을 호곡이라 불렀다.

새여는 녹산(호곡)마을과 화도 사이의 바다에 있는 돌섬으로, 민물 때는 참새 같고 썰물 때는 독수리처럼 보인다. 철새들이 쉬는 섬이라 새여라 하였으며 항도라고도 한다.

(5) 시목리

둔덕골의 서북부에 위치하며, 위는 상둔리고 아래는 거림리가 위치하는 양지바른 마을이다. 우두봉 아래의 넓은 초원을 이루는 시목리에는 고려 의종이 쫓겨 와서 방목하며 군마를 길러 아랫마을에 거림치방의 마방 등의 이야기가 전래되고 있다. 고종 32년(1895) 새몰과 둔덕천 너머 점들은 상둔덕방에 속하다가 상서리로 통합되었고, 아래로는 감나무골로 시목이라 하였다. 1961년 10월 1일 상서와 시목마을을 합쳐 행정리인 시목리가 되었다.

시목리는 황새밭덜(산) 아래 개답덜(산) 서쪽에 위치하며 못골, 미영밭골 등의 골짜기가 많은 농촌 마을이다. 감나무가 많았다 하여 감나뭇골, 감남골 또는 시목이라 한데서 명칭이 생겼다.

자연마을로는 상서, 새말, 점들마을 등이 있다. 상서마을은 새말과 점들에 걸쳐 있는 마을로 상둔의 서쪽이라는 의미로 붙여진 이름이다. 새말은 상서 서남쪽에 있는 새로운 마을이라 하여 붙은 이름이며 새마을, 신촌, 솔밭마을이라고도 부른다. 점들은 신촌 동남쪽 천의 건너편에 있는 마을로 쇠를 녹여 물건을 만들던 쇠점이 있었다 하여 붙여진 이름이다.

상서마을은 상둔덕의 서쪽을 새몰이라 하고 둔덕천 동쪽은 점들이라 하며, 이 두 마을을 합쳐서 상서마을이라 한다. **점들**은 상서 동남쪽 둔덕천의 구비 건너에 있는 들판에는 삼거리 길가에 대장간이 있어 철기구를 만들어 팔았다. 그리고 예전에는 길손들이 쉬어가는 주막도 있었다. 이 일대를 점들이라고 한다.

시목마을은 기성현 당시에 국마를 기르던 마장마을 위에는 넓은 초원이 형성되어 목장으로 사용되었다. 이 목장을 지키던 곳이 시목마을이며, 목장은 1271년 왜구의 침범으로 거제도민이 모두 거창으로 피난 가고 현이 사라지며 없어졌다. 그 뒤 이곳에 감나무를 많이 식재하여 시목이라 하였다. **개잡덜정**은 시목의 앞산은 경사가 심하고 돌덩어리 산으로, 이곳에서 개를 묶어놓고 잡으려던 중 놓치고 개는 산의 돌덩이 사이로 숨어 들어가자 마을은 온종일 야단법석을 일어났다. 이후로 이곳을 개잡덩이로 불렀다. **달롱개바위**는 시목 서북쪽의 큰 바위 주위에는 달래가 많이 자생하여 달롱개(달래)바위라고 부른다. **물바윗골**은 시목의 북서쪽 골짜기에서 흘러내리는 물레방앗간이 있던 곳이다. **팥죽논**은 885년의 큰 가뭄으로 팥죽 한 그릇과 바꾸었다는 논이 시목마을 동쪽에 있다.

도적골재는 유지(유지마을)골에서 상서의 북쪽을 올라 사등면 지석마을로 향하는 명등산 자락의 십리재를 일컫는다. 상서의 등마루에 오르면 오량골이 깊숙하게 들어와 있으며, 이를 가는 길은 울창한 숲이다. 이곳에는 도적들이 출몰하여 금품을 탈취하였으며 자연스럽게 고개의 이름으로 불리었다. 이 고개를 넘을 땐 여러 사람이 동행하였다.

오양치는 유지마을 네거리에서 서쪽의 통영으로 가는 큰 길로, 상서의 새몰을 지나 등마루에서 오양성으로 내려가는 직선으로 뻗은 길이 있다. 일명 큰재라 하며 높이 302.7 m에 삼각점이 있다.

신촌마을 남쪽에 수질 좋고 차가운 물이 솟는 샘 **찬샘**이 있다. **현령곡**은 시목과 마장의 경계를 목골이라 하며, 연중 맑은 물이 흘러서 기성현의 현령이 별장을 짓고 목욕을 하였다는 곳이다.

(6) 어구리

둔덕면의 남동단은 거제면과 경계하고 한산도를 서쪽으로 두고 있다. 어구리는 청정해역의 어구만을 끼고 있는 풍요한 어촌이다. 하둔덕방에 속하다가 고종32년(1895)에 어구리가 되었으나, 원래는 남부면 저구와 같이 어구라 하여 왜구들이 풍랑 때 피해 들어오거나 임진왜란 때 방어하던 곳이었다. 둔덕면 9개리의 끝마을 이라는 뜻이기도 하다. 대부분의 지대가 완만한 구릉성 지형으로 이루어져 있으며, 마을 서쪽은 남해와 접하고 있다. 자연마을로는 어구, 큰골, 음지땀 마을 등이 있다. 큰골마을은 큰 골짜기 안쪽에 자리하여 이름 붙여졌다.

음지땀마을은 음지에 위치한다는 의미에서 명명되었다. 한 때 **왠금**으로 불리었으며, 이는 금광을 개발하였으나 금이 나오지 않자 붙여진 것으로 동굴에는 박쥐가 서식하고 있다.

어구마을은 **외인금**이라고도 불렀으며, 고려 의종 임금이 정중부에게 쫓겨나 폐(피)왕성에 머무를 때 무기를 만들던 곳으로 외인의 출입을 금지 시켰다고 붙여진 이름이다. **어구항**은 거제도의 내해로 통하는 조수간만의 12km에 달하는 해수로가 있는 청청해역이다. 1972년 11월 24일 이 청정해역의 굴양식은 한미위생행정협정을 맺으며 유명세를 탔다. 이 한미위생협정으로 1974년 9월 5일 거제만 2,121 ha(거제 1,537 통영 584)를 수산청 고시 제12호로 지정되어 굴, 홍합, 우렁쉥이 등 수하식 24건 458 ha를 양식 허가하여 생굴 4만톤을 생산하는 어항이 되었다. 어구의 중앙수산 등과 둔덕면 연안 8개 굴가공 공장에서는 통조림을 생산하여 미주에 수출하고 있다. 1994년 8월부턴 카페리선이 한산면 추봉도 소고포 영개마을과 1일 10회 왕복하고 자동차 20대 규모와 관광객을 수송하고 있다.

딴녹섬은 어구의 서쪽 녹산마을 바로 앞에 있는 섬으로, 술역리 녹산에 속해야 하나 1915년 세부측량 때 어구 주민의 어장이 있어 어구리에 속하도록 하였다. 섬이 사슴 모양과 같기도 하고, 초목이 무성하여 사슴과 고라니가 서식하고 있어 일명 소록도라 부른다.

아지랑마을은 어구마을 동쪽 끝 거제면과 경계하고 서남쪽 한산면 (서)좌도와 875 m에 거리에 있다. 지역이 뾰족하고 언덕이 가팔라 아지랑이 갯마을이었으나, 청청해역의 굴양식으로 30여 호의 마을이 형성되었다. **아지랑이재**는 아지랑에서 거제면 법동으로 넘어가는 고갯길로 현재는 버스가 통행한다.

(7) 하둔리

기성현 때 의종이 쫓겨 와 호위군을 주둔시켰으니 하둔덕방이라 하였다. 긴 들판에 둔전을 설치하여 쌀과 보리를 생산하며 식량을 공급하였다. 고종32년(1895) 하둔리를 두었고 1928년에는 면사무소를 방하리에서 옮겨왔다. 둔덕천 건너편에는 방답마을이 있다.

동남쪽에는 간척지인 소습지가 있으며 수통배기(논)가 있는 농촌마을이다. 둔덕면 전체로 보면 아래 바다쪽이어서 하둔덕 또는 하둔이라 불렸다. 자연마을로는 방답, 장배미고랑, 하촌 등이 있다. 방답마을은 하둔 동남쪽에 있는 마을로 방답진이 있었다고 붙여진 이름이다. 장배미고랑마을은 하둔 서남쪽에 있는 마을로 긴 논이 있어 붙은 이름이다. 하촌은 하둔 남쪽에 있는 마을이라 하여 붙은 이름이다. 김해김씨의 열녀문인 김씨 효열문이 있다.

하둔마을은 예전의 둔덕만 민물 때에는 여객선과 수군들의 돛배들이 통영으로 오갔으며, 썰물 때는 넓은 간석지로 변하여 선박출입을 할 수 없는 지형이었다. 초승과 보름에는 면의 주민들이 우럭, 바지락, 맛조개 등을 채집하였으나 1935년 80 ha의 간척사업으로 조개잡이는 사라졌다. 면사무소 소재지로 교통이 편리하여 아래와 윗마을이 형성되었으며 이를 상촌, 하촌이라 불렀으나, 하촌마을은 주민의 반대로 선창마을이라 부르기도 하였다.

방답마을은 하둔 동쪽 둔덕천 건너편 마을로 1935년 80 ha의 간석지에 간척사업을 한 곳이다. 임진왜란 전에는 방답진을 있었으나 전라도 여천군 돌산으로 진을 옮겨졌고, 첨사 이순신이 임진왜란 옥포대첩 때 이순신장군과 함께 참전하여 선무삼등공신이 되기도 하였다. **방답꿈 또는 방답구**미라고도 불리었다. **가잿고랑**은 하둔 서쪽, 진등 동쪽에 있는 계곡으로 가재가 서식하여 이를 잡던 개울이다. **과녁터**는 하둔 서쪽과 등새미 사이 하둔덕에 주둔하던 호위군이 활을 쏘던 과녁이 있었다. **김씨효열문**은 하둔 서남쪽에 김해김씨의 효열비석이다. **둔덕천**은 둔덕골에서 둔덕만으로 흐르는 길이 7.7 km의 비교적 큰 하천은 거제도에선 세 번째로 길다. 둔덕평야에 용수를 공급하고 은어와 참게가 올라와 자라는 곳이다. 봄철에는 **병아리(백어, 사백어)**가 민물을 따라 올라오므로, 하구에 고랑을 파서 그물을 친 다음 썰물 때 그물을 들어올려 잡는다. **등샘이**는 하둔 서쪽 등마루에 있는 샘이다. **법동개재**는 방답 동쪽에서 거제면 법동개로 넘어가는 길이다. **봉산고개**는 하둔 서쪽에 올라가 술역리로 가로 질러가는 재다. **비렁둠벙**은 하둔 동쪽 둔덕천으로 죽전천이 합류하는 곳에는 앞산의 암벽 밑이 급류에 파여 깊은 용둠벙이 만들어졌으며, 용이 하늘로 날아 올라갔다는 전설이 있다. 물이 깊고 급하게 흐른다.

송골은 방답마을 남쪽에 있는 좁은 골짜기로 '좁다'는 방언 '솔다'에서 '송골'이라 불리었다. **예담부랑**은 방답 앞에 있는 골짜기에 돌담장이 있는데, 옛날 방답진이 있을 때 석성이라고 전해진다. **장들**은 고려 의종이 쫓겨 와 선왕 인종의 왕비 임씨인 공예대비를 안치시켰던 대비장 앞 넓은 들판으로, 둔답(과전법에 따라 각 지방 주둔병에게 군량을 지급하는 논)으로 정하여 수곡하여 장들이라 하였다.

하촌마을은 하둔 아랫마을을 하촌이라 하였으나, 그 어감이 낮은 사람이 살고 있는 갯마을이라고 여겨져 하둔 뱃머리(선창)라 불렀으나 지금은 매립되어 새마을로 불린다. **해미당고개**는 방답 북동쪽에서 거제면 할미당인 고당으로 넘어가는 넓은 고개다.

하둔간척지는 방답마을 앞바다의 간석지는 100 ha되는 넓은 갯벌로, 둔덕면의 조개잡이 터였으나 1930~34년에 일본인 서택효삼랑과 시공자 고하녹일에 의하여 하둔의 맞바구미와 등마루의 흙과 돌을 운반하여 방조제를 쌓아 간척사업을 하였다. 이 간척지는 논 30 ha, 염전 30 ha, 조수지 5 ha, 유지못 10 ha와 방조제 상하 2중으로 된 거제도의 가장 넓은 간척지다.

(8) 학산리

둔덕면 서북쪽, 견내량의 거제대교 남쪽에 위치하는 학산리는 한려수도의 관문이다. 1623년 거제칠진의 영등진을 장목면 구영에서 옮겨 왔으며, 영조45년(1769) 영등방이라 하였고, 고종32년(1895) 동쪽의 비학산[182] 아래에 위치하여 학산리로 개칭하였다. 학산리는 영등을 학산이라하고 영등진의 관아가 있던 곳을 아사마을로 하여 행정리가 분리되었으나 지금은 학산리로 통합되었다.

학산은 학이 날아가는 형국이라 불리었으며, 비학산 아래에 있는 농촌 마을이다. 조선 인조원년(1623)에 장목면 구영리에 있던 영등포영을 이곳으로 옮겨 영등진 또는 영등이라 하였으며, 이와는 달리 비학산 아래라는 의미로 학산이라는 명칭이 생겼다는 설이 있다. 자연마을로는 골부락, 아사 등이 있다. 골부락은 아사마을 동북쪽 골짜기에 있는 마을이고, 아사는 영등포영이 있을 때 관아가 있었다고 붙여진 이름이다. 아사에 영등포영이 있을 때는 객사가 있었다.

학산마을은 거제 둔덕기성 아래 비학산 아래 영등을 학산이라 불렀으며, 영등진터였던 관계로 주민들은 영등으로 불리기를 바라고 있다.

아사마을은 학산의 북쪽에 영등진 관청이 있던 곳이며, 거제지역에선 가장 큰 고인돌(지석묘) 등이 산재하는 역사 깊은 마을이다. **골마을**은 아사의 동북쪽 골짜기를 따

182) 비학산(飛鶴山) : 학이 날아가는 형상

라 형성된 마을이다. **골마을뒷산**은 아사 골마을 뒷산으로 높이 86.8m며 삼각점이 있다. **구선창들**은 아사의 북쪽 사등면의 광리왜성과 접하는 논들이다. **꾸(구)정물골**은 영등진의 방위군이 군복이나 식기 등을 세탁하던 개울로, 오물이 바다로 흘러 들어가니 갯벌에서 조개나 고동을 채집하지 못하도록 하였다. 현재는 세양수산의 어장막이 있다. **도사천**은 학산마을 위에 있는 우물로 가뭄에 물이 나오지 않아 길을 가던 도사가 지팡이로 두드리니 물이 솟아났다고 하여 도사천이라 부른다. **동헌터**는 아사의 남쪽에 영등진의 동헌이 있던 곳이었으나 지금은 논이 되어있다. **당거리**는 학산마을에 옛날 산신당이 있었다.

영등포진은 성종원년(1470) 거제칠진의 하나로 장목면 구영에 진을 두었다가, 인조원년(1623)에 이곳 영등포로 옮겨졌으며, 수군만호의 병정으로 군관, 진무, 지인을 두고 병선과 사후선인 작은 군선에 수군을 주둔시켰다. 영조26년(1750)에 소비포인 현 장목포로 옮겼다가, 1895년 갑오경장 다음 해에 통제영과 함께 폐지되고 학산리라 하였다. **용둠벙**은 붉근등 밑에 용둠벙골이 있고 용이 하늘로 올라갔다는 연못이 있다. **점터**는 아사 동남쪽 앞에 있는 들판에 영등진이 있을 때 엽전을 만들던 곳이 있었다. **포수청터**는 영등 남서쪽에 영등포진이 있을 때 포수청이 있었다. **함덕들**은 아사 동쪽에 있는 들에 함정을 팠었다고 하여 불리는 이름이다. **호송여**는 영등 앞바다의 한려수도에 돌섬 암초가 있는데, 썰물이면 보이고 민물 때에는 뵈지 않아 지나가는 선박들이 좌초되므로 마을 젊은이들이 교대로 횃불을 비추어 안내하였다는 암초다.

(9) 상둔리

상덕은 둔덕면의 북동부에 위치하며 건답, 누룩정들 등의 들판이 많아서 비교적 넓은 편이다. 장자골, 점곡 등 골짜기도 많은 편이며, 평머애배미, 서기배미 등의 논이 있는 마을이다. 또한 남쪽으로 산방산(507.3m)과 대봉산(459.5m)이 있고 동쪽으로 월암봉(218.3m)이 있으며 거제면 옥산마을로 가는 옥산치(월암봉과 백암산 사이 고개)가 있으며, 북쪽으로는 옥녀봉(350m)과 그 주산인 백암산(494.7m) 그리고 백고봉(450m)이 있다. 이렇듯 주변이 산으로 두르고 서쪽으로 전답이 있어 하둔과 이어진다.

둔덕 위쪽이 되므로 **웃둔덕** 또는 **상둔덕**이라 부르던 것을 줄여서 상둔이라는 명칭이 생겼다. 자연마을로는 유지, 덕리, 둔덕, 옥동 등이 있다. 둔덕은 상둔리와 하둔리에 걸쳐 있는 마을로 넓은 언덕을 이룬 형태와 둔전이 있었다 하여 붙여진 이름이다. 옥동은 상둔의 동남쪽에 깊이 들어가 있는 마을이다. 유지마을에서는 사등면 언양마을로 가는 높은 고개(명등산과 백고봉)가 있다.

4-1-3 사등면

사등면에는 모두 8개의 리가 있다. 동남쪽은 거제면, 남쪽은 둔덕면, 동쪽은 고현권에 각각 접하고 있으며 북쪽은 진해만, 서쪽은 거제대교(견내량)를 지나 통영시와 가깝다. 전체적으로 거제도의 북서쪽에 위치하며 2개의 유인도, 9개의 무인도가 있다. 사등면의 대부분은 해발고도 500 m 이하의 구릉성 산지로 이루어져 있으며 해안선을 따라 나타나는 좁다란 해안 저지대다. 주요 농산물은 쌀, 유자 등이며, 연안에서는 굴, 홍합 양식이 활발하다.

문화재로는 오량 석조여래좌상(경남유형문화재 제48호), 사등성지(경남기념물 제9호), 오량성(경남기념물 제109호), 청곡리 지석묘(경남문화재자료 제88호), 지석리 지석묘 등이 있다.

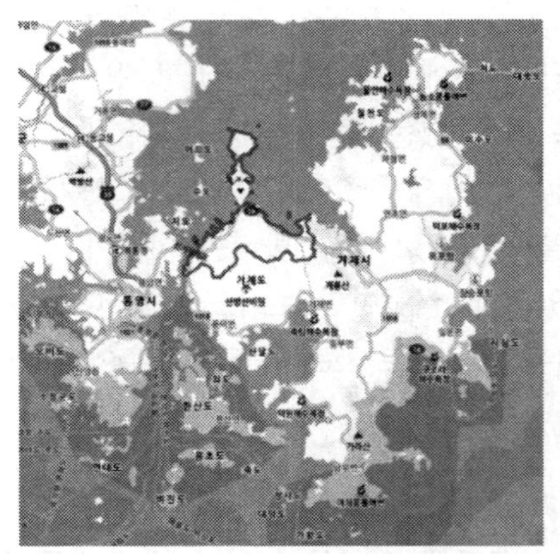

(1) 덕호리

고종32년(1895) 5월 26일 칙령 제98호로 덕호리라 고쳤으며, 1915년 6월 1일 도령 제20호로 법정리가 되었다. 1942년 5월 1일 광리와 견내량의 2개 구로 되었으며, 1961년 10월 1일 행정리로 바뀌고, 1971년 4월 8일 거제대교의 개통에 따라 신촌마을이 신설되었다.

원래 육지와 가까운 섬이었으나 거제대교 건설 이후 육지와 연결된 거제도 입구로 여겨졌으며, 해안마을로는 장석골, 다리미골 등의 골짜기와 등마루가 많다. 자연마을로는 견내량, 광리, 성거땀 등이 있다. 견내량은 통영에서 거제도로 건너가던 나루터가 있는 마을이라 붙은 이름이다. 광리는 견내량 서남쪽에 있는 마을이고, 성거땀은 광리 왜성의 언저리라서 불리게 되었다.

광리마을은 임진왜란 때 일본군이 한려수도의 관문에 토성을 쌓은 왜성이 있다. 넓은 등마루 들판은 번득이라 하며, 광리라는 마을이름도 이런 이유로 붙여졌다.

신촌마을은 거제대교 옆에 통영으로 가는 시외버스와 거제 시내버스의 정류장이 설치된 마을로 유동 인구가 많은 새마을로 형성되었다. **가치미골**은 견내량 서남쪽에 있는 골짜기다. **갓재고개**는 견내량에서 등마루로 올라 거제 둔덕기성 동쪽 아래를 지나서 둔덕면 거림으로 가는 고개다. **견내량 도선장**은 견내량은 의종으로 인하여 **전하도**라고도 하며 거제의 대표적인 나루터가 있었다. 6·25 한국전쟁 당시 포로수용소 설치에 따라 자동차 도선장으로 사용되었으며, 지금은 거제대교의 개통으로 어선의 항구로만 사용되고 있다.

광리왜성은 덕호리 서남쪽 둔덕면과 접하는 바닷가(사등면 덕호리 267 일대)에 임진왜란의 정유재란 당신 일본군이 견내량을 감시하던 둘레 350 m 토성이다. 이 성터는 2019년 농지작업으로 평지화 되었으며 복구가 불가한 상태다. **구싯여**는 견내량 앞 서쪽바다 구유모양의 암초다. **꽃나무등**은 다리미골 서남쪽에 백일홍이 많은 등마루다. **덕호등대**는 견내량의 북서쪽 바다에 암초가 있고, 이 여에는 등대가 있다. **덕호저수지**는 왜성 번덕[183]의 동남쪽 골짜기에 1952년에 건설한 면적 50㏊의 저수지로 번덕의 천수답에 물을 공급하고 있다. **동미동**은 견내량 동남쪽에 있는 등마루로 높이 30.1 m에 세부측량의 삼각점이 있다. **박첨지골**은 번덕 북동쪽 호만골 남쪽에 박첨지가 살았다는 골짜기다. **보리섬여**는 왜성 끝 앞바다에 보리섬(열 말) 크기의 암초다. **뻘개**는 광리 북동쪽 다리미골 서쪽에 있는 골 아래의 갯벌이다. **산지골**은 견내량 동남쪽에 산신제를 지내던 골짜기다. **살매등**은 광리 동북쪽에 있는 등마루다.

성끝땀마을은 왜성 서남쪽 끝에 있는 갯마을이다. **수구들**은 왜성 성끝 남쪽에 물이 흔한 들판이다. **약몰등**은 견내량 동쪽에 있는 등마루다. **왜성끝산**은 왜성 끝 서북쪽에 있는 낮은 산이다.

장싱골은 광리 서남쪽 왜성 끝자락 동편에 장승 벅수가 있어 불리던 골이다. **쫑다리끝산**은 견내량 서북쪽 바닷가에 있는 작은 산이다. **처녀총각바위**는 견내량 동쪽에 명절때가 되면 처녀총각들이 놀았다는 넓고 편편한 두 개의 바위다. **큰골등**은 견내량 남쪽 깊숙한 골짜기 위에 있는 등마루다. **병풍바위**는 광리 동쪽에 병풍 모양의 바위다.

183) 번덕 : 버덩의 사투리. 높고 평평하며 나무는 없이 풀만 우거진 거친 들

(2) 사곡리

영조45년(1769) 방리개편으로 두동방에 속하는 모래실의 갯마을이었으나, 고종26년(1889) 두동리[184]로 되었다가, 1915년 6월 1일 사곡리[185]로, 1942년 5월 1일 부락구제로 사곡과 두동의 2구가 되어 1961년 10월 1일 행정리로 되었다. 사두도(뱀머리섬, 뱀섬) 등의 섬이 있고 골짜기가 많은 해안마을이다. 모래가 많다 하여 모래실 또는 사곡이라 하였다. 이 일대 해변에 해양플랜트산업단지를 조성하려는 계획이 논란이 되고 있다.

자연마을로는 굼바우, 폴골 등이 있다. 굼바우는 폴골 북서쪽 사등면 거제면 신현읍으로 가는 삼거리에 있는 마을로 삼거리라고도 부르며, 굼바웃개 옆이라서 붙여진 이름이다. 주막이 있어 굼바우주막이라고도 불렀다. 굼바우는 굼바웃개에 있는 바위인데 구멍이 뚫린 것과 같이 움푹 파여 있어 붙여진 이름이다. 폴골은 모래실 서남쪽에 있는 마을이다.

사곡마을은 팥골(두동마을)의 북동쪽 갯마을로 앞바다가 얕고 모래가 많아 모래실이라 하였는데 한자로 사곡이 되었다.

두동마을은 두동방이였으나, 밭이 많아 팥골이라 하였으며 현재는 두동마을로 불린다. **가암밭골**은 팥골 서쪽 집념개 서쪽에 있는 골짜기다. **감나무등**은 모래실 서남쪽에 감나무가 있었던 등마루다.

굼바위마을은 모래실 서남쪽 팥골 밑의 굼바윗개의 마을로 지금은 휴게소들이 있다. **굼바위개**는 사곡삼거리 산에 구멍이 뚫린 바위가 있어 그 아래의 갯벌을 굼바위개라 한다. **굼바위주막**은 사곡 삼거리에 옛날 주막이 있었다. **나부등**은 팥골 남쪽에 나비 모양의 등마루가 있다. **누운티재**는 모래실에서 고현 누운티로 넘어가는 고개에 서낭당이 있고, 편편하게 생겨 지나가는 나그네가 누웠다가 가는 곳이란 의미로 **와치**라고도 한다. **달걀바위(다갈바위)**는 모래실 북동쪽 끝에 달걀모양의 바위가 있고, 옛날 대구잡이 어장이 있었으나 지금은 시의 위생처리장이 있다. **대동들**은 팥골 동남쪽에 옛날 큰 마을이 있었다고 하며 지금도 비교적 넓은 들이다. **도구통고랑**은 팥골 서쪽 마을너머 도채비굼터 북쪽에 지형이 절구(도구통) 모양의 골짜기가 있다. **도채비굼턱골**은 팥골 서쪽마을 너머 불태미골 동쪽에 날씨가 흐리면 가끔 도깨비불이 보이는 골짜기다. **두동재**는 밭골에서 거제면 옥산리로 넘어가는 고개를 **팥골재**라고도 하며 지금은 포장도로가 나 있고 아래로는 터널길이 있다. **떨걱덜너설**[186]은 팥골 남쪽 서당

184) 두동리(豆洞里)
185) 사곡리(沙谷里)
186) 험한 바위나 돌 따위가 삐죽삐죽 나온 곳

골 동쪽의 덜겅인 너덜겅으로 옛날 나무꾼이 도끼를 잃고 찾으려고 하나 도끼가 떨걱떨걱 걸어가는 소리만 날 뿐 찾지 못하였다는 이야기가 전해진다. **모래등**은 모래실 남쪽 바닷가의 사질토 모래가 많은 등마루다.

사두도(뱀섬)는 모래실 서북쪽에 있는 뱀머리 모양의 섬으로 면적은 20,727㎡며, 뱀머리섬으로도 불린다. **불미태골**은 팥골 서쪽 우마장 동쪽에 대장간이 있던 골짜기다. **삼밭골**은 팥골 남쪽 안골 서쪽에 삼밭이 있었던 골짜기다. **새매등**은 안골 서쪽 삼밭골 남쪽에 있는 골짜기다. **새실랑고개**는 팥골 북서쪽에 굼바위로 가는 새로 난 고갯길이다. **서나무골**은 모래실 남쪽에 서나무가 있던 골짜기다. **서당골**은 팥골 남쪽에 옛날 서당이 있던 골짜기다. **서당재**는 모래실에서 고현 달갈바위로 가는 고갯길이다.

성파묵적비[187]는 사곡삼거리에 영남의 서예 대가 성파 하동주[188]의 묵적비다. **욋등**은 모랫등 동남쪽에 옛날 기와를 구웠던 등마루다. **용치산**은 팥골 북서쪽 용둠벙 위에 있는 산이다. **우마장**은 팥골 서쪽 마을 너머 가암밭골 남쪽 골짜기에 초지가 좋아 소와 말을 먹였다던 곳이다. **장싱걸버덩**은 팥골 북서쪽 새실랑고개 동쪽 버덩에 예부터 시장이 섰고, 6·25 피난민의 장터였다. **집넘개**는 사곡삼거리 다갈바위 서쪽에 있는 갯벌이다. **집앞들**은 팥골 마을앞 동쪽에 있는 들이다. **치끝산**은 모래실 북쪽 끝에 있는 산이다.

피솔재는 모래실 동쪽에서 신현읍 장평리 피솔마을로 넘어가는 고개다. **외아리매골**은 팥골 남쪽 서당골 동쪽, 떨걸덜너설 북쪽에 있는 골짜기다.

(3) 사등리

영조45년(1769) 방리 개편으로 사등방이었으며, 고종26년(1889) 사등과 성촌리로 분리되었다가, 1942년 5월 1일 성내, 언양, 대리, 금포의 4구로 된 후 1961년 10월 1일 행정리로 되었다. 백암산 밑에 있는 해안마을로, 모래성분의 토질이 많아 사등이라는 명칭이 생겼다. 자연마을로는 대리, 성내, 성외, 언양 등이 있으며, 성내마을은 사등성 안에 있어 붙여진 이름이다.

사등성은 성내에 있는 옛 석성이다. 성외마을은 사등성 밖으로 성내마을의 동쪽에 위치하여 붙여진 이름이다. 언양마을은 대리마을 서남쪽에 있다. 대리마을에는 재실인 경원재가 있는데, 경원재 남쪽에는 임진왜란 때 공을 세운 조연과 그의 아들인 도정 조응상을 모신 정충사[189]라는 사당이 있다.

---

187) 성파묵적비(星坡墨蹟碑)
188) 성파 하동주(星坡 河東州) : 경남 거제출신으로 진주에서 활동한 추사체 서예가. 1879년생

성내마을은 신라 신문왕 5년(685) 금녕도호부 관하 거제를 상주군[190]이라 하고 해상방어 축성계획에 따라 사등성을 쌓았으며 지방기념물 제9호로 지정되었다. 지금은 일부 복원한 후 보존되고 있다.

언양마을[191]은 사등리의 서남쪽 개금치[192] 밑 양지바른 곳으로 앞에는 큰 사등들이 펼쳐져 있다.

대리마을[193]은 사등성의 서쪽 망치산 자락에 있고, 건너몰이라 하였으며 성을 쌓은 후 군함정을 지어 수군을 훈련시켰다. 임진왜란 후 창녕 조씨가 들어와 경원제와 정충사[194]를 세워 마을을 크게 형성하였다.

금포마을[195]은 사등리의 북서쪽 성포리와 경계에 꽃밭등이 길게 뻗어 북서풍을 막아 주는 방파제 구실을 한다. 이를 석개라고도 하며 사등성 수군을 보호하였고, 뒤의 망치산(망산, 361.8 m)에 철광이 있어 **쇳개**라 부르기도 하여 금포라 표기하였다.

개금치[196]는 언양마을 건너 중통골에서 둔덕면 상둔리로 넘어가는 가파른 큰 고개로 깨금나무가 많이 자생하고 있어, 옛날 밤늦게 넘어가는 길손이 깨금을 따서 호주머니에 넣어 두었는데 밤늦게 돌아오는 길에서 도깨비를 만나자 깨금을 이빨로 깨무니 딱하는 소리에 도깨비가 도망갔다는 전설이 남겨진 고개다.

경원제는 임진왜란 후 창녕 조씨가 입주하여 재실을 짓고 문중의 아이들에게 학문을 가르치던 곳으로, 1948년 정충사를 건립하여 증 가선대부병조참판 조연을 모신다. **군함정**들은 대리마을 남쪽 팽나무의 포구나무가 있는 서쪽에 옛날 수군의 군함정이 있었다는 들이다. **굴텃재**는 언양 서쪽에서 지석리 장좌골로 넘어가는 낮은 고개로 일명 질매재라한다. **꽃밭등**은 금포마을(쇳개) 동쪽에 진달래가 많은 등마루로, 길게 튀어나와 쇳개의 방파제 역할을 하며 옛날 정치망의 어장이 있었다. **무지골**은 성내 동쪽에 기우제를 지내던 골짜기다. **별신대거리**들은 성내 서남쪽에 가을철 별신굿을 하던 들이다. **뿔당골**은 대리 동남쪽 중통골 북쪽에 불당이 있었다는 골짜기다.

사등성은 신라 신문왕 5년(685) 금녕도호부 관하 바다를 지키려는 축성계획으로 쌓은 성으로 지방기념물 제9호로 지정되었으며, 둘레 1,012 m 높이 7.3 m로 석성이다. 상주군 때 축성하였고 기대에는 **상주**라는 암각이 있다.

---

189) 정충사(靖忠祠)
190) 상주군(裳州郡) : 신문왕5년(685) 개칭, 경덕왕16년(757) 거제군(巨濟郡)으로 개칭
191) 언양(彦陽)
192) 개금치(開琴峙)
193) 대리(大里)
194) 경원제(景遠劑), 정충사(靖忠祠)
195) 금포(金浦)
196) 개금치(開琴峙)

사등저수지는 언양마을 동남쪽 중통골 위에 사등천을 막은 저수지로 1945년 준공하고 몽리[197]는 70㏊며 수리조합이 있었으나 거제농지개량조합에 통합되었다. **사호정**은 대리 동북쪽에 넓은 광이바다를 바라보는 곳에 사호정자가 있었다. **상선포**는 사호정 동쪽 갯가에 사등성으로 드나드는 선창이다. **서당골**은 성내 남쪽에 서당이 있었던 골짜기다. **선바위**는 대리 서쪽 재기바위 북쪽에 서 있는 바위다.

성밖마을(성외마을)은 사등성 동쪽 국도변에 형성된 성 밖의 마을이다. **소도터**[198]는 망치산 산정 대리 쪽에 삼한시대 독로국의 군왕이 천신제를 지내던 넓은 바위를 소도터라 불리었다. **애기장골**은 대리 북쪽에 아기의 돌무덤이 많이 있던 골짜기다. **앵구배미논**은 대리 북쪽에 흉년 때 어린 고양이 한 마리와 바꾸었다는 논이다. **어름밧등**은 언양에서 장좌골로 가는 질매재 동쪽으로 늦은 봄까지 얼음이 녹지 않는 망치산 음지의 등마루다. **오리밭들**은 성밖 동쪽 홈내거리 동쪽에 가을철 오리 떼가 날아오는 들이다. **임실개**는 대리 동쪽 임실골들 아래 바다 갯벌이다.

작은쇳개마을은 금포의 남쪽에 있는 작은 갯마을이다. **정충사**는 대리마을에 임진왜란 때 전공을 세우고 거제도에 입주한 증 병조참판 조연과 아들 증돈영도정 조응상을 모시는 사당으로, 1948년에 창건하였으며 경원제의 재실이다. **제기바위**[199]는 대리 서쪽에 제기 모양의 바위다. **하늘바위**는 성내 동쪽 하늘밧등에 하늘 높이 솟아 있는 바위다.

(4) 성포리

사등방에 속하였으며 1889년 사근리가 분리되었다가, 1895년 5월 26일 칙령 제98호로 내사와 사근리로 나누었다. 1942년 5월 1일 부락구제로 성포와 사근의 2구가 되어 1961년 10월 1일 행정리로 되었다. 1968년 항도마을이 신설되었다.

노루섬, 멍애섬 등의 섬이 있고 동남쪽으로 망치산(망산)이 있는 바닷가 마을이다. 포구가 있어 성포라는 명칭이 생겼다. 자연마을로는 목섬, 사근, 상사근, 선창, 하사근 등이 있다. 목섬은 지형이 장구의 목처럼 잘록하다 하여 붙은 이름이다. 상사근은 사근의 위쪽으로 붙은 이름이며, 선창은 선창이 있어 붙여진 이름이다. 하사근은 사근의 아래쪽이어서 붙은 이름이다.

성포마을은 내사리에 속하는 북쪽 갯가 선창의 포구였다. 부산과 마산, 통영으로의

197) 몽리(蒙利) : 보나 저수지 등의 수리 시설에서 물을 공급받는 토지의 크기
198) 소도(蘇塗)
199) 제기(祭器)

항로가 개발되어 항구마을로 형성되었으며, 사등성과 포구의 뜻으로 성포라 하였다. 1936년 사등면사무소를 지석리에서 옮겨왔다.

사근마을[200]은 고종26년(1889) 사근리라 하여 사등을 중심으로 사곡은 모래실의 모랫골이고, 사등은 모래같은 사양토질이며, 사근은 맑은 모래의 근원지라는 의미가 있다. 사근마을은 윗사근(상사근)과 바닷가의 아랫사근(하사근)을 합친 것이다. **항도마을**[201]은 성포의 동쪽에 있는 섬(현 건화공업 성포공장지대)은 민물 때는 섬이고, 썰물 때는 걸어 다니는 장구 모양의 목이 있어 **목섬**이라 하였으나, 이 목 부분을 매립한 후 거제도 본섬과 이었다. 이곳은 멸치 어막으로 사용되었으나 1968년부터 조선소가 들어왔다. 이 일대 마을이 항도마을이다.

멍애섬(가도)[202]는 성포항의 서북쪽 바다에 있는 섬으로, 멍에(멍애) 모양으로 일명 멍애섬이라 하며, 면적이 7,438㎡고 옛날 멸치 어장막이 있었다. 관광지로의 개발계획이 있다. **건들바위**는 아랫사근 동쪽에 건들거리는 바위다. **까막골**은 아랫사근 동쪽 탑거리 동쪽에 까막골 보가 있는 골짜기다.

노루섬(장도)는 멍애섬 서남쪽 성포 앞에 노루 모양의 섬으로 일명 장도[203]라 하며, 면적은 3,570㎡고 멸치 어장막이 있었다. 멍애섬과 연결하여 관광지로 개발하려는 계획이 있다. **망치산**[204]은 성포 동남쪽에 솟은 산(361.9 m)으로 **망티산** 또는 **망산**이라 하며, 북쪽 아래 높이 71.8 m에 삼각점이 있다. **범바위**는 아랫사근 동남쪽에 호랑이가 살았다는 굴이 있는 바위다. **사근포**는 아랫사근 앞 바닷가를 사근개라 하며 갯벌모래가 깨끗하다.

선창마을은 성포항의 북단에 멸치 어장막이 있었고, 수협 어판장이 있으며 어선의 선창이 있는 마을이다. **성포도선장**은 성포 북쪽 고개에 성포등대가 있고 그 아래 땅끝에 가조도와 연결하는 나루터가 있었다. 동력선(발동선)이 등장하며 성포항에 기항하게 되어 옛터가 되었다가, 지금은 다리가 놓여 이마저 기능이 줄었다. 통영 수도와 어의도를 가는 배들이 드나든다.

성포항은 거제도의 서쪽 부산, 마산, 통영, 여수 등으로 가는 항로에 위치한 항으로 하루에도 여러 척의 여객선과 쾌속선이 드나들어 서부 거제의 관문이었으나 현재는 폐지되었다. **소미기고개**는 아랫사근에서 웃사근을 지나 쇳개(금포)로 가는 고개로, 옛날

---

200) 사근(沙斤)
201) 항도(項島)
202) 가도(駕島)
203) 장도(獐島)
204) 망치산(望峙山) : 망산(거제 4개 망산 중 하나)

길손이 많은 고개였지만 지금은 국도가 통과하고 있다. **점골**은 사근 동남쪽에 쇠를 녹여 물건을 만들어 팔던 철물점이 있었다.

(5) 오량리[205]

영조 때 방리 개편으로 오양방이었다가, 1889년 오양과 신계리로 나뉘었고, 1915년 6월 1일 오양리로 법정되었으며, 1942년 5월 1일 부락구제로 오양과 신계의 2구가 된 후 1961년 10월 1일 행정리가 되었다.

오량마을은 오량마을은 연산6년(1500) 오량보와 역이 있었으며, 거제현과 고성현의 동서 40리 거리에 있는 중간 지점이다. 한려수도의 견내량 목에 위치하여 넓은 들과 고운 흙을 지닌 평지에 까마귀가 깃드는 오양방이었다. 제107대 통제사 조경의 선정비를 역리와 주민이 세우니 착하고 어진 통제사를 상징하여 오양리로 고쳤다. 오량마을에는 명등섬 등의 섬이 있고 수루산 자락에 있는 마을이다. 조선조 때 오양역이 있었으므로 오양역, 오양 또는 오량이라 한데서 오량이라는 명칭이 생겼다. 자연마을로는 동문, 절골, 뒷개, 북문 등이 있다. 동문은 오량성의 동문 근처에 있는 마을이다. 절골은 석불암이라는 절이 있어 붙은 이름이다. 북문은 오량성의 북문 근처에 있어 붙여진 이름이다.

신계마을[206]은 오량성의 서북쪽 오량천 건너에 남향으로 따뜻한 새마을이 형성되어 신계라 불린다. **결떡산(명등산)**은 오량성 동남쪽 절골 동쪽에 있는 산이다. **고개도**[207]는 신계의 뒷개(후포마을) 서쪽 바다에 있는 섬으로 면적 62,000 ㎡의 유인도로, 곁에는 무인도인 소고개도가 있다.

동문마을은 오량성 동문 밖의 들에 있는 마을이다. **소고개도(동섬)**는 고개도 동남쪽에 있는 작은(소) 고개도 또는 동섬이라 하며 면적 49,851 ㎡의 무인도다. **둔덕재**는 절골 남쪽에서 폐왕성 밑을 지나 둔덕면 거림리로 넘어가는 큰 재다. **땅곡고개**는 신계에서 등너머 뒷개(후포마을)로 가는 낮은 고갯길로 당집이 있었다.

뒷개(후포)마을은 신계마을 너머 북쪽 고개도 동쪽에 있는 갯마을 뒷개로 후포라고도 한다. **명등섬(등대섬)**은 고개도 북쪽 옆에 있는 작은 섬으로 면적은 4,264 ㎡다. 옛날에 불을 밝혀 한려수도를 안내하였으며 고개등대가 있다. **부엉이바위**는 절골 동남쪽에 부엉이가 사는 집이 있는 바위다.

---

205) 오양(烏良)
206) 신계(新溪)
207) 고개도(高介島)

북문마을은 오량성 북문 근처에 있는 마을이다. **석불암**은 절골마을 동쪽에 있는 암자로, 1950년 고려 때의 연화대 위에 석불여래좌상(높이 92 ㎝)을 발굴하여 지방유형문화재 제48호로 지정받고 이 암자로 옮겼다. 수루산(송곡산)은 오량성 북쪽에 있는 산이다.

오량성은 연산6년(1500) 오양보를 두고 권관이 다스리면서 축성하였으며, 둘레 1,122 m, 높이 7.4 m고 지방기념물 제109호다. **오량숲**은 오량성 서문의 성벽위에 한 줄로 큰 나무숲이 있어 북서풍을 막아주었지만 지금은 10여 그루만 남아 있다. **오량역**은 오량성에 오량역원을 두고 찰방이 관리하였으며, 거제현과 고성현의 각 40리 지점 중간으로 복마 5필에 역리 20명 있었던 곳으로 당시에는 거제의 유일한 역이었다. **오량저수지**는 절골 동북쪽에 1959년 준공한 저수지로 오량들에 물을 공급한다. **오성골고개**는 오량성 동북쪽에서 청곡리로 넘어가는 고개로 일명 **오성토고개**라 한다. **용왕바위**는 신계 서쪽 개울가 용 모양의 바위다. **잔맹산**은 오량성 동쪽에 있는 산이다.

절골마을은 성안 동남쪽 우두봉 아래 골짜기에 석불암과 절골샘, 절골들이 있고 이곳을 절골마을이라 한다. 지금은 신광사가 있다. **집등앞닥산**은 신계마을 뒤에 있는 낮은 산이다.

통제사 조경 선정비는 제107대 삼도수군통제사 조경이 영조15년(1739) 도임하여 제승당을 중수하고 이순신 유허비를 세웠으며, 충렬사의 장서를 마련하고 애휼선정[208]하였다. 이를 오량역리들과 거제부민인 세웠는데, 정조11년(1787) 5월에 도임한 제142대 통제사 조심태가 보고 아버지의 선정비임을 확인한 후 주민에게 부담시켰다는 것을 부끄러이 여겨 신계마을 아래 들판에 묻었다. 1976년 5월 31일 경지정리사업으로 발굴되어 보존 관리되고 있으며 선정비 위에 아들이 매치비[209]를 얹어 함께 두었다. **피왕성(폐왕성)재**는 절골에서 폐왕성 밑으로 둔덕면 거림리에 이르는 고개다. 의종이 경인난으로 피신하여 폐왕성 또는 피왕성이라고 부른다.

(6) 지석리

영조45년(1769) 방리개편에 따라 지석방이라 하였으며, 고종26년(1889) 지석, 장좌, 청곡, 서갈리[210]로 분리되었다가, 1895 지석, 장좌, 부평리로 되었으며, 1915년 6월 1일 지석과 장좌를 지석리로, 부평을 청곡리로 통합 개칭하여 법정하였다. 1942년 5월 1일 부락구제를 통해 지석과 장좌의 2구로 된 후, 1961년 10월 1일 행정리가 되었다.

---

208) 애휼선정(愛恤善政)
209) 매치비(埋置碑)
210) 지석(支石), 장좌(將佐), 청곡(靑谷), 서갈리(西乫里)

지석리는 산과 골짜기가 많은 해안마을로, 고인돌을 **고은돌** 또는 **지석**이라 하여 명칭이 생겼다. 자연마을로는 개간지, 장자, 지석 마을 등이 있다. 장자마을은 지석마을 동남쪽에 있고 장자가 살았다 하여 붙여진 이름이다. 장좌, 장자골, 장자동이라고도 부른다. 지석마을에는 사등면 사무소로 사용하다가 김해김씨 문중의 사당이 된 금호사[211]가 있다.

지석마을은 선사시대 고인돌이 지석방의 서남쪽에 세 개가 있었기 때문에 지석이라 하였으며, 1913년 처음으로 사등면사무소를 사등리에 두었다가 1919년 지석마을로 옮긴 후 다시 1936년 성포리로 옮겼다.

장좌마을은 지석마을 남동쪽 골짜기에 윗장자골과 아랫장자골 등 두 마을이 가파르고 좁은 골 깊숙이 있다. 옛날 장자라는 사람이 은거하여 살았다는 전설이 있으며, 임진왜란 때 장군이었던 수성빈씨[212]가 입주하여 살았던 마을이라 장자라 하였다고도 한다. 둔덕면 거림리 막하터 뒷산 빈정승묘라는 큰 묘가 있어 이를 뒷받침한다.

개간지마을은 장자골에서 언양으로 넘어가는 고개로 큰 길이 나 있다. 이 일대의 산지를 개간하여 산골마을이 형성되어 개간지마을이라 하였다. **굴텃재**는 장자골에서 남동쪽 개간지마을로 가는 고개로 굴속처럼 좁고 깊숙한 골짜기다. **금호사**는 1913년 지석마을에 사등면사무소를 두었던 청사로 1936년 성포리로 옮겼고, 1940년 김해김씨의 사당으로 개수하였으며, 1942년 증 자헌대부 병조판서 김극조를 모시고 있다. **나락섬바위**는 지석 남쪽에 볏섬 모양의 바위다. **도둑골재**는 지석마을 남쪽에서 오량 골짜기의 중허리를 지나 둔덕면 시목리로 넘어가는 길고 높은 험한 고개로, 옛날 지나가는 장꾼을 상대로 산적이 나타났다는 고개다. **동메산**은 지석마을 서쪽들 가운데에 작은 산이다.

망치산은 장자골 동북쪽 성포리와 경계가 되는 높은 산으로 밑에 삼각점이 있으며, 임진왜란 때 망을 보았다고 하여 **망산**(361.9 m)이라고도 한다. **벼락바위**는 장자골 동쪽에 벼락을 맞았다는 바위다. **부엉이바위**는 도적골재 남쪽에 부엉이가 살던 바위다. **뻘개**는 지석앞 바닷가에 펄이 많은 개다. **송골**은 지석 남쪽 도적골재 밑에 소나무가 울창한 골짜기다. **찰떡배미논**은 장자골에 흉년들 때 찰떡을 얻어먹고 이 논을 주었다는 들녘의 논이다. **큰골**은 장자골 남동쪽에서 언양으로 가는 깊고 큰 골짜기다. **탱주바위**는 지석 북쪽 탱주뱅이 산에 탱자 모양의 바위다.

---

211) 금호사(錦湖祠)
212) 수성빈씨(壽城賓氏)

(7) 창호리

가조도방이라 하였다가 1889년 가조리로 바뀌고, 1895년 가조도리가 되었다. 1900년 5월 16일 칙령 제19호 진남군 설치로 둔덕면에서 한산면 분리와 함께 동면 가조도리로 편입되었다. 다시 1909년 3월 13일 칙령 제28호로 용남군이라 개칭하고 가조면으로 신설되었다. 1915년 6월 1일 도령 제20호 법정동리령으로 창호리로 법정되어 1929년 4월 1일 부령 제20호로 거제군 사등면에 환원되었으며, 1942년 5월 1일 부락구제로 창외, 신전, 창촌, 실전, 유교[213] 5구를 두었다. 1961년 10월 1일 거제군 조례 제4호에 따라 행정리가 되었으며, 그 후 군령포, 계도, 신교[214]가 분리되어 10개 행정리로 늘어났다. 1987년 10월 20일 거제군 조례 제986호로 사등면 가조출장소를 설치하였다.

성포마을 북쪽 가조도에 있는 큰 섬마을로, 높이 330 m의 옥녀봉이 북쪽에 있으며 많은 어장이 있다. 자연마을로는 계도, 놋다리, 논골, 새말, 창동, 신호동 등이 있다. 계도는 위쪽 바다에 닭섬이 있어 붙은 이름이다. 논골은 논이 많이 있어 붙은 이름이다. 새말은 새로이 형성된 마을이라 하여 붙여진 이름이다. 창동은 가조도 목장이 있을 때 나라의 창고가 있었다 하여 붙은 이름이다. 창동과 신호동의 이름에서 창호라는 명칭이 생겼다.

창외마을은 가조도의 남단으로 성포항과 마주 보는 나루터를 진두라 하였으며, 섬의 중심에서 보면 바깥이라 창외라 하였다.

신전마을은 가조도의 서남쪽에 위치한 초원이 풍부한 곳으로, **섶밭**이라 하였다가 신전으로 바뀌었다. **가장올어장**은 신전 서북쪽 새말 북쪽에 있는 어장이다. **가조도 목장**은 옥녀봉 일대에 사복사의 군마를 길렀던 목장으로 감목관이 관리하였다. **거무지리산**은 군령포 동쪽 거무지리골 동쪽에 있는 산이다. **구시여**는 신전 서북쪽 가장올어장 동쪽 살창개 서쪽 바다의 여다.

창촌마을은 가조도의 서쪽에 위치하며, 옛날 가조도 목장이 있을 때 창고가 있던 곳으로 창촌이라 하였다. **만금여**는 창촌 북서쪽 물래올 북서쪽 바다에 해조류가 많아 만금을 벌었다는 만금초[215] 바위섬이다.

실전마을은 가조도의 중앙으로 옥녀봉 남쪽에 위치하며 원래는 실밭개라 하였고, 광이바다의 어업기지였으며 **가조출장소**가 있는 마을이다. **마답고개**는 실전 북서쪽에서 닭섬으로 가는 고개로 그 아래엔 가조도 목장을 관리하는 감목관의 마위답[216]이

213) 창외(倉外), 신전(薪田), 창촌(倉村), 실전(實田), 유교(鍮橋)
214) 군령포(軍令浦), 계도(鷄島), 신교(新橋)
215) 만금초(萬金礁)
216) 마위답(馬位畓)

있었다. **석말여**는 실전 서남쪽에 작은 돌끝여다. **송치대목산**은 신전 북쪽에 송아지 모양의 산이다.

유교마을은 가조도의 북동단에 위치하며 대구 풍어로 어린이도 엽전을 지니고 다닐 만큼 부유한 마을이었다. 옛날 아랫마을과의 사이에 쇠다리를 놓았다 하여 놋다리라 전래되다가 유교라 하였다.

신교마을은 놋다리 북쪽 아래 놋다리마을을 분리하면서 신교라 하였다.

군령포마을은 가조도 남동쪽에 위치하며 한려수도의 깊숙한 포구로 임진왜란 때 우리 수군이 머물면서 군령을 받았다는 갯마을이다.

계도마을은 가조도 서북쪽에 닭모양의 닭섬(계도 15,237㎡)이 있어 닭섬개 또는 닭섬몰이라 하였다가 계도마을이라고 한다. 최근엔 해상콘도 등을 설치하며 많은 발전을 보이고 있다. 계도마을은 사람이 살던 계도(닭섬)를 일컬었지만 지금은 무인도가 되었고 맞은편 가조도 쪽으로 이동하여 마을을 형성하였다.

취도[217]는 아래 놋다리 북동쪽 광이바다에 있는 외딴섬으로 독수리섬이라고도 하며, 면적 1,884 ㎡의 바위섬이다. 1905년 2월 22일 일본군이 송진포에 진입하여 러시아의 발틱함대와 대한해협에서 러일전쟁을 준비한 곳으로 함포의 연습하는 목표섬이 되어 훼손이 컸다.

군령치끝마을은 군령포 남쪽 끝에 있는 갯마을이다. **나래고개**는 창외 진두 동북쪽에서 논골로 넘어가는 고갯길이다. **침암을끝산**은 군령포 북쪽에 층암으로 되어있는 산이다.

나루곶이마을은 창외의 진두에 나루터가 있으니 나루곶 또는 진두라 한다.

논골마을은 진두고개 너머 북쪽에 가조도에서 논이 많은 갯가마을이며, 논골 위에 창호초등학교 신호분교(1998년 폐교)가 있었다. **논다리끝산**은 아래 놋다리 북쪽 끝에 대구가 많이 잡혔던 어장막 끝산이다.

배올마을은 창촌 및 살창개 북쪽에 배올어장이 있는 갯마을이다. **백석산**[218]은 신전 북쪽 송지대목 남쪽에 흰 돌이 있는 산으로 높이 208.6 m에 지적측량의 삼각점이 있다. **살창개**는 창촌 밑 가장올어장 동쪽에 시창포[219]라는 갯벌로, 옛날 화살을 보관하던 창고가 있었다.

새말마을은 신전 서북쪽 끝에 새로운 갯마을이다. **수톨기미산**은 진두 서쪽에 숫돌이 생산되던 산이다.

---

217) 취도(鷲島)
218) 백석산(白石山) : 208.6m
219) 시창포(矢倉浦)

(8) 청곡리

1769년 지석방에 속하였는데, 1889년 청곡리와 서갈리를 두었다가 1895년 서갈리를 부평리로 개칭하였으며, 1915년 6월 1일 청곡리로 통합하였다. 다시 1942년 5월 1일 부락구제였다가, 1961년 10월 1일 행정리로 되었고, 부평을 청포마을로 분리 개칭하였다.

청곡리는 전체적으로 청초산, 부평산 등의 산자락에 있는 해안마을이다. 청초산 밑이 되므로 청곡이라는 명칭이 생겼다. 자연마을로는 고은돌, 구석골, 들막 등이 있다. 고은돌은 청곡 북쪽에 있는 마을이라 하여 북리라고도 부르며 고인돌이 있어 붙여진 이름이다. 구석골은 청곡 남쪽 구석에 있는 마을이라 하여 붙은 이름이며 남리라고도 부른다. 들막은 청곡 서쪽에 있어 서리라고도 부른다.

청곡마을220)은 고인돌이 있는 지석방에 속하고 있었으나 분리되면서 청초산 아래 구석촌 골짜기로 청곡이라 하였다. **계설이산**은 청곡서쪽 서리뒷산에 게굴이 있다는 산이다. **청곡고인돌**은 청곡 동쪽 구석촌 어귀에 고인돌 세 개가 있는데 지금은 두 개만 남아 있다. **구석골**은 청곡 동쪽 고인돌이 있는 골짜기를 구석촌이라 한다. **당산**은 청곡 서리들막 서남쪽에 당산제를 지내던 산이다. **비행기바위**는 청곡 동쪽 국도변에 있는 고인돌이 비행기의 날개 모양이다. **사천산**221)은 청곡 남리 들막 동남쪽에 있는 산으로 일명 **사래산**이라 한다. **구조산**은 청곡서리 서북쪽에 있는 산이다. **청초산(삼부당산)**은 청곡 남쪽에 숲이 울창한 산이 있고 북서쪽에 청곡마을이 있으며 서남쪽에 청포마을이 있다.

청포마을은 서갈곶이 또는 부평이라 하였으며, 청초산과 부평산의 서쪽으로 부평산 아래 갯가마을이라 청포라 부른다.

갈곶이마을은 청포의 서쪽 땅끝이 튀어나온 곳이라 **서갈곶**이라 하였고, 거제도의 해금강을 **동갈곶**이라는 동서의 상대적인 지명이다. **갈곶이재**는 갈곶이에서 지석리로 넘어가는 고갯길로 지금은 국도 14호선이 통과하고 있다. **고두산**222)은 청곡 남쪽 구석촌 서쪽에 코 모양의 산으로 높이 68 m에 삼각점이 있다. **고등끝산**은 청곡 북서쪽 등마루 끝에 있는 산이다. **도둑고개**는 청곡 구석촌에서 오랑리(오량리)의 도적골을 지나 둔덕면 시목리로 넘어가는 고개다.

부평마을223)은 서갈곶의 마을을 부리마을 또는 부평마을이라 부른다. **부평산**은 서갈곶이 남쪽에 오량리와 경계에 있는 산이다.

---

220) 청곡(靑谷)
221) 사천산(泗川山)
222) 고두산(高頭山)
223) 부평(富坪)

4-1-4 일운면

일운면에는 모두 6개의 리가 있다. 거제도 남부에 위치하며, 서쪽은 동부면, 동쪽과 남쪽은 남해에 접한다.

구릉성 산지인 옥녀봉(555 m)과 망산(305 m) 등의 산세가 완만하게 남해에 잠겼으며 크고 작은 곶과 포구가 많다. 구조라해수욕장을 비롯한 백사장과 기암으로 이루어져 있는 서이말등대 일대는 풍경이 아름다워 관광객이 많이 찾는다. 수산업을 주로 하며 가자미, 도미 등의 연안어업과 굴, 미역 등의 양식이 활발하다.

문화재로는 지세포성(경남기념물 제203호), 구조라성(경남기념물 제204호), 거제 소동리 선사유적 등이 있다.

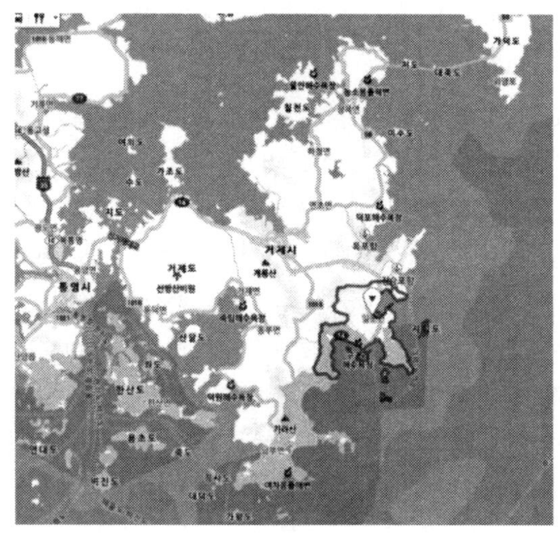

(1) 구조라리

1769년 방리개편으로 항리방이었는데 1889년 조라도리와 항도리[224]로 분할 개칭하였다. 1961년 10월 1일 거제군 조례 제4호로로 행정리가 되었으며, 1975년 삼정과 수정[225]마을로 나뉘었다.

전체 모습이 자라의 목처럼 생겼다 하여 조라목, 조랏개, 조라포, 목섬, 목리 또는 항리라 하였으며, 1470년 거제칠진의 조라진[226]을 두어 만호병정을 하였는데, 임진왜

224) 항도리(項島里)
225) 삼정(三亭)과 수정(水晶)
226) 조라진(助羅鎭)

란 후 선조37년(1604) 옥포진 옆 조라(옥포 조라)에 옮겼다가, 효종2년(1651) 다시 돌아와 구조라진이라 한다. 동쪽 수정봉의 땅끝과 와현리의 공곶이가 마주 보는 곳에 구조라항이 위치한다. 구조라항은 호수와 같은 모습으로 관광과 어업의 중심지다. 뒤편에 북병산이 있고 서쪽에는 대부산이 있다. 자연마을로는 삼정, 수정, 깟밭징이골, 서당골, 새모실 등이 있다. 삼정은 옛날에 세 그루의 정자나무가 있어 길손이 쉬어가던 곳이라 하여 붙여진 이름이다. 삼정 서쪽에 해금강을 바라보는 넓고 얕은 백사장이 있는 해수욕장이 있고 난류해역이며 거제도의 가장 긴 모래 해수욕장이다.

수정마을[227]은 구조라의 남쪽 수정봉에는 수정석이 있었다 하여 불리었으며 **구조라진성**을 쌓아 **수정산성**이라 하였다. 1975년 분동 때 수정마을이라 하였다. **삼정마을**[228]은 구조라의 목인 국도변에 위치하며, 옛날에 세 그루의 정자나무가 있어 길손이 쉬어가는 삼정이 있었던 곳이라 삼정마을이라 하였다. **감자바위**는 수정봉 약물바위 옆에 감자 모양의 바위다.

구조라 해수욕장은 삼정마을 서쪽에 길이 1,000 m의 넓고 얕은 백사장 해수욕장으로 이곳은 난류해역이라 수온이 따뜻하여 6·25전쟁 때 거제도포로수용소에 주둔한 미군이 개발했다. 해금강을 바라보는 거제도에서 가장 길고 넓은 모래 해수욕장이다.

구조라항은 구조라의 동쪽 수정봉의 땅끝과 와현리의 공곶이가 마주 보이는 천혜의 항만으로, 앞바다는 내도가 막아 호수 같은 항구로 관광과 어업의 전진기지가 되고 있다. **깟밭징이골**은 삼정 서쪽 새막골 서쪽에 갓을 만드는 사람이 살았다. **대부산**[229]은 삼정 서쪽 산림에 일제강점기에 해송을 식재하기 위하여 민간인에게 대부하여 조림을 장려하였던 산이다. **뒷개**는 삼정 조라목 위에 해수욕장이 있는 개다. **마당바위**는 수정봉에 마당 모양의 넓고 편편한 바위다. **북바위**는 구조라 동쪽 야망마을 끝의 북 모양 바위다. **서답바위**는 구조라 동북쪽 계곡의 빨래를 하던 바위다. **서당골마을**은 구조라 동쪽 서당이 있었던 마을이다. **새막골**은 구조라 서쪽 소를 방목하던 골짜기다.

새모실마을은 구조라 북쪽에 새로 생긴 마을이다. **성뒤산**은 수정봉 남쪽 끝의 높이 148.8 m의 산에 삼각점이 있다.

수정봉성은 구조라 진성으로 쌓은 산성으로 둘레 360 m, 높이 3 m의 망을 보던 성이며 일명 **구조라성**이라고 한다.

---

227) 수정(水晶)
228) 삼정(三亭)
229) 대부산(貸付山)

아리랑고개는 구조라에서 와현으로 가로지르는 고갯길로, 내도와 외도가 바라보이는 고개다. **앞개**는 구조라의 동쪽 선창이 있는 앞 바닷가다. **애고지골**은 구조라 북서쪽 골짜기로 기와를 구웠다는 이야기가 전해진다. **애롬바위**는 수정봉 댄바위 동남쪽에 울퉁불퉁하여 오르기가 어려웠다는 곳에 있는 바위다. **야망끝산**은 구조라 남동쪽 산에서 왜적의 침입을 살피던 산이다. **약귀바위**는 수정봉 구영바위 서쪽에 있는 바위다. **약물바위**는 약귀바위 동남쪽에 약수가 나오는 바위다. **작은홈골**은 구조라 북쪽 홈통을 걸친 계곡의 골짜기다.

조라포진[230]은 성종원년(1470) 거제칠진의 하나로 조라포진을 설치하고 수군만호를 두었다가 임란 후 선조37년(1604) 옥포진 옆 조라로 옮겼다. 다시 효종2년(1651) 돌아와 구조라진이라 하였다. **처리바위**는 수정봉 애롬바위 서쪽에 있는 바위다.

(2) 망치리

1769년 망치방과 양화정방의 2방이었다가, 1889년 망치와 양화리로 하였으며 1915년 망치리로 통합되었고, 1982년 망양마을이 분리되어 3개의 행정리로 되었다. 거제도의 동남해안에 있는 마을로 윤돌도가 해안 가까이에 있다. 망티고개 밑이 되므로 망티라 한데서 망치라는 명칭이 생겼다. 자연마을로는 뿔당골, 신촌, 양지, 양화마을 등이 있다. **뿔당골**은 불당이 있었다 하여 붙은 이름이다.

신촌마을은 뿔당골 남쪽에 새로 생긴 마을이라 붙여진 이름이다. **양지마을**은 양지에 있는 마을이라 하여 붙은 이름이다. **양화**는 버드나무 정자가 있었다 하여 양화징이, 양화정이라고도 부른다. 망치 동남쪽에 있는 윤돌도에 윤도령이 살았었다 하여 붙은 이름이다.

망치마을[231]은 **망골** 또는 망티라 하였는데, 이는 현종5년(1664) 거제현을 고현에서 명진현의 서쪽 3리에 옮긴 후, 현령은 고자산재가 너무 가팔라서 숙종14년(1688) 계룡산 중허리에 큰길을 내는 어려운 공사를 단행하였다. 이에 파직되어 이곳으로 와 뒷산 고개에서 넓은 바다를 바라보며 마음을 달랬다는 현령 김대기를 상징하여 망치마을이라 하였다.

양화마을은 망치의 남쪽 바닷가에 수양버들 밑 정자가 있어 **양화정** 또는 **양화징**이라 하였으며, 해마다 별신굿을 하던 아름다운 곳이라 양화라고 불렀다. **망양마을**[232]

---

230) 조라포진(助羅浦鎭)
231) 망치(望峙)
232) 망양(望洋)

은 **양지몰** 또는 **신촌, 새모실**이라 하였는데, 망치의 동편 높은 곳으로 멀리 태평양의 큰 바다를 바라보아 망양이라 하였다. **가망여**는 양화 앞바다에 검은색의 암초다. **개여**는 가망여 북쪽에 있는 바위섬이다. **구대청골**은 윤돌도 건너 동쪽에 있는 골짜기로 지세포 위쪽이다. **꼬부랑바위**는 양지몰 뒤쪽 새밋골 위쪽에 구부러진 바위다. **달뜬바위**는 망치 남쪽 해바위 맞은편에 있는 바위다. **대덕사**는 숙종14년(1688) 거제현령 김대기가 계룡산 중허리에 김현령재라는 큰 길을 내었다가 안렴사[233]에 의하여 주민에게 과도한 역사를 시켰다는 이유로 파직당하여 망치마을에 살며, 의성김씨의 입거제 선조를 모시는 양지마을에 창건한 사당이다.

두루박고개는 양화 서남쪽에서 동부면 수산마을로 넘어가는 고개다. **망치재**는 망치 서북쪽에서 동부면 구천리로 넘어가는 높고 가파른 고개로 임진왜란 때 망을 보던 곳이며, 계룡산에 김현령고개를 만들어 파직된 현령이 재에 올라 큰 바다를 바라보던 고개라 전한다. **매바위**는 양화 서쪽 평지골 북쪽 매 모양의 바위다.

뿔당골마을은 윤돌도 동북쪽 본섬의 길가에 불당이 있었던 마을이다. **삼거릿재**는 망치 북쪽에서 상문동 삼거리로 넘어가는 가파른 고개다. **새여**는 윤돌도 서쪽에 있는 작은 여다.

윤돌도는 망치 동남쪽 육지와 300 m 거리에 있는 섬으로, 면적은 11,027 ㎡다. 옛날 윤도령이 홀어머니와 살았는데 썰물 때 어머니가 달밤에 본섬으로 나가 홀아비를 만나 놀다가 새벽에 돌아왔다. 밀물 때는 섬의 목이 깊어서 어머니가 물에 빠지며 고생하는 것을 보다 못해 돌다리를 놓았다는 이야기가 전해온다. **윤도령섬** 또는 **효자섬**이라고도 한다. **해바위**는 망치 남쪽 골짜기에 달뜬바위와 마주 보는 바위다.

(3) 소동리[234]

지세포방에 속하다가 1889년 소동리로 분리되었으며, 1961년 10월 1일 군조례 제4호로 소동과 신촌의 2개 행정리로 되었다.

거제도의 동남해안에 있는 마을로 옥녀봉 앞쪽에 있는 마을이다. 작은 골짜기에 있는 마을이라 하여 소골 또는 소곡이라 한데서 소동이라는 명칭이 생겼다. 자연마을로는 골안, 웃골, 아랫골 등이 있다. **골안**은 소동 서남쪽에 있는 마을로 골짜기 안이 된다고 하여 골 또는 고래라고도 부른다. **웃골**은 소동 서북쪽 위에 있는 마을이라 붙여진 이름이다. **아랫골**은 소동 동남쪽 아래에 있는 마을이라 붙여진 이름이다.

---

233) 안렴사(按廉使) : 지방관직으로 안찰사의 개칭
234) 소동(小洞)

소동마을은 옥녀봉의 남서쪽 아래 양지바른 곳에 위치하며, 초지를 **소골, 우동** 또는 **소동몰**이라 하였으며, 지석묘 3기가 있는 유서 깊은 마을이다. **양정고개**는 소동 서북쪽에서 수양동 양정리로 넘어가는 재다. **웃골마을**은 소동 서북쪽 양정고개 밑에 있는 마을이다. **제비논골**은 소동 남쪽에 제비가 날아가는 모양의 골짜기다. **탕건바위**는 소동 뒤쪽에 탕건 모양의 바위다. **피나무골**은 소동 서쪽에 낙엽과 활엽수인 피나무가 많이 자생하며, 팔만대장경판 원목으로 사용되었다는 주장이 있다.

신촌마을은 소동 남쪽 바닷가에 수산업이 발달하며 새로운 마을이 형성되었으며, 소동과 분동한 후 신촌이라 하였다.

골안마을은 소동 서남쪽 골짜기 안에 있는 마을이다. **광바위**는 옥림리 상촌에서 소동의 어귀에 있는 크고 넓은 바위다. **망바위**는 소동 동쪽에 있는 망을 보던 바위다. **명덕바위**는 소동 뒤 옥녀봉 능선에 있는 바위다.

반송재(반송이재)는 소동 서쪽에서 상문동 삼거리로 넘어가는 큰 고개다. **반송이재굴**은 반송이재 아래에 소나무가 울창한 숲속에 임진왜란 당시 반씨와 송씨가 동굴에서 피난을 하였다고 전해오는 굴이다. **범바위**는 소동 동북쪽에 호랑이가 숨어 살았다는 바위다. **소동천**은 반송재 계곡에서 흐르는 상류에 일운치수댐이 있어, 1960년대까지 장승포읍의 용수원이 되어 주었다. 지세포만에 이르기까지 길이 4㎞의 준용하천이다.

아랫골마을은 소동 동남쪽 바닷가에 있는 갯마을이다.

(4) 옥림리

이곳은 **주림포방**(배가 많은 곳)이라 하여 **배숲개**라고 불리었다. 1895년 칙령 제98호로 옥림리라 개칭하였으며, 이는 옥녀봉 밑 송림이 울창하다는 의미다. 1942년 상촌과 하촌 2구로 나눈 후, 1961년 10월 1일 군조례 제4호로 행정리가 되었다.

이들은 옥녀봉 아래가 되며 장승포만에 인접한 해안마을이다. 자연마을로는 가실밭꿈, 지심도(동백섬), 윗마을, 아랫마을 등이 있다. 동백섬은 동백이 많아 붙은 이름으로 지금은 지심도로 불린다. 윗마을(옥상)은 선창 위쪽에 있는 마을이라 붙여진 이름이고, 아랫마을(옥하)은 옥림 아래쪽에 있는 마을이라 붙여진 이름이다.

상촌마을은 배숲개의 서편 옥녀봉 아래의 윗마을이다. **탱개바위**는 상촌 서남쪽 산에 탕건 모양의 바위다.

하촌마을은 배숲개의 동남편 선창이 있던 옛날, 돛단 어선들이 숲을 이루었던 갯마을로 상촌마을 아래라서 하촌마을로 불린다. **가실밭굼(가실바꾸미)**은 옥림아파트 위 기미산(구미산)의 하촌 동쪽 재 너머 남쪽 땅끝에 있는 작은 지역이다. **광바위**는 상촌 서남쪽 바닷가 골짜기의 큰 바위다. **범바위**는 하촌 동쪽 재 너머 총바위 북쪽에 있는 범 모양의 바위다. **삼밭재**는 옥림 동쪽에서 장승포동 마전으로 넘어가는 고개다. **생이바위**는 상촌 남쪽 홈택골에 상여 모양의 바위다.

지심도(동백섬)는 지세포 앞 큰 바다에 있는 면적 354,720 ㎡의 섬으로, 초등학교 분교가 있었고, 가요 동백아가씨, 섬마을선생 노래(이미자)의 대상이라는 얘기가 전해지지만 근거가 부족하다.

서간도마을은 상촌 남쪽 바닷가에 북풍이 억세어 만주의 서간도 같다는 갯마을이다.

선창마을은 하촌 남동쪽에 선창이 있는 갯마을이다. **총바위**는 하촌 동쪽 산너머 가실밭굼에 총모양의 바위로, 거제지역의 보도연맹사건 당시 많은 이들이 죽임을 당했던 곳이다.

(5) 와현리

1769년 방리개편으로 왜구미방이었다가, 거제도의 동남단 쥐부리 끝(서이말) 자락에 위치하여 풍랑 때마다 왜의 어선들이 대피하던 곳이었다. 1889년 왜구, 미조, 와현[235]의 삼리로 나뉜 후, 1895년 미조리는 지세포리에 편입되고, 1915년 와현리로 통합하여 법정리가 되었다. 1942년 와현과 왜구를 개칭한 예구로 된 후, 1961 행정리가 되었다.

동남쪽으로 산이 있고 안섬(내도) 등의 섬이 있으며 와현해수욕장이 있는 마을이다. 와현은 산고개가 길게 누워있으므로 누우래, 누뢰, 눌일, 눌일티 등으로 부른데서 와현이라는 명칭이 생겨났다. 자연마을로는 냇건니, 복등골, 새땀, **예구** 등이 있다. 냇건니는 와현 서쪽 내 건너에 있는 마을이라 하여 붙여진 이름이다. 복등골은 냇건니 서쪽에 있는 마을로 지형이 복어의 등처럼 생겼다 하여 붙은 이름이다. 새땀은 안섬 동쪽에 새로 된 마을이라 하여 불리었으며, **예구**는 임진왜란 때 왜군들이 주둔하였다 하여 붙은 이름으로 **왜구**, **왜구미** 등으로도 부른다. 1889년 한일통어장정으로 일본어선 예인망이 들어와 예구라 하였다.

와현마을은 누우래, 누우뢰, 눌일, 눌일티 또는 와현이라 하였는데, 이는 지세포 고

235) 왜구(倭仇), 미조(彌助), 와현(臥峴)

개가 낮아 올라와서 보니 남에는 구조라만이고 북에는 지세포만에서 드나드는 고깃배를 누워 보다가 잠이 들어 누우래라 하였고 이를 한자어로 표기하며 와현리로 하였다. 이를 두고 서불(서복)이 누워 잤다는 설을 제기하고 있으나 아무런 근거가 없다. 풍수지리설에 의하면 일운면은 남북으로 거제도를 동삼면, 서사면으로 갈랐고, 동남끝의 와현과 북서끝의 와치로 양쪽이 누워있는 형상이다.

공곶이는 와현 동남쪽의 **망산**에 이르는 2㎞의 반도가 길게 뻗어 서이말을 형성한다. 이 중간쯤 서쪽의 지맥 끝 마을이다. 부부가 이곳을 개간하여 지금은 관광지로 유명하다. **내도**는 와현 남쪽 공곶이 앞에 있는 섬으로 일명 **안섬**이라 한다. 면적 258,476㎡의 비교적 큰 섬이며, 초등학교 분교장이 있었던 아름다운 섬으로 선사시대 인류유적인 패총이 남아 있다. **동도**는 외도에 붙어 있는 동쪽섬으로 면적 22,017㎡ 정도다. **돼지강정산**은 서이말등대 위에 있는 산으로 높이 228.4m에 지적의 삼각점이 있으며, 굴 같은 깊은 개골에 멧돼지가 빠져 죽었다고 한다. **두강여**는 외도 동쪽에 있는 두 개의 여다. **망산**은 예구 동쪽에 있는 산(304.9 m)으로 임진왜란 때 망을 보았다. **무지개재**는 예구에서 와현으로 넘어가는 고개에 무지개가 자주 섰다 하여 부르는 고개다. **물앞바위**는 예구 서남쪽 물앞골에 폭포수가 떨어지는 바위다.

미조라고개는 예구에서 지세포리 미조라로 넘어가는 고개다. **민장재**는 와현에서 미조라로 넘어가는 고개로 옛날에는 나무가 없어 민둥산이었다.

외도는 밭이 많아 **밭섬**이라 하였으며, 내도에서 남으로 떨어져 있어 밖에 있는 섬이라 외도라고 한다. 면적 150,932㎡의 섬으로 동도가 붙어 있다. 이곳은 열대식물 농원을 조성하여 자생식물 620여종을 재배하다가 지금은 700여종 이상으로 늘어나 남국을 방불케 한다. 거제의 대표적인 관광지다.

서이말등대는 누우래재에서 동남으로 2㎞ 반도가 있고, 이 땅끝이 쥐의 주둥이 모양으로 생겨 쥐부리끝 또는 서이말이라 하며 1944년 1월에 등대를 설치하였다. 안개가 짙은 날엔 음파를 10마일 정도까지 발성시켜 대한해협의 항로를 알려주는 남동해 최대 규모의 등대다.

(6) 지세포리

지세포방이었다가 1889년 대동, 회진, 교항, 선창리[236]의 4리로 분리되었다. 1942년 부락구제로 선창, 교항, 회진, 대신, 대동, 공령의 6구가 되었고, 1961년 거제군 조례 제4호로 행정리가 되었다.

---

236) 대동(大洞), 회진(會珍), 교항(橋項), 선창리(船艙里)

거제시의 동남해안에 있는 장승포만에 인접한 해안마을이다. 포구가 있다 하여 지세포 또는 지싯개라 한데서 명칭이 생겼다. 자연마을로는 공여, 대동, 대신, 미조라, 선창 등이 있다. **공여**는 마을 앞에 큰 여로 조선시대 뱃사공들이 제사를 지냈다고 붙여진 이름이다. **대동**은 예전에는 큰 마을이어서 붙은 이름이며, **대신**은 새로운 마을이라 붙여진 이름이다. **선창**은 선창이 있어 붙은 이름으로. 왜적의 침입을 막았던 지세포영터와 지세포진의 지세포진 성터가 있다.

선창마을은 지세포만의 남동쪽에 위치하며 성종원년(1470) 지세포진을 두며 성을 쌓았고 군선을 정박시켰다. 진공과 세곡을 실은 화물선의 선창 기능을 하였다. **지세포성**은 지세포만의 남쪽 산위에 있는 지세포 진성으로 둘레 1,096 m, 높이 3 m의 산성이다. **지세포진**은 성종원년(1470) 거제칠진의 하나로 진을 두고 만호가 집정하였으며, 임진왜란에 만호 한백록이 옥포진에 합동하였다가 효종2년(1651) 다시 복구되었다.

교항마을은 마을 어귀에 다리를 놓아 다리목이라 하였으며, 1930년 지방도 개설 때 교량을 새로 놓았다. **지선암**[237)]은 지세포 남서쪽 누우래재 인근에 있는 암자다.

회진마을[238)]은 바닷가 모래밭이라 사름, 새롬이 또는 사림이라 하였는데, 구슬 같은 모래가 파도에 모여서 백사장을 형성하였고, 방풍림으로 심은 소나무는 모래밭을 시원하게 하여 회진이라 하였다.

대신마을[239)]은 고종26년(1889) 한일통어장정으로 일본어민이 입주하여 1918년 현재 지세포리에 69호, 544명 살았으며, 어업의 전진기지가 되었다. 1928년 일운면사무소를 고현에서 옮겨와 마을이 번창하였다. **관청골**은 대신마을에 지세포진의 관청이 있었던 골짜기다.

대동마을은 큰골 또는 큰몰이라 하였으며, 지세포진의 대청이 있어 대동마을이라 하였다. **고래실골**은 대동 초빙골 동쪽에 있는 깊은 골짜기다. **구대청터**는 대동 서쪽에 지세포진의 관청 훈련이나 회의를 하던 대청[240)]이 있었으며, 거제도 산에서 벌목을 하여 진상할 때 이를 관리하던 곳이었다. 이후 다른 곳으로 옮겨져 구대청터라 하며 지금은 농원이 가꿔져 있다. **벼락바위**는 대동저수지 고랑에 벼락을 맞은 바위다. 신선봉은 대동마을 서당골 남쪽 높이 363.7 m의 산 위에 넓고 네모진 바위에 신선이 내려와서 놀았다는 봉우리로 삼각점이 있다.

---

237) 지선암(知仙庵)
238) 회진(會珍)
239) 대신(大新)
240) 대청(大廳)

공령마을[241]은 공령 또는 공신령이라 하였으며, 지세포리와 소동리의 경계에 동산 같은 작은 고개를 공령이라 한 것에서 유래되었다. **공여**는 공령 앞바다에 있는 여에서 뱃사공들이 제사를 지냈다. 지금은 매립으로 사라졌다. **누우래재**는 지세포에서 와현으로 넘어가는 고개로 고개를 넘던 사람들이 종종 누워 쉬었다. **당산목**은 선창마을 바닷가에 있는 두 그루의 느티나무다.

미조라마을은 지세포리 동남쪽 2㎞ 지점에서 지심도를 바라보는 갯가에 20여 호의 어촌이 있었으나, 1981년 한국석유개발공사 제5비축기지(U2) 조성으로 모두 이주하였다. **연대등**은 지세포 북쪽에 있는 등마루로 이곳에서 봉화를 올렸다.

4-1-5 동부면

거제도 남서쪽에 위치하며 동쪽과 서쪽은 바다에 접해 있고 북쪽은 거제면과 고현권, 남쪽은 남부면과 경계를 이룬다. 거제시 행정구역 중에서 가장 넓은 면적을 지니고 있다. 1983년 2월 전국 행정구역 조정에 따라 동부면 명진리는 거제면에 편입되었고 저구리, 탑포리, 다포리, 다대리, 갈곶리 등 5개 리를 중심으로 남부면을 새롭게 설치하여 분리하였다. 동부면의 법정리는 모두 8개다.

동부면의 해안은 작은 섬과 곶[242]이 많고 리아스식 해안의 특색을 잘 나타내고 있다. 쌀과 잡곡을 주로 생산하며, 특산물로는 벌꿀과 표고버섯 등이 있다. 주요 산업은 농업과 수산업이며, 연안에서는 홍합, 미역, 굴 등의 양식업도 성하다. 관광지로는 동쪽 해안의 학동리가 한려해상국립공원의 일부로 지정되어 있으며 몽돌해수욕장으로 유명하고, 노자산과 북쪽 북병산의 구천계곡과 동평산 아래로의 서당골 등이 있어 산과 계곡이 뛰어나다.

문화재로는 부춘리사지, 오송리고분군, 가배성, 노자산성 등이 있고, 그 밖에 학동의 동백림과 팔색조 번식지(천연기념물 제233호)가 있다.

---

241) 공령(公嶺)
242) 곶(串)

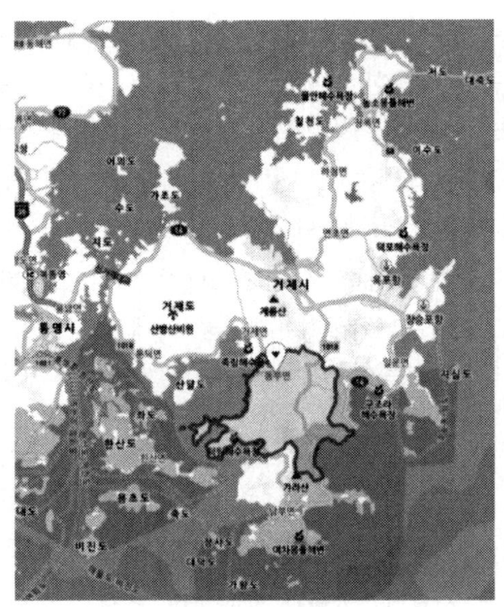

(1) 가배리

1769년 방리개편으로 가배량방이었으며 1889년 가배리가 되었고, 1968년 함박금[243]마을을 분리하여 2개 행정리로 되었다.

마을 중심부는 비교적 평탄한 지형으로 이루어져 있으며, 북쪽과 남쪽에 각각 작은 산이 분포하고 있다. 마을 동쪽과 서쪽은 남해와 접한다. 자연마을로는 대조포, 망밑, 함박구미마을 등이 있다. **대조포마을**은 바닷가에 있는 마을이라 하여 붙여진 이름이며, **망밑마을**은 맹밑이라고도 불리며 골짜기 가장 아래에 위치한다고 하여 불린다. **함박구미마을**은 대조포 서남쪽에 자리하고 있는 마을이다.

가배마을[244]은 임진왜란 땐 **오아포**[245]라 하였으나 그 뒤에 가부랑 또는 가배라 하였다. 거제의 영봉인 노자산이 뒤를 막아 준다. 가배만 양쪽에 있는 함박금(북쪽)과 대홀개(남쪽)의 땅끝은 길게 뻗어 까마귀가 날아가는 형상으로 오아포라 하였다. 뒤의 동망산이 등 뒤를 감싸주어 가배라고 하였다. **함박금**은 가배의 왼편인 서쪽의 함미기에서 쪽박금, 함박금에 이르는 긴 땅끝으로 안개가 생기는 모양이 함지박을 닮아 함박금마을이라 하였다.

243) 함박금(含朴金)
244) 가배(加背)
245) 오아포(烏兒浦)

가배량성은 세종2년(1420) 경상좌도 안무사가 오아포에 처음으로 만호진을 두었으며, 세조11년(1465) **경상우수영**을 두며 축성하였다. 둘레 1,495 m, 높이 4 m고, 성안 면적 4,920 ㎡의 석성이다. 1991년 12월 18일 지방기념물 제10호로 지정되었다. **가배만**은 **가부랑개**라 하며 임진왜란 때 선조26년(1593) 8월 이순신이 삼도수군통제사로 임명되어 처음으로 **통제영**을 두었다. 해전의 이동으로 한산도, 고하도(목포), 고금도(완도), 춘원포(통영) 등으로 옮겼다가, 1597년 3월 원균이 통제사가 되어 다시 오아포로 왔으나 그해 8월 이순신이 재임되며 한산도로 옮겼다. **가배량진**은 세조11년(1465) 경상우수영을 두었고, 성종원년(1470) 거제칠진의 하나로 무종사품의 만호진에 전선, 병선, 사후선 2척과 요망(망을 보는 곳)을 두었다.[246] **큰정꼣산(동망산)**은 가배성 너머 더근이 동쪽에 있는 높이 291.3 m의 삼각점이 있는 산이다.

대홀개마을은 가배 남쪽 더근이(덕원) 서남쪽 끝 율포만에 접하는 갯마을이다. **더근이마을**은 가배성의 남동쪽 낮은 고개 너머 율포만에 접하는 갯마을로 덕원해수욕장이 있다.

망밀마을은 가배 남쪽 대홀개 남쪽 골짜기의 외딴 마을이다. **불묵개마을**은 가배만 남쪽에 있는 마을이다.

함박구미마을은 가배 서쪽 함미기 서남쪽에 쪽박구미가 있고, 그 남쪽 땅끝에 함박구미 갯마을이 있다. **활미기마을**은 가배 서쪽 목의 거제만에 접하는 갯마을이가. **안산**은 함바구미에 있는 높이 203.9 m의 산이다. **구도**는 함박금 북쪽 쪽박금 앞바다에 있는 면적 47,306 ㎡ 섬이다.

(2) 구천리

1769년 방리개편으로 구천동방이었다가, 1889년 구천과 평지리로 나뉘었으며 구천, 연담, 평지의 3구로 세분화된 후 1961년 10월 1일 행정리가 되었다.

동부면의 북부에 위치하며 광대산과 대릉산이 있고 지전곡, 암텃골, 곤독골 등 골짜기가 많은 농촌 마을이다. 자연마을로는 구천, 연담, 삼거리미, 유천 등이 있다. 연담은 배리목이라고도 부르며 서당골 서쪽에 있는 마을이다. 유천은 구천리 서쪽에 있는 마을이다.

구천마을[247]은 상문동의 문동고개와 반송재 그리고 일운면의 망치고개, 동부면 구천동 골짜기 절골 등의 아홉 개의 냇물이 합치는 마을이라 하여 구천동이라 불렀으며,

---

246) 전선(戰船), 병선(兵船), 사후선(伺候船), 요망(瞭望)
247) 구천(九川)

길이 13.7 ㎞의 산양천(오망천)은 거제도의 가장 긴 하천이다. 1987년 구천댐이 건설되었다. **광대산**은 구천동 북쪽에 있는 산으로 높이 274 m에 삼각점이 있다. **구천리**라는 지명은 동서북으로 아홉 개 골짜기에서 흐르는 물이 벼루목에서 합쳐져서 구천이라는 지명이 생겨났다는 이야기와, 옛 오망천(지금의 **산양천**) 물이 돌고개를 아홉 번 굽이쳤다고 하여 구천이라고 한다는 설이 있다. **구천댐**은 구천동의 북쪽 북병산자락에 있는 이 댐은 1987년 구천계곡을 막아 길이 234 m, 높이 50 m 저수량 970만 톤, 1일 급수 2만2천 톤을 공급할 수 있는 규모로 당시 공사비 128억원이 투자되었다. 구천댐은 거제시민의 식수와 조선공단 용수에 사용되고 있으며, 섬 중의 섬으로 이 일대를 지나는 길이 아름답다. **구룡산 용주사**는 1970년 구천리 절골에서 돌고개로 옮겼으며, 1987년 구천댐의 건설로 수몰되어 현재는 문동리 생악산[248] 밑으로 다시 옮겨졌다.

연담마을[249]은 구천의 수자원이 모여 연못을 이루며 그 모양이 벼루와 같아서 벼루목이라 하였다. 1957년 동부저수지를 건설하여 248 ha의 논에 물을 공급하고 있다.

평지마을[250]은 구천동 남쪽 학동고개 아래 좁은 골짜기로 그 지명이 인근 산촌리와 바뀌었다는 말들이 전해오나, 산골에도 논밭이 있어 평지라 하였다. 동쪽으로 고추나무가 많은 쌍봉이 있고 수산마을과의 사이엔 동평산이 있다. 잔디밭골 위 **동평산**과 **쌍봉**이 그것이다.

노자산 자연휴양림은 노자산 북쪽 아래 평지마을 남쪽에 해당하며, 학동고개 아래에 거제 봉산인 노자산 자락에 위치한 휴양림으로 숙박이 가능한 산림욕의 명소다. **달뜬바위**는 평지 동쪽 달뜬바위골에 달이 떠오르는 경관을 바라보는 바위가 있다.

돌고개(**구천계곡**)는동부면 구천리와 상문동 경계의 돌고개는 많은 바위와 울창한 숲이 이어진다. **둘째까구마재**는 구천에서 버드내로 넘어가는 고개로 뒷재라고도 한다. **맹지둠벙**은 구천 앞 내에 있는 깊은 소로 명주실을 세탁하던 사람이 빠져 죽었다고 한다. **문안들**은 벼루목 서쪽에 둠벙이 있었던 들인데 지금은 동부저수지와 도로를 접하고 있는 자연예술랜드가 있다.

벼루목마을(연담마을)은 구천이 모이는 곳으로 골짜기의 목이 좁고 깊은 연못을 이루어 벼루목 또는 연담이라고 한다. **별바위골바위**는 연담 서남쪽 골짜기는 골이 좁다. 이곳에는 하늘의 별만 볼 수 있다는 별바위골바위가 있다. **불탄바위골**은 절골 북

248) 생악산(生藥山)
249) 연담(硯潭)
250) 평지(坪地)

쪽에 불에 탄 듯한 검은 바위가 있는 골짜기다. **염소바위**는 연담 앞 암벽의 염소 모양 바위다.

서당골은 구천동 건너 망골 서남쪽에 옛날 서당이 있었던 곳으로, 지금은 서당골농원을 시설하여 농원, 식당, 수영장, 놀이터 및 자동차극장 등을 제공하고 있다. **얼음골**은 구천마을 건너 망골 북쪽 음지에 늦은 봄까지 얼음이 남겨져 있는 골짜기다. **자래방맹이끝산**은 얼음밭골 북쪽에 자라방망이 모양의 산이다. **호랑이골**은 서당골 서쪽에 호랑이가 많이 살았다는 골짜기다.

(3) 부춘리

1769년 방리개편으로 화의방이었다가 1889년 부춘리로 개칭하였으며, 1967년 삼거림마을이 분리되었다.

동부면의 중북부에 위치하며 야자산 동쪽에 있는 농촌마을이다. 닷마지기를 비롯한 논이 있으며 사그장골, 이밤나뭇골 등 골짜기가 많다. 불개미 또는 부춘이라 한데서 명칭이 생겼다. 자연마을로는 안텃골, 산태골, 송텃골, 삼거림 등이 있다. 안텃골은 산태골 동쪽에 있는 마을로 본부락 또는 큰땀이라고도 부르는 으뜸되는 마을이다. 산태골은 본 마을 서쪽에 있는 마을이다. 삼거림은 산태골 동북쪽에 있는 마을이다.

부춘마을은 불개미와 송치골 두 마을이 합쳐져 이뤄진 마을이다. 노자산 아랫마을로서 수림이 울창하고 수자원이 풍부함으로 가뭄 걱정이 없어 부촌이라는 것으로부터 부춘이 되었다. **광대산**은 부춘 뒤쪽에 광대가 춤을 추는 형상의 산이다. **낭끝산**은 부춘 서쪽 산태골 남쪽에 있는 산이다. **부춘저수지**는 부춘마을 뒤에 있는 저수지로 부춘들에 수자원을 제공한다. **사기장골**은 송텃골 서남쪽에 사기그릇을 구웠다는 골짜기다. **송치곡**은 부춘리 서남쪽 밤개재로 올라가는 골짜기로 송림이 울창한 골짜기다. **야자산**[251]은 부춘 북쪽에 지형이 야자 모양으로 생긴 산으로 높이 223.9 m에 삼각점이 있다. **영북재**는 송텃골에서 영북으로 넘어가는 재다.

삼거림마을은 불개미의 서쪽 마을로 산양, 밤개, 오송정으로 통하는 삼거리에 있어 삼거림이라고 한다. **고래실들**은 삼거림 동쪽에 있는 들판이다.

노자산은 송텃골 남쪽 높이 565 m의 노자산은 거제도 수봉이라 하였으며, 울창한 수목 620여종이 자생하여 팔만대장경판의 원목으로 후박과 자작나무가 사용되었다. 특히 노자산은 벌채를 금지한 **거제의 봉산**이었다. 2022년 3월 케이블카가 시설되었

---

251) 야자산(也字山)

다. **마당바위**는 송팃골 남쪽 지바위 위쪽에 있는 넓은 바위다. 물방앗골은 부춘 남쪽 물레방앗간이 있던 골짜기다. **밤갯재**는 송팃골에서 밤개로 넘어가는 큰 고개다. **포록산**은 삼거림 뒤쪽의 서쪽 편으로 사슴이 새끼를 품고 있는 형상의 산(277.5 m)이다. **이팝나무골**은 삼거림 남쪽 들뜻징이 북쪽에 이팝나무가 있는 골짜기다. **증용개재**는 삼거림에서 오송으로 넘어가는 고개다.

(4) 산촌리

1769년 방리개편으로 산촌방이었으며, 1889년 산촌리로 되었고 1915년 법정리가 되었다. 선자산과 감로산 아래여서 산촌이라 하였지만, 거제평야의 도하평[252] 지대로 지명을 평지라고 하여야겠지만 산촌으로 불리어 구천리 둥둥골의 평지마을과 이름이 바뀌었다는 구전이 있다.

자연마을로는 산촌이 있고 난들, 도핫들 등의 들이 많으며, 웃곡, 아릿곡 등의 고개가 많다.

가매바위는 산촌 동쪽 강싯등에 있는 가마 모양의 바위다. **도하평**은 산촌 서쪽 지방도 아래에 있는 도하들이다. **아리골고개**는 산촌마을 뒤편에서 거제면 명진으로 가는 고갯길이다. **예전끝산**은 산촌 서쪽에 있는 산이다. **옥씨열녀비**는 산촌 서쪽 어귀에 의령옥씨의 열녀비다.

(5) 율포리

1769년 방리개편으로 율포방이라 하였으며, 1915년 6월 1일 법정리로 지정된 후 오늘의 행정리가 되었다.

거제의 서쪽 바다에 접해 있고 돔방산과 장군봉이 있는 농어촌마을이다. 채봉골, 송톳골 등의 골짜기가 많다. 거제 동부면의 지역으로서 밤개, 방개, 율포라 한데서 율포라는 명칭이 생겼다. 자연마을로는 소로지, 중부락, 서부락 등이 있다. 소로지는 밤개 서남쪽에 있는 마을로 송고지, 송호지, 솔구지, 송구등이라고도 부른다. 중부락은 율포 가운데 있는 마을이라 하여 붙여진 이름이다. 서부락은 율포 서쪽에 있는 마을이어서 붙여진 지명이다. 유적지로는 율포보터가 있다.

율포마을[253]은 동에는 노자산 서북으로는 동망산이 있고, 서남은 율포만이 깊숙이

---

252) 도하평(道下坪)
253) 율포(栗浦)

들어와 항구를 이룬다. 밤개라고 불리어 율포라 하며, 장목면 율천에 있던 율포보를 현종5년(1664)에 가배량의 우수영으로 옮겼다가, 숙종14년(1688) 이곳으로 옮겼으며 고종26년(1889)에 통제영과 함께 모두 철폐되었다. **동헌터**는 율포에 있는 율포보의 동헌터다.

서땀마을은 밤개 서쪽 초등학교가 있는 곳으로 서부락 또는 서땀이라 한다. **송곶이마을**은 밤개 남쪽 율포만의 선창이 있었던 마을로 솔구지, 송구등, 송곶으로 불리는 갯마을이다. **안양암**은 밤개 북동쪽 송텃골재 아래에 있는 암자다. **여시바위**는 밤개 서남쪽에 여우가 살았다는 굴이 있는 바위다. **연끝이바위**는 밤개 서남쪽 바다에 있는 암초다. **율포산성**은 밤개 서북쪽 오송리에 걸쳐 있는 동망산 봉우리의 율포보의 산성으로 둘레 338 m, 높이 2 m의 자연석으로 쌓은 성이다. **장군봉**은 채봉골 북쪽 불당골 동쪽에 있는 산이다. **전선창개**는 율포보가 있을 때 전선을 정박하던 송곶이개다.

(6) 학동리

1769년 방리개편 때 학동방은 없었으며 갈곶방에 속하였다. 1889년 학동리가 되었고 1915년 6월 1일 법정리가 되었으며, 1961년 행정리가 된 후 수산마을이 분리되었다.

동부면의 동쪽 해안에 위치하며 바라로 이어진 내가 흐르는 농어촌마을이다. 학이 많이 깃들어 학골 또는 학동이라 하여 명칭이 생겨났다. 자연마을로는 고촌, 넙수지, 수산 등이 있다. 고촌은 범나무 서쪽에 있는 마을이다. 넙수지는 수산 서쪽에 있는 마을이며, 수산은 고동기미라고도 부르며 학동 동북쪽에 있는 마을이다.

학동마을은 거제도의 동남쪽 대한해협을 끼고 지형이 학동만의 양쪽 산줄기로 학이 날아가는 형상이다. 지역이 전반적으로 따뜻하고 소나무가 울창하여 가을철이면 학이 찾아와 학골 또는 학동이라 하였다. 마을 안에는 홍송이 많다. **마늘바위**는 학동 서북쪽에 마늘 모양의 바위다. **망맺재**는 학동에서 탑포리로 넘어가는 길고 험준한 고개다. **매바위**는 학동 서쪽에 매처럼 생긴 바위다. **매생이바위**는 학동 뒤쪽에 매생이라는 사람이 살았다는 바위다. **배놀바위**는 학동 북쪽 꼭대기에 있는 바위다. **벼락바위**는 학동 서쪽에 벼락을 맞았다는 바위다. **배바구여**는 학동 남쪽 큰 대앳등 남쪽에 있는 암초다. 범바위는 수산 동쪽에 호랑이가 살았다는 바위다. **성지여**는 학동 서남쪽 배바구여 북쪽에 있는 두 개의 여다. **찬짓골**은 학동 서쪽에 찬지라는 할머니가 살았다는 골짜기다.

학동동백림은 학동에서 한목으로 통하는 국도변에 동백림과 팔색조 도래지가 있다.

1971년 9월 13일 천년기념물 제233호로 지정되었다. **흑진주 학동몽돌해수욕장**은 거제 해금강을 마주하고 있는 길이 1.85 km에 달하는 넓은 해수욕장으로 해수가 깨끗하고 따뜻하여 여행객이 즐겨 찾는다. **학동재**는 학동에서 구천동으로 넘어가는 재로 그 아래로는 휴양림이 있다.

수산마을은 학동의 동쪽 바닷가에 위치하며 고동구미라고 불렸다. 이곳은 대한해협의 한·난류가 교차하는 해역으로 수산동식물 720여 종이 서식한다. **개여시바위**는 학동 뒷산에 여우가 사람을 홀렸다는 바위다.

고촌마을은 수산의 서쪽 조금 높은 곳에 있는 마을이다. 구망재는 학동에서 갈곶이 한목마을로 돌아가는 고개로 해가 뜨는 모습을 바라보는 구망등과 외딴 구망마을이 있었다. 그러나 1960년대 독가촌으로 이주시켰고 지금은 국도가 개통되었으며 구망휴게소가 있다.

넘수지마을은 수산 서쪽 넘수지들에 있는 작은 마을이다. **논개산**은 수산 뒤쪽에 논개들이 있고 그 뒤의 높은 산이다. **다대재**는 학동 뒤쪽 안머들에서 다대리로 넘어가는 멀고 험준한 고개다.

정충사[254]는 인조5년(1627) 이인거란[255] 때 이안현감으로 있던 진극일이 공을 세워 수충분의 결책정난 소무삼등공신이 되었고, 안성군수를 지내고 학동으로 왔는데, 순조16년(1816) 강원도 횡성에서 영정을 모셔와 사당을 창건하였다.

(7) 산양리

1769년 방리개편으로 화치방이었으며, 1889년 산양과 유천리로 나뉘어 졌다가 1915년 6월 1일 법정동리령으로 산양리로 법정되었다. 1961년 10월 1일 행정리가 된 뒤에 산양, 유천, 동산마을이 분리되었다.[256]

동부면 북부에 위치하며, 감로산 아래 양지바른 농촌 마을이다. 큰골, 함덕골 등의 골짜기가 많다. 자연마을로는 산양, 벅시거리, 버든 등이 있으며, 벅시거리는 오래 전 벅시(벅수, 장승)가 있었다 하여 붙은 이름이다. 버든은 버드나무가 있는 산양 동남쪽에 있는 마을로 동남쪽에 동부저수지가 있으며 유천, 첫고개, 초티라고도 부른다.

---

254) 정충사(靖忠祠)

255) 이인거란(李仁居亂) : 1627년(인조 5) 정묘호란(丁卯胡亂) 직후에 조정에서 후금과 화친한 것에 불만을 품고 반란을 일으켰다. 이인거는 변란 이전 충청도 제천에서 유배 생활을 하던 유희분(柳希奮)의 조카 유효립(柳孝立) 등 대북(大北) 잔여 세력들과 교류하며 광해군의 복립을 도모하였으나 체포되어 사형에 처했다.

256) 산양(山陽), 유천(柳川), 동산(東山)

산양마을은 산양의 동남쪽에는 감로산이 있고 앞으로는 산양천(오망천)이 흐르며, 넓은 들을 바라보는 양지바른 곳이 산양마을이다. 고현, 거제면, 남부면으로 연결되는 삼거리가 있으며 이 인근에 면사무소가 있다. **가매바위**는 산양 동북쪽 가마 모양의 바위다. **가오리산**은 산양 동쪽 중빗골 서쪽에 가오리 모양의 산이다. **광대산**은 산양 남쪽에 있는 산이다. **굴바위**는 산양에 굴이 있는 바위다. **굿바위**는 버드래 뒤쪽에 있는 바위로 사람이 떨어져 죽어 원한을 풀어주는 굿을 하였다는 바위다. **김씨효자정문**은 산양 동쪽 길가에 효자 김씨의 정문비석이 있다. **대량산**은 산양 동북쪽에 높이 274 m의 산에 삼각점이 있다. 동부저수지는 유천의 동남쪽 산양천을 1957년에 제당 209 m 높이 15 m로 막아 거제평야 248 ha의 용수를 공급한다. 이 저수지는 호수 같아 구룡호라고도 부르며 관광지다. **베탈산**은 산양 동북쪽에 지형이 베틀 모양의 산이다. **백련암**은 버드래 남쪽 부춘리로 가는 고갯길에 있는 암자다. **부엉골**은 산양 동쪽에 부엉이가 우는 골짜기다. **산양천교**는 산양천은 오망천으로 불렸으며, 오망천교 또는 오망내다리라고 불렸던 큰 교각이다. **중봉산**은 대량산 밑에 있는 봉우리다. **지만이골산**은 북성나무골 동쪽 지만이 못골 위에 있는 산이다. **활바위**는 산양 동쪽 말바위 남쪽 활 모양의 바위다.

동산마을은 산양마을에 속하는 동쪽으로 면사무소를 옮기고 초중학교와 경남학생수영장이 있다. 산양의 동쪽이어서 동산이라 하였다.

유천마을은 버드나무가 냇가에 있어 버든 또는 버드내라고 하였다. 벼루목(연담)으로 넘어가는 까구매재 밑에 큰 절이 있었으나 지금은 사라졌고 버드내마을은 유천마을로 변경되었다.

(8) 오송리

5개의 소나무 정자가 있었다고 하여 오송정, 오심정, 오송으로 명칭이 유래하였으며, 자연마을로는 동호, 비석조, 양지물, 작은오심장 등이 있다.

동호마을은 면소재지에서 오송리로 가는 초입의 오송마을을 지나 작은오송마을을 지나 위치하고 있다. 작은오송을 작은오심장이라고도 한다. 동호마을을 지나 남부면으로 가는 방향에는 **양지물** 또는 **양지말이**라는 마을이 있다. 이어 영북마을을 지나면 문화관광농원이 이어진다. 이곳에는 1973년 밀감농장을 조성하던 중 조선백자 5기, 식기, 대접, 가위 등이 내장된 총 5기의 고분이 발굴되기도 하였다.

4-1-6 남부면

757년 신라 경덕왕 16년 주군현 개편으로 거제군이라 칭하고 속현으로 송변현이 율포에 있었는데 이것의 관할지였다. 1271년 고려 원종12년 왜구의 침범으로 거창현에 속하는 가조현으로 현민 모두가 피난 갔다가 151년 후인 1422년 조선 세종4년 옛터로 돌아오기 시작하였다.

1432년(세종14년) 면제 시행으로 동부면 관하에 속하였다. 1664년 현종5년 거제현을 서부면으로 옮겨오고 읍내면이 되었으며 서부와 동부를 관할하였다. 1769년 영조45년 방리 개편으로 고다대포, 저구말, 갈곶, 망포 등 4방이 있었다. 1889년 고종26년 리제 실시로 탑포, 저구, 다대, 다포, 갈곶 등 5리로 개칭하였다. 1895년 고종32년 동부면이 었고 갈곶, 다대, 다포, 저구, 근포, 탑포의 6리가 되었다. 1915년 6월 1일 탑포, 저구, 다포, 다대, 갈곶 등 5리가 되었다.

면 전체가 바다로 돌출하여 3면이 바다로 둘러싸였으며 북쪽으로 동부면과 접한다. 1983년 2월 동부면 저구출장소 구역이 남부면으로 승격되어 면소재지가 되었다.

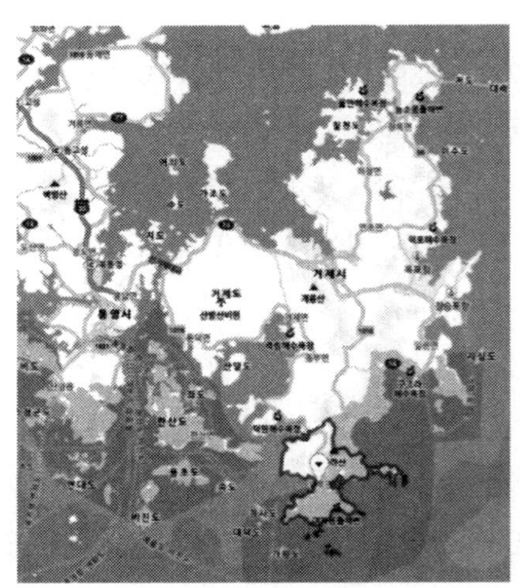

동쪽과 남쪽 해안은 경관이 수려하며 동백나무, 한란, 춘란 등의 아열대식물이 자생하고, 서쪽 해안은 청정해역으로 미역, 홍합 등의 양식업이 성하다. 저구리와 다대리의 해안평야에서는 쌀, 잡곡 중심의 농업이 이루어지나 생산량은 많지 않다.

전체 면적의 2/3가 한려해상국립공원으로 지정되어 있으며 해금강, 한목해수욕장, 명사해수욕장 등이 있다. 저구리와 장승포항을 잇는 국도가 동쪽 해안을 따라 이어지고, 갈곶리에서 장승포항과 통영시를 잇는 정기여객선이 운항되었지만 지금은 폐항로가 되었다.

(1) 갈곶리

1769년 방리개편 때 갈곶이와 학동을 합쳐서 갈곶방이라 하였으며, 1889년 면리개편으로 학동리가 분리되었다. 1942년 5월 1일 부락구제로 갈곶과 도장포의 2구가 된 이후, 1995년 1월 14일 거제시조례 제112호로 갈곶마을을 해금강마을로 개칭하였다. 동쪽에 봉우리가 세 개인 삼발등이 있으며, 남동쪽으로 해금강(갈곶도), 돛단섬, 여앞섬이 있다. 원래 거제군 동부면의 지역으로서 갈곶, 갈포, 갈구지, 갈개라 한데서 갈곶이라는 명칭이 생겼다. 자연마을로는 갈개, 구망, 도장개 등이 있다. 갈개는 갈곶리의 원마을이다. 구망은 갈개 서북쪽에 있는 마을이다. 도장개는 갈개 서북쪽에 있는 마을로 도장포라고도 부른다. 도장개와 갈개 사이에는 혹돔재라는 고개가 있다.

해금강마을257)은 칡섬으로 갈도가 있고 반도 모양의 땅끝을 갈곶이라 한다. 갈도는 1971년 3월 23일 명승 제2호 거제해금강이 지정되어 해금강이라 부르게 되었으며, 갈곶은 해금강마을이 되었다.

도장포마을258)은 갈곶이 갈개의 서북쪽에 위치하며, 학동만의 안쪽 바다로 파도가 잔잔하여 대한해협을 지나가는 배들이 쉬어가는 곳으로, 옛날 원나라와 일본 등을 무역하는 도자기 배의 창고가 있었다하여 도장개라고 불렸다고 전해온다. **갈도**는 해금강의 섬으로 기암절벽에 거제 삼란인 **춘란, 풍란, 석곡란**259)을 비롯한 620여종의 아열대식물이 대자연을 만들고 있다. 칡섬 또는 갈도라 하였으며 이는 갈개 앞이라 **갈곶도**라 부르기도 한다. 높이는 103m다. 견우직녀송은 갈도의 동편 십자동굴 입구 암벽의 양쪽에 천년이 넘는 소나무 두 그루가 마주 보고 있다. 이는 견우와 직녀가 은하수를 사이에 있는 형상이어서 견우·직녀송으로 부른다.

구망개는 한목에서 학동으로 가는 길 밑에 외딴 갯마을이 있었으며, 독가촌으로 1960년대에 이주시켰다. 이 앞의 바닷가를 구망개라고 한다. 이는 거제도의 동남단 대한해협을 바라보는 곳으로 해가 일찍 뜬다는 의미와 바라본다는 뜻을 지니고 있다. 대항은 한목이라고도 한다. 돛단섬은 갈도 남동편에 돛을 단 모양의 바위섬이다. 새바위는 망너머 국개 옆 바닷가에 있는 새 모양의 바위다. 서가람산은 갈개 서남쪽에 있는 산이다.

서불과차지는 서기전 BC221년 진시황의 장생불로초를 구하려고 서불(서복)이 동남동녀 3천명을 거느리고 봉래산(금강산)으로 가는 도중에 우제봉을 지나다 새겼다는

257) 해금강(海金剛)
258) 도장포(陶藏浦)
259) 거제삼란(巨濟三蘭), 춘란(春蘭), 풍란(風蘭), 석곡란(石斛蘭)

서불과차는 이야기로 전해 오지만 근거가 없다. 이러한 역사적 사실을 기반으로 하는 이야기는 매우 조심스럽게 구전되어야 한다는 염려가 많다. **십자동굴**은 갈도 중앙부에 동서로 이어진 동굴이 있으며, 동편으로의 두 개 바위는 갈도 바위섬 높이 100여 미터(103m)까지 솟아 천연동굴을 이룬다. 이들은 자연스럽게 십자모양을 이루며 그 내부로는 유람선이 드나든다. **여앞섬**은 갈개의 누운바위 옆에 있는 작은 바위섬이다. **일월관암**은 갈개에서 정동쪽 갈도의 북단에 있는 높고 큰 돌섬으로 사자를 닮아 사자바위라 하였다. 해금강에서 갈도와 사자바위를 바라보면 춘분과 추분에 이들 사이로 해와 달이 떠오르는 광경을 볼 수 있다. 이에 **일월관암**이라고 한다. **천년학송**은 갈도의 십자동굴 입구 동북쪽 바위섬의 절벽에 소나무 한그루가 가로 뻗어 자라며 학이 앉았다 날아가려는 형상을 만들고 있다. 수령은 알 수 없지만 천년학송이라고 부른다. **한목마을**은 갈곶반도 입구의 남쪽은 다대만이고 북쪽은 학동만이다. 이 양쪽 바다가 만든 깊숙한 큰 목을 한목이라 부르며 국도 14호선의 삼거리에 있는 자연마을이다. **혹돔재**는 도장개(도장포)에서 갈곶이로 넘어가는 고갯길이다.

(2) 다대리

다대리는 1769년 방리개편에 따라 고다대포방이라 하였고, 1889년 큰 다대를 다대리로 작은 다대를 다포리로 분리하였다. 1915년 6월 법정리가 되었다. 1959년 2월 동부면 저구출장소 지역으로 편재되었다가 1983년 2월 저구출장소가 남부면으로 승격되면서 남부면에 속하게 되었다.

고다대포는 선조25년(1592) 임진왜란 중 부산에도 다대포가 있으므로 처음 다대포에 수군첨사를 두었다가 부산으로 옮긴 것으로 추정한다. 옥포대첩 전야에 이순신의 전함이 이곳에 머무르기도 하였다. 동·서·북쪽으로는 가라산(585 m)을 비롯한 산으로 둘러싸여 있고, 남쪽으로는 바다가 펼쳐져 다대항이 있다. 남서쪽으로는 다포리, 서쪽으로는 산을 넘어 저구리, 동쪽으로는 산을 넘어 갈곶리가 있다.

문화유적지로는 가라산봉수대(경상남도기념물 제147호)와 고려시대에 축성된 것으로 추정되는 다대(포)산성이 있다.

다대마을은 예로부터 현재에 이르기까지 다대마을을 큰다대라고 하고, 다포마을을 작은다대라 부른다. **가라산 봉수대**는 높이 585 m 가라산에 있는 봉수대로 대한해협을 지키는 전초기지로써 동에는 옥녀봉, 북으로 계룡산, 서로는 통영의 미륵산 봉수대와 연락하던 곳이며, 높이 2.5 m 직경 40 m의 석성이다. 석축 위의 큰 봉수대는 지방기념물 제147호로 지정관리하고 있다. **가매자리봉**은 다대의 동쪽 한목 쪽으로 가는 곳에 있는 산이다.

다대산성은 가라산 밑 중허리에 신라 경덕왕16년(757) 거제 삼속현 중 송변현의 진성으로 쌓았다고 하며, 둘레 395 m 높이 3.3 m로, 1271년 왜구 때문에 주민들이 거창현으로 피난가자 부산 다대포로 진성을 옮기고 이곳을 고다대포라 하였다. **다대저수지**는 가라산 남동쪽 다대들의 저수지다.

송미포는 선조25년(1592) 5월 7일 옥포대첩 전날 통영의 당포에서 이순신과 원균 경상우수사가 만나 해전을 숙의하고 천성 가덕도로 항진하다 날이 저물어 머물렀다. 이곳의 송미포가 장목면 송진포라는 설이 있으나 근거가 부족하며, 송진은 참솔인 적송을 말하고 송미는 흑송 또는 해송을 의미하는 점 등을 미루어 다대포가 옛 송변현의 송미포라는 주장이 더 설득력이 있다. **아래먹어난구멍**은 가라산 밑에 바위굴이다. **안장걸이바위**는 다대산성 밑 망골의 말안장 모양의 바위다. **영북산**은 가라산 밑 한목쪽으로 가매자리봉에 있는 산으로 높이 305.2 m에 삼각점이 있다. **해미당재**는 다대에서 가라산 골짜기 따라 탑포로 넘어가는 긴 재로, 아홉 굽이를 지나야 하는 데 첫번째 구비를 해미당재라 한다.

(3) 다포리

1769년 방리개편 때 고다대포방에 속하는 작은다대라 하였으며, 1889년 다포리로 분리되었다가 1915년 법정리가 되었다. 1969년 여차마을이 분리되어 다포와 여차가 행정리로 되었다.

동쪽에 높이 277 m의 천장산이 있으며 저구리만과 다대만 사이에 있는 농어촌마을이다. 처음에는 거제군 동부면의 지역으로서 다대포의 작은 마을이므로 작은다대, 소다대 또는 다포라 하였으며 지금은 다포로 불린다. 자연마을로는 까마구개, 연밭, 손테, 여차 등이 있다. 까마구개는 여차 서남쪽에 있는 마을로 까마기개 또는 오포라고도 부른다. 여차 서남쪽으로 천장산이 있는데 천장산에 있는 벼랑을 천잿이라 부르며 벼랑 너머는 큰 바다로 이어진다.

다포마을은 작은다대라 하였는데 다대만의 서쪽에 위치하고 땅끝이 뾰족하게 튀어나와 내만은 호수 같다. 이 때문에 안개가 잘 형성되나 풍랑을 막아주는 역할을 한다.

여차마을은 작은 다대의 등마루 너머 남쪽에 있고, 앞바다에는 작은 대·소병대도가 8개나 있다. 이를 왼편으로 두고 있는 마을이 여차다. 돌미역 생산지로 유명하다. **다대고개**는 다포에서 저구리로 넘어가는 작은 고개다. **다포배양장**은 다포마을 남쪽 편에 있는 수산진흥원 거제종묘 배양장에서는 광어, 넙치, 전족, 도미등 해마다 100만마리 이상을 배양하여 거제도 전 해역에 방류한다. **다포도**는 여차 동쪽 천장산 밑 땅끝 바다에 있는 섬으로 면적은 8,430 ㎡다. 소다포도 (1,581 ㎡)와 나란히 있다.

대·소병대도[260]는 여차 서남쪽 까마귀개 앞에 3개의 소병대는 면적 26,480 ㎡다. 그 남쪽 대병대도는 5개로 면적 56,430 ㎡다. 이는 모두 무인도로서 점점이 모여서 한려해상국립공원의 으뜸을 보여준다. 이 섬들은 미역의 원산지고 볼락과 감성돔의 낚시터다. 여차해수욕장은 바닷물이 따뜻하고 맑아 몽돌이 깨끗하다.

천장산(277 m)은 1904년 러일전쟁 때 일본군이 포대를 설치하였던 곳으로, 왜성터가 있으며 높이 275 m의 봉우리에는 1914년 5월 1일 지적의 세부측량을 시작할 때, 일본의 대마도에서 32해리 60 km를 삼각점으로 측량하여 경상남도 제1호를 매설하였다. 우리나라 지적도의 시발점이 된다. **천장산 신단**은 우리나라 최동남단에 위치하며 산 위에 산신 제단을 쌓고 천신제를 올렸는데, 일본군의 포대 설치에 따라 마을로 옮겨졌다.

(4) 저구리

1769년 방리개편으로 저구말방이었다가, 1889년 저구리로 바꾸고 1895년 저구와 근포리로 나누었다. 1942년 5월 1일 저구, 명사, 근포, 대포[261]로 나누어졌으며, 1961년 홍포[262]마을이 분리되어 5개 행정리가 되었다.

마을 앞에 남해가 펼쳐지고, 가라산의 시리봉과 낮은 산이 마을 뒤편을 둘러싸고 있고, 작은 하천인 저구천이 흐른다. 자연마을로는 저구, 명사, 근포, 대포, 홍포 등이 있다.

저구는 왜구 또는 어선들이 풍랑을 피하여 드나들던 포구라고 하여 저구 또는 저구말방이라고 하였다. 명사는 명사동 또는 밀개라고도 하였다. 바다가 잔잔하고 얕아 갯가에 넓은 백사장이 펼쳐지며 이를 통해 거제의 명사십리[263]라 하였다. 홍포는 한산면의 가오리섬과 마주하는 갯마을로, 저녁노을이 무지개처럼 보인다고 하여 붙여진 이름이다. 관광지로는 명사해수욕장이 유명하며 여차에서 홍포로 이어진 산길은 섬앤섬길로 유명하다.

저구마을은 예전엔 저구말방으로 왜구 또는 어선들이 풍랑을 피하여 드나들던 포구로 도토구지, 도토지라 하였다. 1983년 2월 15일 남부면 승격하며 남포리로 불릴 것을 요청하였으나 아직 수정되지 못하고 있다. 명사마을은 명사동 또는 밀개라 하였으며, 저구만의 남쪽 망산이 막아 바다는 잔잔하고 얕으며 갯벌이 넓다. 백사장을 거

260) 대소병대도(大小竝台島)
261) 저구(猪仇), 명사(明沙), 근포(芹浦), 대포(大浦)
262) 홍포(虹浦)
263) 명사십리(明沙十里) : 명사해수욕장

제의 명사십리라 부르며 해수욕장으로 개장하고 있다. **도토구지재**는 저구에서 탑포로 넘어가는 고개다.

근포마을[264]은 작은개 또는 미날기미라 하였으며, 이곳은 미나리가 잘 자라고 해조류도 풍성하였다. 최근에는 국제적인 규모의 요트시설이 추진되고 있다. 특히 이곳에는 일제강점기 시대 것으로 보이는 땅굴이 3곳에 있다.

대포마을은 미날기미 남쪽 마주보는 큰개 마을을 대표한다. **등생이끝**은 대포 서남쪽에 있는 모퉁이 끝이다.

홍포마을은 거제도의 최남단 한산면의 가오리섬과 마주하는 갯마을로, 저녁노을이 무지개같이 뜬다하여 무지개포구라 하였다. **가문여**는 저구 북쪽에 있는 작은 바위섬이다. **망산**은 명사 남쪽 대포 동쪽에 있는 산으로 옛날엔 이곳에서 망을 보았다. **아홉등산**은 저구 북쪽에 아홉 개의 등마루가 있는 산이다. **칼바위**는 명사 남서쪽에 칼날 모양의 바위다. **하미장골**은 명사 남동쪽에 있는 골짜기다.

(5) 탑포리

1769년 방리개편 때 망포방이라 하였으며 1889년 탑포리로 개칭하였고, 1942년 5월 1일 부락구제로 탑포와 쌍근으로 나눠졌다. **은방마을**이 있었으나 공비의 출몰을 염려하여 주민을 모두 이동시켜 지금은 사라진 마을이다.

탑포마을[265]은 마을 앞에 대섬(죽도) 또는 거북섬이 있고, 포구가 얕고 잔잔하여 민물 때 들어오는 고기를 가두리 그물로 잡았다고 하여 망포라고도 하였다. 길손들이 돌을 모아 누석단을 만들어 마을을 지키는 서낭신에 고사를 올렸다고 하여 탑포라 하였다. **시루봉(시리봉)**은 탑포마을 뒤 오른쪽에 있는 시루 모양의 봉우리로 해발 250 m다. **아홉산재**는 탑포에서 저구리로 넘어가는 고개로 가라산 중허리의 등마루 아홉 개를 돌고 돌아 넘는다는 재다. **주전골**은 탑포마을 위 산기슭에 옛날 엽전을 만들던 굴로, 일제강점기말에 전술도로를 개설하는 과정에서 엽전이 많이 발견되기도 하였다. **탑포산성**은 탑포 남쪽 413.6 m의 탑포산 봉우리에 둘레 233 m, 높이 4 m의 산성으로, 왜적을 감시하던 성이다.

쌍근마을[266]은 탑포의 서남쪽 끝에 있는 갯마을로 쌍나래라고 하였다. 율포만에 접하는 쌍나래 또는 쌍나리와 저구만의 미날기미가 미나리와 상통하여 쌍근이라 하였다. **달뜬바위**는 탑포에서 학동으로 넘어가는 길 아래 왼쪽에 있는 달 모양의 바위다.

264) 근포(芹浦)
265) 탑포(塔浦)
266) 쌍근(雙芹)

대섬(죽도)는 탑포 앞에 있는 섬으로 옛날 대나무가 있어 대섬 또는 거북섬이라고 하며 면적은 10,810 ㎡다. **들맞이재**는 탑포에서 학동으로 넘어가는 큰 재로 탑포는 질마재라 하고 학동은 들맞이재라 한다.

배나무실마을은 탑포 남쪽에 있는 갯마을로 배나무가 많았다. **불막등마을**은 탑포와 서북쪽 율포리의 경계에 있는 마을이다. **소쿠리바위**는 가라산 밑에 있는 소쿠리 모양의 바위다.

4-1-7 연초면

동쪽으로 옥포동과 외포 출장소, 북동쪽으로 장목면, 북쪽으로 하청면에 접하고, 서쪽은 진해만(통영과 고성 근해)에 면한다. 북동쪽 경계의 앵산(507 m)을 최고봉으로 접하고 있으며 열녀봉, 남여산, 석름산, 약수봉, 반야봉 등 대부분이 해발고도 300 m 이내의 구릉성 산지로 되어 있다.

고현만으로 유입되는 연초천 하류에는 하천을 통해 운반된 퇴적물이 쌓인 좁다란 충적지가 발달해 있고, 남쪽 해안과 중앙 남쪽의 송정리 일대에는 약간의 농경지가 있다. 주민들은 농업과 수산업과 조선산업에 종사하며 농산물로는 보리와 쌀이 산출되고, 연안에서는 굴과 홍합 양식이 활발하다. 장승포·통영 간 국도가 지나고 곳곳에 지방도가 개설되어 교통이 편리하다. 특히 고현권과 옥포권 중앙에 위치하여 도심지를 잇는 발달한 교통망을 가지고 있다. 문화재로는 한내리 모감주나무군(경남기념물 제112호)이 있다.

(1) 다공리

1769년 방리개편으로 다공방이었다가 1889년 다공리가 되었고, 1942년 5월 1일 부락구제로 다공과 중리로 나눴다.

남쪽으로는 산이 많아 산자락 평야지대에 형성된 마을이다. 다영산의 아래라서 다공이라거나 찻나무를 심어 다공이라고 불러 지명이 되었다. 자연마을로는 큰마을, 제부실, 중리, 부처골, 다공, 도론골 등이 있다.

큰마을은 다공리에서 가장 큰 마을이라 하여 붙여진 이름이다. **제부실**은 제씨 부자가 살았다고 불리는 이름이며, **중리**는 다공리 중심에 있는 마을이라 하여 붙인 이름이다.

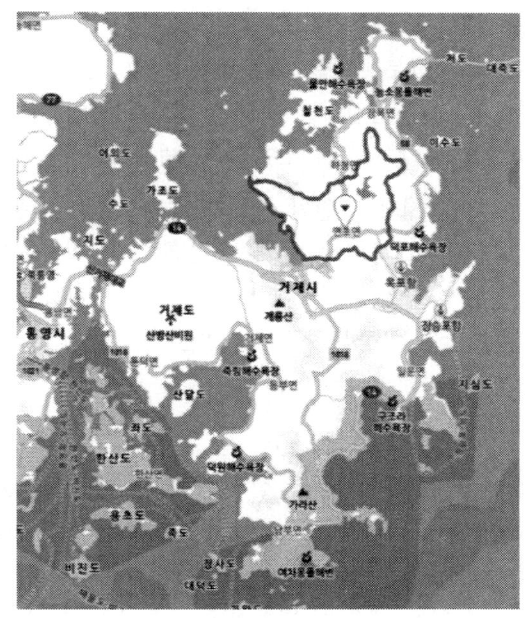

다공마을[267]은 마을 앞 남여산을 중심으로 다전이 있어 좋은 잎사귀를 건조하여 진공하였으므로 다공이라 하였으며, 다영산 아래 큰 마을이라 대촌으로 부르기도 한다. **갈마장산**은 다공 밀바대들 남쪽으로 임진왜란 때 말에게 물을 먹이던 곳이다. **밀바대들**는 다공마을 동남쪽에 있는 들로 임진왜란의 옥포대첩 다음날인 5월 8일 왜군이 고현으로 진격하는 것을 거제현령 김준민과 의병장 제인국이 열녀천(연초천 일부 구간)에서 막고 밀바대로 들어갔다는 이야기가 전해진다. **도론골(도돔골)**은 다공 서쪽 아래에 인륜과 도덕을 배우던 서당이 있던 골짜기다.

중리마을[268]은 다공의 북쪽으로 하청, 죽토, 이목으로 향하는 삼거리 들 복판의 마을로 중리라 하였으며, 연초천 건너서 하청을 향하는 곳으로 남여산 자락의 마을이다. **단재**는 중리 북쪽에서 하청면 서리마을로 넘어가는 고개다.

남여산[269]은 다공 동쪽의 산(287.5m)으로 임진왜란 때 의병장 윤영상이 바위굴에 은신하였다가 밤에 왜군을 기습하여 격멸시켰다. 산벚꽃이 많아 4월이면 인상적인 경관을 연출한다. **다영산**은 다공 뒤에 있는 산이다.

---

267) 다공(茶貢)
268) 중리(中里)
269) 남여산(南呂山)

부처골마을은 제부실 서북쪽으로 돌부처가 있던 마을이다. **불당골**은 부처골 위에 있는 골짜기다. **부처골(부쳇골)**은 돌부처가 있어 붙은 이름으로 불곡이라고도 한다. **신도비**는 제부실 길가에 임진왜란 때 선무원종일등공신 훈련원 첨정 윤영상의 묘소를 안내한다. **우마장**은 중리 서쪽에 소를 놓아 방목하던 곳이다.

제부실마을은 다공 서남쪽 칠원 제씨가 부자로 살았다는 마을이다. **충훈사**는 다공에 선무원종공신 윤승보, 윤영상, 윤개보, 윤홍량 등 칠원윤씨 사충을 모시는 사당이다. **새앳골제**는 제부실 동쪽에서 천곡리로 넘어가는 고개다.**한내밭골**은 제부실 동쪽 연초천을 달리 한내라 하며 그 냇가에 있는 밭골이다.

(2) 덕치리

1769년 방리개편 때 하청장터가 있었으며, 1889년 연초면 문암리가 연초댐 입구에 있었다. 1915년 6월 1일 덕치리와 문암리는 법정 통합되었으며, 1961년 10월 1일 행정리로 되었다. 덕치리는 낮은 산등성이에 있는 마을이다. 고개 아래가 되어 덕티라 한데서 덕치라는 명칭이 생겼다. 자연마을로는 덕치, 문암, 바깥문암 등이 있다. 문암은 동쪽에 두개의 바위가 문기둥처럼 서 있어 붙여진 이름이다. 바깥문암은 문암 바깥쪽에 있는 마을이란 의미다.

덕치마을[270]은 임진왜란 때 거제의병장 신응수, 윤영상, 김희진 등 삼장사가 하청장터에서 분탕질하던 왜군을 습격하여 고개에서 섬멸하였다. 지역에선 이를 하청의 설욕전이라고 전한다. 이 큰 고개를 덕치라 한다.

장터고개마을은 덕치에서 하청으로 넘어가는 옛날 하청장터가 있던 고개마을이다.

문암마을[271]은 행정리는 아니나 옛날에는 문암리가 있었고, 이목골로 들어가는 양쪽 산 좁은 골짜기에 두 개의 큰 바위가 우뚝 서 있어 문기둥 같아 문암이라 하였다. 지금은 연초댐(이목댐)의 제방이 골짜기를 막고 있다. **개구리바위**는 문암마을 북쪽 진등 위쪽에 개구리 모양의 바위다. **독메산**은 문암마을 서남쪽 들에 있는 낮은 산이다. **무지개바위**는 문암마을 서북쪽 산 위에 가뭄에 무지개가 서는 바위다. **문바위**는 문암마을 동쪽에 두 개의 큰 바위로 문기둥 모양을 보인다. **부엉이바위**는 문암마을 북쪽에 부엉이가 살았다는 바위다. **불신골**은 문암마을 서쪽 골짜기에 임진왜란 당시 왜군들이 야영하던 곳이다. **서낭당골**은 문암마을 어귀에 문암제라는 서당이 있었고 그 앞 서낭당엔 돌탑이 있었다.

---

270) 덕치(德峙)
271) 문암(門岩)

(3) 명동리

1769년 방리개편 때 명동방이었으며, 골짜기가 많아 계곡에서 흐르는 물을 홈통으로 논에 대어 홈태골이라고도 하였다. 1889년 명상이와 명하리로 나눴으며 1961년 10월 1일 거제군 조례 제4호로 통합 행정리가 되었다.

명동리는 대금산 서북쪽 긴 골짜기에 있는 마을이다. 지형이 홈통처럼 된 골짜기이므로 홈골 또는 명동이라 한데서 지명이 생겼다. 자연마을로는 동편, 명상, 명하, 봉몰, 중리 등이 있다. 동편은 명하 동쪽에 있는 마을이라 붙은 이름이다. 명상은 명동 위쪽에 있는 마을이라 불렸으며, 명하는 명동 아래쪽에 있는 마을이다. 봉몰은 대금산 봉우리 아래에 있어 붙여진 이름이다. 중리는 명상과 명하마을 중간에 있는 마을이다.

명상마을[272]은 윗홈대골 또는 홈골이라 하였으며 거제도 북부지역의 가장 깊은 골짜기에 해당한다. 맞은편 동북방향으로 대금산이 위치하여 해와 달이 비쳐 밝은 마을이라는 의미로 명동이라 하고 윗마을을 명상이라 하였다. **도청골**[273]은 명상마을의 북쪽 율천산 서쪽은 연초천의 발원지다. 이곳을 **자천골**이라 하며, 골이 너무 깊어 고개를 넘는 길손이 산적에게 피해를 당하였다고 한다. 한편, 소를 몰래 잡아먹어 도청골이라 부르게 되었다. **정골재**는 명상 동쪽에서 외포리 정골로 넘어가는 고개로 일명 **외포재**라고도 한다. **안골고개**는 안골 뒤에서 하청리로 넘어가는 고개다. **장목재**는 명상에서 장목리로 넘어가는 고개다.

봉마을은 도청골 동쪽 대금산 밑 골짜기에 있는 외딴 마을이다. **부엉이마을**은 명상마을 앞산에 큰 바위가 있는데 그곳에서 부엉이가 울면 마을에 초상이 났다고 한다. **뾜지골**은 명하마을 서쪽에 박쥐가 사는 굴이다.

버드내마을은 도청골 동쪽 봉마을의 남쪽에 버드나무가 있는 마을이다.

명하마을은 명상마을 아래의 홈대골을 명하마을이라 한다. 1979년 연초댐(이목댐)이 마을 아래에 건설되어 달빛이 반사하여 더욱 밝아진 마을이다. **개바위**는 명하마을 어귀에 개 모양의 바위가 있었는데 이목댐에 수몰되었고, 옛날 통제영을 보수하기 위한 재목으로 귀목나무를 베어 가다가 인부들이 이 개바위에서 피를 토하고 죽었다는 이야기가 전해온다. **떡국재**는 명하마을 남쪽에서 덕치리 문암으로 넘어가는 고개다. **명하뒷산**은 명하마을 서북쪽 높이 229.3 m 봉우리에 삼각점이 있는 산이다. **밤개재**는 명상마을 동북쪽에서 장목면 밤개로 넘어가는 큰 재다.

---

272) 명상(明上)
273) 도청(盜廳)

새앳골마을은 명상과 명하의 중간 새앳골에 있는 마을로 일명 중리라 하며 명동분교가 있었다. 지금은 분교자리에 **순리원**이라 불리는 생활사박물관이 운영되고 있다. **배남골**은 명상과 명하마을 사이의 중리마을 건너 동남쪽에 돌배나무가 있는 골짜기다.

(4) 송정리

1769년 방리개편 때 송정방이었으며, 1889년 상송과 하송리로 분리되었다가 1915년 송정리로 법정 통합되었다. 1961년 다시 상송과 하송으로 분리되어 행정리가 되었다. 아파트단지가 봉산재 아래에 들어와 봉송마을이 신설되어 3개의 행정리로 구성되어 있다.

송정천이 흐르며 골짜기가 많고 삼봉산 등의 산자락에 있는 마을이다. 소나무 정자가 있었으므로 소정이 또는 송정이라 한데서 명칭이 생겨났다. 자연마을로는 나침이, 솔밭밑, 하송, 월림동 등이 있다. **나침이**는 송정 위쪽에 있는 마을로 봉산재 밑으로 가는 이들이 쉬어갔다 하여 붙은 이름이다. **솔밭밑**은 솔밭의 밑이 된다고 하여 붙은 이름이다. **하송**은 솔밭 아래쪽이라는 의미다.

상송마을은 옥포로 넘어가는 봉송재 밑으로 천곡리로 가는 삼거리에 소나무 정자가 있어 송정 또는 소정이라 하였으며, 그 윗마을을 **상송**이라 한다.

하송마을은 송정리의 아래편에 있는 마을로 새몰 또는 아래몰이라 한다.

봉송마을은 송정에서 옥포로 넘어가는 봉송재 길가에 마을이 있었으나, 조선공단이 입주한 후 지역민이 증가하여 아파트 단지가 조성되며 봉송마을이 신설되었다. **강터산**은 상송마을 대롱골 동쪽 산으로 활을 쏘던 과녁이 있었다. **고려장터**는 중송마을 북쪽으로 장자골이 있고 여기서 다시 북쪽에 고려장터가 있었다. **관월산**[274]은 중송마을 동쪽 골짜기 멧갓 너머에 있는 산이다. **하송뒷산**은 하송마을 서북쪽 죽토리와의 경계를 이루는 산으로 높이 270 m에 삼각점이 있다. **하송숲**은 하송마을에 있는 숲으로 당산제를 지냈다.

대롱골마을은 상송마을 서북쪽에 일명 월림곡이라는 마을이다. **덕포재**는 상송마을 동쪽에서 옥포동 덕포로 넘어가는 재다. **봉산재(송정고개)**는 송정마을 남쪽 중뫼에서 삼봉산 동쪽의 옥포동으로 넘어가는 고개다.

솔밭밑마을은 상송마을 서북쪽 대롱골 북쪽 솔밭 밑에 있는 마을이다. **주령재**는 하송마을 동쪽 새앳골에서 천곡리 주령으로 넘어가는 고개다.

---

274) 관월산(冠越山)

중산마을은 삼봉산 북쪽 아래 주령, 옥포, 죽토로 가는 삼거리의 서쪽에 있는 마을로 일명 중뫼라 한다. **삼봉산**은 중뫼 남쪽, 상송마을회관 뒷산으로 봉우리가 셋으로 이뤄졌으며 높이는 249.4m다.

중송마을은 상송과 하송마을 사이에 송정초등학교가 있는 골짜기 마을이다. **포로묘지터**는 1950년 11월 27일 거제도 포로수용소가 설치되고, 송정고개 아래에 인민군 포로의 유해를 묻었으나 포로교환 당시에 옮겨갔다. 국도 14호선을 4차선으로 확장함에 따라 이곳은 매립되어 사라졌다.

(5) 연사리

1769년 방리개편으로 연사방이라 하였고, 1889년 연사리로 변경됐다. 1942년 5월 1일 부락구제로 연사, 연중, 효촌, 임전 등으로 나눴으며, 1961년 행정리가 된 후, 연행마을이 분리되어 모두 5개 행정리로 이뤄졌다.

연사리는 와야봉 서쪽에 연초천이 흐르는 마을이다. 연새라고 불러 연사라는 명칭이 생겼다. 자연마을로는 깨밭골, 웃몰, 큰몰, 효촌 등이 있다. 깨밭골은 깨밭이 많아 붙은 이름으로 임전이라고도 부른다. 웃몰은 큰몰 위쪽에 있는 마을이라 하여 붙은 이름이다. 큰몰은 연사리에서 가장 큰 마을이라 하여 붙은 이름이다. 효촌은 큰몰 동남쪽에 있는 마을로 이곳의 이씨 집안에 효자가 있어 붙은 이름이다. 연사리 동쪽으로는 국사봉(210.3 m)이 있다.

연사마을[275]은 연사리의 윗마을로 연새, 상리 또는 연사라 하였다. 사질토의 논들이 많은 농촌으로 집집마다 아침저녁으로 굴뚝에서 연기가 솟아 잘사는 마을이었다. 동쪽으로 국사봉과 서쪽으로 석름봉(256.5 m)이 있다. 연중마을[276]은 연사와 연행의 중간에 위치하여 연중마을이라 하였다. **관암모퉁이**는 큰 마을 연중 동쪽에서 죽토리 관암으로 돌아가는 모퉁이다. **반송사**[277]는 연중마을 밀양손씨 손계선을 모시는 사당이다. **배나무골**은 연사리 서남쪽에 돌배나무가 있던 골짜기다. **베늘바위**는 연사 동북쪽 큰 골에 볏가리 모양의 바위다. **석름봉**은 오비재 아래 오비리와 연사리 사이 산(256.5 m)으로 봉우리에는 삼각점이 있다.

연행마을[278]은 고현과 옥포를 잇는 국도변에 위치한 마을로 은행나무가 있어 연행

275) 연사(烟沙)
276) 연중(烟中)
277) 반송사(盤松祠)
278) 연행(烟杏)

이라 하였다. **연행마을**에 있는 은행나무로 둘레가 10 m 가량이 되며, 가지를 이용하여 절구통을 만들기도 하였다.

효촌마을[279]은 연초천 건너 서쪽에 있으며 효자문이 있다. 옛날 이돌대라는 젊은이가 어머니의 고질병을 고치기 위하여 겨울철에는 구하기 어려운 숭어를 하늘이 도와 구하여 어머니를 살렸으니, 장사랑[280]의 벼슬이 내려 마을에 비를 세우고 효촌이라 하였다. 이는 하청면 사환리에 있던 것을 송정고개로 옮겼다가 다시 효촌마을로 옮겨졌다(2005.7). **이효자정문터**는 효촌마을 남쪽에 어머니를 낫게 한 효자 장사랑 이돌대의 정문비각이 있다. **지적치고개**는 효촌에서 수양동으로 넘어가는 고개다. **충효사**는 웃몰의 영산신씨 사당으로 신정보와 선무원종공신 신응수, 신덕룡을 모시고 있다.

임전마을[281]은 연초천 남쪽을 깨밭골이라 하였다. 마을 뒤가 모두 가파른 밭만 있었으며 그곳에서는 대부분 들깨를 재배하였다. 1930년 앞바다를 간척하여 부유한 마을이 되었으며 지금은 상업지로 형성되고 있다. **감자들**은 연중을 큰몰이라 하고 동쪽의 들판을 감자들이라 하며 감자들보가 있다. **갯들**은 임전마을 앞바다 갯벌에 둑을 쌓고 간척하여 1930년 다나까농장을 만들었던 들이다.

MP다리는 임전마을 북쪽 1917년에 가설한 연사교로 1950년 11월 27일 UN군 거제도 포로수용소를 설치하고, 1952년 5월 7일 도트소장이 포로에게 납치되자 수용소 지역 내의 주민 1,116세대를 피신시켜 출입을 통제하던 검문소가 있었던 곳이다. **연사들**은 연사리와 죽토리에 펼쳐진 거제 5대 들판의 하나로 연사령이라고도 한다. **오비재**는 연사마을 북쪽에서 오비리로 넘어가는 고개(임도)로 지금도 남아있다. **정열비**[282]는 2차 세계대전 때 전사한 옥찬석과 그의 외아들이 사고로 사망하자 뒤따라 죽기로 결심했던 윤씨를 위한 것으로, 죽음보다 시부모를 모시는 것이 도리로 효도를 다하니 효촌마을에서 정열비를 세우고 향교에서 표창하였다.

---

279) 효촌(孝村)
280) 장사랑(將仕郞)
281) 임전(荏田)
282) 정열비(貞烈碑)

(6) 오비리

1769년 방리개편으로 오비방이었고, 1889년 대오비와 소오비로 나뉜 후, 1915년 오비리에 통합되었으며, 1942년 부락구제로 오비와 소오비 2구였다. 1961년 10월 1일 오비, 중촌, 소오비 등 3개 행정리가 되었다.

연초면의 서부에 위치한 해안마을로, 지형이 까마귀가 송장여를 보고 날아가는 형국으로 된 포구라 하여 오빗개 또는 오비포, 오비라 한데서 명칭이 생겼다. 자연마을로는 굼통몰, 당산, 봇골, 연삿골, 점골 등이 있다. 굼통몰은 점골 서쪽 구렁에 있는 마을이라 붙여진 이름이다. 당산마을은 당산 서쪽에 있어 붙여진 이름이다. 당산은 진기미 동북쪽에 있는 산으로 해마다 정월초하루에 당제를 지내는 곳이다. 봇골은 보가 있어 붙은 이름이며, 연삿골은 연사리쪽이 된다는 의미고, 점골은 뒷산에 도기점이 있어 붙은 이름이다.

오비마을은 오빗개, 오비포 또는 오비라 하였으며, 중촌 동쪽 수리봉이 까마귀가 앞바다에 있는 송장여를 향하여 날아가는 형국으로 오비라 하였다. **중촌마을**은 오비의 윗마을로 대오(비) 또는 중촌이라 하였으며, 중심부에 오비초등학교가 있고 웃골에 점골마을과 오비들이 있다. **애골**은 오비와 한내 사이에 있는 골짜기다. **장수발자국바위**는 중촌 뒤 중봉에 장수의 발자국과 칼을 놓았던 모양의 바위다.

소오비마을은 오비의 남동쪽 산 너머에 작은 골짜기 마을이라 소오비라 하였다. **강바위**는 당산 서쪽 바닷가에 있는 넓은 바위다. **경절사**[283]는 중촌에 의령옥씨 선무원종공신 옥계성을 모시는 사당이다. **굴재봉**은 앵산 동남쪽 봉우리에 동굴이 있는데, 옛날 명주실을 풀어 넣으면 오비개에서 나온다고 하였다. 임진왜란 때 이곳에서 난리를 피했다는 이야기가 전해온다. **소오비재**는 진기미 금구에서 소오비로 넘어가는 고개다. **송장여**는 금구 서쪽 바다에 있는 송장 모양의 여를 보고 동쪽 수리봉에서 독수리와 까마귀가 날아갔다는 전설이 있는 바위섬이다.

굼턱골마을은 중촌 북동쪽 골짜기에 있는 마을로 일명 점골이라 한다. **까막골**은 중촌 서쪽에 지형이 까마귀 같은 골짜기다. **까막골재**는 중촌 서쪽에서 한해(한내)로 넘어가는 고개다. **다공재**는 점골에서 다공리로 넘어가는 고개다. **당산**은 중촌아래 진기미 위에 있는 독메산으로 정월 초하룻날 당제를 지냈다. **벼락바위**는 점골 서쪽 봇골에 벼락을 맞았다는 바위다. **복산날산**은 당산골 동쪽에 복숭아나무가 많았던 산이다.

봇골마을은 점골 서쪽 굼통물 북쪽의 외딴 마을이다. **불맷골**은 오비 동쪽에 대장간

283) 경절사(景節祠)

이 있어 농기구와 어구를 만들든 골짜기다. **수리봉**은 중촌 동쪽의 산봉우리에 독수리와 까마귀가 살았던 봉우리다. **식기바위**는 연사재 중간에 식기 모양의 바위다.

점골마을은 중촌 동북쪽에 옛날 도자기를 만들어 팔던 마을이다.

진기미마을은 당산목 남쪽 선창이 있는 마을로 앞동산이 거북이 모양이라 금구라 부르기도 한다. **한내재**는 중촌에서 한내로 넘어가는 고개 밑, 높이 61 m에 삼각점이 있고, 지금은 도로로 포장되었다.

(7) 이목리

이곡방으로 있다가 1889년 이목리로 고쳐졌으며, 1895년 이목과 이남리로 구분되었다. 1961년 10월 1일 군 조례 제4호로 행정리가 되었다. 동쪽으로 산이 많은 마을이다. 배나무가 많았다고 하여 배나무실 또는 이목곡이라 한데서 이목이라는 명칭이 생겼다.

자연마을로는 감남골, 마금실, 참새밋결, 큰말 등이 있다. 감남골은 큰 감나무가 있어 붙여진 이름이다. 마금실은 양쪽으로 큰 산이 가로 놓여 있어 붙은 이름이다. 참새밋결은 찬샘이 있었다고 붙여진 이름이다. 큰말은 이목리에서 가장 큰 마을이라 붙여진 이름이다.

이목마을[284]은 **배나무실** 또는 **배골**이라 하여 이곡이라 하였으나, 들판이 넓으니 배골보다 배나무실이라는 의미로 이목이라 고쳤으며, 1979년 이목댐 설치로 배나무실은 수몰되어 수양동 해명마을의 이주단지로 옮겼고, 댐지역 내지만 수몰되지 않은 동쪽 감나무골의 10여 호만 남아있다. **금산사당**은 배골 북쪽 이화정 터에 1947년 합천이씨의 사당을 창건하였는데, 이목댐으로 1980년 수양동 해명 이주단지 위로 옮기고 제천사라 하였다. **남여재**는 배골 서남쪽 마금실에서 다공리 마을로 넘어가는 남여산 고개다. **달뜬바위**는 배골 동쪽에 정월 보름날 달맞이하던 바위다. **당산숲**은 배골 남쪽에 당산제를 지내던 탑이 있는 숲이다. **동산**은 감나무실 동쪽 높이 272 m의 산에 삼각점이 있다. **두리산몬댕이**는 배골 뒤 바우배기 서쪽에 있는 둥근 산등성이다. **바우배기산**은 배골 뒤에 바위가 많은 산이다. **이화정터**는 배골 북쪽에 일목 이목정이라는 정자가 있었는데, 1947년 합천이씨가 금산사를 창건하였으나 1979년 이목댐 건설로 22만평이 수몰되어 수양의 해명으로 옮겼다. **탑돌탑**은 배골 남쪽에 서낭당의 돌탑, 높이 4 m가 있었는데 수몰되었다.

---

284) 이목(梨木)

이남마을[285]은 아래 배골과 찬샘, 마금실을 합쳐서 이목마을 남쪽으로 이남이라 하였다.

마금실마을은 이남 골짜기에 있는 외딴 마을이다.

감나무골마을은 배골 동쪽 골짜기로 이목댐 지역 안에 남아있는 10여 호의 마을이다. 이목마을은 수몰되었고 감나무골만 이목마을의 모습 간직하고 있다.

(8) 죽토리

1769년 방리개편 때 죽토방이었으며, 1889년 죽토, 관암, 죽전리의 3리로 나뉘었다. 1961년 10월 1일 군 조례 제4호로 행정리가 되었으며, 야부마을이 신설되었고 죽토를 양지마을로 바꾸어 4개 행정리로 구성되었다.

대금산에서 발원한 연초천이 흐르고 산자락에 위치하여 골짜기가 많은 마을이다. 대밭이 많았으므로 죽토라는 명칭이 생겼다. 자연마을로는 관암, 방곡, 삼거리미, 야부 등이 있다. 방곡은 지형이 방처럼 되었다고 붙여진 이름이다. 삼거리미는 하청면, 고현, 장승포로 가는 삼거리가 있어 붙은 이름이다. 야부는 와야산 밑이 된다고 붙여진 이름이다. 양지마을 뒤로는 **지애산**이 있다. 유적으로 죽토리에 있던 옛 하급지방행정구역의 하나인 죽토부곡이 있다. **죽토부곡**은 고려 현종3년(1012) 특수행정의 공동체인 부곡제도에 따라 하청, 고정, 죽토부곡이 있었는데 아주, 명진, 송변현과 함께 원종12년(1271) 왜구의 침범으로 모두 거창현으로 피난 가자 부곡과 세 속현은 함께 사라졌다.

관암마을은 면사무소가 있는 마을로 서북쪽 뒷산에 갓모양의 넓은 바위가 있어 관암이라 하였다. **갓바위**는 관암 열녀천(연초천 일부) 서쪽에 갓모양의 바위다. **관암**들은 관암 앞에 있는 들판으로 6·25동란 때 피난민들의 도떼기시장[286]이 있었다.

양지마을은 관암의 동쪽 양지바른 곳이 죽토리의 본 마을이었고, 의령옥씨의 죽천사가 있다.

죽전마을은 죽토 삼거리의 북쪽, 옛날 대밭이 많아 죽재를 생산하였는데, 임진왜란 때 옥포대첩에 패한 왜군과 싸우기 위해 죽창을 만들어 거제의병의 무기로 하였다. **광대바위**는 죽전 북쪽에 광대가 놀았다는 넓은 바위다.

---

285) 이남(梨南)
286) 상품, 중고품, 고물 따위 여러 종류의 물건을 도산매·방매·비밀 거래하여 질서가 없고 시끌벅적한 시장

야부마을은 죽토리의 동쪽 와치봉[287] 아래 음지 비탈진 곳에 원래 야부갱이라는 대장간이 있어 농기구를 만들었다. 임진왜란 때 이곳에서 거제 의병장 제인국이 칼과 창, 화살촉을 만들어 송정고개를 넘어오는 왜군과 첫 싸움을 하였다. **뒤쥐기재**는 와야산 반야봉 북쪽 야부에서 옥포로 넘어가는 고개로 들쥐인 뒤쥐가 많이 서식하였다. **설매고개**는 야부 설매골에서 효촌으로 넘어가는 고개다.

대발목마을은 죽토 삼거리에 있는 마을이다.

마금실마을은 야부 동쪽 삼봉산(249.4 m) 아래에 있는 마을이다. **모린굴**은 와야산 위쪽에 있는 굴이다. **물굴**은 모린굴 서쪽에 물이 많은 굴이다.

방골마을은 야부 서쪽 골짜기에 있는 마을이다. **부엉이바위**는 관암 남쪽 연초천 건너편 산에 부엉이 모양의 바위다. **뿔당골**은 죽전 동쪽에 불당이 있는 골짜기로 군부대가 수월에서 이전 설치되었다.

삼거리마을은 죽전 모퉁이의 죽토 삼거리 마을이다. **연초교**는 양지마을 서쪽 관암과 연결하는 교각으로 1917년 지방도 개설 당시 연초천에 놓은 다리다. **열녀정**은 관암 동쪽 열녀천변에 의령옥씨의 처 칠원윤씨가 남편의 고질병을 고치기 위해 손가락을 깨물어 생피를 먹였으나 끝내 죽자 따라서 죽은 것을 기리는 정자로 이곳을 지나는 연초천의 일부 구간을 열녀천이라고 한다. **주령재**는 양지 북동쪽에서 천곡리 주령으로 가는 고개다.

(9) 천곡리

1769년 방리개편 때 이곡방에 속하였고, 1889년 이목리와 천곡리로 분리되며 행정리로 바꿨다. 만보산, 당산 등의 산들이 둘러 있어 서당골, 도차골 등 많은 골짜기가 형성된 농촌 마을이다. 샘이 많아 샘실, 새미실 또는 천곡이라 한데서 명칭이 유래됐다. 자연마을로는 샘실, 아릿천곡, 주령, 아릿주령 등이 있다. 아릿천곡은 천곡 아래쪽에 있는 마을이라 붙은 이름이며, 주령은 주령재 밑에 있는 마을이다. 아릿주령은 주령 아래쪽에 있는 마을이다.

천곡마을[288]은 샘실, 새미실, 천곡마을과 상천, 하천, 주령을 합쳐서 천곡이라 한다. 굴재봉은 주령 서북쪽에 굴이 있는 봉우리다. **덕포재**는 상천곡에서 덕포리로 넘어가는 일명 뒷재라는 고개다. **들빼기산**은 상천곡 서남쪽에 있는 높은 산이다. **만보산**은 상천곡 동쪽에 밤이면 만보귀신이 나왔다는 산이다. **명당골**은 상천곡 서남쪽에

---

287) 와치봉(瓦治峯) : 315.8 m
288) 천곡(泉谷)

풍수지리설에 의한 명당자리가 있었는데, 1973년 옥포조선소 건설에 따라 60만평의 국유림에 충해공원묘지를 조성하였다. **민봉산**은 당산 북쪽에 밋밋한 등마루 산이다. **밤만재**는 주령 북쪽 마금실에서 이목리 감나무골로 넘어가는 고개다. **서나무재**는 상천곡에서 장목면 외포리로 넘어가는 큰 재다. **숫텃골**은 하천곡 동북쪽 숫돌이 나는 골짜기다.

아래주령마을은 주령 아래에 있는 마을이다. 안산[289]은 하천골 앞산이다. **주령재**는 주령 남서쪽에서 죽토 삼거리로 넘어가는 고개다. **충해공원묘지**[290]는 상천곡의 서남쪽에 1973년 10월 11일 옥포조선소를 기공함에 따라 분묘의 이장을 위하여 국유림 60만평을 양여 받아 조성한 공원묘지다. 충무공의 옥포승전이 있던 곳에 조선소 부지를 구축하므로 이곳의 분묘를 이장하게 되어 충해공원묘지라고 지칭했다.

(10) 한내리(한해)

1769년 방리개편 때 한해방이라 하였으며, 수군을 양병하는 기성관을 창건하고 군선이 고현만에 계류하였을 때, 북서를 막아 주는 바다를 **한해**라 한 것이다. 한해, 하내, 한골, 하냇골 또는 한골이라 한 것이 북쪽 앵산(507.4 m)이 너무 가파라 가뭄이 심하여 **한내**라 하였다는 구전도 있다.

동쪽으로 작은 산인 작은봉과 큰 산인 큰봉이 있는 해안마을이다. 큰 내가 있으므로 하냇골, 한냇골 또는 한곡, 하내, 한해라 한데서 한내라는 명칭이 생겼다. 자연마을로는 골안, 누른개, 섶밭담, 큰모새 등이 있다. 골안은 하내 동쪽 골짜기에 있는 마을이라 붙여진 이름이다. 누른개는 마을 앞에 누른개가 있다고 붙은 이름이다. 섶밭담은 섶나무가 많았다 하여 붙은 이름이다. 큰모새는 모새의 큰 마을이라 붙여진 이름이다.

한내마을[291]은 **한해** 또는 **하내**라 하였으며 한내로 바뀌었다. **경조사**[292]는 한해에 김해김씨가 거제도에 입주한 선조의 사당이다. **한해**는 고현만을 막아 주는 첫 바다를 한해라 하였다. 영조45년(1769) 한해방이었으나 한내리로 개칭되었다.

신전마을은 한내 서쪽에 섶나무가 많이 있던 마을이다.

찬샘마을은 한내 남쪽 바닷가에 찬샘이 있는 냉정마을이다.

골안마을은 한내 동쪽 골짜기에 있는 마을이다.

---

289) 안산(案山)
290) 충해공원묘지(忠海公園墓地)
291) 한내(汗內)
292) 경조사(景祚祠)

한곡마을[293]은 앵산에서 흐르는 계곡을 하내, 한골, 하냇골이라 하였는데 한곡이라 하였다. 경의제[294]는 한내에 공자와 맹자의 한학을 공부하던 서당과 재실이다.

냉정마을은 한내 남쪽 바닷가에 찬물이 나는 샘이 있는 마을이다.

눌은개마을은 한내 남동쪽 갯가에 일명 눌원포라는 갯마을에 옛날 어느 현감이 모함으로 이곳에서 귀양살이를 하였다. 그는 세상만사 다 버리고 앞을 못 보는 행세를 하면서 평생을 보냈다. 이 같은 전설에 따라 더듬이 '눌'과 숨어사는 '은'의 눌은포[295]라고 하였다. **모감주숲**은 한해 바닷가에 있는 방풍림으로 200년이 넘은 30그루의 모감주나무 숲이 있는데, 금강산 스님이 앵산 북사에 오면서 종자를 가져와 심었다고 전하며, 그 열매는 염주 알로 사용되었다. 이같이 조림된 경우는 국내에서도 희귀하여 1991년 12월 18일 지방기념물 제112호로 지정하여 관리 보호하고 있다.

모사마을[296]은 한내의 북서쪽 끝에 있는 갯마을로 모래가 깨끗하고 잔디가 있는 마을이다. **병암사**[297]는 한내에 있는 달성서씨의 사당이다. **병풍바위**는 한내 동쪽 명산바위 뒤 병풍 모양의 바위다. **부엉이바위**는 한내 동쪽 병풍바위 밑에 부엉이 집이 있는 바위다. **사진봉**[298]은 앵산 중턱 사자 모양의 봉우리에 옛날 장군이 지나간 발자국이 남아있는 바위다.

올끼미마을은 모사마을 너머 서쪽에 있는 갯마을이다. **원당산**은 한곡 어귀에 수령 300년의 이팝나무가 있어 봄에 흰 꽃이 피고 가을에는 열매가 까맣게 익는다. 꽃이 많이 피는 방향에 따라 마을의 길흉을 점쳤다고 한다. 이 같은 이야기는 거제의 곳곳에 남아 있다. **일곱질바위**는 모사마을 동쪽에 높이 12 m의 높은 바위다.

한곡마을은 한내 동쪽 앵산 아래 한내 골짜기의 계곡을 끼고 있는 마을이다.

4-1-8 하청면

2개의 유인도와 6개의 무인도를 포함하고 있는 하청면은, 동쪽과 남쪽은 장목면과 연초면에 접하고 북서쪽은 진해만에 접한다. 면의 대부분은 해발고도 300 m 내외의 구릉성 산지와 이들 산지 사이에 발달한 산간분지로 이루어져 있으며, 해안에는 좁다란 해안평야가 발달하였다.

---

293) 한곡(汗谷)
294) 경의제(敬義劑)
295) 눌은포(訥隱浦)
296) 모사(茅沙)
297) 병암사(屛岩祠)
298) 사진봉(獅震峯)

산업은 농업과 수산업이 주산물이며 전국 최대의 맹종죽순을 생산하고 있고, 연안에서는 굴, 홍합, 미역 등의 양식업이 활발하다. 1995년에는 덕곡리 일원에 군락을 지어 자생하는 고란초를 특정 야생동식물 보호지역으로 지정·고시하였다. 문화재로는 거제 하청북사지(경남기념물 제209호)가 있다.

하청은 거제지역 근대사의 중심이었으며, 각급 단위의 학교가 있어 일찍부터 공무원 배출이 많았다. 하청면은 일명 **'푸른맹죽향의예향고을'**이라고 불린다.[299)]

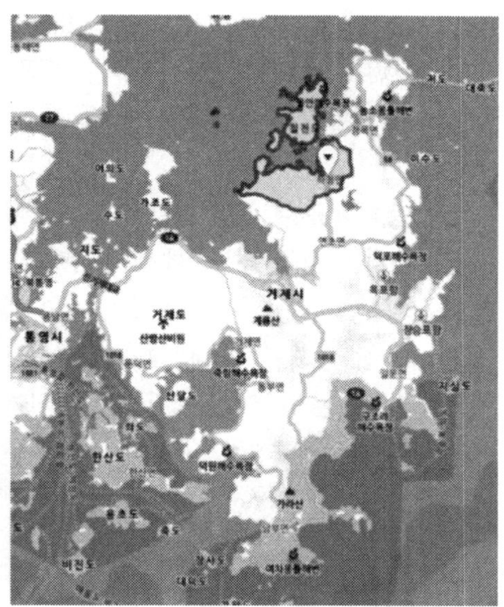

(1) 대곡리

1769년 방리개편 때 칠천도방에 속하였으며, 1889년 대곡과 송포리로 분리되었고, 1915년 대곡리가 되었다. 1942년 5월 1일 부락구제로 대곡, 송포, 황덕의 3구가 되었다가 1961년 10월 1일 행정리로 되었다.

칠천도에 있는 해안마을로 큰 골짜기에 위치한 마을이다. 큰 골짜기여서 한실 또는 대곡이라고 하였다. 자연마을로는 꼬다리끝, 노른덕, 당너머, 송개 등이 있다. 꼬다리끝은 큰등 동쪽에 있는 마을이다. 노른덕은 송개 서쪽에 있는 섬인 노른덕에 있는 마을이라 하여 붙은 이름으로 노인덕도, 황덕도라고도 부른다. 당너머는 당산 너머 쪽이 된다는 의미다. 송개는 대곡 동북쪽에 있는 포구마을로 소나무가 많아 붙은 이름이다.

---

299) 2010 하청면종합발전계획서

대곡마을[300]은 칠천도의 서북단에 위치하여 한실이라 하였는데, 나중에 옥녀봉 밑 큰 골짜기의 큰 마을이라는 의미로 대곡이라 하였다.

당산마을은 대곡 동북쪽 당산 밑 골짜기에 있는 마을이다.

송포마을[301]은 칠천도의 최북단에 위치하며 솔개 또는 송림이 울창하여 송포라 하였다.

황덕마을[302]은 대곡의 서쪽바다 황덕도의 섬마을로 면적 0.2㎢다. 숲이 울창하여 크고 작은 노루가 서식하여 누른덕 또는 노인덕도라 하고 황덕이라 하였다. **굿등**은 솔개 동남쪽에 굿을 하였다는 등마루다. **황덕도(노른덕섬)**는 늙고 큰 노루가 살고 있다는 섬으로, 노른덕 또는 노인덕도라는 황덕도의 면적 0.2㎢다. 지금은 다리(황덕교)가 놓이어 차량 통행도 가능하다. **당넘어몰**은 대곡 북쪽 당산 너머에 있는 갯마을이다. **동굴산**은 황덕도의 서남쪽 산 아래에 동굴이 있는 산이다. **새지산**은 황덕도의 동편 샛바람이 닿는 산이다.

무덤등이마을은 솔개 서북쪽 등마루에 작은 무덤이 많고 그에 접한 아래 갯마을이다. **배올재**는 대곡 동북쪽에서 물안마을로 넘어가는 고개다.

수야방도는 0.101㎢ 면적의 송포마을을 큰 바다로부터 막아 주는 곳에 위치한 무인도인 이 섬은 최근 **수야방교**가 설치되어 쉽게 드나들 수 있다. 섬에는 정상에 팔각정이 있고 해안을 따라 산책길이 조성되어 있다. 물이 빠지는 썰물에는 다리 아래로 길이 드러난다. 해안선의 길이는 650 m다. **복송나무재**는 솔개 동북쪽 가는개에서 옆개로 넘어가는 고개에 복숭아나무가 있었다. 수야방도는 **숫돌배미산**이라고도 하며 송포마을(솔개) 북쪽에 숫돌이 나는 산이다.

아랫마을은 솔개 서남쪽 바닷가에 있는 갯마을이다. **안골마을**은 대곡 안쪽에 있는 큰 마을이다. **어등만이끝**은 송포와 물안의 경계인 뾰족한 땅끝이다.

윗마을은 대곡 북쪽 골짜기에 솔개로 가는 중간에 있는 마을이다. **지부리끝**은 황덕도 서북단에 쥐의 주둥이 모양의 산마루 끝이다. **탑재골재**는 대곡에서 물안으로 넘어가는 고개에 길손들이 돌을 모아 탑을 쌓았는데 지금은 없어졌다.

한실마을(대곡마을)은 칠천도에서 가장 큰 골짜기의 큰 마을로 한실 또는 대곡이라 한다.

---

300) 대곡(大谷)
301) 송포(松浦)
302) 황덕(黃德)

(2) 덕곡리

1769년 방리개편으로 내가이방이라 하였는데, 1889년 덕곡과 해안리로 분리하여 개칭하였으며, 1961년 10월 1일 행정리로 되었다. 마을 북쪽은 남해와 접하고 있고, 남쪽에는 비교적 고도가 낮은 산지가 분포한다. 자연마을로는 개안, 동두리, 해안마을 등이 있다. 개안마을은 포내라고도 불리며 솔병산 줄기가 해변으로 뻗어 내려와 포구를 이루며 붙여진 이름이다. 동두리마을은 해안 동쪽에 있는 마을이라 이름 붙여지게 되었으며, 해안마을은 바닷가에 있는 마을이라는 의미에서 불리었다.

덕곡마을[303]은 유계평야가 있는 마을을 외가이[304]라 하였다. 이는 앞에 넓은 광이[305]바다가 있다는 의미며, 뒤로는 큰 골짜기가 있어 덕곡이라 하였다. 옛날에는 개안, 금장, 먹개 등으로 불렸다. 남쪽으로 **솔병산**(437.4 m)이 있다. **천마산**은 덕곡 서쪽 개안 목에서 땅끝이 북으로 뻗은 말 모양의 천마산(151.3 m)이 있고 덕곡광산이 있었다. **장군바위**는 천마산 할미바위 서쪽에 장군 모양의 바위다.

먹개마을은 덕곡 서쪽 개안에 있는 마을로 그믐날이면 온 바다가 어둡고 벼루 모양의 검은 돌이 있어 먹개 또는 묵개라고 하였다. **새장터걸**은 해안 동쪽 새장터 골짜기에 화장하던 곳이다.

해안마을[306]은 하청의 서쪽, 덕곡의 동쪽에 위치하며 해안 따라 넓은 들이 있고 저녁노을에 밝은 햇살이 비추어 고요한 하청바다를 감싸주는 마을이다. **강을골**은 천마산의 할미바위 서쪽 덕곡광산이 있는 골짜기다.

동두리마을은 해안 동쪽 돌둑 끝 바닷가에 있는 갯마을이다.

개안마을은 덕곡 서쪽 개안에 있는 마을이다. **큰여**는 개안 바다에 있는 큰 여다.

금당개마을은 덕곡에서 석포로 돌아가는 길가의 골짜기 마을로 북쪽 등마루 높이 43.5 m에 삼각점이 있다. **당메산(당산)**은 덕곡 동북쪽 높이 38.5 m에서 당산제를 지내던 산으로 덕곡회관 맞은 편에 있다. **덕곡광산**은 덕곡 서쪽 안개에 길게 뻗은 곳인 천마산에 광산이 있었는데 지금은 없다.

외항개마을은 덕곡 서쪽 광이바다를 바라보는 갯마을이다. **작은여**는 덕곡리 북쪽바다에 작은 암초다.

---

303) 덕곡(德谷)
304) 외가이(外加耳)
305) 광이(廣耳)
306) 해안(海晏)

(3) 석포리

1769년 내가이방에 속하였으며, 1889년 석포리가 되어 오늘에 이른다. 앵산의 서쪽에 위치하며 지형이 가파르고 돌이 많은 갯마을이다. 이에 따라 석포 또는 돌개라 하였다. 대부분의 지대가 완만한 구릉성 지형으로 마을 북서쪽으로 바다와 접하고 있으며, 동쪽에는 솔병산이 위치하고 동남쪽으로는 앵산이 있다. 자연마을로는 석포, 감쟁잇골, 큰금당개 마을 등이 있다.

감쟁잇골마을은 감장수가 살았다고 이름 붙여지게 되었다.

큰금당개마을은 금당개 옆에 있는 마을이다. **목섬**은 석포 서쪽 열녀봉 앞 바다에 있는 섬으로 **예침도**라 부르기도 하며 면적 12,496 ㎡다. 썰물에는 본섬과 연결되는 길이 났다. **열녀봉**은 석포 서쪽 끝 연초면 한내리의 경계에 있는 산으로, 옛날 열녀의 무덤이 있는 높이 64.8 m 삼각점이 있다.

(4) 실전리

1769년 사외포방이라 하였으며 1889년 실전리로 고쳤다. 1895년 실전과 사환리로 나뉘어 졌다. 1942년 5월 1일 부락구제로 실전, 와항, 사환 3구가 되었으며, 1961년 행정리가 되었다. 용등산(231.4 m) 등의 산이 있고 골짜기가 많으며 곶이 되는 마을이다. 가늘고 긴 밭이 있으므로 실밭 또는 실전, 사전, 사외포 등으로 불러 실전이라는 명칭이 생겼다.

자연마을로는 사관, 새바섬, 어장막 등이 있다. 사관은 실전 서남쪽에 있는 마을로 남쪽에 지형이 뱀처럼 생긴 곶이 있어 붙은 이름이다. 새바섬은 참새가 많아 붙은 이름이다. 어장막은 멸치잡이 어장이 있어 붙여진 이름이다.

실전마을[307]은 실밭개라 하며 사외포라고도 하였다. **실밭**은 사전, 실전으로 바뀌고, 밭들이 많아 면화와 대마를 재배하였다는 곳으로 임진왜란의 **선무원종이등공신 여막동**이 마을을 이룩하였다는 구전이 있다. **진비령**은 실전마을 안쪽 토석장 앞에 있는 고개로, 이 너머엔 장목면 율천마을이 있다.

사환마을[308]은 하청의 북쪽 용등산 밑에 위치하여 뱀곶이, 사곶 또는 뱀고지라 하였는데, 임진왜란을 끝내고 선무원종이등공신 김옥춘이 1605년에 돌아와 살았다. 마을 뒤편의 실전으로 가는 고개(모리고개)에는 편백나무가 많아 피톤치드 산림욕을 찾

307) 실전(實田)
308) 사환(巳還)

는 이들이 많다. **열녀비석걸**은 사환 아랫몰 어귀에 옥씨집안의 김씨부인 열녀비다. **용등산**(231.4 m, 맹종죽테마공원)은 사환 북동쪽에 작은 연못이 있어 용이 등천하였다 하며 일명 **화불암산**이라 한다. **용우산**은 어장막 위 등마루로 하청면에 맹종죽을 일본에서 도입한 신용우의 대밭이라 용우산이라 하였다.

와항마을309)은 왜곶이 또는 사환의 서쪽 바닷가로 외환이라 하였지만, 신라 때의 기와 편이 발굴되었다. 기와굴이 있어 와항이라 하였다. **나루터 송덕비**는 칠천도 나룻배를 새로 건조할 비용을 희사한 송병길의 송덕비를 칠천도민이 세웠다. **모리고개**는 사환에서 실전으로 넘어가는 고갯길이다.

새바섬마을은 실전 북서쪽에 참새가 많은 외딴 마을이다. **서나무고개**는 실전 서쪽에서 사환으로 돌아가는 고갯길이다. **수폐숲**은 사환 아랫마을 숲에 김해김씨 김명석과 그의 아들 김옥춘, 손자 김유성을 모시는 현충사와 송년제가 있다.

양달마을은 실전 큰 마을 밑 개울 건너 양지에 있는 마을이다.

음달마을은 실전 서쪽 음지에 있는 마을이다. 화불암산성은 실전 용등산 옆 망등산성이 있었고 봉수대가 있었으며 계룡산, 남여산, 옥녀봉과 진해의 천자봉으로 전달됐다.

(5) 어온리

1769년 칠천도방에 속하였으며, 1889년 어온과 장곶리로 불리었다. 1942년 5월 1일 부락구제로 어온, 장곶, 물안으로 바뀌었으며, 1961년 10월 1일 행정리가 되었다. 송진만에 인접한 해안마을로 남쪽에 북부산 등의 산이 있고, 마을 앞에는 지형이 매미처럼 생긴 **맴섬(매미섬)**이 있다. 칠천도 옥녀봉이 서북을 막아 주고 송진만의 안쪽개에 위치하여 마산으로 가는 선창이 있기도 하였다. 따뜻한 곳이라 하여 어온이라는 명칭이 생겼으며, 자연마을로는 물안, 장안 등이 있다. 물안은 어온 동북쪽에 있는 마을로 개펄이 있어 물안개라고도 부른다. 장안은 어온리에서 중심인 마을로 장관, 장고지라고도 부른다.

어온리에는 옆개 또는 물안해수욕장이 있다. 이 해수욕장은 마사토와 황토가 섞여 이루어진 모래 해수욕장이다. 해수욕장 앞에는 바위로 이루어진 여(바위섬)가 있다. 이 여는 도마 모양이라 **도매여**라고 부른다. 여가 있는 갯벌이라 **여개**가 되었다가 **역개**, **옆개**로 음운 변화된 것으로 추정된다. 해수욕장 가까이 위치한 물안마을의 의미는 물안갯펄 즉 물안개다. 이는 장목면을 기점으로 물의 안쪽에 위치한 개라는 의미

309) 와항(瓦項)

다. 물안마을을 지나면 어온마을이 있으며, 이는 바닷가에 따뜻한 물이 나오는 우물이 있어 붙여진 이름이다. 이 따뜻한 우물 때문에 한때는 칠천량을 **온천량**이라고 불렀던 적이 있다.

한편, **칠천도**는 섬에 옻나무가 많아 옻나무 **'칠'**자를 사용한 칠천도라 부르다가, 이후 하천이 7개 있어 일곱 **'칠'**자를 사용하는 칠천도가 되었다.[310] 또, 주민들에 의하면 섬의 밖에서 보면 작은 섬이 무려 7천 개나 되는 것처럼 보인다고 하여 칠천도라고도 한다. **어온마을**[311]은 어온개 마을이다.

장곶마을[312]은 거제도와 칠천도 사이 430 m의 바닷가에 나루터가 있는 땅끝을 장곶이라 한다. 3개의 법정리에 10개 행정리와 칠천출장소가 설치되어 차도선이 운항하고 있었으나, 1996년 12월 19일 칠천대교(길이 455 m)가 가설하기 시작하여 지금은 차량통행이 가능하다.

물안마을[313]은 물안개 또는 몰안개라 하였는데, 이는 송진만에 접하는 칠천도의 안개라는 의미다. 선조30년(1597) 정유재란 때 7월 14~16일의 칠천량 패전으로 몰살되었다는 뜻이라는 주장도 있다. 서북쪽에는 **굿등산**이 있어 북풍 등을 막아 주어 바다는 늘 잔잔하고 마을은 편안한 분위기를 이어준다. **굿등산**은 물안 서북 뒤에 있는 산으로 높이 161 m에 삼각점이 있고 서북풍을 막아 내안을 잔잔하게 한다. **덕마니끝**은 옆개 북쪽 칠천도의 최북단 땅 끝으로 일명 덕만곶이다. **도매여**는 옆개 앞바다에 있는 도마 모양의 여다. **동룡도**[314]는 장곶이 남서쪽 씨릉섬 동쪽에 있는 면적 2,281 ㎡로 일명 **동굴도**라는 굴이다.

옆개마을은 물안의 동북에 있는 바닷가로 정유재란 때 칠천량 패전의 역사적 위치다. 여기에는 옆개 또는 물안해수욕장이 있고, 옆개라는 지명은 해수욕장 앞에 여가 있어 여개, 역개, 옆개로 변천된 것으로 추정된다.

(6) 연구리

1769년 칠천도방에 속하였으며, 1889년 연구와 윗포리로 나눴다가 1915년 6월 1일 연구리로 법정 통합되었다. 1942년 5월 1일 연구, 곡촌, 금곡, 옥계 등 4구가 된 후, 1961년 10월 1일 행정리가 되었다.

---

310) 칠천 : 칠천(漆川), 칠천(七川)
311) 어온(於溫)
312) 장곶(長串)
313) 물안(勿安)
314) 동룡도(洞龍島)

옥녀봉 동남쪽에 있는 해안마을이다. 칠천도의 서편 광이바다에 접하여 드메, 두메 또는 연구라 하였다. 이는 서북에 냉질산이 막아 포구를 이룩하고 거북 모양의 산과 바다를 상징하여 생긴 명칭이다. 자연마을로는 각시골, 상두골, 옥계, 밸때울 등이 있다. 옥계는 옥녀봉 동남쪽에 있는 마을이라 하여 붙여진 이름이다. 밸때울은 고기가 잘 잡히던 어장이 있었다고 붙여진 이름이다. 연구리에는 옥계마을 앞에 옥계해수욕장이 있으며 이곳에는 오토캠핑장이 마련되어 있다. 마을 남서방향 끝자락엔 칠천량 해전공원이 조성되어 찾는 이가 많다.

연구마을315)은 칠천도의 서편 광이바다에 접하여 드메, 두메 또는 연구라 하였는데, 이는 서북편에 있는 **냉질산**이 포구를 만들며 거북 모양의 형상을 보인다. 이에 거북 구자를 통해 연구라 하였다.

곡촌마을316)은 옥녀봉 밑의 깊은 골짜기에 위치하며 원래는 골애마을이었다.

금곡마을317)은 칠천도의 서남쪽에 위치하며 곡촌의 아랫마을이고, 서남으로 화전산(164.2 m)이 길게 뻗어 있으며, 뒤쪽의 목이 가야금 모양이라 금곡이라 하였다.

각시골마을은 금곡 남서쪽 골짜기의 마을이다.

옥계마을은 외질개 또는 윗개라 하였는데 이는 칠천도의 바깥쪽의 개라는 의미고, 서남으로 뻗은 형세가 비녀모양이라 옥계라 하였다. **각시골**은 금곡마을 남쪽 꽃바구미 북쪽의 갯마을이다. **냉질산**은 연구 서쪽 갯마을 위에 있는 산으로 높이는 101.8 m다.

씨릉섬은 옥계 앞바다에 있는 섬으로 일명 **실능섬(등용도)**이라 하며 면적 79,140 ㎡다. 관광지로 개발하려는 계획이 있다. 임란 때 왜군이 주둔하였다. 2022년 옥계마을과 씨릉섬 사이 관광용 **씨릉섬 출렁다리**를 설치했다.

남광이섬(대광이도)318)은 연구 서쪽 광이바다 가운데 있는 섬으로 면적 17,058 ㎡로 높이 42.9 m에 삼각점 141호가 있고, 옛날 대구의 어장이 있었으며 일명 대광이도라 한다. 염소를 방목하기도 하였으나 버려진 개를 거두어 보호하며 기르는 젊은이 이야기가 TV 프로그램에 소개되기도 하였다. 우뭇가사리가 많이 생산된다.

북광이섬(소광이도)은 광이바다 가운데 남광이섬 북쪽에 있는 섬으로 높이 27.7 m에 삼각점 142호가 있고, 면적 9,025 ㎡며 일명 소광이도라고도 한다.

목넘마을은 연구 북쪽 고개 너머에 있는 마을이다. **별따우산**은 금곡 서쪽에 별따

---

315) 연구(蓮龜)
316) 곡촌(谷村)
317) 금곡(琴谷)
318) 남광이섬(南廣耳島)

구, 별따올산이 있고 북쪽에 어장과 갯마을이 있다. 화전구미어장은 화전산 서남쪽에 대구의 큰 어장이 있었다. **화전산**[319]은 금곡 서남쪽에 진달래가 만발하는 꽃밭 같은 화전산은 높이 164.7 m에 삼각점이 있고 덕곡리의 천마산과 서로 마주 보고 있다.

(7) 유계리

1769년 외가이방에 속하였으며, 1895년 유계와 외상리로 개칭 분리되었는데 1915년 서항, 서대, 서상, 동리 4구가 되어, 1961년 10월 1일 행정리가 되었다.

남쪽으로 산이 있고 유계천이 흐르는 해안을 접하고 있는 마을이다. 서쪽의 앵산에서 흐르는 냇가에 버드나무를 심어 유계라는 명칭이 생겼다. 자연마을로는 매남골, 새앙몰, 억센골, 해미당골 등이 있다. 매남골은 매화꽃을 재배하여 붙은 이름이다. 새앙몰은 유계리에서 으뜸이 되는 마을이라 한다. 억센골은 힘이 억센 사람이 많이 났다 하여 붙은 이름이고, 해미당골은 해미(할머니)를 모신 당집이 있어 불렸다.

동리마을

[320]은 앵산에서 흘러내리는 냇가에 버드나무가 있어 유계라 하였고, 이의 동편에 동리라는 마을이 있다. **동리소류지**는 동리마을 들판의 용수원으로 건설한 저수지다.

서상마을[321]은 유계천 상류에 위치하며 서편 윗마을이란 의미다. **유계저수지**는 유계들의 용수원으로 건설한 앵산 아래 큰 저수지다. **대성사**[322]는 서상마을 동남쪽 억센골 위에 있는 사찰이다. **광청사**[323]는 앵산 자락의 서상마을 위에 있는 사찰로 북사터 아래에 있다. **북사터**는 앵산 밑에 1026년 북사를 창건하고, 이곳에 있던 동종(높이 73 ㎝, 구경 52 ㎝, 중량 121근)을 공민왕7년(1358)에 왜구가 약탈해 갔으며, 그들의 보물로 지정되어 사가현 승락사에 있다고 전해진다.

서대마을[324]은 서상마을 아래에 있는 큰 마을이다. 귀목정은 서대마을 동남쪽 넓은 들판이 있는 곳에 귀목인 느티나무 정자가 있어 농부들이 쉬거나 새참을 먹기도 하였다.

감남골마을은 서대 어신골 서남쪽에 감나무가 많은 마을이다.

---

319) 화전산(花田山)
320) 동리(東里)
321) 서상(西上)
322) 대성사(大成寺)
323) 광청사(光淸寺)
324) 서대(西大)

서항마을[325]은 유계리의 북편 바닷가에 위치하며 새앙몰 또는 큰골, 각곶이 등으로 불리었다. **꾀꼬리봉**은 서항의 뒷산에 꾀꼬리 모양의 날개를 펴고 부리가 바다를 향하는 봉우리가 있다.

석씨마을은 서항 동쪽에 있는 마을로 오래전 석씨가 살았다고 전한다.

(8) 하청리

고려 현종3년(1012) 하청부곡을 두었으며, 조선 세종14년(1432)에는 하청면을 지정하였고 1769년 하청방을 두었다. 1889년 하청과 하구리로 나뉘었다가, 1895년 다시 하청리로 합쳐졌다. 1942년 5월 1일 부락구제에 따라 서리, 중리, 창동, 성동 4구를 구성하여 1961년 10월 1일 행정리가 되었고, 그 후 신동과 신창이 신설되어 6개 행정리가 되었다. 당산 동쪽에 있는 마을로 골이 많다. 자연마을로는 **건너하청(서리)**, 남리, 중리, 성동 등이 있다. 건너하청은 하청리 중심에서 건너편에 있는 마을이라 붙은 이름이다. 남리는 하청 남쪽에 있는 마을로 이름이 붙었다.

서리마을[326]은 **건너청** 또는 건너하청이라 하였으며 하청의 서남쪽에 위치하여 서리라 하였다. 뒷등메는 서리 뒤쪽의 작은 산이다.

중리마을[327]은 하청의 동편 대금산의 줄기를 받는 곳에 새앗골이 있다. 창동과 서리의 사이에 있어 중리라 한다. **장충사**[328]는 중리 서편에 있는 칠원윤씨 사당으로 성종21년(1490) 거제에 처음 들어온 승명교수 윤달과 후손 3인을 모시고 있다.

창동마을[329]은 하청의 본 마을이고 큰 곡창이 있어 창골 또는 창동이라 하였다. **매봉산**은 창동의 동쪽에 옛날 매사냥을 하였던 산이다.

성동마을[330]은 하청의 북쪽에 위치하여 잿골 또는 짝골이라 하였는데, 용등산과 녹감산으로 둘러싸여 성안과 같아 성동이라 하였다. **성동저수지**는 **녹각산**[331] 아래 성동마을 동쪽에 있는 저수지다. **소남비**[332]는 성동마을 앞 신작로 변에 일본에서 맹종죽을 가져와 처음 재배한 **소남 신용우**의 공적비가 있다.

---

325) 서항(西項)
326) 서리(西里)
327) 중리(中里)
328) 장충사(奬忠祠)
329) 창동(倉洞)
330) 성동(城洞)
331) 녹각산(鹿角山)
332) 소남비(蘇南碑)

신동마을[333]은 하청장터가 있었고, 1913년 처음으로 면사무소 설치 후 마을이 번창하여 신동이라 하였다.

신창마을[334]은 창동 위 성동마을 밑에 위치하며 아파트 단지가 조성된 후 신창마을 신설하여 분리되었다. **경충사**는 중리 서편 골짜기의 칠원제씨 사당으로 정조17년(1793) 거제도에서 가장 먼저 건립되었으며, 임진왜란 때 성주목사 제말과 증 병조참판 제홍록을 모셨는데 그 후, 임진왜란 선무원종공신 제인국, 제억, 제진 삼형제 등 5인을 모셨다.

남리마을은 건너하청인 서리의 남쪽에 있는 마을이다. **해명개재**는 하청 부두에서 유계리로 넘어가는 산비탈의 낮은 고개다.

당거리마을은 창동 서쪽에 당산이 있고 당거리 다리가 있는 마을이다. 동메등은 서리의 동메등에 칠원윤씨의 선조묘소 3기가 있다.

4-1-9 장목면

장목면은 **거제의 얼굴**로 부산 방면에서 처음 접하게 되는 곳이며 정치인이 많이 배출되었다. 이 면에는 유인도인 이수도를 비롯하여 7개의 무인도가 있다. 서쪽과 남서쪽은 하청면과 연초면에 접하고, 나머지 부분은 진해만과 남해에 접해 있다.

해안선을 따라 나타나는 좁다란 해안평야를 제외하고는 대부분이 해발고도 300 m 이내의 구릉성 산지와 소규모의 산간분지다. 주산업은 수산업으로 가자미, 감성돔 등 연안어업과 굴, 미역, 홍합 등의 양식업이 활발하다. 취락지역은 주로 해안의 작은 포구에 발달해 있다.

장승포를 기점으로 장목면의 중앙을 거쳐 하청면, 연초면을 지나는 지방도가 있으며 연초면에서는 국도와 이어진다. 한편 거가대교의 신설로 부산권역과는 가장 가까운 상황으로 새로운 발전의 기회를 맞고 있다.

문화재로는 장목진객사(경남유형문화재 제189호), 영등포성, 장목리와 농소리의 성지, 구영등성, 구율포성, 대금산성 등이 있다.

---

333) 신동(新洞)
334) 신창(新倉)

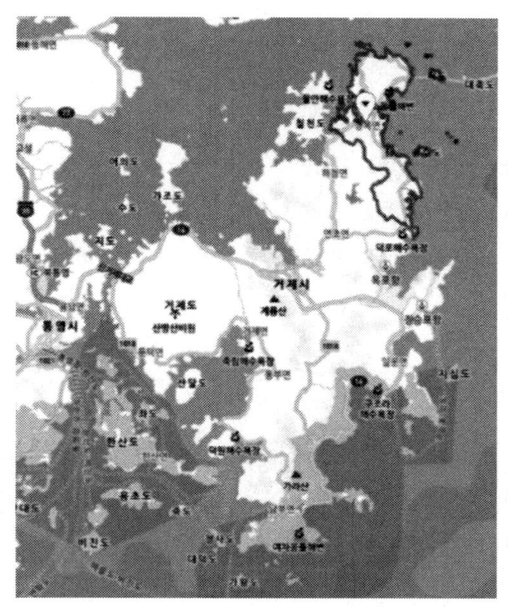

(1) 관포리

1769년 칠천도방이었다가 1889년 대곡과 송포리로 분리되었다. 1942년 5월 1일 부락구제로 대곡, 송포, 황덕 3구로 정비되었으며, 1961년 10월 1일 행정리가 되었다. 서쪽에 장목선착장이 있고 바다가 만을 이루려는 듯 깊숙하게 들어와 있으며, 동쪽으로도 바다가 펼쳐진다.

관포리 남서쪽에는 신봉산(141.8 m)이 있으며, 지금은 방파제로 연결되어 있는 닭섬, 각도, 격산도가 있다. 자연마을로는 두모, 관포, 밤개마을 등이 있다. 두모는 관포의 남쪽 신봉산 자락 높은 곳이며 머리와 머리카락을 상징하여 붙여진 이름이다.

관포마을[335)]은 관포는 관포와 두모 사이에 탕건바위가 있고, 머리 위에 탕건이 있으며 탕건 위에는 갓이 있어야 하여 자연스럽게 이 위치의 마을을 관포라고 불렀다. **진여**는 관포 동남쪽의 길쭉하게 생긴 여다. **탕건바위**는 관포 동북쪽 신봉산 자락에 탕건 모양의 바위로 일명 공알바위라고도 한다. 닭섬은 관포의 동쪽 끝에 닭벼슬 모양의 섬으로 **계도**, 장닭의 **웅도**라 하기도 하며 면적은 4,066 ㎡로 작은 섬이다. 지금은 관포마을에서 방파제가 연결되어 있으며, 계절에 따라 투명보트 등을 즐길 수 있다. 이 섬을 두고 궁농마을과 관포마을의 갈등이 발생하기도 하였고 이는 전설처럼 전해온다.

---

335) 관포(冠浦)

두모마을336)은 관포의 남쪽 신봉산 자락의 높은 곳이라 머리와 머리카락을 상징하여 두모실이라 하였다. **각도**337)는 두모실 앞에 지형이 네모져서 **각섬**이라고도 한다. **격산도**338)는 두모실 앞 바다에 있는 작은 섬이다. **두모실재**는 관포에서 두모실로 넘어가는 고개다. **등밑개**는 관포 북쪽의 궁농마을과 경계하는 등 밑의 개다. **명동재**는 두모실 서남쪽에서 연초면 명동으로 넘어가는 큰 재다.

밤개뿌리마을은 두모실 남쪽 밤개의 뿌리에 있는 갯마을이다. 신봉산339)은 관포 남서쪽에 봉황모양의 높이 142.2 m 산으로 삼각점이 있다.

(2) 구영리

1769년 방리개편 때 하청면 구영등방이라 하였으며 1889년 구영리로 고치고, 1895년 구영과 황포리로 나누었다. 1942년 부락구제로 구영과 황포로 2구가 되었으며 이들은 1961년 각각 행정리가 되었다.

마을 동남쪽에는 봉황의 날개 모양이라고 하는 대봉산이 있으며 동진포가 위치해 있다. 남쪽으로는 황포해수욕장이 펼쳐지고 마을 앞에는 딴돌바위, 딴섬 등이 있다. 자연마을로는 구영, 황포, 개따리끝, 광지말, 수리작, 아랫몰, 윗몰, 음지, 양지 등이 있다. **구영**은 거제도 최북단에 위치하여 성종 때 거제칠진의 영등진을 두었던 곳이다. 이를 인조 때 둔덕면 영등으로 옮겨 이곳은 구영등, 구영이라 하게 되었다. **황포**는 사질토로 이루어져 있어 마사의 주산지다. 홍수 때마다 황토가 흘러 수분이 부족하게 되고 나무가 잘 자라지 않는다는 의미에서 황포라는 이름이 붙었다. 개다리끝은 황포 동북쪽에 위치하는 땅끝으로 개다리 모양을 하고 있다.

구영마을340)은 거제도 최북단에 위치하며 1470년 거제칠진의 하나인 영등진을 두었다가, 인조원년(1623)에 둔덕면 영등으로 옮겼으며, 이에 따라 구영이라 하였다. **옥안터**는 구영리 258번지 위쪽에 영등포진의 감옥이 있었다. **왕바위**는 구영 동쪽 안골의 큰 바위다.

황포마을341)은 거제도의 북단은 사질토로 마사의 주산지며, 홍수 때마다 황토의 모래가 흐르고 수분이 없어 나무가 자라지 않은 사방지역이라 황포라 하였다. **깐치여**는

336) 두모(頭毛)
337) 각도(角島)
338) 격산도(格山島)
339) 신봉산(神鳳山)
340) 구영(舊永)
341) 황포(黃浦)

황포 마당여 북쪽 옆에 민물 때는 잠기고 썰물 때 나타나는 암초다. **동진포**는 황포의 항구로 부산, 여수, 마산 등으로 가는 여객선의 기항지였으나 지금은 사라졌다. 여기에서는 청과 일본의 교역항으로 기능하였으며, 1980년경 저인망 그물에 일본 부사산과 대나무 그림이 새겨진 도자기가 출토되기도 하였다. **무제봉**은 황포 서북쪽 사이말(사울이끝, 뱀부리끝) 남쪽 산으로 가뭄에 기우제를 지내던 봉우리다.

개다리끝마을은 황포 동북쪽에 있는 땅끝으로 개다리 모양의 산 밑에 있는 갯마을이다. 고령재는 송진포에서 황포로 넘어가는 고개로 높고 가파른 고개로 바다쪽으로 골프장이 있다.

광지말마을은 황포 서남쪽에 1905년 러일전쟁 당시, 러시아 함대가 거제도 동쪽을 지나가는 상황을 관찰하던 왜군 광지가 살았다는 마을이다.

구영등진[342]은 1470년 거제칠진의 하나로 영등진을 지정하여 종4품의 만호를 두었으며 전선, 병선, 사후선에 군관 31명과 군사 229명이 주둔하였고, 둘레 606.8 m, 높이 7.4 m의 영등성을 쌓았다. 임진왜란 후 인조원년(1623) 둔덕면 영등으로 진이 옮겨 갔기에 이곳을 구영등진이라 하였다.

대봉산[343]은 황포 동쪽의 큰 산으로 봉황의 날개 모양이라 대봉산이라 하였으며, 2차 세계대전 당시의 것으로 보이는 일본해군용지라고 적힌 푯말이 발견되었다. 높이는 260.3 m다. 이 산을 중심으로 섬앤섬길이 지정되었다. 동헌터는 구영리 336-1번지에 영등진 동헌터다. 딴돌바위는 황포 동북쪽 개다리끝 앞 바다의 바위섬이다.

딴섬은 황포해수욕장에서 북서쪽으로 길게 뻗은 광지말을 향하는 바다에 있는 섬으로 면적 35,802 ㎡의 길게 생긴 모양의 섬이다. 딴섬 북서쪽에 마당 모양으로 넓고 평편한 여가 있다.

사이말(사울이끝, 뱀부리끝)은 거제도의 최북단에 위치하며 구영마을과 양지마을 사이의 반도로, 거제 본섬의 북서쪽이다. 그 끝은 창원(마산, 진해)을 향하고 있으며, 뱀 모양을 닮아 뱀부리끝 또는 사부리끝이라고도 한다. 이는 최동쪽 끝단의 하나인 일운면 **서이말**과 상대되는 지명이다. 러일전쟁 때 일본군 대포 7문이 있었던 봉우리로 높이 67.4 m에 삼각점이 있다. **산성산**[344]은 황포 동남쪽에 옛날 망을 보던 작은 산성이 있고 그 아래로 생선골이 있다.

---

342) 구영등진(舊永登鎭)
343) 대봉산(大峯山)
344) 산성산(山城山)

수리작마을은 황포 서남쪽에 러일전쟁 당시 일본군 광지라는 사람이 살았다는 광지몰 옆의 마을이다.

양지마을과 음지마을은 구영마을과 황포마을 사이에 있으며, 황포 북쪽 뱀부리 끝을 바라보는 갯가의 음지와 길 건너편 동남향에 양지마을이 있다.

(3) 농소리

1769년 하청면 농소포방으로 1889년에는 농소리로 바뀠으며, 1942년 부락구제에 따라 농소와 임호 2구가 되었으며 1961년 행정리가 되었다.

대부분의 지대가 완만한 구릉 지형으로 이루어져 있으며 마을 동쪽은 남해와 접한다. 서쪽에는 고도가 낮은 산지가 분포해 있고 자연마을로는 농소, 개몰, 상촌 마을 등이 있다. 농소마을은 농사를 권장하는 농소가 있다 하여 붙여진 이름이며, 개몰마을은 농소 남쪽 갯가에 있는 마을이란 의미로 불리며, 상촌마을은 농소 위쪽에 자리하여 붙여진 이름이다.

농소마을[345]은 간곡만(농소해수욕장)의 동북에 위치하고 풍랑이 심하여 귀목나무와 포구나무로 방풍림을 육림하여 숲개, 갯몰을 보호하였다. **군위봉**[346]은 농소마을 서북쪽에 있는 산(188.5 m)으로 일명 **장군봉**이라 한다. **노장산**은 농소마을의 북쪽, 유호마을 남쪽에 있는 산으로 높이는 218.4 m다. **유호봉**(186.9 m)은 농소와 하유마을 사이에 있으며 아래로는 거가대교 접속도로의 터널이 지난다. **독메등**은 농소마을 가운데 작은 동산을 독메등이라 하고, 대장군 장승이 마을을 지키고 있다.

(4) 대금리

대금리는 1769년 하청면 대금산방이었으며, 1889년 대금리로 바뀌고 1895년 외포면 설치에 따라 포함되었다. 1909년 외포면이 폐지되고 장목면이 신설되어 이에 속했다. 동북쪽에는 굴이 있는 꿀끝산이 있고 마을 뒤쪽으로는 대금산이 펼쳐진다. 시방리에 속해 있는 이수도가 가까이에 있다.

자연마을로는 대금, 복항(보항), 곤안, 돌팍걸, 배갯등, 발앞개, 보목, 봉곳 등이 있다. 복항은 대금산 동북으로 흐르는 큰 골의 냇물을 받아 농토에 인수하는 보고랑이 있어 보목 또는 본목이라 하였다. 대금은 산 밑에서 금광을 개발하여 이 산을 대금

345) 농소(農所)
346) 군위봉(軍威峯)

산[347]이라 부르다가, 남해도의 금산과 풍경이 비슷하여 대금산[348]이라 하였고, 이러한 산의 지명을 따서 대금의 이름이 붙여졌다.

대금마을[349]은 남쪽으로 대금산이 있어 대금마을로 불렸다. 대금산은 태백산맥의 정기를 이어받은 높이 437.5 m에 삼각점이 있으며, 금광개발이 있었다.

복항(보항)마을[350]은 대금산 동북으로 흐르는 큰 골의 냇물을 받아 농토에 인수하는 보고랑이 있었으며, 이를 보목 또는 **본목**이라 하여 **보항**이라 하였다. 지하수인 물이 스며 흐른다는 의미로 **복항**이라 표기한다. 이 마을에는 최근 **매미성**이 있어 유명해졌다.

골안마을은 대금 동쪽 골짜기 안에 있는 마을이다. **꿀끝산(굴끝산)**은 대금 동북쪽에 굴이 있는 산이다.

돌팍걸마을은 대금 서쪽 돌이 많은 곳에 있는 마을이다. **딴여**는 꿀끝산 앞바다에 따로 있는 암초다.

보목마을(복골)은 상금산[351] 밑에 있는 보의 길목에 있는 마을이다.

절골마을은 홍남마을의 서쪽 대금산 자락에 있는 마을로 대금산은 남서쪽에 있다. 부처바위는 대금 동쪽 부처방골의 큰 바위 복판에 미륵부처를 봉인하였으며 '부처야' 하고 부르면 대답을 하였다고 전해온다. 붉은여는 대금 동북쪽의 바다에 붉은 색의 암초다.

(5) 송진포리

1769년 하청면 장목방에 속하였으며, 장목만의 북편에 위치한 갯마을이다. 1889년 송진리가 되었다가 1895년 신촌과 궁농리로 나뉘었으며, 1909년 장목면의 신설로 이에 속하였다. 1942년 송진, 신촌, 궁농, 간곡 등 4구가 되었다가 1961년 행정리가 되었다.

망봉산 산자락이 자리잡고 있으며, 새배논골 등이 있다. 자연 마을로는 송진, 신촌, 궁농, 간곡, 깨작몰, 서당골, 수리장, 아랫미, 웃마을, 중간골이 있다. 송진포리는 신촌과 궁농리로 나뉘어져 있던 것이 장목면이 생길 때 합쳐졌다. 송진은 송징개, 소비포, 송진포라고도 하였는데, 우리나라 적송을 참솔이라 하였기 때문에 송진포라고 칭하였다. 궁농은 신궁촌, 궁노실이라고도 하였으며 농촌과 어촌의 특징을 모두 지닌 지역이다.

---

347) 대금산(大金山)
348) 대금산(大錦山) : 437.5m
349) 대금(大錦)
350) 보항(洑項)
351) 상금산(上金山) : 285.5 m

억센 파도로 둑이 생겨 방품림을 조성하였고, 안에는 연못이 만들어져 갈대밭이 무성하니 궁궐 같다는 의미에서 불리었다. 간곡은 송진포 동쪽 깊은 골짜기 아래에 위치한 마을로 간곡만의 몽돌해수욕장을 중심으로 이루어졌다. 일제강점기 당시에는 일본 해군의 기지가 있었다.

송진마을(송진포)352)은 소징개, 소비포, 송진포라고도 하였으며, 이는 우리나라 적송을 참솔이라 하고 참솔은 송진의 대표적이니 이곳을 송진포라하였다. 남부면 송미포는 참솔이 아닌 흑송 또는 해송이 울창하여 송진이 아닌 송미로 불리었다. 이 마을의 서쪽은 골프장이 있다. **러일전쟁기념비**는 청나라와 요동반도에서 대승한 일본군은, 러시아 발틱함대가 아프리카 남단을 둘러 대한해협을 통해 블라디보스톡으로 간다는 첩보를 입수했다. 1905년 2월 22일 장목면 송진포를 강점한 후, 일본해군 본부를 창설하고 이곳에서 기다리다가 5월 27일 동경평팔랑원수 도고 헤이하치로가 러시아와 격전을 통해 대승하였다. 이로서 러일전쟁은 종전되었다. 7월 29일 카스타 태프트의 미일조약으로 미국은 필리핀을, 일본은 한국을 독점 지배하게 하였고, 사할린 남부와 요동반도의 여순, 대련 영유권을 가졌으며, 1931년 5월 27일을 일본해군기념일로 제정하고, 송진포에 전승기념비를 세웠다. 이를 광복 후 주민이 철거하였으며 현재는 시청창고에 보관하고 있다.

안산은 송진포마을과 신촌마을 사이에 있는 산으로 높이는 141.7 m다. 이 고개를 통해 서쪽편의 송진포와 동쪽편의 신촌, 궁농마을을 오갔다. **매가릿개**는 송진포 서쪽 아랫몰 서쪽 바다에서 매가리와 전갱이를 많이 잡았다.

신촌마을353)은 1904년 러일전쟁에서 승리한 일본은 만주 요동반도에 대한 권한을 지니게 되었다. 러일전쟁에서 일본군은 러시아의 발틱함대가 아프리카 남단을 지나 대한해협으로 항진한다는 정보를 들었다. 이에 1905년 2월 22일 송진포에 일본해군 본부를 두기 위해 송진포 주민들을 신촌마을로 강제 이주시켰다.

궁농마을354)은 궁노실 또는 신궁촌이라 하였으며, 송진포의 남쪽 고개 너머에 있는 농어촌마을로 바닷가에 억센 파도로 둑이 생겨 방풍림을 조성하였다. 안에는 연못이 생겨 갈대가 무성하여 궁궐 같다고 하여 궁농이라 하였다. 바다쪽으로 잘 단장된 망봉산(83.8 m)이 있다. **망봉산**은 궁농 동쪽 땅 끝에 높이 83.7 m의 산으로 봉우리에 러일전쟁 당시 일본은 초소를 설치하였다.

---

352) 송진(松眞)
353) 신촌(新村)
354) 궁농(宮農)

간곡마을[355]은 송진포 동쪽 너머에 깊은 골짜기 아래 간곡만의 길고 넓은 농소몽돌해수욕장 중앙부에 있는 마을로 새앳골이라고도 하였다.

등밑마을은 신촌마을 남쪽의 갯마을이다.

수리장마을은 송진포 서쪽에 있는 갯마을이다. **아랫미마을**은 송진포 서쪽 아래에 매가리와 전갱이가 많이 잡히는 갯마을이다.

(6) 시방리

1769년 하청면 시방방과 연초면 이물도방이었다가, 1889년 시방리에 통합되었다. 1895년 외포면 설치에 따라 시방과 이물도리로 분리되었고, 1909년 외포면 폐지와 장목면 설치로 장목면에 속하였다. 1942년 시방, 이수(이물), 흥남으로 나뉘었으며 이들은 1961년 행정리가 되었다.

대부분의 지대가 완만한 구릉 지형으로 이루어져 있으며, 마을 동쪽은 남해와 접하고 있으며, 서쪽에는 대금산이 위치하고 있다. 자연마을로는 돌찡이, 서목, 절골, 이수마을 등이 있다. 돌찡이 마을은 돌새미가 있다고 붙여진 이름이며, 서목 마을은 서나무가 많았다 하여 불려진 이름이다. 절골 마을은 절이 있어 이름 붙여지게 되었으며, 이수마을은 이수도에 있는 마을이라는 의미다.

시방마을[356]은 시방마을의 포구와 해변은 그 모양이 활처럼 휘어져 남동쪽 등마루에서 이수도를 향하여 활을 쏘는 형상을 이룬다. 시방마을은 살방이라고도 하고, 이물도를 학섬(이수도)이라 한다. 이수도는 화살을 받는 지세를 피하기 위하여 **방시순석**을 세우기도 하였다. 시방에서는 **방시만노석**을 세워 다시 학섬 이수도를 노렸으나, 학섬에서는 재차 **방시만노순석**을 세웠다. 이후 갈등과 충돌을 줄이고 두 마을은 화합하였다. 지금도 이들 석비들이 남아있다.[357]

이수마을[358]은 **이물섬**, **이물도** 또는 시방마을을 향해 날아가는 학처럼 생겼다하여 **학섬**이라 한다. 이 인근 바다는 시어인 대구의 산란해역이며, 일본인의 멸치잡이 권현망이 들어와 부자 마을이 되었다. 이에 바닷물이 이로움을 준다는 의미로 이수라 하였다. 이수도의 시방마을 쪽으로 동산(29.3 m)이 있다. **동산**은 이수도의 입구, 학의 머리에 해당 위치의 산으로 높이는 29.3 m다. **흰여섬**은 이수도 동쪽에 갈매기가 쉬는 돌섬으로 갈매기 배설물이 말라 하얗게 보인다.

---

355) 간곡(間谷)

356) 시방(矢方)

357) 방시순석(防矢盾石), 방시만노석(放矢萬弩石), 방시만노순석(防矢萬弩盾石)

358) 이수(利水)

홍남마을[359]은 시방리에 속하는 돌정이, 돌징개 또는 돌정으로 부르던 갯마을이었다. 농토는 적어 일제강점기 시절 함경도 청진에서 고등어배를 탔던 어로장(망장이)이 홍남 앞바다에서 정어리를 많이 잡아 부자가 되었고, 함께한 어부들도 잘살게 되자 이곳에 머물며 홍남마을이라고 하였다. **깔밭구미끝**은 시방 동남쪽 끝자락 돌찡이다. **큰여**는 홍남 돌찡이 앞 바다의 암초다. **갈바산**은 시방마을과 홍남마을 사이의 산(119.2 m)이다.

(7) 외포리

1769년 연초면 외포방이었다가 1889년 외포리로 되었으며, 1895년 외포면이 신설되었다. 이후 1909년 장목면 신설로 편입되었으며, 1942년 외포, 소계, 대계 3구를 거쳐 1961년 이후 상포와 서목이 분리되며 5개의 행정리가 되었다.

외포리는 구릉으로 둘러싸여 있는 마을로, 덕미산이 있으며 이수도가 보인다. 양지산(망월산 226.3 m)과 음지산이 마주 보고 있고 이들 사이에 외포만이 이뤄진다. 자연마을로는 외포, 상포, 소계, 대계, 서목 등이 있다. 외포는 밖개라고 하던 곳으로 본섬 거제도의 동쪽 해안에 있다. 상포는 외포가 확장되면서 초·중학교가 설립되었고, 이에 따라 아랫마을과 분리하여 상포라 하였다. 대계는 지형이 닭의 모습과 유사하여 붙여진 이름이다. 망월산 쪽에는 대홍사라는 절이 있다. 12월에는 대구축제가 열린다.

외포마을[360]은 밖개라 하였으며 거제도의 동쪽 편에 위치하고, 장목면 외포출장소가 설치되어있다. 이 출장소는 외포와 시방리 등 8개 행정리를 관할한다. **대홍사**[361]는 외포 항구 동남쪽 땅끝 가는 곳에 있는 절이다. **독구미여**는 외포 서남쪽 바다에 있는 암초다. **망월산**[362]은 외포 동북쪽 높이 226.4 m에 삼각점이 있는 산의 분지로 봉우리 사이에서 떠오르는 보름달이 사이에 걸렸다가 다시 뜨는 모습을 보는 달맞이 산이다. **외포출장소**는 1976년 8월 12일 거제군조례 제127호로 장목면 외포출장소를 설치하여 외포와 시방리를 관할하고 있다. **음지산**[363]은 외포 남쪽 음지에 있는 산으로 양지산과 마주 보며 외포만을 형성한다. **장수바위**는 외포 서북쪽에 있는 바위로 힘센 장사가 쉬어간 흔적으로 손자국과 담뱃대 모양의 자국이 있다.

---

359) 홍남(興南)
360) 외포(外浦)
361) 대흥사(大興寺)
362) 망월산(望月山)
363) 음지산(陰地山)

상포마을[364]은 외포마을의 발전으로 초·중학교가 있으며, 서목마을로 가는 고갯마루 부근이다.

소계마을[365]은 남쪽의 대계마을과의 경계 끝에 형상이 닭을 닮은 곳이 있고, 이의 북쪽 편으로 작은 갯마을이 소계마을이다. **덕미산**[366]은 소계와 외포의 경계에 있는 산으로 등마루 너머로 이수도가 보인다. 등마루에는 주택단지가 있다. **토양섬**은소계마을 앞에 있는 섬으로, 황토가 씻겨 흘러 바다를 누렇게 한다고 하여 황여 또는 토양섬이라 한다.

대계마을은 소계마을에서 옥포의 덕포 쪽으로 이어진 마을로 큰동섬과 작은동섬이 북쪽에 있었으나 지금은 매립을 하여 본섬의 일부가 되었다.

서목마을[367]은 서나무실이라 하였으며 **홍남마을(시방리)**과 돌찡개 고랑을 사이에 두고 26년간 한마을로 살았다. 그러나 두 마을은 법정리와 지번이 맞지 않아 불편이 심하여 1968년에 분리하였다. 홍남해수욕장을 중심으로 그 윗마을이 홍남마을이며, 홍남해수욕장이 끝나는 부근에서부터 만의 나머지 영역이 **서목마을(외포리)**에 해당한다. **큰개고랑**은 시방리 홍남과 외포리 서목을 경계하는 계곡으로 아래는 돌찡이가 있다. **시루봉**은 서목마을의 서남쪽 대금산 자락에 있는 산으로 높이sms 356.7 m다.

고래내깃개는 닭섬 동쪽으로 100년 전 고래를 잡았다는 포구다. 꽃섬은 대계 포구의 남동쪽 해안에 바위가 발달한 곳 끝자락의 작은 섬이다.

(8) 유호리

1769년 하청면 유포와 저도방 등 2방이었다가 1889년 상유, 하유, 저도리 등 3개 리로 나눠졌다. 1942년 상유, 하유 2구로 지정되었으며 1961년 행정리가 되었다.

유호의 서쪽엔 노장산이 위치하고 이어 대봉산이 있어 창원, 진해, 부산의 녹산과 명지를 바라보고 있다. 마을 앞에는 저도가 있으며 저도 북쪽에는 망와도가 있다. 자연마을로는 상유, 하유, 저도 등이 있다. 유호리는 원래 유포로 버르대, 버들개, 버드내라고도 하였으며, 바다 건너 저도가 지척에서 북풍 등을 막아 주어 호수를 형성하므로 유호리라 하였다. 상유는 윗버드래라는 뜻이다. 하유는 아래버드래로 저도와 마주 보고 있다. 유호리와, 남쪽에 위치한 이수도 사이 바다는 대구 산란해역으로 지역 어업의 본거지다.

364) 상포(上浦)
365) 소계(小鷄)
366) 덕미산(德美山)
367) 서목(庶木)

상유마을[368]은 윗버드래를 상유라 한다. **짝근이등대**는 상유 동쪽 개구리섬을 쫓으려는 뱀모양의 여에 등대가 있다. **개다리끝산**은 상유 북서쪽에 있는 개다리 모양의 산이다. **담배앞데기산**은 상유 서북쪽에 담배밭이 많이 있던 버덩산이다.

하유마을은 아래버드래로 저도와 마주 보고 있으며, 남쪽 이수도와 사이 바다는 우리나라 대구 산란해역으로 정치망 어업의 본거지다. **깔미섬**은 돌섬 또는 돼지섬의 동쪽에 있는 섬으로 일명 삼산도라 한다. **노장산**[369]은 유호 고개 서쪽에 있는 산으로 높이는 218.4 m다. **대봉산**[370]은 웃버드래 뒷산으로 진해시를 바라보고 있으며 높이 129.4 m 지점에 지적측량을 위한 삼각점이 있다. **망동산**은 하유 갯가 끝에 망을 보던 동산이다.

망와도[371]는 저도 북서쪽, 상유마을 북쪽 개구리 모양의 섬으로, 저도와 함께 진해시 안곡동에 편입되었다가 1993년 거제시로 되돌려졌다. **사근도(짝근이섬)**[372]는 저도와 망와도 사이 뱀 모양의 섬으로 뱀섬이라고도 하며 작은 여를 지니고 있다. **저도**는 일명 청해대로 지금은 일부 개방되었다.

(9) 율천리

1769년 하청면 구율포방이었으며 1889년 율천리라고 개칭하였다. 1895년 외포면의 신설로 율천리와 율리로 분할 편입되었으며, 1909년 장목면 신설에 따라 이에 속한 후, 다시 1915년 율천리로 통합되었고 1961년 이후 율북마을이 분리되었다.

서쪽으로 제석산과 율천산이 위치해 있다. 자연마을로는 율천, 율북, 성몰 등이 있다. 율천은 밤나무가 많이 있어서 밤개, 밤내, 율포, 율포보, 구율포라고 불리던 곳이다. 상금산, 중봉산, 율천산에 계곡이 많고 밤나무가 많아 율천이라 하였다. 율북은 율천의 북쪽에 위치하여 붙여진 이름이다. 율천 앞 돈대[373]에 별신굿을 하던 자리인 별신대가 남아있다. 유적으로 구율포성이 있다.

율천마을[374]은 밤나무가 많아 밤개, 밤내, 율포, 율포보, 구율포라 하였다. 율천성은 성종원년(1470) 율포보 설치와 함께 율포성을 쌓았다. 둘레 340 m, 높이 3.2 m

---

368) 상유(上柳)
369) 노장산(老長山)
370) 대봉산(待鳳山) : 260.4m
371) 망와도(望蛙島) : 15,074㎡
372) 사근도(蛇筋島)
373) 경사면을 절토하거나 성토하여 얻어진 계단 모양의 평탄지를 옹벽으로 받친 부분
374) 율천(栗川)

석축으로 정유재란 때 왜구에게 침략을 당하였다. 현종5년(1664)에 옮겨간 후 구율포성이라 하다가 율천리로 법정되어 율천성이라 한다. **율천산**은 연초면 명동리 도천골에 걸쳐 있는 산으로 높이 232.9 m에 삼각점이 있다.

성몰마을은 율포성 옆에 있는 마을이다.

율북마을[375]은 율천산의 동북쪽 아래 율천의 북쪽에 위치한다. **꽃봉산**은 율북 남쪽 진달래꽃이 많이 피는 등마루로 일명 화봉산이라 한다. **눈썹바위**는 율천 서쪽 눈썹 모양의 바위다. **독봉산**은 율천 북쪽 화봉산 북쪽에 홀로 있는 산으로 높이는 101.2m다. **석이암**[376]은 율포성의 서북쪽 석이바위골에 있는 귀 모양의 바위다.

(10) 장목리

성종원년(1470) 거제칠진의 장목포진을 두었으며, 1769년 하청면 장목방이었다가 1909년 6월 25일 칙령 제30호로 장목면이 설치되었다. 1942년 동구, 서구, 매동 등 3구가 되었으며, 그 후 동구를 장동, 서구를 장서와 장북으로 개칭 신설하여 4개 행정리로 되었으며, 장목만의 입구가 문같이 좁아 장문포라 하였다.

마을 앞에 산이 있고 섬과 골짜기가 많은 해안마을이다. 장목진이 있어 장목진 또는 장남포, 장목포라 한데서 장목이라는 명칭이 생겼다.

자연마을로는 매동, 장목동촌, 장목서촌 등이 있다. 매동은 장목동촌 서남쪽에 있는 마을로 마을 앞에 매화 모양을 닮은 매화산이 있어 붙은 이름이다. 장목 동촌은 장목 동쪽에 있다고 하여 붙은 이름이다. 장목 서촌은 장목 서쪽에 있어 불리는 이름이다. 옛 장목진영의 객사가 남아있다.

장동마을[377]은 장목면사무소가 있는 동쪽의 마을이다. **농바위**는 장동 성터의 농 모양의 바위다. 옥터는 장동의 동헌터 뒤에 장목진의 감옥의 터가 있었다. 현재는 밭으로 개간되었다. **장수바위**는 장동 농바위 서남쪽에 사람이 누운 자국과 손자국이 있는 바위로 힘센 장사가 쉬어갔다는 전설이 있다.

장서마을은 장목항의 안쪽 장목진영사가 있는 마을이다. **제석산**[378]은 장서마을 남쪽 제석골 위의 267.5 m 산이다. **동헌터**는 장서에 옛날 면사무소가 있던 곳으로 장목진의 동헌터다. 장목진[379]은 세조5년(1460) 8개 군에 진관을 설치하며 성종원년

375) 율북(栗北)
376) 석이암(石耳岩)
377) 장동(長東)
378) 제석산(祭石山)
379) 장목진(長木鎭)

(1470) 거제칠진의 하나로 장목포진을 설치하였다. 진성은 없고 효종7년(1656) 전선, 병선, 사후선을 배치하였는데, 고종32년(1895) 갑오경장에 따라 통제영, 수영, 진영, 진보 등 모두 철폐하였다. 장목진객사[380]는 1470년 장목진에 객사가 있었으며, 임진왜란 때 이순신장군과 이영남만호가 전투를 숙의하던 영사로, 1971년 12월 29일 지방유형문화재 제189호로 지정되었으며 복원되었다.

장북마을은 장목항 부두가 있는 북쪽 마을이다. **왜성터**는 장북의 골짜기에 둘레 2,400 m의 왜성이 있는데 임진왜란 때 왜군이 쌓았다. **업새성터**는 왜성과 시루성 사이의 성터다.

군항포[381]은 장목의 서쪽에서 북으로 뻗은 땅끝의 서쪽개를 군항포라 하는데, 이는 장목진의 전선을 계류시켜 불리우며 전성개 또는 전선포라 부른다. **대벅북섬과 소벅북섬**은 군항포 북쪽에 대벅북도 면적 9,521 ㎡와 소벅북도 면적 3,868 ㎡의 두 개의 무인도가 있다. **벼락바위**는 밤밧골에 벼락을 맞은 바위다. **왜곶이산**은 매동 북쪽에 기와를 구웠다는 산으로 높이 120.4 m에 삼각점이 있다.

매동마을[382]은 장목면 서쪽 끝으로 하청면과 경계를 이루고, 칠천도를 마주한 갯마을이다. 삵괭이가 서식하여 씰개라 하였다. 또, 매화나무가 많아 매동이라 불렀다. **매화산**은 매동 앞에 매화모양의 산이다.

380) 장목진객사(長木鎭客舍)
381) 군항포(軍港浦)
382) 매동(梅洞)

4-2 9개 동

4-2-1 장승포동

영조45년(1769) 방리개편으로 장승거리방이라 하였으며, 북쪽 두모고개에 장승이 있어 장승거리라고 하였다. 고종26년(1889) 장승리로 바꿨으며 1961년 행정리가 되었다. 1969년 5월 15일 거제군 조례 제157호로 고유지명인 구촌, 신부동, 중앙, 장승, 마전으로 개칭하였다. 1989년 1월 1일 법률 제4050호로 장승포시가 설치되며 구촌, 신부동, 중앙, 장승마을, 두모마을을 합쳐서 행정동으로 하였으며 관하에 7통을 두었으며, 마전마을과 일운면 옥림리에서 편입한 대림1동, 2동을 합쳐서 마전동이라 하고 관하에 5통을 두었다.

면적 2.15 ㎢로 장승포만에 접해 있고, 북쪽은 옥포만에 접해 있다. 해안 여러 곳에는 천연 암벽이 발달하여 절경을 이룬다.

조선시대에는 거제군 **이운면**이었는데, 1914년에 용남군과 통합되면서 통영군에 속하였다. 1935년에 이운면이 **장승포읍**으로 승격하였고, 1953년에 다시 거제군에 속하게 되었다. 1989년 1월 장승포읍이 시로 승격함에 따라 장승포리가 장승포동이 되었다. 1995년 1월에 **장승포시**와 거제군을 통합하여 도농복합형태의 거제시가 됨으로써 거제시에 속하였다. 행정동인 장승포동은 법정동인 장승포동과 두모동 및 마전동을 관할한다.

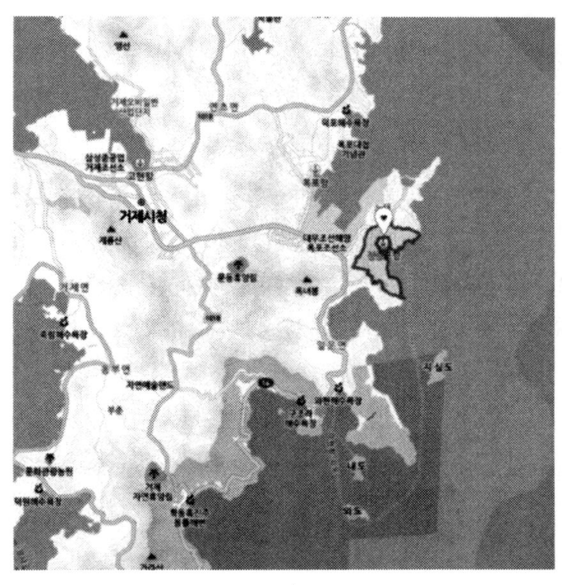

구촌마을은 장승포에서 가장 오래된 마을이며, 신부동마을은 일본 **입좌촌** 사람들이 모여 살면서 새로운 부자들이 살았다고 신부동이라고 불렀다. 중앙마을, 두모고개 아래 장승포항구에 있는 장승마을이 있었다.

장승포동 권역에는 애광원, 문화예술회관, 문화원, 시립도서관, 충혼탑, 농산물공판장, 옥포대우병원, 장승포등대, 유람선터미널 등이 있고, 1966년 4월에 개항한 장승포항이 있다. 주요 도로는 14번 국도가 거제대교를 거쳐 장승포동까지 해변을 따라 이어지며 1018번 지방도가 지난다.

2016년 장승포동과 마전동을 합하여 장승포동으로 행정 통합하였다.

구촌마을[383]은 장승포항의 바닷쪽 입구에 위치하는 갯마을이다. 제주도 해녀가 입주한 곳으로 장승포의 1구에 해당한다. **몽돌개**는 구촌 동쪽으로 돌아가면 몽돌이 많은 깨끗한 개가 있고 해수욕장으로 사용되었다. 지금은 그 위쪽에서 매년 첫날 **해맞이행사**가 개최된다.

신부동(신부)마을[384]은 구촌마을 위에 고종26년(1889) 11월 12일 한일통어장정으로 일본어민이 입주하여 **입좌촌(이리사무라)**이라 하고 우편소(우체국)와 시장이 형성되었다. 1930년 방파제를 축조하여 장승포리 2구라 하였는데 광복 후 신부동이라 하였다.

중앙마을은 장승포리의 5구 중 3구라 하였으며 장승포의 중앙에 해당한다. 초등학교와 중학교, 고등학교가 있었으나, 지금은 장승포초등학교만 있다. 1953년 거제군청과 교육청의 소재지였다.

장승마을은 두모고개 장승거리 아래 장승포리 4구였는데, 장승거리가 있어 장승마을이라고 하였다.

마전마을[385]은 삼밭이라 하였고 장승포리 5구에 해당한다. 옥포조선소의 배후지역으로 아파트단지가 조성되며 행정동으로 마전동을 분리하였으나 다시 장승포동으로 합병되었다. 개분지는 신부동 북쪽에 있는 골짜기다. **귀밋골**은 삼밭골 동남쪽 **기미산(구미산)**에 있는 골짜기다. **삼밭고개**는 삼밭 서남쪽에서 일운면 옥림리로 넘어가는 고개로 지금은 아파트단지가 있다. **숲안마을**은 신촌 북쪽에 있는 마을로 지금은 마전초등학교가 있다.

신촌마을은 삼밭 북쪽에 6·25 이북 피난민이 중심이 된 새로운 마을이 만들어졌다. 현재 마전어린이집이 있다. **윤가여**는 삼밭 남동쪽 기미산의 총바위 북동쪽 바다에 있는

383) 구촌(舊村)
384) 신부동(新富洞)
385) 마전(麻田)

여다. **장승포등대**는 장승포항의 방파제 끝에 출입하는 선박 길잡이로 등대로 1구와 5구에 있다.

장승포항은 장승개 앞바다를 장승포만이라 하며, 1889년 한일통어장정 이후 일본 어민의 이주로 입좌촌을 형성하고, 어선단의 보호를 위하여 1930년에 방파제를 축조하였다. 1935년 이운면을 장승포읍으로 승격하여 읍사무소를 아양리에서 장승거리 고개에 옮기며 항구가 되었다. 1965년 6월 25일 국제개항장으로 지정되어 항만청, 세관, 검역소, 출입국 관리소(현재는 연초면으로 이전)를 두었고, 수산물 물양장과 여객선 터미널이 건설되어 동부 거제도의 관문 항구로 역할을 하였다. 여객선이 없어지며 유람선 터미널이 활성화되어 있다. 총바위는 기미산(구미산) 동쪽 해안의 총알 모양 바위다. 턱바위는 총바위 남쪽에 사람의 턱처럼 생긴 바위다.

망산과 삼족오바위는 장승포동 망산은 장승포 1, 2구 마을의 뒷산으로 해발 220 m다. 이곳에서는 대마도와 지심도가 뵈고 태평양을 바라볼 수 있다. 정상 부근에는 책상바위, 시루떡바위, 독수리바위가 있고, 장승포동에서 오르는 길에는 매화나무가 많아 매화골로 불리기도 한다. 특히, 바다가 보이는 등산로의 상부에는 삼족오를 새겨 둔 바위가 있다.

윤개공원은 마전의 오른쪽, 장승포 5구 등대 끝자락을 돌아가면 몽돌이 가득한 아담한 포구가 있다. 이를 윤개공원이라 하며 파도 소리가 좋고 야생화가 많다.

4-2-2 능포동

1769년 방리개편 때 옥명포방이었으며, 1889년 옥명과 능포리로 분리되었다가 1915년 능포리에 통합되었다. 1973년 옥포조선소(대우조선)가 들어서며 아양리와 아주리 일부 주민의 이주로 옥수1동과 2동이 신설되었다. 1989년 1월 1일 법률 제4050호에 따라 장승포시가 설치되어 두모동의 느태마을을 합쳐 행정동인 능포동이 되었다.

능포동의 면적은 3.21 ㎢ 정도며, 반도형식으로 나온 지형으로 동·서·북쪽이 바다와 접하여 자연경관이 아름답다. 서쪽에는 협성봉(185.5 m)이 있어 바다와 조화를 이루고, 북쪽은 능포항에 접해 있다.

조선시대에는 거제군 이운면이었는데, 1914년에 거제군이 용남군과 통합되어 통영군에 속하였다. 1935년에 이운면이 장승포읍으로 승격하였고 1953년에 다시 거제군에 속하게 되었다. 1989년 1월에 장승포읍이 시로 승격함에 따라 능포리가 능포동이 되었다. 1995년 1월 장승포시와 거제군을 통합하여 도농복합형태의 거제시가 됨으로써 이에 속하는 동이 되었다. 행정동인 능포동은 법정동인 능포동과 두모동 일부를 관할한다.

능포동은 아름다운 경치를 보여주는 곳에 양지암이 있고 한국통신전화국, 장승포 시외버스터미널 등이 있으며 아파트가 많이 들어섰다. 주요 도로는 14번 국도가 거제대교를 거쳐 마전동까지 해변을 따라서 이어져 있고, 1018번 지방도가 지나고 있다. 부산항과의 사이에 정기여객선이 운항되기도 하였지만 지금은 중지되었다.

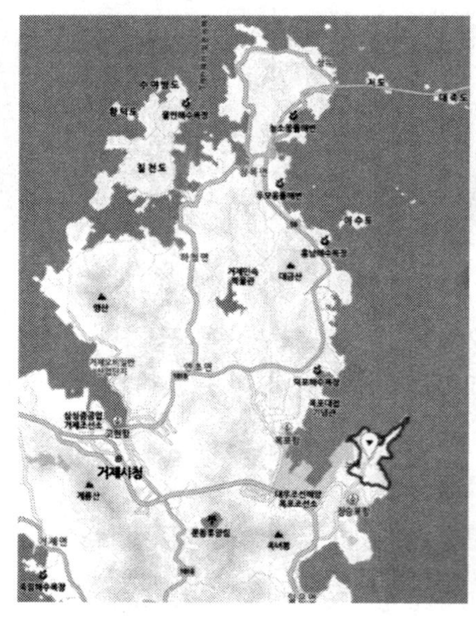

능포동의 자연마을로는 능포마을, 양달마을, 음달마을, 옥명마을, 옥수동마을이 있다. 능포는 능개라고도 불렸는데 우리나라 3대 어장인 능포정치망이 이곳에 있다. 옥명마을은 옥명포라고 불렀다. 옥수동은 대우 옥포조선소가 설립되면서 옥명마을에서 분리되었다.

능포마을[386]은 능개라 하였으며 바닷가에 늪이 있는 마을로, 그 호수의 늪에 마름이 자생하는 개라는 뜻으로 불렸다. **능포정치망어장**은 대한해협의 한류와 난류가 교차하는 기점으로 해류의 유동에 따라 정치망어장이 있었다. 능포정치망어장은 조선왕실의 궁내 조였으며, 일제강점기에는 일본인에 의해 북해도식개량대모망을 설치하여 향퇴어장이라 하였다. 광복 이후에는 거제수산이 경영하며 민영으로 전환한 **국내 제일의 어장**이다. 고래바위는 능포동 동쪽 고래 모양의 바위다. **광대바위**는 양지암의 동북쪽 상사바위 밑에 광대가 춤을 추는 형상의 바위다. **두모고개**는 웃골에서 두모마을로 넘어가는 고개다. **배여바위**는 능포 동쪽에 배가 떠 있는 모양의 여다. **상사암**[387]은 양지암 동북쪽에 옛날 이부상서의 딸 국화라는 처녀가 있었다. 몸종 삼돌이가 이 여인을 짝사랑하다가 바다에 빠져 죽어 뱀이 되어 국화를 괴롭게 하였다는 전설이 서려 있는 바위다. **양달마을**은 능포리 서쪽 양지바른 갯가에 있는 마을이다.

옥명마을[388]은 옥명포라 하였으며, 거제도의 최동단 마을로 아침에 장닭의 울음과 몽돌이 파도에 부딪는 소리가, 대자연을 상징하며 밝아오는 웃골마을이라는 의미로 옥명이라 하였다.

옥수마을[389]은 옥포조선소 건설에 따라 이주단지와 전통시장이 형성되었으며 인근의 옥명마을 아래로 옥수1동이 만들어졌고, 길을 건너 사원아파트가 밀집한 곳은 옥수2동이 되었다.

양지암[390]은 거제도의 최동단 장승반도의 땅끝의 파도에 깎인 암벽을 양지암이라 부른다. 임진왜란 옥포대첩인 5월 7일 정오 무렵 이순신 함대 91척이 옥포만으로 들어오는 것을 왜수군의 초병이 이 바위 끝에서 감시하고 있었다. 그러나 짙은 운해로 조선함대는 발견되지 않았다. 조용히 접근한 조선수군은 옥포부두에 정박하며 옥포성 안에서 분탕질을 하던 왜군을 쳐 왜선 26척을 격파하고 6척은 도망을 쳤다. 이 전투는 임진왜란 최초의 해전이며 첫 승리가 되었다. 이 끝자락에는 큰 등대가 설치되어 항로를 알려준다. 양지암 송림은 옥녀봉이 길게 뻗어 용두 같은 양지암을 만들고 능선을 따라 기암절벽에 해송이 울창하여 어부림을 형성한다. 720여 종의 바다 동식물이 서식하고 있다.

---

386) 능포(菱浦)
387) 상사암(想思岩)
388) 옥명(玉明)
389) 옥수(玉水)
390) 양지암(揚支岩)

음달마을은 능포의 동쪽 음지에 있는 외딴 마을이다. 장군바위는 옛날 능개에 살던 황씨의 아들이 장사같이 힘이 세어 장차 역적이 될까 두려워 부모들이 이 바위에서 아들을 죽였다. 이 후 바위에서 용마가 나타나 아기소리를 내면서 울다가 승천하였다고 한다.

■ 두모동

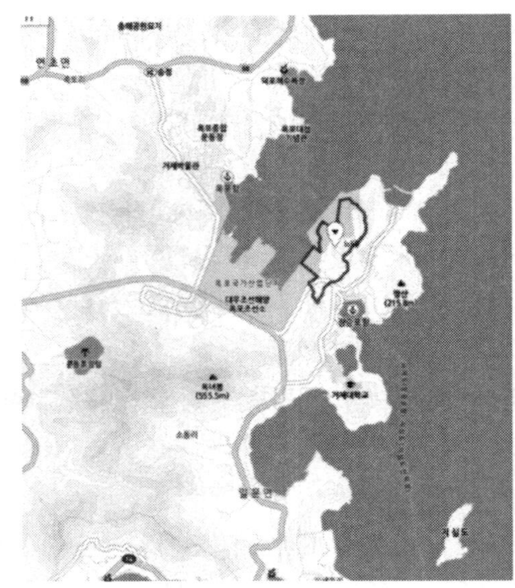

1769년 장승거리방에 속하였으며, 1889년 두모와 느태리로 분리되었다가 1989년 1월 1일 장승포시의 설치로 두모는 장승포동에, 느태는 능포동의 행정동에 나뉘어 편입되었다. 그러나 법정동으로는 남아있다.

두모마을, 늣대마을, 웃모실마을이 있고 넙덕바위, 띠고동바위, 청벽바위, 흡석바위 등의 바위와 두모재, 웃골재 등의 고개, 야산인 망재산(178 m), 복골보, 골납닥골 등이 있다. 두모마을[391]은 옥포만의 남쪽 바닷가에 위치하며, 장승거리에서 바다로 가는 막다른 곳이라는 의미로 두무실이라 하였는데, 무가 모로 바뀌어 두모개 또는 두모실, 두몰이라고 하였다.

391) 두모(杜母)

느태마을은 두모실의 동북쪽이며 장승포에서는 산등마루 너머에 옥포를 바라보는 북향의 지역을 늦태라 하였으나 느태로 바뀌었고, 지금은 대우조선소의 확장으로 마을은 사라졌다. 대우조선에서는 이곳을 해양플랜트 제작장으로 활용하고 있다. **두모재**는 느태에서 두모로 넘어가는 고개다. **망재산**은 느태 북동쪽에서 능포로 넘어가는 산으로 능포동의 서북쪽 끝자락에 높이 178 m며, 과거에는 이곳에서 포구의 망를 보았다 하며 측량의 기준인 삼각점이 있고 봉수대가 남아있다.

4-2-3 옥포(1, 2)동

옥포와 조라 2방이었다가, 1889년 옥포, 조라, 국산리로 되었으며, 1915년 6월 1일 옥포리로 통합되었다. 1942년 5월 1일 부락구제로 옥포, 조라, 국산, 팔랑포 4구가 있었으며 1961년 행정리가 되었다. 1989년 장승포시 설치로 옥포마을을 옥포1동과 옥포2동의 행정동으로 분리하였다. 옥포2동은 조라, 국산, 팔랑포마을과 덕포동을 관할한다. 옥포동과 덕포동은 법정동으로 남아있다. 문화재로는 옥포성(경남기념물 제104호)이 있다. 2020년부터 도시재생사업이 진행되어 새로운 면모로 발전하고 있다. 주민의 상당수가 대우조선과 관련해 있다.

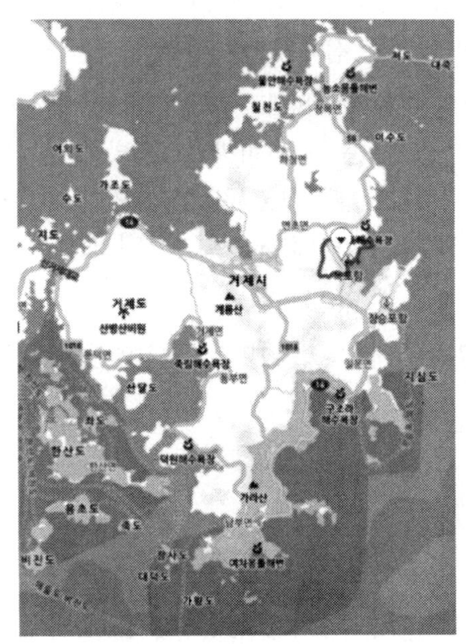

옥포마을392)은 옥개라고 하였으며, 성종원년(1470) 거제칠진의 옥포진을 두고 만호 병정을 하였다. 1488년 해상방어를 위해 옥포성을 쌓았다. **배여바위**는 옥포 동쪽 바다에 있는 돛배 모양의 바위다. **봉산재**는 진목정 북쪽 삼봉산(249.3 m)과 삼각산(252.1 m) 사이 고개로 연초면 송정으로 넘어가며 고개부에는 옥포고등학교가 있다. 진목정은 국산마을에 있던 개암나무 정자다. **대봉산**은 옥포 서쪽 분깃등 남서쪽에 있는 산이다. **뒤쥐기재**는 옛날엔 옥포 서북쪽에서 연초면 야부로 넘어가는 고개에서 치성을 드렸는데, 그 자리를 뒤지면 소리가 난다는 이야기가 전해오고 뒤쥐가 많이 서식하였다고 한다. **무지봉**은 옥포 서쪽 산으로 기우제를 지내던 봉우리다. **사두암**(뱀바위, 배암바위)는 옥포 남쪽 아주동 용소마을 쪽 해안에 뱀 머리 모양 바위로 매립으로 사라졌다.

조라마을393)은 옥개(옥포)의 동편을 라호394)라 하였는데 선조37년(1604) 구조라에서 조라진을 옮겨왔다가 효종2년(1651) 되돌아갔다. 조라관계395)골이 있었으며 신조라 또는 조라포라 하였다. 현재는 조라에서부터 섬앤섬길 중 **이순신 만나러가는길**이 시작되며, 옥포항에서 바라볼 때 포구의 끝자락을 **야망**이라하고 이를 지나가면 **뱀쥐여**(**형제섬**)이 있다.

국산마을396)은 오래전, 옥포의 북쪽 산 아래에 개암나무가 있어 진목정397)이라 하였으며, 1886년 천주교가 들어와 이곳이 거제도 본당이 되었다. 1888년 윤봉문 요셉398)이 순교하자 박해가 심하였으며 이후 조라는 국산이라고 이름이 바뀌었다.

팔랑포마을399)은 파랑포400)로도 불리는 이곳은 거제면의 소랑포와 풍수설에 따른 상대적 지명이다. 팔랑포는 계절 따라 바람 방향이 다르고 파도가 변하는 것에 따라 불린 명칭이다. 임진왜란 때 왜군 8명이 숨어 살았다고 한다. 광명학원터는 국산에 1914년 천주교 진명호회장이 강습소를 설립한 곳이다.

안마을은 조라 안쪽에 있는 마을이다.

옥포대첩기념공원은 선조25년(1592) 임진왜란으로 국운이 위태로울 때, 5월 7일

392) 옥포(玉浦)
393) 조라(助羅)
394) 라호(羅湖)
395) 조라관계(助羅官界)
396) 국산(菊山)
397) 진목정(榛木亭)
398) 윤봉문 : 1848~1888. 거제의 첫 사도로 순교하였으며. 윤사우 스타니슬라오의 차남
399) 팔랑포(八浪浦)
400) 파랑포(波浪浦)

충무공 이순신 장군이 왜장 등당고호[401]가 인솔하던 왜선 26척을 격파한 옥포대첩을 기념하여, 옥포만 승치봉(동산 136 m) 33,092평에 66억원으로 조성한 공원으로 기념탑과 옥포루, 기념관, 참배단 등 19건을 1996년 6월 22일 준공하였다.

옥포성은 1470년 거제칠진의 옥포진을 두고 1488년 진성을 쌓았다. 이 성은 둘레 1,125 m, 높이 8.5 m의 석성이고, 임진왜란 때 왜장 등당고호에게 점령당하였으며, 5월 7일의 옥포대첩으로 성을 탈환하였다. 1990년 12월 20일 지방기념물 제104호로 지정되었다. 옥포진은 세조11년(1465) 경상우수영을 가배량에 처음으로 설치하였다. 성종원년(1470) 거제칠진의 하나로 옥포진을 두었으며 1488년 성을 쌓았다. 임진왜란으로 선조25년(1592) 5월 7일 성이 점령되었으나 왜선 26척을 격파하였다. 이 승과로 당시 옥포만호 이성용은 의무 삼등공신이 되었고, 선조38년(1605) 9월 제7대 통제사로 제수 받았으며, 충열사를 창건하였다.

장등산은 옥포 동쪽에 있는 긴 등마루의 산으로 옥포와 팔랑포와 경계를 이룬다. 높이는 200.5 m다. 삼각산은 옥포동과 덕포동의 경계를 이루는 산으로 옥포의 북쪽에 있다. 높이는 252.1 m다. 제석골은 옥포 서북쪽에 있는 넓은 바위가 있는 골짜기로 어린아이가 병들면 이곳에서 빌었다. 조라포 관계골은 조라진의 관아가 있던 곳이다. 진효자비는 옥포 서쪽 효자문 거리에 진성봉의 효자비가 있다.

덕포동은 1769년 방리개편 때 연초면 덕포방이었다가 1889년 덕상과 덕하리로 분리되었으며, 1895년 외포면 설치에 따라 덕상, 덕하, 덕포의 3리가 편입되었다. 1909년 이운면에 편입되었으며 1915년 덕포리로 통합되었다. 1942년 부락구제로 상덕과 하덕 2구로 옥포 행정동에 속하는 통이 되었으나, 덕포동은 법정동으로 남아 있다.

상덕(덕상), 하덕(덕하), 개끝, 대밭, 장자골 등의 옛마을이 있고, 감자골, 거시이골, 다짓골, 대밭골, 범등골, 연새짓골, 서당골, 중산, 허리골 등의 골짜기가 있으며, 구렁보, 소루개보 등의 보가 있다. 넓덕(적)바위, 미주바위, 벼락바위 등과 덕포재, 새미실재, 연밭구미고개, 옥포재 등의 고개가 있다. 미주바위는 메주처럼 생겼다는 데서 이름이 유래한다.

덕포의 해안에는 모래로 이뤄진 덕포해수욕장이 있다. 덕포해수욕장은 큰개의 백사장은 길이 200 m, 폭 20 m의 모래해수욕장으로, 노송림 50그루가 있고 남쪽에는 옥포대첩기념공원이 있다. 옥포재는 중리에서 옥포진으로 넘어가는 큰 고개(삼봉산과 삼각산)로 진곡재라고도 한다.유적으로는 청동기시대의 고인돌 4기가 있고, 문화재로는 강망산 봉수대(경남기념물 제202호), 덕포리 이팝나무(경남기념물 제95호)가 있다.

401) 등당고호(藤堂高虎) : 도도 다카토라

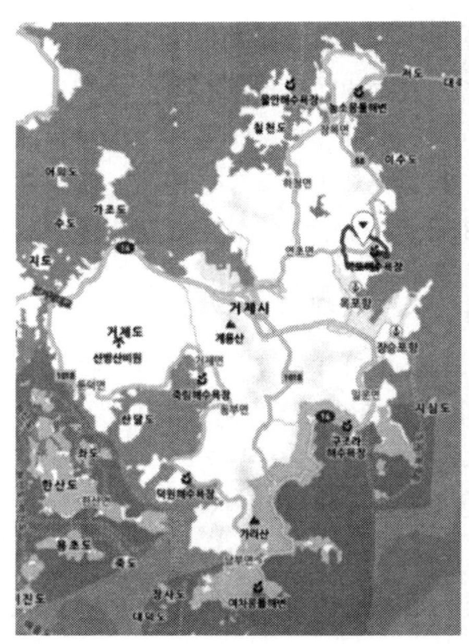

상덕마을402)은 강망산 아래 깊은 골짜기에 웃골, 감자골, 중땀 새몰, 대밭몰 등의 마을이다.

하덕마을은 큰개를 덕포라 하고 이가 하덕마을이며, 해안마을을 모두 포함한다.

개끝마을은 하덕의 큰개 동쪽을 개끝 또는 해변촌이라 하고, 동남 편으로는 덕포해수욕장이 있다. 까무여는 큰개(덕포 포구) 동쪽 검은색의 여다. 덕포봉수대는 강망산 높이 229 m에 직경 12 m, 높이 3 m의 둥근형 석축 봉수대를 일컫는다. 이는 바다건너 북동쪽 가덕도와 남쪽 옥녀봉 봉수대와 정보가 서로 연결되었다.

장자골마을은 웃골 동남쪽에 장자라는 사람이 살았다고 하여 부르게 되었으며, 상덕과 하덕 사이에 위치한다. 장자마을 맞은편엔 중리마을이 있다.

중리마을은 상덕과 하덕 사이에 있는 마을로 남서쪽으로 삼각산(252.1 m)이 있고 남동쪽으로는 장등산(200.5 m)과 동산(136 m)이 있다. **강망산**은 덕포동의 북쪽에 있는 산으로 산정에는 봉수대가 있으며 높이는 374.3 m다. 진달래가 많이 서식하고 산의 중앙으로 거가대교 접속도로가 지나는 터널이 있다.

---

402) 상덕(上德)

4-2-4 아주동

신라 문무왕17년(677) 거제에 처음으로 **상군**[403]을 두었다. 이를 삼속현의 **거로현**이라 하다가, 경덕왕16년(757) **거제군 아주현**으로 개칭하고 성을 쌓았으며 감무가 다스렸다.[404] 고려 원종12년(1271) 왜구의 침범으로 거창현의 속현인 가조현으로 현민 모두가 피난 갔으며 조선 세종4년(1422) 거제현의 옛터로 돌아왔다.

세종14년(1432) 거제현을 사등성에서 고현성으로 옮기고 관하에 7면을 두었는데 아주동과 장승포동의 일대를 **이운면**이라 개칭하고 권농관이 집정하였다.

영조45년(1769) 방리개편으로 아주방이라 하였으며, 고종26년(1889) 상아리와 하아리로 나뉘었다.[405] 1942년 부락구제로 장기, 탑곡, 내곡, 용소 4구를 두었으며,[406] 1989년 1월 1일 장승포시 설치에 따라 아양리와 아주리 지역을 행정동인 아주동으로 병합하였다.

행정동인 아주동은 법정동인 아주동, 아양동으로 이루어져 있다. 자연마을로는 장기마을, 내곡마을, 배나무골, 성안마을, 용소마을, 탑곡마을이 있었으나, 대우조선해양의 조선소가 들어서면서 대부분 이주하였다. 장기마을은 아주리 동쪽 당등산 자락에 있었는데 5일장이 열리던 곳이었다. 당등산은 조선소 설치로 사라졌다. 탑곡마을은 옥포조선소 남문과 정문 사이의 국도변에 있던 마을로, 신라시대의 사찰인 법률사가 있던 곳이라고 전한다. 이곳에서 **아양리삼층석탑**이 발견되어 길가에 세워져 있다가 1983년 경상남도문화재자료 제33호로 지정되었으며, 현재는 대우조선 안의 작은 공원으로 옮겨져 보존되고 있다. 대우조선소 부근에는 임진왜란 때 이순신 장군의 전공을 기려 지은, 시문[407]이 새겨진 충무공전승탑이 세워져 있다.

아주동의 주요 도로는 14번 국도가 거제대교를 거쳐 해변을 따라 이어지고, 1018번 지방도가 지나간다. 문화재로는 경상남도기념물 제161호로 지정된 거제아주동고분군이 있다.

---

403) 상군(裳軍)
404) 삼속현(三屬縣), 거로현(居老縣), 거제군(巨濟郡), 아주현(鵝洲縣)
405) 상아(上鵝), 하아리(下鵝里)
406) 장기(場基), 탑곡(塔谷), 내곡(內谷), 용소(龍沼)
407) 이은상

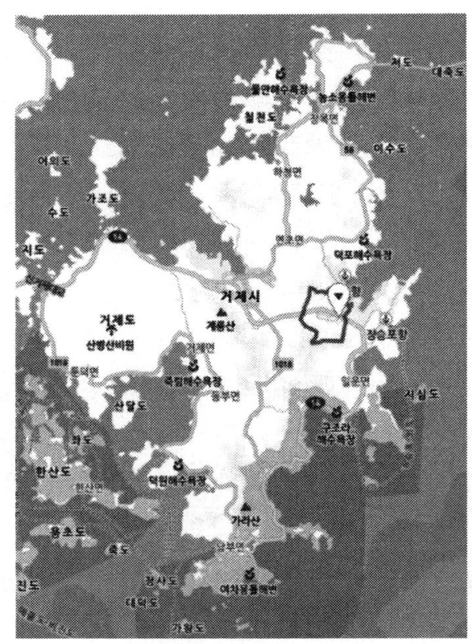

장기마을[408]은 아주동 해안은 동쪽에 있으며 이곳에는 당등산이 있었고 이 산자락에 아주현의 장터가 있었다. 지금은 대우조선소 구내에 편입되었으며 이곳의 주민은 대부분 옥수동으로 이주하였다.

탑곡마을[409]은 옥녀봉 자락에 법률사(신라, 은적사 고려)가 있었다. 법률사 터로 유추되는 지역에서 신라시대 것으로 추정되는 석탑의 조각들이 발견되었다. 조각들을 조립한 결과 연화강석으로 된 석씨유적고탑 높이 4.6 m(기단부 제외 3.03 m), 폭 1.6 m였다. 1935년 조립을 완성시킨 이후 여러 곳으로 옮겨지다가 현재는 대우조선 내 본관건물 아래 공원에 위치한다. 탑은 지방유형문화재 자료 제33호로 지정되었으며, 이에 따라 석탑이 발굴된 지역을 탑곡 또는 탑골이라 한다. **한미기고개**는 탑골 서남쪽에서 옥하마을과 소동리로 넘어가는 고개로, 현재는 임도가 끝나는 부분으로 옛길이 남아있으며 그 아래로 터널이 나 있다.

내곡마을[410]은 국사봉 아래 골짜기를 따라 배골, 안골, 성안마을이 있으며, 이들을 합쳐 내곡이라 하였다. 이곳에는 아주현 성지가 있다.

---

408) 장기(場基)
409) 탑곡(塔谷)
410) 내곡(內谷)

용소마을[411]은 국사봉의 동남쪽 옥포만을 끼고 있는 곳에 상용소와 하용소 마을이 형성되어 있으며, 옛날 웃용소의 연못에서 아래용소의 늪에 이르는 동굴을 통하여 용이 드나들다 등천하였다 하여 용소라고 한다. 또, 마을 앞을 흐르는 아주천이 이곳에서 크게 소를 만들고 그곳에서 거위를 길러 아주[412]라고 불렀다는 설이 있다. 고려장등은 아래용싯골 서쪽에 있는 등마루에는 고려장이 있었는데 일본인이 도굴한 후 사라지고 이후 몇 기만 남아있다고 한다.

반정승묘는 국사봉의 중허리에 거제반씨 시조 반부의 묘가 있다. 원종8년(1267) 원나라의 한림학사로 일본에 사신으로 다녔으며, 제국대장 공주인 알리공주를 모셔와 충열왕비가 되게 하여 문하시중 기성부원군 문절공의 시호(명예직)를 받았다.

배곡마을은 국사봉 아래 골짜기에 배씨가 입주한 마을 또는 배나무가 있어 불리는 마을이다.

당등산성은 아주 동쪽 옥포만에 접하는 곳에 옥포진을 지키는 전초산성으로 둘레 280 m, 높이 4.5 m의 이단석성이었다. 신라 상군 때 축성하였으며 1957년 6월 12일 옥포대승첩기념탑과 1963년 6월 27일 옥포정을 건립하였다. 대우조선소 건설에 따라 당등산의 본래 모습은 사라졌으나 1975년 5월 7일 기념탑과 옥포정은 탑곡리 앞 국도변 대우조선 쪽으로 옮겨져 있다.

아주현성은 성내마을에 신라 경덕왕16년(757) 아주현성을 축성하였다는 기록이 있고, 기단석과 기와장이 노출되어 발굴되기도 하였다. 아주장터는 아주와 아양의 경계를 이루는 고개 부근에 3일과 8일에 장이 서는 오일장 터가 있었다. 한일합방 후 우시장만 남았다가 조선소 건설 구역에 편입되었다. 이곳은 아주3·1독립운동의 근원지다. **아주천**은 옥녀봉과 국사봉에서 흐르는 천들이 모여 이뤄진 하천으로, 아주들판의 수원을 공급하고 옥포만으로 흘러든다. 대우조선소 건설로 새로 직강공사를 하여 길이는 4 ㎞의 준용하천[413]이다.

울음이재는 안골에서 상문동 양정마을(문동)로 넘어가는 높이 349.9 m에 삼각점이 있는 험준한 고개로, 옛날 남매가 이 고개를 넘다가 중허리쯤에서 소나기를 만났다. 비에 젖은 누나의 몸매를 보고 흥분한 동생이 스스로 무례한 생각이라 하여 돌로 자신의 몸을 찍어 목숨을 끊었다. 이에 누나가 슬피 울어 울음이재라 한다.

아양동은 1769년 관송과 당항방이었다가 1889년 거로와 관화리로 개칭되었으며,

411) 용소(龍沼)
412) 아주(鵝州)
413) 시·도지사가 관리하는 지방2급 하천

1895년 관송, 우산, 거로리로 개칭되었다. 1915년 아양리로 되었고, 1973년 대우조선소 건설에 따라 공장부지로 편입되고 주민들은 옥수동 이주단지로 이전하였다. 그러나 지금도 조선소 위쪽 산 아래에 몇 집이 남아있다. 1989년 장승포시 설치로 행정동인 아주동으로 흡수되었다.

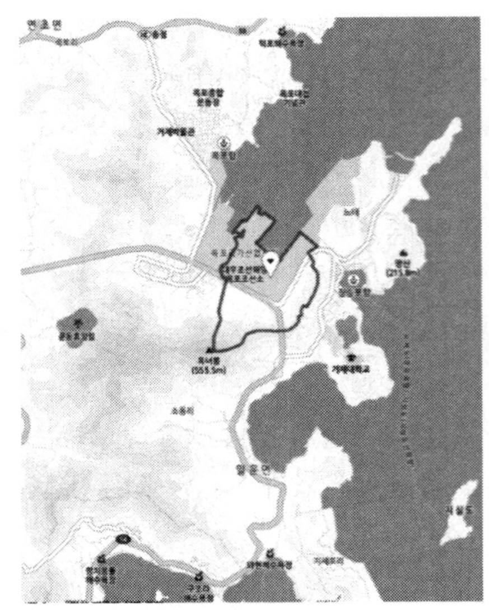

아양삼층석탑은 관송마을 앞에 있었으나, 대우조선소 공원에 옮겨졌으며 지방유형문화재 자료 제33호로 지정되어 관리하고 있다. 탑신에는 **'물이선소이불위 물이악소이위지'**가 기록되어 오늘날 마을의 정신이 되고 있다.[414]

옥녀봉 봉수대(아주봉수대)는 높이 554.7 m 봉우리에 직경 12 m, 높이 4 m의 두단으로 구축된 봉수대로, 남서쪽으로 가라산, 서쪽으로는 계룡산, 북쪽의 강망산과 연결된다. 1993년 지방기념물 제129호로 지정받아 복원·관리하고 있다.

이순신장군 사당터는 임진왜란 첫 번째의 해전인 옥포대첩을 기리며 이순신장군의 사당을 당목에 세우고 호장이 국명을 받아 해마다 제사를 지냈다. 하지만 이 행사는 한일합방 이후 사라졌다.

414) 勿以善小而不爲 勿以惡小而爲之

4-2-5 고현동

거제시의 중심부에 위치한 동으로, 고현항(여객항으로서의 기능은 없어짐)과 고현터미널이 있으며 거제시청 소재지다. 2008년 행정구역 개편 이전까지 옛 신현읍의 중심지기도 했다. 남서쪽으로는 거제면과의 경계에 계룡산(570 m)이 있다. 현재 시청사 부근에 고현성이 있으며, 이 성은 둘레가 3,038척이며, 높이는 13척이라는 기록이 남아있다.

세종14년(1432) 왕명에 의해 거제읍성을 축성하고 거제현의 관아 40칸을 건설하여 읍기가 되었다. 이후 현종5년(1664) 폐성하고 관아를 서부면으로 옮긴 이후 옛날 현아가 있었다는 의미로 고현면이라 불렸다가 이후 거제현성 또한 고현성으로 개칭되었다. 1915년 고현리로 법정리가 되었다가 2008년 고현동으로 개편되었다.

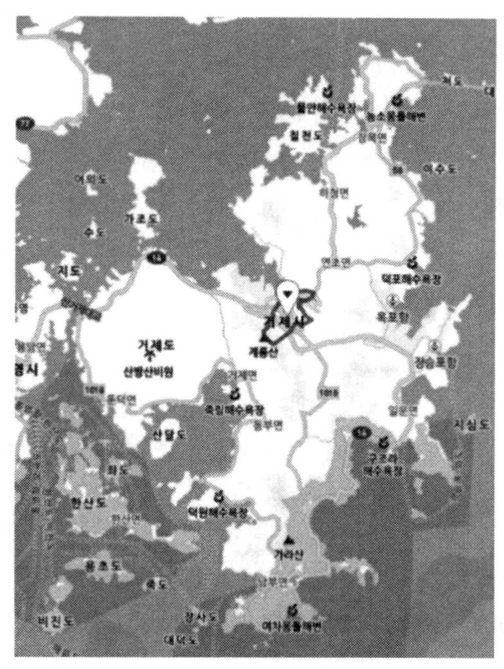

고현리는 거제도의 중심지역으로 발전을 거듭해 왔으며 서문, 동문, 성내, 성동 등 주로 성과 관련된 13개의 행정리가 형성되었다. 1915년 행정구역이 개편되면서 고현리로 법정리가 되었다가 2008년 7월 1일 고현동으로 개편되었다. 동녕저수지와 문동저수지가 있어 비교적 논이 많은 마을이다.

자연마을로는 금곡, 남문, 동문, 선창가, 중통곡, 성내, 성동, 성림 등이 있다. 금곡은 금이 났었다 하여 붙은 이름이다. 남문은 읍내 남쪽에 있는 마을로 옛 거제현성의 남문 근처가 된다고 붙은 이름이고, 동문은 옛 거제현성의 동문 근처로 붙여진 이름이다. 선창은 고현리의 북쪽 선창가에 있는 마을이란 의미다. 중곡동은 지형이 통처럼 생겼다고 붙여진 이름이다. 고현 남쪽 계룡산에는 신라 때 의상대사가 수도했다고 하는 의상대가 있다. 기존의 고현만은 대부분 매립되어 아파트단지와 상업시설 및 공원이 조성되고 있다.

서문마을은 세종14년(1432)에 거제읍성을 낙성하고 읍기한 이후 이어져 오다가, 삼성조선소의 창립으로 서문 1, 2, 3, 4동으로 분리되었다. 문절사는 거제반씨 시조 반부와 선무원종공신 반중인, 반중경을 봉사하는 사우를 반씨재실이라 하며, 서문마을 도론곡의 거제공설운동장 북쪽에 있다.

동문마을은 선조25년(1592) 임진왜란 때 거제성의 망루가 있던 곳으로, 폐성 후 마을이 형성되기 시작하였고 1944년 고현출장소 설치로 동문구가 되었다.

남문마을은 거제성의 남문이었으며, 1889년 일운면으로 개칭하고 1913년 처음 면사무소가 있었으나 1928년 1월 1일 지세포로 옮겼다.

중앙마을은 거제읍성이었던 고현성 중심부로 신현읍사무소가 있었다. 지금은 고현동 주민자치센터로 개칭되었다.

성내마을은 고현성의 상부에 해당하며 현재 시청이 있는 곳이다. 성 아래에는 포로수용소가 있었지만 지금은 대부분 사라졌으나, 이를 일부 복원하고 단장하여 포로수용소 기념관으로 바꾸었다.

고현성은 이 성은 조선 전기의 대표적인 축성 방식을 보여주는 평지 읍성으로, 성 둘레가 2㎞에 높이가 7m나 되었다. 계룡산 기슭의 동쪽으로 뻗은 대지 위에 평면의 선형으로 축조된 석축성이다. 성문은 동·서·남 세 방향에 있고 성 둘레에는 해자가 있었다. 고현성의 축조방식은 외벽의 경우, 언덕을 이용한 비탈진 면을 ㄴ자형으로 절개하고 그 위에 자갈을 깔아 다진 다음, 장대석을 일렬로 배열하여 기단석으로 삼았다. 이 기단석의 위에는 성돌을 올려놓았다. 내벽의 경우는 지표면을 50~60㎝ 깊이로 파고 그 위에 사람 머리 크기만 한 돌을 쌓아 올렸다. 이 성은 선조25년(1592) 5월 임진왜란 때 왜구에 의하여 함락되기도 하였다. 남해안 수군의 진영에 이웃한 요새로서의 가치를 지녔다. 현종4년(1663) 관아를 지금의 거제읍으로 이전함에 따라 읍성의 기능을 잃었으며, 세종5년(1423) 당시 관아가 있던 사등성이 좁고 물이 모자라 성을 지키기가 어려워지자 새로이 읍성터를 찾던 중, 다시 고현성을 개축하기로 하였다. 이 과정에서 경상도민 2만여 명을 동원하였으며 9년에 걸쳐 쌓았으며, 거제의 읍성이었다. 1950년 6·25전쟁 전에만 해도 원형에 가까운 성벽이 보존되어 있었으나, UN군에 의하여 포로수용소가 설치될 때 성의 일부를 헐어 사용하였다. 현재는 남서쪽 부분 600 m 정도만 옛 모습을 간직하고 있다. 1992년부터 고현성 복원 사업이 시작되어 성내 중심부에 거제 시청사를 두고 일대의 성은 안정적인 모습을 되찾았다. 1979년 5월 2일 경상남도기념물 제46호로 지정되었다.

성동마을은 동문마을의 북쪽으로 현재는 시내버스 터미널이 위치하여 교통의 요충지가 되고 있고, 고현천을 건너면 금곡마을이 있다.

성림마을은 고현시장이 있는 마을로 옛날 송림의 방풍림이 있었다.

신성마을은 고현만 매립지로 중심 상권이 형성된 곳이며 시외버스터미널 등을 통해 급격히 발전한 곳이다. 시외버스터미널은 향후 연초면으로 이전한다는 계획이 있다. 고현만 매립지는 과거의 고현매립지는 해안과는 국도로 분리되어 있었다. 이 도로의 고현만 쪽을 현재는 매립하고 있으며 신시가지와 주거지가 형성될 전망이다. 고현만 매립에 대한 시민의 반대가 매우 심하였다. 매립면적은 대략 60만 ㎡(20만평) 정도다.

중곡마을은 바닷가의 중통곡으로 항구가 통 모양으로 깊숙이 들어와 통영과 마산으로의 여객선 기항지였으나, 고현만 매립으로 아파트단지와 상가지가 형성되었다. 고현만은 거제현 터의 앞바다로 읍성을 방어하여 한해만이라고도 하였다. 1915년 법정동리령에 따라 바뀌었다. 고현만은 매립 중이며 도심의 새로운 변화가 예상된다.

금곡마을은 계룡산과 독봉산은 마주하고 있으며, 고현과 수양동을 분리하고 있다. 계룡산 자락을 내려서며 독봉산 아래에 다다르면 금곡마을이 있다. 이는 고현의 입장에서는 동문마을에 속한다. 금곡이란 이름은 옛날에 금강이 있었다고 전하는 것에 따랐다.

선창마을은 서문의 북쪽 고현만에 선착장이 있었고 여객선과 어선들이 드나들었으나, 현재는 매립되어 바다와 멀어졌다.

4-2-6 장평동

1895년 장평과 연곡리를 두었다가, 1915년 장평리로 법정리가 되었으며, 신현읍을 거쳐 2008년 7월 1일 장평동으로 개편되었다.

고현항구의 위쪽에 위치하며 큰 규모의 주거단지가 즐비하게 조성되어 있다. 죽도국가산업단지인 삼성중공업 거제조선소가 위치해 있다. 자연마을로는 와치, 연곡1동·2동,

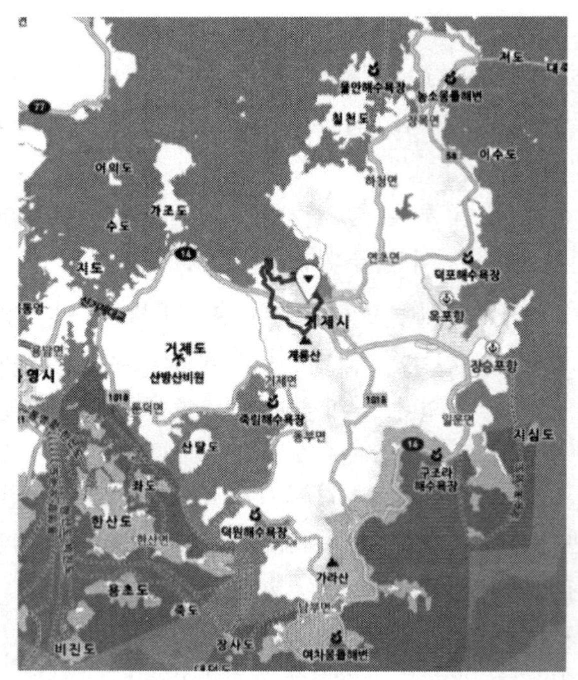

삼성, 장평1, 2, 3동이 있다. 와치는 사람들이 고갯마루에서 누워 쉬어갔다 하여 붙여진 이름리며, 이곳에서 사등면 사곡 쪽으로 넘어가는 낮은 고개를 누운티라 한다. 장평리와 죽도 앞바다를 매립하여 조성한 100만 평 땅에 1974년 죽도국가산업단지를 조성하고 조선소가 설립되었으며, 삼성중공업이 1977년 인수하면서 삼성조선으로 불리며 오늘에 이른다.

장평은 들판이 길다는 의미로 **진들**이라 불렀으며, 포로수용소가 설치되어 운영된 시기에는 비행장이 있던 곳이다. **연곡**은 마을 위쪽 계곡에 연못이 있었다고 하여 붙여진 이름이다.

삼성마을은 1974년 장평리와 죽도(매립으로 사라지고 없음) 바다를 매립하여 100만 평을 조성하였고 죽도조선소를 기공하였다. 이를 1977년 삼성조선소가 인수하여 사원주택이 건설되자 삼성마을이라 하였다.

장평마을은 진들이라 하여 들판이 길다는 의미다. 포로수용소 때 장평비행장이 있던 곳으로 대단위 아파트단지와 상가로 구성되어 있다. **죽도**는 나안방 북쪽에 대나무와 동백숲이 울창한 섬으로 대섬이라 불렀고, 죽도조선소 건설에 따라 매립되어 사라졌다. **유자섬**은 죽도의 서북쪽에 있는 면적 2,975 ㎡의 작은 섬으로, 옛날 중국에서 유자가 떠내려와 일본으로 건너갔다는 섬으로 유자섬 또는 귤도라 한다.415)

피솔마을은 누운티 서북쪽 바닷가 끝에 있는 갯마을로 붉은 적송이 울창하여 붉은 피와 같다고 붙여진 이름으로, 피솔 또는 혈송이라고도 부르며 조선공단이 조성되면 주민들은 이주하였다.

4-2-7 상문동

거제시의 지리적 중심부에 위치하고 있는 행정동이다. 2008년 신현읍이 폐지되면서 상동과 문동, 삼거마을을 합쳐 상문동을 신설하고 세 개의 동을 관할하고 있다.

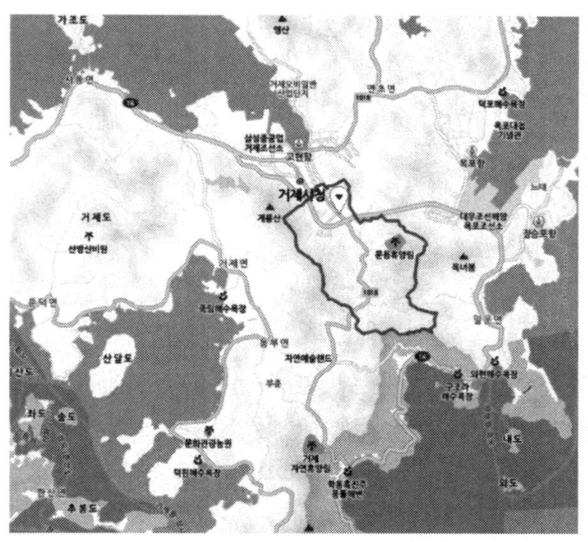

1769년(영조45) 문동, 삼거리, 남문, 서문, 사동의 5방이 고현면 일운 11방에 속해 있었다. 상문동의 원형을 이루는 각 지명의 유래는, 상동은 사동이 변형된 것으로 추정되며 고현의 윗동네라는 의미에서 상동이라 불렀다. 문동은 1451년(문종 원년)에 고현성을 축성한 후 고현성의 동쪽 문밖에 있는 마을이라 이름 불렸지만, 다른 설로는 대문과 흡사한 두 개의 바위를 문바위라 불렀고 이에 유래한다고도 한다. 상문동은 전형적인 도농복합형도시다.

용산마을은 마을 뒤에 큰 절이 있어 절골이라 하였다가, 거제면으로 넘어가는 고자산치를 통해 계룡산을 오르는 곳이라 용산이라 바꾸었다. 독봉산[416]은 계룡산의 동쪽 고

---

415) 귤도(橘島), 유자(柚子)

현천을 경계로 솟은 산으로, 이 산에 의하여 수월, 양정이 고현과는 분리된다. **독봉산**은 고현권의 4개 동을 분리하며 그 중앙부에서 독립되어 형성된 산으로 이름이 붙여졌다. 임진왜란 때에는 장군이 올라가 지휘하였다는 이야기가 전해온다. 산의 높이는 334.9 m다. 산의 주위로 시민을 위한 다양한 시설이 들어서고 있다.

문동마을은 옥녀봉의 서쪽, 계룡산의 동쪽이 만나 고현천을 이루고, 골짜기의 양쪽 산에 높은 바위가 있어 대문 기둥과 유사하다고 문곡이라 하였다. 배합터, 골안, 동내골, 아래땀, 중땀 등 여러 자연마을이 있다. **배합터**는 문동에서 동내골을 건너 양정리와 접하는 마을이다. **골안**은 배합터의 서쪽 골짜기 안에 문동저수지가 있고, 옥녀봉에서 쏟아지는 문동폭포의 아래 관광휴양지를 조성한 곳이다. **동내골**은 문동 아랫마을 동쪽 고현천에 있는 마을이다. **아래땀**은 문동의 중심마을이며 북쪽으로 고현, 동으로 양정, 남으로 삼거로 가는 삼거리로 삼룡초등학교가 있다. **중땀**은 문동저수지 밑에 있는 마을이다. **문동저수지**는 1950년 11월 27일 거제도 포로수용소 설치에 따라 경비부대와 포로의 용수공급을 위하여 포로들이 작업한 저수지다. 1956년 수용소 철수 후 수력발전을 하여 당신 군청소재지에 전기를 공급하였으나 지금은 사용하지 않고 농업용수로만 공급하고 있다.

문동폭포는 옥녀봉에서 흐르는 맑은 물이 20 m의 암벽에서 쏟아져 폭포수를 이룬다. 이 폭포수 위로는 아주동으로 넘어가는 고개가 있으며 이를 울음이재(울음재)라고 한다.

삼거리(삼거마을)은 거제도 중심부에 위치하는 편으로 높은 분지에 자리한 마을이다. 삼거리는 1769년 방리개편 시 삼거방이었다. 동쪽은 일운면으로 서남은 동부면, 북은 고현으로 통하는 삼거가 있다고 전해진다. 이 주변은 분지와 계곡에 따라 자연마을이 많으며 윗땀, 중땀, 아랫땀, 감나무골, 다리골, 동가래, 배합골, 복골, 새밭골, 언텃골, 음지몰 등 11개의 외딴 마을이 형성되어 있다. 삼거마을에서 일운면 소동으로 넘어가는 고개자락(반송이재)엔 일명 **미소바위(복바위)**라는 것이 있다.

---

416) 독봉산(獨峯山)

윗마을은 삼거리 서북쪽 높은 곳에 비교적 집단으로 사는 마을이다. 중땀은 윗마을과 아랫마을 중간에 다리가 있는 곳으로 일명 봉시덕골이라 한다.

아랫마을은 삼거리 가까운 곳에 큰길과 접하며 집단으로 형성된 마을이다. 배합곡[417]은 삼거리에서 문동으로 넘어오는 배합치 밑 골짜기에 있는 마을이다.

복골은 배합골 동쪽에 있는 마을로, 양지바르고 바람이 없는 좋은 곳이며 새풀밭이 있어 새밭골이라 부르기도 한다. 언텃골은 윗마을 동남쪽에 있고 옛날 원두막이 있었으며 일명 음지마을이라 한다. 돌고개는 고현과 동부면의 경계지점 암벽의 산길을 돌고개라 하며, 울창한 수림과 아름다운 구천계곡의 물이 잠시 머무는 고개다. 계곡입구에 구룡산 용주사가 있었으나 1987년 구천댐이 준공되자 모두 수몰되었으며, 현재의 용주사는 문동 생약산[418]으로 옮겼다. 무점골은 윗마을 서쪽에 있는 골짜기에 옛날 대장간이 있었고 철물 농기구를 파는 점포가 있었다.

반송이재는 삼거리에서 일운면 지세포리로 넘어가는 10리가 넘는 긴 재로, 옛날 반씨와 송씨의 두 친구가 함께 곡식을 팔고 바다고기를 사서 넘나들었다고 반송이재라 한다. 삼거리내는 삼거리의 동쪽 반송이재와 북쪽 배합치, 서쪽 윗마을에서 흐르는 계곡수가 합쳐서 남쪽 돌고개 구천계곡으로 합류하는 천이다. 얼음어는골은 윗땀 남쪽에 있는 골짜기로 울창한 숲이 있어 늦봄까지 얼음이 녹지 않는 계곡이다. 중산골은 윗땀 동남쪽에 음지마을이 있고, 그 골짜기에는 인근의 승려가 열반에 들면 참나무 장작불로 화장하던 곳이다. 진등재는 윗땀에서 명진리로 넘어가는 고갯길로 등마루가 너무 길어 진(긴)등재라 하였다. 청수목장은 윗땀 북쪽 깊숙이 들어가면 분지가 있고, 그곳에 목장이 있었으며 우마장이 섰다.

---

417) 배합곡(配合谷)
418) 생약산(生藥山)

4-2-8 수양동

거제시의 중심부에 위치하고 있는 동이다. 2008년 신현읍이 폐지되면서 수월동과 양정동을 묶어 신설된 동이며, 수월동과 양정동을 법정동으로 관할하고 있다. 수월동은 세종실록에 기록이 남아있는 것으로 볼 때, 고려시대부터 존재했던 마을이다. 1769년 고현면 이운의 10방 중 하나였다.

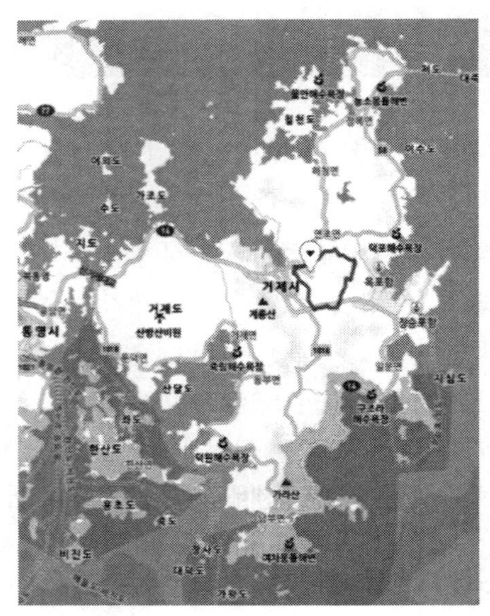

고현만이 앞에 있는 마을로 자연마을로는 수양, 수월, 수동, 해명 등 바다와 연관되어 있다. 수월은 고현만의 달빛이 바닷물에 반사된 것을 의미하며, 수양마을은 2008년 수양동 신설 이전에 존재했던 마을이다.

동헌터는 해명 동쪽에 있는 논으로 옛날 동헌이 있었다는 곳이다. 벼락바위는 수양 동쪽에 있으며, 벼락을 맞아 여러 조각이 났다는 바위다. 수월개는 고현만 깊숙이 들어온 넓은 갯벌의 간석지에 주민들이 조개잡이를 하였다. 1935년 간척사업을 하여 일명 **다나까농장**이라 부른다.

한들(수월평)은 수월천을 따라 넓은 들판을 수월평 또는 한들이라 하였다. 제사골은 수동의 동쪽 국사봉 밑에서 기우제를 지낸 골짜기다.

주작고개[419]는 수양 동북쪽에서 옥포로 넘어가는 고개로, 봉우리가 많아 공작 같다고 하여 주작고개라 부른다. 더불어 이 골을 **주작골**이라 한다.

---

419) 주작(朱雀)

(1) 양정동

신현읍에 속해 있던 지역으로 2008년 7월 1일 양정리에서 양정동으로 승격되어 수양동에 편입되었다. 양정이라는 지명은 마을에 약수 같은 물이 솟는 샘이 있다 하여 붙여진 이름이다. 남쪽과 동쪽에는 선자산, 옥녀봉, 와야봉 등이 있고, 남쪽으로는 양정저수지가 있다. 제산과 상문동 사이에 독봉산이 있으며, 제산은 양정마을의 서북쪽에 있는 마을로 서쪽의 독봉산이 돼지 모양이라고 하여 저산이라 부르던 것이 제산이 되었다.

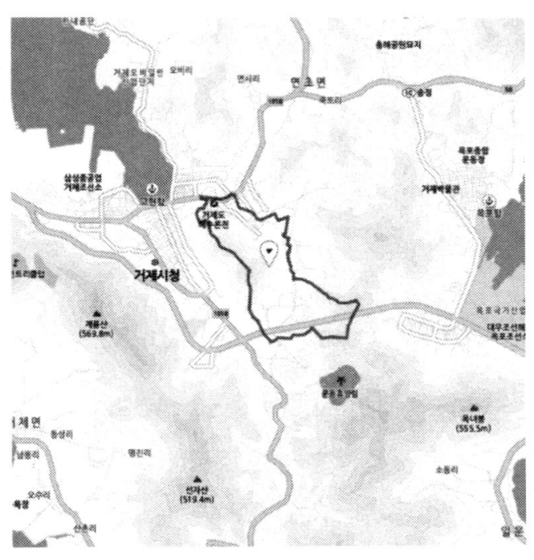

(2) 수월동

수월지역은 세종실록 기록 등에 따르면 고려시대부터 있었다. 이전의 신현읍에 속해 있던 리로 2008년 7월 1일 수월리에서 수월동으로 승격되었으며, 신현지구의 분동에 따라 양정동과 함께 행정동인 수양동에 속한다.

수월지역은 고현만이 깊숙이 들어와 있으며 넓은 갯벌이 조성되었다. 14번 국도변의 해명마을과 제산마을의 경계에 수월교가 있으며, 대부분이 아파트와 학교가 들어서 있는 주거지역이다. 자연마을로는 수양, 수월, 수동, 해명 등이 있으며, 수양은 수월의 양지쪽에 있다 하여 붙여진 지명이다. 한편 서쪽에 고현만이 들어와 있어 바닷물에 달빛이 반사되었는데, 그 아랫마을을 해명이라 하고 윗마을은 수월이라 하였다. 해명에는 규모 약 30 ha의 간척지가 조성되어 있다.

5장

거제의 설화와 문화재

5-1 설화와 전설

5-2 문화재

5-3 성곽

5-1 설화와 전설

5-1-1 산방산 벼락바위

거제지역을 포함하여 주변의 부속섬 마을에는 벼락바위라고 불리는 바위가 많다. 거제지명총람[420]에 소개된 벼락바위는 12곳에 이른다.

벼락바위라는 이름이 전해져 오는 대표적인 곳은 거제면 명진마을, 남부면 다대재 동쪽, 동부면 산양마을 남쪽 장구배미 위, 동부면 학동마을 서쪽 탕건바위 인근, 둔덕면 옥동마을 산방산 기슭, 사등면 지석리, 장자골 동쪽, 수양동 동쪽, 장평 못골 남쪽 맷동걸산 인근, 연초면 오비리 점골 서쪽 봇골 인근, 일운면 대동마을의 석유비축기지 쪽 못고랑, 장목면 장목리 범밧골 인근, 덕포동 갯마을 등이다. 이같이 많은 이유는 바위의 모양에도 원인이 있지만, 마을마다 경계하고 조심해야 하는 것을 어겼을 때 벼락으로 징벌당하는 것을 암시하므로 미풍양속을 지속하려는 의도가 있었다.

전설은 이야기 속에 등장하는 지형이나 지세 및 환경에 의존한다. 이에 따라 벼락바위에 대한 전설은 모두 바위 생김새에서 비롯하고 있으며 바위가 벼락을 맞아 쪼개진 모양이다. 이 같은 모양은 전해져 오는 전설에서 벼락이 등장하고 벼락을 칠수 밖에 없는 상황이 전개된다. 전설에서의 벼락은 **'권선징악'**이나 **'하늘의 벌'**을 묘사한다.

거제도의 여러 벼락바위 중에 대표적인 전설은 둔덕면 옥동마을 산방산 자락에 위치한 것으로, 이 이야기의 중심은 인간의 잘못된 욕망을 하늘이 벌하는 두 부류의 내용이 담겨있다.

■ 둔덕면 벼락바위

둔덕면 옥동마을에서 산방산을 정면으로 바라보면 동쪽(거제면 옥산방향) 대봉산(459.5 m) 자락에 네모난 모양의 둘레가 50 m가 넘는 큰 바위가 보인다.

이 바위는 서로 사랑할 수 없는 두 남녀가 바위 위에서 사랑(근친 또는 불륜)을 나누다 하늘의 벌을 받았다는 이야기로 끝난다.

■ 공씨할매 벼락바위

이 전설은 욕심이 부른 공씨 할머니의 죽음에 관련한 것으로, 신라시대 둔덕면 옥동마을에 공씨 성을 가진 노파가 살고 있었다. 당시 사람들은 화려하게 흰색의 윤기

---

420) 거제문화원, 1996

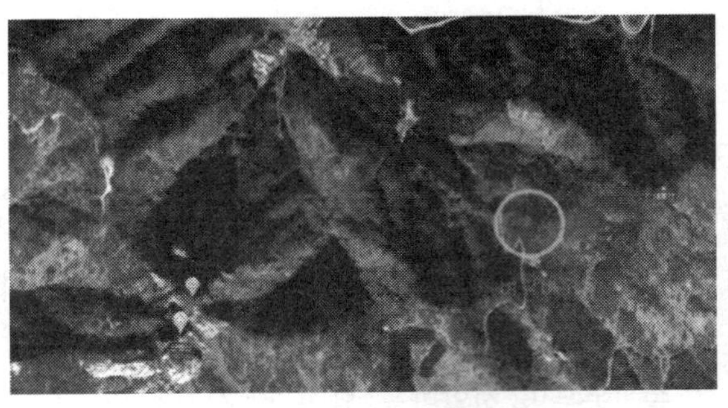

가 흐르는 명주를 고급 옷감으로 여겼다.

명주는 누에고치에서 실을 뽑아 짜는 것으로, 명주실을 만드는 일은 벌이가 좋았다. 이에 공씨는 물론 온 마을 사람들이 산골짜기마다에서 자연산 뽕나무 잎을 따다가 누에를 치며 살았다.

그러던 어느 해 흉년이 들어 산뽕나무 잎을 채취하기가 어려워졌다. 뽕잎을 먹지 못한 누에는 고치를 만들지 않았다. 이런 사정이라면 명주실을 기대할 수 없었다. 공씨가 기르던 누에들도 뽕잎을 제공하지 못해 고치를 만들지 않았다. 공씨는 하늘을 탓했다. 그리고는 오랫동안 도움을 받은 누에에 대한 고마움을 잊고 누에가 쓸모없는 벌레로만 여겨졌다.

공씨는 평소에도 마음이 무척이나 좁았다. 그러니 쓸모없는 벌레를 지켜보고만 있을 수 없다는 생각에 이르렀다. 살아 있는 누에들을 모두 바구니에 담고 산골짜기를 향했다. 이윽고 산의 큰 바위 아래에 도착한 공씨는 그동안 공들이며 함께한 누에들을 미련 없이 바위 아래에 쏟아 버렸다. 바닥에 떨어진 누에들은 특유의 꼬물거림으로 요란했다. 그러나 애처로운 마음은커녕 후련한 마음으로 돌아왔다.

누에를 버린 지 일주일쯤 지날 무렵, 공씨는 우연히 그 바위 곁을 지났다. 그때 신기하게도 공씨가 버린 누에들이 모두 살아있었다. 더구나 놀라운 일은 그 누에들이 모두 고치를 만들고 있었던 것이다. 뿐만 아니라 그 고치들은 모두 그 어떤 고치보다도 희고 윤택이 강한 최상급 실을 두르고 있었다. 순간, 공씨는 자신이 버린 누에란 걸 잊고 큰 횡재를 얻을 것에 들떴다. 그리고 탐욕이 생겨 이 모두가 자신의 것이라고 여겼다. 누가 뭐라고 하여도 이는 자신의 것이었다. 비록 버리기는 하였지만 당당한 주인이라고 여긴 공씨는 서슴지 않고 치마를 펼쳐 누에고치들을 모아 담았다. 치마 속에는 최상품의 고치들이 가득했다. 공씨는 그 모습에 기분이 날아갈 지경이었다.

그때 갑자기 하늘에서 뇌성과 함께 벼락이 공씨 머리 위로 떨어졌다. 이에 공씨는 소리 한 번 지르지 못하고 죽고, 그 곁에 있던 바위도 여러 조각으로 쪼개졌다. 다시 그러는 통에도 누에고치들은 공씨의 주검 곁에 하얀 광택의 실을 뽑고 있었다. 이후, 마을 사람들은 자신의 욕심만 차리다 하늘의 벌을 받고 목숨마저 잃은 공씨를 손가락질하며 탓했다. 그리고 이 바위를 벼락바위라고 불렀으며, 지나친 욕심을 조심하라는 얘기로 후대에 전했다.

5-1-2 형제섬 전설[421]

사등면 청곡리는 거제지역 최고의 지석묘 군락지로, 오래전부터 경상도 바다와 전라도 내해를 잇는 수도였다.

청곡리 앞바다에는 봉긋하게 생긴 두 개의 섬이 있어, 이를 싸리섬(쌀섬)과 범섬(호랑이 섬)이라고 부른다(통영시 부속섬). 이곳에는 먼 옛날 효심과 우애가 깊은 형제의 사연이 전해지고 있다.

아주 먼 옛날, 청곡리 청포마을에 정다운 형제가 살았다. 형제는 우애가 남달랐을 뿐만 아니라 효심이 지극하여 온 고을에 소문이 자자했다. 형제는 불치병에 걸린 홀어머니를 모시고 살았는데, 오랜 어머니의 병수발로 늘 가난하게 살 수밖에 없었다. 봄이 되자 양식이 떨어진 형제는 바다 건너 고성까지 양식을 구해야 할 처지에 놓였다. 고성은 들이 넓어 거제보단 양식을 구하기 쉬워서였다.

이 무렵은 음력 2월로 풍신제를 올리는 시기여서 바람이 거세게 불어 뱃길이 위험했지만, 어머니를 굶길 수 없었던 형제는 작은 통구미배[422]를 타고 고성에 양식을 구하러 가기로 마음먹었다.

우애가 좋은 형제는 서로 위험한 뱃길을 건너겠다고 다퉜다. 이를 본 어머니는 "굶어 죽어도 좋으니 둘 다 위험한 길을 떠나지 말라"며 형제를 말렸다. 그러나 형제는 어머니의 청에도 불구하고 모두 위험한 뱃길에 올랐다. 바다 건너 고성 땅에 도착해 양식을 구한 형제가 집 앞에 도착하려는 무렵 거센 바람이 형제의 배를 덮쳤다. 형제는 배가

421) 거제도설화전집(1994·거제문화원), 사등면지(2009년·사등면지편찬위원회)
422) 통구미배 : 주로 남해안과 서해 연안에서 낚시나 문어 등 고기잡이로 사용된 배. 통영에서는 임진왜란 당시 어선을 가장해 적진을 살피고 군수 물자를 나르는 역할

뒤집혀 물에 빠져 죽는 순간에도 쌀자루를 놓치지 않았다. 그리고 피를 쏟아내듯 처절하게 어머니를 불렀다. 천지신명에게 어머니를 위해서라도 제발 살려달라고 빌었다. 어머니를 한 번만이라도 뵙고 밥을 지어드린 후 목숨을 빼어가라며 하늘에 애원도 했다. 하지만 풍랑은 형제를 깊은 바다속으로 삼켜버렸고 형제는 숨을 거두었다.

이날 이후, 바다에는 병든 홀어머니를 남겨두고 저승으로 갈 수 없었던 형제의 안타까움이 섬으로 생겨났다. 이 섬을 사람들은 **효자섬** 또는 **형제섬**이라 불렀다. 지금의 **싸리섬**(청곡마을 앞)과 **범섬**이 그것이다.

싸리섬은 풍랑에 휩싸여 죽는 순간에도 쌀자루를 놓지 않은 형제의 한이 서려 쌀자루 모양을 닮았다고 하고, 지금도 비바람이 부는 날이면 어머니를 애타게 부르는 형제의 목소리가 들린다고도 전해온다. 청곡마을 앞바다에 위치해 거제와는 매우 가까운 곳에 있는 싸리섬과 범섬의 행정구역은 현재는 **통영시**에 속한다.

5-1-3 산방산 전설

둔덕면에 있는 이 산은 산 모양이 한자의 '뫼 산' 자와 비슷하고 꽃같이 아름답다고 하여 산방산이라고 불린다. 정상에는 큰 바위 3개가 우뚝 솟아 하나의 산봉우리를 이루고 있어 **삼봉산**이라고도 한다.

산방산은 거제지역 명산 중 전설이 가장 많이 서려 있는 산이기도 하다. 그러다 보니 이곳에는 하늘나라 선녀들이 봄구경 나와서 춤을 추며 놀았다는 선녀바위, 처녀들이 왜구로부터 몸을 지키기 위해 낭떠러지로 몸을 던졌다는 절부암, 기우제를 지내던 무지개터, 벼락바위와 약수터, 임진란 때 옥씨 일가가 피난을 했다는 옥굴과, 옥씨가 피난생활을 하면서 베를 짰다는 베틀굴 등이 있다.

또 천하명당으로 오색흙이 나온다는 오색터와, 이 인근에는 삼신굴(또는 석굴암, 부처굴)이라고 부르는 석굴도 있다. 삼신굴에는 다음과 같은 이야기가 전해진다.

■ 지우대사와 노루

조선 문종 때, 지우라는 스님이 삼신굴에서 불경을 외며 수행을 하고 있었다. 그러던 어느 날, 노루(꽃사슴) 한 마리가 찾아와 불경을 외는 스님 앞에 앉아 함께 수행을 했다. 노루가 삼신굴 앞을 찾아 와 수행을 한 지 9년이 지날 무렵 스님과 노루는 서로 말이 통할 정도가 됐다. 그러던 중 어느 가을날, 스님은 자신의 불경소리를 듣고 있는 노루가 애처로워 이야기를 건넸다.

"말하지 못하는 짐승아, 너는 전생에 무슨 사연이 있어 9년 동안이나 불경소리를 듣기만 하느냐? 네가 비록 짐승이지만 불경을 많이 듣고 법문을 좋아하니 다음 생엔 축생의 몸을 버리고 사람으로 태어나라."

이 말을 들은 노루는 3일 동안을 한순간도 스님 곁을 떠나지 않았다. 그러다 3일이 지난 아침, 굴 앞에서 명을 거두었다. 스님은 노루를 양지바른 곳에 묻어주었다. 그날 밤 스님의 꿈에 황색 옷을 입은 동자가 나타나 "저는 어제 새벽에 죽은 노루인데, 대사님의 공덕으로 산 아랫마을 김씨 댁의 아들로 태어날 것입니다. 왼쪽 겨드랑이에 노루털이 붙어 있을 것이니 그것을 보시고 짐작하시면 됩니다."라고 전한 후 사라졌다.

스님은 이 꿈을 사실인 양 믿으며 아랫마을로 갔다. 아랫마을에선 노루의 말과 같이 김씨 댁에 아들이 태어나 있었다. 스님은 김씨에게 자초지정을 들려준 후, 아이의 이름을 원묘라고 지어주었다. 그리고는 부모에게 아이가 7살이 되면 자신에게 보내 깨달음의 길에 들게 하라고 일렀다.

원묘는 자라면서 영특하였고, 집안의 뜻에 따라 7세에 입산하여 16세에 대법사가 되었다. 이후 삼신굴로 와서는 불도에 정진하며 세속의 고뇌를 벗어나기 위해 정성으로 불경을 공부했다.

원묘가 삼신굴에서 공부한지 한 해가 지날 무렵, 산 중에서 길을 잃은 여인이 동굴을 찾아왔다, 여인은 "스님, 소녀는 지아비가 집을 나간 지 오래되어 찾아 나섰다가 길을 잃었습니다. 이제 곧 밤이 오니 굴 밖이라도 좋으니 하룻밤만 묵고 가게 해 주십시오."라며 간절히 부탁했다.

하지만 원묘는 불경만 외울 뿐 여인에게 눈길 한 번 주지 않았다. 그러자 여인은 "스님은 불경만 외울 줄 알지 부처님의 자비와 인간 구제를 모르니 어찌 불법을 깨친다고 할 수 있겠습니까?"라며 원묘를 원망했다.

그제야 원묘는 자신의 경솔함을 알고 여인을 굴 안으로 들였다. 하지만 수행을 하는 몸으로 여인과 비좁은 굴속에 있는 것이 매우 혼란스러웠다. 하지만 원묘는 더 큰 소리로 불경 외우기를 이어가며 정신을 모았다.

자정이 지나자 여인은 곧 해산을 할 것 같다며 배를 움켜쥐고 동굴바닥을 뒹굴었다. 원묘는 어쩔 수 없이 여인의 수발을 들며 국을 끓여 먹이고 안정을 시켰다. 새벽이 밝아오자 원묘는 자신의 수행이 흐트러진 것을 느끼고 동굴을 벗어나야겠다고 생각했다. 정성을 다해 부처님께 예불을 드리고 여인에게도 안녕을 빈 후 동굴을 나섰다.

그 순간 여인이 온몸에 빛이 나며 부처로 변하였다. "그대여, 나는 호명보살이다. 그대는 머지않아 보살의 도를 얻을 것인데, 내 그대를 시험하였노라."라고 말하고는 꽃구름을 타고 사라졌다. 이때, 산 주변과 마을에 꽃비가 내려 인근 산천은 모두 꽃으로 뒤덮였다. 이때부터 이 산을 산방산이라 불렀으며 그 아랫마을을 산방리라 하였다.

5-1-4 폐왕성과 마고할미

둔덕면 거림리에는 우두봉(435 m)이 있다. 이 봉의 남쪽 아래에는 기울기가 완만한 곳이 있어 고대의 성곽이 있다. 이를 둔덕기성 또는 폐왕성이라고 한다. 폐왕성은 고려시대 보완 증축한 것이며, 원래는 신라시대 둔덕기성의 터다.

폐왕성은 고려 18대 의종이 정종부 반란 때 축성하였다는 이야기가 있으나 정확한 기록은 없다. 다만 기존의 신라시대 둔덕기성이 있어 둘레가 550 m나 되며, 남동쪽 성벽은 높이가 10 m가 넘고, 남북으로 성문이 있다. 성내에는 우물터와 집터의 주춧돌이 있다. 폐왕성은 아마도 이를 근거로 보강·수성되었을 것이다.

성의 북관에는 기우제를 지냈던 기우제단이 있고 성의 곳곳에는 몽돌과 기와 조각이 있어, 폐왕이 되었던 의종의 한스러웠던 지난날을 전해주는 듯하다. 폐왕 의종은 피난을 오거나 도망쳐 온 것이 아니라 일종의 유배였다. 따라서 의종의 일행은 소수였을 것이며 이들이 중심이 되어 산 정상에 큰 성을 쌓기란 어려웠을 것이다. 물론 지역 주민들의 협조가 가능하였겠으나 관리들의 눈치를 살피지 않을 수 없었을 것이다.

한편, 전해 오는 전설은 이런 상황과 사뭇 다르다. 전설에 의하면 중국 천태산에서 살고 있던 마고할미가 도술을 부려서 이 성을 쌓았다고 한다. 의종이 폐위되어 거제도로 귀양 와 살면서 밤낮으로 기우단에 정화수를 떠 놓고 산신령님께 기도를 드렸더니, 절강성에 있는 천태산 산신령이 마고할미를 보내어 성을 쌓게 하였다는 것이다. 마고할미가 성을 쌓기 위해 괭이바다에 있는 괭이섬의 돌을 치마에 담아 와서 하룻밤에 이 성을 다 쌓고 남은 돌을 우두봉 골짜기에 버렸다고 한다. 거림리에서 폐왕성을 향해 한참 오르다 보면 마치 허물어져 있는 성곽과 같이 작은 골을 메우고 있는 검은색 돌무더기가 있다. 그리고 그 돌무더기 밑으로 물이 흐르는 소리가 들린다. 이 물은 날이 훤히 샐 무렵 마고할미가 성을 다 쌓고 나서 소변을 본 것이 냇물이 되어 흐르기 시작했다고 한다.

마고할미는 괭이바다에서 돌을 가져오면서 괭이바다 물이 성안에서도 솟도록 연결하였다고도 한다. 얼마 전까지도 성안에 있는 우물에는 물이 넘쳐흘렀으며, 그 우물에 명주실 꾸러미를 풀면 괭이바다 앞에서 나왔다고 한다.

이는 당시로서는 큰 성을 쌓기가 어려운 일이었으니 신적인 능력을 강조하려는 풍도가 서린 것이다.

5-1-5 옥녀봉 전설

■ 선녀와 옥녀봉

옛날 하늘나라에 옥황상제의 딸인 선녀가 살았다. 선녀가 어느 날 옥구슬을 가지고 놀다가 지상으로 떨어뜨렸다. 옥황선녀는 어쩔 수 없이 인간으로 변신하여 옥구슬을 찾아 산속으로 헤매다가 사냥꾼이 파놓은 함정에 빠졌다. 그때 한 선비가 나타나 선녀를 구해 주었다. 이에 감사한 옥황선녀는 선비에게 금덩이를 하나 주려고 했으나 선비는 받지 않고 그냥 갔다.

선녀는 옥구슬을 지니고 하늘나라로 갔다. 그런데 산속에서 구해 준 선비가 죽어서 하늘나라에 와 있었다. 그때, 선녀가 옥황상제에게 그간의 사정을 얘기하였다. 딸의 얘기에 감복한 옥황상제는 이 선비를 다시 이승으로 돌려보내도록 하였다. 선비는 저승에서 돌아와 선녀가 빠졌던 함정의 산을 올랐다. 그리고 선녀에게 감사하며 이 산봉을 옥녀봉이라 불렀다.

거제도와 인근 통영 등지에는 유독 옥녀봉이 많다. 거제도에만 하여도 4곳이 된다. 그중에는 조금 다른 전설도 남아있다.

■ 여인과 옥녀봉

산아래 마을에 옥씨가 딸과 함께 살고 있었다. 딸의 미모는 인근에 소문날 정도였고 이를 흠모하는 이들이 많았다. 어느 날, 아버지가 술에 취해 와서는 자신의 딸을 보고 욕정이 생겼다. 이에 놀란 딸은 산으로 피신하였으나 아버지는 계속 쫓아왔다. 딸이 산 정상부의 큰 바위에 올랐을 때, 아버지는 술기운에 지쳐있었다. 그리고는 딸을 향해 내려오라고 하였다. 딸은 아버지가 지친 것을 보고, 이 바위까지 기어 올라오면 욕정을 허락하겠노라고 했다. 아버지는 포기하지 않고 온 힘을 다하여 결국 바위정상 부근까지 기면서 올라왔다. 그러자 딸은 하늘을 원망하며 바위에서 아래로 몸을 던져 죽었다. 그 바위를 딸의 성씨를 따서 옥녀바위라고 불렀으며, 그 산을 옥녀봉이라 한다.

5-1-6 장승포 장수바위

장승포의 끝자락 능포에는 작은 계곡이 있다.

여기에는 몇백 년 전, 고인돌처럼 생긴 바위가 있었다. 마을의 모든 이들이 평화로운 생활을 누리고 있을 때, 이 마을 외딴 오두막에는 나이가 60이 되도록 자식을 얻지 못하는 노부부가 살고 있었다. 그러던 중 뜻밖에 부인이 사내아이를 낳았다. 아이는 자라면서 보통 아이와는 사뭇 달랐다. 태어나 백일도 되지 않아 걸음을 시작했고, 급기야 밤이 되면 부모 몰래 집을 빠져나가 새벽녘이 되어서야 돌아오곤 했다.

이 사실을 안 노부부는 의심과 두려움으로 불안해했다. 이 마을에는 겨드랑이에 날개가 있는 사내가 태어나고, 자라면서 날개가 돋으면 큰 장수가 된 다음, 자신의 부모를 시해하고 역적이 된다는 옛날이야기가 전해져 오고 있었다. 이에 어느 날, 아이가 옷을 갈아입는 것을 몰래 지켜본 노부부는 자신의 아이 겨드랑이에 날개가 있는 것을 보았다. 이날부터 노부부는 두려웠지만 어찌할 바를 몰랐다. 그러다 아이가 곤히 잠에 든 날, 부부는 아이를 안고 인근 바위로 갔다. 아무 사정도 모르는 아이는 부모의 품에서 깊은 잠에 빠져있었다. 노부부는 애처롭게 아이를 바라보다가 바위 위에서 아이의 목숨을 끊어 버렸다.

이 일이 있고 나서 사흘 후, 백마가 나타나 마을을 오가며 울부짖었다. 그리고는 아이가 죽임을 당한 바위로 가서 몸을 부딪고 쓰러져 죽었다. 이 백마가 자신의 아이 혼이라고 생각한 노부부는 바위 앞에서 오랫동안 안타까워하며 아이와 백마를 위로했다. 이후 마을에서는 이 바위를 장수바위라고 불렀으며, 꽃피우지 못한 장수가 전해져 온 이야기 때문에 죽어야한 사연에 슬퍼했다.

5-1-7 윤돌도 전설

구조라 해수욕장이 있는 곳에 윤돌도가 있다. 이 섬은 지금은 무인도지만 사람이 살았던 흔적이 남아있다.

옛날 어느 날, 윤씨 삼형제를 데리고 이 섬으로 살로 온 여인이 있었다. 그곳에서 자리를 잡은 여인은 젊어서 아직 욕정이 남아있었다. 그리하여 밤이면 바닷길 건너 본섬의 양지마을 홀아비 김망월을 찾아가곤 했다.

한편, 김망월은 해선이라는 절세미인인 해녀와 함께 가정을 꾸려 살던 어부로, 어느 날 바다에서 일하던 해선이 배와 함께 태풍에 밀려 사라졌다. 그날 이후 어부는 밤마다 바다에 나와 여인의 이름을 부르며 멍하니 달만 쳐다보며 시름을 달랬다. 이 모습을 지켜본 주민들은 그 어부를 망월이라 불렀다.

윤돌도는 북병산에서 남쪽으로 뻗어내려 가까운 바다에 있었다. 거제도 본섬과는 간조 때 길이 생겨났지만 그렇지 않을 땐 그 길은 물에 잠겼다. 가을이 지나고 차가운 날이 오자 윤돌도의 여인은 수시로 오가던 양지마을을 다니기가 불편해졌다. 하지만 차가운 물에 버선발을 적시면서도 나들이를 계속했다.

어느 날, 이 같은 사실을 알게 된 삼형제가 어머니를 위해 섬과 본섬 사이에 징검다리를 만들었다. 이때부터 여인은 발을 젖지 않고 편히 양지마을로 오갈 수 있었다. 이후, 사람들은 이 섬을 **효자섬**이라 부르거나, 윤씨 삼형제가 살았기에 윤돌도라 불렀다. 그리고 물길에 만들어진 징검다리를 **효불효교**라 하였다. 이와 같은 이야기는 전국 곳곳에 많이 남아있는 편이다. 김망월은 의성 김씨로 지금도 그의 후손들이 이어지고 있다.

5-1-8 해금강과 우제봉

남부면 갈곶리 갈개마을의 남쪽 약 500 m 해상에 위치한 바위섬인 갈도를 일명 해금강이라고 한다. 해금강은 해발 약 116 m, 면적 약 0.1 ㎢ 정도의 작은 섬이다. 갈도(칡섬)라는 이름은 칡뿌리가 뻗어 내린 형상을 닮아 불리다가, 바다의 금강산이란 뜻의 해금강으로 더 잘 알려졌다. 이곳은 빼어난 풍광으로 지난 1971년 3월 23일 명승 2호에 지정되어, 우리나라 40곳의 명승지 가운데 강원도 소금강에 이어 두 번째 명승으로 지정된 곳이다.

해금강에는 사자바위, 미륵바위, 촛대바위, 돛대바위 등으로 둘러싸여 있고, 깎아지른 절벽에는 수만 년 세월 동안 자연이 조각한 만물상이 새겨져 있다.

해금강은 크게 두 개의 바위섬으로 이뤄졌는데, 일출 장면으로 익숙한 사자바위는 북쪽에 떨어져 있으며, 큰 바위 몸체는 한 덩어리처럼 보이지만 바닷속에서부터 넷으로 갈라져 4개의 절벽 사이로 **십자형 벽간수로**[423]를 만든다. 유람선을 통해 절벽 사이 십자동굴로 들어서면 자연의 신비로움은 절정에 이른다. 동굴 천장을 올려다보면 하늘이 열십자로 보인다 해서 십자동굴로 불리며, 흙 한 줌 없는 기암괴석 위에는 동백이며 풍란, 석란이 뿌리를 내리어 섬을 지키고 있고, 기암괴석은 저마다 전설을 품고 있다.

---

423) 벽간수로(壁間水路)

■ 우제봉 이야기

해금강에서 서쪽 방향으로 건너다보이는 거제도 본섬에는 우제봉(107 m)이 있다. 우제봉에는 진시황제가 불로초를 구하기 위해 파견한 방사 서불(서복[424])에 대한 내용이 전해진다. 하지만 이에 대한 그 어떤 역사적 근거나 자료는 없는 실정이다.

하지만 이야기에 따르면 서불은 해금강 천년송에 그네를 매달아 놀았다고 한다. 그리고 이런 유람과 이동을 증표로 남기려고 해금강 맞은편 우제봉 벼랑바위에 **'서불과차'**[425]라고 기록하였다. 즉 자신이 이곳을 다녀간다는 의미다. 이 바위에 새긴 글귀는 사라호[426] 태풍에 바윗돌이 떨어져 나가 현재는 그 흔적을 찾을 수 없다고 한다.

이에 대하여 단순히 전설로 치부하지 않고 사실로 만들려는 사람들이 있었다. 그리하여 중국 관광객들을 유치하겠다는 발상이었다. 그러나 전설과 역사는 엄격히 구별되어야 한다. 전해오는 이야기가 여과 없이 기록되고 이어지면 자칫 역사를 왜곡할 수 있기 때문이다. 특히, 이곳에는 서불과차라는 의미로 남해 금산의 고대석각인 **남해각자**를 흉내 내어 여러 곳에 기록해 두었다. 그러나 남해의 그것조차 아직은 미확인으로 서불과차와는 무관하다는 주장이 우세하다. 따라서 우제봉을 통한 관광산업 스토리텔링은 조심할 부문이다. 전설이나 설화 또는 현재의 상황을 참작하여 구사하는 스토리텔링은 허구일 수도 있다. 하지만 사실을 왜곡하여 자칫 역사 왜곡으로 이어진다면 이는 아니하는 것만도 못하여 금지할 일이다. 참고로 서불은 우리만이 지칭하는 이름으로 중국과 일본에서는 서복이 이에 해당한다.

■ 동삼더덕 이야기

해금강에는 동삼더덕에 대한 이야기가 전해온다. 해금강은 예로부터 약초가 많아 약초섬으로 불렸고, 또 칡뿌리 모양을 닮아 갈도(갈곶도)라고도 불렸다.

동삼더덕[427] 이야기는 해금강의 천년 묵은 더덕에 관한 이야기로 전설이 되어 전해지고 있다. 동삼은 동자삼의 준말로 어린아이 모양과 비슷하게 생긴 큰 산삼을 말한다.

옛날에 남방의 삼신산이라 불리는 거제 해금강에 천년 묵은 동삼더덕이 살고 있었

---

424) 서복(徐福)

425) 서불과차(徐芾過此)

426) 1959년 9월에 발생한 태풍 사라(태풍번호 5914, JTWC 지정 번호 14W, 국제명 SARAH)는 열대저기압 등급 중에서 가장 높은 "카테고리 5급"까지 발달했던 태풍으로, 추석 무렵 한반도를 강타하여 사회에 큰 상처를 남겼다. 일본에서는 미야코 섬 태풍(宮古島台風)으로 불린다.

427) 동삼(童參)

다. 천년이나 된 더덕은 사람이나 짐승으로 자유롭게 변신하며 거제 곳곳을 유람했는데, 갈곶이의 동삼이 어디에 나타나서 고기를 낚고 있다거나, 처녀로 변신해 학동고개를 넘어갔다는 등 곳곳에서 동삼더덕을 보았다는 사람이 많았다.

하루는 동삼더덕이 상주로 변장해 거제 읍내에서 장을 구경하고 사라졌다는 소문이 온 마을에 퍼졌다. 이후 거제 읍내 장터엔 어처구니없는 일이 자주 발생하였는데, 상을 치르기 위해 장을 보러온 모든 상주를 동삼더덕으로 오인하였던 것이다. 사람들은 상주를 미행하여 붙잡고는 "갈곶이 동삼더덕을 잡았다"고 외치면서 갈 길 바쁜 상주를 놓아주지 않았다. 이에 화가 난 상주가 자신의 신분을 밝혀도 사람들은 속지 않겠다며 쉽사리 놓아주지 않았다.

이렇게 동삼더덕을 잡으려는 것은 일확천금을 얻을 수 있을지도 모를 욕심과 불치의 병을 고치고 싶은 사람들의 바람에 따른 것이었다. 이로 인해 장을 보러 온 상주들만 피해를 받았다.

5-1-9 신선대 전설

거제도 '바람의언덕'은 남부면에 위치한 나지막한 언덕이다. 도장포 마을 선착장에서 나무로 된 산책로를 따라 걷다 보면 푸른 빛 남해를 만날 수 있는 유명 여행지로, 언덕의 식물들은 바람의 언덕이라는 이름답게 해풍에 밀려 한쪽으로 쏠려 자라며, 주로 작은 식물들로 이뤄져 있다. 이런 이유로 이전에는 띠가 많아 띠밭늘로 불리었다.

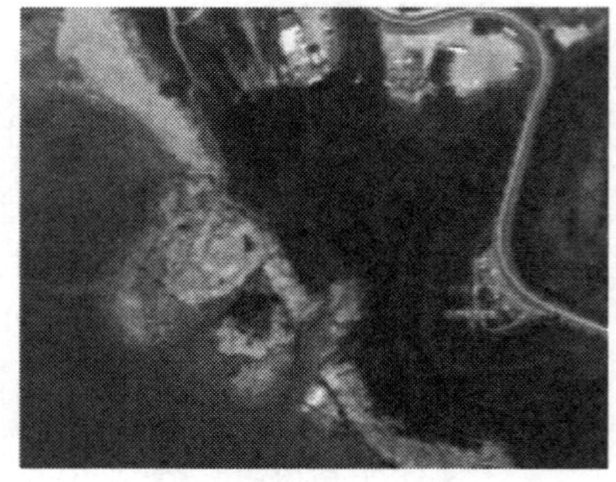

이 바람의 언덕 너머 남쪽 해안변에는 신선대라는 넓은 바위가 바다를 향해 펼쳐져 있다. 이곳에는 옛 신선들이 놀았다는 다양한 이야기가 전해진다. 이곳에서는 각종 드라마나 영화, CF 등 촬영이 이어진다.

신선대는 거제9경에 속하며, 신선들이 내려와 바둑을 두었거나 내기를 하였다는 등의 전설이 많다.

5-1-10 대숲개 곤발네할머니 이야기

대숲개 곤발네할머니에 관한 아름다운 이야기는 백년 전쯤부터 거제면을 중심으로 널리 퍼졌다. 불우한 이웃을 도와 빈곤한 어린이들의 생명을 길러주었다는 이 이야기는 1885년으로 거슬러 간다.

어느 흉년이 들었던 해, 가난한 갯마을이었던 오수리 죽림포에는 곤발네할머니로 불리는 이가 홀로 살고 있었다. '**곤발네**'는 빈곤한 초가집 여인이란 의미로, 조그마한 오두막 초가집에 홀로 70 평생을 외롭게 살아온 여인이었다.

곤발네는 젊었을 때 남편을 여의고 자식 없이 홀로 지냈다. 곤발네는 토담 오두막 초가집의 단칸방이 재산의 전부였다. 곤발네는 먼저 간 남편의 가난했던 삶에 지쳐서 재혼하기를 단념하고, 오로지 혼자서 살아가겠다는 굳은 신념으로 살았다. 하지만 곤발네는 젊음을 헛되이 보내기가 안타까워 사회적으로 훌륭한 아녀자가 되겠다고 늘 다짐했다. 그리하여 부지런히 일하고 아껴 저축에 힘썼다. 그러는 중에도 주변의 어려운 사정들을 들으면 마음 아파했으며 한시라도 빨리 그들을 도울 수 있는 날이 오길 기다렸다.

곤발네의 일상은 한결같아서 이른 새벽에 일어나 집안일을 마치고, 이웃의 농사나 고기잡이 뒷일을 도왔다. 낮에는 논밭에서 김을 매고 밤에는 이웃집의 길삼과 바느질을 돕기도 하였으며 품삯으로 받은 돈은 모두 저축하며 모았다.

곤발네의 나이가 오십이 되었을 때, 모은 돈으로 새집을 지어 살까를 생각하였으나, 물려 줄 자식도 없어 단념하였다. 곤발네가 어느덧 칠십이 되자 남의 농사를 돕는 것이 힘겹게 여겨졌다. 곤발네는 그동안 모았던 재산의 절반으로 메마른 밭을 샀다. 그리고 그곳에 수수와 조를 심어 정성을 다해 길렀다. 그 결과 수확이 좋았다.

마침 그해(1885년)는 지역엔 삼백년만의 흉년이 들어 극심한 가뭄에 대부분은 굶주렸다. 굶주린 주민들은 산으로 가 칡을 캐고 바다에서 해조류를 뜯어서 근근 연명하였다. 그러나 풀뿌리와 해조류도 한정이 있어 흉년이 지속되자 마을 어린아이들은 피골이 상접하고 부어만 갔다. 이런 상황에 곤발네는 마을을 돌아다니면서 굶고 있는 아이들을 살릴 궁리를 하였고, 자신이 수확한 조와 수수로 이틀 동안 엿을 만들어 오줌통에 담아 두었다. 엿을 오줌통에 둔 이유는 어른들이 자신이 집을 비운 사이 훔쳐 갈 것을 염려한 것이었다. 잘 보관한 엿은 틈틈이 마을을 다니며 굶주린 아이들에 나눠주었다. 그리고 아이들에게 엿을 먹었다는 말을 어른들에겐 하지 않도록 당부했다. 엿이 동이 나면 다시 자신의 곳간을 열어 조와 수수로 엿을 만들고 오줌통에 숨겨둔 후, 기회가 나면 아이들에게 나누어 주는 일을 이어갔다. 그러는 동안 흉년의 겨울과 봄이 지나갔다. 곤발네할머니의 수수와 좁쌀도 바닥날 무렵 흉년이 끝났다.

이후, 인근 마을의 여인들은 아이들이 말을 잘 듣지 않고 게으르며 먹기만을 좋아하면, 대숲개 곤발네할머니 집으로 가라고 하고, 그곳에 가면 아무것도 하지 않아도 오줌통의 엿을 줄 것이라며 꾸중했다고 한다. 현재는 죽림(대숲개)마을의 모든 할머니가 스스로 곤발네할머니라고 얘기하곤 한다.

5-1-11 양지암 상사바위 전설

능포동은 원래는 **능개**라고 불렸는데, 이는 바닷가에 늪이 있는 마을이란 의미다. 능포 뒷산 바닷가엔 우뚝 솟은 바위가 하나 있고, 이를 **양지암** 또는 **상사바위**라 부른다. 이 바위에는 다음과 같은 전설이 깃들어 있다.

약 400여년 전 조선중기, 양반 이상서가 외동딸과 몸종을 데리고 능포로 유배를 와서 살고 있었다. 딸의 이름은 국화라고 하였으며, 어릴 때부터 총명하고 예뻐서 마을 청년들은 모두 흠모했다. 하지만 유배를 온 죄인의 딸이기에 국화에게 사랑을 고백하거나 만나는 일은 엄두도 내지 못했다. 한편, 그의 몸종이었던 삼돌이도 국화와의 사랑이 이루어지지 못할 것을 알면서도 그리워하고 흠모했다.

어느 날 삼돌이는 종으로 태어난 팔자를 원망하면서 그 상사병으로 자리에서 일어나지 못하고 식음을 전폐하였다. 이 사정을 알게 된 국화는 삼돌이를 찾아가 한 그릇의 죽을 주었다. 삼돌이는 오매불망 그리워하는 국화가 건넨 죽을 눈물을 흘리며 먹고는 얼마 후 세상을 떠났다. 그런데 삼돌이가 죽은 지 사흘째 되던 날, 국화에게 이상한 일이 생겼다. 뱀 한 마리가 국화의 몸을 감싸고 떨어지지 않았다. 이 소문은 삽시간에 퍼졌고, 용하다는 의원이나 점쟁이를 불러 뱀을 떼어 놓으려 해도 소용이 없었다. 또 밤이면 뱀은 꿈에까지 나타나선 삼돌이로 변하여 국화를 안고 날아다녔다. 국화가 이를 벗어나려고 발버둥 쳤다. 이 일에 국화는 괴로움에 시달렸다. 이런 악몽 같은 나날이 이어지던 어느 날 국화는 비몽사몽간에 양지암바위에 올라가서 떨어져 죽었다. 이때부터 양지암 바위를 **상사바위**라 불렀다.

5-1-12 학동 용바위(용두암) 전설

동부면 학동마을은 노자산이 양 날개를 펴고 바다를 향해 비상하는 학을 닮았다고 하여 붙여진 이름이다. 이 학동마을 앞 몽돌해변은 마치 학의 알과 같아 풍수지리학상으로 비학포란지형[428]의 길지로 알려져 있다. 이와 더불어 흑진주 몽돌해변은 거제의 대표적인 관광지로써 그 명성이 높다.

이러한 학동마을의 남쪽 끝자락엔 예사롭지 않은 바위가 하나 있는데, 일명 용바위라 하고 마을 사람들은 용궁으로 가는 길목을 지키고 있는 바위 또는 용머리를 닮았다고 하여 용두암이라 한다. 이 용두암에는 용이 되지 못한 이무기의 전설이 전해지고 있다.

용왕에겐 이무기 아들이 둘 있었는데, 작은아들은 착했지만 큰아들은 욕심이 많고 심술이 많았다. 용왕은 두 아들을 옥황상제에게 부탁해 천상으로 보내려고 생각하고, 아들을 불러 여의주를 하나씩 건네주었다. 그리고 이 여의주는 모든 것을 마음과 뜻대로 만들어 주는 구슬이니, 하나씩 가지고 용이 되어 무지개를 타고 하늘나라로 가라고 하였다. 하지만 욕심 많은 형은 동생의 여의주까지 빼앗고는 동생 몰래 하늘나라로 올라 가려 하였다. 이 광경을 지켜본 용왕이 크게 노하여 형을 바위로 만들었다. 이후 동생은 오색 무지개를 타고 하늘나라로 갔고, 형은 죄를 뉘우치며 하늘로 올라갈 날만 기다리며 오늘도 용바위가 되어 남아있다.

예로부터 마을 사람들은 고기가 잡히지 않거나 마을에 큰 재앙이 있을 때는, 용바위로 와서 용왕제를 지내기도 하였다. 궂은날이나 바람이 거세게 부는 날엔 용바위에서 하늘로 승천하지 못한 이무기의 울음소리가 들린다고 한다.

5-1-13 고자산치 전설

거제의 11대 명산 중에는 **계룡산**과 **선자산**이 있다. 이 두 산자락 사이에 제법 넓은 고개 마루가 있으며, 이를 고자산치라 하며, 고개를 넘으면 거제면으로 향한다.

상문동 주민센터가 위치하고 있는 용산마을을 지나 계룡산의 임도 길에 다다르면 좌우 측으로 길이 갈라지며, 갈림길에서 왼편을 따라 오르면 계곡을 지나 고자산치로 향한다. 이 계곡은 그 어떤 가뭄에도 마르지 않아 지금도 용산 마을주민들의 식수로 사용되고 있다. 고자산치에는 나무가 없는 우거진 풀섶과 산딸기가 서로 엉켜 자라고 있다. 이 평지에는 단군상이 모셔져 있었으나 다른 종교집단에서 부수어 버려 지금은 그 기단만 남아있다. 예전부터 이곳에는 소들을 풀어 방목하였으며 지금도 종종 소떼를 볼 수 있다.

이 고개에 서면 남동쪽으로는 **선자산** 가는 길이 이어지고, 서쪽 편에는 **거제면**이 내

---

428) 학이 알을 품은 형국

려다보인다. 그리고 북쪽 기슭을 따라 오르면 **계룡산** 정상으로 향한다. 이런 형상이니 이전부터 거제면 방향에서 고현을 오려면 이 고개를 이용하였고 지금도 차량을 포함하여 사람의 왕래가 잦다. 특히, 1688년 숙종 14년 현령[429]이 계룡산 북쪽 중허리를 둘러 가는 김현령재의 고갯길을 개설할 때까지 거제면과 고현을 잇는 중앙로의 기능을 하였다. 이 고자산치의 전설은 다음과 같다.

아주 먼 옛날에 일찍이 부모를 여의고, 외롭게 살아가는 남매가 있었다. 살림살이가 워낙 가난하여 누나가 이웃집에 품을 팔고 삯바느질을 해서 겨우 끼니를 이어 갔다. 비록 가난하고 고생을 하며 살아가는 남매였지만 서로를 이해하고 항상 의견을 나누며 행복하게 살았다. 남동생은 고생하는 누이를 도우려 남의 집에 나무를 해다 팔기도 하여, 남매는 작은 집도 마련하였다. 그렇게 형편이 조금 나아지자, 동생은 누나가 좋은 배필을 만나 시집가길 바랐고, 누나는 동생이 예쁜 색시를 얻어 장가를 가서 가문을 이어 나가주길 바랐다. 이런 사정이니 마을에서도 의좋은 남매라고 칭찬이 자자했다.

그러던 어느 봄날, 들판에 쑥이 자라났다. 이를 본 남매는 외할머니가 쑥떡을 좋아한다는 걸 기억을 하고 나물을 뜯기 시작하였다. 그리고 떡을 만들어 외할머니가 계신 명진마을의 외갓집으로 향했다.

누나가 쑥떡을 이고 동생은 그 뒤를 따라 고자산치를 오르기 시작했다. 남매가 고개마루에 오를 무렵 그동안 화창하던 날씨가 갑자기 구름이 몰려오고 이윽고 소나기가 쏟아졌다. 지금도 나무가 성근 이 고개에서 갑자기 내린 비를 피할 곳을 찾지 못한 남매는, 하는 수 없이 떡만 젖지 않도록 하며 빗속을 걸어 고개로 향했다. 그때, 뒤를 따르던 남동생의 눈에 비에 젖은 옷이 보여주는 누나의 몸매를 보았다. 순간 동생의 눈에는 누나가 아리따운 여인으로만 보였다. 하지만, 곧바로 동생은 자신의 망상이 잘못임을 깨닫고는 앞서가는 누나 몰래 자신의 신체를 돌멩이로 내리치고는 목숨을 끊었다.

한참을 먼저 앞서 가던 누나는 어느 순간 동생이 따라오지 않는 것을 알고 길을 되돌아왔다. 얼마를 내려오자 바위 뒤에서 피를 흘리며 쓰러진 동생이 보였지만 이미 숨은 멈춰있었다. 누나는 동생을 안고는 하염없이 울었다.

이 사연이 전해지자 양쪽 마을에선 이 남매의 애절함을 위로하고, 그 고개를 고자산치라고 불렀다. 한편, 이와 같은 얘기는 상문동의 문동에서 아주동으로 넘어가는 고개인 **울음이재**에도 서려 있다.

---

429) 김대기

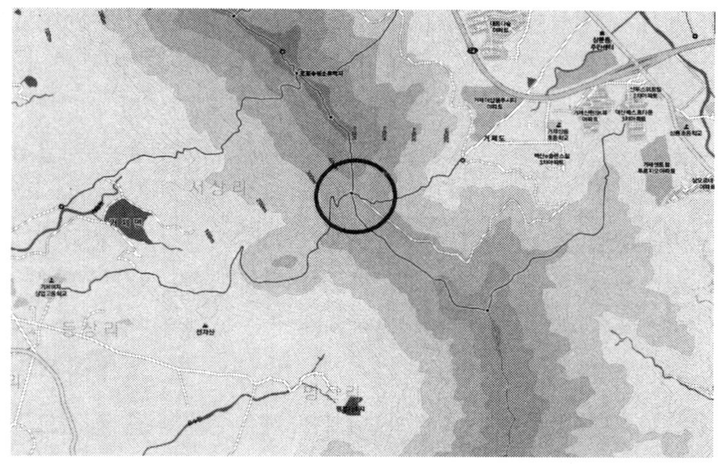

[고자산치]

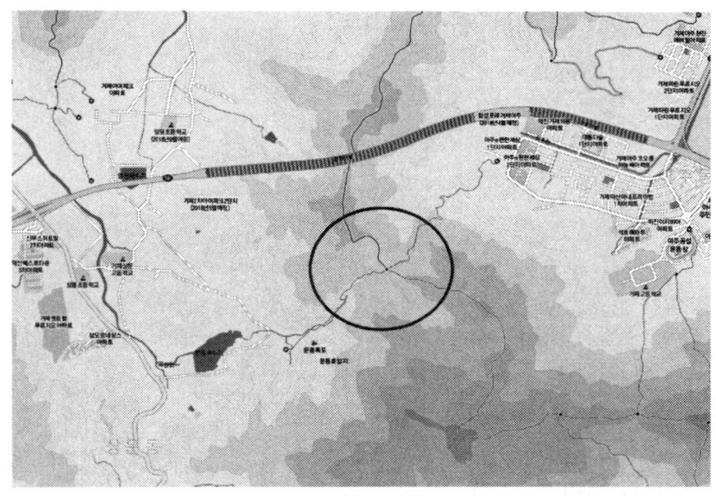

[울음이재]

5-1-14 이수도 이야기

조선시대 말엽, 금강산에서 도를 통했다는 도사가 이수도를 찾았다. 도사는 "이수도가 좋은 곳이지만 건너편 거제 본섬의 **시방마을**이 활같이 생긴 지형이라, 그곳에서 활을 쏘고 있기 때문에 학인 이수도가 맥을 추지 못하고 있다"고 전했다.

이에 놀란 동네 사람들이 해결할 방도를 물으니, 도사는 시방에서 날아오는 화살을 막을 수 있는 방패비석을 세우라고 하곤 떠났다. 그날부터 이수도 주민들은 도사의 말을 따라 뒷산에 비석을 세우고, **방시순석**430)이란 글귀를 새겼다. 비석을 세우자 도사의 말과 같이 마을은 나날이 번창하였다. 하지만 건너편 시방마을은 나날이 몰락해 갔다. 뒤늦게야 이수도 비석 이야기를 전해 들은 시방 사람들은 방시순석을 파괴하려 했지만, 이수도 주민들이 배를 대지도 못하게 하여 실패했다. 이런 사정이 되자 오랜 세월을 형제처럼 지내오던 두 마을은 원수가 되었다. 시방 사람들도 생각 끝에 묘안을 짜냈다. 이수도의 비석을 뚫을 수 있는 쇠 화살을 쏜다는 뜻의 **방시만노석**431)을 마을 뒤 길가에 세운 것이다. 이러자 거짓말처럼 모든 복이 시방마을 쪽으로 돌아왔다.

하지만 이번엔 이수도 쪽에서 시방의 비석을 깨부수기 위해 나섰고, 시방 사람들은 밤에 횃불을 켜놓고 비석을 지켰다. 결국 힘을 통한 방법이 허무함을 깨달은 이수도 사람들은 다시 쇠화살을 막아 줄 비석을 방시순석위에 덧세우고 **방시만노순석**432)이라고 새겼다. 결국 두 마을 사람들은 화해하고 서로를 배려하며 협력하기로 하였다. 이로부터 두 마을은 모두 평안해지고 풍요로워졌다.

430) 방시순석(防矢盾石)
431) 방시만노석(放矢萬弩石)
432) 방시만노순석(防矢萬弩盾石)

5-2 문화재

5-2-1 외포리 석조약사여래좌상

경남유형문화재 제455호[433] 석조약사여래좌상은 일운면 영은사[434]에 있지만, 원래는 장목면 외포리 소계마을에 있었다. 불상 전체의 높이 약 72㎝로 아담한 편이며, 장목면 소계마을 위쪽의 언덕 경사면에 인공적으로 만든 석굴 안에 있었다. 이를 안전하게 보관하기 위해 2007년 8월 지금의 자리로 옮겨 왔다.

불상의 얼굴은 많이 손상되었으며 광배에는 화염당초문[435]이 새겨져 있고, 법의는 편단우견[436]이며, 수인은 항마촉지인[437]이다. 다리는 결가부좌하고 있어 표현기법으로 볼 때 고려 말에서 조선 초 사이에 제작된 것으로 추정된다.

---

433) 2007년 09월 06일 지정

434) 경상남도 거제시 일운면 지세포리 1347-1번지

435) 화염당초문(火焰唐草紋) : 타고 있는 불에서 생겨나는 붉은빛을 띤 기운이 여러 가지 덩굴풀이 꼬여서 뻗어 나가는 모양을 그린 무늬

436) 편단우견(偏袒右肩) : 불교에서 가사 즉 삼의를 입는 방법 중, 통견(通肩)으로 걸친 옷에서 우견(右肩) 만을 벗은 모습

437) 항마촉지인(降魔觸地印) : 좌선할 때의 손 모양에서 오른손을 풀어서 오른쪽 무릎에 얹고 손가락으로 땅을 가리키는 손 모양. 석가모니가 수행을 방해하는 모든 악마를 항복시키고 성취한 정각을 지신(地神)이 증명하였음을 상징

5-2-2 장흥사 지장보살 시왕탱화

장흥사는 경상남도 거제시 장목면 장목리 196-1번지에 위치하고 있다. 장흥사에 있는 지장보살 시왕탱화는 **경남유형문화재 제454호**로 2007년 09월 06일 지정되었다.

이 탱화의 왼쪽 아래에 있는 **화기**[438]에 의하면, 1822년 금어[439]가 그린 것이라고 한다. 탱화는 2단 구도로 되어 있으며 윗부분에 지장보살[440]이 있고, 지장보살의 두광 양쪽으로 천동자, 천동녀, 판관, 나찰이 있다. 무릎 아래에는 좌우보처인 도명존자[441]와 무독귀왕[442]이 두 손을 모으고 있고, 두 좌우보처의 뒤로는 위로 올라가면서 양쪽에 시왕이 각각 5존 씩 늘어서 있다.

전체적으로 잘 짜진 구도를 갖추고 있으며 부분적으로 금가루로 칠해져 있어 화면이 화려하다. 제작 시기가 잘 나타나 있고, 시주자 명단 가운데 상궁의 이름도 기록되어 당시 사찰 시주자 구성에 관한 정보를 얻을 수 있다.

438) 화기(畵記)
439) 금어(金魚)
440) 지장보살(地藏菩薩) : 지옥에서 고통 받는 중생들을 구원하는 보살
441) 도명존자(道明尊者) : 설화에 나타나는 도명존자는 중국 양주에 있는 개원사의 승려로 사후세계를 경험하고 지장보살의 협시가 되었다. 지장삼존은 지장보살의 좌우에 도명존자와 무독귀왕이 협시함.
442) 무독귀왕(無毒鬼王) : 지장보살을 가운데 모시고 도명존자와 무독귀왕이 좌우에 배치된다. 지장보살의 오른쪽에 서 있는 상으로 귀신왕임에도 불구하고 대개 문관 또는 왕의 모습으로 표현되고 있다. 이 무독귀왕은 그 이름에서 나타난 것처럼 사람들의 악한 마음을 없애준다.

5-2-3 거제 향교

경상남도 거제시 거제면 서정리에 있는 향교는, 1982년 8월 2일 **경상남도유형문화재 제206호**로 지정되었다. 세종14년(1432)에 서문골에 건립되었으며, 현종5년(1664) 거제 동헌(경남유형문화재 146호)을 거제로 옮겨올 때, 당시 현령 이동고의 발의로 계룡산 기슭 서정리에 함께 옮겨와 복원됐다. 이때부터 거제에서 공립교육제가 시행되었다고 볼 수 있다. 이후, 철종6년(1885)에 지금의 위치인 서정리로 다시 옮겼다. 현판문에 따르면 임진왜란 때 고현성[443]이 함락되면서 성 밖에 있던 향교가 불탔던 것으로 보인다. 거제향교 입구 외삼문 왼편에 공자상이 있고 향교 앞 도로 쪽에는 하마비(대소인원개하마[444])가 있다. 향교는 지방의 관학기관[445]으로, 내삼문 안쪽에는 배향공간[446]인 대성전, 동무, 서무[447]와, 제기고 및 증반소가 있고, 외삼문(솟을대문) 안에는 교학공간[448]인 명륜당은 **맞배지붕**의 정면 5칸 측면 2칸 구조며 동재, 서재[449], 고자실 등이 있다.

대성전은 정면 5칸 측면 3칸의 기와로 된 맞배지붕이며, 여기에는 대성지성문선왕 공자를 비롯한 중국 성현4명(안자, 증자, 자사, 맹자)과 송조2현(정호, 주희), 신라2현(설총, 최치원), 고려2현(안향(안유), 정몽주) 및 조선14현(김굉필, 정여창, 조광조, 이언적, 이황, 김인후, 이이, 성혼, 김장생, 조헌, 김집, 송시열, 송준길, 박세체)를 모시고 있다. 매년 음력 2월(공자 기일)과 8월(공자 탄일)의 첫 번째 정일[450]에 **석전대제**[451] 봉행하고, 매월 삭망(음력 1일, 15일)에는 **분향례**를 봉행한다.

---

443) 고현성(古縣城) : 경남기념물 46호
444) 대소인원개하마(大小人員皆下馬) : 하마비로 이 앞을 지날 때는 누구라도 말에서 내려야 함
445) 관학기관(官學機關) : 관에서 관리하는 공부하는 공간으로 향교는 지금의 중등교육과정에 해당함
446) 배향공간(配享空間) : 학덕 있는 사람의 신주를 모시는 공간
447) 동무, 서무(東廡,西廡) : 조선 성현의 신주를 모시는 공간이지만 거제향교를 비롯한 대부분의 향교에서는 이들을 대성전에 둠
448) 교학공간(敎學空間) : 향교의 학생들이 공부하던 공간
449) 동재, 서재(東齋,西齋) : 향교의 학생들이 기숙하던 공간
450) 정일(丁日)
451) 석전대제(釋奠大祭) : 공자를 비롯한 선성(先聖)과 선현(先賢)들에게 제사 지내는 의식으로 모든 유교적 제사 의식의 전범(典範)이며, 가장 규모가 큰 제사

5-2-4 오량 석조여래좌상

사등면 오량리 석불암에 있는 이 석불은 1950년 무렵 석불암 앞산 아래에 있는 논을 개간하던 중 출토되었다. 출토 당시에는 석불의 목이 부러져 있었으며 이후에 시멘트로 부착하였다. 화강암으로 되어 있으며 높이는 92 ㎝ 정도다.

8각 연화대좌 위에 안치된 석불 좌상으로 출토 후 호분[452]을 두껍게 발라놓아 원래의 모습을 많이 잃어버렸다. 얼굴은 사각형에 가까우며 전체에 호분을 칠하고 눈썹과 눈, 수염을 그려 넣어 어색한 느낌이 드나 단정한 인상을 보인다.

귀는 길지 않으며 목에는 삼도가 희미하게 남아 있고 어깨는 넓고 반듯하게 벌어져 있다. 법의는 우견편단[453]으로 얇게 표현되었으며 옷주름은 밀집형으로 균형미가 있고 입체적으로 조각되었다. 수인은 왼손을 무릎 위에 얹고 오른손은 무릎 아래로 내린 항마촉지인을 짓고 있다.

대좌는 중대의 간석이 없어졌으나 상대와 하대에는 연화무늬를 새긴 원추형으로 신라 말기의 8각 대좌 양식이 그대로 남아 있다. 1972년 2월 12일 **경상남도유형문화재 제48호**로 지정되었다.

5-2-5 장목진 객사

경상남도 거제시 장목면 장목리에 있는 관아건축인 **장목진객사**는 조선시대 거제부 소속 7진보[454] 가운데 하나였던 장목포진의 관아 부속건물로 18.7평 크기다. 정확한 건축

452) 호분(胡紛) : 흰색 안료. 바닷가 모래밭에 있는 풍화된 대합, 굴 등의 조개껍질을 빻아 만든 합분(蛤粉)
453) 우견편단(右肩偏袒)

연대는 알 수 없지만 임진왜란 때 장군 이순신과 이영남이 전략회의를 하던 곳으로, 정조9년(1785) 별장 어해장군 이진국이 장목리 동구에서 이곳으로 옮겨왔다. 1802년에 건물을 중수하였고 건물 형식은 조선후기의 것이다.

정면 4칸, 측면 2칸의 **팔작지붕**으로 전면에 부연을 두어 겹처마를 구성하였다. 양측에 툇마루가 있는 방을 1칸씩 두고 가운데 2칸 대청이 자리한다. 1 m 높이의 막돌 허튼층쌓기의 기단 위에 세워졌고, 외곽 기둥은 **배흘림기둥**이며 내부에 각주를 세웠다. 주두[455] 아래 초익공[456]을 두었다.

1914부터 1953년까지 장목면 사무소로 사용되다가 한때 경로당으로 사용되기도 하였으며, 1978년에는 폭풍으로 피해를 입기도 하였다. 장목면 주민들이 복원대책위원회를 구성하여 1981~1982년에 전면 해체 복원되었다. 1979년 12월 29일 **경상남도유형문화재 제189호**로 지정되었다.

5-2-6 가라산 봉수대

경상남도 거제시 남부면 다대리에 있는 조선시대의 봉수대로 **경상남도 기념물 제147호**로 지정되었다. 세종실록 지리지에 의하면 거제현에 봉화는 당시로는 가라산(585 m) 한 곳이었는데, 현의 남쪽 해변에 있으며 서쪽으로 고성의 미륵산봉화와 연락한다고 기록되어있다. 경상도지리지와 경상도속찬지리지에는 가라산 연대봉화는 현의 남쪽 35리 정도에 있으며, 서쪽으로 고성의 미륵산봉화와 연락한다고 기록되어있다. 한편, 신증동국여지승람에는 가라산봉수는 북쪽으로 거제의 계룡산봉수와 연락한다고 기록되어있다.

454) 진보(鎭堡)
455) 주두(柱頭) : 공포를 구성하는 건물에서 기둥 상부에 올려놓은 됫박 모양의 네모난 부재
456) 초익공(初翼工) : 새 날개처럼 생긴 공포 형식

거제 가라산봉수는 간봉[457]으로 첫 봉화를 피워 고성의 미륵산, 우산 등을 거쳐 마산 직봉으로 연결되었다. 이처럼 가라산봉수는 **처음 봉화**를 피우는 경상도 남해안의 중요한 봉수의 하나였으며, 봉수대는 동부면과 남부면 경계의 가라산 정상에 있으며, 이 산은 거제도에서 가장 높은 산이다. 이 정상을 기점으로 남부면 탑포리와 다대리, 동부면 학동리로 나누어진다. 봉수대에 오르는 산길은 탑포리, 다대리, 학동리에서 가능하나 학동리 오지막에서 오르는 것이 가장 편하다. 주위에는 부속 건물터의 석축 일부가 허물어진 채 남아 있다.

전체적인 형태는 장방형을 이루며, 봉수대는 둔각을 이룬 방형이다. 봉수대 아래에는 계단 흔적이 남아 있고, 그 아래에 봉수대 부속 건물터가 있다. 조선시대 남해안의 봉수제도와 봉수대의 실태를 알 수 있었지만, 현재는 헬리콥터를 이착륙을 위한 공간으로 조성되어 원형을 찾기 어렵다.

5-2-7 강망산 봉수대

이 봉수대는 옥포동 덕포에 있는 강망산의 조선시대 봉수대로, 1998년 11월 13일 **경상남도기념물 제202호**로 지정되었으며 정확한 축조 시기는 알려지지 않고 있다. 강망산[458] 정상은 덕포동과 장목면의 경계를 이룬다.

봉수대는 덕포동 고인돌이 있는 뒷산 정상에 있는데 대부분 무너진 상태로 바깥 2단까지는 흔적이 남아 있으나, 그 위는 경사가 급해서 확인할 수 없었으나 지금은 새로이 단장되었다. 연대[459]는 할석을 이용하여 축대를 쌓고, 적심[460]은 잔돌을 채워 넣은

457) 간봉(間烽) : 조선시대에 전국 봉수망(烽燧網) 중, 지방에서 목멱산(서울 南山)에 이르는 간선(幹線) 5로(五路)의 직봉(直烽)에 들지 않은 작은 봉수조직

458) 강망산(江望山) : 370 m

형태며, 바깥의 1단은 할석 4~5단 정도의 높이로 1단과 같은 방법으로 쌓았다. 여기에서부터 화구와 3단의 체벽 그리고 연실로와 연통 등이 있었을 것으로 추정되어 마련하였으나 원형이 보존되진 못했다

대동여지도에는 옥포항 북단에 조라포가 있고 그 위에 율포, 장목포의 순으로 표기되어 있는데, 이런 위치로 볼 때 율포의 가을곶 봉수대가 강망산 봉수대로 짐작된다. 따라서 봉수대의 구조도 거제 옥녀봉 봉수대(경남기념물 129)와 비슷하고 건립연대도 거의 비슷한 거제 북부지역의 간봉[461]으로 추정된다.

한편, 봉수대의 **봉**은 횃불 등과 같은 야간에 빛을 통해 전달하는 방식이며, **수**는 연기로 낮에 주로 사용한다는 의미를 지니고 있다.

5-2-8 아주동 고분군

아주동에 위치한 삼국시대 고분으로, 1997년 1월 30일에 **경상남도기념물 제161호**로 지정되었다. 아주동 고분군의 주변에는 청동기시대의 지석묘와 삼국시대의 불교유적 등 많은 유적이 구릉이나 주변평야지대에 산재해 있었다. 이는 아주동 일대가 인류활동이 지속적으로 이어졌음을 알 수 있게 한다.

이 유적지는 인근을 개발하기 위한 작업을 하던 중 발견되었으나, 흔적이 사라지고 있던 것을 지금은 큰 봉문형식으로 만들어 두고 표지판을 세워두었다.

---

459) 연대(煙臺) : 봉수대의 기단부 위의 연소와 관련된 전체
460) 적심(積心) : 바닥 땅이 나올 때까지 파서 자갈을 넣어 만드는 기초 공법
461) 간봉(間烽) : 조선시대 전국 봉수망(烽燧網) 가운데 지방에서 서울에 이르는 주요 간선 다섯 개 길의 직봉(直烽)에 들지 않는 작은 봉수 조직. 직봉과 직봉을 연결해 주거나 인근의 초소로부터의 사정을 본진(本鎭)과 본읍(本邑)에 연결해 준다.

아주동 고분군은 서쪽에 위치하는 국사봉에서 동쪽의 옥포만으로 뻗어 내린 남동쪽 구릉 말단부 일대의 구릉의 능선과 사면에 해당하며, 해발 15~30 m사이에 분포한다. 고분군은 여러 차례 조사하여, 지석묘 17기와 삼국시대의 횡구식석실분 30기 등 47기를 확인하였다.

이들에서는 청동기시대의 무문토기와 석기 등과 삼국시대의 유개고배, 단각고배, 개, 대부완, 배, 부가구연대부장경호 등의 토기류가 주로 출토되었다. 유구의 잔존 상태가 불량하여 전체적인 양상을 파악하기에는 어려움이 있지만 6세기 중엽에서 7세기 중엽에 해당하는 유물들로 확인된다. 이런 사실은 아주동 유적이 6세기 후반에서 7세기 초엽으로 넘어가는 묘제와 유물의 양상이 변하는 과정을 보여주는 것으로 중요한 의미가 있다.

삼국사기에는 신라 문무왕17년(677)에 거제지역에 상군을 설치하였다는 기록이 있다. 아주동 유적에 있어서 묘제와 유물의 양상이 변화하는 시점이 곧 상군의 설치시기와 비슷하게 나타나고 있는데, 이는 거제지역의 세력이 그 독립적 위상을 상실하고 신라 중앙정부의 지방 통치 구조에 편입되었음을 의미하는 것으로 보인다. 따라서 묘제와 유물에 있어서도 이러한 사실이 반영된 것으로 추측할 수 있다. 유구의 분석 결과 해발고도가 다소 높은 지역에서부터 고분이 조성되기 시작하여 차츰 아래 구릉지대로 내려오고 있음도 알 수 있다.

석실분은 중복 없이 일정 정도의 거리를 두고 배치되어 있으며, 이는 분묘조성 집단이 일정한 묘역을 가지고 독립적으로 분묘를 조성한 것으로 유추된다.

고분군의 피장자들은 신라가 이 지역을 통치하면서 흡수한 세력 중, 강력한 세력을 지닌 유력한 집단일 가능성이 높다.

또, 아주동 고분군에서 다른 가야세력권보다 신라토기양식이 다수 출토되는 것으로 보아, 일본과의 대립 또는 교류차원에서 영남 도서지방에 신라 중앙정부의 지배력을 향상시킨 것으로 보인다.

5-2-9 거제 고도현(고군현) 치소지

이는 둔덕면 거림리에 있었는 치소지로, 신라시대부터 조선시대까지의 군현의 치소 추정지다. **경상남도 기념물 제162호**로 지정되었다. 이 유적은 경지정리 작업 중 기와조각과 건물의 초석으로 추정되는 큰 돌이 집중 발견되어 본격적인 발굴조사가 실시되었다. 조사결과 경작 중인 논바닥에서 많은 건물초석과 축대, 배수시설유구[462] 등이 발견되었으며, 유구 내부에서는 고려시대의 막새기와를 비롯한 명문 기와, 신라와 고려시대의 토기 조각, 고려청자, 분청자기 조각 등이 출토되었다.

이 유적지에는 신라시대에서 조선 전기에 걸쳐 축조된 각종 건물이 위치하고 있었으며, 특히 초석의 규모나 기와 조각의 다량 출토되어 당시에 관아와 같은 대규모의 목조 건물이 위치하였던 것으로 추정된다.

특히, 삼국사기에 나타나는 상군의 존재가 여기에서 출토된 명문기와[463]에 작성된 **'상사리**[464] 8월 4일' 이란 것의 '치마 상'과 상군[465]이라는 '자세할 상'이 유관한 관계를 갖는다면, 삼국사기 변진전에 나타나는 **변진독로국**[466]의 위치비정에 큰 도움이 될 것이다. 따라서 이는 거제도의 역사를 규명할 수 있는 중요한 유적이다.

462) 배수시설유구(排水施設遺構)
463) 명문기와(銘文) : 기와 표면에 명문이 압인(押印)되거나 새겨져 있는 것
464) 상사리(裳四里)
465) 상군(詳郡)
466) 변진독로국(弁辰瀆盧國)

5-2-10 하청 북사지

경상남도 거제시 하청면 유계리에 있는 절터로, 1998년 11월 13일 **경상남도기념물 제209호**로 지정되었다. 북사는 관련된 자료를 확인하면 합천 해인사, 양산 통도사, 부산 범어사와 함께 과거 경상남도 4대 사찰로 일컬어졌던 대규모 사찰이었다. 고현만의 북쪽 하청면 유계리와 연초면 한내 뒤에 산의 생김새가 꾀꼬리가 하늘로 날아오르는 형상이라고 하여 이름 붙여진 앵산(507 m)이 있다. 하청면 유계와 연초면의 한내를 감싸는 이 산의 북쪽 중턱에 신라시대의 절이라고 여겨지는 하청 북사의 절터는 지금의 광천사가 있는 위쪽에 해당한다.

절터에는 그 당시 사용했던 맷돌과 기와 조각, 60여 평 규모의 금당 주춧돌이 남아 있어 그 당시 사찰의 규모를 짐작할 수 있다.

사찰에 대한 구체적이고 확실한 기록은 없다. 다만, 이 절에 있었던 북사범종(경남기념물 제209호)에 새겨진 명문에는 중국 요나라 태평6년(1026)에 종을 주조하였다는 내용이 새겨져 있다. 한국의 연대로는 고려 현종 17년에 해당하는데, 북사가 세워진 시기는 이보다 앞서거나 그 당시쯤으로 추측할 수 있다. 이 종은 현재 일본의 사찰에 보관되어 있다. 하청 북사는 언제 폐사되었는지도 확실하지 않다. 전하는 이야기에 의하면 절에 빈대가 많아 폐찰되었다고 한다.

5-2-11 덕포 이팝나무

옥포동의 덕포에 있는 수령 300년 된 이팝나무는, 1990년 1월 16일 **경상남도기념물 제95호**로 지정되었다. 물푸레나무과 낙엽교목으로 높이 15 m, 둘레 3 m, 수관은 동서 16 m, 남북 14 m에 이른다.

덕포동에서는 이 나무의 꽃피는 모양으로 한 해의 풍흉을 점쳤다고 한다. 매년 5월에 꽃이 피기 시작하는데, 꽃이 활짝 피면 풍년이고 시름시름 피면 흉년이 든다고 한다. 나무 옆의 작은 돌무더기로 된 탑이 있었는데, 마을의 안녕과 태평을 기원하여 쌓았다고 하며, 왜구가 침입했을 때는 방어용 무기로도 사용했다고 전해진다. 지금은 경작지로 인해 돌탑은 모두 허물져 그 흔적이 남아 있지 않다.

5-2-12 명진 느티나무

거제면 명진리에 있는 노거수로, 1991년 12월 23일 **경상남도기념물 제113호**로 지정되었다. 위치는 명진리 마을 앞 들판이다. 나무의 높이는 14 m, 가슴높이의 줄기 둘레는 7.7 m, 수관은 동서 23 m, 남북 20 m이며 수령은 약 600년 정도다. 나무의 모양은 지상 1 m 높이에서 사방으로 굵은 가지가 뻗어 있어 마치 우산을 펼쳐놓은 듯하다. 나무 주위에는 석축이 둘러져 있다. 가지는 모두 7개로 전체적인 형상은 6각형을 이루고 있다.

명진리는 신라시대 때 명진현이 위치했으며, 이 나무를 마을의 수호목이라 믿는 명진리 사람들은 이 나무가 그때부터 있었다고 전한다. 이런 믿음으로 오래전부터 이 마을에 시집오는 새색시는, 제일 먼저 이 나무 밑에 와서 **고신제**를 지내야 했다.

5-2-13 옥녀봉 봉수대

장승포동과 아주동에 거쳐있는 조선시대의 봉수대로 1993년 12월 27일 **경상남도 기념물** 129**호**에 지정되었다. 봉수대는 옥녀봉 줄기인 연대골 산등성 해발 226 m에 위치한다. 직경 10~20 m의 3단 석축으로 설치되어있다. 세종실록 지리지에 따르면 거제현의 봉화는 가라산 한 곳뿐이었다. 신증동국여지승람에는 거제현에는 봉수가 계룡산봉수, 가라산봉수 두 곳이 있었던 것으로 나타난다. 따라서 옥녀봉봉수는 가라산봉수나 계룡산봉수보다 늦게 만들어진 것으로 추정된다. 김정호의 대동지지[467]에 보면 거제현에는 가라산봉수 외에 등산, 남망, 옥림산, 눌일곶, 가을곶봉수가 있었다고 한다. 증보문헌비고에 의하면, 전국 봉수의 주요 간선은 5개 직봉으로 이루어졌다. 이 가운데 제2거는 동래~서울 간으로 직봉 44개와 간봉 110개로 이루어졌다. 제2거 봉수에는 10개의 간

467) 대동지지(大東地志)

봉 지선이 있다. 이 가운데 거제 옥포진 옥산봉수가 있다. 간봉인 옥산봉수는 본진으로 연결되며, 옥림산봉수나 옥산봉수는 동일한 봉수로, 옥녀봉봉수를 가리킨다.

옥녀봉은 거제시 중앙부 동쪽에 위치하는 높이 555 m의 산이다. 북쪽으로 강망산 봉수대, 동쪽으로 장승포 일대, 서쪽으로 아주 및 옥포, 남쪽으로 일운면 와현까지 한 눈에 볼 수 있는 최적지에 설치되어있다. 화덕[468]은 무너졌으나 봉수대의 잔존물은 양호하게 남아 있어 지금은 이를 완전히 복원한 상태다. 조선시대 남해안의 봉수제도와 봉수대의 실태를 잘 보여준다.

5-2-14 와현 봉수대

이 봉수대는 일운면 와현리 망산(303 m)에 있다. 북쪽에 있는 지세포 봉수대와의 거리는 약 5 ㎞를 넘지 않으며, 옥녀봉 봉수대, 강망산 봉수대와 이어진다. 봉수대 면적은 약 3,025 ㎡다. 축조방식은 산의 꼭대기를 잘 다듬고 원형의 방호벽을 쌓았으며, 돌로 만든 방호벽은 그 크기가 크고 가지런하며 짜임새가 있다. 현재, 방호벽은 잘 보존되어 있으며, 봉화부는 붕괴되었고 출입을 위한 계단시설이 남아 있다.

이 봉수대에서는 남쪽 바다를 직접 바라볼 수 있어 중요한 시설로 이용되었다. 2002년 8월 14일 **경상남도 기념물 제243호**로 지정되었다.

468) 화덕 : 불길이나 연기를 올릴 수 있도록 불을 피우는 곳

5-2-15 외간 동백나무

1991년 12월 23일 **경상남도기념물 제111호**로 지정된 두 그루의 나무는, 거제면 외간리에 있으며 조선시대부터 있었던 것으로 추정된다. 나무의 높이는 7 m며, **수관**[469]은 동서 7 m, 남북 6 m, 추정 수령은 약 200년이다. 외간리의 이정묵의 집 뒤에 동서로 각각 한 그루씩 서 있으며, 지엽이 무성하고 지상 40 cm 부분의 나무둘레는 2 m로 동백나무로서는 큰 편이다.

동백나무는 우리나라 난대림, 상록활엽수림대를 대표하는 **표징종**[470]이고, 조엽수림[471]의 중요한 구성종이다. 남쪽지방에 있어서는 **혼례상**에 이 나뭇가지를 차려놓는데, 동백나무가 상징하는 것은 굳셈, 변함이 없는 성실함, 건강 등이다. 더불어 꽃마다 열매가 맺혀 자손번성 등의 뜻이 내재되어 있어, 이 풍습은 우리나라 남해안 전역에 퍼져있다. 이런 이유로 사람들은 마을을 지켜주는 **수호목**으로 받들고 있으며, 해마다 섣달 그믐날(한 해의 마지막 날)이면 동제를 지내고 있다. 특히, 이 두 그루의 나무를 **부부나무**라 하여 가정의 조화를 기원하고 있다.

또, 이 동백나무 꽃이 골고루 잘 피어나면 좋은 시절이 오고, 북쪽에 많이 피면 비가 많으며, 남쪽에 많이 피면 흉년이 들고, 동쪽과 서쪽에 많이 피면 풍년이 든다고 한다.

---

469) 수관(樹冠) : 나무의 가지와 잎이 달려 있는 부분으로 원 몸통에서 나온 줄기
470) 표징종(標徵種) : 어떤 식물군락에 대하여 적합도가 높은 식물
471) 조엽수림(照葉樹林) : 아열대에서 난온대에 걸친 다습한 지역에 분포하는 삼림으로 상록활엽수를 주로 한 삼림군계

5-2-16 윤돌도 상록수림

거제 일운면에 소재하고 있는 윤돌도의 천연보호림은 **경남기념물 제239호**로 2002년 02월 14일 지정되었다.

거제 **윤돌도**는 구조라해수욕장 서쪽 해상에 있는 섬으로, 육지와는 약 500 m 정도 떨어져 있는 무인도다. 옛날 이곳에는 윤씨 성을 가진 삼 형제가 어머니를 모시고 살았다. 형제가 효성이 지극하여 **효자섬**이라고도 불리었다. 이 섬에는 효자와 어머니 사이에 남겨진 이야기가 있다.

섬의 면적은 약 11,207 ㎡고 **상록활엽수**가 많이 자라고 있다. 수목은 대부분 동백나무, 구실잣밤나무, 참식나무, 생달나무 등이며, 나무 굵기가 2.5 m~4 m까지 되는 **노거수**[472]들이다. 이를 거제시에서 천연림으로 보호하고 있다.

472) 노거수(老巨樹) : 나무의 수령이 오래된 나무

5-2-17 지세포 지석묘

경상남도 기념물 제207호로 1998년 11월 13일에 지정되었다. 경남 거제시 일운면 지세포리 650번지 일대에 있으며, 청동기시대의 것으로 파악된다.

지석묘는 청동기시대의 대표적인 무덤으로 **고인돌**이라고도 하며, 경제력이 있거나 정치권력을 가진 지배층의 무덤으로 알려져 있다.

우리나라의 고인돌은 4개의 받침돌을 세워 **돌방**을 만들고, 그 위에 거대하고 평평한 **덮개돌**을 올려놓은 **탁자식(북방식)**과, 땅 속에 돌방을 만들고 작은 받침돌을 세운 뒤 그 위에 덮개돌을 올린 **바둑판식(남방식, 기반식)**이 있다.

지세포는 해변에 가까이 접해있는 마을로 이 일대에는 비교적 넓은 평야가 있다. 지세포평야의 와현쪽 농로 옆에 정자나무가 있으며, 그 아래에 고인돌 2기가 있다. 그중 하나는 바닷가 쪽으로, 나머지는 산 쪽으로 자리 잡고 있다. 바닷가를 향한 고인돌은 덮개돌이 길이 3 m, 너비 2.4 m며 아래에는 받침돌이 있다. 다른 하나의 덮개돌은 길이 2.7 m, 너비 2 m며 역시 아래에 받침돌과 잔돌들이 채워져 있다. 이 둘 사이에 있는 작은 것들도 **남방식인 바둑판식 고인돌**일 가능성이 있다. 주변의 자연석은 이후에 옮겨 놓은 것으로 보인다.

5-2-18 지세포 봉수대

이 봉수대는 일운면 지세포에서 와현으로 가는 오르막 왼편, 교항마을 뒤에 있는 산의 정상부에 있다. 이곳은 새피재(셋비재, 샛풍이재)의 정상으로 연지봉이라 한다. **연지봉**은 해발고도 약 250 m에 이르며, 봉수대는 대략 200 m쯤 동쪽에 있으며, 면적은 약 3,025 ㎡다. 봉수대는 원형의 방호벽으로 둘러싸여 있는데, 지름이 약 25 m 이상으로 내부가 넓다. 돌로 쌓은 축대벽은 높은 편이며 보존상태가 좋다. 그러나 봉화부는 남아 있지 않다. 2002년 8월 14일 **경상남도기념물 제242호**로 지정되었다.

5-2-19 학산리 지석묘

1998년 11월 13일 **경상남도기념물 제208호**로 지정된 학산리 지석묘는, 덕호리 광리 마을에서 둔덕면 학산리로 넘어가는 아래쪽 바닷가 **아사마을**에 있다. **아사마을**은 마을의 뒤쪽 높은 산꼭대기에 폐왕성지가 있으며, 인조 원년(1623) 영등진의 관아가 구영등에서 이곳으로 옮겨진 뒤에 관아가 있었던 곳으로 학산리 아사라고 불리었다.

지석묘는 국도와 아사마을 진입로가 교차하는 동북 지점의 밭에 4기가 있으며, 도로에서 약 15m 정도 떨어져 있다. 남쪽에 있는 것부터 길이 355㎝, 너비 250㎝, 두께 105㎝, 두 번째 것은 길이 145㎝, 너비 115㎝, 두께 60㎝, 세 번째 것은 길이 280㎝, 너비 130㎝, 두께 50㎝ 그리고 끝에 있는 것은 길이 130㎝, 너비 150㎝, 두께 70㎝이며 4기 모두 바둑판식(남방식 또는 기반식)이다. 거제의 지석묘 중에서 가장 큰 편이다.

5-2-20 아양 삼층석탑

이 석탑은 **경상남도 문화재자료 제33호**로 1983년 7월 20일에 지정되었다. 소재지는 경남 거제시 아양동으로 탑의 제작 시기는 미상이지만 인근에 신라시대와 고려시대 사찰이 있었고 이 무렵의 것으로 보인다. 이 삼층석탑은 1935년 탑골이라 불리는 곳에서 농부가 밭을 갈던 중 발견[473]되어 조성해 놓은 것으로, 발견 당시 기단부와 머리장식이 사라진 상태였으며, 현재 3층을 이루는 탑신만이 남아 있다. 탑신의 2, 3층 몸돌은 탑을 옮겨 세울 때 새로 만들어 놓은 것이다. 탑신의 몸돌에는 모서리마다 기둥 모양을 새겼고 지붕돌 밑면에는 4단의 받침을 두었다.

탑신의 1층 몸돌과 3층 지붕돌은 원래 탑의 석재로, 몸돌의 기둥 모양 조각이나 지붕돌의 받침 조각은 좋은 수법으로 제작되었다. 현재는 대우조선소 정문 안의 소공원에 위치하고 있다. 3층 탑신에는 '**물이선소이불위 물이악소이위지**[474]'가 기록되어 있다.

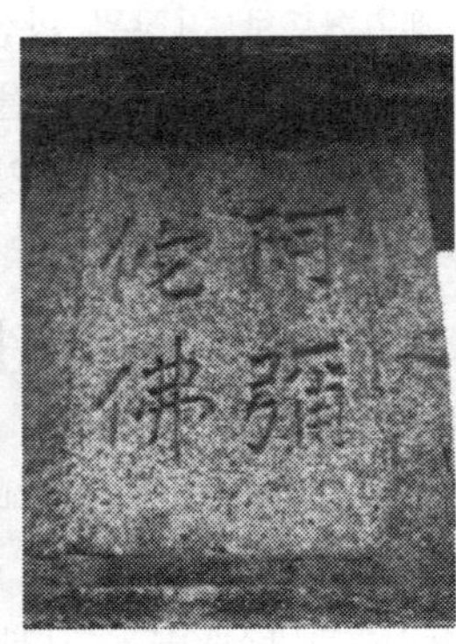

5-2-21 청곡 지석묘

청곡리 지석묘는 **경상남도 문화재자료 제88호**로, 1983년 12월 20일에 지정되었다. 소재지는 경남 거제시 사등면 청곡리 20-3로, 사등면 국도변에 약 50 m의 간격을 두고 바둑판식 고인돌 3기가 있다.

국도변 언덕에 있는 1호는 현무암으로 만들어진 덮개돌을 2개의 작은 받침돌이 받치고 있는 모습이다. 이 **고인돌의 머리가 향하는 마을**은 망한다는 전설이 있어서 옛날부

473) 박학중
474) 勿以善小而不爲 勿以惡小而爲之

터 마을사람들은 지석묘의 머리부분 방향을 두고 다투었다. 지금은 화합을 통해 각기의 마을을 피해 중간 지점을 향하도록 돌려놓았다.

2호는 국도변에서 50 m 지점의 밭 가운데에 있으며, 가운데 부분이 파괴된 채 흙속에 묻혀 있어 하부구조를 파악하기 어렵다.

3호는 청곡마을 입구에 있어 마을을 지키는 수호신과 같은 역할을 하고 있으며, 정월 대보름이면 이곳에서 안락제를 지냈다.

5-2-22 거제 포로수용소

이 유적지는 **경상남도 문화재자료 제99호**로 1983년 12월 20일에 지정되었다. 거제시에는 여러 곳에 포로수용소의 잔해가 남아 있으며 장평, 수월, 고현, 양정 등이다. 계룡산 정상부에도 포로수용소 통신대 시설이 상당 부분 남아 있다.

이들은 6·25 한국전쟁 중 UN군에 포로가 되었던 공산군을 수용하던 장소로, 1950년 11월부터 고현, 상동, 용산, 양정, 수월, 해명, 저산지구 등 360만평에 포로수용소를 설치하여 인민군 15만, 중공군 포로 2만, 여자포로와 의용군 3천 명 등 최대 **17만 3천 명**을 수용하였다.

이곳에서 반공포로와 친공포로 간의 유혈사태가 자주 발생하였으며, 1952년 5월 7일에는 수용소 소장인 도트준장이 납치되는 사건이 있었다. 1953년 7월 27일 휴전협정 후 폐쇄되었고, 친공포로들은 판문점을 통하여 북으로 보내졌다. 현재는 수용소의 잔존 건물 일부만이 곳곳에 남아 당시의 상황을 말해준다.

거제시에서는 **거제해양관광개발공사**를 통해 한국전쟁의 참상을 알리는 민족역사교육장으로 관광명소가 되었으며, 이곳에서부터 시작하여 계룡산 정상까지는 **관광모노레일**을 설치하여 정상부 잔해가 남아 있는 곳까지 안내하고 있다.

5-2-23 한내리 모감나무군락

이 모감주나무군은 앵산(507 m) 자락 바닷가에 있는 숲으로, 한내 마을의 방풍림 역할을 한다. 중국, 일본, 자유중국 등지와 한국의 경상남도, 경기도 및 황해도에 분포하는 **모감주나무**(Koelreuteria paniculata)는 무환자나무과에 속하는 낙엽활엽 교목이다. 높이 9~10 m까지 자라고 잎은 우상복엽이며, 6~7월에 향기 진한 황백색의 꽃이 핀다. 열매는 삭과[475]로서 꽃이 지고 난 10월에 열리며 콩알보다 약간 크고 윤기가 있다. 이 열매로 염주를 만들기 때문에 **염주나무** 또는 **보리수**라고도 하지만 서로 다른 나무다.

모감주나무는 한국의 남쪽지방에서는 거제 한내마을에서만 볼 수 있는 희귀한 나무로, 거제 한내리 외에 충청남도 안면도의 모감주나무군락(천연기념물 138)과 안동 송천동의 모감주나무(경북기념물 50), 대구의 내곡 모감주나무군락(대구기념물 8)이 문화재로 지정·보호되고 있다.

거제 한내리의 모감주나무군은 신라시대 경남의 4대사찰에 속했던 거제의 **하청북사**를 찾아오던 금강산 큰스님이 씨앗을 가져와 한내리 해변에 심은 나무들이라는 이야기가 전해진다. 한내리 모감주나무는 총 41주로 꽃이 피면 화려하다. 한내리는 전국에서 모감주나무로 방조어부림이 조성되어 있는 유일한 지역이다. 예전에는 이 숲에서 풍어제를 지냈고, 지금도 이 숲은 마을의 수호신으로서 마을 사람들의 사랑방이 되고 있다. 여름에는 피서지를 찾는 관광객이 많이 찾는 곳이다. 1991년 12월 23일 **경상남도기념물 제112호**로 지정되었다.

475) 삭과(capsule 蒴果) : 열매 속이 여러 칸으로 나뉘어 있고 각 칸 속에 많은 종자가 들어있는 열매 구조

5-3 성곽

5-3-1 성의 개요

성은 외적의 침입이나 자연재해로부터 인명과 재산을 보호하기 위하여 인위적으로 쌓은 구조물로 주로 군사용으로 사용된 바가 많다. 성은 일반적으로 성벽을 말하지만 그 의미는 매우 넓다. 초기에는 흙을 파서 도랑을 만들거나 흙으로 쌓았으나 지혜가 발달하면서 나무로 만든 목책(목성)과 돌로 쌓은 석축(석성), 벽돌로 쌓은 전축도 생겨났다.

성곽은 **성**과 **곽**의 의미를 갖는다. 전형적인 구조로 보면 네모꼴로 쌓은 **성**과, 그 바깥에 다시 네모꼴로 쌓은 **곽**으로 구성되는 이중구조다. 이때 안쪽의 것을 성 또는 **내성**이라 하고 바깥을 곽 혹은 **외성**이라고 한다. 세 겹으로 구축한 경우에는 가장 안쪽을 내성, 가운데 것을 **중성**, 바깥을 외성이라 한다. 성곽이 **도성**이라면 내성을 왕성·궁성·황성이라 하고, 바깥쪽을 **나성**이라 한다.

우리의 경우 산지가 많아 산성이 발달하였으며, 네모꼴보다는 자연적인 포곡선을 형성하는 부정원형이 많다.[476]

성곽의 종류는 거주주체, 축성재료, 성이 위치한 지형조건에 따라 분류한다. 거주주체로는 도성, 읍성, 창성, 진성, 보 등으로 나눌 수 있다. 도성은 왕이 상시 거주하는 곳으로 왕성과 황성으로 구성된다. **읍성**은 거주주체가 백성들이다. **창성**은 국가 전략상 중요한 창고를 보호하는 성곽이다. **진성**은 진영이라고도 하며 국경이나 해안지대 등 전략상 중요한 요충지에 축조한 성곽이다. 따라서 거제에는 진성이 많다.

거제는 성곽 유적의 보고다.

삼한시대 변진국의 두로국으로부터 왜와 국경을 마주하여 수천 년 동안 왜구의 침입이 잦았던 거제지역의 성곽 유적 역사에는 외적을 막아 나라와 백성을 지키려 했던 선조들의 호국애민정신이 깃들어 있다. 특히 거제지역의 성은 시대별, 형태별, 기능별 등 다양하게 있어 세계적으로도 찾아보기 드문 사례가 되고 있다.

거제지역에는 모두 24개의 성이 남아 있다.

임진왜란을 전후하여 조선의 5개 수군 진성과 4개의 왜성이 만들어졌다. 조선시대 기록상 최후로 조성된 성은 거제의 중금산성으로 여긴다.

---

476) 포곡선(包谷線), 부정원형(不整圓形)

성	연대	성	연대
둔덕기성	신라, 고려의종	옥포성	성종21년(1490)
다대산성	고려시대	구영등성	성종21년(1490)
하청성	고려시대(추정)	구율포성	성종21년(1490)
수월성	세종4년(1422)	오량성	연산6년(1500)
사등성	세종8년(1426)	장문포왜성*	선조27년(1594)
고현성	문종원년(1451)	송진포왜성*	선조27년(1594)
성포성	세종30년(1448)	영등왜성*	선조27년(1594)
가배량성	성종19년(1488)	견내량성(광리왜성)*	선조27년(1594)
율포성	성종19년(1488)	옥산금성	고종10년(1873)
탑포성	성종19년(1488)	중금산성	고종12년(1875)
구조라성	성종21년(1490)	당산성(당등산성)	시대미정
지세포성	성종21년(1490)	아주현성	시대미정

거제에는 모두 4개의 왜성이 있다. 왜성은 임진왜란과 정유재란 당시 왜군이 국내에 축조한 성으로 조선을 침략한 일본군의 가장 동쪽에 위치하는 울산왜성에서부터 서쪽의 순천왜성까지 우리나라 남해안 지역을 중심으로 집중적으로 축성한 성으로 남해안 지역 거점 확보가 주목적이었으며 행좌소와 보급기지 역할을 병행했다.

왜성의 입지적 특징은 선박의 출입이 편리한 강이나 바다를 끼고 있는 해발 10~250 m 정도에 위치한 독립된 구릉이나, 산정을 깎아 곽을 배치하고 인근에 지성까지 토루나 석루의 외곽선으로 연결하는 평산성으로 축조하는 경우가 많다.

왜성의 구조적 특징은 방어를 중심으로 축조하였기 때문에 지형을 교묘히 이용해 상당히 복잡한 형상과 배치를 이루고 있다. 방형의 곡륜을 다수 축조해 출입문과 통로를 만들어 하부 곡륜의 방어선이 뚫리더라도 방어를 할 수 있도록 되어 있으며 윤곽식, 제곽식, 연곽식으로 분류한다.

왜성은 우리나라 남해안에 있는 천혜의 요새 항구에 왜구를 막기 위해 대부분 기존의 조선의 성을 허물어 나온 석재와 목재를 사용하여 약 40~120일이라는 단기간에 축조했다. 따라서 임진왜란과 정유재란 시기에 축조된 왜성은 구조와 축조기법이 외형은 일본식이지만 구체적으로는 우리나라의 산성과 읍성의 영향을 크게 받았으며, **남해안에는** 30**여 개의 왜성**이 분포한다.

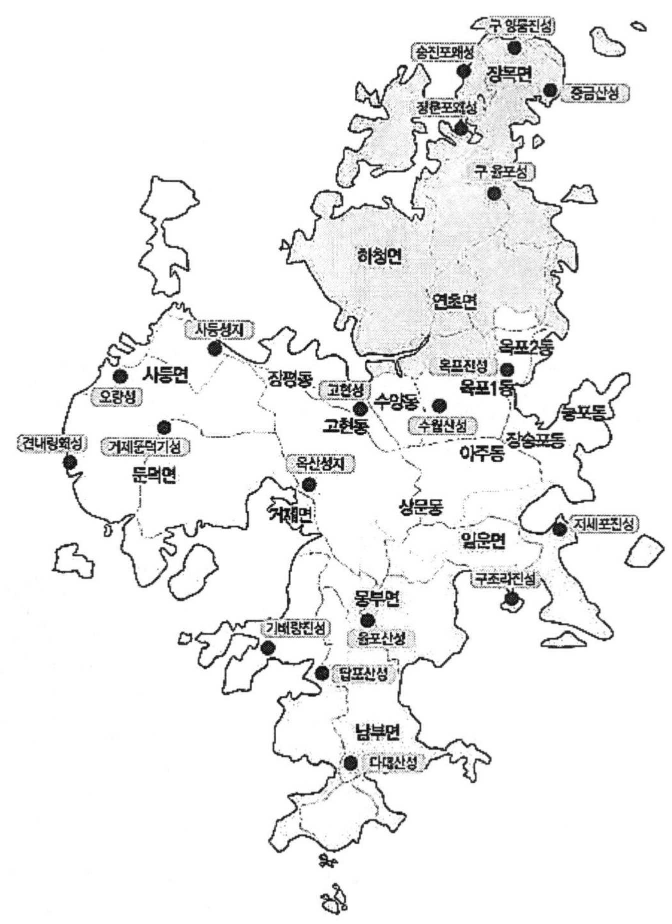

우리의 성벽은 기울기가 80~90도 정도로 직각인데 비해, 왜성은 기울기가 70도 내외로 우리나라 성보다는 많이 기울어져 있다. 우리나라에 만들어진 왜성이 오랫동안 방치된 이유도 있지만 축성방식에 차이가 있기 때문에 보존이 힘들고 훼손의 가속화된 탓이다. 왜성은 전시 상황에서 만들어져 방어에 유리한 산악지형을 이용한 산성이 많은데 거제지역의 경우 장목면 일대에 만들어진 장문포왜성, 송진포왜성, 영등왜성 등이 그와 같다. 한편 견내량왜성처럼 강과 바다와 가까운 독립된 구릉에 만들어진 경우가 있는데, 이는 왜군이 선박을 통한 침략작전을 이용했고 보급이나 연락도 배를 이용하는 경우가 많았기 때문이다. 견내량왜성에서 해간도가 보이는 앞 바닷가에는 돌을 바닥에 박아 길이 20 m 폭 4 m가량 크기의 사각형 형태로 만든 선착장으로 추정되는 시설이 남아 있었다.

5-3-2 거제의 성

(1) 율포산성(율포성)

현종5년(1664년) 장목면에 있던 율포진이 동부면으로 옮겨지고 경종 4년(1724년)에 다시 장목면 율포로 돌아왔다. 하지만 이후에도 동부면 율포진은 방어진의 역할을 했다. 1873년 지방지도에는 동부면 율포진의 진지도가 나타나 있다. 이 진지도에는 각종 관아 건물이 그려져 있고 이 시기에 설치된 포수청도 있다.[477)]

동부면 율포진 뒷산인 노자산 294 m 9부 능선(동부면 율포리 산23-3)의 율포산성은 동부면 부춘고개를 넘어 율포고개 인근 봉우리에 쌓은 테뫼식 석성이다. 이곳은 경상우수영이 있던 가배량과 가까운 곳이어서 탑포산성과 함께 가배량진성의 방어 역할을 했을 것이다. 율포산성의 축조수법은 조선시대 것으로 보이지만 정확한 기록은 없다.

성의 둘레는 278 m, 높이 2.7 m, 폭 2.4 m로 대부분 무너져 흔적만 남은 상태다. 율포산성 안에는 철마가 있었고 가뭄 때 주민들이 성으로 올라와 기우제를 지냈다고 한다.

(2) 탑포산성(탑포성)

거제시 동부면 탑포리 산90-107번지에 소재한 탑포산성은 탑포 남쪽 413.6 m의 시루봉 봉우리에 있는 산성이다. 탑포마을 고개에서 저구마을 내려가는 길목 오른쪽에 해당한다. 왜적을 감시하던 망성이라고 전해지며, 둘레 188 m, 높이 1.2 m, 폭 2.9 m 규모였다. 탑포산성은 축조수법이나 위치가 가배량진, 율포산성, 율포진, 다대산성과 인접한 점 등을 고려하면 조선시대에 지어진 성으로 추정된다. 축조 목적은 율포성과 같이 북쪽

477) 한선기패관 5명, 도훈도 1명, 좌우포도 2명, 사부 18명, 화포수 10명, 포수 24명, 정수 3명, 능로군 120명으로 구성

의 가배량성이나 율포진과 연결된 거제도 남서부지역 관망초소였을 것이다.

산성 정상에는 조선시대의 정3품 무관 벼슬인 절충장군 묘가 있어 동부면 율포마을 최씨 문중 광정공파 조상의 묘로 알려져 있다.

(3) 수월성지(수월산성)

수월산성지는 사등성, 고현성과 함께 조선초기에 거제도민 환도(고려시대 거창지역으로 이주했던 거제도민이 거제현의 복구로의 이동)를 통해 정착한 치소였지만 지금은 그 흔적을 찾을 수 없다.478)

이 성은 수양동 수월마을 뒤편 구릉지에 있었던 석축성으로 수월회관에서 돌산교회 방향 위쪽 전원단지 터에 있었다. 거제지역에 만들어진 성곽유적 중 가장 작은 규모로 둘레는 67.5 m, 높이 2 m, 폭 1.8 m로 형태를 확인하기 힘들지만 전원주택 단지 신축공사로 사라지기 전까지는 평면 원형의 석축이 남아 있어 조선시대 성곽유적임을 알 수 있었다. 성곽의 구조는 남쪽 능선 아래 개거식(성문 개구부의 상부가 개방된 형태)으로 내·외벽은 대석을 이용해 쌓았고 주변의 막돌로 겉쌓기 한 후 잡석을 채워 넣었다.

수월산성은 고려말 거창, 산청, 진주 등으로 피난 갔던 거제도민이 세종4년(1422년)에 환도하면서 수월리에 목책을 설치할 당시 축조됐을 것으로 추정된다.

478) 2014년 전원단지 공사 시행

(4) 아주현성

아주현성은 신라시대 거로현의 치소성으로 추정되며 지금은 도시개발로 남아 있지 않다. 아주동은 국사봉 남동자락으로 배골, 안골, 성안마을을 모두 내곡이라 하였다. 아주동 1118번지에 있어 아주동 성안마을이라는 지명이 생겨났다.

아주현성은 신라 경덕왕16년(757년) 거로현의 치소성으로 축성된 것으로 아주현성 앞바다에 있었던 당등산성도 아주현성과 관련된 성곽으로 추정된다. 아주현성은 문헌상 신라시대 이후 아주현의 치소로 추정된다. 성곽의 규모는 둘레 306 m, 높이 1.2 m, 폭 3.5 m로 기단석과 기와장이 발견됐다.

(5) 당등산성(당산성)

당등산성(당산성)은 아주동에 있었지만 지금은 산도 사라진 상태다. 아주동은 신라시대부터 큰 거위가 날아가는 형상을 하고 있다는데 유래되어 아주현이라 불렸다. 거위 머리에 해당되는 곳에 당등산이 있었다. 이 산에는 당산제를 지내던 당집이 있어 당등산으로 불렸으며, 당등산 아래에 위치한 마을을 당목이라 불렀다.

당등산에는 산성이 있었다. 이 성은 대우조선해양이 들어서며 사라졌다. 양쪽 해안으로 모래와 자갈밭이 있었고 주변은 민가와 해송이 어울려 풍치가 좋은 곳이었다. 당산성은 당등산의 자연적 지형을 이용해 흙과 잔돌을 혼합해 쌓았고 외벽은 직경 80 ㎝~1 m 정도의 돌을 차곡차곡 쌓은 형태로, 동쪽으로 문이 나 있는 이중 테뫼식성이다. 성곽의 남쪽은 석축으로 이뤄졌고 북쪽과 서쪽의 성곽은 토성으로 만들어졌으며, 규모나 위치상 옥포진과 아주현성의 성보 및 보루성으로 사용되었다.

(6) 하청성지

하청성은 하청중학교에서 해안방향으로 약 200 m 정도를 가면 오른쪽으로 야트막한 독립된 구릉이 있고 그 상부에 하청성이 위치했다고 전한다. 구릉의 7부 능선에 석축 흔적이 있으며, 주변에 토기와 기와 조각이 발견되어 퇴뫼식 성곽 형태를 보인다. 시대는 조선시대 이전의 것으로 추정한다.[479] 한편, 지역에서는 이곳에 오래전부터 섬암당이라는 건물이 있었고, 송씨 집안 족보에 섬암당에 묘를 썼다는 기록이 있어 성곽의 유적과는 다르다는 주장이 있다. 또, 하청의 성동마을 유래는 원래 잿골 또는 짝골이라 불렀으며, 마을의 뒷산인 용등산과 녹각산에 둘러쌓인 형상이 성안 같다고 한 기록이 있다.

479) 동아대박물관 거제성지조사보고서(1995년)

(7) 성포산성지

성포산성은 사등면 성포항 지명의 유래가 된 성으로 사등성의 보루성으로 추정된다. 성포리 2-21번지 일대에 위피하며, 아래 위로 도로가 개설되어 체성의 대부분이 훼손되었다. 테뫼식으로 축조된 석성으로 성포에서 사등 방향으로 가는 길목의 성포중학교 앞 동산에 있던 성이다. 동산 위에서는 멀리 가덕도와 부산·진해만, 마산항을 살펴볼 수 있는 곳이다. 각종 지명자료를 따르면 성포라는 지명이 성곽이 있는 포구라는 유래가 있다. 성포산성 주변에는 거제지역 읍성으로 군사 요충지였던 사등성 있어 근거가 분명하다. 성의 일부는 흙을 이용한 토성이며 석축 부분은 경사면에 막돌을 이용했다. 기단 외벽은 산을 의존하고 내벽 기단 위치에서 다시 협축하는 등 전형적인 조선시대 산성 축조법을 보인다. 내외 벽면에 석렬이 나타나지 않는 형태는 조선시대 산성 축조법의 특징 중 하나다.

(8) 옥포진성

옥포성은 **경상남도 기념물 제104호**로 1990년 12월 20일에 지정되었다. 옥포는 임진왜란 때 이순신 장군이 첫 승리를 거둔 옥포대첩으로 유명하다. 옥포는 고현과 장승포의 중간 지점으로 여러 측면에서 중요한 위치에 해당한다. 옥포성지는 옥포마을 중앙로에 자리 잡고 있다. 문헌에 따르면 옥포만의 해안지대는 신라시대부터 성이 있었으며 대표적인 것은 아주동 성안마을 일대와 옥포 중심구역이다. 아주동은 옥포와 인접한 곳으로 옥포만을 중심으로 두 마을은 동일권의 생활이 지속되었다. 이 중에서 아주는 신라시대 아주현으로 지정되기도 하였다.

옥포는 고려 말에서 조선 초기에 이르기까지 수십 차례 이상에 걸쳐 왜구의 침입이 있었으며 그로 인해 폐허가 되기도 하였는데, 세조 때에 이르러 남해의 해안 방비를 강화하기 위해 옥포와 조라포 등 거제도 연안에 7진이 설치되었고, 옥포지역은 7진의 중심이 되어 서서히 활기를 되찾았다.

옥포진성은 옥포해전의 무대로 거제도의 동쪽 중앙에 위치한 지금의 옥포1동에 있다. 옥포진은 대한해협을 건너 거제도나 진해만으로 진입할 때 반드시 거쳐야 하는 요충지로, 북쪽의 구영등포진과 가덕도의 수군진과 함께 진해만으로 진입하려는 왜적을 막고 대한해협을 통하는 선박 감시가 용이한 곳이다.

옥포진은 세종 원년 기해동정(대마도정벌) 후 왜의 세력이 약해지면서 외해를 직접 수비하기 위해 가배량과 견내량 등지의 만호를 옥포로 옮겨 지키게 하면서 설치된 것으로 보인다. 옥포진성은 대부분은 훼손됐거나 민가의 담장으로 쓰이고 있다. 옥포는 세종 7년(1425)에 포구로 사용된 기록이 있고, 수군진은 옥포만호를 둔 세종13년(1431)이다. 세종17년(1435)에 경상 감사가 옥포에 있던 도만호를 오아포로 옮기고, 오아포에 있던 만호를 옥포로 옮기자는 의견이 일부 수용돼 다음 해 내이포에 도만호를 설치하고 옥포 도만호를 옥포만호로 한 단계 낮추는 것으로 결정됐다. 이후 옥포진의 수군 병력과 위상이 유지되다가, **옥포진성**은 성종19년에 축성을 시작하였다. 진성의 둘레는 325 m, 높이 4 m며, 우물 1곳, 못 1곳 등이 있었다. 1872년 지방지도 옥포진지도에 따르면 옥포진성은 네 방위에 성문이 있고, 화약고, 객사, 교청, 동헌, 사창, 이청, 왜량고가 있었으며, 동문 밖에 선소와 건너편에 조라진이 있었다. 영남진지에는 옥포진에 근무했던 수군이 만호 1인, 군관 19명, 진무 14명, 지인 10명, 사령 10명, 전선 1척(기패관 5인·도훈도 1인·좌우포도 2인·사부 18명·화포수 10명·포수 24명·타료정수 3명·능노군 120명)과 병선 1척(병선장 1인·사부 10명·포수 10명·타공 1인·능노군 14명), 사후선 2척 등이 기록되어 있다.

(9) 구영등성(구영등포진성)

장목면 구영리에 위치한 조선시대의 성으로, 1998년 11월 13일 **경상남도 기념물 제205호**로 지정되었다. 이 성은 길이 550 m, 높이 3 m, 너비 4 m다. 평지 석축성으로 성종21년(1490)에 축조하기 시작하였다. 인조1년(1623)에 영등으로 진이 이동되고 이곳은 구영등으로 남게 되었다. 이곳을 지금도 구영이라 한다.

이 성은 거제도에서 가장 북쪽에 있는 편이며, 진해, 웅천, 가덕도 등과 가장 인접해 있다. 주변에는 영등왜성, 송진포왜성, 장문포왜성, 구율포성 등의 성곽 유적이 많다. 조선 전기 일반 평지 읍성의 축조 수법과 동일하게 협축[480]하여 구축되었으며, 외벽은 자연 대석으로 겉쌓기를 하고 내벽은 막돌로 지면에 중첩하게 쌓은 뒤, 크고 작은 돌로 겉쌓기를 하였다. 구영마을 남쪽 야산 기슭으로 평면 원추형으로 축조된 부분의 기단부만 남아 있으며, 성 내외에는 경작지와 민가가 자리하고 있다.

첫 영등포진은 장목면 구영리 일대에 설치되었다. 구영은 인조 때 영등진을 둔덕면으로 옮기면서 구영등 또는 구영이라고 불렀다. **구영등포진**은 진의 뒤쪽에서 뻗어 나와 좌우로 갈라지는 산줄기 사이의 좁은 평야에 위치하며 가덕도, 천성진, 가덕진, 제포진과 마주 보는 부산 내해의 진해만과 견내량으로 이어지는 경상도 연안항로의 입구를 막는 요충지다. 거제의 구조라, 옥포, 지세포진이 외해의 왜구를 막는 곳이라면, 영등포진은 내해의 왜구를 차단하는 관문이다. 구영등포진에는 병선이 7척이고 군병이 없는 병선이 6척, 군사는 700명이라는 기록이 있다.[481] 이 무렵 거제현을 방어하는 병력은 기병 80명, 보병 133명 수준인 것을 고려하면 영등포진 방어에 공을 들인 것을 알 수 있다. 임진왜란 때 영등포진성은 왜군이 함락한 후 영등포진성의 외성으로 사용했으며, 마을 중앙 왜성 모양을 한 곳엔 영등포진의 만호가 살았다고 한다.

480) 협축(夾築) : 중간에 흙이나 돌을 넣고 안팎에서 돌 등을 쌓는 것
481) 1469, 경상도속찬지리지(慶尙道續撰地理志)

(10) 구율포성

구율포성은 장목면 율천리에 위치한 조선시대 석축산성으로, 장목면에서 동남쪽으로 조금 떨어진 지점의, 동쪽을 제외한 삼면이 산으로 둘러싸인 계곡에 위치한다. 산성의 길이 360 m, 높이 3 m, 너비 3.4 m, 면적 3,478 ㎡다. 원래 외포 바닷가에 축성된 것을 현재의 위치로 옮겼다고 한다.

신증동국여지승람[482] 거제조에는 율포보라 하였고, 거제군지에는 숙종14년(1688)에 통제사 이세현이 장계[483]하여 이곳에 축성하고 종9품의 권관을 두어 방어하게 하였다는 기록이 있다. 임진왜란 때, 우수영에 속한 방어 진지로 사용하였으며, 칠천해전 때는 왜구의 침입을 받기도 하였다. 지금은 성 바깥에는 민가가 들어서고 내부는 경작지로 사용되는 등 성의 형태의 파악은 겨우 가능한 실정이다. 1998년 11월 13일 **경상남도기념물 제206호**로 지정되었다.

구율포성의 정확한 축조 시기는 알려져 있지 않지만 신증동국여지승람(1530년) 거제현 관방편에는 율포보를 고현성 동쪽 33리에 돌로 성 쌓았는데 둘레가 900척, 높이는 13척이라고 기술되어있다. 성안에 샘과 시내가 있고 권관(조선시대 변방에 둔 종9품 무관)을 두어 방어했다. 율포보를 방어한 권관 중에는 임진왜란 당시 원균과 이순신 휘하의 장수였던 이영남이 있다.[484] 구율포성은 1592년 7월15일(음력 6월7일) 이순신과 원균, 이억기가 이끈 삼도수사 연합함대가 거제도 율포만에서 부산으로 향하려던 왜의 대선 5척, 소선 2척을 발견해, 대선 2척과 소선 1척을 불사르고, 나머지는 모두 붙잡은 율포해전의 현장이다. 하지만 율포진은 임진왜란 당시 다른 거제지역의 수군진처럼 왜군에

482) 신증동국여지승람(新增東國輿地勝覽) : 조선시대의 인문지리서

483) 장계(狀啓) : 조선시대 관찰사·병사·수사 등 왕명을 받고 외방에 나가 있는 신하가 자기 관하의 중요한 일을 왕에게 보고하거나 청하는 문서

484) 이영납 : 1563~1598, 18세 무과 급제, 소비포권관, 율포만호(율포권관), 임란 시 이순신에게 원군을 요청

게 함락되어 그들의 근거지로 사용됐다. 구율포성의 성곽은 둘레 360 m, 높이 3 m, 폭 3.4 m 정도로 거제지역 수군진성 중 가장 협소한 편이다.

율포진은 임란 이후 여러 차례 이진되었다. 현종5년(1664) 우수영 옛터의 남쪽 가배량으로 옮겼다가, 숙종13년(1687)에 다시 동부면 율포, 경종4년(1724)에는 다시 수영 남쪽 5리로 옮기고 이전의 율포를 율포구보, 율포보라 불렀다.

율포진에 소속된 선박과 관원은 문종원년(1451) 군관 1인, 선군 50명이 배치된 기록이 있고, 동부면 율포로 옮겨 무관 종9품 권관, 군관 18인, 진무 8인, 지인 5명, 사령 6명, 전선으로 기패관 5명·도훈도 1명, 좌우포도 2명, 사부 18명, 화포수 10명, 포수 24명, 타요정수 3명, 능노군 120명과, 병선으로 선장 1인, 사부 10명, 포수 10명, 타공 1명, 능노군 14명)이 있었으며, 타공 1명과 능노군 4명의 사후선이 있고, 타공 1명과 능노군 4명이 배치된 두 척의 사후선이 있었다. 이런 선박 수나 관원의 규모로 보면 동부면 율포진은 권관진 이었으나 배치된 선박과 병력은 만호진에 크게 손색이 없었던 것으로 보인다.

거제지역의 수군진은 임진왜란을 전후하여 이동했는데 동일한 지명이 중복될 경우 옛 구자를 붙여 구분하였다. 이는 조라(옥포)와 구조라(일운), 영등(학산)과 구영등(장목), 율포(동부면)와 구율포 등이 그렇다.

(11) 사등성

경상남도 기념물 제9호로 1974년 2월 16일에 지정된 사등성은 길이 986 m, 높이 5 m, 너비 5 m의 석성으로, 삼한시대 독로국의 왕성으로 축조된 것으로 전해져 왔으나 이를 고증할 만한 문헌은 없다. 최근 거제면의 동헌 건물인 기성관을 보수하는 동안 발견된 객사 상량문에 따르면 거제가 변진 24국의 하나인 독로국이라는 사실은 확인되지만, 이 성과 관련한 내용은 확인되지 않았다.

사등성 축조에 관한 기록으로는 조선왕조실록 문종원년(1051) 5월 부분에 있다. 이에 따르면 고려 말 왜구를 피하여 거창으로 피난 갔던 거제도민이 조선조에 들어와 왜구의 침구가 점차 줄어들게 되자, 수월에 목책을 세워 거주하다가 세종8년(1426)에 현의 치소를 수월에서 사등으로 옮기고, 축성을 시작하여 거제읍성으로 사용한 것으로 보인다. 1448년에 성을 완성한 이후 치소는 다시 고현성으로 이전하였다. 따라서 현재 남아 있는 사등성은 1426년에서 1448년 사이에 축조된 것으로 보인다. 성은 평지의 들판에 쌓은 석축성으로 동서남북의 문지에 치성(성벽에서 돌출시켜 쌓은 성벽)을 구비하고 있어 입구가 외부로부터 완전히 엄폐되어 있다.

성의 전체적인 형태는 卍자형을 이루고, 주위에는 인접하여 20 m 폭으로 해자(성 밖으로 둘러 판 못)를 만들어 수비가 쉽도록 하였다. 성안에는 학교와 마을이 있으며 성 밖은 논밭으로 1980년 국고의 지원으로 일부 성곽을 복원하고 성곽 주위의 정화사업을 시행하여 현재 보호·관리하고 있다.

사등선은 1451년 도제찰사 보고서에 둘레 580 m이지만 동국여지지·여지도서·대동지지 등에서는 761 m이나 760.5 m로 나타나고, 경상도읍지·영남읍지·경상도여지집성 등에는 548 m로 기록하고 있다. 2009년 거제시 조사에서는 현재 규모 최대 높이 약 3.5 m, 최대 폭 10 m, 성 외벽 둘레 924 m, 내벽 둘레 876 m, 성내 면적 6만4342 ㎡로 측정되었다.

사등성에는 우물지와 건물지의 기단석, 장방형 석재로 만들어진 수구, 명문성돌, 주춧돌 등과 성문에 사용한 초석 등이 남아 있다. 사용한 석재는 대리마을 오른쪽 산 반송대에서 채취했다고 전해지며 지금도 채취한 흔적이 남아 있다.[485]

사등성은 북문과 남문 사이 수구발견 지점 인근과 동문에서 사등교회 치성 인근 성벽에 당시 새긴 산음[486]이라는 기록과, 사등교회 치성 인근 성벽에 남은 명문[487]으로 볼 때 경남일원에서 인력을 동원하여 쌓은 것으로 짐작된다. 지금은 민가 밀집지역과 초등학교가 위치한 동쪽과 남쪽 성벽은 다소 훼손이 심한 상태지만, 북쪽과 서쪽 성벽의 경우 옹성(반달모양 방어성)과 치성(돌출성벽)의 형태가 뚜렷이 남아 있다.

485) 사등면지(2009년)
486) 산음 : 山陰, 산청의 옛 지명
487) 三加始面 五十一尺門末間 五十五尺山陰동쪽 성벽에 삼기현(합천)사람과 산음현(산청) 사람들이 구역을 맡아서 성을 쌓았으며, 삼가현 사람들은 여기서부터 문 끝까지 51자를 쌓고, 산청 사람들은 55자를 쌓았다

(12) 고현성

고현성은 현재의 고현동에 있는 조선시대 성으로, 조선 전기의 대표적인 축성 방식을 보여주는 전형적인 평지 읍성이다. 신증동국여지승람[488]에 따르면 이 성의 둘레는 2㎞로 높이는 7 m 정도다. 계룡산 기슭의 동쪽으로 뻗은 대지 위에 평면 선형으로 축조된 석축성이다. 성문이 동·서·남 세 방향으로 나 있고, 성 둘레에 해자를 둘렀다. 축조기법은 외벽의 경우 언덕의 비탈진 면의 맨땅을 ㄴ자형으로 절개하고, 그 위에 자갈을 깔아 다진 다음, 장대석[489]을 일렬로 배열하여 기단석으로 삼고 그 위에 성돌을 올려놓았다. 내벽의 경우는 지표면을 50~60 ㎝ 깊이로 파고, 그 위에 사람 머리 크기만 한 돌을 쌓아 올렸다. 이런 규모라면 남해안의 전체 읍성 중 중간 정도의 크기며, 높이는 다른 성들에 비해 높은 편으로 고현성에 대한 세력이나 중요도에 대한 다양한 추정이 가능하다. 세종14년(1432) 성안에 40여 칸의 건물을 지은 후 사등성에 있던 관아를 이곳으로 옮겨 읍성으로 삼고, 적의 침입 때 인근의 주민이 들어와서 지키도록 하였다는 기록이 있다.

고현은 선조25년(1592) 5월 임진왜란 때 왜구에 의하여 함락된 때도 있었으며 남해안 수군의 진영에 이웃한 요새였다. 현종4년(1663) 관아를 지금의 거제면으로 이전함에 따라 읍성의 기능을 잃게 되었다. 세종5년(1423) 당시 관아가 있던 사등성이 좁고 물이 부족하여 성을 지키기가 어려워지자 새로운 읍성 터를 찾은 후, 경상도민 2만여 명을 동원하여 9년에 걸쳐 쌓은 거제의 읍성이다.

---

488) 신증동국여지승람(新增東國輿地勝覽)

489) 장대석(長臺石) : 섬돌 층계나 축대에 쓰려고 길게 다듬은 돌

1950년 6·25전쟁 전에만 해도 원형에 가까운 성벽이 보존되어 있었으나, UN군에 의한 포로수용소가 설치될 때, 성의 일부를 헐어 사용하므로 현재는 남서쪽 부분 600 m 정도만 옛 모습을 남기고 있다. 1991년 부분적인 발굴조사가 실시되었고 이에 대한 보고서가 간행되었다. 1992년부터 본격적인 고현성 복원사업이 시작되어 지금의 윤곽이 만들어졌으며, 전체적인 성의 위상을 짐작하게 하고 있다. 현재 성내의 중심부에는 거제시청사가 자리 잡고 있다. 1979년 5월 2일 **경상남도기념물 제46호**로 지정되었다.

지금의 성루 현판은 **계룡루**로 표기되어 있으나 이는 복원 당시 공모하여 붙여진 이름으로, 거제부 읍지에는 **황취루**로 나타나 있다.

읍성은 한 고을의 치안, 행정, 방위 등을 위해 쌓은 성으로 각 지방행정의 중심이 됐던 곳이다. 거제에 남아 있는 대표적인 읍성은 고현성과 사등성이다. 두 읍성의 역사는 고려 원종12년(1271) 왜구 및 삼별초 등을 피해 거창 가조현으로 피난 간 뒤 약 160년만에 거제로 돌아오면서부터다. 거창지역에서 다시 거제로 온 거제도민들은 세종4년(1422) 수월리로 돌아와 목책을 설치하고 살며 세종7년(1425) 사등성 축조를 허락받아 이듬해 일부 관아를 사등성으로 옮겼다. 그러나 사등성이 치소지로 부적합하다는 의견에 따라 고현에 읍성을 쌓기로 결정되면서 거제현령 이호성(1397~1467)이 읍을 옮기고 고현성을 완성하였다.

고현성은 문종원년(1451)부터 쌓기 시작해 단종원년(1453)까지 3년 동안 6읍의 백성 2만여 명을 동원해 쌓아 현종4년(1663)까지 거제 관아로 사용했다. 동국여지승람과 거제시지에 따르면 고현성의 성축 둘레는 933 m 높이 약 4 m며 샘 1개, 연못 1(2)개, 성둘레 약1,100 m, 가옥은 40여채가 있었다고 전해진다. 1950년대까지만 해도 원형을 유지했으나 현재 확인할 수 있는 고현성은 성벽 818 m, 높이 2 m 정도다. 한국전쟁 때 UN군이 포로수용소를 설치하면서 고현성의 성벽을 뜯어 사용하므로 대부분 훼손되었다. 1979년 5월 9일 경상남도 기념물 제46호로 지정 보호되고 거제시청 뒤 북문과 북쪽성곽 일부 및 서쪽성곽, 남쪽성곽 일부가 복원된 상태다.

임진왜란 당시 고현성에서는 5일간의 항전이 있었다. 1592년 임진왜란이 일어나고 얼마 후 이순신이 옥포대첩(음력 5월7일)에서 승리를 거두자 전선을 잃은 왜군 3,000명은 고현성을 함락하기 위해 송정고개를 넘었다. 이때 거제현령 김준민의 관군 300여명 및 의병장 제인국이 이끄는 의병 200여명은 송정고개에서 왜군과 전투를 벌였고, 거제 삼장사로 불리는 신응수, 윤영상, 김희진 등 의병장의 활약으로 승전을 거뒀다. 하지만 5월 9일 거제현령 김준민은 진주성 방어의 명령을 받아 구원병력을 이끌고 떠났다. 주력군이 떠난 고현성은 성주에 윤승보, 현승(현령을 도와 현의 정무를 처리하는 차관), 김후석, 주장 신응수, 남문장에 김희진, 북문장에 윤영상이 지명됐다. 5월 7일 옥포에서 이순신과 원균에게 패한 왜군의 잔당은 이틀 후인 5월 9일 고현성을 공격하였으며, 고현성을 중심으로 5일 동안 왜군에 항전하였으나, 5월 12일 함락되고 성주 윤승보은 전사하였다. 함락 당시 고현성을 방어한 의병은 일반 백성으로 대부분이 왜군과의 전투로 목숨을 잃었다. 이들을 위한 위령비 건립에 대한 의견이 있다.

(13) 지세포진성

지세포성은 조선 인종 때, 남방의 왜구침입에 대비하기 위하여 쌓은 **포곡식산성**(성내에 하나 이상의 계곡이 있는 산성)으로 둘레 1,096 m, 높이 3 m 규모다. 영남의 6개 지역에서 25,000명이 동원되었다. 임진왜란 때, 만호 강지욱이 일본의 가토 **기요마사**[490]에게 성을 함락당해 옥포성 밖으로 쫓겨났다가 효종2년(1650) 다시 돌아왔다. 성 입구에는 수군만호의 비석이 남아 있다.

지세포 선창마을 뒤편에 있으며, 현재 동쪽을 제외한 다른 부분은 전답의 축대나 가옥의 담장으로 이용되었다. 동서남북 사방에 성문이 있고 그사이에 성루를 두었던 것으로 추정되며, 지금은 성 안팎이 모두 전답과 임야 등으로 바뀌었다. 1998년 11월 13일 **경상남도기념물 제203호**로 지정되었다.

세종실록에 따르면 지세포진은 세종23년(1441) 처음부터 만호진이 설치되었다. 세종원년(1419) 왜구의 근거지였던 대마도를 정벌한 후 세종8년(1426)에는 내이포 또는 제포

490) 가토 기요마사(加藤淸正) : 축성술에 뛰어났던 히데요시의 용장, 구마모토 최대 번주

와 부산포, 울산의 염포 등 삼포를 개항했다. 하지만 삼포 개항 이후 늘어난 왜인들의 관리가 필요했고, 조선은 세종25년(1443) 입국한 왜인에게 도서, 서계, 행장, 노인 등의 증명을 지참시켜 세견선과 사송선의 제한을 하는 계해약조를 시행했다. 지세포진은 계해약조를 맺고 시행하기 2년 전 설치돼 개해약조 이후에는 지세포진 주변 일대 바다를 방어하는 일과 더불어 고초도(거문도로 추정)에서 어업하는 왜인들의 문인 검사·징세 등의 역할을 담당했다. 지세포진의 만호는 경상도 거제 가라산 목장을 감목할 때 제 소의 감목을 맡는 등 다양한 활동을 수행하였다. 세종대에 설치된 지세포 만호진은 현재 지세포 진성이 있는 곳은 아니다. 지세포진이 옮겨진 시기는 성종대로 이전에는 일운면 대동마을에 위치했다고 전해진다.

지세포진성에서 일본 대마도까지 거리는 50㎞ 정도로 대한해협의 척후부터 왜적의 요격, 거제 동쪽의 방어 등 다양한 임무를 수행했다. 수군의 진성이면서도 체성, 문지, 건물지, 해자 등 산성의 구성요소를 대부분 갖추고 있어 산성이라는 문화재를 제대로 보여줄 수 있는 곳이다. 지세포진은 옥포, 율포, 조라포와 같이 대한해협을 바라보고 설치된 수군진으로 앞서 성종2년(1471)에 현재 위치로 옮겨졌으며, 진성이 지어진 시기는 성종21년(1490) 10월이다. 둘레가 330 m, 높이 4 m였으나, 현재는 ㄷ자 모양의 둘레 1096 m, 높이 3 m(최대 폭 4.5 m) 규모로 남아 있다. 성벽은 동서 성벽이 짧고 남북 성벽이 긴 장방형의 형태로, 남동쪽 성벽의 훼손은 심하며 동문에서 서문까지의 성벽은 비교적 양호한 편이다. 북벽에서 서벽의 일부분은 복원된 상태다. 해자가 발견되었으며 포곡식 산성 형태다.

지세포진이 폐진 되기 전까지 성내엔 객사, 아사, 군기고, 군관청, 이청, 사령청, 화약고 등 기와 35칸, 초가 11칸이 있었지만 신식 군대인 통영수비대에 이관된 후 제대로 활용되지 못하고 페허가 됐다고 한다. 지세포진에는 만호 1명, 군관 10명, 진무 7명, 지인 7명, 사령 10명, 전선(중사좌초관, 기패관 5명, 도훈도 1명, 좌우포도 2명, 사부 18명, 화포수 10명, 포수 24명, 타요정수 3명, 능노군 120명), 병선(선장 1명, 사부 10명, 포수 10명, 타공 1명, 능노군 14 명), 사후선 1(타공 1명, 능노군 4명), 사후선2(타공 1명, 능노군 4명) 등이 주둔하였으며, 군졸은 모주 223명이고 아전 11인, 군관 11인, 통인 2인, 사령 5명, 사부 18명, 포수 24명, 화포 10명, 봉대군(봉수군) 5명이 근무했다는 기록도 있다.[491]

100여년 전까지만 해도 지세포진성으로 가는 길은 해안절벽으로 이뤄져 있어 산길인 '세빗재'를 이용했으나 지금은 선창마을이 번창하여 길이 잘 나있다.

491) 일운면지, 거제읍지, 영남진지

지세포진은 조선통신사의 출발 및 기착지이기도 했다. 조선통신사의 주경로는 부산에서 출발해 대마도를 거쳐 일본 본토로 가는 것이었지만 각종 문헌에 통신사의 귀국 경로에서 지세포를 통해 귀국했다는 사례가 많다. 지세포진은 다른 수군진과 마찬가지로 고종32년(1895) 갑오개혁으로 폐진될 때까지 운영됐다.

임진왜란에서는 지세포진성의 성주인 지세포 만호 한백록은 이순신 등과 함께 옥포해전과 한산대첩에서 큰 공을 세우지만, 이후 한산대첩에서 입은 상처로 전사했고 지세포진성은 임진란 초기 1년을 제외한 나머지 6년 동안 제 역할을 하지 못했던 것으로 알려졌다. 한백록의 전사 이후 지세포 만호 강지욱은 왜장 가토 기요마사와의 전투에서 패해 성이 함락되었고, 임진란과 정유재란이 끝난 후 선조37년(1604)에는 지세포 수군만호진이 옥포의 조라포에 속하게 되었다. 효종2년(1651)에 다시 지세포로 옮겨졌고, 숙종37년(1711) 만호가 다시 배치되었다. 지금은 성내를 밭으로 일구어 사용하고 라벤더를 심어 관광지가 되었다.

(14) 구조라진성(구조라성)

일운면 구조라 앞산 능선에 있는 이 성은, 조선시대 왜적을 막기 위한 전방의 진지로 쌓은 것이다. 지세포성의 경계 임무를 하였다. 선조37년(1604)에 옥포 진지로 옮겼다가 다시 이곳으로 옮겨왔다. 성 아래에는 구조라마을이 있고, 성안은 모두 논과 밭이었으며 성 가운데에는 우물이 있다. 사방으로 성문을 두고 성문과 성문 사이에는 성루를 두었다.

조선왕조실록을 비롯한 여러 자료의 내용을 종합하면, 구조라성은 성종21년(1490)지금의 옥포 북쪽 조라를 '신조라'라 불렀는데 지금은 '신' 자를 제거하여 조라라 하고, 예전부터 있었던 곳을 '구조라'라고 일컫고 있다. 1998년 11월 13일 **경상남도의 기념물 제204호**로 지정되었다.

조라진에 대한 기록은 조선시대 문종원년(1451) 물사포(동부면 학동)에 왜구가 습격할 경우 지세포나 오아포 등과는 거리가 멀어, 두 포구에서 지원을 받기 어렵다는 의견이 제기되면서 부터다. 이후 조라포에는 지세포의 병선 2척, 오아포 병선 3척, 처치사 군관 1인을 배치하고, 단종 때에는 조라포가 왜선이 닿는 요충지이기 때문에 만호를 파견하여 당포, 오아포, 옥포에서 소맹선 각 1척씩을 이속시켜 방어를 강화했다. 조라진은 세조3년(1457)에 이르러 제포(진해)에 예속됐다가 2년 뒤인 1459년에 다시 설치했다.

일운면 구조라항은 항구 바깥으로 대한해협을 사이에 두고 일본과 가까워 예전부터 왜구의 침입이 빈번한 곳이었고 대마도를 거쳐 대한해협으로 넘어오는 적을 방어하기 적합한 곳이었다. 일운면 수정산 북서쪽 계곡에 지어진 구조라진성은 계곡과 능선을 따라 성벽을 쌓아 해안에서 바라보면 식별하기 어렵다. 특히 구조라진성에서 유일하게 문루가 없었던 동쪽 성벽은 비교적 큰 돌을 이용해 견고하게 쌓았고, 서문지는 거제의 여러 성 중에서 유일하게 암문으로 만들어졌다. 암문은 성의 정문이 아닌 사잇문으로 양식, 가축, 수레 등을 운반하거나 배후공격 및 군수품 조달역할을 하는데 굴곡진 곳이나 수목이 우거진 곳에 위치한다. 구조라리의 선소는 구조라리 97-11 일대로 추정된다. 이 일대는 백사장이 있었으나 매립되었다.

거제의 조라는 두 곳이지만 진성은 하나다. 임진왜란 초기에는 거제의 다른 수군진과 마찬가지로 진이 비워졌고, 왜군이 후퇴해 경상도 일대에 주둔할 당시부터 점령해 사용했다. 임진왜란 이후 조라포진은 이진되는데, 대동지지에는 선조25년(1592)에 옥포진성 밖으로 진을 옮기고, 효종2년(1651)에 다시 지세포의 예전 자리로 옮긴 것으로 나타나 있으며 영남읍지 등에는 선조37년(1604)에 옮겼다는 기록이 있다. 새로 이진된 조라진에는 성곽이 없었던 것으로 알려져 구조라진성이 임진왜란 이후 옥포로 이진한 후 사용이 없었던 것으로 보인다.

15세기 조라포진에 소속된 선박과 관원은 군병선 8척과 군사 800명, 무군병선 3척이었다가, 조선후기(옥포 조라진영)에는 귀선 1척 177명, 병선 1척 36명, 사후선 2척 10명, 각색 군교 1,436명 등 모두 1,659명으로 증가되었다. 구조라성이 둘레는 570 m, 높이 4 m로 축성되었고, 동쪽이 트이고 치가 7개 있었다. 현재 구조라성은 동벽과 옹성 등 일부 구간이 복원되어 있다.

(15) 오량성

사등면 오량리에 있는 조선시대의 성으로, 1991년 12월 23일 **경상남도기념물 제109호**로 지정되었다. 평지에 축조된 것으로 성곽 위에는 큰 나무들이 우거져 있으며, 성안에는 민가가 들어서 있고 주위는 논과 밭으로 둘러싸여 있다. 성은 길이 1,172 m, 높이 2.61 m, 폭 5 m로 현재 동쪽과 남쪽은 무너져 내렸으며, 북쪽과 서쪽 일부가 남아 있다. 사방에 성문이 있었으나 지금은 동문과 북문이 남아 있어 마을의 출입구로 사용된다.

고려시대에는 이곳에 역[492]이 설치되었다가 고려 말에 폐지되었으며, 세종7년(1425)에 복원된 뒤 1500년에는 역에 보가 설치되면서 석축성이 되었다. 거제군지에 연산군6년(1500) 둘레 2,150척, 높이 13척의 석축성으로 쌓았다는 기록이 남아 있다. 가까이에 있는 사등성, 고현성과 같이 큰 돌을 밑에 쌓고 그 위로 차츰 작은 돌을 쌓아 올렸으며, 가로 1.5 m, 세로 1 m의 자연석을 주로 사용하였다.

성의 동남쪽 우두봉에는 정중부의 난에 연루되어 유배되어 온 의종[493]이 보강하였다는 폐왕성[494]이 있다. 이 성은 의종이 거제로 피난 와서 평지에 지금의 오량성을 쌓고

---

492) 역(驛) : 역마를 갈아타는 곳

493) 의종(毅宗) : 고려 18대 왕. 1127년(인종 5)~1173년(명종 3). 즉위할 당시 고려왕실의 권위는 매우 약화되었으며, 대외적으로 여진족 금나라가 강해져 대륙지배세력 등장. 대내적으로는 인종 때 이자겸의 전횡과 반란 등으로 왕권이 실추하고 묘청 난으로 쇠약함. 묘청의 난으로 서경 세력 몰락은 고려 왕실을 지원하던 유력한 세력기반의 상실을 의미함. 의종은 반역음모의 위협과 현실도피적 성향을 보이다 폐왕되고, 3년 후1173년(명종3)에 김보당의 거병으로 계림(경주)에서 복위되기를 기다리던 중 거병의 실패로 이의민에게 비참하게 살해되어 곤원사(坤元寺) 북쪽 연못에 버려짐.

494) 폐왕성(廢王城)

머물다가, 위급할 때 올라가서 살기 위하여 쌓았다고 한다. 원래 산성의 설치 목적은 평상시에는 평지에서 생활하다가 전쟁으로 인하여 상황이 불리해지면 산성으로 피난하여 방어하는 데 있다. 이로 볼 때 폐왕인 의종이 축조한 것을 그 후 조선 연산군 때에 다시 고쳐 사용한 것으로 추측된다.

지금의 오량은 오량역으로 원나라 간섭기 이후 삼별초와 왜구와 활동으로 섬을 비우고 주민을 이주시키는 공도정책으로 폐지됐다가 조선 초기 거제도민의 환도와 함께 세종7년(1425)에 복구됐다. 역참제도는 역마를 두고 관리나 사신이 지역에 머물거나 국정을 도와 명령과 공문서를 전달하던 곳이다. 고려시대에는 중앙집권제와 지방통치제도의 확립으로 전국 곳곳에 역이 설치됐는데, 이중 거제는 섬이라는 지리적 특성에도 불구하고 역이 설치됐다. 견내량과 가까운 곳에 역원을 둔 것은 당시 고려시대에 바다를 건너야 닿을 수 있는 거제에 도착하면 최단거리에서 말이나 수레를 갈아타고 거제의 속현인 아주, 송변, 명진으로 이동하기에 적합하였기 때문이다. 이에 따라 오량성의 축조시기를 고려시대로 보기도 한다. 이런 견해는 예전부터 오량마을을 외성'이라 지칭한 점과 일제강점기 고적조사인 '경남의 성지' 기록에 주민들이 오량성을 피양성이라 불렀다는 기록 때문이다. 그러나 이후 고려시대 유물이 발견된 적은 없다.

오량성은 읍성으로서 기능보다는 수군 진성에 가깝다. 거제지역으로 출입하는 주민들을 통제하는 기능과 거제로 들어오는 관리를 위한 역의 기능과 적의 침입을 막는 관문성의 역할을 하였다. 한편 오량역은 조선시대를 거치며 실용성에 대한 문제 제기 등으로 여러 차례 없어졌다가 다시 설치되기도 했다.

(16) 다대산성

거제에는 신라시대부터 거제를 주현으로 삼고 매진이현, 거로현, 송변현 등 3속현이 존재했다. 옥산성이 매진이현의 치소성으로 추정되었고 거제현과 속현에는 모두 치소성을 쌓았던 것으로 알려졌다. 거제현의 치소지 및 치소성은 둔덕면 거림리 일대와 둔덕기성으로 추정되고 있으며, 거로현의 아주현성지는 흔적(거제시 아주1로 60)만 남았다가 도시개발로 이마저 사라졌다.

송변현은 현재 남부면 일대와 동부면 일부 지역으로 추정되며, 통일신라 경덕왕 때 남수로 고쳐 불렀다가 고려시대 공도정책으로 거제도 사람들이 거창으로 이주할 때 함께 옮겨지기도 했다. 송변현은 군사적으로 중요한 곳에 위치해 조선시대 지세포 수군만호의 지휘를 받았던 곳이기도 하다.

다대산성은 송변현의 치소성으로 추정되며, 대한해협과 한산만을 한눈에 볼 수 있는 조망권을 가지고 있다. 북동쪽의 가라산 봉수대, 북쪽의 탑포산성과 율포산성이 가까워 거제 남부지역의 군사적 요충지다. 다대산성의 축성 시기는 최근의 조사에서 삼국시대와 통일신라시대의 축성기법을 사용한 것으로 알려졌다. 성벽의 둘레는 444 m로 통일신라시대와 고려시대 유물이 발굴되었다.

남부면 가라산 중봉 261 m의 9부 능선을 따라 만든 테뫼식 산성이며, 자연지형을 이용해 북쪽이 높고 남쪽이 낮게 만들어져 남쪽에서 접근하는 적을 방어하기 유리하게 하였다. 이 성의 인근에서는 성벽을 쌓기 위해 바위를 깨어낸 채석장으로 보이는 곳이 모두 4곳에 있다. 경상남도의 기념물 제295호로 지정되었다.

(17) 가배량성(진성)

가배량성은 경상남도 거제시 동부면 가배리에 있는 성지로 노자산 기슭에 오아포[495] 라는 깊숙한 해안이 있다. 이곳은 임진왜란 때 이순신이 전략적으로 이용했던 요새지로, 지금은 가배량이라고 부르는 곳이다. 가배량성은 총 길이 1,495 m며 높이 4 m의 성으로, 당시에 쌓은 성곽은 현재에도 상당 부분이 남아 있다. 이순신은 우수영을 한산도 두억포에서 전라도 녹도로, 다시 진도경으로 옮겼다가 거제 오아포에 설치하여 통제영으로 삼았다. 선조34년(1601) 거제도 오아포의 통제영(현 가배량 교회 터)을 시찰한 체찰사 이덕형이 오아포는 통제영을 두기에 마땅한 곳이 아니라고 조정에 보고했다. 이에 따라 통제영은 고성군 춘원포로 옮겼다가, 3년 후인 선조37년(1604)에 다시 통영으로 옮겼다. 이같은 정황으로 보면 가배량성 끝에는 누각이 있었을 것으로 짐작된다.

오아포의 앞바다에는 한산도가 가로막고 있어서 풍랑을 막아주고, 바람이 불어도 깊숙한 해안지형 때문에 거의 영향을 받지 않는 곳이다. 원래 이곳은 **까마귀개**라고 불렀는데 그 이름이 연유되어 **오아포**라고 부르게 되었다. 가배량성의 서쪽과 남쪽 두 곳에 해자가 있고 서남쪽 산봉우리에는 망대터가 남아 있다. 성안에서는 기와조각이 발견되었다. 통제영 관아 자리에는 주춧돌이 남아 있으며, 1991년 12월 23일 **경상남도기념물 제110호**로 지정되었다. 가배마을 민가에는 만호비로 추정되는 석비가 남아 있다.

495) 오아포(烏兒浦) : 가배량

거제의 고지도를 보면 구통영 또는 고통영, 구우수영이라는 지명이 나온다. 이 지명은 모두 지금의 동부면 가배리를 가리킨다. 가배량이 현재의 위치로 옮겨진 것은 가배량에 성을 쌓고 권관진을 설치한 시기인 성종 때로 보인다. 조선왕조실록 등에는 성종대에 이르러 왜변의 방비·방수하는 군사 이동거리 등의 이유로 가배량에 다시 수군진을 설치하는 것에 대한 논의가 4년여에 걸쳐 이뤄졌다고 기록돼 있다. 이후 가배량진성은 성종19년(1488) 6월 경상우수영수군절도사영성으로 축조를 시작해 성종22년(1491)에 완성되면서 권관진이 되며, 오늘날까지 이름을 이어오고 있다. 한편 영남읍지에 따르면 가배량진이 보유한 선박과 관원은 전선 1척, 병선 1척, 사후선 2척이다. 관원은 만호 1인, 군관 20인, 진무 15명, 지인 7명, 사령 10명, 전선(기패관 5인, 도훈도 1인, 좌우포도 2인, 사부 18명, 화포수 10명, 포수 24인, 타료정수(키와 닻을 다루는 병사) 24명, 능노군 120명)과 병선(병선장 1인, 사부 10명, 포수 10명, 사공 1인, 능노군 14명) 및 사후선(제1선: 타공 1인, 능노군 4명, 제2선: 타공 1명, 능노군 4명) 등이 배치된 조선 수군의 요새였다. 이때 성곽은 표시돼 있지 않아 당시에는 이미 가배량진의 성곽이 대부분 훼손된 것으로 보인다. 현재 남아 있는 가배량진성의 성곽은 350 m, 높이 3 m 정도로 동남쪽 체성(250 m)이 가장 잘 남아 있다. 성종 때 처음 설치한 가배량진성은 성벽은 둘레 267 m, 높이 4 m 정도였다. 그러다가 경상우수영이 옮겨지면서 가배량진의 성벽은 둘레는 794 m, 높이는 4 m로 증축됐다.

가배량진성은 임진왜란 당시 이순신이 삼도수군통제사에 제수돼 한산도에 통제영 본영을 구축하고, 오아포에는 기존 경상우수영인 수군절도사영성 보다 더 큰 규모로 연장 개축했다. 가배량진은 가배리 일대를 둘러싼 반원형으로 능선 안쪽의 편평한 분지에 중심을 두고 주위 능선을 살려 진성을 설치했으며, 만경루, 청해루, 임해루 등 세 개의 누대가 있었다. 지금은 동벽 부분에만 누대와 주춧돌(가로 115 ㎝·세로 75 ㎝)이 남아 있다.

가배리 일대는 남쪽 경사가 심하고 북쪽은 완만하다. 가배리 아래쪽으로 뻗은 반도는 해발 203 m의 안산이 있어 정찰이 용이하다. 가배량진의 선소는 길게 돌출된 두 개의 반도 사이 형성된 포구에 위치했으며, 포구의 남서쪽으로 트인 입구를 제외하면 삼면이 막혀 있고, 입구 앞쪽으로 추봉도가 위치해 풍랑의 영향이 적어 안쪽에 마련된 선소에 배를 정박하기 좋은 장소다.

가배량진은 견내량을 지나 한산도를 중앙에 두고 통영과 거제로 갈라지는 두 갈래 바닷길 중 거제로 향하는 길목에 위치했다. 율포진과 같이 선박의 출입구가 거제도 외해 서남쪽을 향해 열려 있어 견내량과 거제만 일대를 방어하기 적합한 곳이다. 이순신이 한산도에 설치한 군영에 못지않을 규모로 확장된 것만 봐도 가배량진의 중요성을 알 수 있다.

가배량성은 1597년 2월 이순신이 파직되고 3월에 통제사가 된 원균이 통제영을 옮기면서 7개월 동안 통제영으로 사용했다. 칠천량패전 이후 전략상 전라도의 고하도, 고금도로 통제영이 옮겨졌고, 1601년 다시 가배량에 설치됐다가 이듬해 춘원포(통영 광도면)로 옮겨졌다. 가배량성 인근 지역엔 성을 은폐하기 위해 조성한 남방숲과 승마·무술을 가르쳤던 승마장, 임진왜란 당시 탄화를 만들고 각종 무기를 수리하던 불묵개(가배리 678-3번지 일대)를 비롯해 무기를 만들던 불묵골, 송장터, 동문, 성밖, 비석거리, 망산, 동방산 봉화터 등 임진왜란 및 가배량진과 관련된 지명이 남아 있다. 가배리 311-17번지 내에 하마석으로 전해지는 석재 2개와 북벽 부근 민가(가배리 229번지)에 글씨가 닳아 없어진 만호비, 두 개의 우물 등도 가배량진의 규모를 보이고 있다.

(18) 송진포왜성

거제시 장목면 장목리 해발 90 m 증산 꼭대기에 있는 송진포왜성은 직선 최단거리로는 200 m에 불과한 장목만을 사이에 두고 남쪽 장문포왜성과 마주한다. 송진포왜성은 장문포왜성과 마찬가지로 왜군 제5진 사령관이자 도요토미 히데요시의 이종사촌 동생으로 알려진 후쿠시마 마사노리가 장문포왜성과 함께 장목만의 입구를 막기 위해 쌓은 성으로 알려졌다. 선조27년(1594)에 지어진 것으로 쵸우소 모토치카, 도다 가츠타카와 함께 후쿠시마 마사노리는 성을 축성하고 방어지로 삼았다.

송진포왜성은 본성을 가운데 두고 산과 해안에 외성이 하나씩 있다. 현재 본성과 산쪽 외성 사이에는 궁도장인 금무정과 도로가 건설돼 성이 분리돼 있다. 장문포왜성과 함께 우리나라에 쌓은 왜성 중 1개의 출정군으로 편성된 시코쿠 지방의 왜장들이 축성하고 주둔한 왜성이다. 성의 둘레는 420 m, 높이 3 m, 폭 3.2 m다. 성의 양쪽 봉우리 성에는 천수각이 있었던 것으로 보이며 기와조각이 발견되고 있다. 떡시루와 같이 생긴 증산에 있어 시루성이라 불렸고, 농암산왜성이라고도 불렀다.

송진포왜성은 칠천도(북쪽)와 부산과 칠천도 방향에서 오는 조선수군을 감시하기 좋은 위치다. 거제시지에는 두 봉우리 사이에 성곽을 연결하는 토축을 쌓고, 서북쪽 해안에도 석축 구조물의 선착장과 같은 시설이 있다고 기록하고 있지만 두 성곽을 연결하는 토축은 현재 확인할 수 없는 상태다. 송진포왜성의 양쪽 성곽은 동서 구릉을 두르는 형식으로 만들어졌는데 지금의 과녁이 위치한 서쪽의 성곽이 본성이고 동쪽의 성벽이 외성으로 추정된다.

(19) 장문포왜성

거제시 장목면 장목항의 옛 이름은 장문포다. 항구가 좁은 관문이 되어주어 장문포라는 이름이 붙었다. 장문포는 왜적이 부산 가덕도를 지나 진해만을 거쳐 거제바다로 들어오는 요충지로 임진왜란 이후에는 장목진이 설치된 곳이기도 하다.

장문포왜성의 성곽 대부분은 세월이 흐르면서 자연적으로 훼손된 상태며 성곽 주변에는 나무와 수풀이 우거져 확실한 구조와 모습을 파악하기가 어려웠으나 수년 전부터 거제시가 수목 제거에 힘쓰면서 성곽의 형태는 짐작할 수 있을 정도다. 그러나 본성과 외성을 가르는 임도를 사이에 두어 접근이 쉬운 외성은 경상남도의 문화재자료 제273호로 지정돼 있지만 같은 성채이자 외성보다 규모가 큰 본성은 문화재에 등재조차 돼 있지 않은 상태다. 경남 거제시 장목면 장목리 130-43번지, 장목항 입구 해발 107 m 산봉우리에 만든 장문포왜성은 왜군 제5군 사령관으로 참전한 후쿠시마 마사노리가 쌓은 성으로 알려졌다. 도요토미 히데요시의 이종사촌 동생으로 알려진 마사노리는 토요토미 히데요시가 아끼는 휘하 장수 시즈가타케 칠본창 중 한 명이며, 1592년에 임진왜란 초기 왜군 제5군 사령관으로 조선분할대관제 통치계획에 따라 충청도를 점령하고 이후 남해안으로 퇴각해 1953년 5월부터 송진포와 장문포에 왜성을 동시에 축성했다. 5군 소속이었던 도다 카스타카가 병으로 죽자 조소카베 모토치카가 주둔해 장문포왜성을 수성 한 것으로 알려졌다.

왜군 7,430명이 성을 쌓고 주둔했다고 전하는 장문포왜성의 본성과 외성은 연곽식성체로 만들어졌다. 본성은 북서쪽과 남동방향으로 능선을 따라 성곽을 축조하고 동쪽 선창 방향 등성이에 여러 단계의 야구라(성곽 모서리에 만든 망루 및 무기창고)를 만들어 두었으며 내부 방어를 위해 출입통제를 위한 별도의 장치를 만든 흔적이 있다. 장문포왜성의 본성은 19개의 변으로 만들어졌으며 천수대와 남쪽방향으로 성벽을 따라 지은 긴 단층집, 무기고 및 병사의 주둔용이 있다.

장문포왜성의 둘레는 천수대 체성의 길이가 264.9 m(전체 701 m, 너비 3.5 m)이며 외성의 둘레는 164.4 m다. 다른 지역의 왜성에 비해 상대적으로 허술한 편으로 장문포진이 위치한 곳이 조명연합군 등의 공성전을 대비한 성이 아니라 거제와 전라도로 향하는 뱃길을 방어하기 위해 만든 성곽이기 때문이다.

장문포해전은 임진왜란 최초의 승리였던 옥포해전이나 일본군의 전의를 상실케 했던 견내량 해전(한산대첩)에 비해 알려지지 않은 전투지만 전투는 성과가 아닌 임진왜란 전투사 측면에서 보면 전설적인 전투였다. 조선군과 왜군 최고의 명장이 한자리에 모인 임진왜란 마지막 전투(정유재란 전투 제외)이자 조선의 수륙군 양동작전이 펼쳐진 무대기 때문이다. 장문포해전에 참가한 장수는 통제사 이순신, 홍의장군 곽재우, 충용장 김덕령이 출전했고 행주대첩의 권율이 지원군으로 등장했다. 이에 맞서는 왜군은 제2진 사령관인 가토 기요마사, 노량해전의 지휘관 시마즈 요시히로, 제5진 사령관 후쿠시마 마사노리가 수성하고 있었다.

장문포해전이 조명받지 못한 이유는 이순신이 임진왜란 중 치른 9차례(17회)의 크고 작은 해전 중 가장 성과가 미미한 전투라는 점과, 육지전투에서 불패신화를 이룬 홍의장군 곽재우가 승리하지 못한 유일한 전투이기 때문이다. 이는 당시 왜군은 앞서 벌어진 이순신과의 해전에서 경험한 전력 차이와 도요토미 히데요시가 이순신과 바다에서 싸우지 말라는 명령 때문에 방어에 집중했기 때문으로, 조선군은 장문포 앞바다와 영등포로 이동해 수차례 싸움을 걸었으나 왜군이 성에 숨어 응하지 않고 피하기만 한 것으로 알려졌다.

곽재우와 김덕령도 군사 수백 명을 이끌고 육지로 상륙해 조선 수군의 함포사격을 지원받아 장문포왜성에 접근했으나 조총으로 무장하고 수성하는 왜군을 물리치기에는 역부족이었다. 장문포해전의 시발은 당시 도체찰사 겸 좌의정 윤두수가 원균에게 건의받아 독단적으로 전투명령을 내리면서부터다. 이 사실을 알게 된 영의정 유성룡이 선조의 허락을 받아 작전중지 명령을 내렸지만, 명령이 도착하기도 전에 이미 전투가 진행됐고, 그 결과 별다른 성과없이 고작 정박 중인 왜선 2척을 부수는 성과를 올리는데 그쳤다.

(20) 견내량왜성(광리왜성)

왜성은 임진왜란과 정유재란 당시 왜군이 조선을 침공하면서 근거지와 보급로를 확보하고 연락망 및 조선군의 공격을 대비하기 위해 조선백성을 동원해 만들어졌다. 거제는 임진왜란과 정유재란 시기에 쌓은 성이 모두 존재하는데 송진포왜성, 장문포왜성, 영등왜성은 임진왜란 시기인 1593년 이후, 견내량왜성(광리왜성)은 정유재란이 발발한 1597년 이후 쌓은 것으로 알려졌다. 국내에 남아 있는 왜성 30여개 중 거의 유일하게 토성으로만 지어진 견내량왜성은 일제강점기까지 성곽의 모습이 온전히 남아 있었다. 그러다 해방 이후 왜성 부지가 해군에게 관리되고 해군이 마을주민에게 땅을 대여하면서 급속도로 훼손되었다.

견내량왜성은 지난 2019년부터 왜성 서남쪽 내성 구조 위에 글램핑장이 만들어지면서 육안으로 확인할 수 있었던 일부 내성의 윤곽과 해자의 흔적이 사라졌다. 지금은 천수각 터와 외부 성곽 등 75% 정도만 남아 있다. 견내량왜성과 같이 각종 개발로 성곽 자체가 없어지거나 지형이 바뀌는 등 왜성이 있었다는 사실조차 가늠하기 힘들어지는 경우가 늘어나고 있다.

견내량왜성은 둘레 350 m의 토성을 쌓아 견내량목을 감시하던 곳으로, 수비장 및 성을 축성한 장수에 대한 기록은 없고, 성을 축성하고 방어한 장수가 가라시마 세토구치와 소 요시토시라고 전해진다. 가라시마 세토구치는 임진왜란에 참전했다는 기록은 찾기 힘들지만 소 요시토시는 대마도주 정종성으로 고니시 유키나가의 부장으로 출전한 기록이 있다. 특히 소 요시토시는 임진왜란 발발과 직접적인 연관이 있고, 훗날 조선통신사 등 왜와 조선의 외교에 있어 중요한 역할을 한 인물이다. 왜군이 조선의 수군을 제어하기 위해 1592년 도요토미 히데요시가 와키자카 야스하루에게 거제도에 성을 축성해 조선의 수군에 대한 수비를 견고하게 하라고 지시한 기록이 있어 와키자카 야스하루가 견내량에 머무르면서 토성으로 축성했을 가능성도 있다는 의견도 있다.

1745년부터 1765년 사이에 제작된 것으로 알려진 비변사인방안지도, 1750년대 초반에 제작된 해동지도, 1800년 이전에 만들어진 광여도에는 송진포왜성, 장문포왜성, 견내량왜성 표기가 있다.

견내량왜성은 폭 450~500 m의 견내량해협을 사이에 두고 통영과 가장 가까운 곳으로 교통 요지다. 견내량에서 남쪽으로 6 ㎞ 가량만 내려가면 조선 수군 중심이자 최초의 삼도수군통제영이 만들어졌던 한산도가 있다.

견내량왜성은 칠천량해전 이후 왜군이 남해안의 내해를 거쳐 전라도 지역으로 가는 교두보 역할은 물론 거제지역과 부산·진해 지역에 만든 왜성들을 방어하기 위해 쌓은

것으로 보인다. 또 견내량해협을 통과하는 조선 수군을 경계하기 위해 세운 초소 역할은 물론 군수물자의 보급로 확보를 위한 왜군의 주둔지 역할을 했을 가능성이 큰 곳이다.

(21) 영등왜성

왜군은 임진왜란 7년 동안 조선을 유린하며 동해와 남해안 수십 곳에 왜성을 쌓았다. 현재 남아 있는 왜성은 경남 17곳, 부산 11곳, 울산 2곳, 전남 1곳 등 31곳에 달한다. 임진왜란과 정유재란 중 대부분의 해상 전투가 벌어진 격전지 거제에는 4곳의 왜성이 남아 있다.

그중 경남 거제시 장목면 영등왜성은 견내량해전(한산대첩) 이후 일본이 가장 먼저 구축한 왜성 중 하나로 일본군 장수 시마즈 요시히로가 축성하고 수비한 성으로 알려져 있다. 장목면 구영리의 대봉산 정상(해발 257 m)에서 북쪽으로 조금 내려간 해발 234 m 일대에 위치한 영등왜성은 거제지역 왜성 중 가장 북쪽에 위치한다.

이순신이 전사한 노량해전 당시 왜군의 지휘관이기도 했던 시마즈 요시히로는 정유재란(1597년) 때 1,000여 척의 전선으로 연합함대를 만들어 칠천량해전에서 원균이 지휘하던 조선 수군을 수몰시키기도 했다. 특히 시마즈 요시히로는 전북 남원성을 점령하고 조선의 도공 80명을 일본에 강제 연행했던 것으로 악명을 떨친 적장이다. 시마즈 요시히로는 1598년 사천 선진리성에서 7,000명의 병력으로 조명연합군 4만을 상대로 대승을 거뒀다. 이후 12월에 순천왜성에 고립된 고니시 유키나가를 구출하기 위해 500척의 함대를 이끌고 출전했다가 노량해전에서 조선수군에 대패해 50여척만 이끌고 자국으로 도망갔다. 시마즈 요시히로가 견내량해전 이후 쌓은 영등왜성은 거제의 장문포왜성 및 송진포왜성, 북쪽의 웅천왜성, 안골포왜성, 명동왜성과 연결되는 지점에 위치한 전략 요충지다.

옛 영등지역이 임진왜란 당시 전략적 요충지였다는 것은 조선왕조실록을 찾아보면 알 수 있다. 조선 조정이 부산, 거제, 진해에 성을 쌓고 주둔한 왜군 때문에 골머리를 앓았고 이에 비변사는 왜군들을 격퇴하기 위한 의견을 낼 때마다 옛 영등의 왜군을 쳐야 한다는 기사가 자주 등장한다.

견내량이 왜군으로부터 내해를 지키기 위한 요충지라면, 장목만 일대와 옛 영등은 왜군이 조선수군으로부터 거점기지인 부산을 지키기 위한 최대 요충지인 셈이다. 멀리 낙동강 하구까지 한눈에 조망할 수 있는 곳에 위치한 영등왜성은 산등성이 모양대로 경사면에 만들어졌다. 지금은 훼손이 점점 심해지고 있는 상태다.

영등왜성 성곽은 서쪽편의 천수대가 위치한 주곽을 중심으로 서쪽과 남쪽으로 뻗어 내린 능선 상에 계단모양으로 복잡한 내성구조가 만들어졌으며, 본성과 외성을 따로 두고 있다. 영등왜성은 본성을 지키기 위한 외성으로 옛 영등진성을 활용했다. 임진왜란 초기부터 비어 있었던 옛 영등진성을 함락한 왜군이 자신들의 본성을 지키기 위해 일부 개조해 사용했기 때문에 옛 영등진성의 잔존 성곽을 왜성으로 보는 견해가 있는데 현재 옛 영등진성의 훼손이 심하다고는 하지만 남아 있는 구조나 성돌의 크기 등이 조선시대 초기에 쌓은 성곽의 구조를 잘 반영하고 있어, 옛 영등진성은 왜성이 아닌 조선의 성으로 봐야한다.

영등왜성은 장목면 농소 글램핑야영장 임도의 제2 송신탑에서 오른쪽으로 향하는 등산로를 따라가면 내성과 이어진다. 송신탑을 설치를 위한 임도 개설로 일부가 훼손된 상태다.

임진왜란 때 왜군이 남긴 왜성은 이후 조선의 성곽 유적에도 많은 영향을 주었다. 기존의 우리 성벽은 직각에서 후대로 갈수록 비스듬하게 쌓는 양상을 보이고 있는데 임진왜란 이후 왜성의 구조를 참고한 사례가 있기 때문이다. 특히 왜성은 1차 방어를 위해 외성을 쌓고 내성은 복잡한 구조로 적의 침입 시 시간을 끌 수 있거나 기습 또는 잠복을 할 수 있게 만든 특징을 보인다. 조선후기에 만들어진 옥산금성과 중금산성의 입구가 ㄱ자인 것은 왜성의 영향으로 보인다.

(22) 옥산금성(옥산성, 수정산성)

거제에는 조선시대 축조된 성곽이 많다. 따라서 평지성이 많고 기록이 남아 있어 대부분의 성곽 유적의 축성 시기를 알 수 있다. 기록상으로 가장 늦은 시기에 축성된 성은 옥산금성이었으나 이가 신라시대 것이라는 조사의 주장이 나타나며 이며, 비공식적으로는 중금산성이 마지막 성이 되었다.

이 성지는 거제면 동상리에 있는 조선시대의 것으로 **경상남도 기념물 제10호**며 1974년 2월 16일에 지정되었다. 원래 명칭은 옥산금성, 수정봉산성, 수정산성 등이다. 고종 때 송희승이 거제군민을 동원하여 쌓은 성으로, 둘레 778.5 m, 최고 높이 4.7 m, 너비 3 m로, 거제면 동쪽 계룡산 아래 수정봉 정상에 위치한다. 수정봉은 수정같이 솟았다 하여 불리게 됐다. 조선시대 마지막 성이다.

축조는 지름 40~80 cm의 장방형 자연석의 끝을 가지런히 하여 산 능선의 굴곡에 맞추어 타원형으로 쌓아 올리고, 성내의 요소마다 누각, 무기고, 호, 연못 등을 만들었다. 남쪽과 서쪽은 성문을 ㄱ자형으로 만들고 돌층계를 마련하여 성안으로 출입하게 하였다.

성문 밖에는 옥산금성이라고 조각된 큰 암벽이 있고, 성안 동쪽에 비석을 세워 부사 송희승이 이 성을 축조하게 된 내용을 상세하게 기록하고 있다.

고종10년(1873) 당시 거제부사 송희승이 읍성을 축조할 것을 조정에 건의하였으나, 거제는 이미 읍터를 세 차례나 옮겨 백성의 부담이 너무 크다는 이유로 허락하지 않았다. 그러자 송희성은 수정봉에다 산성을 쌓기로 하고, 도민을 강제로 부역시키고 많은 돈을 거두어 8개월 만에 주위 160칸, 높이 13자의 석축을 완공하였다. 그리고 이곳에 군기 및 군량을 비축하여 바다 방어에 대비하였다. 축성비에 따르면 옥산성은 1873년 3월 6일 처음 축성을 결정한 후 3월 15일 축성 준비를 거쳐 5월에 공사가 시작됐고, 1873년 10월 15일에 성이 완성됐다. 1899년 편찬된 경상도여지집성 거제군읍지 성지조엔 옥산성에 대한 기록을 간략하게 소개하며, 수정산성은 군의 동북쪽 5리에 있으며 부사 송희승이 계유년(1873)에 축성했고 성안에는 우물이 하나 있다고 기록했다. 송희승은 거제도 전 지역에서 축성 비용을 거둬 5개월 보름 만에 성을 쌓으며 거제도 백성의 희생을 강요했다. 이후 이를 알게 된 조정은 송희승이 백성들에게 큰 부담을 주고 막대한 피해를 끼쳤다며 파직하고 장 100대와 경상북도 풍기군 유배를 명했다.

현재는 동상리와 서상리를 연결하는 성으로 동서남북에 4문이 있고 성안의 우물도 비교적 잘 보존되어 있다. 거제는 지리적인 위치상 왜구의 침입이 잦았기 때문에 많은 성(24개)이 분포하고 있는데, 대부분은 임진왜란을 전후하여 축조되거나 개축되었다.

이곳에는 정상부에 봉황이 알을 품는 형상의 바위(봉황바위)가 있고, 그 방향이 명진리를 향하여 그곳이 대통령이 태어난 곳이라 하여 찾는 이가 많다.

옥산성 중앙 바위 봉우리 위에 망루는 금성루라 부르는데 사방 2 m 거리에 기둥 4개와 기단만 남아 있던 것을 복원공사와 망루 단청공사를 한 뒤 금성루라 하였다.[496] 옥산성 집수지는 7~8세기 중반 처음 만들어졌고, 이후 최소 2번 이상 수축했으며 출토된 유물로 볼 때 둔덕기성 집수지보다 앞선 시기에 만들어진 것으로 조사됐다. 옥산성 집수지가 처음 수축된 시기는 고려시대 및 임진왜란 즈음으로 마지막 수축은 1873년 거제부사 송희승이 옥산금성을 축성했던 시기로 추정된다. 성내 집수지에서는 옥토기, 기와, 자기, 옹기, 목기 등 통일신라시대(7세기 후반)부터 조선시대 후기까지 다양한 시대의 유물이 나왔다. 특히 2017년 이뤄진 정밀조사에서는 특이한 유형의 인면망와(또는 잡상)를 비롯해 자기류, 옹기편과 다양한 종류의 기와, 전, 홍두깨, 동전(건륭통보·상평통보) 등이 발견됐다. 청나라 시기에 주조된 건륭통보와 상평통보가 발견된 것은 집수지가 조선 후기 보축 또는 내부 준설을 했다는 증거가 된다. 집수지 조사로 옥산금성의 내부시설이 삼국시대부터 만들어졌다는 사실이 밝혀졌다면, 성 내부에 있는 건물지 발굴조사로 옥산성의 축성시기가 조선시대가 아닌 삼국시대에 만들어졌다는 사실이 검토되어야 한다.

그동안 옥산성 인근에서 발견된 삼국시대 및 통일신라시대 유적은 명진리 유적, 동산유물 산포지, 동상리 삼국시대 분묘, 남산패총, 동산리 남은골 유물산포지, 괴목정 고분군 등이다. 명진현은 거제면 지역에 있던 군현으로 신라가 가야를 점령한 초기까지 거제현, 거로현, 송변현과 함께 매진이현으로 각각 독립된 고을이었던 것으로 보인다.

그러나 신라의 삼한통일 이후 신라 문무왕17년(677)에 둔덕면 거림리에 상군이 설치된 이후인 신라 경덕왕16년(757)부터 아주현(거로), 명진현(매진이), 남수현(송변현)을 거제현의 속현으로 삼으면서 거제군의 속현으로 기록되어 있다.

성의 내부 안쪽은 60도 정도 기울여 쌓았고 외부벽은 3단으로 보수돼 원래 성벽을 보강한 흔적이 있다. 성 내부에선 통로부 계단 시설과 측벽이 조사됐다. 특히 측면부 상단에서 발견된 배수로에는 그동안 거제지역 성곽 유적에선 처음 나온 구조로 통로에 설치된 문루의 부속시설로 추정되고 있다.

---

496) 1997~1998. 11.

(23) 중금산성

몇년 전까지 역사자료 상으로 조선시대 마지막 성은 거제면에 위치한 옥산금성이었지만, 최근 정밀조사 결과 처음으로 성을 쌓은 시기가 삼국시대까지 올라갔다. 이로써 비공식 기록이긴 하지만 장목면에 위치한 중금산성이 가장 늦은 것으로 확인된다. 거제군지에 따르면 중금산성은 옥산성보다 2년이나 늦은 시기인 고종12년(1875)에 만들어졌다. 따라서 옥산금성이 신라시대의 성이 아닐지라도 비공식적으로 조선의 마지막 성은 중금산성이다. 중금산성이 만들어진 배경은 우리나라뿐만 아니라 전 세계에서도 사례를 찾아보기 드문 경우다. 외세의 침입을 방어하기 위해 만들어지는 성곽은 적잖은 인력과 자금이 필요한 사업이기 때문에 나라 차원에서도 쉽게 쌓지는 않았고 지위가 높은 세력가들도 군사시설을 만드는 행위자체가 반역으로 간주 될 우려가 있기 때문이다. 중금산성은 관의 주도가 아닌 백성 스스로 만들어낸 방어시설이다. 거제군지에 따르면 중금산성은 고종12년(1875)에 주민 강석원, 정춘식, 김정헌 등 세 사람이 장목면 시방, 율천, 대금 마을주민을 동원해 식량을 저장하고 왜적을 방어하기 위해 쌓았다고 한다.

역사서에 정식 기록이 없는 중금산성은 성곽의 규모나 역사적 배경, 학술적 가치 등으로만 보면 거제지역의 다른 성곽유적과 비교할 수 없을 만큼 초라한 내력을 지니고 있지만, 특별할 수 있는 거제의 성이다. 중금산성을 쌓을 당시 거제부사는 김학희였다. 옥산금성을 쌓은 전 거제부사 송희승이 임명됐다가 옥산금성 축성으로 백성에게 부담을 주고 막대한 피해를 끼쳤다는 죄로 파직돼 유배를 갔던 시기다.

1875년은 강화도조약의 시발점이 된 운요호사건이 일어난 해이기도 하다. 운요호사건은 일본이 무력으로 조선을 개국하기 위해 측량을 핑계로 군함 운요호를 보내 강화도와 한강 일대에 포격을 가하고 살육, 방화, 약탈을 자행한 사건이다. 훗날 일본은 이 사건을 빌미로 통상을 강요해 그 이듬해 불평등 조약인 1876년 강화도조약을 맺게 된다. 중금산성이 지어진 1875년은 앞서 일어난 1866년 병인양요와 1871년 신미양요의 경험으로 외세의 군사력이 어느 정도인지 짐작할 수 있는 시기였다. 따라서 근대로 접어든 당시에 성을 축성한다는 것이 무지하고 무모하다는 평가를 받을 수도 있다. 하지만 지리적으로 보면 중금산성은 거제도 북단 해안에 위치해 부산항과 대마도 및 대한해협을 경계해 일본 방향에서 침입하는 왜적을 관찰하기에 좋은 군사적 요충지에 자리 잡았다. 중금산성 북쪽으로는 오래전부터 군사요충지였던 장목진과 구율포성이 자리해 있기도 하다.

중금산성은 대금산 중봉 정상 285 m 부분에 테를 두른 듯 축성한 테뫼식 산성으로 평면 타원형이다. 남쪽과 북쪽 성내는 ㄱ자 모양의 옹성문지[497]를 가지고 있다. 성의 상단 부분은 성내부 지면에 맞춰 지세에 따라 성벽 안팎을 쌓는 협축식으로 지금은 일부가 훼손된 상태다. 특히 옥산금성에서도 발견되고 있는 ㄱ자 모양의 옹성문지는 적과 정면으로 마주치게 되는 남쪽과 북쪽에 방어기능을 높이기 위해 고안한 것으로 보인다. 중금산성의 석축 방식은 같은 시기에 보수한 옥산금성과 비슷하지만 규모나 짜임새 면에서는 허술한 부분이 많다. 이는 관의 주도가 없이 백성들만의 힘으로만 쌓았기 때문에 규모나 기술력에서 차이가 났기 때문이다. 식량 저장고를 만들었다는 기록 등으로 미뤄 중금산성에 건물이 있었을 것으로 보이는데 북쪽 옹성 남서쪽에 건물지의 흔적이 어렴풋하게 남아 있다. 또 중금산성 중간 부분에 위치한 언덕은 성 인근에서 키우던 말 무덤이라는 얘기가 전해진다.

중금산성은 외침을 우려한 거제 섬사람들의 마을을 지키려는 마음이 고스란히 묻어나는 장소다.

497) 옹성문지(甕城門地)

(24) 둔덕기성

삼국시대부터 조선시대까지 거제도에 축조된 성곽은 20여곳으로 추정되고 있지만, 이 중에서 국가가 관리하는 곳은 **사적 제590호**(2010년 8월 24일 지정) 둔덕기성이 유일하다. 둔덕면 거림리 산95번지 일원으로 우두봉 줄기를 따라 평면 타원형 테뫼식 산성은 남북 길이 200 m, 동서 길이 125 m로 전체 산성의 둘레는 526 m다. 7세기 신라시대 축조수법을 알려 주는 중요한 유적이다. 이 성은 우리나라에서 보기 드문 **현문식 구조**[498]인 동문지로, 삼국시대 처음 축조되고 고려시대 수축된 성벽(**폐왕성**)은 축성법의 변화를 연구하는데 학술적으로 중요한 사료로 사용된다. 고려사와 신증동국여지승람 등 문헌에 따르면, 고려 의종이 3년간 거제도에 유배됐고, 조선 초 고려 왕족들이 유배된 장소로도 기록되어 있는 등 역사성을 지니고 있으며 **폐왕성**은 일부로 볼 수 있다.

둔덕기성 집수지인 연지는 지름 16.2 m, 깊이 3.7 m에 달해 16만6천 ℓ의 물을 저장할 수 있는 대규모 집수시설로 신라시대부터 조선시대에 해당하는 유물 수백 점이 발굴됐다. 서쪽은 견내량과 통영을 마주 보고 동쪽은 옛 둔덕면의 중심지역인 거림리와 방하리 들판을 마주하고 있다. 신라 산성의 특성을 잘 반영하고 있는 것으로 복원된 체성과 원래 성벽의 형태를 보면 배흘림기둥과 같이 약간 튀어나온 듯 곡선을 그리고 있다. 이는 적군이 성벽을 쉽게 오르지 못하게 만든 고대 성곽의 축성기법으로 알려졌다. 연지는 원형의 단면 계단식으로 북쪽은 4단, 동·서·남쪽은 3단으로 축을 쌓았으며, 집수지가 성곽의 초축 시기 및 수축 시기와 같다. 연지에서는 뻘층에서 토기, 청자접시, 기와, 청동

498) 현문식구조(다락문형식) : 성문을 계단 위에 설치한 것으로 방어에 유리하다.

그릇 파편, 화살촉, 구유, 멍에, 괭이, 나무망치, 소뼈 등 신라시대부터 조선시대에 이르는 유물 수백점이 발굴됐다. 청자상감입문매병은 12세기 중후반의 유물로 의종의 유배와 관련 있을 것이라는 주장도 있다.

둔덕기성은 1995년 둔덕면 거림리에 위치한 거제고군현치소지에서 처음 발견된 상사리 명문기와가 발견돼 거제가 가야에서 신라로 편입된 이후부터 고려시대까지 거제지역의 치소성 역할을 했다는 주장에 타당성을 제공하고 있다. 이 성은 폐왕성이라는 명칭으로도 불리나 이는 명확한 근거가 없다. **폐왕성**은 둔덕기성이 경상남도 기념물 제11호에 지정된 1974년 2월16일 이후부터 알려졌다. 이 외에도 주민들은 피왕성, 기성, 토성 등으로 부르고 있으나 학술적 근거는 없고 다만, 폐왕성이란 명칭이 처음 등장한 것은 1931년 11월 진해요새사령부의 검열을 거쳐 발간된 경남의 성지라는 일본작성 자료다.

6장

거제의 자연

한반도 육지부 남단에 위치한 거제도는, 1971년 거제대교(거제·통영)가 건설되어 육지와 편리한 왕래가 가능해졌다. 이로 인해 섬의 문화는 급속도로 발전하기 시작하였으며 산업도 급성장하고 있다.

벽파수도[499]라 불리는 일대의 섬들 중, 거제도는 거제 본도와 칠천도, 가조도, 산달도, 이수도, 지심도, 내도, 화도, 소고개도, 계도, 황덕도 등 **유인도** 10**개**와 갈도, 대소병대도 등 **무인도** 63**개**로 **총** 73**개**의 부속도서를 지니고 있으며, 조선산업과 해양관광산업 및 1차 산업 등으로 **도시경쟁력** 부문에서 전국 최상위권을 달성하기도 하였다.

뿐만 아니라, 가라산, 계룡산, 남부 망산, 대금산, 국사봉, 북병산, 산방산, 선자산, 옥녀봉, 앵산, 노자산 등 11**개 명산**은 굽이굽이 그 절경이 좋고, 남해바다는 물론 멀리 현해탄과 태평양의 일대를 내려다본다. 산과 계곡 그리고 해안선의 뛰어난 풍광으로 여행객이 증가하고 있다. **하천**은 모두 17**개**가 있으며 모두 바다를 향해 흘러 동서남북이 하류가 되어준다.

한편, 섬의 지리적 여건에서 중요한 것은, 주식을 할 농산물과 생활용수 등이다. 그러나 이러한 것들도 거제도의 따뜻하고 부드러워 혼화한 기후와 적절한 강수량(강우량이 중심)으로 자연환경은 물론, 삶의 사정을 좋게 하여 벼, 조, 콩은 물론 각종 곡식과 채소가 잘 자라게 한다. 섬 주위의 **난류와 한류가 교차하는 해역**은 청정하여 다양한 어종과 해산물이 많고 풍부하다. 즉, 풍요로운 바다와 비옥한 토지는 다른 섬에서는 쉽게 찾을 수 없는 자원을 제공한다.

이런 까닭으로 유자, 옻, 고로쇠, 왜딱(왜닥나무), 치자, 수달, 문어, 전복, 조개, 홍어, 청어, 미역, 대구, 해삼, 전어, 멸치, 준치, 조기, 소금 등 많은 **토산품**이 한양으로 진상되기도 했다. 현재는 조기, 소금 등은 생산하지 않지만, 아열대성으로 바뀌는 자연환경을 이용하여 알로에, 파인애플, 한라봉, 거봉 포도 등을 주 생산하는 곳이 증가하고 있다.

따라서 생물이 성한 환경을 보면 자연환경이 사람살기에 부족하지 않고, 특히 온난한 기온 등은 야외에서 주로 작업을 해야 하는 거대한 선박산업에 적합하여 세계적인 조선소가 두 곳에 있다.

거제도는 멀리서 바라보면 **여인이 치마폭**을 잘 사리고 다소곳하게 앉아 있는 형상(신라시대 **상군**)이고, 위에서 보면 독수리나 갈매기 형상을 하여 남북으로 길게 자리하고 있다. 섬의 중앙부에는 계룡산이 주산으로 우뚝 솟아 있고, 동서남북에 웅장한 산들이 옹위하고 있어, 예로부터 정기 서린 곳에 잘 자라는 아열대식물을 비롯하여 후박나무, 동백나무, 생달나무, 희양목 등의 상록활엽수와 해송, 섬 향나무 등 상록 침엽수가 울창하여 **거제 봉산**[500]이라 했다.

---

499) 통영과 해금강을 잇는 한려해상국립공원의 섬 해안선. 푸른 파도가 넘실대는 절경의 뱃길을 일컬어 벽파수도(碧波水道)하 하며, 한려수도의 다른 말

고려 때는 거제에서 자생하는 자작나무를 중심으로 **팔만대장경판**을 만들었으며, 여러 산과 봉 그리고 들에는 야생화를 비롯하여 많은 산야초와 꽃들이 사시사철로 훈훈한 향기를 피운다.

한편, 거제대교가 개통되고 대우조선해양과 삼성중공업 거제조선소가 들어서면서부터 조선산업 기지가 되었다. 이때부터 외부에서 많은 인구가 유입되어 신흥 산업도시로의 변모를 갖추기 시작했고, 그 발전하는 과정에서 자연환경에 많은 변화가 생겨났다. 매립으로 섬의 면적이 증가하였으며, 산자락으로까지 거주지가 확대되면서 거제도의 산과 들은 많이 바뀌었다.

그러나 이렇게 변모하는 섬의 위상에서도, 포구에는 긴 세월 동안 파도에 씻긴 흑진주 같은 몽돌과 백설 같은 모래가 적절하게 보존되어 해양관광의 가치로 작용하고 있다. 여러 굽이로 굴곡진 **리아스식 해안선**은 동백과 해송이 어우러져 있으며, 청정한 섬을 만들어 주고 있다.

거제도의 **위치적 환경**은 사면이 바다로 되어 있고, 본섬은 동쪽으로 **능포동 양지암 끝자락**이, 서쪽은 둔덕면 **술역리**, 최남단은 남부면 다포리 **대병대도**, 북쪽은 장목면 **구영리**다. 또, 동서는 약 22㎞, 남북으로는 약 39㎞ 정도며, 해안선 길이는 본섬만 386.6㎞다. 유인도와 무인도를 포함한 거제시 권역은 443㎞로 매우 큰 편이다. 이를 리수로 보면 약 970리가 넘는 해안선이라 물길 700리라 불리었다.

또, 동북으로 가덕도 사이의 수도를 건너 낙동강하구 대저동과 명지동의 들판과 접하고 있으며, 동은 부산시 영도, 북으로는 내해를 끼고 진해, 마산, 고성이 있다. 서쪽은 한려수도로 남해, 사천, 통영과 멀리 광양, 순천, 여수와 접한다. 남으로는 수평선의 대한해협이 있고, 이를 건너 대마도가 있으며 육안으로도 이를 볼 수 있다.

거제도는 얼마 전까지 뱃길이 성하여 옥포항, 장승포항, 고현항, 다대항, 실전항, 두모항, 농소항, 구영항 등지에서 부산과 진해, 마산, 여수, 통영 등지로 갈 수 있었으나, 지금은 거의 폐쇄되었다.

남서쪽의 대한해협으로는 통영 한산도와 갈매기섬 홍도, 매물도, 욕지도 등 다도해를 이루고 있으며, 이 섬들은 모두 1900년 진남군이 설치되기 전까지 거제에 소속되었었다.

거제도는 표고 100 m 이상 지역이 190 ㎢로 47.4% 정도며, 경사 30% 이상 지역은 229.57 ㎢로 57.3% 정도다. 이에 따라 법률에 따른 **개발 가능지**는 50.0 ㎢로 12.5%며, **개발 억제지**는 39.31 ㎢, **개발 불가능지**는 311.38 ㎢ 정도다.

---

500) 봉산(封山) : 나라에 필요한 목재를 조성하기 위하여 벌채를 금지하는 산

6-1 기후

6-1-1 온대다우성 국지기후

거제도는 우리나라 최남단의 사면이 바다인 관계로 **해양성 기후**의 영향을 많이 받는다. 사계절이 뚜렷하고 고온다습한 편이다. 이동성 고기압이 지날 때는 맑고 따뜻한 전형적인 봄날씨를 보이지만, 이동성 고기압이 통과하고 나면 그 뒤를 따라 저기압이 접근해 오므로 구름이 많고 봄비가 자주 내린다.

시베리아기단이 물러가면서 꽃샘추위가 따르며, 춘분이 지나면 일사량이 길어져 기온이 올라가 각종 꽃들이 개화한다. 거제 전역에는 다양한 산야초가 많이 분포한다.

거제도의 봄철습도는 낮고 강수는 적은 편이며 바람이 많다. 특히, 서풍이 불면 서해안을 넘어오는 **황사현상**도 있으며, 늦은 봄부터 초여름까지는 높새바람(북동풍)이 분다. 이 바람은 먼바다에 파도를 일으켜 장목, 외포, 장승포, 일운, 남부지역에서는 출어에 지장을 받는다.

6월 중순부터는 약 한 달간은 장마로 시간당 100 ㎜ 이상 내리는 폭우현상을 보이기도 하여 곳곳에 산사태가 발생하기도 하였다. 이는 거제도의 토질이 마사토가 많기 때문이기도 하고, 여러 개발로 경사지가 안정되지 못한 것도 원인이 되고 있다.

8월 하순부터는 태평양 기단이 물러나고, 북상했던 장마전선은 다시 남하하여 초가을 장마를 가져오기도 하는데, 온냉 기온이 교류하면서 폭풍우를 동반하기도 한다. 이 무렵 거제도는 많은 피해가 발생한다.

11월 말경부터는 늦가을 저기압의 통과로 비가 오고 초겨울 추위가 시작된다. 이때는 거제도 전역에서 **애기동백**이 피어나서 겨우내 꽃을 볼 수 있다.

거제도의 기후는 해양성의 영향으로 일교차와 연교차가 적어 연중 온화하며, 장마와 태풍의 영향을 많이 받아 강수량이 많은 **다우지역**이다. **쾨펜**[501]의 기후구분에 의하면 온대다우기후[502]에 속하고, 정밀하게 구분하면 남해안형에 속한다.

---

501) 쾨펜(W. Köppen, 1846~1940) : 러시아의 페테르부르크에서 태어난 독일인. 하이델베르그 대학, 라이프치히 대학. 1875년에서 1918년까지 함부르크의 해양기상대에서 근무. 기후분류의 연구자로 유명. 이 분류는 오늘날 세계에서 유용하게 사용. 고기후(古氣候)나 기후변화의 연구도 행함. 19세기 말에서 20세기에 걸쳐 기후학의 황금시대를 한(J. Hann) 및 비에코브(A. Woeikov) 등과 함께 구축한 공적이 크다.

502) 온대다우기후 : 온대기후 중에서 강수의 계절분포가 일년을 통해 거의 같은 기후를 말한다. 우기가 여름인 경우에는 가장 비가 많이 내린 달의 10배 이내, 우기가 겨울인 경우에는 가장 비가 많이 내린 달의 3배 이내로 되어 있다.

해발 500 m대의 산들이 섬의 중심부와 곳곳에 위치하여, 총면적의 75% 이상이 산지 임야로 지역에 따라 강수량과 바람의 차이가 크게 나타난다. 이에 따라 고현권과 옥포권 및 장승포권이 서로 다른 기후를 보이기도 한다.

거제는 온대해양성 기후로 기온차가 심하지 않아 연교차[503]는 24.2℃다. 연평균 강우량은 1,727.8 ㎜[504]로 다우지역적 섬이지만 모든 하천이 바다로 곧장 이어져 집중호우에 따른 재해는 적은 편이며, 남해동부 해상의 연중 폭풍특보 발효일이 140여일로 해상의 악현상은 자주 발생하고 있다. 그리고 전반적인 지구온난화로 인한 엘니뇨현상과 매립 등으로 국지적인 호우에 침수피해가 발생하고 있다.

6-1-2 기온

거제도의 연평균기온은 13.8℃로 제주도를 제외하고는 전국에서 가장 온난한 지역에 속한다.

연평균기온의 변화를 보면 1973년 이후 상승세를 나타내고 있으며, 계절별 평균기온을 인근지역과 비교해 보면 여름에는 통영, 부산 등에 비해 기온이 높은 편이며, 다른 계절에는 낮은 편이다. **최고기온**은 거제지방의 최고평균기온이 18.3℃로 통영이나 부산과 같고, 마산과 남해에 비해 1℃ 정도 낮다. 거제지방의 여름철 최고 평균기온은 마산(창원), 남해보다는 낮으나, 통영, 부산보다는 0.5℃ 이상 높은 편이다.

이는 거제의 관측지점이 섬의 북서부에 위치하고, 남쪽으로 해발 566 m의 계룡산이 위치하고 있어 해풍의 영향을 덜 받기 때문이다. 일 최고기온이 30℃ 이상 올라가는 일수는 연평균 26일 정도다. 일 최저기온이 25℃ 이상이면 **열대야**로 불리며 이 현상은 거제에서 연평균 8일 정도 나타난다.

최저기온은 최저평균기온 9.3℃로 남해와 같고, 통영, 부산, 마산에 비해 1℃ 이상 낮다. 거제도의 겨울철 최저평균기온은 남해보다 0.5℃ 정도 높고, 통영, 부산, 마산보다는 1℃ 이상 낮다. 일 최저기온은 평균적으로 12월 하순 초반부터 3월 중순까지 74일 정도 나타난다.

한편, 얼음이 어는 기간은 평균 1월 중순부터 2월 하순까지며, 연간 80일 정도이다. 서리는 11월 초순부터 3월 하순까지 연평균 50일 정도 내린다.

---

503) 최저 월평균 온도와 최고 월평균온도의 차

504) 우리나라는 연평균 강수량이 1300 mm로 물부족 국가

■ 평균기온

(단위 : ℃)

연도	1월	2월	3월	4월	5월	6월	7월	8월	9월	10월	11월	12월
2013	1.7	3.7	9.7	12.3	18.4	22.2	26.7	28.2	23.2	18	10	5
2014	4.1	5.6	9.7	14.3	19.1	21.6	25.1	24.6	22.3	17	11.4	3.2
2015	3.7	4.7	8.6	13.4	19	21.1	24.2	25.8	21.5	17	12.9	7.2
2016	2.8	5.1	9.5	14.7	19.1	22.2	26	28	22.9	18.4	11.1	6.8
2017	3.5	5.2	8.7	15.1	19.6	21.9	27.1	27.4	22.3	18	10.6	3.3
5년평균	3.16	4.8	9.2	13.9	19.0	21.8	25.8	26.8	22.4	17.6	11.2	5.1

6-1-3 강수량

거제도의 연평균강수량은 1,728㎜로 우리나라에서 강수량이 가장 많은 다우지역에 속한다. 거제의 연평균 강수량은 남해와 비슷하고 통영, 부산, 마산보다는 300㎜ 이상 많다. 거제의 월평균강수량은 연중 인근지역보다 많으나, 특히 **4월부터 7월까지 집중**적으로 많은 현상을 보인다.

연평균강수량에 대한 월별 평균 강수량의 비율을 보면 7월, 6월, 8월 순으로 많고, 여름 3개월간의 강수량은 연강수량의 46%에 이르고 4월, 5월, 9월에도 월평균 200㎜ 가량의 비가 내린 결과를 보이지만, 최근에는 다소 불규칙적인 성향을 나타내고 있다.

거제도의 최다우기는 장마기간인 6월 하순에서 7월 하순까지와 8월 하순에서 9월 상순까지다. 이 시기에는 열흘 가량 100㎜ 이상의 비가 내린다. 한편, 최소우기는 12월과 1월 중순으로 평균 10㎜ 미만을 보이는 경향이다. 특히 수개월 동안 비가 내리지 않은 현상도 보이고 있다. 또, 구름의 양은 7월이 가장 많고 4월에서 9월까지 구름이 많은 편이다.

6-1-4 바람

거제의 연간최다풍향은 북서풍이며, 계절풍의 영향이 뚜렷하여 여름에는 남동풍, 겨울에는 북서풍이 중심이다.

거제의 풍속은 연평균 풍속은 2.0 ㎧며, 겨울과 봄에 풍속이 강하고 가을에는 다른 계절에 비하여 약하지만 전반적으로 바람이 많다. 8.0 ㎧이상의 강풍은 4월에 많고 9월, 10월에는 적은 편이다. 그러나 태풍의 피해를 잘 받는 곳으로, 2003년 제14호 매미태풍에는 전역이 정전되어 많은 피해가 속출했다. 이후 거제로 오는 송전선로를 복선화했다.

6-2 산

백두산에서 태백준령이 이어오며 금강산과 설악산을 이루고, 동쪽으로 울산 울기등대를 돌아 진해의 천자봉으로 이어진 산맥은, 바다를 건너 **저도**와 **이수도**라는 섬을 만든다. 다시, 거제 **대금산**으로 솟고, 서남으로 뻗으며 국사봉, 옥녀봉, 앵산, 제석산을 형성하다가 **계룡산**과 마주한다.

한편, 소백의 지맥인 지리산은 고성 벽방산과 통영의 제석봉으로 와서 견내량에 잠겼다가 사등면 오량 **시래봉**[505]이 되고, 다시 동서로 치달아 우두봉, 산방산, 노자산, 가라산이 되면서 중심의 계룡산을 휘감는다.

거제의 산맥은 북으로 태백산맥계와 서남의 소백산맥계가 이어진 곳이다. 대금산은 태백의 줄기고, 계룡산은 소백의 줄기로 거제의 중심이다. 이 양대 산맥이 어울려 산맥을 마무리하는 곳이 거제도다.

이를 멀리서 보면 여인이 다소곳이 앉은 모습이라 **상군**[506]이라 하였으며, 서기 667년 신라 30대 경덕왕 때 생겨난 거제의 지명이다. 이보다 앞서 삼한시대의 변한 12국 중 하나였던 **두로국(두루국)**[507]은 이후 **독로국**의 실체가 되었다.

동쪽의 옥녀봉, 서쪽의 산방산, 남쪽의 가라산과 노자산, 북쪽의 대금산은 중앙의 계룡산을 감싼다. 이것이 거제도의 주맥으로, 마치 5개의 명산이 **음양오행**을 이룬다.

거제도는 섬이면서 산지가 깊고 나무가 자랄 수 있는 기후와 습도가 적합하여, 숲이 울창하며 바르게 자란 큰 나무가 많다. 이에 함부로 벌목하지 못하도록 봉산으로 지명

---

505) 시래봉(始來峰)
506) 상군(裳郡)
507) 두로국(瀆盧國) : 두르다. 치마와 같은 두루기, 도롱이 등에서 나온 말로 모양을 통해 지명으로 남았다.

했다. **거제 산들의 주된 나무**로는 자작, 동백, 팔손이, 후박, 참나무 등이고, 한난지역에서만 볼 수 있는 산야생초가 많은 편이다. 고려 때 **팔만대장경판**을 만든 자작나무는 거제 봉산에서 자란 것이 대부분이었다.

산의 주요 식물로는 해송, 거제산딸기, 동백나무, 소나무, 느티나무, 떡갈나무, 산뽕나무, 사방오리나무, 오동나무, 비목나무, 예덕나무, 소사나무, 삼나무, 참빛살나무, 계요등, 개옻나무, 산검양옻나무, 말오줌대, 구리장나무, 국수나무, 쥐똥나무, 광대싸리, 서어나무, 상수리나무, 병꽃나무, 팥배나무, 작살나무, 좀작살나무, 팽나무, 윤노리나무, 개머루, 달피나무, 실새, 산거울, 박쥐나무, 족재비싸리, 등골나물, 산철쭉, 철쭉, 진달래. 층층나무, 감나무, 호장근, 국수나무, 물갬나무, 산딸기나무, 복분자딸기, 으아리, 소리쟁이, 아까시나무, 산오리나무, 산단풍나무, 좁은단풍나무, 나도밤나무, 사람주나무, 생강나무, 둥근잎생강나무, 때죽나무, 고추나무, 굴피나무, 이팝나무, 다래나무, 물푸레나무, 철쭉, 덜꿩나무, 가막살나무, 산초나무, 초피나무, 찔레, 굴참나무, 졸참나무, 조록싸리, 실새, 검노린재나무, 감태나무, 삽주, 헛개나무, 이팝나무, 으름덩굴, 붉나무, 씀바귀, 얼레지, 엉겅퀴, 얼레지, 별꽃, 까치수염, 청미레덩굴, 은꿩의다리, 홀아비꽃대, 밀나물, 누린내풀, 복수초, 노루귀, 변산바람꽃, 졸방제비꽃, 노랑제비꽃, 반하, 집신나물, 인동넝쿨, 개머루, 가세잎개머루, 노박덩굴, 합다리, 오리새, 개망초 망초, 참쑥, 담배풀, 맑은대쑥, 족도리풀, 우산나물, 밀나물, 족제비고사리, 고사리, 춘란, 금난초, 세잎양지꽃, 오이풀, 대사초, 털대사초, 마삭덩굴, 댕댕이덩굴, 오리방풀, 개고사리, 새머루, 고비, 뚝갈, 마타리, 뽀리뱅이, 민들레, 석곡, 풍란 등이다. 산은 화강암 위주의 암석이 발달해 있다.

6-2-1 계룡산[508]

계룡산은 거제의 중심지에 있는 산으로 높이 566 m다. 산의 동북은 거제시청 소재지인 고현동이며 남서로는 거제면과 동부면이 있다. 북단에는 삼성중공업 거제조선소[509]가 있다.

산의 형태는 구천댐에서 서북쪽 가조도 방향으로 길게 뻗어 있으며, 그 생김이 마치 닭이 알을 품고 있는 형상을 하고 있어 **비계포란형**[510]이라 한다. 산정상은 닭의 머리를 닮았고 꼬리는 용의 형상을 하고 있다.

---

508) 계룡산(鷄龍山)
509) 1974년
510) 비계포란형(飛鷄抱卵形)

정상에는 6·25포로수용소 통신대 건물 위쪽 능선에서 거제면 쪽 바위틈 밑에 **의상대**가 있었다. 바위가 병풍처럼 두른 50여 평의 절터는 신라시대 화엄종의 개조였던 의상대사가 암자를 짓고 수도한 곳이라 전해오고 있으며, 금동불상이 발견되기도 하였다.[511)]

정상에 오르는 바위틈에는 장기판 모양의 바위가 있는데, 신선이 놀았다는 전설이 있다. 정상부 능선에는 **불이문바위**가 있어 이를 지나면 억새풀밭 평지가 있고, 태고 때 신선이 무를 심고 살았다는 **무밭**의 흔적도 있다. 그리고 그 뒤쪽에는 거북이 하늘로 승천하듯이 기어오르는 **거북바위**가 있다.

거제면 소재지에서 고현방향으로 왕래했던 용산재가 있으며, 이 재를 **고자산재(고자산치)**라 부른다. 그 위쪽 음달바위 정상에 6·25때 포로수용소를 감시하던 UN군 통신대 잔해가 여럿 있으며, 인근에는 계룡산 **관광모노레일** 승차장이 있고, 주변은 현대식 시설이 마련되어 편하게 동서남북의 근경과 원경을 즐길 수 있도록 하고 있다.

6·25동란 때 주민 10만, 피난민 20만, 포로 17만 등 약 50만 명이 이 산을 중심으로 목숨을 구하여, 정감록에서 지명한 계룡산의 실체가 되어 주었다.

등산로는 고현과 거제방면의 것을 이용하는 게 대표적이다. 고현에서는 시청사 뒷편이나 계룡사 뒷길, 공설운동장 뒷길, 장평 사기장골과 용산마을의 아파트 단지 뒤편으로 난 임도 등이 있다. 거제면에서는 거제여상 옆길이나 서정리 뒷뫼길은 임도가 정상까지 이어져 있다. 임도를 이용하면 고자산재를 거처 정상부까지 차량으로 이동할 수 있다.

계룡산 아래로는 상문동과 거제면, 동부면을 이어주는 거제동서간연결도로(4.06 km)인 터널[512)]이 신설되어 두 지역의 왕래가 수월해졌다.

계룡산 관광모노레일은 2018년 2월 9일 준공하였으며, 총길이는 3.54 km로 국내 최장의 길이다. 승차장은 고현동 포로수용소며 정상부까지 대략 20여 분간이 소요되며, 계룡산 정상부 포로수용소 통신대 아래 휴게소에 이른다. 이곳은 하차를 위해 대기하는 곳으로 다시 20분가량 소요하면 원지로 돌아 올 수 있어 거제관광의 큰 역할을 하고 있다.

계룡산의 식물은 등산로를 따라 해송과 더불어 여러 가지의 낙엽 활엽수들이 혼생하고 있는 특징을 보이고 있으며, 적절한 생태계를 이루고 있다. 특히, 산 정상부에는 진달래와 철쭉이 군락을 이루고 있고, 주위에는 솔새, 개솔새, 참억새, 김의털, 실새, 쇠풀, 할미꽃 등 초본류가 무성하다.

거제면 쪽은 해송림이 차지하는 비율이 고현 쪽보다는 적으며, 참나무류, 서어나무류,

---

511) 1960년
512) 명진터널(계룡산터널) : 2021년 12월 31일 개통식, 1.6km

단풍나무류, 때죽나무, 자귀나무, 굴피나무, 벚나무, 생강나무, 팥배나무 등 낙엽활엽수들이 많은 면적을 차지하고 있다. 계룡산지역에서 특이한 식물은 말오줌때, 헛개나무, 달피나무, 둥근잎생강나무, 얼레지 등이다.

6-2-2 산방산

산의 높이는 507.2 m다. 산 모양이 뫼 산자와 비슷하고 꽃같이 아름답다고 하여 산방산이라 불렀다. 정상에는 큰 바위 3개가 우뚝 솟아 하나의 산봉우리를 이루고 있어 **삼봉산**이라고도 부른다. 또, 그 모양이 붓과 같은 형상이라서 거제의 **필봉**으로 불리고, 맞은편으로는 **우두봉**이 자리잡고 있다. 산 아래마을에는 조선말기 추사체의 대가인 **성파 하동주**의 생가가 있다.

산의 전체적 위치는 거제시청 소재지의 서남쪽인 둔덕면 옥동마을, 산방마을과 거제면 송곡마을 뒷산이다. 이 산에는 기암괴석이 많고 경치가 아름다워 마치 금강산과 같다는 이야기를 한다. 특히 가을에 단풍이 곱게 물들면 푸르른 남해를 배경으로 멀리 보이는 다도해의 욕지도, 한산도, 비진도 등 많은 섬들과 어울려 절경을 이뤄 **거제의 10대**(해발 500 m 이상) **명산** 또는 **11대**(남부면 망산 포함) **명산**으로 꼽는다.

고려 때 의종이 무신의 난을 피해 이곳과 인근 둔덕 폐왕성에서 3년간 피난한 적이 있어, 의종과 관련된 장소나 전설이 흔하다. 또, 덕봉암, 보현암, 내원암, 정인사, 봉은사 등이 있으며, 선녀들이 봄구경 와서 춤을 추며 놀았다는 330 ㎡나 되는 선녀바위가 있고, 왜구로부터 몸을 지키기 위해 여자들이 낭떠러지로 몸을 날렸다는 **절부암** 등 많은 명소가 있다.

정상에서 10 m 아래에는 비가 오지 않을 때 기우제를 지내던 **무지개터**가 있으며, 제단 아래로는 벼락바위와 약수터, 고려 원종 때 왜구가 침범했을 때 옥씨 일가가 피난을 했다는 **옥굴**, 옥씨가 피난생활을 하면서 베를 짰다는 **베틀굴**, **염소굴**, **미륵굴** 등이 있다.

또, 이 부근에는 **삼신굴**(**석굴암**, **부처굴**)이라고 부르는 석굴이 있는데, 서쪽을 향해 자리 잡고 있어 해가 질 때면 동굴 깊숙한 곳까지 빛이 들어온다. 굴 안에 있는 3기의 불상 가운데 석조좌불은 머리 부분이 떨어지고 아미타불과 약사여래불은 도난당했다고 전해오며 최근에는 다시 삼불이 모셔져 있다. 이 굴은 왜구의 침입을 막기 위해 만들어졌다는 호국석굴이다. 삼신굴 위 산의 정상부에는 푸르고 누렇고 붉고 희고 검은 오색흙이 나온다는 **오색터**가 있고, 바위틈 아래는 샘이 있다.

등산로는 5~6개가 있으며, 매년 5월에는 참꽃(진달래)축제가 열리고, 5월 단오날과 칠월칠석에는 통영을 비롯하여 원근 각지에서 많은 사람들이 이 산에 올라 소원을 기원했던 명산이다.

대표적인 등산길은 산방의 보현사 뒷길, 옥동 대덕암 뒷길, 옥동농장 윗길, 상죽전에서 무지개터로 가는 길, 거제 옥산길, 옥동 임도길 등이며, 임도를 이용하면 산의 정상 부근까지 이동할 수 있다.

산방산의 자연생태 중 식물은 해송림이 곳곳에 있어 산을 감싸고 산정부 주변에는 철쭉, 산철쭉, 진달래 등 철쭉류가 많다. 특이한 식물로는 보현사 계곡의 **갈참나무**가 다른 지역보다 많이 분포하고 있는 것과, 발풀고사리, 비진도콩, 둥근잎생강나무 등이다.

6-2-3 대금산

거제의 북악이라 불리는 이 산은 장목면 대금, 시방, 외포, 대계, 소계 뒷산이 되고, 옥포의 덕포와 연초 명동리 일부에 속해 있다. 높이 437.5 m로 부산항을 굽어보면서 진해 천자봉과 응대한다. 산 정상에서 보면 진해, 마산, 부산이 눈 아래로 내려다보인다.

대금산이란 명칭은 신라시대에 쇠를 생산했던 곳이라 하여 붙여진 이름이며, 금과 은을 팠던 곳이라고도 하며, 큰 대자, 쇠 금자를 썼으나 조선조 중기에 와서 산이 비단결같이 아름답다고 하여, 비단 금자를 써서 불린다.

대금산은 그리 높지 않은 산으로 산세가 순하고 비단폭 같은 풀이 온 산을 덮고 있어 크게 비단을 두른 산이라는 뜻의 같은 이름으로 불리기도 한다. 봄이면 진달래가 군락으로 피어 **축제**[513)]가 열린다.

대금산은 주변의 여러 산과 봉의 호위봉으로 여러 중봉들이 낮게 형성되어 상대적으로 우뚝해 보이고, 정상이 바위봉우리라 실제보다 우람하고 높게 보인다. 산의 서쪽으로는 나무가 거의 없고 억새군락지가 형성되었으며, 풀이 많아 염소를 기르기도 하였다. 이 곳에서 자란 염소는 불로영약이라 할 만큼 약효가 좋다는 소문이 있다. 대금산 임도는 잘 구축되어 이를 이용하면 장목면 외포에서 연초면 명동으로 차로도 오갈 수 있다.

중봉은 시루봉(358 m)이라 하며 조선 말기에 외침을 막기 위해 율천, 대금, 시방 등 3개 마을 사람들이 성을 쌓았으며 이를 **중금산성**[514)]이라 한다. 성에는 남해안의 각 진

513) 1997년. 대금산 진달래축제
514) 1875년, 강석원, 정춘근, 김정현이 주동

에 공급하는 군량을 저장하였다. 성내는 봉화를 올렸던 **봉화터**가 있다. 봉화터 아래는 생수가 솟아나는 샘이 여러 곳에 있으며, 약수터 인근에는 기우제를 올리던 제단이 있다. 약수터에는 칠석과 보름에 많은 사람들이 찾아와 목욕하고 음용하기도 한다. 이 외에도 상금산(285.5 m)가 북쪽으로 이어지고, 시루봉(중봉)과는 달리 중봉산(281.5 m)이 동쪽으로 이어지고 바다쪽으로는 망월산(226.3 m)이 있다. 이러한 웅장한 산의 규모는 남쪽으로 옥폭동의 덕포로 이어져 강망산(374.3 m)에 이른다. 또 서쪽으로 배나무골을 만들고 남쪽으로는 정골, 동쪽으로 복골과 절골 그리고 북쪽으로 봇골과 반깨고개, 벽개 등을 형성시킨다.

등산로는 장목면 시방(살방)에서 복골이나 절골을 거쳐 정상에 오르는 길과, 명동마을에서 오르는 길이 유명하다. 4월 진달래가 피면 많은 인파가 몰려 정상부에서 먼바다를 즐기는 산으로 알려졌다.

대금산의 식물은 장목면의 대표적인 축제가 된 철쭉류와 억새류가 주류를 이룬다. 대금산 대부분의 산림은 해송 중심의 단순림인 같지만, 임상의 하층에는 참나무류의 군락이 있고, 굴피나무, 계피나무, 산벚나무, 개서나무, 때죽나무 등도 많다. 이는 참나무림이나 낙엽 활엽수림으로 천이되어 가는 과정을 보여주는 현상이다.

6-2-4 가라산

가라산은 거제에서 제일 높은 산으로 585.5 m다. 거제의 모든 산은 600 m가 넘지 않는다. 경상남도 남단이자 거제도의 최고봉인 가라산은 주봉을 가래봉이라 한다. 산에서는 거제도 주변의 여러 섬을 볼 수 있고, 북쪽으로 부산, 창원(진해, 마산), 고성, 서쪽으로 통영을 마주하며, 남동쪽으로는 남해를 굽어볼 수 있다. 부산 영도가 뵈고 맑은 날 해무가 없으면 대마도가 보인다. 중생대 경상계[515]지질인 가라산 주변 마을은 비탈져서 농지가 적고 바다에 둘려져 수산물이 풍부하다.

이 산은 남부면 다대, 다포, 저구 뒷산이며, 동부면 소재지에서 동남방 8 km 정도의 지점에 있고 노자산과 연결되어 있다. 학동 오지막 계곡을 좌우 경계로 하여 가라산과 노자산으로 구분한다. 봄이면 고로쇠 약수 채취로 붐비고 해양성기후에 잘 자라는 아열대식물인 동백나무, 팔손이나무, 소철, 종려나무 등 600여 종이 우거져 있다.

가라산 봉우리는 동으로 갈곶리 앞바다에서 섬을 만들며, 이 섬을 **칡섬, 갈도**[516]라

515) 경상계(慶尙系)

한다. **갈도**는 3개의 봉우리의 아름다운 섬으로, 바다의 금강인 거제 **해금강**이다.

가라산 정상에는 가물 때 기우제를 지내던 **제단**이 있고, 남해안을 경계하던 **봉수대**가 있다. 가라산 봉수대는 남해안을 경계하는 전초기지로 해상에서 일어나는 사건들을 거제의 주봉인 계룡산 봉수대와 한배곶[517] 봉수대에 알렸다. 동국여지승람에는 가라산 남쪽10리에 지금의 **다대**를 중심으로 **송변현**[518]이 있었다고 한다.

가라산 남쪽 송변현의 뒷산 중봉에는 다대산성이 있다. **다대산성**은 고려시대 축성한 것으로 보이며, 외침을 막기 위해 축성된 성이다. 성안에는 마을의 안녕을 기원하는 제단이 있고, 성주위는 고목이 우거져 있으며, 지금도 성벽은 잘 보존되어 있다.

등산길은 다대마을저수지, 다대초등학교 뒤편, 저구마을 뒤 도로변, 탑포마을 뒤 도로변이다. 산은 험하고 가파르다. 산에 오르면 막막한 바다 수평선 위로 솟는 일출과 낙조가 장관이며, 다도해의 푸른 물결 사이로 오가는 어선들을 볼 수 있어, 거제도 계룡산 못지않게 찾는 이가 늘고 있다.

산정상 남쪽은 절벽으로, 그 아래에는 신라시대 견암사[519]란 절이 있었다고 한다. 지금도 절터와 와편의 흔적을 발견할 수 있다. 이 절에는 많은 스님이 있었는데, 스님이 먹을 밥을 짓는 쌀뜨물이 바다까지 흘러가서 왜적이 이것을 보고 많은 승병이 지내고 있는 것으로 착각하여 도망갔다는 얘기가 남아 있다.

산의 자연은 해송이 주류며, 해안지대엔 경남 유일의 서식지인 굴거리나무가 있다. 굴거리나무 주위에는 동백나무, 감탕나무, 생달나무, 후박나무, 사스레피나무 등 상록활엽수와, 굴피나무, 산오리나무, 졸참나무, 때죽나무 등 낙엽활엽수들이 있고, 말오좀대나무, 머귀나무 등 희귀수목도 소수지만 숲에 형성되어 있다. 또, 학동에서 등산로를 따라 산 중복부에 이르면 느티나무가 많이 자라고 있으며, 이곳을 지나가면 거제의 희귀식물인 백양꽃 자생지가 있다. 가라산의 **백양꽃**은 7~8월이면 상사화를 닮은 아름다운 꽃이 피어 장관을 이룬다. 숲에는 천마가 자생한다.

산의 정상부 가까이엔 코끼리 모양의 큰 바위가 있다.

516) 갈도(葛島)
517) 한배곶(閑背串) : 한산도
518) 송변현(松邊縣)
519) 견암사(見岩寺)

6-2-5 노자산

거제도 계룡산의 동남부 방향에 있으며, 능선이 가라산과 같이 있기 때문에 어느 것이 노자산인지 분별하기 어렵다. 동부면 학동, 율포, 부춘의 뒷산이며 높이는 565 m다. 노자산이라는 이름은 불로초와 어우러져 늙지 않고 오래 사는 신선의 산이라는 의미다. 이 산에서 이어지는 곳, 수산마을 서쪽이자 평지마을의 동쪽에는 동평산이 있다.

산의 정상에는 **기우단**이 있고, 북단에 기도원과 해양사가 있으며, 사찰의 옆 계곡에는 **용추폭포**[520]가 있다. 산의 북단 중허리를 동부 평지에서 율포로 넘어가는 임도가 개설되어 있다. 노자산은 산행 이외에도 거제해금강, 학동해수욕장, 외도, 명사해수욕장, 자연예술랜드, 구조라해수욕장 등이 있다.

대표적인 등산길은 해양사 옆 능선, 평지 마을 임도길, 휴양림 임도길, 학동 내출계곡의 능선길 등이며, 자연휴양림 임도길이 가장 오르기 쉽다.

산에는 사람의 발길이 닿지 않아 **춘란**과 **풍란**이 많다. 노자산은 천연기념물 233호의 **동백군림**과 **팔색조**의 서식지며, 자작나무, 박달나무 등이 자생하고 **상사화**[521] 등 많은 식물이 군락을 이루고, 거제외줄달팽이 서식지가 있다.

최근[522]에는 노자산 학동고개에서 정상부로 이어진 **거제 파노라마 케이블카**가 설치되어 지역 관광의 한몫을 하고 있다.

6-2-6 남여산[523]

남여산은 연초면 다공리 앞산으로 거제의 11대 명산에는 들지 않는다. 높이 287.5 m으로 북쪽 계곡에 이목댐이 있고, 동북으로 충해공원묘지가 있다. 이 산에 고려시대 차나무가 재배되었으며, 생산되는 차를 진상하였다고 하여 아래 마을 이름이 **다공**이다. 하지만 지금은 차나무를 찾을 수 없다.

산의 정상에는 기우제를 지낸 **제단**이 있고, 굴이 두 갈래로 갈라져 있다고 하여 **굴째봉**이라 불리기도 한다. 이 굴은 임진란 때 신응수, 김희진, 윤영상 세 장사가 숨어 있다가 왜적의 동태를 살핀 후, 적이 하청장터에서 분탕질을 하고 술에 취해 있는 틈을 타

---

520) 용추폭포(龍湫瀑布)
521) 상사화(相思花) : 백양꽃
522) 2022년 3월 19일 개통, 총 길이 1.56km
523) 남여산(南呂山)

서 공격했다. 방심하고 있던 왜적들은 다공 앞 들판으로 도망갔지만, 추격하여 모두 소탕했다. 이렇게 몰살한 다공 앞들을 **몰바대들**이라 한다.

남여산에는 **산벚꽃나무**가 많고, 대표적인 등산길은 다공마을 연초천을 건너 이남마을 뒷길 절골로 오르는 길 등이 있다. 남여산의 남쪽으로 지애산(272.1 m)이 있고 서쪽으로는 연초면에서 하청면으로 가는 길을 건너 국사봉(210.3 m)이 있다. 이 국사봉은 거제의 11대 명산 중 옥포동과 아주동 및 수양동을 품은 국사봉과는 다른 산이다.

6-2-7 북병산[524]

북병산은 동부면 망골과 망치고개를 경계로 하여, 상문동 삼거리의 삼거마을에 주맥을 뻗어 문동과 아주골 그리고 옥녀봉 줄기와 연결되어 있다. 이 산은 북쪽을 병풍처럼 가리고 있다고 하여 붙여진 이름으로, 높이는 465.4 m다.

망치고개에는 고려시대에 축성했다는 성지가 산 중간에서 마을까지 길게 뻗어 있고, 문동계곡 상류에는 **문동폭포**가 있으며, 삼거리에는 신라시대에 있었다는 은적사 절터가 있다.

일운면, 동부면, 고현을 향하는 세 갈래 길은 **삼거리(삼거)마을** 협곡에서 만나며 옛 교통의 중심지였다.

일운면 **소동마을**로 넘어가는 협곡을 따르면 **심원사**가 있고, 이 일대는 표고버섯 재배를 많이 하였다. 심원사의 맞은편에는 은혜사가 있으며, 이 계곡은 거제도에서는 큰 편에 속하고 여러 산야초가 자란다. 북병산의 **구천계곡**에서 발원하는 물은 **구천댐**에 저장된다.

대표적인 등산길은 망치고개에서 **달뜬바위** 반대편을 오르는 길과, 삼거리 반송치 앞산으로 오르는 길, 그리고 삼거리 다리골재에서 오른쪽 길과, 심원사를 돌아 오르는 뒷길이 있다.

북병산 일대는 상류수원지구로 지정되어 있으며, 민가가 적고 개발행위가 절제되어 산림의 보호상태가 다른 곳에 비해 양호하다. 봄이면 조팝나무의 흰 꽃이 장관이고, 수원지구 계곡 위로는 산림조합에서 조림한 편백림이 있다. 계곡에서 저수지에 이르는 남쪽에는 이팝나무가 많아, 5월에는 꽃잎이 만발한다. 따라서 이곳은 다른 곳보다 해송림이 적고 낙엽 활엽수림이 많아 다양한 식생상태가 형성되어 있다. 특히, 북병산 북편에 있는 사찰[525] 주변에는 얼레지군락이 있고, 그 계곡에는 바람꽃, 노루귀, 현호색, 족두

---

524) 북병산(北屛山)
525) 심원사

리풀 등이 많으며, 특히 복수초(얼음새꽃) 군락지가 있다. 북병산은 계속 남쪽으로 이어지며 동평산이 있고 더 나아가면 노자산이 있다. 은혜사 주변 계곡에는 애기송이풀 군락지가 있다.

6-2-8 선자산[526)]

선자산은 상문동 용산마을과 거제면의 명진마을 뒷산으로 높이 507 m다. 상문동과 동부면의 경계를 이루며 계룡산과 암봉으로 연결되어 구분하기가 어렵지만, 두 산 사이에 있는 고자산치고개를 경계로 삼는다. **고자산치고개**는 계룡산과 선자산의 경계로 그 높이가 낮아 고현과 거제면을 잇는 주요 교통로였다. 지금도 차량으로 넘나들 수 있으며 그 아래 계룡산쪽으로 **명진터널**이 나 있다. 고자산고개에는 아련한 전설이 남아 있다.

용산마을 계곡에는 용이 살았다는 용덤벙이 있고, 그 아래 절이 있어 용산을 사동[527)]이라 하기도 한다.

가을에는 단풍나무가 아름답고 자작나무와 참나무가 무성하며 계곡물이 맑고 깨끗하다. 이 계곡 물들이 굽이굽이 모여 구천댐을 이루고 있다.

대표적인 등산로는 용산마을 뒷길을 통해 용덤벙으로 협곡으로 오르는 길과, 고자산치고개에서 능선을 타고 오르는 길, 명진마을 뒷길 또는 삼거마을 윗담의 뒷길 등이 있다.

6-2-9 옥녀봉[528)]

옥녀봉은 거제지역에 모두 4곳[529)]이 있다. 이들 옥녀봉에 얽힌 전설은 4곳 다 유사하다. 대표적인 이야기는 하늘의 옥황상제의 딸이 죄를 짓고 이곳에 내려와 산으로 변했다는 전설이다.

■ 장승포 · 아주동 · 일운면 옥녀봉

거제의 동쪽에 위치한 산으로 장승포, 옥포, 아주, 일운면 옥림 및 소동마을의 뒷

---

526) 선자산(扇子山)
527) 사동(寺洞)
528) 옥녀봉(玉女峰)
529) 가조도 옥녀봉, 칠천도 옥녀봉, 아주동 옥녀봉, 둔덕 옥동 옥녀봉

산이다. 그 높이는 554.7 m로 거제도에선 비교적 높은 편이다. 이 산 아래엔 대우조선해양(옥포조선소)[530]이 들어서 있어 지역 경제의 큰 축을 담당하고 있다.

옥녀봉의 아주동쪽 산자락에는 신라시대 법률사란 절이 있었다고 한다. 이 절터 주위에서 **삼층석탑**을 발굴[531]하여 복원해 두었으며, 탑은 대우조선소 안에 있다. 옥녀봉 끝자락엔 아주동 봉수대가 있다. 이 산의 임도에는 벚꽃을 심어 꽃이 피면 많은 이들이 찾는다. 초본으로는 여러 산야초가 성하며 할미꽃 군락지가 있다.

등산로는 대우초등학교 뒤 언덕을 올라 헬기장을 통하는 길과, 일운면 옥림리 관음암, 내조암을 통하는 길 및 문동폭포를 통해 오르는 길이 있다.

■ 가조도 옥녀봉

사등면 가조도 섬 북단에 우뚝 솟아 있으며, 높이 332 m로 한려수도의 뱃길에 있다. 이 산에서는 임진왜란 때 일본인들이 **군마**를 조련했다. 또, 정상에다 포대를 설치하기도 하였다,

정상에는 **기우제**를 지내던 제단이 있고, 주위는 동백나무가 울창하다. 8부 능선에는 **약수샘**이 있어 아무리 가물어도 물이 마르지 않는다. 5월 단오날과 칠월칠석에는 인근 지역인들이 이 산에 올라와서 약수물을 마시고 목욕을 하였으며, 마을끼리 편을 만들어 씨름 등 각종 민속행사를 즐겼다.

■ 칠천도 옥녀봉

칠천도 중앙에 우뚝 솟아 있는 산으로, 해발 232.3 m다. 정상에는 **기우제**를 지냈다. 마산, 진해, 고성, 부산이 가깝게 보인다. 옥녀봉의 맞은편에는 **굿등산**(159.4 m)이 물안마을 뒷산의 산중턱에 널찍하게 자리잡고 있으며, 이곳에서는 마을사람들이 평안과 풍어와 안전을 비는 굿을 많이 했다.

■ 둔덕면 옥동 옥녀봉

산방산 북단에 삿갓을 엎어놓은 것같이 생긴 나지막한 산으로 골옥상 윗마을 뒷산으로, 거제면 옥산으로 넘어가는 고개가 있다.

---

530) 1973년
531) 1935년

6-2-10 국사봉[532)]

수양동 수월리와 아주동 용소, 내곡 뒷산이 국사봉이다. 국사봉은 높이 464 m로 두 개의 봉우리가 나란히 솟아 있다. 멀리서 보면 **조복**[533)]을 입은 신하가 어전에 읍을 하고 있는 모습이다.

산중턱에는 평퍼짐한 농장이 있고 샘물도 있다. 수월에서 용소골로 넘어가는 길가 큰 바위에 발터가 있으며, 계룡산에서 무를 심던 이가 뛰어 왔던 발터란 전설이 있는 바위다. 국사봉 동쪽 중봉 명당지에는 거제 반씨의 입거 시조인 반부[534)]의 묘가 있다.

산의 규모는 그리 크지 않지만, 거제의 모든 산들을 통솔했던 산이라 하여 국사봉이라 했다는 말이 전해 온다. **행주형**[535)]의 산으로 돛을 단 배가 옥포앞 바다에 정착한 모양이다. 거제지역엔 연초면 국사봉 등 두 곳에 국사봉이 있다.

대우조선과 옥포만과 그리고 고현과 연초면이 산 아래에 위치하는 지역의 중심 산이다. 산은 완만하고 높지 않아 많은 거제시민들이 찾고 있다.

등산로는 수월마을 뒷길과, 옥포 애드미럴 관광호텔 뒷길, 옥포 성지중학교 뒤편 및 아주동 용소마을과 내곡마을에서 이어진다.

6-2-11 앵산[536)]

앵산은 높이 507.4 m인 산으로, 산세가 험하여 대부분이 절벽 암반이다. 거제시청 소재지인 고현만 북쪽에 우뚝 솟아 있으며, 연초면과 하청면의 경계가 되어 준다. 앵산이라는 이름은 산 모양이 꾀꼬리 같이 생겼다고 하여 붙여졌으며, 하청면 덕곡 앞바다 먹개를 향해 날아가는 형상이다.

꾀꼬리가 바다에 있는 먹이를 노려보는 **비앵포란형**[537)]의 명산으로, 예로부터 산 아래에서 학자와 예술인이 많이 나올 것이라는 얘기가 전해져 온다. 뒤쪽은 연초면 한내마을이며, 앵산의 좌청룡 날갯죽지에 해당하는 곳에는 고려시대 하청 북사[538)]가 있었다.

---

532) 국사봉(國士峰)

533) 조복(朝服) : 관원이 조정에 나아가 하례할 때에 입던 예복

534) 반부(潘阜) : 남송 때 문과에 장원하여 한림학사를 거쳐 이부상서를 지냈다. 1265년 사신으로 원나라에 갔다가 원의 세조에게 발탁되었으나 사양하고 고려 세자(충렬왕, 몽골에 유함)의 비(제국대장공주)와 함께 고려로 와서, 원종과 충렬왕 때 기성부원군(거제)에 봉해졌고, 뒤에 문하시중에 이르렀다.

535) 행주형(行舟形) : 물길을 해치고 나아가는 배의 형상을 한 혈

536) 앵산(鶯山)

537) 비앵포란형(飛鶯抱卵形) : 꾀꼬리가 알을 품고 나는 혈로 학자와 예술인이 많이 나온다.

북사에 있던 동종은 공민왕7년(1358) 왜구가 약탈하여 사가현 승낙사에 보존하고, 지금은 일본 중요 문화재로 등록되어 있다. 절터 옆에는 약수가 있으며, 이 약수는 유계마을이 지금도 공동식수로 사용하고 있다.

북사 아래는 조선시대 정수사가 있었고, 그 절터에다 1980년대 광청사라는 절을 창건하여 지금도 있다. 예전의 정수사 부도 탑, 맷돌, 물레방아의 확(절구통)이 아직도 남아 있다.

앵산은 자작나무가 자생하고 있으며, 절터 근방에는 대나무 숲이 울창하게 있다. 등산길은 광청사 뒷길, 석포리마을 뒷길, 한내 돌샘으로 오르는 길, 한곡마을 뒷길 등이다.

6-2-12 망산

망산이라는 이름의 산은 거제도에 모두 4곳(성포 망치산, 남부면, 예구, 장승포)이 있다.

■ 남부면 망산

남부면 망산(375 m)의 정상에는 **천하일경**이라는 푯말이 있어 경관에 대한 자부심이 엿보인다. 남쪽 끝자락 남부면 저구리에 위치한 산이다. 거제도의 많은 산들 중에서도 조망이 뛰어난 셈이다. 거제의 11대 명산에 속한다.

망산의 아래로 대병대도를 비롯한 작은 섬들이 가까이 있어 보는 이들마다 감탄을 하고, 전국의 많은 등산애호가들이 찾는 산이기도 하다.

남부면 망산은 **내봉산**(359 m)과 한 줄기로 연결되어 있으며, 망산의 정상부에는 기암괴석이 발달하여, **홍포만물상**[539]이라고 부르기도 한다.

■ 일운면 예구 망산

이 산은 예구, 공곶이의 뒷산으로 높이가 303 m에 이르며, 북쪽에 있는 지세포 봉수대와는 약 5 ㎞를 넘지 않는 위치다. 이에 따라 와현 봉수대에서 지세포 봉수대, 옥녀봉 봉수대, 강망산 봉수대와 이어진다. 산의 꼭대기를 잘 다듬고 나서 원형의 방호벽을 쌓았으며, 돌로 만든 방호벽은 그 크기가 크고 가지런하며 짜임새가 있다. 방호벽은 잘 보존되어 있는 편이고, 봉화부는 붕괴되었지만, 출입 계단시설이 아직도 남아

---

538) 북사(北寺)

539) 조선지지자료, 해동지도

있다. 이 봉수대에서는 남쪽 바다를 직접 바라볼 수 있어 중요한 시설로 이용되었다. **경상남도 기념물 제243호**로 지정되었다.[540]

이 산의 남쪽으로는 다시 깃대봉이 있고 그 끝자락에는 서이말등대가 있다.

■ 장승포 망산

높이 220 m로 장승포동과 능포동에 걸쳐 있다. 여기서는 대마도가 어느 곳보다 가깝게 보인다. 남쪽으로 지심도가 가깝고, 수평선이 길게 보여, 지역민들로부터 사랑을 받고 있다. 이 산에는 매화가 많아 **매화골**이란 이름으로 구분되어 불리며, 산 정상부의 바위들은 달문바위, 책상바위, 시루떡바위 등으로 불린다. 또 남쪽 바다 쪽의 등산로에는 최근에 **삼족오**가 새겨진 바위가 있다. 이는 최근에 저자가 암각한 것으로 대마도를 바라보는 곳에 있으며, 우리의 정신문화를 남기기 위한 것이다.

■ 사등면 성포 망산

망산(망치산)[541]은 거제의 관문인 성포항에 우뚝 솟아 있는 산이다. 높이 362 m로 사등면 언양, 장좌, 사근, 지석, 금포, 대리 뒷산이다. 사월포, 성포항을 내려다보고 있는 관망대 역할을 하며, 멀리 부산, 진해, 마산, 고성, 통영이 보이고, 이전에는 부산이나 여수로 가는 뱃길을 감시하는 초소가 있었다.

계룡산의 북단 지맥이 성포항 바닷가에서 우뚝 솟아 망을 보는 섬같이 생겼다 하여 붙여진 이름으로, 망치산에서 바다를 건너면 가조도라는 섬이 있다. 가조도는 역사적으로 군사적 요충지였다.

등산길은 사등면 대리마을 뒷길과 언양마을 뒷길, 금포마을 뒷길, 장좌마을 뒷길 등이 있다.

섬인 거제에는 어딘가를 보아야 한다는 망산(망치산)이 4곳에 있다. 거제 11대 명산인 남부면 천하일경 망산과 장승포와 옥수동에 이어진 망산 그리고 일운면 예구마을 뒷산이 그곳이다.

---

540) 2002년 8월 14일

541) 망산(望山, 望峙山)

6-2-13 동평산

동평산(440 m)은 북병산과 노자산 사이에 있는 산이다. 이곳은 얼마 전까지 이름이 없어 지역민들에게선 잔디밭골로 불리었다. 이 산의 동쪽으로는 동부면 수산마을이 있고 서쪽으로는 동부면 평지마을이 있으며, 구천마을의 서당골에서 쉽게 진입할 수 있다. 동평산으로부터 내려오는 계곡은 지역에서도 보기 드문 폭이 넓고 수량이 많은 곳으로 얼레지와 진달래 등 많은 초목이 울창하다. 이곳은 한때 국가 지정 난대수목원 예정이였으며, 지금은 국가정원 사업의 예정지로 검토되고 있다. 하지만 자연보존에 대한 여론이 높다. 산으로부터 내려오는 계곡에는 2곳에 제방댐이 설치되어 있고, 수자원이 맑아 여름철에 찾는 이들이 많다. 이 산의 서쪽 평지마을 방향으로는 다시 두 개의 봉우리가 있고, 여기엔 고추나무가 밀집되어 마을주민들은 이를 이용하여 나물로 사용하고 있다.

얼마 전까지 이 산에 대한 이름이 없어 저자가 평지마을 동쪽에 있어 동평산이라 하고, 두 개의 봉우리를 쌍봉이라 명명해 불리고 있다.

거제 11대 명산에는 포함되지 않는다.

6-3 해수욕장

섬은 원천적으로 산이 있다. 이는 바닷물의 수위가 내려간다면 확연할 것으로, 모든 섬은 산을 이룬 것으로 시작되었다. 거제의 11대 명산과 많은 산과 봉우리는 공교롭게 일정한 준령을 이루어 거대한 섬 거제도를 만들었다. 이러한 지맥의 형성으로 인근에는 부속섬들이 흩어져 있고 거제도를 중심으로 배향하는듯한 모습을 보인다.

한반도의 노후화된 지질은 산에서도 역력하여 큰비에는 많은 토사가 흘러내리고 이는 해안에 이르러 포구를 만든다. 해수욕장은 그러한 현상의 은덕이다.

거제는 리아스식 해안으로 포구가 발달해 있으나 한반도 서해안과 달리 남해안의 거친 풍랑의 발생으로 갯벌의 발달이 적은 편이다. 결국 이러한 자연의 현상은 포구마다 해수욕장을 형성하여 사람에게 유용한 가치를 제공한다.

최근 해수욕장의 형태나 포구의 형상이 서서히 변화는 현상은 인위적인 방파제 축조와 매립에 의한 것으로 거제 해안선의 변화로 이어지고 있다.

해수욕장이 모래나 자갈(몽돌)로 구성되는 것은 인접한 산의 특징에 의존한다. 하지만 대부분의 구성 요인은 화강암으로 거제의 지질에 따른 것이다.

경상남도의 공식적 분류에 따르면 거제의 해수욕장은 모두 14곳이 있고, 지역에서 해수욕장의 기능으로 활용되는 곳은 모두 18개가 있다.

이들중 7곳은 자갈(몽돌)의 해수욕장으로 학동흑진주몽돌해수욕장, 농소몽돌해수욕장, 여차몽돌, 함목몽돌, 옥림몽돌, 망치몽돌, 두모몽돌이 있고, 11곳은 모래로 이뤄져 구조라, 명산, 덕원, 덕포(일부구간은 몽돌), 물안(옆개), 와현, 황포, 사곡, 흥남, 구영(이는 아직 군사지역으로 제한되지만 사실상 개방), 저도(부분적 개방) 해수욕장이다.

6-3-1 흑진주 몽돌해수욕장

거제도 남동쪽, 동부면 학동에는 해변 면적 74㎢, 길이 1.85 km, 폭 50 m인 전국적으로 알려진 해수욕장이 있다. 거제시의 상징이기도 한 몽돌이 깔린 해변은 해수욕장으로 활용되며 학동몽돌해수욕장, 학동해수욕장 등으로 불리나 공식적으로는 학동 흑진주 몽돌 해안이다.

해안가의 잔돌 위를 넘나들며 물과 몽돌이 내는 소리는 파도소리와 어울려 환상적이며, 우리나라 **아름다운 자연의 소리 100선**에 선정되기도 하였다. 따뜻한 거제도의 수온과, 시원하게 펼쳐진 수평선, 그리고 노자산의 장엄함 등으로 연중 여행객들이 붐빈다.

학동이라는 이름은 학이 날아오르는 지형이라는 것에서 유래되었다. 해수욕장 한쪽으로는 해안을 따라 3 ㎞에 걸쳐 **천연기념물 제233호인 동백림**이 있으며, 세계 최대 규모의 **팔색조 번식지**로 유명하다.

해금강(명승 2호), 외도 등과 아울러 비경에 속한다. 이외에도 한려해상국립공원과 **아비도래지**(천연기념물 제227호) 등 관광지가 연접하여 전국적으로나 세계적인 명소가 되고 있다.

거제도의 대표 관광지답게 많은 숙박업체와 대형식당이 있어 편리한 휴식이 가능하며, 별도의 텐트장을 마련되어 있고, 이곳과 연계된 관광이 다양하게 이어져 거제도의 상징적 위치를 차지하고 있다.

다만, 흑진주를 닮은 작은 몽돌은 탐방객들에게 호기심과 탐심을 유발하여 자꾸 줄어드는 경향이라, 마을에서는 이를 보존하는 데 심혈을 기울이고 있다.

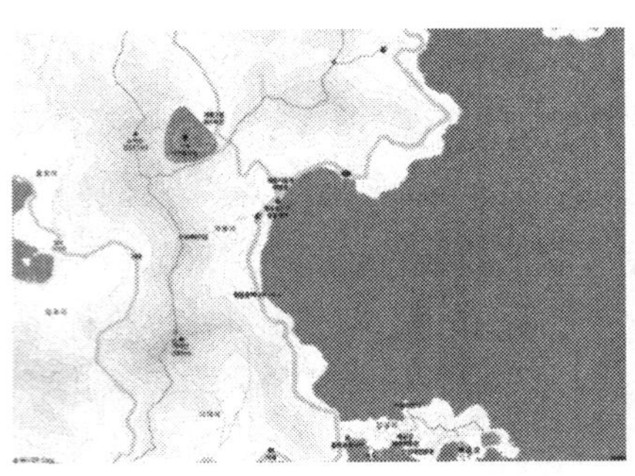

6-3-2 구조라해수욕장

거제시 일운면 구조라리에 있는 해수욕장으로 바닷물의 온도가 일정하며, 깨끗하고 백사장이 좋다. 더불어 해산물의 생산지로도 유명하다. 1968년 12월 31일 한려해상국립공원 관리공단 문화재로 지정되었다. 구조라는 동부면 학동과 일운면 와현 사이에 위치하고 있으며, 학동에서 동쪽으로 10 ㎞ 거리에 있으며, 면적은 30,900 ㎡, 해안길이는 1.03 ㎞에 이른다.

자연환경은 내륙형 해안으로 길게 뻗은 백사장은 수심이 얕고 파도가 잔잔하며, 바닷물이 항상 청정하다. 해변 왼쪽으로 구조라 마을이 있고, 오른쪽으로는 다양한 숙박업체가 있으며, 마을 너머엔 어항과 유람선 선착장이 있다. 또, 서쪽 해변 앞에는 1 ㎢ 가량의 작은 섬인 윤돌도가 자리잡고 있다. 해안을 따라 한려해상국립공원으로 지정되어 있고, 대마도를 바라볼 수도 있다. 부근에는 와현해수욕장이 있다.

해수욕장에는 스킨스쿠버, 제트스키 등 해양 레포츠를 즐길 수 있는 시설이 설치되어 있으며, 해양스포츠 행사인 **'바다로세계로'** 축제 시기에는 많은 외국인 관광객이 찾고 있다. 특히, 젊은 층의 피서객이 많이 즐겨 찾는다.

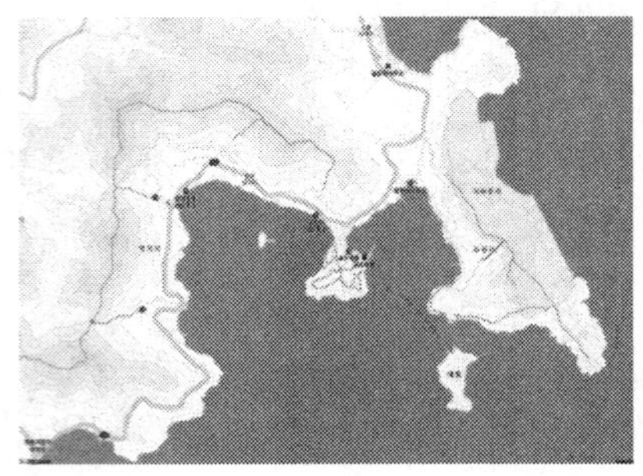

6-3-3 명사해수욕장

남부면 저구리 명사마을 앞에는 맑고 고운 모래가 완만한 경사를 이루며 유리알 같이 빛나고 있다. 주위에는 천년 노송이 우거져 있다. 물이 맑고 모래가 고와 그 이름을 명사해수욕장이라 하며, 해안 가까이는 낚시터로도 유명하다. 해변을 돌아 홍포, 여차 등의 임도를 따라 다도해를 관광할 수 있다.

명사해수욕장의 길이는 350 m 정도며 면적은 10,500 ㎡며, 수심이 낮아 어린이나 노약자에게도 불편함이 없다.

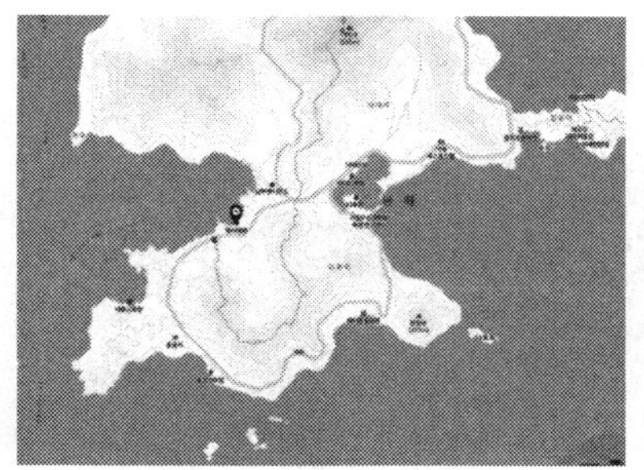

6-3-4 농소해수욕장

장목면 소재지에서 관포를 지나 7 ㎞ 지점에 거제에서 가장 긴 몽돌 해변이 있다. 해변에는 새알 같이 둥글고 작은 몽돌이 펼쳐져 있어 몽돌 찜질 지압과 함께 해수욕하기에 좋고, 주위에 낚시터로 유명한 백도 등 작은 섬들이 있다. 대금산이 가깝다.

거가대교를 통해 오는 경우, 관포에서 나와 농소방향으로 되돌아오는 방향에 있으며, 부산 쪽이 바라다 보인다. 면적은 77,241 ㎡며 길이는 2 ㎞ 정도다.

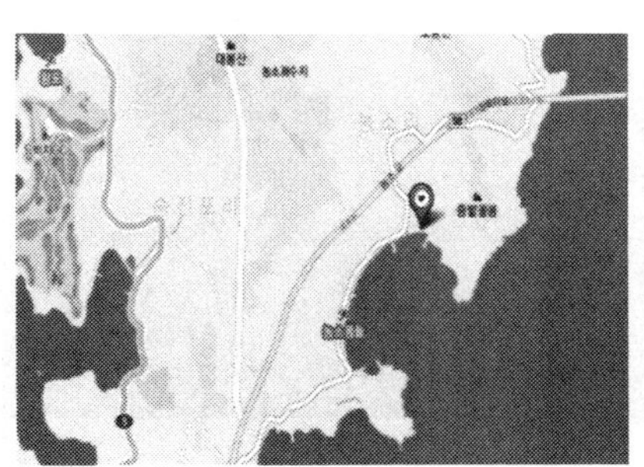

6-3-5 덕원해수욕장

거제도 동부면사무소에서 가배마을 **가배량성** 아래에 있는 해수욕장으로 인근에 **문화관광농원**이 위치하고 있으며, KT수련원이 해수욕장 위쪽에 자리하고 있다. 면적은 9,000 ㎡며, 길이는 300 m 정도다. 이 해수욕장은 가는 모래로 구성되었으며, 그다지 큰 편은 아니어서 가족단위로 호젓한 시간을 보낼 수 있는 좋은 곳으로, 해수욕장 왼편에는 바위부분이 있어 볼거리가 있다.

가까운 곳에는 경상남도 기념물 제110호로 지정되어 보호되고 있는 **가배량성**이 있으며, 바다 쪽에는 **한산도**와 **추봉도**가 있다.

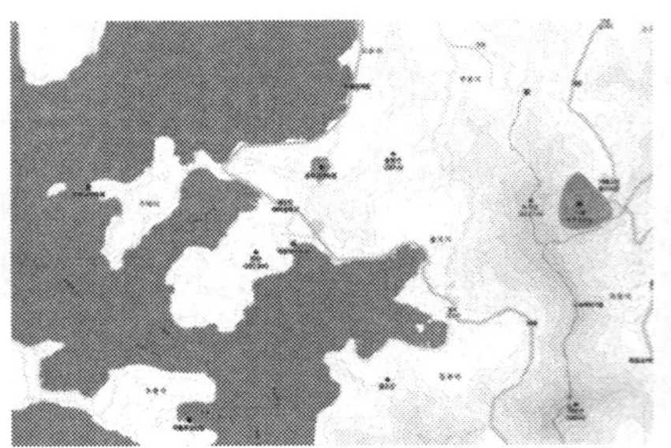

6-3-6 덕포해수욕장

옥포동 덕포 하덕마을에 위치한 덕포해수욕장은 모래가 곱고 물이 깨끗하며, 경사가 완만하여 가족 단위로 많이 찾는 곳이다. 경상남도 지정 문화재(기념물 제95호)인 **이팝나무**가 인근에 있으며, 인접한 **팔랑포**에는 **옥포대첩기념공원**이 있다. 그리고 해수욕장내 송림이 우거져 있어 해수욕장의 운치를 더하여 준다. 덕포해수욕장의 길이는 450 m며 면적은 18,000 ㎡다.

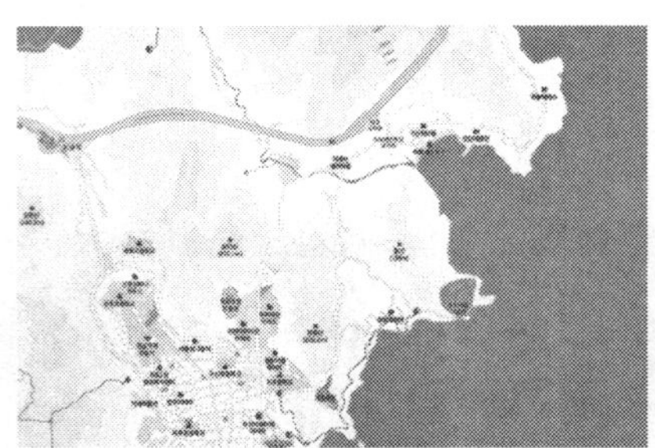

6-3-7 칠천도 물안(옆개)해수욕장

하청면 칠천도에 위치한 물안(옆개)해수욕장은 모래가 곱고 물이 맑고 잔잔하다. 규모는 작지만 해안변이 완만하며, 칠천연육교가 개통된 이후 교통이 편리하고 조용하여 가족단위의 피서객이 많이 찾고 있다. 이 해수욕장의 면적은 6,000 m²며, 길이는 200 m 정도다.

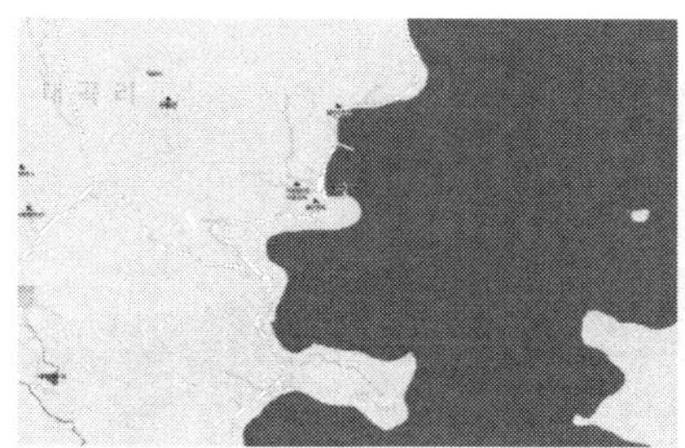

6-3-8 여차몽돌해수욕장

남부면 여차리에 위치하고 있으며, 예전에는 **계창포**라 하였다. 현재 지명 **여차**는 조선조말 족보 묘자리 기록에 나타나고 있어 약 1백년 전에 사용되었던 것으로 추정된다. 이곳이 몽돌밭 관광지로 알려지게 된 것은, 1981년 새마을 사업 관광지로 공사하면서부터다. 마을은 경사진 산지에 위치하며, 곳곳이 기암절벽으로 거제도 최고의 경관을 자랑하고 있다.

여차마을을 돌아 홍포로 가는 길은 뛰어난 비경이다. 해수욕장 왼편에는 **천장산**이 있고, 오른편 갯바위 너머에 몽돌해수욕장이 하나 더 있으며, 대·소병대도가 있다. 이 해수욕장의 면적은 12,000 m², 길이는 400 m 정도다.

6-3-9 와현모래숲해수욕장

구조라와 지세포 사이에 위치한 와현모래숲해변은 모래가 곱고 물이 맑으며, 파도가 잔잔해 전국의 피서객들이 즐겨 찾는다. 특히, 어촌마을의 풍경이 아늑하고 포근하며 주변경치가 아름답다. 2003년 **태풍 매미**에 의해 폐허가 되었으나 완벽한 복구로 현재의 해수욕장이 조성되었다. 가까운 곳에는 **공곶지**가 있고, 바다 쪽으로 **외도**가 보인다. 면적은 34,658 ㎡며 길이는 510 m 정도다.

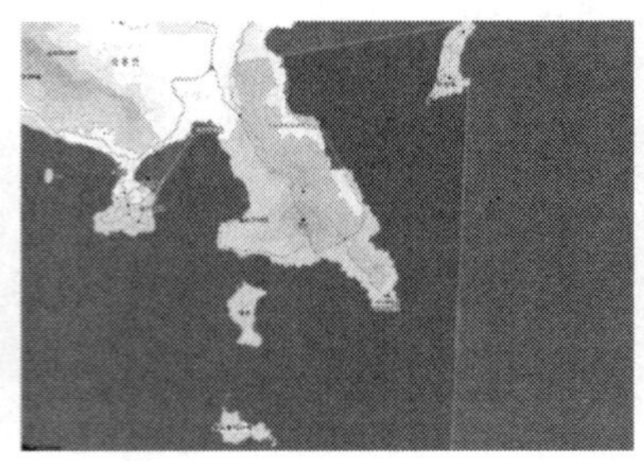

6-3-10 함목몽돌해수욕장

해금강 입구에 위치한 작은 몽돌해수욕장으로 조약돌이 형형색색으로 빛나며, 이국적 정취가 있다. 주변으로는 해금강, 바람의언덕, 신선대, 우제봉 등이 있다. 이 해수욕장의 면적은 4,500 ㎡며 길이는 150 m다.

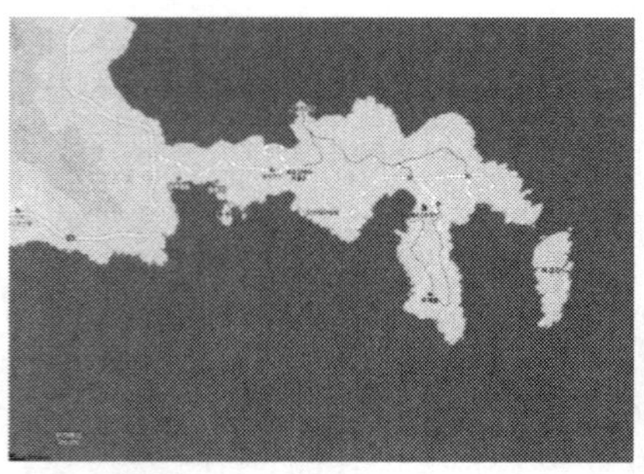

6-3-11 황포해수욕장

장목면 소재지에서 송진포를 지나 약 5 km지점 황포마을의 풍류골에 위치한다. 해수욕장의 모래는 **마사**로 이뤄지며, 바다라는 느낌보다는 잔잔한 호수 같은 분위기다. 해수욕장 앞에는 **괭이섬(광지말도)**이 바라다 보이며, 뒤편엔 **드비치골프장**이 있다. 이곳은 면적 6,600 ㎡고 길이는 220 m 정도다.

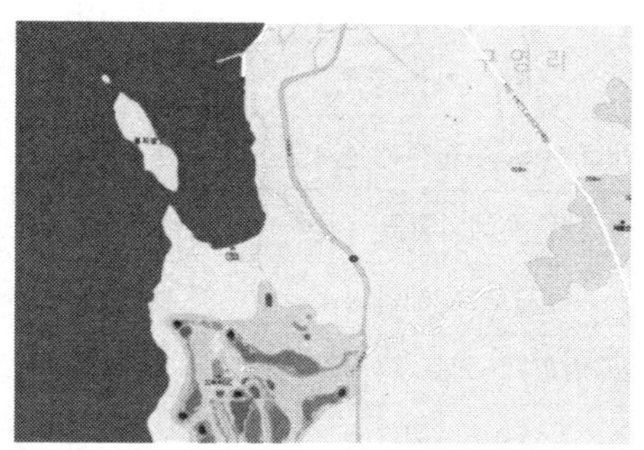

6-3-12 사곡(모래실)해수욕장

사등면 사곡리는 동남쪽 산 너머에 고현이 있고, 서쪽으로는 거제면이 있으며, 서북쪽은 통영을 향한다. 고현에는 삼성중공업이 있어 국도 14호 고현고개의 교통은 항상 분주하다. 이 고현 고개의 사등면 쪽으로 긴 경사의 끝자락이 모래실이다. 해수욕장은 모래로 구성되었다. 해변의 왼편에는 **사등공단**이 있으며, 앞에는 사두도(뱀머리섬)가 있다. 가까이 고현동 등 4개동이 있어 해수욕장을 찾는 이가 많다. 최근에는 국가산업단지 **해양플랜트산단**의 위치로 지정되었다.

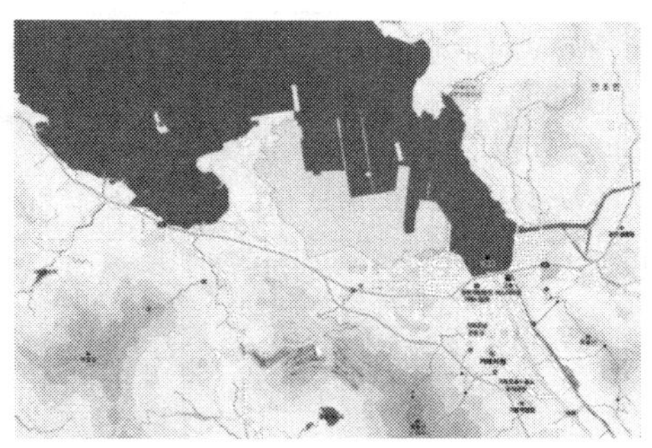

6-4 섬앤섬길

거제도는 2011년 제주도의 올레길, 지리산 둘레길 등을 고려하여, 전체 18구간의 265.7 km로 이어지는 섬앤섬길의 기본계획을 수립하였다. 이들 중 대부분은 국가보조사업으로 진행되었으며, 전체 20개 구간 중 1차적으로 14개의 코스가 선정됐다.

권 역	구간명	구간경로	길이
북부권	대봉산해안경관산책길 ⑭	장목 상유~황포	5.92 km
	칠천량해전길 ①	옆개해수욕장~칠천해전기념공원	5.4 km
	맹종죽순체험길 ②	맹종죽테마파크~실전	8.0 km
	앵상꾀꼬리길 ⑫	유계교회~해안마을	7.18 km
	대금산진달래길(등산) ⑩	대금방파제~외포 삼거리 임도	10.6 km (5.4 km)
	대금산진달래길(트래킹) ⑩	명상~외포	(5.8 km)
서부권	가조도노을길	가조연육교	15.0 km
	고려촌문화체험길 ③	오량~옥동	16.4 km
	산달도해안일주길 ⑪	산달선착장	11 km
	거제역사문화탐방길 ⑬	동부산촌~거제면사무소	9.54 km
	계룡산둘레길 ④	공고~산림욕장~고자산치~공고	18.1 km
중부권	충무공이순신 만나러가는길 ⑤	옥포항~김영삼대통령생가	8.2 km
	양지암등대길(녹색경관길) ⑥	거제대학교~느태전망대	15.5 km
남부권	천주교순례길 (국토생태탐방로 1노선)	예구선착장~지세포성	22.9 km
	지세포성탐방길 (국토생태탐방로 2노선) ⑦	지세포성~대명콘도	
	학동동백숲길	학동흑진주몽돌해변~다대	5.5 km
	바람의언덕길⑧	도장포~해금강입구	4.9 km
	무지개길⑨	쌍근(탑포재)~홍포	24.9 km
전역	종주코스	망산~가라산~노자산~북병산~국사봉~대금산~앵산	53.7 km
	횡단코스	산방산~계룡산~선자산~북병산~지세포망산	35.7 km

6-4-1 칠천량해전길

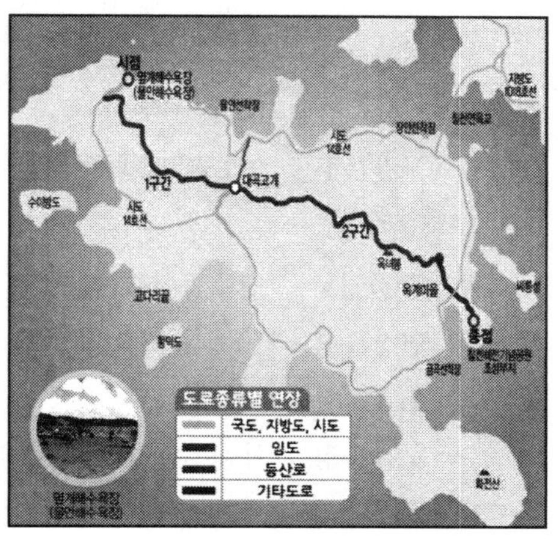

- 소요시간 : 5.4 km / 3시간 30분
- 경로 : 옆개해수욕장→시도14호선→등산로→대곡고개→굿등산→옥녀봉→옥계마을(난이도★★★★☆)
- 1구간
  - 구간경로 : 옆개해수욕장(물안해수욕장) ~ 대곡고개
  - 연 장 : 2.2 km
  - 소요시간 : 1시간30분
  - 구간특징 : 시도 14호선 통과, 기 조성된 등산로 이용

- 2구간
  - 구간경로 : 대곡고개 ~ 칠천해전기념공원 조성부지
  - 연장 : 3.2 km
  - 소요시간 : 2시간
  - 구간특징 : 기존 등산로 활용, 일부 급경사지존재, 기타 도로(마을길)

6-4-2 맹종죽순체험길

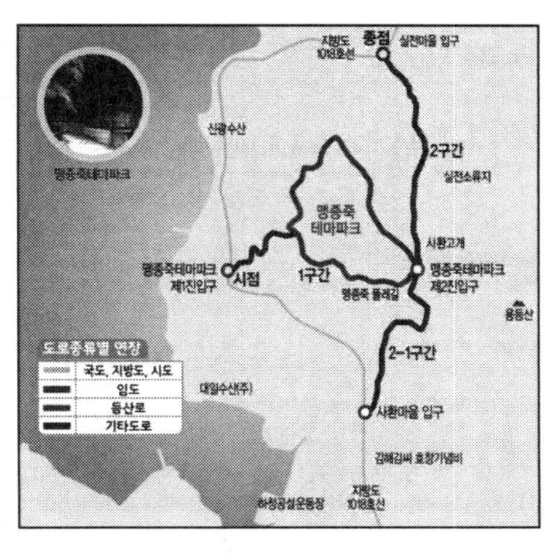

- 소요시간 : 8.0 km / 4시간 40분
- 경로 : 맹종죽테마파크 1진입구→맹종죽테마파크→맹종죽테마파크2진입구→실전소류지→실전마을→실전마을 입구(난이도★★★☆☆)
- 1구간
  - 구간경로 : 맹종죽테마파크 제1진입로 ~ 제2진입로
  - 사환마을입구→실전마을앞
  - 연 장 : 1.6 km
  - 소요시간 : 1시간 ~ 1시간30분
  - 구간특징 : 실전소류지를 지나 기존마을 탐방. 콘크리트 포장

- 2구간
  - 구간경로 : 맹종죽 테마파크2진입구 ~ 맹종죽 테마파크2진입구
  - 연장 : 2.0 km
  - 소요시간 : 1시간10분
  - 구간특징 : 숨소슬 맹종죽테마파크 둘레 탐방
- 3구간
  - 구간경로 : 맹종죽 테마파크2진입구 ~ 성동마을 입구
  - 연장 : 4.4 km
  - 소요시간 : 2시간
  - 구간특징 : 성동소류지를 지나 기존마을 탐방

6-4-3 고려촌문화체험길

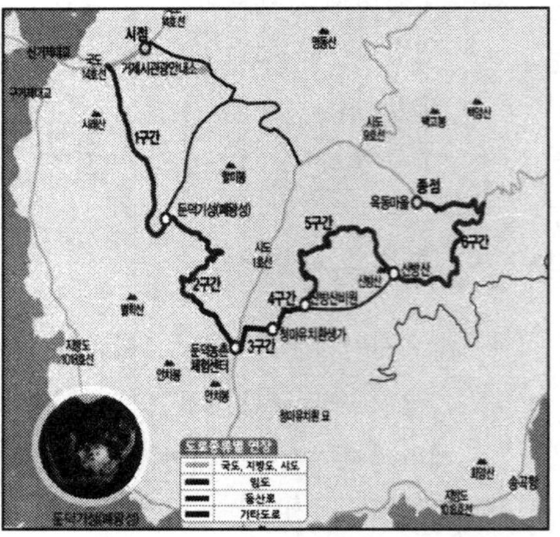

- 소요시간 : 16.4 km / 8시간
- 경로 : 거제시관광안내소→오량성→목골→둔덕기성→임도→둔덕농촌체험센터→청마생가→산방산비원→산방산→옥동마을(난이도★★★★☆)
- 1구간
  - 구간경로 : 거제관광안내소 ~ 둔덕기성(폐왕성)
  - 연 장 : 3.5 km
  - 소요시간 : 1시간30분
  - 구간특징 : 기존 임도 이용
- 2구간
  - 구간경로 : 둔덕기성(폐왕성) ~ 둔덕농촌체험센터
  - 연장 : 3.8 km
  - 소요시간 : 1시간 30분
  - 구간특징 : 기존 임도 및 마을길 이용

- 3구간
  - 구간경로 : 둔덕농촌체험센터 ~ 청마유치환 생가
  - 연장 : 0.7 km
  - 소요시간 : 30분
  - 구간특징 : 기존 마을길 이용
- 4구간
  - 구간경로 : 청마유치환 생가 ~ 산방산비원
  - 연장 : 0.7 km
  - 소요시간 : 30분
  - 구간특징 : 기존 마을길 이용
- 5구간
  - 구간경로 : 산방산비원 ~ 산방산
  - 연장 : 3.5 km
  - 소요시간 : 1시간30분
  - 구간특징 : 기존 임도 및 등산로 이용
- 6구간
  - 구간경로 : 산방산 ~ 옥동마을
  - 연장 : 4.2 km
  - 소요시간 : 2시간 30분
  - 구간특징 : 기존 임도 및 등산로 이용

6-4-4 계룡산둘레길

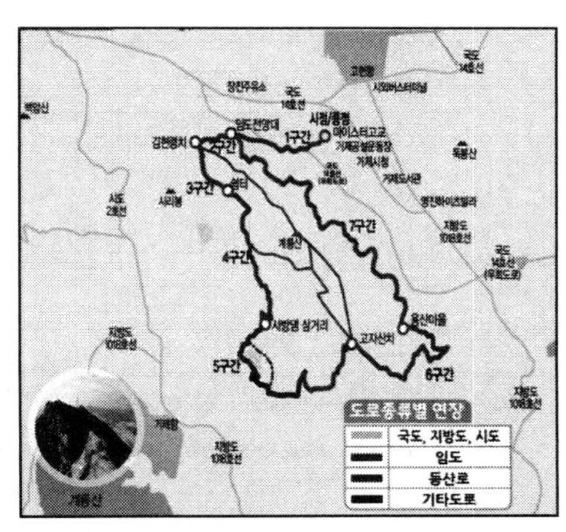

- 소요시간 : 18.1 km / 7시간
- 경로 : 거제공고→샘물삼거리→김현령치→임도쉼터→사방댐삼거리→수정저수지→고자산치→용산마을→샘물삼거리→거제공고(난이도★★★★☆)
- 1구간
  - 구간경로 : 거제공고 ~ 임도전망대
  - 연 장 : 1.8 km
  - 소요시간 : 50분
  - 구간특징 : 기존 등산로 이용

- 2구간
  - 구간경로 : 임도전망대 ~ 김현령치
  - 연장 : 0.6 km
  - 소요시간 : 20분
  - 구간특징 : 기존 임도 이용
- 3구간
  - 구간경로 : 김현령치 ~ 쉼터
  - 연장 : 0.9 km
  - 소요시간 : 30분
  - 구간특징 : 기존 임도 이용
- 4구간
  - 구간경로 : 쉼터 ~ 사방댐삼거리
  - 연장 : 2.5 km
  - 소요시간 : 1시간
  - 구간특징 : 기존 임도 이용
- 5구간
  - 구간경로 : 사방댐삼거리 ~ 고자산치
  - 연장 : 4.0 km
  - 소요시간 : 1시간20분
  - 구간특징 : 기존 임도 및 기타도로 이용
- 6구간
  - 구간경로 : 고자산치 ~ 용산마을
  - 연장 : 3.0 km
  - 소요시간 : 1시간
  - 구간특징 : 기존 임도 이용
- 7구간
  - 구간경로 : 용산마을 ~ 임도전망대
  - 연장 : 5.3 km
  - 소요시간 : 2시간
  - 구간특징 : 기존 임도 이용

6-4-5 충무공이순신 만나러가는길

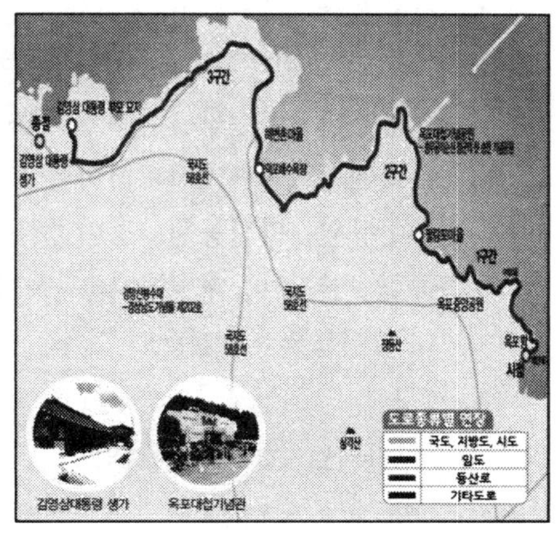

- 소요시간 : 8.2 km / 4시간
- 경로 : 옥포항→야망→뱀쥐섬(형제섬)→옥포중앙공원→팔랑포마을→등산로→덕포해수욕장→해변촌마을→김영삼대통령생가 (난이도★★★☆☆)
- 1구간
  - 구간경로 : 옥포항 ~ 팔랑포마을
  - 연 장 : 1.9 km
  - 소요시간 : 1시간
  - 구간특징 : 기존 등산로 이용
- 2구간
  - 구간경로 : 팔랑포마을 ~ 덕포해수욕장
  - 연장 : 3.4 km
  - 소요시간 : 1시간30분
  - 구간특징 : 기존 등산로 이용
- 3구간
  - 구간경로 : 덕포해수욕장 ~ 김영삼대통령생가
  - 연장 : 2.9 km
  - 소요시간 : 1시간 30분
  - 구간특징 : 기존 등산로 이용

6-4-6 양지암등대길

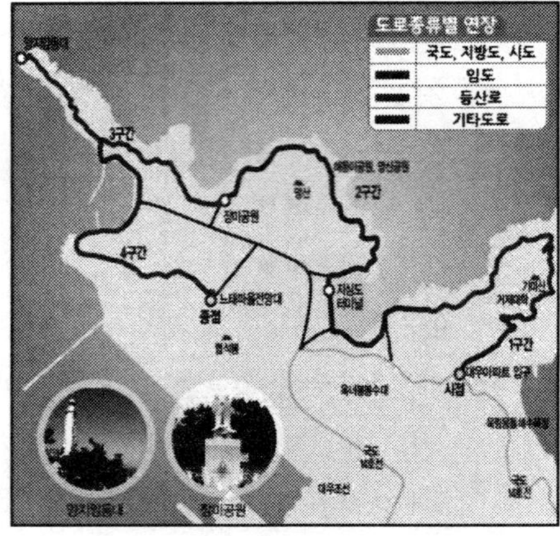

- 소요시간 : 15.5 km / 6시간
- 경로 : 옥림대우아파트 입구→거제대학→가실바꾸미→약수암→장승포주공아파트→거제문화예술회관→지심도터미널→비치호텔→해돋이공원→망산공원→장미공원→양지암조각공원→양지암등대→동백숲→느태마을 전망대(난이도★★★☆☆)
- 1구간
  - 구간경로 : 대우아파트입구 ~ 지심도터미널
  - 연 장 : 6.3 km
  - 소요시간 : 2시간10분
  - 구간특징 : 기존 등산로 및 기타도로 이용
- 2구간
  - 구간경로 : 지심도터미널 ~ 장미공원
  - 연장 : 3.3 km
  - 소요시간 : 1시간40분
  - 구간특징 : 기존 기타도로(콘크리트포장도로), 해안도로 이용
- 3구간
  - 구간경로 : 장미공원 ~ 양지암등대
  - 연장 : 2.7 km
  - 소요시간 : 1시간
  - 구간특징 : 기존 등산로 이용
- 4구간
  - 구간경로 : 양지암등대 ~ 느태마을전망대
  - 연장 : 3.2 km
  - 소요시간 : 1시간20분
  - 구간특징 : 기존 도로 및 등산로 이용, 4구간과 중첩

6-4-7 천주교순례길

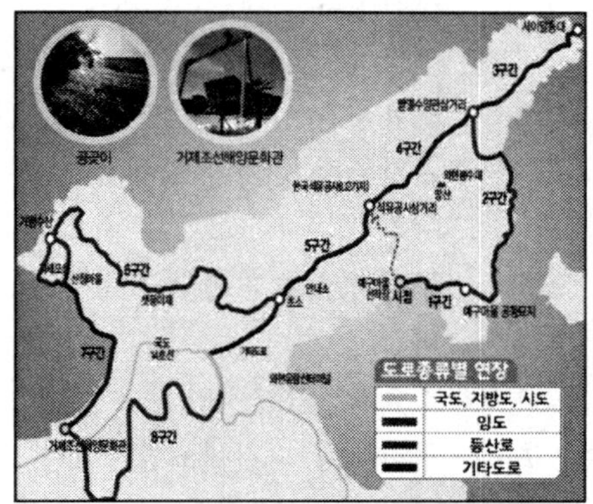

- 소요시간 : 22.9 km / 7시간 40분
- 경로 : 예구마을선착장→예구마을 공동묘지→공곶이→와현봉수대→벧엘수양관삼거리→서이말등대→U2기지옆도로→안내소→샛퓽이재→거평수산→선창마을→거제조선해양문화관→초소(난이도★★★★☆)
- 1구간
  - 구간경로 : 예구마을선착장 ~ 예구마을 공동묘지
  - 연 장 : 0.7 km
  - 소요시간 : 20분
  - 구간특징 : 기존 등산로 이용
- 2구간
  - 구간경로 : 예구마을공동묘지 ~ 벧엘수양관삼거리
  - 연장 : 7.7 km
  - 소요시간 : 1시간
  - 구간특징 : 기존 등산로 이용
- 3구간
  - 구간경로 : 벧엘수양관삼거리 ~ 서이말등대
  - 연장 : 1.3 km
  - 소요시간 : 40분
  - 구간특징 : 기존 도로 이용
- 4구간
  - 구간경로 : 벧엘수양관삼거리 ~ 안내소
  - 연장 : 1.4 km
  - 소요시간 : 40분
  - 구간특징 : 기존 도로 이용
- 5구간
  - 구간경로 : 안내소 ~ 갈림길
  - 연장 : 1.3 km
  - 소요시간 : 40분
  - 구간특징 : 기존 도로 이용

- 6구간
  - 구간경로 : 초소 ~ 거평수산
  - 연장 : 3.4 km
  - 소요시간 : 1시간 20분
  - 구간특징 : 기존 등산로 이용
- 7구간
  - 구간경로 : 거평수산 ~ 거제조선해양문화관
  - 연장 : 2.9 km
  - 소요시간 : 1시간
  - 구간특징 : 지세포성둘레길
- 8구간
  - 구간경로 : 거제조선해양문화관 ~ 초소
  - 연장 : 4.2 km
  - 소요시간 : 2시간
  - 구간특징 : 기존 도로 및 임도 이용

6-4-8 바람의언덕길

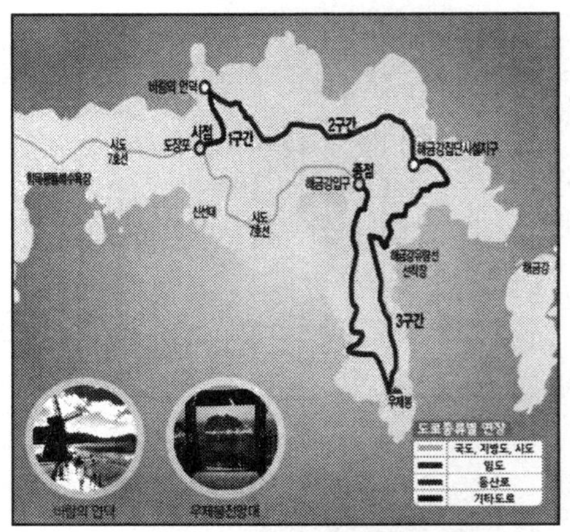

- 소요시간 : 4.9 km / 3시간 30분
- 경로 : 도장포→바람의언덕→동산로→해금강집단시설지구→해금강 유람선선착장→서자암→우제봉→해금강입구
(난이도★★★☆☆)
- 1구간
  - 구간경로 : 도장포 ~ 바람의 언덕
  - 연 장 : 0.4 km
  - 소요시간 : 30분
  - 구간특징 : 기존 도로(마을길) 이용
- 2구간
  - 구간경로 : 바람의언덕 ~ 해금강집단시설지구
  - 연장 : 1.5 km
  - 소요시간 : 1시간
  - 구간특징 : 기존 국립공원등산로 이용

- 3구간
  - 구간경로 : 해금강집단시설지구 ~ 해금강입구
  - 연장 : 3.0 km
  - 소요시간 : 2시간
  - 구간특징 : 기존 도로 및 등산로 이용

6-4-9 무지개길

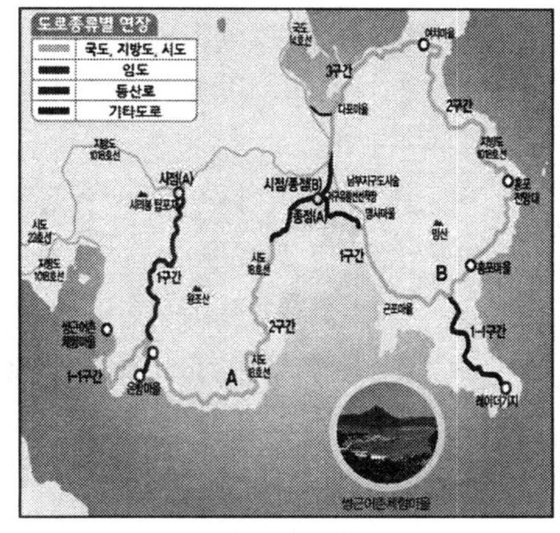

- 소요시간 : 24.9 km / 10시간
- 경로 : 탑포재→왕조산자락→쌍근마을→은방마을(옛터)→시도10호선→저구유람선선착장→저구리→레이더기지→홍포마을→무지개길→여차마을→다포마을→저구유람선 선착장(난이도★★★☆☆)
- A-1구간
  - 구간경로 : 탑포재 ~ 은방마을(옛터)(1-1구간 : 쌍근어촌체험마을)
  - 연장 : 3.3 km(1-1구간 : 1.9 km)
  - 소요시간 : 1시간 10분(1-1구간 : 40분)
  - 구간특징 : 임도 이용, 시도18호선 통과
- A-2구간
  - 구간경로 : 은방마을 ~ 저구유람선선착장
  - 연장 : 5.9 km
  - 소요시간 : 2시간40분
  - 구간특징 : 시도18호선 이용
- B-1구간
  - 구간경로 : 저구유람선선착장 ~ 홍포마을
  - 연장 : 3.6 km
  - 소요시간 : 1시간10분
  - 구간특징 : 지방도1018호선 이용

- B-1-1구간
  - 구간경로 : 홍포마을 ~ 레이더기지
  - 연장 : 2.0 km
  - 소요시간 : 50분
  - 구간특징 : 기타 도로 이용
- B-2구간
  - 구간경로 : 홍포마을 ~ 여차마을
  - 연장 : 5.0 km
  - 소요시간 : 2시간
  - 구간특징 : 지방도1018호선 이용
- B-3구간
  - 구간경로 : 여차마을 ~ 저구유람선선착장
  - 연장 : 3.2 km
  - 소요시간 : 1시간30분
  - 구간특징 : 지방도1018호선 및 국도14호선 이용

6-4-10 대금산진달래길

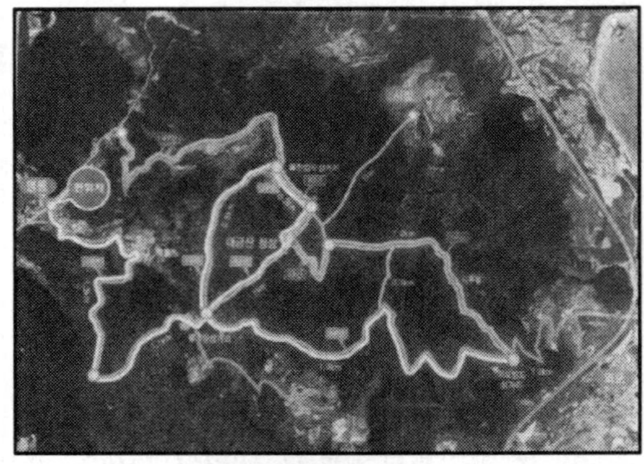

- 소요시간 : 10.6 km / 7시간20분(트레킹6.6 km.4시간40분/등산길3.8 km.2시간40분)
- 경로 : (난이도★★★★☆)
  - 등산길 : 외포 임도삼거리→시루봉→대금산 정상→진달래 군락지→율천고개(주차장)
  - 트레킹길 : 명상마을 입구→헬기장삼거리→율천임도 삼거리→대금산 정상→헬기장삼거리→외포마을(임도) 삼거리→옥계마을

- 트레킹길 1구간
  - 구간경로 : 명상마을 ~헬기장 삼거리
  - 연 장 : 2.6 km
  - 소요시간 : 1시간40분
  - 구간특징 : 기존임도 이용
- 트레킹길 2구간
  - 구간경로 : 헬기장 삼거리 ~ 율천임도 삼거리 ~대금산정상(진달래 군락지) ~헬기장 삼거리
  - 연장 : 2.1 km
  - 구소요시간 : 1시간 30분
  - 구간특징 : 기존임도, 등산로, 데크계단
- 트레킹길 3구간
  - 구간경로 : 헬기장 삼거리 ~ 외포마을(임도)삼거리
  - 연장 : 1.9 km
  - 소요시간 : 1시간 30분
  - 구간특징 : 기존임도 이용
- 등산길 1구간
  - 구간경로 : 외포임도 삼거리 ~ 시루봉 ~ 대금산정상
  - 연장 : 1.9 km
  - 소요시간 : 1시간 30분
  - 구간특징 : 기존 등산로 이용
- 등산길 2구간
  - 구간경로 : 대금산 정상 ~ 진달래 군락지 ~율천고개(주차장)
  - 연장 : 1.9 km
  - 소요시간 : 1시간 10분
  - 구간특징 : 기존 등산로, 임도 이용

6-4-11 산달도해안일주길

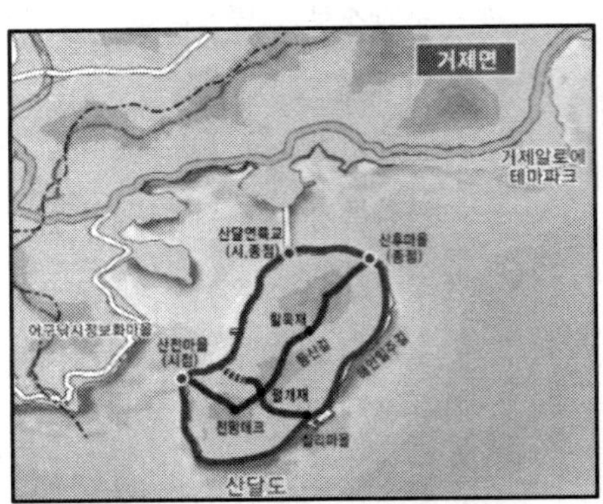

- 소요시간 : 11 km / 5시간
- 경로 : 산달연륙교→산전마을→실리마을→산후마을→산달연륙교→산전마을→펄개재→할묵재→산후마을(난이도★★★☆☆)
- 해안일주길
  - 구간경로 : 산달연륙교 ~ 산전마을 ~실리마을 ~ 산후마을 ~ 산달연륙교
  - 연 장 : 7.0 km
  - 소요시간 : 2시간30분
  - 구간특징 : 기존 해안도로 이용
- 등산길
  - 구간경로 : 산전마을 ~ 산후마을
  - 연장 : 4.0 km
  - 소요시간 : 2시간 30분
  - 구간특징 : 등산로 이용

6-4-12 앵산꾀꼬리길

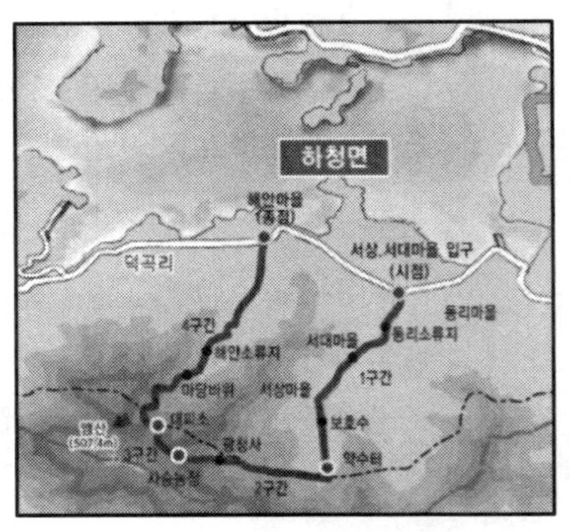

- 소요시간 : 7.18 km / 3시간 50분
- 경로 : 유계교회(서상,서대마을입구)→동리소류지→서대마을→보호수→약수터→광청사→사슴농장→대피소→마당바위→해안소류지→해안마을(난이도★★★☆☆)
- 1구간
  - 유계교회(서상,서대마을입구)~동리소류지~서대마을~보호수~서편소류지~약수터
  - 연 장 : 2.09 km
  - 소요시간 : 60분
  - 구간특징 : 기존 기타도로 이용

- 2구간
  - 약수터 ~ 광청사 ~사슴농장
  - 연장 : 1.12 km
  - 소요시간 : 30분
  - 구간특징 : 임도 이용
- 3구간
  - 구간경로 : 사슴농장 ~ 사슴농장 위 갈림길 (대피소)
  - 연 장 : 0.47 km
  - 소요시간 : 20분
  - 구간특징 : 등산로, 앵산등산로와 연결
- 4구간
  - 구간경로 : 대피소 ~ 마당바위 ~ 해안소류지 ~해안마을
  - 연장 : 3.5 km
  - 소요시간 : 2시간
  - 구간특징 : 등산로 이용

6-4-13 거제역사문화탐방길

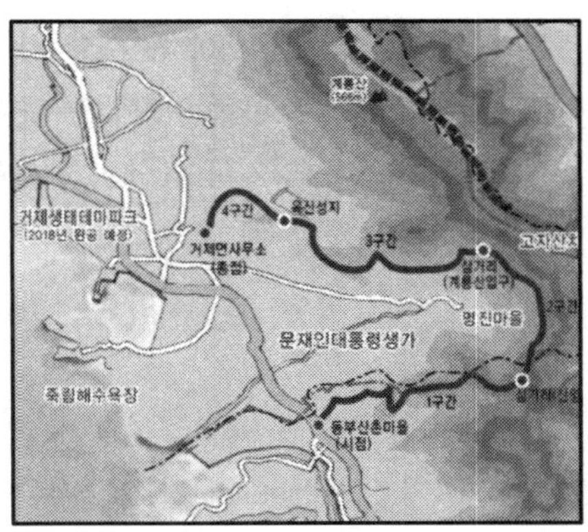

- 소요시간 : 9.54 km / 5시간
- 경로 : 동부산촌마을→삼거리→임도→삼거리→옥산성지→거제향교→거제면사무소 (난이도★★★☆☆)
- 1구간
  - 구간경로 : 동부산촌마을~농로~임도~삼거리(산양방향)
  - 연 장 : 2.74 km
  - 소요시간 : 1시간 30분
  - 구간특징 : 기존 농로 및 임도 이용

- 2구간
  - 구간경로 : 삼거리(산양방향)~임도~삼거리(계룡산입구)
  - 연장 : 2.73 km
  - 소요시간 : 1시간 30분
  - 구간특징 : 기존 임도 이용, 거제면 전 경관람 가능
- 3구간
  - 구간경로 : 삼거리(계룡산 입구)~사거리~옥산성지
  - 연 장 : 2.31 km
  - 소요시간 : 1시간 10분
  - 구간특징 : 기존 기타도로 이동
- 4구간
  - 구간경로 : 옥산성지~거제향교~거제면사무소
  - 연장 : 1.76 km
  - 소요시간 : 50분
  - 구간특징 : 기존 기타도로 이용, 역사자원 풍부

6-4-14 대봉산해안경관산책길

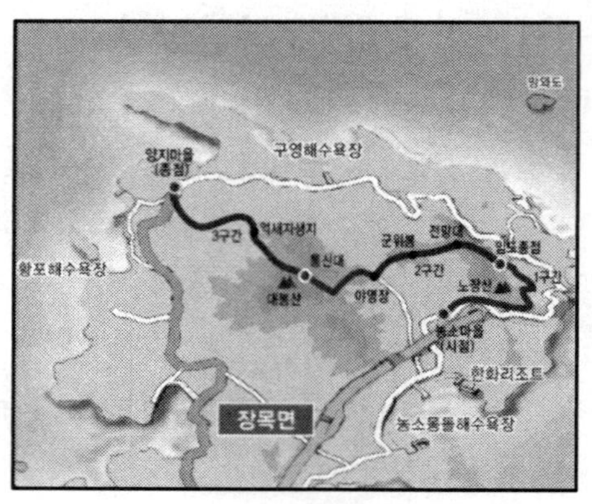

- 소요시간 : 5.92 km / 3시간 20분
- 경로 : 농소마을→전망대→군위봉→통신대(대봉산)→양지마을(난이도★★★☆☆)
- 1구간
  - 구간경로 : 농소마을 ~ 임도종점(노장산)
  - 연 장 : 2.08 km
  - 소요시간 : 1시간 20분
  - 구간특징 : 기존 임도 이용, 거가대교 전망 우수
- 2구간
  - 구간경로 : 임도종점(노장산)~전망대~군위봉~통신대(대봉산)
  - 연장 : 2.04 km

- 소요시간 : 1시간 20분
- 구간특징 : 기존 등산로 이용, 임도 이용

• 3구간
  - 구간경로 : 통신대(대봉산)~양지마을
  - 연 장 : 1.8 km
  - 소요시간 : 40분
  - 구간특징 : 기존 등산로 이용, 억새자생지

6-5 남파랑길

남파랑길은 '남쪽의 쪽빛 바다와 함께 걷는 길'이라는 의미로, 부산 오륙도 해맞이공원에서 전남 해남 땅끝마을까지 남해안을 따라 연결된 총 90개 코스, 1,470 km의 걷기 여행길이다.

2016년 문화체육관광부는 우리나라 장거리 걷기여행길인 '코리아둘레길'의 남해안 노선에 해당하는 '남파랑길'에 대한 사업계획을 발표했다. 코리아둘레길은 이미 조성되어 있는 걷기여행길을 중심으로 우리나라 둘레(동해, 남해, 서해, 비무장지대 지역)를 잇는, 사람·자연·문화를 만나는 걷기 여행길이다.

'코리아둘레길'은 한반도 가장자리의 길을 연결하는 총 4,544 km인 걷기 여행길로, 비무장지대의 디엠지(DMZ) 평화의길, 동해의 해파랑길, 남해의 남파랑길, 서해의 서해랑길로 이루어져 있다. 서울~부산까지 거리의 약 10배, 스페인 산티아고 순례길(800 km)의 약 5.6배에 해당한다.

거제노선은 거제도의 천혜절경을 오감으로 즐기는 체험·휴양의 걷기여행길로 남파랑길 구간 중 16코스~27코스며, 총 12개 노선 170.4 km로 구성되어 있다. 이는 전체 남파랑길의 제 15구간 통영노선으로 분류되며, 거제가 포함된 구간은 신거제대교~청포마을~청곡리지석묘~사등면사무소까지이며 7 km에 이른다.

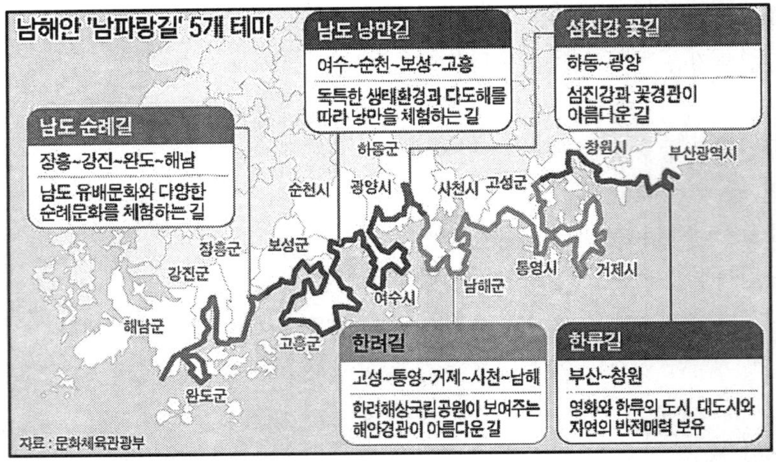
남해안 '남파랑길' 5개 테마
남도 낭만길
여수~순천~보성~고흥
독특한 생태환경과 다도해를 따라 낭만을 체험하는 길
섬진강 꽃길
하동~광양
섬진강과 꽃경관이 아름다운 길
남도 순례길
장흥~강진~완도~해남
남도 유배문화와 다양한 순례문화를 체험하는 길
하동군
창원시
부산광역시
순천시
광양시
사천시
고성군
장흥군
보성군
강진군
통영시
거제시
남해군
여수시
해남군
고흥군
완도군
한려길
고성~통영~거제~사천~남해
한려해상국립공원이 보여주는 해안경관이 아름다운 길
한류길
부산~창원
영화와 한류의 도시, 대도시와 자연의 반전매력 보유
자료 : 문화체육관광부

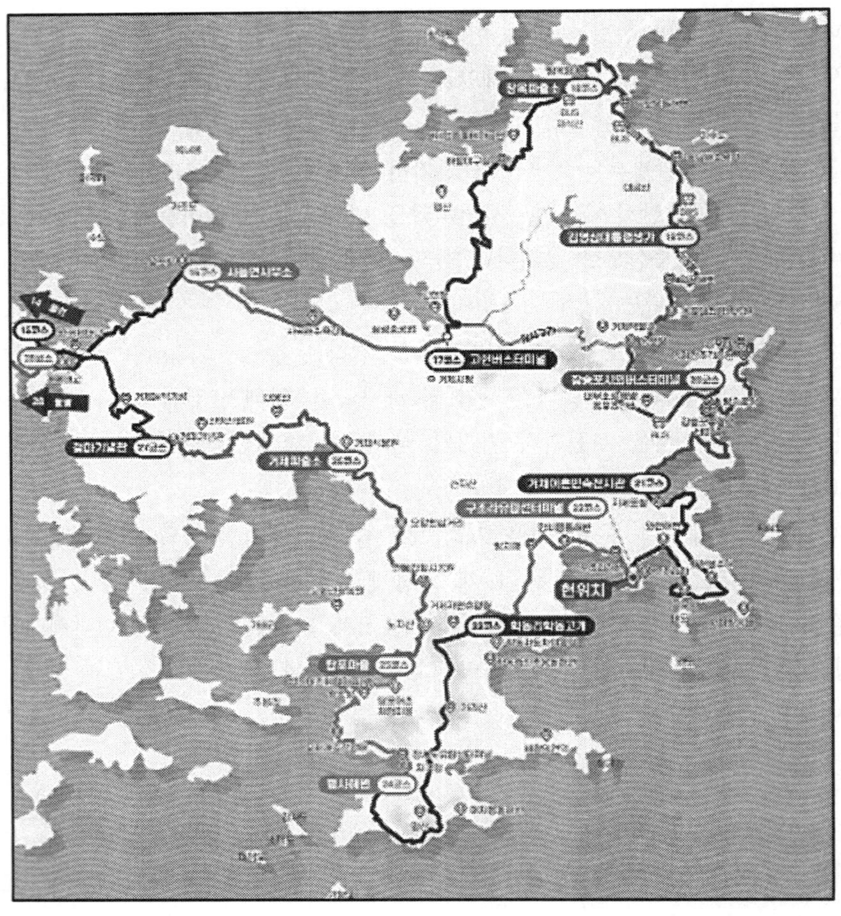
현위치

6-5-1 남파랑길 15코스

- 연장/소요시간 : 7.0 km / 2시간 30분(난이도★★★☆☆)
- 코스경로 : 신거제대교→거제수협수산물종합가공공장→사등초등학교→사등면사무소
- 코스특징 : 신거제대교를 통해서 통영과 거제를 연결하는 구간으로 마을길로 연결되는 구간이 많아 어촌마을의 소박한 정취를 느낄 수 있다.

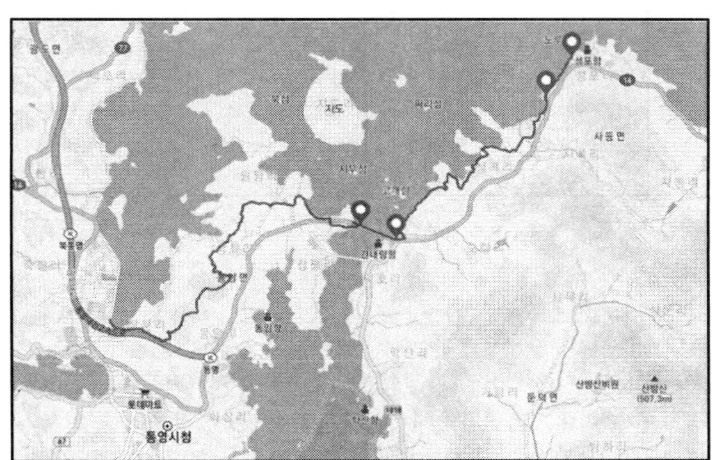

6-5-2 남파랑길 16코스

- 연장/소요시간 : 12.9 km / 4시간 30분(난이도★★★☆☆)
- 코스경로 : 사등면사무소→사곡해수욕장→고현항→고현버스터미널
- 코스특징 : 거제의 조선산업 위용을 체험할 수 있는 구간으로 웅장한 조선소의 모습과 작은 어촌마을 등이 어우러져 독특한 경관을 보인다. 사곡해수욕장을 지나 고현터미널 구간은 국도 등으로 위험 구간이 있어 주의가 필요하며 대중교통 이용이 필요하다.

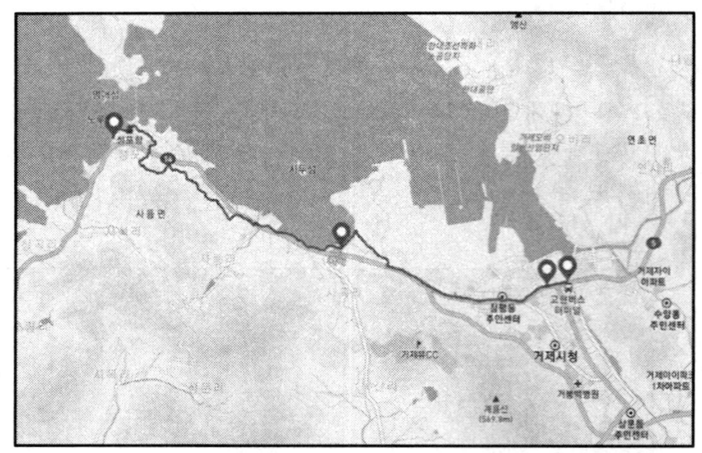

6-5-3 남파랑길 17코스

- 연장/소요시간 : 18.8 km / 6시간 30분(난이도★★★☆☆)
- 코스경로 : 고현버스터미널→대성사→하청야구장→장목파출소
- 코스특징 : 대부분의 노선이 숲길로 이루어지고 곳곳에 쉼터 및 정자 등이 잘 조성되어 있으며, 섬앤섬길 중 맹종죽순체험길로 명명된 대나무 코스가 포함되어 이색적인 체험이 가능하다.

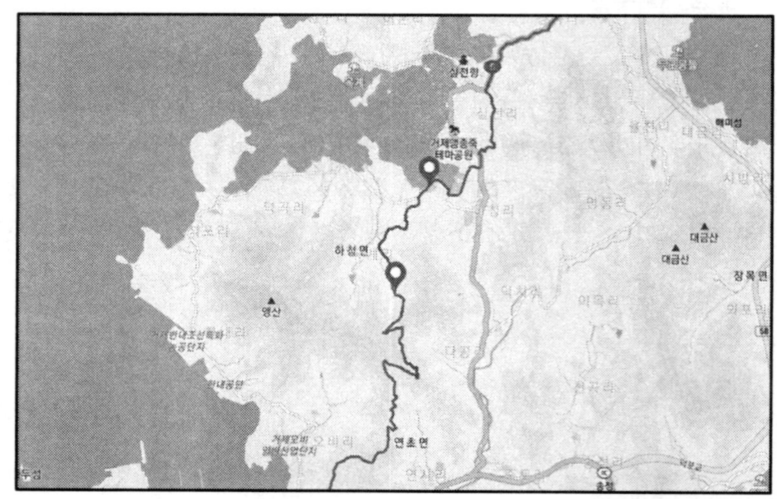

6-5-4 남파랑길 18코스

- 연장/소요시간 : 16.4 km / 6시간(난이도★★★☆☆)
- 코스경로 : 장목파출소→관포삼거리→두모마을→복항새마을회관→대금산→외포중학교→김영삼대통령 생가(기록전시관)
- 코스특징 : 거제 서퍼들의 성지인 흥남해수욕장, 인생샷 명소 매미성, 평화로운 대계마을의 김영삼대통령 생가 등 많은 관광 포인트를 지나는 구간이다. 종점 주변으로 갓길이 없는 도로구간이 많아 안전 주의가 필요하다. 이를 개선하기 위해 매미성~외포도로구간을 대금산 임도를 이용하는 노선으로 변경하였다.

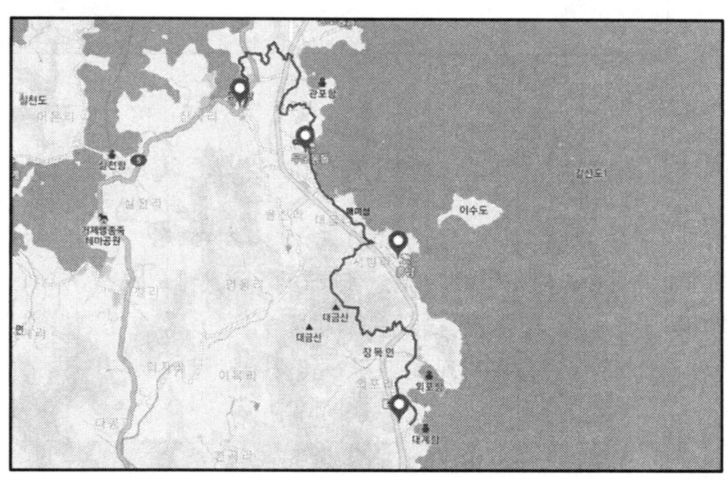

6-5-5 남파랑길 19코스

- 연장/소요시간 : 15.9 km / 5시간 30분(난이도★★★☆☆)
- 코스경로 : 김영삼대통령 생가(기록전시관)→덕포해수욕장→옥포항→옥포국가산업단지→장승포 시외버스터미널
- 코스특징 : 덕포해수욕장에서 해양레저 체험이 가능하고 '이순신만나러가는길'을 따라 거제특유의 조선경관을 볼 수 있으며, 해안길·마을길·숲길 등 다양한 걷기여행길 체험이 가능하여 매력적이다. 일부 위험구간이 있으므로 주의가 필요하여 대계~덕포 도로 위험구간을 강망산 임도를 이용하는 노선으로 변경하였다.

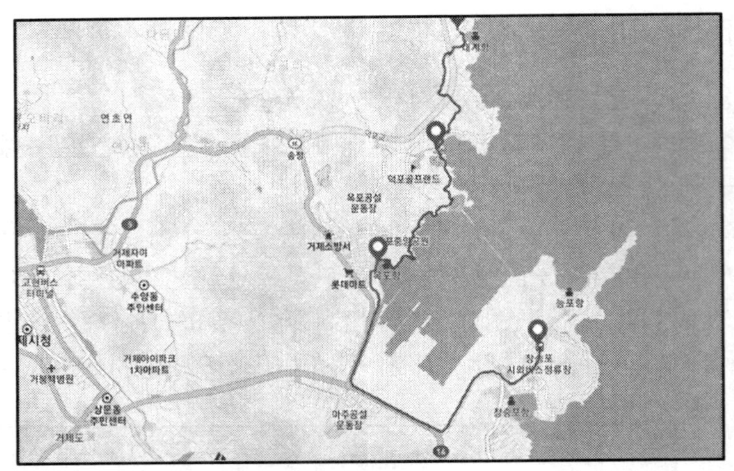

6-5-6 남파랑길 20코스

- 연장/소요시간 : 18.7 km / 6시간(난이도★★★★☆)
- 코스경로 : 장승포시외버스터미널→장승포항→거제대학교→거제어촌민속전시관
- 코스특징 : 능포항·장승포항 등 주요 항구와 잘 조성된 공원길인 '양지암등대길'이 포함된 코스로 다양한 관람시설 또한 구비된 매력적인 구간이다.

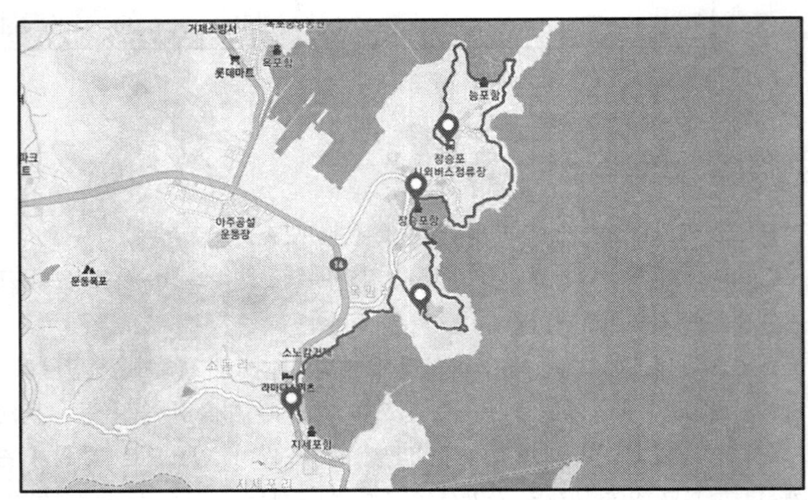

6-5-7 남파랑길 21코스

- 연장/소요시간 : 14.7 km / 5시간(난이도★★★☆☆)
- 코스경로 : 거제어촌민속전시관→지세포성→공곶이→구조라항
- 코스특징 : 수선화와 동백나무 등 50여 종의 꽃과 나무를 감상할 수 있는 공곶이와 조용한 숲길 명상을 즐길 수 있는 섬앤섬길의 '천주교순례길'을 포함하는 구간으로 지세포 인근에서 각종 편의시설과 숙박시설을 이용할 수 있다.

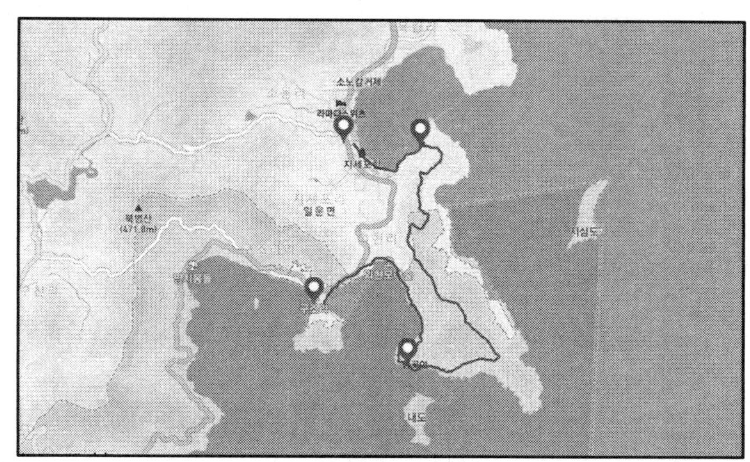

6-5-8 남파랑길 22코스

- 연장/소요시간 : 14.4 km / 5시간 30분(난이도★★★★★)
- 코스경로 : 구조라유람선터미널→망치몽돌해변→학동고개
- 코스특징 : 시작점의 샛바람소리길과 구조라해수욕장에서 가벼운 걷기와 레저활동이 가능하다. 중반부 산악구간은 수려한 한려해상국립공원의 전경을 감상할 수 있는 구간이나, 장시간 산행이 이어지므로 철저한 준비가 필요하다. 북병산 등산로 구간은 난이도 조정 및 안전사고 예방을 위해 임도를 이용하는 노선으로 변경되었다.

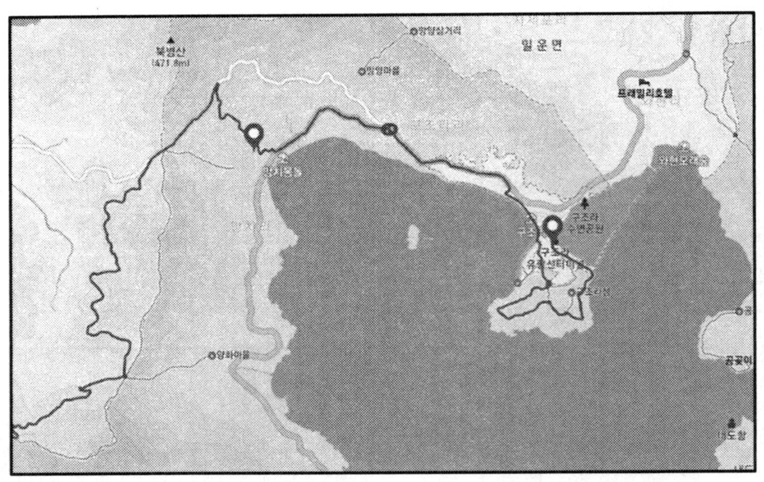

6-5-9 남파랑길 23코스

- 연장/소요시간 : 9.5 km / 4시간(난이도★★★★☆)
- 코스경로 : 학동고개→가라산→저구사거리→저구항
- 코스특징 : 학동고개로부터 시작되는 산악코스를 거쳐 거제시의 가장 아름다운 해안경관이 펼쳐지는 '무지개길' 코스를 지나는 구간이다. 고난이도의 산행을 위한 철저한 준비가 필요하다. 안전사고 예방을 위해 망산 등산로 구간을 제외한 노선으로 변경(전체 노선길이 축소, 난이도 및 소요시간 조정, 23코스 종점)하였다.

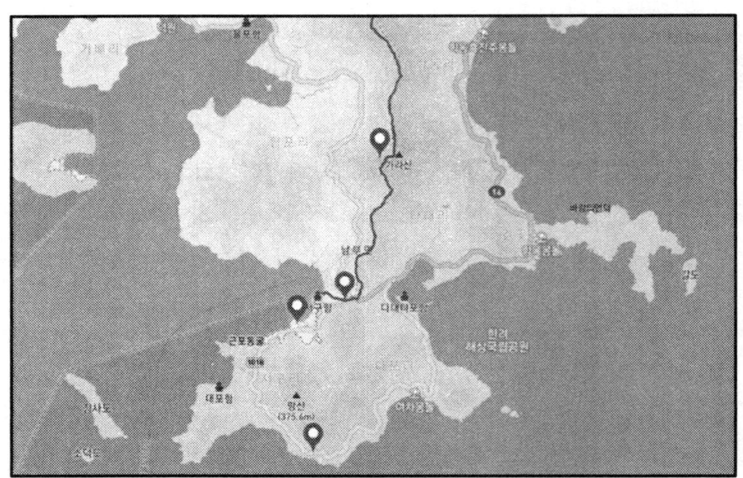

6-5-10 남파랑길 24코스

- 연장/소요시간 : 10.6 km / 3시간(난이도★★★★☆)
- 코스경로 : 저구항→매물도 여객터미널→쌍근어촌체험마을→탑포마을
- 코스특징 : 저구항을 시점으로 대부분 숲길과 어촌마을길 구간으로 이루어져 있으며 쌍근어촌체험마을에서 다양한 프로그램 체험 및 숙박이 가능하다.

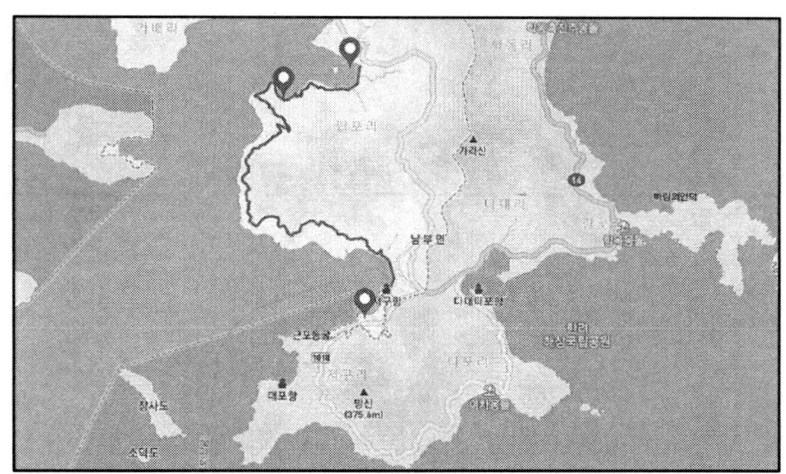

6-5-11 남파랑길 25코스

- 연장/소요시간 : 14.6 km / 4시간(난이도★★★☆☆)
- 코스경로 : 탑포마을→산양천(오망천)삼거리→거제파출소
- 코스특징 : 마을길, 해안길, 숲길이 반복적으로 펼쳐지며 비교적 경사도가 높지 않아 가벼운 걷기여행이 가능하다. 노선 곳곳에서 섬과 아름다운 리아스식 해변 경관을 감상할 수 있다.

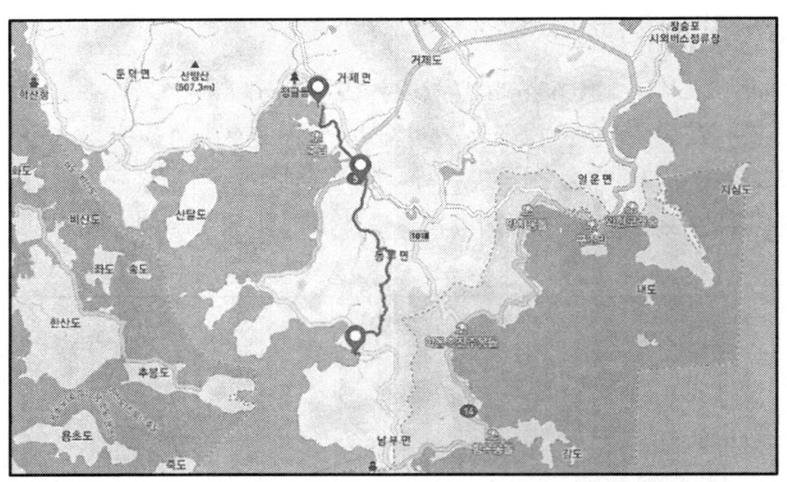

6-5-12 남파랑길 26코스

- 연장/소요시간 : 13.2 km / 4시간(난이도★★★☆☆)
- 코스경로 : 거제파출소→거제식물원→산방산→청마기념관
- 코스특징 : 2020년 개장한 거제식물원(일명 거제정글돔)과 거제를 대표하는 문학가 청마유치환 기념관 및 생가가 포함되어 볼거리 많다. 대부분 숲길로 이루어진 구간으로 사전 준비가 필요하다.

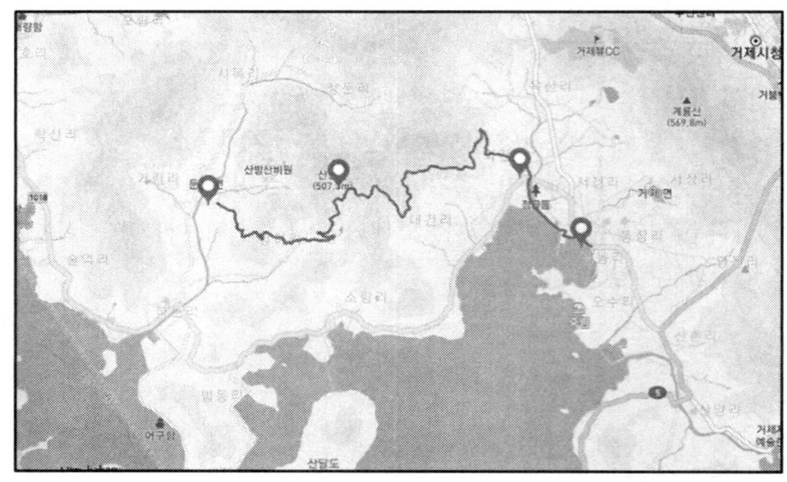

6-5-13 남파랑길 27코스

- 연장/소요시간 : 10.3 km / 3시간(난이도★★★☆☆)
- 코스경로 : 청마기념관→거제둔덕기성→거제대교→신촌마을
- 코스특징 : 남파랑길 거제 구간이 종료되며 통영구간과 연결되는 코스로 마을길, 숲길, 해안길이 혼재되어 있다. 숲길의 경우 임도가 잘 조성되어 있어 걷기에 큰 어려움이 없으며 고려시대 성 터인 둔덕기성 등 역사문화자원 볼거리도 갖추고 있다.

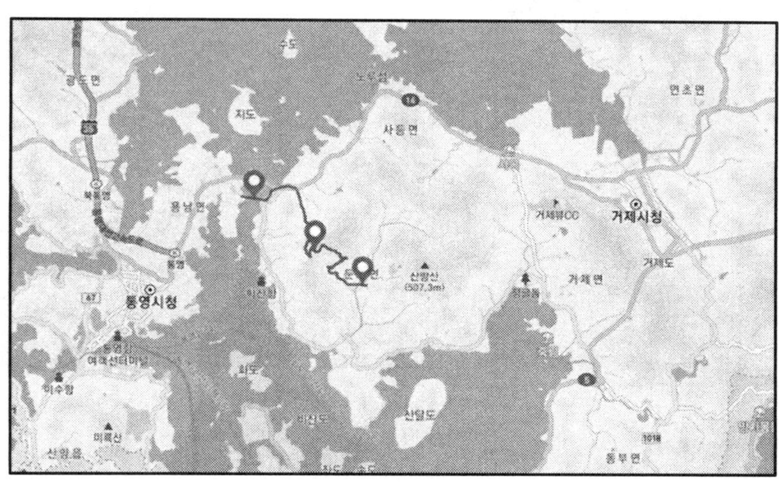

6-6 거제시 추천 여행코스

6-6-1 여차-홍포해안도로

여차마을에서 홍포마을로 이어지는 3.5 ㎞ 비포장도로는 다도해의 비경과 거제도의 원시림을 볼 수 있는 곳으로, 여차몽돌해변을 따라 명사해수욕장으로 가는 약 3.5 ㎞ 구간이다. 대·소병대도 등 60여 개의 크고 작은 섬들로 둘러싸인 한려수도 해상관광의 추천코스다.

6-6-2 학동-해금강해안도로

학동흑진주몽돌해변의 몽돌이 바닷물에 쓸리는 소리는 우리나라의 **아름다운 소리 100선**에 선정되기도 하였다. 학동흑진주몽돌해변부터 해금강까지의 동백군락지와 팔색조 번식지는 천연기념물 제233호(1971.10.30.)로 지정되어 보호되고 있다. 함목 삼거리에서 해금강마을로 가기 전에 있는 도장포마을에는 신선대와 바람의언덕이 있으며, 바다풍경과 해안절경이 아름다운 곳이다.

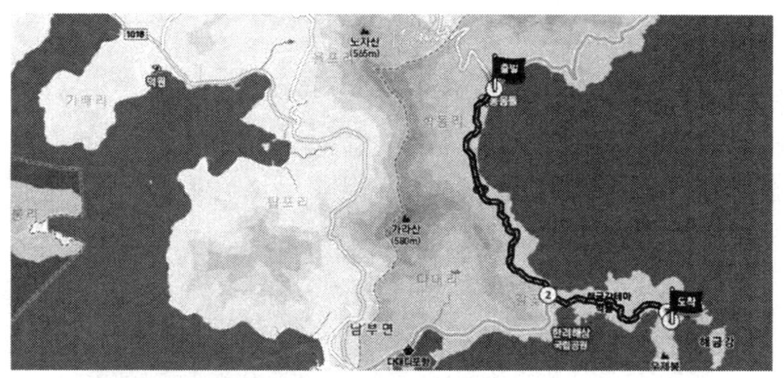

6-6-3 구천삼거리-망치삼거리

이 구간은 구천삼거리 오르막을 지나 내리막길이 시작되면서부터다. 동부면 산양리를 지나 연담삼거리에서부터 오르막이 시작된다. 여기서 고현 방면으로는 구천삼거리가 나오고, 구조라 방면으로 가면 고개를 넘어 망치삼거리로 이어진다.

망치마을을 향해 내려가는 길은 경상남도기념물 제239호(2002.02.14.)로 지정된 윤돌도와 해안풍경이 펼쳐진다.

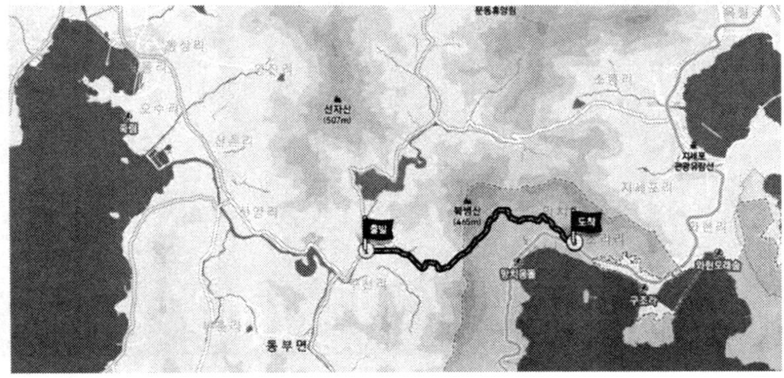

6-6-4 장승포해안일주도로

장승포에서 능포로 이어지는 해안일주도로는 남해(한일해협) 수평선을 바라보는 길로, 끝자락엔 장미공원(양지암공원)이 있으며 양지암바위의 비경이 이어진다. 시민들의 인기 있는 산책길로 항상 행렬이 이어지고, 벚나무가 길 양편에 있어 계절에 따라 환상적인 풍경을 보여준다.

이 길의 끝인 양지암 공원의 입구 해안에는 해원암이 있고, 그곳의 화강암 바위에는 불상이 새겨져 있다.

6-7 거제의 대교·터널·도로

섬지역은 육지로의 진출입이 가장 큰 바람이었다. 이를 위해 육지와 연결하는 매립을 하거나 다리를 건설하여 접근성을 개선하고 섬지역의 단점에서 벗어나려 한다.

거제의 대교는 모두 7개로, 3개는 육지로 이어져 통영과 부산으로 향한다. 이중에 2개는 통영으로 이어져 있으며 기존의 다리가 낡아 위험하여 추가한 것이다. 그리고 부속섬으로의 이동을 위해 모두 4개의 교각이 설치되어 있다. 가까운 장래에는 창원 마산과, 남해와 한산도를 통하는 대교의 계획이 수립되고 있다.

섬지역은 산들로 구성되므로 섬지역 내에서의 이동 또한 매우 불편한 게 사실이다. 이를 개선하기 위해 바다 위로 교각형의 도로를 건설하거나 산을 뚫은 터널을 시설하는데, 거제는 해상교각형은 없다. 따라서 거제지역 내에서의 접근성을 개선하기 위하여 불가피하게 터널을 증가시켜야 한다.

거제의 터널은 9개로 이들은 육지로 이어지거나 지역 내의 이동을 개선하기 위한 것들이다. 이중 부산으로 이어지는 거가대교의 접속도로에 4개가 있고, 동과 면을 이어주는 터널 5개가 있다. 향후 더 추가할 계획이 있다.

6-7-1 교각

거제가 오늘날의 위상을 갖춘 것은 남해안에 자리한 지리적 여건과 섬이라는 특징을 잘 살려 발전하였기 때문이다. 섬으로서 오랫동안 해상교통에만 의존하며 중앙으로부터 멀리 떨어진 점은 거제도만의 개성을 품고 발전을 잠재하고 있기에 충분했다. 그러나 섬의 주민들은 언제나 육지에 대한 향수를 지니고 육지로의 진출을 기대했다.

거제대교(구 거제대교)는 1965년 5월 30일 기공하여, 1971년 4월 8일 인근 통영과 연결되었고 연륙도로서 발전의 축을 만들었다.

(1) 거제대교, 구거제대교

거제대교는 길이 740 m, 폭 10 m, 높이 18 m, 사업비 6억7천9백만원이 소요되었으며 현대건설에서 시공하였다. 이후 옥포조선소(대우조선) 및 삼성조선소가 들어왔고, 섬지역의 삶은 큰 변화를 맞이했다. 그러나 많은 차량의 운행과 오래된 연식 등 확장이 필요하여 신거제대교를 건설했다.

거제대교는 길이 940 m, 폭 20 m 규모로서, 1992년 10월에 착공하여 1999년 4월 22일 개통하였으며, 현재는 이를 거제대교라 하고 그 이전의 것을 **구거제대교**라 한다. 구거제대교는 안전진단을 통해 아직도 차량 등의 교행이 가능하다.

거제대교는 임진왜란 당시 **한산도대첩**의 **견내량 해협**을 가로지르는 곳에 있으며, 이를 통해, 통영은 물론, 사천, 진주, 하동으로 나아가며, 호남으로 연결되고, 진주, 대전을 거쳐 수도권으로 이어진다. 또, 고성, 마산을 거쳐 경북이나 동부 경남권과도 연결된다.

(2) 칠천연륙교

거제의 북단에 위치한 하청면 칠천도는 임진란 때, **칠천량해전** 등의 해전유적지와 해산물 생산으로 풍요로운 마을이다. 칠천도는 3개 리, 10개 마을, 1,600여 주민이 도선을 이용하여 이동하는 불편한 생활을 이어왔다.

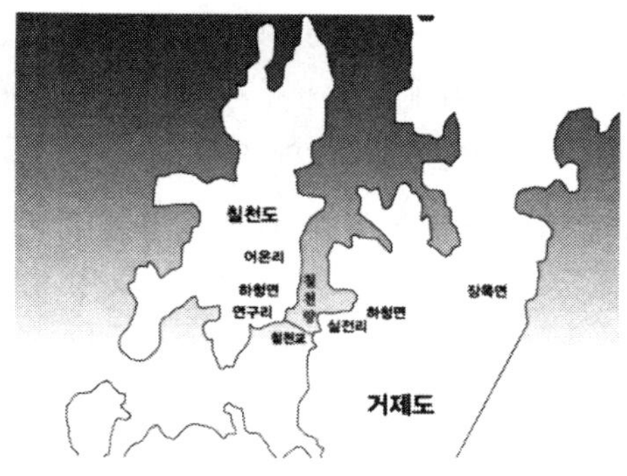

칠천연륙교는 하청면 실전리와 칠천도 어온리를 연결하는 다리로, 1996년 12월 30일에 착공하여 2000년 1월 1일 준공식을 통해 개통되었다. 길이 455 m, 폭 12 m, 접속도로 869 m, 총예산 210억 원이 투자되었다.

(3) 거가대교

거가대교는 거제 장목면 유호리와 부산광역시 강서구 가덕도동 가덕도를 연결하는 것으로 유호리, 저도, 중죽도, 대죽도, 가덕도를 통과한다.

2004년 12월 착공하여 2010년 12월 14일 개통되었으며, 총사업비는 1조 4,469억 원(민자유치 9,996억 원, 중앙정부와 지자체 재정지원 4,473억 원)이 소요되었다. 총 길이 8.2 km의 왕복 4차선 다리로, 대죽도-가덕도 구간의 3.7 km는 해저침매터널로 구축되었으며, 장목면 유호리-저도-중죽도-대죽도 구간의 4.5 km는 사장교(1.6 km)와 4개의 접속교(1.9 km), 육상터널(1 km)로 구성되어 있다.

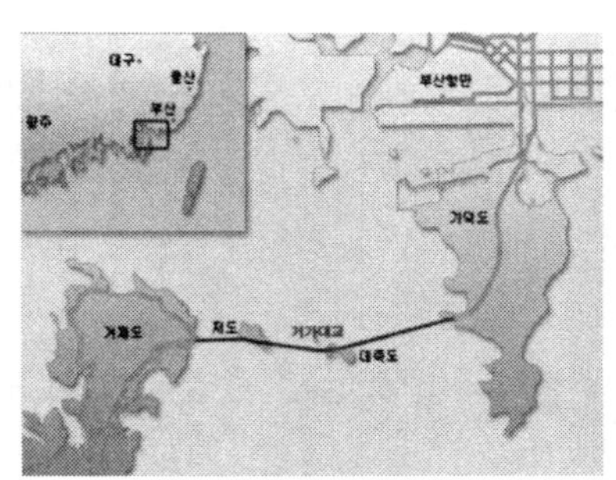

해저침매터널은 육상에서 제작된 터널구조물인 침매함을 바다 속에 가라앉힌 후, 각 침매함을 연결하는 침매공법[542]을 통해 만들어졌다. 침매함은 모두 18개로, 각의 침매함의 길이는 180 m, 폭 26.5 m, 높이 9.75 m, 무게 4만 5,000 t에 이른다.

이 터널은 세계 최초로 내해가 아닌 파도, 바람, 조류가 심한 외해에 건설되었다. 수심 48 m의 깊은 바다 속 연약지반에 건설됨으로써, 현재로서는 세계에서 가장 수심이 깊은 곳에 건설된 해저침매터널이다.

2개의 사장교[543]는 중죽도-저도(2주탑. 길이 919 m, 폭 24 m)와, 저도-유호리(3주탑. 길이 676 m, 폭 22 m) 구간으로, 부속시설로는 가덕도 휴게소, 홍보관(부지면적 5만 6,004 ㎡, 건축총면적 3,685 ㎡ 지하 1층, 지상 3층 규모), 거제도 휴게소(부지면적 2만 369 ㎡, 건축총면적 2,555 ㎡ 지하 1층, 지상 2층 규모) 등이 있다.

거가대교의 개통으로 거제에서 부산까지의 통행거리가 140 km에서 60 km로 단축되었고, 통행시간은 육로로 2시간 10분이 소요되던 것에서 50분으로 단축되어 편리해졌으며, 유류비 등 물류비용이 크게 절감되었다. 단, 민간자본으로 시설된 탓에 통행료가 비싼 단점이 있다.

거가대교는 대전-통영 간 고속도로와 경부고속도로 등이 U-Type형으로 연결되어, 남해고속도로의 교통량을 분산시키고 부산, 거제, 통영, 남해, 여수, 완도, 목포 등을 연결하는 남해안 관광 인프라를 구축시키고 있다.

특히, 거가대교의 비경을 거제8경에 추가하여 거제9경으로 지정할 필요가 제기되어 현재는 거제9경, 9품 및 9미 체계로 바뀌었다.

(4) 가조연륙교

가조연륙교는 거제시에 위치한 사등면 성포리에서 사등면 가조도를 잇는 다리다. 가조도는 거제시 부속섬 가운데 칠천도에 이어 두 번째로 큰 섬이며 유인도다. 면적 5.86 ㎢, 주민은 2천명에 가깝다.

가조연륙교는 길이 680 m, 폭 13 m, 왕복 2차선의 닐센아치교로 설계됐으며, 국비와 도비를 포함하여 모두 594억원의 사업비가 투입되었다. 지방채 45억 원을 발행해야 하는 등 공사가 지체되기도 하여, 2001년 착공한 가조연륙교는 2009년 준공되기 까지 8년이라는 기간이 소요되었다.

---

542) 침매공법(沈埋工法)

543) 사장교(斜張橋) : 다리 양쪽에 세운 주탑에 연결된 케이블로 차량이 통행하는 도로 상판을 매다는 구조

이 연륙교의 건축으로 1994년부터 15년 동안 성포와 가조도의 바닷길을 이어왔던 카페리선은 거제면 산달도 노선에 투입되었다. 그러나 산달도 역시 대교가 설치되어 지금은 둔덕면 화도 노선에 사용되고 있다.

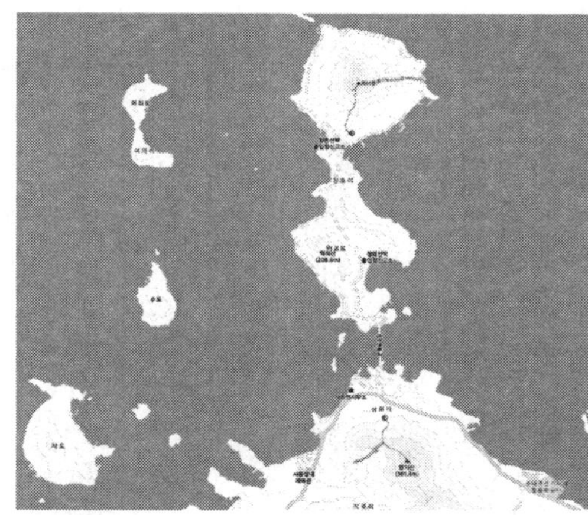

(5) 황덕연륙교

황덕교는 하청면 칠천도와 황덕도를 잇는 대곡-황덕간 연결도로로, 2011년 4월에 착공하여 2015년 10월 19일 준공식을 가졌으며, 예산절감과 공기단축을 통해 예정 개통보다 약 5개월 앞당겼다.

황덕교는 국비 등 106억 원이 투입되었으며, 총연장 527 m, 다리길이 263 m, 폭 5.5~7.5 m 규모의 **닐센아치교량**[544]으로 건립되었다. 거제도의 섬 중 섬으로 알려진 황덕도는 300년 이상 전부터 사람이 살고 있었으며, 장수하는 이가 많아 이 다리를 **노인덕도**라고도 부른다.

544) 닐슨아치교 : 아치부의 행거가 케이블로 이루어져 있으며, 약간 경사지게 배치되는 형식

(6) 산달연륙교

거제면 법동리와 산달도를 연결하는 연륙교로, 2008년 도서개발촉진법에 따른 제3차 도서개발10개년 계획에 반영되면서 2013년 9월에 착공하였으며, 2018년 9월 21 개통하였다. 왕복 2차로인 이 다리는 길이 총 1,413 m, 폭 11~13 m로, 접속도로 793 m, 연륙교 620 m, 사장교 280 m 규모로 총 사업비 487억 원(국비 70%, 도비 15%, 시비 15%)이 투입됐다.[545]

산달도에는 124가구, 주민 240여 명이 거주하고 있으며, 굴, 바지락, 유자 등이 많이 생산되고 있다. 그동안 응급환자, 화재 발생 등 급한 일이 생겼을 때 불편과, 학교 및 직장 탓에 많은 사람이 섬을 떠났지만, 이 다리로 인해 다시 산달도의 활력이 기대된다.

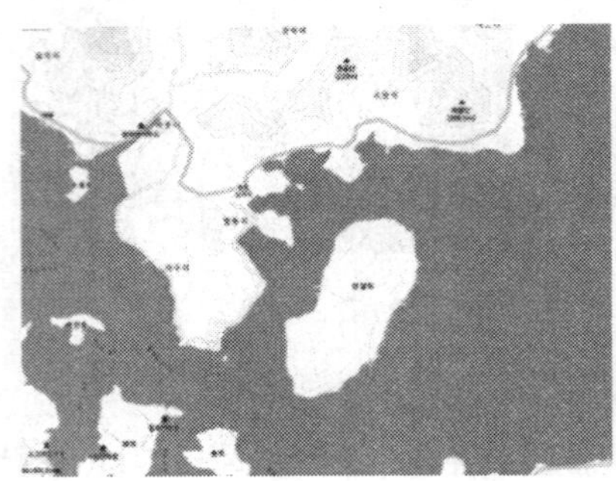

(7) 수야방교

하청면 대곡리 산 33-8은 수양방도가 있다. 칠천도의 부속섬이지만 사람이 살지 않는 무인도다. 칠천도 송포 아랫마을에 딸린 섬으로 면적은 0.101 ㎢다. 송포항 마을에서 100 m 정도 떨어져 있다. 숫돌이 나는 섬이라고 하여 숫돌바위로 불렸다. 마을과는 수심이 얕아 썰물땐 걸어갈 수 있는 길이 드러난다. 2017년 인도교로 설치되었다.

545) 2018년 9월 완공

6-7-2 터널

(1) 저도터널

거가대교 접속도로를 위해 건설된 것으로 거제의 저도를 관통하는 길이 약 200 m의 터널이다. 저도는 행정구역 상 거제시에 속하나 아직 완전한 소유권이 넘어오지 않았다. 저도는 국방부의 관할로 대통령의 여름별장(청해대)으로 사용되었지만 지금은 그 기능이 사라지고 일부 개방되었다. 부산으로부터 진입하는 저도터널 위에는 간간히 사슴무리가 목격된다. 이는 이수도의 사슴들로 확인되었으며, 지금은 저도에서 자생하고 있다.

(2) 장목터널

이 터널 또한 거가대교 접속도로의 일부 구간으로 약 600 m에 이른다. 이 터널은 저도를 통해 해상 교각으로 이어져 오다가 장목면 유호리에 접근하여 유호봉(186.9 m) 아래를 관통하기 위해 건설되었다. 터널을 나오면 장목면 농소리가 이어진다.

(3) 덕포터널

옥포동 덕포마을로 접속하는 거가대교 접속도로에 건설된 터널로 길이는 약 800 m다. 이곳에는 덕포로 진입하려는 접속도로와 이어진다.

(4) 송정터널

거가대교 접속도로의 구간으로 약 300 m 길이의 쌍굴 터널이다. 이 터널의 입구는 거가대교 접속도로의 종점에 해당한다. 여기부터 연초면과 고현 4개동(고현동, 장평동, 상문동, 수양동)을 향하는 도로와 옥포 및 장승포 권역으로 가는 도로가 분기된다. 2010년 12월 13일 거가대로와 함께 개통되었다.

(5) 두동터널

두동터널은 사등면과 거제면을 연결하는 편도 2차로의 쌍굴 터널로 읍내로의 일부며, 2014년 6월 23일 개통되었다. 총 연장 185 m로 거제 관내에서 두 번째로 짧은 터널이다. 보통 콘크리트로 포장하는 동년식의 다른 터널과는 달리 아스팔트를 사용하여 승차감이 좋다.

(6) 아주터널

아주동 21·22번 교차로와 양정터널을 연결하는 편도 2차로 쌍굴 터널로 국도우회로의 일부다. 2010년 12월 거가대교 개통에 맞춰 양방향 1차로를 폐쇄한 상태로 임시 개통하였다. 2013년에 왕복 4차로 통행이 개시하였으며, 2017년에 터널 내 조명이 2016년에 LED로 전면 교체되었다. 총 연장은 상동방향 889 m, 아주방향 853 m이다.

아주 방향 터널을 나오면 바로 고가차도로 직결되어 곧바로 대우조선 남문, 정문을 거쳐 일운터널로 연결된다.

(7) 양정터널

양정동과 아주동을 연결하는 편도 2차로의 쌍굴 터널로 국도우회로의 일부다. 총 연장 1,891 m로 거제 관내에서 가장 긴 터널이다. 아주터널과 조합되어 개통되어 편의상 아주터널이라고 부르기도 한다. 이 터널 중 아주동에서 상문동으로의 진입에는 착각을 하게 하는 구조적 특징으로 터널 내에서 역주행 사고가 발생하기도 하였다.

(8) 일운터널

일운면과 아주동을 연결하는 편도 2차로의 쌍굴 터널로 2016년 12월 28일에 국도우회1로와 함께 개통되었다. 터널 접속도로를 공사하는 과정에서 거제대로 장승포방면 편도 2차로가 지하화되었다.

(9) 명진터널

상문동과 거제면을 연결하는 2차로 단굴 터널로 거제동서로의 일부 구간이다. 2016년 7월에 착공하여 2021년 4월 7일에 관통하였으며, 2021년 12월 31일 개통하였다. 총 연장은 약 1.6 km로 거제 관내에서 두 번째로 긴 터널이다. 초기에는 왕복 4차로 쌍굴 터널으로 계획되었으나 착공 당시 국도로 지정되지 않아 공사 비용 전액을 시에서 부담해야 하여 터널 1기만 먼저 시공하여 왕복 2차로로 개통하는 방향으로 결정되었다.

거제면으로의 읍내로를 경유하는 기존 경로로 주행할 때 20분이 걸리던 상문동~거제면·동부면 간 소요시간이 5분 내외로 단축되었다.

5번 국도가 2021년 5월 12일로 통영까지 연장되면서 건설계획 단계에 있는 한산대교와 함께 국도로 지정될 예정이다.

6-7-3 도로

거제시도는 지역의 보조간선 기능 등을 수행하는 도로로서 거제시장이 그 노선을 인정한 것을 의미한다. 거제시도는 한두 자리 번호로 구성되어 있다. 또한 5번 국도, 14번 국도, 58번 지방도와 1018번 지방도와는 중복해 지정되지 않는다.

거제시도로는 청마로, 옥산1길, 옥산로, 읍내로, 부춘길, 지석로, 동부로, 거제중앙로, 북병산로, 서정1길, 해금강로, 반송재로, 언양로, 연하해안로, 대금산로, 거제북로, 옥포대첩로, 칠천로, 가조로, 법동어구로, 송정이목로, 남부해안로, 농소길, 명동5길, 외포대금산길, 상동5길, 율포로 등이 있다.

거제지역의 도로는 섬의 특성상 주민생활이 편익에 매우 밀접하다. 이를 개선하기 위해 많은 도로가 직선화되고 다양하게 시설되어야 하지만 자연에 대한 보존과 친환경에 대한 고려가 따라야 한다. 특히 지금의 일부 도로에선 우천 시 수몰하는 경우가 발생하고 있으며, 고현권 도심의 비대한 인구 밀집으로 출퇴근과 휴일 관광객 차량으로 정체가 심한 구간이 많다. 따라서 지역균형발전이 절실하고 도로를 개설할 경우, 입체식을 검토할 필요가 있다.

(1) 가조로

사등면 성포리에서 출발하여 창호리 가조출장소 교차로에서 끝나는 13 km 도로로 15번 거제시도의 일부다.

(2) 가조서로

사등면 창호리 수협효시공원에서 출발하여 신전선착장을 경유하여 창호리에서 끝나는 도로로 3.0 km에 해당한다.

(3) 거제남서로

남부면 다포리 다포삼거리에서 출발하여 사등면 오량리 신계교차로에서 끝나는 54.9 km에 이르는 1018번 지방도의 일부다.

(4) 거제북로

연초면 죽토리에서 장목면 장목농협 앞 삼거리에서 끝나는 29.2 km의 도로로 5번 국도, 1018번 지방도, 12번 거제시도의 일부 구간이다.

(5) 거제중앙로

동부면 학동리 학동삼거리에서 출발하여 고현동 6번 교차로에서 끝나는 도로로 5번 국도, 1018번 지방도 및 5번 거제시도의 일부다. 전체 연장은 19.4 km다.

(6) 견내량로

통영 용남면 원평리에서 출발하여 충렬여자고등학교를 경유한 후 거제대교를 지나 거제시 사등면 덕호리에서 끝나는 도로로 연장 2.1 km다.

(7) 계룡로

상문동 상동에서 출발하여 고현중학교, 거제시청, 서문삼거리에서 끝나는 도로며, 연장 1.9 km다.

(8) 고현로

장평동 3번 교차로에서 서문삼거리, 고현사거리를 거쳐 고현동에서 끝난다. 왕복 차로수는 2~6차로며, 연장 1.9 km다.

(9) 고현천로

고현동 7번 교차로에서 출발하여 고현버스터미널, 금곡교를 지나 상동동에서 끝나는 도로로 연장 2.2 km다.

(10) 고현항1로

장평동에서 시작하여 신오1교에서 끝나는 도로로 왕복 차로수는 1~7차로다. 연장은 1.2 km다.

(11) 고현항2로

장평동에서 출발하여 고현동에서 끝나는 도로로 연장 0.6 km며 왕복 차로수는 2~5차로다.

(12) 고현항로

고현동 6번 교차로에서 출발하여 고현동에서 끝나는 도로로 연장 1.0 km며, 왕복 차로수는 1~7차로다.

(13) 구조라로

일운면 구조라리 구조라삼거리에서 출발하여 구조라항에서 끝나는 연장 1.0 km의 2차로 도로다.

(14) 국도우회1로

일운면 소동리 옥림교차로에서 출발하여 일운터널을 거쳐 아양교차로에서 끝나는 연장 1.6 km의 4차로 도로다.

(15) 국도우회로

아주동 아주교차로에서 출발하여 아주터널, 양정터널, 상동교차로, 계룡산교차로를 거쳐 장평교차로에서 끝나는 도로로 연장 10.6 km며 4차로 도로다.

(16) 국산로

연초면 송정리에서 출발하여 거제옥포고등학교를 지나 옥포공설운동장에서 끝나는 도로로 연장 2.0 km에 이르며 2~4차로다.

(17) 남부해안로

거제시 18번 도로로 남부면 저구리에서 출발하여 남부면사무소, 쌍근항을 거쳐 탑포사거리에서 끝나는 도로로 연장 12.8 km며 2차로다.

(18) 능포로

장승포동 두모로타리에서 출발하여 장승포119안전센터, 장승포시외버스정류장을 거쳐 능포항에서 끝나며 연장 2.5 km며 4~5차로 도로다.

(19) 대금산로

연초면 다공리에서 출발하여 문암교와 명동교를 거쳐 장목면 율천리에서 끝나며 연장 7.7 km 도로로 2차로다.

(20) 독봉산로

상동동에서 출발하여 거제아이파크1차아파트를 거쳐 양정동에서 끝나는 도로로 연장 1.4 km며 1~4차로로 구성되어 있다.

(21) 동문천로

고현동 거제시청에서 출발하여 계룡초등학교를 거쳐 금곡교에서 끝나는 도로로 연장 0.7 km며 2~4차로다.

(22) 동부로

동부면 산양리에서 출발하여 거제자연예술랜드를 경유한 후 연담삼거리에서 끝나는 도로로 연장 2.9 m며 2차로다.

(23) 두동로

사등면 사곡리 사곡삼거리에서 출발하여 거제면 옥산리 두동터널에서 끝나는 도로로 연장 3.1 km며 2~3차로다.

(24) 반송재로

삼거동 삼거교에서 출발하여 동성그린아파트를 거쳐 신촌사거리에서 끝나는 도로로 연장 5.8 km며 2~5차로다.

(25) 법동어구로

거제면 법동리 법동삼거리에서 출발하여 어구항을 거쳐 하둔리에서 끝나는 도로로 16번 거제시도의 일부 구간이다. 연장 7.5 km로 2차로다.

(26) 북병산로

동부면 구천리 구천삼거리에서 시작하여 일운면 구조라리 망치삼거리에서 끝나는 연장 5.2 km 도로며 2차로다.

(27) 산달연륙로

거제면 소랑리 소랑삼거리에서 출발하여 산달연륙교를 거쳐 산달삼거리에서 끝나는 도로로 연장 1.4 km며 2차로다.

(28) 산양천로

동부면 산양리 오망천교에서 출발하여 산촌제1교를 거쳐 산촌리에서 끝나는 연장 1.0 km의 도로로 2~3차로다.

(29) 서문로

고현동 신현초등학교에서 출발하여 신성삼거리를 거쳐 고현버스터미널까지 이르는 연장 0.8 km의 3~4차 도로다.

(30) 성산로

옥포동에서 출발하여 e편한세상옥포아파트를 거쳐 덕포동에서 끝나는 도로로 연장 2.2 km며 2~4차로다.

(31) 성포로

사등면 성포리 사등초등학교에서 출발하여 가조연륙교를 지나 사등리에서 끝나며 연장 3.8 km, 2차로 도로다.

(32) 소동로

일운면 소동리 라마다스위츠에서 시작하여 소동리 윗마을에서 끝나며 0.2 km의 4차로다.

(33) 송정이목로

연초면 송정리 송정교차로에서 출발하여 송정초등학교를 지나 연초댐에서 끝난다. 연장은 3.6 km로 2~3차로며 17번 거제시도의 일부 구간이다.

(34) 수양로

문동동에서 출발하여 수월삼거리, 문동교를 지나 양정동에서 끝나며 연장 5.3 km의 2~5차로 도로다.

(35) 신부로

장승포동 장승포항에서 출발하여 장승포동, 장승포119안전센터에서 끝나는 연장 0.6 m의 2차로다.

(36) 아주1로

아주동에서 출발하여 아주e편한세상2단지에서 끝나는 1.3 km의 2~3차로 도로다.

(37) 아주2로

아주동 21번 교차로에서 시작하여 신아주교를 거쳐 아주e편한세상2단지에서 끝나는 연장 1.3 km의 4~6차로다.

(38) 아주로

아주동 22번교차로에서 출발하여 아주1교를 거쳐 아주e편한세상2단지에서 끝나는 연장 1.3 km의 2~6차로다.

(39) 양정로

양정동에서 출발하여 양정초등학교를 거쳐 포로수용소 잔존유적지에서 끝나는 연장 1.0 km의 1~5차로 도로다.

(40) 언양로

둔덕면 상둔리 유지삼거리에서 출발하여 사동교, 성내마을교차로를 거쳐 사등교에서 끝나는 연장 5.8 km의 2차로 도로다.

(41) 옥산로

거제면 옥산리에서 출발하여 옥산마을교차로를 거쳐 옥산고개에서 끝나는 도로로 1번 거제시도의 일부 구간이다. 연장은 1.5 km며 2차로다.

(42) 연하해안로

연초면 연사리 연사삼거리에서 출발하여 소오비마을교차로, 삼성중공업 신한내공장을 거쳐 하청삼거리에서 끝나는 연장 17.2 km의 2~5차 도로다.

(43) 옥수로

능포동 장승포시외버스터미널에서 대우조선해양까지 연장 0.8 km의 1~3차로 도로다.

(44) 옥포대첩로

옥포삼거리에서 덕포교차로, 대금교차로를 거쳐 장목면 장동삼거리까지 연장 16.1 km의 2~5차 도로다.

(45) 옥포로

아주동 19번교차로에서 대우조선해양 오션플라자, 거제경찰서를 지나 옥포고등학교까지의 연장 3.8 km의 2~4차 도로다.

(46) 옥포성안로

옥포동 18번교차로에서 옥포성을 거쳐 옥포동에서 끝나는 연장 0.9 km의 2~4차 도로다.

(47) 옥포중앙로

옥포동 14번교차로에서 국산초등학교를 거쳐 영진자이온아파트까지 1.5 km의 1~2차 도로다.

(48) 와현로

일운면 와현리 누우래고개교차로에서 와현모래숲해수욕장을 거쳐 예구선착장까지 연장 2.7 km의 2차 도로다.

(49) 율천두모로

장목면 율천리에서 관포리까지의 연장 2.4 km의 2차로다.

(50) 율포로

동부면 율포리 탑포사거리에서 출발하여 마하재활병원을 거쳐 산양리 오망천삼거리에서 끝나는 도로로 23번 거제시도의 일부다. 연장 7.2 km로 2~3차로다.

(51) 읍내로

거제면 동상리 동상사거리에서 거제제일고등학교, 두동터널을 거쳐 사곡교차로까지 연장 6.6 km의 2~6차 도로다.

(52) 장승1로

장승포동 옥림아파트교차로에서 장승포동까지 연장 0.6 km의 2차 도로다.

(53) 장승2로

장승포항에서 장승포동까지 연장 0.3 km의 1~2차 도로다.

(54) 장승로

장승포동 옥림아파트교차로에서 문화예술회관을 거쳐 두모로타리에서 끝나는 연장 1.8 km의 2~4차 도로다.

(55) 장승포1로

장승포동에서 장승포초등학교를 거쳐 장승포119안전센터까지 연장 0.4 km의 2차 도로다.

(56) 장승포로

장승포동 문화예술회관에서 장승포항을 거쳐 장승포동 끝에 이르는 연장 1.4 km의 1~3차 도로다.

(57) 장승포해안로

장승포항에서 해안으로 능포동까지 연장 3.2 km의 2차 도로다.

(58) 장평1로

장평동 5번 교차로에서 장평 오거리를 거쳐 장평동에서 끝나는 연장 1.8 km의 2~6차 도로다.

(59) 장평2로

장평동 2번 교차로에서 장평중학교를 거쳐 장평동에서 끝나는 연장 0.7 km의 2~5차 도로다.

(60) 장평3로

장평동 2번교차로에서 2-1번교차로, 장평오거리, 삼성중공업 거제조선소까지 연장 0.8 km의 4~6차 도로다.

(61) 장평4로

장평동에서 시작하여 장평중학교를 거쳐 덕산아내아파트까지 연장 0.7 km의 4차 도로다.

(62) 장평로

장평동 4번교차로에서 시작하여 장평동에서 끝나는 연장 0.7 km의 2~7차 도로다.

(63) 제산로

양정동 거제시보건소에서 제산초등학교를 거쳐 거제더샵아파트까지 연장 1.0 km의 4~5차 도로다.

(64) 죽토로

연초면 죽토리 연초삼거리에서 야부삼거리까지 연장 1.0 km의 2~4차 도로다.

(65) 중곡1로

고현동 신현제2교에서 신오1교, 신오교를 거쳐 양정교까지 연장 1.5 km의 2~5차 도로다.

(66) 중곡2로

고현동에서 출발하여 중곡초등학교, 양정교를 거쳐 수월교까지의 연장 1.4 km, 2~5차 도로다.

(67) 중곡로

고현동 8번교차로에서 중곡초등학교, 신오교를 거쳐 소오비마을교차로까지의 연장 0.6 km의 2~4차로다.

(68) 지석로

사등면 지석리에서 사등리까지의 연장 3.0 km, 2~4차 도로다.

(69) 지세포로

일운면 지세포리에서 일운초등학교를 거쳐 일운농협까지 연장 1.4 km의 2차 도로다.

(70) 지세포해안로

일운면 소동리 신촌사거리에서 지세포항을 거쳐 지세포 선창낚시공원까지 연장 2.5 km, 2~4차 도로다.

(71) 진목로

옥포동 14번교차로에서 거제경찰서까지 연장 0.4 km, 2~3차 도로다.

(72) 청마로

둔덕면 하둔사거리에서 상둔1교, 유지삼거리를 거쳐 상둔리까지 1번 거제시도의 일부 구간으로 연장 8.1 km, 2차 도로다.

(73) 칠천로

하청면 실전리 실전삼거리에서 칠천교, 대곡삼거리를 거쳐 장안마을교차로까지의 도로로 14번 거제시도의 일부 구간이다. 연장 13.9 km의 2차 도로다.

(74) 탑곡로

아주동 3·1기념탑교차로에서 3·1운동기념탑을 거쳐 아주공설운동장까지 연장 0.9 km의 2차 도로다.

(75) 하청로

하청면 문화센터에서 하청초등학교를 거쳐 하청리에서 끝나는 연장 0.5 km, 2차 도로다.

(76) 해금강로

남부면 갈곶리 함목삼거리에서 바람의언덕을 거쳐 해금강까지 연장 2.7 km, 2~4차 도로로 7번 거제시도의 일부 구간이다.

(77) 해명로

수월동 9번교차로레서 해명교를 거쳐 수월동에서 끝나는 연장 1.1 km, 1~5차 도로다.

7장

거제지리

7-1 도서

7-1-1 정의

섬은 물로 완전히 둘러싸인 땅으로 대륙보다 작고 암초보다는 큰 것을 말한다. 특히 사람이 살고 있으면 유인도라 하고, 사람이 살 수 없거나 살지 않는 섬은 무인도라고 한다.

적당히 큰 섬은 도(island)[546]라 하고, 작은 섬은 서(islet)[547]라 하며, 이 둘을 통칭한 것이 섬 즉, 도서다.

섬의 개념은 바다물이나 육지물로 둘러싸여 있는 땅이다
거제는 서남에서 동쪽으로 해안선이 길고 그 연안에 많은 섬들이 있다

세계에서 가장 큰 섬은 덴마크의 속령인 그린란드고, 아시아에서 가장 큰 섬은 인도네시아와 말레이시아, 브루나이가 각각 분할 통치하고 있는 보르네오다. 중국에서는 하이난섬이 가장 크다. 또한 우리나라에서 가장 큰 섬은 제주도다. 한편, 세계에서 가장 작은 섬은 영국 콘월 주 실리제도에 위치한 비숍록[548]이다.

섬의 지리적 성격은 육지와 떨어진 외딴곳이며, 육지나 이웃 섬에 가기 위해서는 배나 비행기와 같은 교통수단을 필수적으로 이용해야 한다. 그리고 섬에는 섬의 자연환경에 적응하여 살아가며 만든 생활문화가 있다. 이러한 생활문화는 외부의 문화가 들어오면 섬 사정에 맞게 새로운 양상으로 변하기도 한 결과다. 이는 섬의 문화에 폐쇄성과 독자성을 만들어 가는 과정이었다. 하지만 오늘날은 통신, 교통, 문화가 발달하여 섬의 옛 문화는 찾기가 어렵고, 오히려 생활문화는 소득수준이 높은 섬일수록 더 대륙적으로 발전하고 있다.

---

546) 도(島, island)
547) 서(嶼, islet)
548) 대서양에 있는 등대로 유명한 아주 작은 섬. 영국의 콘월반도에서 45 km에 있는 실리제도의 가장 서쪽에 위치. 헬리패드가 설치되기 전, 등대 방문객은 건물 위, 섬 아래에서 기다린 후 보트까지 윈치와 밧줄로 내려가야 했다. 20세기 초반 동안 원양 정기선에 쓰인 북대서양 항로의 동쪽 끝에도 있으나 서쪽 끝은 뉴욕 베이만의 입구다.

[비숍록]

7-1-2 부속섬과 수도

거제의 남서쪽 해상에 있는 통영의 섬들은 거제사람들의 어업 생활권이다. 남부면 갈곶리 해금강에서 약 21㎞ 떨어져 있는 높이 106m의 홍도를 비롯하여, 많은 섬들이 펼쳐진 열도[549]는 다도해의 비경지로 관광자원이다. 홍도는 남해안의 갈매기 서식지로 보호되고 있고, 서쪽과 동쪽 그리고 남쪽에 있는 작은 도만(섬의 항만)은 풍랑을 막아주어 작은 배는 정박할 수 있다. 조선시대까지는 이 섬이 거제에 속해 있었다.

벽파수도는 서일말 등대에서 매물도 바닷길과 한려수도이며, **혁파수도**는 갈곶반도에서 홍포까지의 물길이다.

축파수도[550]는 남부면 대포나 홍포에서 통영 욕지도까지의 뱃길이다. 대포 망산에서 5.8㎞ 떨어진 대매물도와 8.3㎞ 거리에 있는 소매물도는 통영군에 속해 있는 섬이다. 대매물도의 북단에 어유도와 가왕도가 있으며 이들도 모두 통영에 속한다.

매물도는 한산면 매죽리에 속한 대매물도, 소매물도, 등대도(글씽이섬) 등 3개의 섬을 통틀어 말한다. 소매물도와 등대도의 해안암벽은 장관이다. 본섬인 소매물도는 면적이 2.51㎢에 불과한 작은 섬이고 대매물도, 홍도, 등대섬(해금도), 대구을비도, 소구을비도 등이 모두 매물도에 딸린 섬이다.

소매물도 마을 뒤편의 비탈길을 따라 15분 정도 올라가면 소매물도의 최고봉인 **망태봉** 정상에 이른다. **등대섬**을 비롯해 수많은 통영의 섬들과 거제 해금강이 바라보이는 천연전망대가 있고, 천연전망대는 천태만상의 기암괴석으로 이루어져 있다. 용바위, 부처바위, 깎아지른 병풍바위, 목을 내민 거북바위, 촛대바위 등이 주위에 둘러섰고, 이들 사이로 바위굴이 있으며, 등대도의 **글씽이굴**은 작은 배가 다닐 수 있다.

---

549) 열도(列島) : 섬들이 열을 지어 분포하는 것으로, 열점으로부터 형성된 열도(예: 하와이 열도)와 해구의 육지 쪽으로 형성된 호상열도(예: 크릴 열도)가 있음

550) 축파수도(築波水島) : 거제 남부면 대포, 홍포에서 통영 욕지도까지 해로

소매물도에서 등대섬으로 가는 길의 몽돌밭은 하루 두 번씩 본섬과의 길이 열려 모세의 바닷길로 불린다. 소매물도나 등대섬은 갯바위 낚시터로 봄철과 여름에는 참돔, 농어, 볼락, 돌돔, 가을과 겨울철에는 삼치, 감성돔 등이 많이 난다.

대매물도의 동서 길이는 2.8 ㎞, 폭 740 m으로 최고봉은 196 m의 장군봉이다. 동쪽의 작은 만에는 배가 정박할 수 있다. 매물도에서 동남쪽으로 약 3.3 ㎞ 해상에 등가도가 있고, 서쪽으로 약 8 ㎞ 떨어진 곳에 **소지도**가 있다. 소지도의 높이는 132 m다. 그리고 남쪽 6~8 ㎞ 지점에는 **대구을비도**[551]와 **소구을비도**[552] 등이 있다. 매물도의 남서쪽 약 1.5 ㎞에는 높이 324 m의 **국도**[553]가 있고, 국도의 서북서 방향 약 8.3 ㎞ 지점에는 남북으로 이어진 **좌사리제도**[554]가 있다.

국도는 거제 남부면 대포마을 망산에서 20.84 ㎞로 서남에서 동북으로 길게 놓여 있다. 소매물도와 국도 중간 지점에 대구을비도와 소구을비도가 있다. 소지도는 망산에서 11.78 ㎞ 서남에 있으며, 대소매물도와 국도, 연화도의 중심에 있다.

연화수도는 연화도와 욕지도 사이 해로다. **연화도**를 중심으로 하여 우도, 우서, 북뢰, 마뢰, 봉도, 적도를 **연화열도**[555]라 하고, 남도, 하서, 하노대도, 상노대도, 사이도, 소두방서 일대를 욕지도 북단의 **노대군도**라 한다.

우도는 대포 망산에서 21.2 ㎞, 적도는 24.0 ㎞, 봉도 25.0 ㎞, 욕지도 26.4 ㎞, 초도 26.3 ㎞, 소초도 24.7 ㎞, 좌사리도 25.0 ㎞거리에 있다. 연화도의 동북 약 5.5 ㎞에는 **외부지도**[556]는 남부면 근포마을에서 16.7 ㎞, **내부지도**[557]는 근포마을에서 16.8 ㎞, 연대도는 근포에서 16.2 ㎞, 오곡도는 근포에서 14.0 ㎞에 있고, 연화도 그 서북방에 노대군도[558]에 속한다. 그사이는 높이 95 m의 봉도가 있다. 죽도는 근포마을 서쪽 4.4 ㎞에 있고, 그 너머 용초도가 6.45 ㎞ 거리에 있다.

장강수도는 저구만에서 장사도를 지나 봉암도와 용초도 사이 뱃길을 말한다. 대포 망산에서 서남으로 200 m 떨어진 장사도는 긴 뱀의 모양을 하고 있다고 하여 **장사도**[559]라 하고, 높이 105 m다. 동단에 소덕도와 대덕도가 나란히 있다. 장사도 서북방향에 죽도와 용초도가 있고, 용초도 동쪽에 비진도가 있다.

---

551) 대구을비도(大九乙非島)
552) 소구을비도(小九乙非島)
553) 국도(國島)
554) 좌사리제도(佐沙里諸島)
555) 소지도의 서방 약 8 ㎞에는 높이 216 m의 연화도 및 반도 등을 포함
556) 외부지도(外夫支島)
557) 내부지도(內夫支島)
558) 노대군도(老大群島)
559) 장사도(長蛇島)

욕지도는 감귤재배와 고구마 산지로 유명하고, 대포마을 망산에서 26.4㎞ 거리의 거제 서남단에 있는 섬이다. 길이는 약 6.5㎞, 남북의 폭이 약 3.7㎞의 비교적 큰 섬이다. 해안의 굴곡이 심하고 북쪽 해안은 배의 접안이 용이한 어항이 있고, 섬의 정상은 서쪽으로 기울어진 기형의 천왕봉이 있다. 욕지도의 동남 해안에는 초도와 소초도가 있고, 남서방 약 6.5㎞ 해역에 높이 127 m의 갈도가 있다.

한산수도는 거제의 남부면 율포만과 가배만에서 한산도 북단 통영까지의 수로다. 남부면 쌍근 서쪽에는 봉암도가 있고 높이 256 m의 추봉리 망산과 높이 238 m의 대봉산이 동서로 자리하고 있다. 추봉도의 북단은 어항으로 발달하였으며, 서쪽은 한산도와 접하여 다리가 놓이어 있고 6·25 동란 때는 추봉도와 용초도에 거제도 포로 일부를 수용하였다.

가덕수도[560]는 부산 가덕에서 진해 앞까지의 뱃길이며, 거제 장목면 유호마을 앞과 가덕 사이에 있는 섬들이 **병산열도**다.

가덕도는 유호마을에서 7.57㎞ 지점에 있으며, 21.9㎢로 김해, 진해, 부산으로 통하는 길목이다. 거제와 가덕간에 대교를 설치하여 이를 **거가대교**[561]라 한다.

가덕도는 그 남단의 동쪽 끝을 정점으로 삼등변의 삼각형을 이루고 있으며, 주봉인 연대산[562]은 459 m이고, 안봉[563]은 358 m, 국수봉 269 m 등이 솟아 있어 해안이 가파르다. 평지가 적고 천성리 외에는 항구가 발달하지 못한 형편이다. 고대 유적지가 발굴되기도 하였다.

갈산도[564]는 이수도 동쪽 약 1.8㎞, 높이 11～19 m의 암석군도며, 장목면 유호마을 앞 3.6㎞에 미박도, 4㎞ 중중도, 대죽도 4.6㎞, 5.2㎞ 호도 등이 있다.

상유마을 동북방향에는 연도가 5.65㎞ 떨어져 있고, 호란도는 0.83㎞, 입도는 8.85㎞, 토도 8.24㎞, 수도 5.8㎞, 을미도 6.5㎞, 송도 6.56㎞, 연도 5.63㎞이 있으며, 구영마을 개다리치 북쪽에는 웅도가 3.23㎞, 소고도 4.87㎞, 음지도 6.05㎞ 및 우도가 5.56㎞ 정도에 있다.

가덕수도의 중앙에는 3개의 **원추형 병산열도**가 있다. 그중에서 가장 큰 섬은 대죽도로 높이 117 m다. 가덕수도의 서북쪽은 낙동강 하구다. 서쪽은 진해항과 마산항이 있다.

유호 앞 사근여[565] 서북쪽에는 59 m의 **망와도**[566]가 있고, 가조도 서쪽에는 109 m의

560) 가덕수도(加德水道)
561) 거가대교(巨加大橋)
562) 연대산(烟臺山)
563) 안봉(雁峰)
564) 갈산도(葛山島)
565) 사근여(巳根嶼) : 섬 서(嶼)는 이곳에서 여라고 하기도 함

연도[567]가 있다. 연도의 북방에는 **긴솔섬**과 **물섬**이 있다.

대금마을 동북 1 ㎞에는 격도, 4.1 ㎞ 백서, 4.65 ㎞ 갈산도가 있으며, 이수도에서 가덕도 동두발까지는 8.8 ㎞, 외포 북형제도 22.5 ㎞, 남형제도 21.5 ㎞, 외포 북동쪽에는 목도가 24.5 ㎞ 정도 떨어져 있다.

부도수도[568]는 진해항 입구에 있는 부도를 중심으로 한 뱃길로 진해 해군기지의 출입항로가 된다. 장목면 황포마을의 광지말에서 북쪽으로 잠도가 1.83 ㎞에 있으며, 부도는 6.2 ㎞, 서도는 8.7 ㎞, 황포마을 북서에서 진해만으로는 10.8 ㎞에 남도가 있고, 11.5 ㎞에는 송도가 있다.

황포마을 황포해수욕장 서쪽 끝에는 **딴섬**이 있으며, 광지말 서북에서 4.7 ㎞엔 **실리도**가 있고 그 높이는 85 m 정도다.

부도수도 중앙에 가로놓인 **가마섬**[569]은 높이 98 m로 이 부근에서는 제일 큰 섬에 해당한다. 동쪽의 진해만 입구의 동단 사이에는 **꽃섬**이 있다.

부도의 북서쪽 마산항 입구 3.7 ㎞에는 입구소모도가 있으며, 남쪽으로 염포만 입구 남단에서 그 북쪽에는 **송아도**, 서쪽에 길이 980 m, 폭 550 m, 높이 65 m의 **누에섬**[570]이 있다.

칠천도 연구리 앞 통영항로 뱃길에는 **대광이도**, **소광이도**가 있다. 섬의 생김이 귀와 같아서 생긴 이름이다. 대광이도는 연구리에서 4.2 ㎞ 정도며, 소광이도는 3.5 ㎞ 떨어져 있다.

대곡마을의 서북에는 유인도인 **황덕도**가 160 m 정도 가까이 있으며, 연육교가 건설되어 지금은 차량으로도 왕래가 가능하다.

칠천도 남쪽으로는 **슬능도**가 있고, 가조도 신호 서쪽엔 2.2 ㎞에 **수도**가 있으며, 2.5 ㎞엔 **어의도**가 있고, 창촌마을 신호에서 7.1 ㎞ 쯤에 **저도**가 있고, 6.5 ㎞ 떨어진 **춘도**, 7 ㎞에 **입도**, 5.7 ㎞ 떨어져 **형제섬(범섬, 싸리섬)**이 있다.

사등면 지석마을의 서쪽으로 2.15 ㎞엔 **미도(싸리섬)**가 있고, 2.76 ㎞에는 **호도(범섬)**가 있다.

한편, 견내량 해협에는 신계 후포 앞에 있는 **지도**는 신계 후포마을에서 3.3 ㎞ 정도 떨어져 있으며, 5.15 ㎞엔 **고도**가, 3.9 ㎞쯤 **시연도**, 사등면 오량마을 서쪽 **명등도**는 오량마을에서 840 m 정도에 있다.

---

566) 망와도(忘蛙島)
567) 연도(椽島)
568) 부도수도(釜島水道)
569) 가마섬(釜島)
570) 누에섬(蠶島또는 臥島)

신계의 후포마을에서 350 m에 **고개도**가 있으며, 광도마을 560 m 북쪽방향엔 **해간도**가 있어, 최근엔 매우 사람의 출입이 잦다. 둔덕면 학산마을 460 m에 **대류도**가 있고, 390 m 쯤엔 **소류도**가 있으며, **사서**는 1.53 ㎞ 떨어져 있다.

(단위 : m, ㎡)

면동	리동	도서명	해안선길이	면적	유인도
장평동	장평	죽도	630	18,522	
	장평	유자섬	170	2,975	
일운면	구조라	윤돌도	360	2,975	
	와현	내도	2,650	256,070	유
		외도 외도 동도	1,450 690	146,139	유(■)
	옥림	지심도	3,580	356,000	유
동부면	오송	솔도(큰솔섬)	450	12,992	
	가배	구도	900	47,363	
거제면	법동	고승도	280	5,256	
		복도	160	2,083	
		산달도	7,060	2,970,000	유
	소랑	전도	70	298	
	오수	소송도 (작은솔섬)	400	9,813	
둔덕면	술역	항도	395	8,232	
		화도	7,160	1,022,926	유
		방화도	1,460	33,137	
	학산	유대도	270	11,009	
	어구	소록도	1,400	84,978	
사등면	오량	등대도	1,460	49,487	
		고개도	280	62,000	유
	창호	가도	540	9,515	
		계도	700	15,273	무(유)
		범벅도	360	8,331	
		장도	400	6,029	
		취도	190	1,884	
		만금포도	36	79	
		가조도	17,880	5,782,563	유
	사곡	사두도(뱀섬)	750	20,939	

(■ : 관광명소로 관리인 거주)

(단위 : m, ㎡)

면동	리동	도서명	해안선길이	면적	유인도
하청면	석포	항도(목도)	470	12,496	
	연구	씨릉도	1,840	81,236	
		동굴도	170	2,281	
		소광이도	420	9,025	
		대광이도	360	17,058	
	대곡	려봉도	1,500	82,258	
	어온 대곡 연구	칠천도	36,940	9,870,000	유
		황덕도	2,940	215,082	유
장목면	장목	대핍북도	390	9,521	
		소핍북도	240	3,868	
	구영	광지말도	900	35,802	
	관포	각도	230	4,066	
	시방	백사도	220	3,426	
		백여도	280	4,922	
		갈산도	280	5,713	
	외포	대동도	200	2,896	
		소동도	120	922	
	유호	망와도	450	15,074	
		저도	3,150	434,181	
	시방	이수도	2,600	37,587	유
남부면	다포	대병대도	2,610	84,132	
		소병대도	1,070	26,480	
		다포도	510	10,011	
	탑포	죽도	460	10,810	
	갈곶	송도	380	8,331	
		갈곶도	1,620	121,488	

저도는 면적 43만 4181 ㎡, 해안선 길이는 3150 m로 장목면 유호리에 속한다. 1779년(조선 영조45년) 방리개편 때 하청면에 속했으며, 1889년(고종26년) 리제개편으로 하청면에 속했다가, 1909년 신설된 장목면에 편입되었다. 섬의 명칭은 모양이 돼지가 누워 있는 형상이라 하여 붙여졌으며 **돌섬**이라고도 한다.

7-1-3 유인도[571]

(1) 칠천도

칠천도는 거제시 하청면에 있는 섬으로, 장목면 해안에서 서쪽으로 0.7 ㎞ 지점에 있다. 면적은 9.87 ㎢고, 해안선 길이는 36.9 ㎞다. 거제의 부속섬 중 가장 큰 섬이다. 2000년 1월 1일에 칠천연륙교(길이 455 m)가 완공되어 본섬인 거제도와 연결되었다.

명칭의 유래는 예로부터 옻나무가 많고 바다가 맑고 고요하여 칠천도로 불렸으나, 섬에 7개의 강이 있다 하여 내 천자를 쓴 칠천도라는 말도 전해온다. 칠천도에는 1012년(고려 현종3) 목장을 두었다는 기록이 있다. 난중잡록에는 온라도로, 난중일기에는 온천도, 칠천도, 칠내도 등으로 기록되어 있다[572].

칠천도는 예로부터 해산물이 풍부해 황금어장을 의미하는 **돈섬**으로 불렸다. 현재 주민은 1,300명가량이며, 일주도로 16 ㎞는 잘 단장되어 도보와 자전거 하이킹 코스로 알려져 있다. 칠천도는 3개리 10개 마을로 구성되어 있다.

칠천도의 중심에는 옥녀봉(232.2 m)이 있고 동북쪽으로는 곳등산(161 m)이 있으며 이곳에서 마을사람들이 평안과 풍어와 안전을 비는 굿을 많이 하였다.

한편, 어온리 물안마을과 맞은편의 장목면 송진포 사이의 해협에서는 임진왜란 당시 조선수군이 대패한 칠천량해전이 벌어졌던 곳이다. 칠천도 연륙교 앞 작은 공원에는 왼편으로 여러 개의 비석들이 세워져 있으며, 오른쪽에는 칠천량 해전의 기념비가 세워져 있다. 칠천도의 옥계마을 주위에는 이순신 장군을 기념하는 **칠천량해전공원**(2013년 7월 완공)이 있다. 칠천량해전공원은 경상남도의 이순신프로젝트 28개 사업의 하나로 임진왜란 당시 칠천량해전 전몰수군의 명복을 기리고 있으며, 지금은 역사관광자원으로 활용되고 있다. 옥계마을 앞에는 씨릉섬과 동용도라는 무인도가 있으며 이곳에 임진왜란 때에 일본군이 주둔하였다.

(2) 가조도

가조도는 거제시 사등면 창호리에 있는 섬으로, 위치는 동경 128° 34′, 북위 34° 57′ 다. 거제도 북단 사등면 성포리에서 북쪽으로 약 1 ㎞ 떨어진 진해만 해상에 있다. 면적은 5.78 ㎢고, 해안선 길이는 20.3 ㎞다. 거제의 부속섬 중에서 칠천도 다음으로 큰 섬이다. 2009년 7월에 섬의 남쪽과 거제도 성포리를 연결하는 가조연륙교(길이 680 m, 너비 13 m)가 개통되었다.

---

571) 한국의 섬

572) 온라도(溫羅島), 온천도(溫川島), 칠천도(漆川島), 칠내도(漆乃島)

거제도에 딸린 섬으로 거제도를 돕고 보좌한다는 뜻에서 가조도 또는 가좌도[573]라고 불린다. 옛날에는 **가지매섬**으로 불렸다고도 한다.

섬은 중앙의 좁은 지협부에 의해 남북 두 개의 지역으로 구분된다. 섬의 북부 지역은 옥녀봉(332 m)을 주봉으로 하는데, 모양이 원추형으로 생겨 원추화산과 착각하기 쉽다. 이곳에서 발원하는 소하천은 방사상으로 뻗어 있고, 해안 쪽에 형성된 완만한 경사지에는 농경지와 마을이 자리하고 있다.

섬의 남부 지역은 해안선의 굴곡이 심하고, 남동쪽에는 두 개의 작은 만이 분포한다. 옥녀봉 정상에는 정자나무와 **건들바위**가 있어, 옥녀라는 선녀가 바다에서 목욕하고 올라와 구름치마를 입고 춤추며 놀던 자리라고 전해지고 있다.

식생은 온대낙엽수와 상록활엽수의 혼합림이 생육하고 있다. 주민은 대략 1,200명가량 되며 취락은 섬의 북부지역 해안가에 주로 분포하고, 남부지역에는 동쪽의 만입부와 서쪽의 중앙부에 형성되어 있다.

토지는 논 0.43 ㎢, 밭 1.70 ㎢, 임야 3.21 ㎢로, 농업에 종사하는 인구는 전체의 10% 정도며 대부분은 어업과 양식업에 종사한다. 주요 농산물로는 쌀, 보리, 콩과 고구마를 재배하고 있으며, 연안의 양식장에서는 피조개, 우렁쉥이, 홍합, 바지락, 전복, 굴 등을 양식한다.

(3) 산달도

거제시 거제면 법동리에 있는 산달도는 그 위치가 동경 128° 32′, 북위 34° 48′에 해당하며 거제만에 있다. 면적은 2.97 ㎢고, 해안선 길이는 8.2 ㎞다. 해안일주도로는 1982년에 건설되었다. 2018년 9월 21일 거제면 법동리와 산달도는 **연륙교**로 연결되었다.

산달도라는 지명은 섬에 있는 세 개의 봉우리(당골산 235 m, 뒷산 217.2 m, 건너재산 209 m) 사이로 계절에 따라 달이 떠 **삼달**이라 하던 것을, 산에서 달이 오른다는 의미를 가진 **산달**[574]로 표기하였다.

섬의 모양은 대체로 동북과 서남 방향으로 놓인 타원형(땅콩모양)으로 235 m 높이의 구릉성 산지가 중앙에 있다. 남쪽과 북쪽에도 산지가 솟아 있어 전체적으로는 3개의 봉우리가 있는 형태다. 이에 따라 섬의 동쪽 해안과 서쪽 해안은 비교적 완경사지가 존재하며 그곳에 취락과 농경지가 분포한다.

---

573) 가좌도(加佐島)
574) 산달(山達)

해안선은 단조로운 편으로 서남쪽 해안은 암석해안으로 해식애가 발달하였고, 동북쪽 해안은 사빈해안으로 이루어져 있다. 온화한 기후로 피서 및 피한지로 적합하다. 이곳에서는 간이상수도 등에 의존하여 식수가 부족하였으나 본섬의 구천댐에서 공급받은 이후 해결되었다.

조선시대 왜구의 침입을 막기 위하여 거제에 8개의 진을 설치하였는데, 산달도는 지리적으로 바다 방어의 요충지로 진을 다스리기 위하여 수군절도사의 수영을 설치한 곳이었다.

1769년(영조 45)에 한산면에 속하였다가 1895년(고종 32)에 서부면(현재의 거제면)에 이속되었다. 1914년에 행정구역 개편으로 거제군 서부면에서 통영군 거제면으로 명칭이 변경되었고, 1953년에 다시 거제군으로 개편되었다. 1995년에 거제군과 장승포시가 통합되면서 거제시 거제면 소속이 되었다.

주민은 대략 200~300 정도며, 취락은 서쪽 해안에 집중해 있고 일부는 동쪽 중앙부와 동북쪽 해안에 분포한다. 토지 현황은 논 0.23㎢, 밭 0.39㎢, 임야 2.07㎢ 정도다. 주민들은 농업과 어업을 겸한다. 주요 농산물로는 쌀, 콩, 고구마, 마늘, 양파 등이 생산되며, 유자와 치자가 섬의 특산물이다. 근해에서 낙지, 바지락, 고막, 오징어, 해삼, 홍합 등이 어획되고 섬 주변에서는 김과 굴의 양식이 활발하다. 교통은 법동항에서 정기여객선이 운항되었으나, 산달연륙교가 개통으로 사라졌다. 거제초등학교 산달분교는 2003년에 폐교되었다.

산달도는 전등, 후등, 실리의 3개 마을이 주축이며 **신석기시대** 유적인 **패총**이 있다.

(4) 화도

거제시 둔덕면 술역리에 속하는 화도는 면적 1.207㎢, 해안선 길이 7.5㎞다. 술역리 호곡마을 앞 선착장과는 2㎞ 정도 떨어져 있다. 인근 통영과는 4.2㎞ 떨어져 있으며 한산도와도 1.2㎞ 정도에 있다. 화도는 여러 명칭으로 표기되었으며 지명에 얽힌 다양한 이야기들이 전해진다.[575]

화도의 유래로는 인근 바다에서 바라보면 산 정상에 바위가 우뚝 솟아 있어 **어도**라 불리기도 하였으며, 저녁노을을 받으면 붉게 빛나서 **적도**라고도 불렸다. 그러다가 봄이면 진달래꽃이 만발하고 근처 방화도의 봉홧불과 근해의 등댓불로 섬이 온통 붉은 빛을 띠어 **화도**라 칭하게 되었다고 하며, 임진왜란 때에 봉홧불을 올렸다고 하여 **화도**라 했다는 이야기도 전해져 온다.

575) 화도(火島), 화도(花島), 적도(赤島), 각도(角島), 어도

이 섬은 거제시 둔덕면에 소속되었지만 섬 주민들의 생활권은 주로 통영에서 이뤄진다. 여객선도 거제와 가까운 둔덕으로 이어지는 것이 아니라 통영에서 하루 두 차례 운항하고 있다. 1952년 행정구역 개편에 따라 통영군에서 거제군으로 편입되었다.

화도에는 모두 7개의 마을이 있는데 면포, 미포, 발포, 송자포, 염막포, 와선포, 송포(솔개)가 그것이다. 임진왜란 때에 왜선이 많이 정박해 있었던 곳이라고 하여 **왜선포**, 또한 시원한 바닷가에 신선이 내려와 누워 잠을 잤다고 해서 **와선포**라고도 한다.

염전이 있었던 **염막포**, 그 동북쪽 목섬의 서쪽에 있는 마을로 목화를 재배하던 미영(무명의 사투리)밭 구미를 **면바꾸미** 또는 **면포**라고 했으며, 동남쪽의 논이 있는 곳을 쌀개라 하고 **미포**라고 불렀다. 섬의 동남쪽 염막포와 서남쪽에 있는 바다에 밀물과 썰물 때 고기가 오갔기 때문에 **죽방렴**[576]을 설치하여 고기가 들어오도록 했고, 긴 말뚝에 대발어장이 있었던 포구라고 해서 발개 또는 발포라고 한다. 그리고 녹산천의 하구와 마주보는 곳으로 송림이 울창하여 어부림이 형성되었고, 옛날 돌발(석방렴)을 설치하여 봄에 멸치와 갈치 등을 가두어 잡았던 곳인 **송포**, 또는 **송학포**라고 하는 마을이 있다.

화도 주민의 90% 이상이 어업에 종사하고 있어 가구마다 소형 선박을 가지고 있다. 이 선박은 양식업과 어업 등 수산업에 이용되지만 통영과의 거리가 가까워서 교통수단으로도 큰 몫을 차지하고 있다.

(5) 이수도

거제시 장목면에 속한 이수도는 면적 0.384㎢, 해안선 길이 5㎞, 인구는 1백여 명 정도다. 장승포항에서 북쪽으로 11㎞, 장목면 시방리 해안에서 동쪽으로 600 m 해상에 위치한다.

멸치잡이 권현망으로 마을이 부유해지자 바닷물이 이롭다고 하여 **이로운 물의 섬**이라는 뜻으로 이수도라 불렸다. 이수도는 **이물도**, **학섬**이라고도 하며, 지금은 남강의 수원을 이용하지만 오래전부터 물이 좋아 시방사람들도 이수도의 물을 길어다 사용하였다. 또, 이수도의 인근 해역은 대구의 산란장이며 멸치가 풍부하여 예전부터 어업이 활발하게 전개되어 주민소득이 높았다.

---

576) 죽방렴(竹防簾) : 물살이 드나드는 좁은 바다 물목에 대나무발 그물을 세워 물고기를 잡는 전통적인 어구

이수도는 거제의 동쪽에 있는 섬으로 대금산에서 내려다보면 한 마리의 학이 북서쪽을 향해 날아가는 모양을 하고 있다. 한편, 대금마을과 시방마을 및 홍남마을의 지형은 이수도를 향해 활을 쏘는 지형이다. 이수도와 마주해 있는 언덕 마을은 **시방**[577] 또는 **살방**이라고 하며, 마치 활을 쏘는 것 같은 형상을 하고 있다. 이에 이수도와 시방은 학과 활의 모양을 하고 있어 풍수지리로 볼 때 서로 겨누고 막아야만 하는 형국이었다.

조선 말엽, 이수도의 주변이 황금어장이고 물도 풍부하여 시방보다 살기 좋은 마을이었다. 일제강점기 시절 이수도에는 일본인 어장이 생기면서 주민 경제가 좋아졌고, 시방보다 진해와 마산, 부산으로 가는 뱃길이 유리하여 번성을 누렸다. 그러나 1920년대부터 회유하는 어족자원이 줄어들면서 점차 어획량이 감소하였다. 여건으로 보면 이수도가 더 잘 살아야 하는데 그러지 못하자 이수도 사람들이 시방을 질시했고 더 잘 살기 위한 대책 마련에 나섰다. 때마침 풍수지리에 능한 도사가 나타나 말하기를 이수도의 학이 시방의 화살에 맞아 죽는 형국이라 방패에 해당하는 비석을 세워 막으면 잘 살 수 있다고 알려 주었다.

이에 이수도 주민들은 시방의 화살을 막는 **방시순석**을 마을 뒷산에 세웠다. 그러자 정말 이수도는 부자가 되었고 시방마을이 쇠락해져 갔다. 이수도에 비석이 서고부터 시방마을이 가난해졌다 하여 시방사람들은 이수도의 비석을 부수려 했으나, 이수도 사람들이 시방사람들을 접근도 못하게 막았다. 다정하게 지내오던 두 마을은 이때부터 원수지간이 되었다. 시방에서는 고심 끝에 이수도의 비석을 뚫을 수 있는 쇠화살을 쏜다는 뜻의 **방시만노석**을 세웠다. 이렇게 되자 다시 처지가 바뀌었다. 결국 이수도에서는 쇠화살을 막을 **방시만노순석**을 원래의 방시순석 위에 덧세웠다. 이후, 더 이상 소모적이고 어리석은 싸움을 되풀이하지 않으려는 깨우침과 함께 화해가 이루어져 두 마을의 오랜 분쟁은 일단락되었다.[578] 지금도 이 석비들이 남아있다.

(6) 황덕도

하청면 대곡리에 딸린 황덕도는 칠천도에서 교각으로 이어져 있다. 면적은 0.18㎢, 해안선 길이는 3㎞ 정도며 인구는 30여 명이다. 칠천도 대곡마을에서 300 m 정도에 있다. 지명의 유래는 황덕도에 사람이 살기 전에 숲이 매우 울창하여 노루가 많이 살았다고 한다. 섬 언덕에서 노루들이 다니는 것을 지켜본 칠천도 한실 사람들이 ‘노루

577) 시방(矢方)
578) 방시순석(防矢盾石), 방시만노석(放矢萬弩石), 방시만노순석(防矢萬弩盾石)

가 뛰어 노는 언덕'이란 뜻으로 **노루언덕**으로 부르다 말이 줄어 **노런덕**이 되었으며 이후 '노른덕', '노른디기'로 불렸다고 한다. 또 섬에 나무가 없을 때 누런 황토 땅이 었기에 **누런섬**이라고도 불렀고, 한때는 100살 이상의 장수한 노인들이 많아 **장수섬** 또는 **노인덕도**라고 불렀다.

칠천도 대곡 마을에서 황덕교를 지나 섬에 도착하면 아래로 가장 먼저 보이는 잔디가 깔린 2층 건물이 있다. 이곳은 예전에 초등학교 분교(황덕분교, 1991년 폐교)였으나 폐교 후에 현재는 펜션으로 운영되고 있다. 이 일대를 지부리마을이라고 한다. 지부리마을에서 섬의 안쪽으로 500 m를 걸으면 섬의 중심인 **안몰마을**이 나온다. 이곳에서는 북쪽으로 작은 고개를 넘으면 새지마을을 지나 해안선을 따라서 지부리마을로 돌아올 수 있다.

섬 정상에는 무인 등대가 있고, 주민들은 농업과 어업을 겸하며 근해에서 굴, 홍합 등의 양식을 주로 한다.

(7) 고개도

거제시 사등면에 딸린 고개도는 면적 0.062 ㎢, 해안선 길이 0.2 ㎞, 인구는 1가구 3명으로 거제시에 속한 유인도 중 가장 작은 섬이다. 오량리 신계마을의 후포마을로부터 약 200 m 떨어진 지점에 위치하고 있다.

고개처럼 생겼다 해서 '고개도'라 부르기도 하고, 썰물 시에는 갯벌을 걸어 다니면서 조개 등 패류 채취가 가능하다 하여 '고개도'라 부르게 되었다고 한다. 고개도 앞 조그마한 섬은 '작은 고개섬(소고개도)'이라고 부르며 무인도다.

고개도는 거제도 사람들도 잘 모르는 아주 조그마한 섬이다. 거제시와 통영시를 연결하는 거제대교 중간에서 진해쪽 방향으로 거제도에 붙어 있는 섬으로, 면적이 2만 평 정도인 작은 섬이지만 유인도로, 거제시로 들어오는 송전탑이 있으며, 지난 2003년 매미태풍으로 쓰러진 바가 있다.

후포마을에서 바라다보면 소고개도와 고개도, **명등섬**이 나란히 보인다. 명등섬은 일명 **등대섬**이라고 부르지만 인근에서는 명정도로 불리고 있다. 이곳에는 견내량의 무인 등대와 높다란 송전탑이 서있다. 주민의 집 주변에는 수령이 꽤 오래된 나무들이 있어 섬의 수호신처럼 버티고 있다. 또, 두 그루의 아름드리 후박나무도 방풍 역할을 하고 있다.

고개도는 거제와 통영 사이를 가로지르는 견내량의 중앙부에 위치하여 어족 자원이 풍부한 섬이다. 이곳 주변에서 볼락과 농어, 조개 등을 잡는다. 또, 물이 맑고 해조류가 풍성한 고개도는 물때에 따라서 가끔 바닷길이 들어나기도 한다. 한 달에 두 번 물이 많이 빠지는 사리 때 4~6회 정도 바닷길이 열리는데 섬 주변 바위와 갯벌에는 굴, 바지락, 고동, 해삼 등이 흔하다.

임진왜란에는 고개도의 당시 지명이 **홍도**였다. 이는 견내량 반대편 입구 있는 **해간도**와 더불어 매우 중요한 위치에 있었던 것으로, 고개도와 해간도가 조선 수군의 정찰 목적을 띤 첨병들의 정박지 역할을 했던 곳으로 전해지고 있다.

(8) 지심도

거제시 일운면에 속한 지심도는 면적 0.356㎢, 해안선 길이 4㎞, 인구는 대략 21가구 37명 정도다. 지세포에서 동쪽으로 6㎞ 해상에 위치하며, 하늘에서 내려다본 섬의 모양이 '마음 심'자를 닮아서 붙여진 이름으로 일명 **동백섬**으로 통한다. 동백꽃은 12월부터 피기 시작해 4월 하순이면 꽃잎이 떨어지며, 2월과 3월에 동백꽃을 구경하기 가장 좋다. 지심도의 여러 가지 식생 중에서 50~60% 정도가 동백꽃으로 채워진다. 봄이 되면 100년 이상 된 동백나무가 동백 터널을 만들어낸다.

지심도는 너비 약 500 m, 길이가 1.5㎞ 되는 작은 섬으로 역사가 깊지는 않으나, 일본과 가까운 곳에 위치하여 일제강점기에 일본 해군기지로 사용되었는데 광복 후 진해 해군통제부 소유로 관리가 전환되었다.

1937년 10월 지심도가 일본군의 해군기지로 사용되면서 힘없는 주민들은 일제에 의해 강제로 쫓겨났다. 그 당시 해군부대는 1개 중대의 부대에서 전쟁 말기에는 군함 2척, 육군 특전대 군인 320명 등으로 증원되었다. 지심도의 발전소 자리에 '진해요항사령부 근거지'라는 표지석이 있어 부대설치 시기를 짐작할 수 있다. 지심도가 일본 해군기지로 바뀌면서 군막사, 발전소, 병원, 배급소, 식당, 포대, 방공호 3곳, 대포를 보관하던 곳이 생겨났으며, 대포를 쏘기 위한 방향 지시석은 총 6개였으나 지금은 5개가 남아 있다. 그 방향이 남쪽은 해금강, 북쪽은 부산과 진해, 동쪽은 대마도로 나누어져 있다. 또, 당시 통신대 지휘소 등이 있었는데 1945년 6~8월 미군 폭격으로 파괴되었다.

지심도 동쪽 끝에는 울창한 숲길이 있는데 일본군들이 경비행기를 타고 내리기 위해서 만든 활주로였다. 지금은 헬기장으로 사용하고 있다. 지심도는 1945년 광복이 될 때까지 8년 동안 일본군들이 주둔해 있었다. 천혜의 동백섬인 '지심도'는 2016년 6월에 거제시로 소유권이 이전되었으며, 거제해양관광개발공사는 **에코아일랜드**로 개발하기 위해 노력 중이다.

(9) 계도

사등면 창호리 산285를 중심으로 형성된 계도는 면적 15,273 ㎡로 가조도로부터 200 m 정도 떨어져 있다. 이 구역은 자연환경보전지역 및 수산자원보호구역으로 지정되어 있으며, 패류양식으로 굴을 많이 생산하고 있다. 주로 안산암질 화산암(길이 350 m, 폭 50 m)으로 해식애가 발달해 있으며, 육지와 인접해 있어 육상동물의 유입이 가능하다. 인근 해역은 볼락, 도다리, 노래미, 감성돔 등 제철 어족자원이 풍부하다. 특히 맑고 깨끗한 해역에서 자란 미더덕과 홍합은 지역 특산 수산물로 손꼽힌다.

계도마을은 계도와 마주하는 곳으로, 마을 뒷산이 닭처럼 생겼다하여 계도마을이라고 불렸다. 한편, 계도는 지네처럼 길게 생겼으며 이를 닭이 잡아먹으려고 하는 형상이라는 이야기도 있다. 최근에는 계도에는 사람이 살지 않는 **사실상 무인도**이고 가조도쪽에 계도마을을 형성해 어촌체험마을로 다양한 노력을 기울이고 있다.

(10) 내도

거제시 일운면 와현리에 속하는 내도는 면적 0.256 ㎢, 해안선길이 3.9 ㎞며 최고점은 131 m다. 인구는 대략 30명 정도며 **안섬**, **모자섬**이라고도 한다. 위치는 구조라 마을의 입구에 해당하며 와현리에서 남쪽으로 300 m 해상에 있다. 부근에는 외도와 서이말 등대가 있다. 외도(바깥섬, 남자섬)의 안에 있다 하여 내도라고 하였으며 옛날 대마도 가까이에 있던 **외도(남자섬)**가 구조라 마을 앞에 있는 **내도(여자섬)**를 향해 떠오는 것을 보고 놀란 동네 여인이 '섬이 떠온다'고 고함을 치자 그 자리에서 멈추었다는 전설이 전한다. 어족이 풍부하여 낚시터로도 유명하며, 김과 굴 양식도 활발하다. 섬 전역에 동백나무가 우거졌고, 1982년 내도 분교 운동장에서 선사시대의 유적인 조개무지와 토기 등이 발견되었다.

(11) 외도

무인도로 취급되던 외도는 **사실상 유인도**다. 자연과 인공의 조화를 이루고 있는 곳으로 한려해상국립공원에 속하며 거제도 구조라에서 6 km 떨어진 곳에 있다. 조선시대부터 사람이 살았다고 하며, 해안선 길이가 2.3 km이고 해발 80 m 높이의 기암절벽으로 둘러싸여 있다. 연간 100만 명 이상의 방문객이 찾는 유명한 관광 섬이다. 하지만 1995년 개장 이전까지만 해도 이곳은 아무도 찾지 않는 무명의 외딴 섬에 불과했다. 외도는 14만5000 ㎡의 면적에 740여 종의 희귀열대식물 등 모두 3000여 종이 전시되어 있는 자연농원이다.

큰 섬과 작은 섬 두 개로 이뤄진 이곳은 해발 84 m의 수려한 기암절벽으로 둘러싸여 뛰어난 자연경관을 자랑한다. 해상 관광지는 모두 큰 섬에 자리 잡고 있다. 섬 탐방로는 2000여 종의 아열대 식물로 빼곡하다. 섬 중간에 자리 잡은 '비너스 가든'은 옛날 초등학교 분교 자리로 '세상 그 어느 정원보다 아름답게 꾸몄다'는 평을 듣는다. 조각공원과 '천국의 계단' 등 아열대식물과 조형물로 이뤄진 섬은 동화의 나라 같다는 착각마저 든다. 일부에서는 인공의 흔적이 강하다고 한다. 그러나 기존 섬 곳곳에 자생하고 있던 동백나무와 대나무 군락지 등은 그대로 보존했다.

7-2 지질과 들판·하천·항만

7-2-1 지질

한반도는 면적의 약 50% 정도가 **선캄브리아기**[579] 암석으로 되어 있다. 선캄브리아기 변성암류는 고생대와 그 뒤에 퇴적된 지층으로 덮여 있다. 한반도의 대부분이 이런 지층 아래 있는 선캄브리아기의 암석을 기반으로 한 **육괴**[580]라 한다.

선캄브리아기의 암석들은 동아시아에 있는 시베리아 순장지와 관련이 있는 선캄브리아기의 무리가 우리나라와 일본으로 이어진 육괴다. 선캄브리아기의 암석은 크게 네 개의 육괴로 구분한다. 영남육괴, 소백산육괴, 경기육괴, 낭림육괴다. 영남육괴와 경기육괴 사이에는 옥천대라 한다.

579) 선캄브리아기(Precambrian age) : 고생대(캄브리아기)보다 오래된 시대의 총칭. 지구가 탄생한 약 45.6억 년 전부터 시작하여 약 5, 6억 년 전에 이르기까지 가장 오랜 지질시대. 시생대와 원생대로 구분

580) 육괴(陸塊 massif) : 주변의 암석보다 견고한 암석으로 구성된 암석의 큰 덩어리나 구조적 단위로서 조산대에 들어 있는 암체

선캄브리아기의 변성암을 결정편마암계와 화강편마암계로 나눌 수 있다. 결정편마암은 모든 퇴적암에서 변성된 것이고, 화강편마암이 변성된 퇴적암에 관입한 화강암의 변성물이라 한다. 이들을 세분하면 퇴적암, 변성암, 화성암이다. 영남권은 신라층과 낙동층에 속한다. 낙동층은 소백산맥에서 낙동강을 따라 형성된 지질이다.

거제도는 퇴적암인 낙동층군과 화성암의 화강암층 지질로 형성되어 있다. 낙동강의 지맥이 연유된 사등면, 고현동 일대, 거제면, 하청면, 장목면, 장승포동, 동부면 일부까지는 퇴적암이고, 둔덕면, 남부면, 동부면 일부와 일운면은 화성암 계층의 화강암으로 구성되어 있다.

7-2-2 들판

거제 중심지역의 들판은 6·25 당시 포로수용소가 설치되었던 곳으로 아직도 곳곳에 그 잔해가 남아 있다. 북단의 **장평**지역은 삼성조선소가 들어섰고, **거제면**은 조선시대 거제부[581]의 고도였으며 동부면으로 이어지는 비옥한 땅을 지니고 있다. 내륙지역으로는 거제면 옥산에서 동부면 구천까지 10㎞에 이르는 들판이 펼쳐있다.

동북부 권역에 있는 들판은 대금산 아래 장목을 중심으로 율천, 외포, 연초면과 하청면에 넓게 분포하며, 옥녀봉 아래로는 아주동, 옥포1, 2동, 일운면 지세포의 들판 등이 있다. 이 일대는 **신라시대(고려 때까지) 아주현**[582]이 자리하였고 현재는 **대우조선소**가 해안 부분에 들어있다.

동부면과 남부면은 가라산과 노자산을 중심으로 **고려시대 송변현**[583]이 있었던 곳으로 다대, 다포, 대포, 율포, 부춘의 넓은 들이 있다.

산방산아래는 거제의 곡창지대인 둔덕들과 술역, 사등면의 오량, 언양, 광리(번덕)에 넓은 들을 만든다.

이런 들판의 덕분으로 거제는 식량이 자급자족되었으며, 농경사회가 어느 지역보다 발달하였다. 더불어 사면이 바다인 도서지방으로 어자원이 풍부함과 더불어 거제도는 예로부터 주식의 걱정이 덜했다. 이런 지역적 장점은 삼한시대 **독로국(두루국/두로국)**[584]이란 큰 부족국가가 성립할 수 있었다.

---

581) 거제부(巨濟府)
582) 아주현(鵝洲縣)
583) 송변현(松邊縣)
584) 독로국(瀆盧國) / 두로국(瀆盧國) : 변한을 이루고 있는 12 소국은『삼국지』위서 동이전 한조에 나타난 독로국. ①변진미리미동국(弁辰彌離彌凍國) ②변진접도국(弁辰接塗國) ③변진고자미동국(弁辰古資彌凍國)

삼한시대 변한 소국의 하나인 **독로국**은 아직도 **거제도**와 **부산 동래설**로 확정된 바가 없다. 하지만 대체적으로 거제설이 유력하다.

19세기 정약용은 '독로국'을 '두루국, 두로국'으로 읽고 삼국사기 지리지 거제군조에 보이는 거제의 옛 이름 **상군**과 동일시하여 거제도로 규정했다. 이후 신채호와 정인보 등의 지지가 있었고, 최근의 학자들도 이에 동조하는 편이다. 그러나 일본인 학자 요시다 도고는 지금의 부산인 동래를 주장하였고, 이는 이병도, 정중환, 천관우 등이 이에 따랐다.

독로국은 발음의 변천에 따라 독로→동노→동내→동래가 두로국 즉, 두루기 보다는 이치에 합당하다는 의견이 있기도 한다. 그러나 거제에서 상군이라고 기록된 기와가 발견되어 다시 거제도 독로국설이 중시되었다.

이에 반해, 부산 동래에는 부산 복천동 고분군 및 그 이전의 부산 동래 패총 등 삼한시대 유적이 존재하므로 독로국은 부산 동래로 보는 것이 합리적이라는 설이 있다.

■ **거제의 평야**

1) **둔덕들** : 옥동에서 하둔까지의 들

2) **명진들**585) : 명진에서 동부 산촌과 경계한 오수마을에 이르는 들

3) **유계들** : 하청면 유계리와 대곡의 들. 묵개 바다와 접함

4) **연초들** : 죽토마을에서 연사, 임전포로수용소, MP 다리가 있는 곳

5) **지세포들** : 지세포 전역과 소동마을 앞까지의 들로 도심형 개발 진행 중

6) **율천들** : 장목 밤개에서 대금 앞까지의 들

7) **동부들** : 구천동과 부춘에서 산양, 산촌까지의 들

도심으로 개발되기 전에는 아주들, 장평들, 고현들이 있었다.

---

④변진고순시국(弁辰古淳是國) ⑤변진반로국(弁辰半路國) ⑥변낙노국(弁樂奴國) ⑦변진미오야마국(弁辰彌烏邪馬國) ⑧변진감로국(弁辰甘路國) ⑨변진구야국(弁辰狗邪國) ⑩변진주조마국(弁辰走漕馬國) ⑪변진안야국(弁辰安邪國) ⑫변진독로국

585) 신라시대 명진현이 있었던 지역

7-2-3 하천

거제는 많은 산과 계곡이 형성되어 국지성, 집중성이 강한 여름철의 강우에도 큰 물난리가 없었다. 강수량 중에는 **강우량**이 대부분이며 비교적 많은 비가 내려 수자원이 풍부한 편이다. 하지만 인구가 늘고 조선산업이 발전하자 수자원 부족현상이 발생하여 진주 **남강댐**의 식수를 유입 받고 있다.

하천은 육지표면에서 일정한 유로를 가지는 유수계통을 의미한다. 우리나라에서는 큰 강을 **강**, 작은 강을 **천** 또는 **내**로 나타내지만, 오늘날에는 혼용하여 사용하는 경우가 많다. **하**는 큰 강을 의미하고, **천**은 작은 강을 뜻한다. 예를 들어 태백에서 발원한 한강에는 **청계천**, **중랑천**, **안양천** 등의 작은 지류가 흘러들고 있어서, 이를 미루어 보면 하천의 정의가 적용된다는 것을 알 수 있다.

큰 강은 하, 작은 강은 천이다
강은 이를 구별하지 않는 성향을 지닌다

지표면에 내린 비와 눈은 일부 지표면이나 수면에서 증발하고, 일부는 식물체를 거쳐 **증산**[586]을 통해 대기 중에 되돌아가나, 대부분은 **지하수**가 된다. 이도 아니면 **표류수**가 되어 항상 낮은 곳을 향해서 흐르는데, 표류수는 경사면에서 최대경사를 따라 흐르므로 자연스럽게 그 흐름의 길이 생긴다. 이 유수의 통로가 되는 좁고 긴 요지(움푹 들어간 지형)를 **하도**(강의 길)라 하고, 하도에서의 물의 흐름을 **하류**라고 한다.

이때 하도와 하류를 합쳐서 **하천**이라 한다. 하천은 수목처럼 줄기에 해당하는 **본류**와 가지에 해당하는 **지류**로 구성되며, 본류에 합류하는 것을 지류라 하고, 이와 반대로 본류에서 갈라져서 흐르는 것을 **분류**라 한다.

또, 빗물과 그 밖의 지표수가 모여 물길을 따라 흐르는 것을 강과 하천으로 구분하기도 하여, **강**은 큰 것이고, 하천은 작은 것을 의미하고, 하천 중에서 좁고 작은 것은 **세천**이라 한다. 특히, 골짜기에서 흐르는 시냇물은 **계천**[587]이라고 부른다.

우리나라의 하천은 정부(국토교통부)에서 관리하는 **직할하천**[588]과, 도에서 관리하는 **준용하천**, 지방에서 관리하는 **지방하천**이 있다. 현재 우리나라엔 직할하천은 62개, 준용

586) 증산(蒸散) : 식물이 뿌리를 통해 흡수한 물을 식물 잎의 기공을 통해 대기로 내보내는 과정
587) 계천(溪川) : 시내와 내
588) 직할하천(直轄河川) : 하천법에 적용되는 하천을 지정하천, 하천법의 일부만 준용되는 하천을 준용하천(準用河川)으로 분류. 또 지정하천은 다시 국토교통부(구 건설교통부) 장관이 관리 및 운용권을 갖는 직할하천과 지방장관(도지사 등)이 관할하는 지방하천으로 구분

하천 3,807개, 지방하천 55개다. 일반적으로 여러 시나 도를 통해 흐르는 것은 직할하천이며, 시군을 통해 흐르는 것은 준용하천이다.

거제도는 사면이 바다이기 때문에 경사가 비교적 심하여 빗물이 하천에 머무는 시간이 짧고 그 규모도 크지 않다. 하지만 많은 산이 있어 여러 곳에 하천이 있고, 이는 들판을 통해 흐르며 비옥한 토지의 젖줄이 된다.

거제도에는 오량천, 사등천, 둔덕천, 방하천, 간덕천, 오수천, 산양천, 구천천, 부춘천, 소동천, 외포천, 유계천, 연초천, 수월천, 고현천, 아주천, 덕포천 등 **17개의 준용하천 및 지방하천**이 있다.

■ 거제의 17대 하천

① **오량천** : 사기장골에서 소류지를 경유하여 절골 앞들로 흘러 사등면 오량성 북단과 신계마을 앞으로 흐르며, 연장 2,800 m로 유역면적은 6.20 ㎢다.

② **사등천** : 백암산(494.6 m)에서 시작되어 언양저수지를 거쳐 언양, 대리, 사등 들판을 지나 사등 앞 바다로 흐른다. 연장은 2,500 m며 유역면적은 4.80 ㎢다.

③ **둔덕천** : 산방산에서 시작하여 옥동, 점골을 경유한 후 마장, 거림으로 흘러 방하마을의 물과 합류 후, 하둔 앞 바다로 흐른다. 연장은 7,000 m고 유역면적 20.23 ㎢다.

④ **방하천** : 산방산 서쪽에서 절골, 소류지를 경유한 후, 둔덕면 산방, 방하마을을 지나 거림에서 옥동의 물과 합류하여 하둔 바다로 흐른다. 연장은 2,500 m며 유역면적 4.80 ㎢다.

⑤ **간덕천** : 백암산(494.6 m)에서 발원하여 옥산, 외간마을 들판을 지나고 외간 앞 바다로 흐른다. 연장은 2,600 m며 유역면적은 10.30 ㎢다.

⑥ **오수천** : 계룡산과 선자산 사이 고자산치에서 발원하여 거제면 남서쪽의 명진소류지를 경유한 후 명진, 오수마을의 들을 지나 오수·산촌 간척지의 오수쪽을 통해 동부면 오송 앞 바다로 흐른다. 연장은 3,000 m고 유역면적은 4.50 ㎢다.

⑦ **산양천** : 구천계곡의 망골과 노자산에서 발원하여 평지마을을 지나 연담마을의 동부저수지에서 구천계곡의 물과 합류한다. 산양, 산촌으로 흘러서 오수·산촌 간척지 중 산촌쪽으로 흘러 거제만 바다에 이른다. 연장 13.7 ㎞, 유역면적 36.50 ㎢다. 이는 거제에서 **제일 긴 하천**이다. 오망천이라고도 하며, 이는 망치고개에서 오수목으로 흐른다.

⑧ **구천천** : 북병산 북쪽 골짜기에서 발원하여 구천댐에 담수된 후, 동부면 구천동 다

리 있는 곳에서 북병산 남쪽의 계곡의 망골 물과 합류한다. 9개의 계곡이 합류한 깊은 골짜기라는 의미로 구천이라 하며, 그 연장은 5,200 m고 유역면적은 18.90 ㎢다.

⑨ **부춘천** : 노자산 북쪽 계곡에서 발원하여 용추폭포를 지나 동부면 부춘과 삼거림의 들을 지난 후, 동부면 오망천 다리 있는 곳까지 이어진다. 연장 2,500 m, 유역면적 6.80 ㎢다.

⑩ **소동천** : 북병산 동쪽 계곡에서 발원하여 소동저수지를 경유한 후, 소동 앞 바다로 흐르며, 연장 2,500 m, 유역면적 6.10 ㎢다. 이 들에는 마늘 생산이 유명하다.

⑪ **외포천** : 장목면 대금산 동쪽 계곡에서 발원하여 정골과 외포마을을 지나 외포 앞바다에 이른다. 연장 2,800 m, 유역면적 5.60 ㎢다.

⑫ **유계천** : 앵산의 절골에서 발원하여 하청면 유계와 동리들을 지나 먹개 바다에 이른다. 연장 2,600 m, 유역면적 15.00 ㎢다.

⑬ **연초천** : 연초천은 장목면 율천산에서 발원하여 이목댐을 지나 연초면 죽토마을에서 연사들을 흘러 고현 앞 바다에 이른다. **'고향의강'**이라는 프로젝트에 의해 잘 단장된 특징이 있고, 둑방길은 시민들의 산책길로 개발하였다. 연장 10.5 ㎞, 유역면적 22.20 ㎢다. 특히, **열녀천**은 연초천의 일부구간으로 연초면 죽전마을 범바위골에서 시작하여 관암마을 동쪽으로 흘러 열녀비석 아래에서 송정천과 합류한다. 열녀비석이 있는 일대를 열녀천이라고 하며, 연장은 200 m, 유역면적은 3.33 ㎢다. **송정천**은 연초천의 또 다른 상부 구간이다.

⑭ **수월천** : 국사봉의 서북쪽(옥포동 뒤편) 계곡에서 발원하여 수월을 지나며 양정에서 흐르는 물과 제산마을 앞에서 만나 일명 다나까농장 서편으로 흘러 고현바다에 이른다. 연장 3,600 m, 유역면적 11.00 ㎢다.

⑮ **고현천** : 옥녀봉 서쪽에서 발원한 물이 문동폭포와 문동저수지를 경유하여 용산마을 앞에서 선자산에서 내려오는 물과 합류한 후, 고현시가지 동편으로 흘러 고현바다에 이른다. 연장 5,600 m, 유역면적 14.80 ㎢다.

⑯ **아주천** : 국사봉 남쪽 안골과 배골에서 발원한 물이 안골 앞에서 합류하여 용소골 앞으로 흐르며 대우조선을 곁으로 옥포 앞 바다에 이른다. 연장 2,100 m, 유역면적 6.10 ㎢다.

⑰ **덕포천** : 덕포 강망산 계곡에서 발원하여 상덕과 하덕마을 앞을 지나 덕포해수욕장 서쪽으로 흐른다. 연장 2.600 m, 유역면적 4.10 ㎢다.

7-2-4 항구·항만

항구·항만[589)]은 육지가 깊숙이 들어간 곳이다. 거제도는 크게 두 개의 산맥이 형성되어 있다. 그중 하나는 통영 벽방산의 줄기가 견내량 해협을 건너 거제도의 시래봉이 된 후 노자산, 가라산, 남부 망산의 시맥이 되고, 또 하나는 진해 천자봉이 가덕해협을 지나 저도를 만든 후 대금산과 앵산, 옥녀봉에 이른다. 거제도는 이 두 산맥이 치마폭처럼 감싸고 있는 형상이다.

거제도 섬 자락에 협곡을 이룬 항구는 386.6 ㎞로 굽이굽이 절경이고, 호수처럼 조용한 해안부에는 동백, 해송, 후박나무 등 상록수와 활엽수가 즐비하며, 아열대 식물이 발달하였다.

바다는 난류와 한류가 교차하여 다양한 어류와 해산물이 풍부하고, 대한해협을 사이로 일본과 가까우며 동해와 서해의 통로 역할을 한다. 따라서 어느 시대라도 **군사적 요충지**가 되었으며, 항구마다 지역특성에 따라 방어를 위한 성이나 진을 설치하였다. 고려시대는 태조 왕건이 송악 일대를 근거로 해상무역에 종사하며 개국 초부터 송나라와의 해상무역이 이루어진 기록이 있고, 조선시대 항만은 고려 때 정비된 조운제도[590)] 및 삼포개항[591)]과 밀접한 관계가 있다.

---

589) 항구·항만(port 港灣) : 선박이 안전하게 출입하고 정박할 수 있도록 자연적·인공적으로 보호되어 여객을 승·하선시키고 화물·우편물 등을 적양하는 장소. 주로 해상교통과 육상교통의 접속지 역할을 하므로 해륙 양면으로 입지조건이 좋고, 항만시설 외에도 교통시설, 보관시설, 공장시설, 수륙연락시설 등을 갖춤

590) 조운제도(漕運制度) : 조선시대 지방에서 거둔 세금을 서울로 수송하는 제도. 조선 시대는 육지 교통이 발달되지 못하였기 때문에 전국의 중요 강가에 조창을 만들어 세금을 모았다가 배를 이용하여 서울로 이송. 국가 재정을 확보하여 왕권 강화에 기여한 제도

591) 삼포개항(三浦開港) : 1426년(세종 8년) 대마도주 소 사다모리(宗貞盛)의 청에 따라 기존에 개방하였던, 웅천(진해)의 내이포(乃而浦), 부산포 이외에도 울산의 염포(鹽浦)를 추가로 개항하고 일본인에게 교역을 허락. 1418년 세종 초년 제3차 대마도 정벌 이후 대마도주 사다모리(종정성)는 단절된 조선과의 정상적 교역을 누차 청하여 왔기 때문에 조정에서도 그들에 대한 유화책의 하나로 3포를 세종 8년 개항했다. 3포에는 각각 왜관을 두어 왜인 60명에 대하여 거주를 허락하였다.

거제의 지세포항과 구조라항 등은 삼한시대부터 조선시대까지 일본과 중국의 사신이 경유하였던 항구다. 이는 자연적인 조건이 풍랑을 피하기 좋은 항구로 그들과 가깝기 때문이었다.

항만은 육상교통과 해상교통이 연계되는 관문으로서 육지의 산물을 선적하거나, 입항하는 선박의 화물을 양륙하는 곳이며, 여객이 승하선하는 장소다. 따라서 많은 사람들과 화물이 출입하는 관문으로 사회·경제·정치·문화에 큰 영향을 미친다. **해운**은 운송비가 가장 저렴한 교통수단으로 대량 수송이 가능하여 항로의 기점인 항만은 국가의 해외 발전의 출구인 동시에 외세의 침입로가 되기도 했다. 신라는 청해진을 설치하여 황해와 동중국해의 제해권을 장악하였으며, 1970년대 이후의 국력신장은 항만개발에 있었다.

해상 교통의 발달에 따라 **항만**에는 큰 도시가 생겼고, 창고업, 조선업, 하역업, 부선업[592], 무역업, 선구업, 냉동업, 수산 가공업 등이 발달했다. 해운항만청, 검역소, 해난재판소, 세관, 금융기관, 수산업협동조합 등의 각종 기관이 들어선다. 특히, **국제항**에는 외국 상선과 선원들이 출입하므로 그들의 생명과 재산을 보호하기 위하여 관계국의 영사관이 설치되는 경우도 있었다.

항만의 발전은 지질, 지형, 기상 등 자연 요건에 의하여 좌우되며, 사용목적에 따라 **상업항, 어업항, 군항, 공업항, 대피항** 등으로 구분된다.

거제도의 항만은 어항과 조선산업의 공업항 및 대피항 등으로 사용되고 있다. 그러나 상황에 따라서는 군항으로서도 훌륭한 조건을 갖추고 있다.

(1) 고현항

고현항은 **지정항**(국제항)으로 **항만관리청장**이 관리한다. 이 항은 계룡산과 앵산 자락의 협곡에 해당하며, 거제의 중심 도시인 고현동, 장평동을 비롯하여 수양동의 수월, 해명마을과 연초면의 오비, 한내마을로 접하고 있다.

항구 서편은 장평동 지구로 죽도를 이용하여 매립한 후, 1974년에 **죽도공단**(삼성중공업 거제조선소)을 설치했다.

1980년부터 1983년까지 고현만 35만평을 매립하여 새로운 시가지로 변모했으며, 2015년 7월 11일 고현항 항만재개발 사업을 통해, 고현항의 현 매립지 부분부터 매립하여 약 60만 ㎡의 공간을 형성하고 있다.

고현만은 성포, 항도에서부터 하청면 석포리 열녀봉 목섬까지 6.2 ㎞며, 내항은 3.2 ㎞,

592) 부선업(浮船業)

항장 7.4㎞다. 수심은 내수심 8 m, 외수심 19 m, 삼성조선소의 내수심 16 m, 외수심 19 m다. 이 항구를 벗어나면 내해의 뱃길로 부산, 마산, 진해항과 마주하고 있다. 항외 서쪽에서 가조도가 풍랑을 막아 주는 역할을 하므로 항구로서의 기능을 충분히 제공하였으나, 지금은 대대적인 매립으로 항만의 기능이 축소되었다.

(2) 하청항

하청항은 2종 항으로 경상남도지사가 관리한다. 앵산과 용등산 사이에 있는 항구로, 이 바다를 **묵개**[593]라고 한다. 덕곡의 천마산취[594]와 칠천도 꽃밭등[595] 사이 0.5㎞가 서해의 해문이 되고, 칠천도 장곶과 실전 나루 끝은 부산으로의 뱃길이 된다.

실전에서 장곶까지는 길이 455 m, 폭 2차선의 육교(칠천교)[596]가 있으며, 그 아래의 해협을 칠천량해협이라고 한다. 칠천도는 정유재란 때 조선의 수군이 일본군에 크게 패전한 곳이다.

내항은 1.6㎞고, 항장 4.1㎞다. 내수심은 7 m, 외수심 20 m, 왼쪽은 고현만과 접하고 오른쪽은 장목항과 연결된다.

(3) 장목항

장목항은 2종항으로 경상남도지사가 관리한다. 장목면 소재지의 **제석산**[597]이 북으로 내려 뻗어 긴 협곡의 바다를 이룬다. 이 항구는 길이가 길고 입구가 문같이 생겨 예전에는 **장문포항**이라 불렀다.

주머니 모양으로 생긴 내항은 0.4㎞고, 외항은 3.6㎞, 항장은 5.1㎞다. 내수심은 9 m, 외수심은 18 m로 장목면 소재지의 농바위 끝과 군항개 왜성산 끝이 마주 보는 가까운 거리에 해당한다. 이곳을 벗어나면 칠천량해협과 송진포항이 시작된다. 그리고 칠천도가 있어 어느 방향의 바람도 이곳까지 닿지 않아 고요하여 역사적 주요한 군사적 요충지로 사용되었다.

해안변에는 장목면 장목리와 송진포항이 있고, 장목에는 조선시대 장목진이 설치되었다. **장목진**의 부속건물인 **장목진 객사**는 서구마을에 있다. 난중일기에 따르면 **이순신**은 장문포항에서 왜적을 무찌르기 위해 전략을 세워 송진포에서 하룻밤을 지내고

---

593) 묵개(墨浦)
594) 천마산취(天馬山嘴)
595) 꽃밭등(花田嶝)
596) 1999년 12월 완공
597) 제석산(祭石山) : 해발 268m, 산딸기 군락이 있음

이튿날 옥포항에 있던 왜적을 맞아 승리하였다고 전한다. **송진포**는 1904년 2월부터 이듬해 10월까지 **러일전쟁** 당시 일본 해군기지로 사용되었던 곳으로 장문포에 속해 있는 항구다. 칠천도가 이 항구를 숨기고 있어 외해의 뱃길에서는 항구가 보이지 않는다.

(4) 외포항

외포항은 1종항으로 해양수산부장관이 관리한다. 대금산의 동편으로 외포의 망월산을 형성하여 외포항을 감싸는 형상이다. 오른쪽은 대계의 꽃밭등이 있고, 항구 주위는 외포, 소계, 대계마을이 있다.

망월산 끝에서 대계 끝까지의 항폭은 0.8 ㎞로 내해 수심 8 m, 외해수심 22 m다. 항구를 벗어나면 동과 남쪽으로 부산과 대한해협이다. 거제현의 바깥 지역에 있다고 하여 **밖개**라고도 한다.

(5) 관포항

관포항은 2종항으로 경상남도지사가 관리한다. 장목면 하유리 목고개 끝에서부터 외포리 망월산 뒷개까지 7.8 ㎞의 거리가 이에 해당한다. 내항 5.0 ㎞고, 내해 수심 9 m며, 외해 수심은 11 m다.

대봉산[598]과 제석산 사이에 여러 개의 항구로 형성되어 있다. 관포항 북쪽에 간곡만의 농소항이 있고, 남쪽에는 두모, 대금, 시방마을이 있다. 간곡만은 1 ㎞가 넘는 몽돌해안이 있으며, 항구밖 동북쪽에는 **저도(청해대)**가 있고, 남동쪽에는 이수도는 학의 모양으로 있다. 그 앞에는 백사도, 갈산도, 백여도가 있고 부산과 가덕도가 보인다. 외항을 벗어나면 대한해협이다. 이 지역도 군사적으로 중요하며 율천에는 조선 중기에 축성한 성이 있고, 중금산에는 조선 후기에 축성한 방어용 성지가 있다.

(6) 옥포항

옥포항은 **지정항(국제항)**으로 항만청장이 관리한다. 이 항구는 옥녀봉과 국사봉 사이에 있는 항구로, 장승포 양지암 두툽바위 끝에서 외포 망월산 끝까지 6.2 ㎞의 거리가 이에 해당한다. 내항은 2.8 ㎞, 항장 5.6 ㎞다. 내해 수심 17 m, 외해 수심 22 m다.

신라시대 **아주현**이 있었던 이 지역은 아주동과 아양동의 해안 60만평을 매립하여 대우해양조선(주)[599]가 있다.

---

598) 대봉산(大峰山)

옥포1 · 2동의 시가지를 비롯하여, 왼쪽으로 팔랑포와 덕포마을 그리고 이순신 장군의 승전을 기념하기 위한 옥포대첩기념 공원이 있다. 남쪽으로는 대우조선소, 용소, 아주, 내곡, 탑곡, 두모, 느태마을과 능포항이 있다. **느태마을**은 60여 가구가 1992년 옥수동으로 이주를 했다. 아주동과의 경계에는 **뱀바위**가 있었고, 옥포항의 왼편으로는 **야망**을 지나 **뱀쥐섬(형제섬)** 등이 있다.

옥포항은 수심이 깊으나 풍랑이 없는 항구다. 항구를 벗어나면 부산과 대마도로 이어지며, 일본과 가깝고 내륙으로 쉽게 접근이 용이한 곳이어서 왜인의 침입이 가장 먼저 발생한 곳이기도 하다.

우리나라 최동남단 거제는 왜적을 방어하는 전초기지 역할을 했다. 옥포는 군사적으로 요충지였기 때문에 옥포진과 조라진이 옥포항에 있었다. 임진란 때는 이충무공이 제일 먼저 왜적을 무찔렀던 유서 깊은 고장이다.[600] 이러한 충무공의 업적을 기리기 위해 1957년에 당등산에 기념탑과 옥포정을 세우고, 매년 5월 7일 기념제전과 문화행사를 했다. 대우조선소 설치로 당등산이 사라지고, 기념탑과 옥포정은 1975년에 대우조선 부지 인근으로 옮겨졌다.

당등산에는 조선시대 석성이 있었고 성 주위는 느티나무, 포구나무, 소나무 등으로 가득했으며, 이곳 **용소**[601]마을에는 거위를 기르던 삼각주가 있어 **아주**[602]라 했다.

옥녀봉 기슭에는 신라시대 **법률사**란 절이 있었다고 하며 그 일대를 **탑골**이라 하였고, 그곳의 밭에서 **삼층석탑**[603]을 발견하기도 하였으며, 그 탑은 현재 대우조선소 내에 있다. 아주현의 치소가 있었던 **내곡마을**에는 당시 것으로 보이는 성지가 있다.

대우조선 서문앞 용소마을에서는 B·C 4세기부터 A·D 7세기에 이르는 고분이 발견되었으며, 이곳에서는 곡옥을 비롯한 귀중한 자료가 발굴되었지만, 지금은 그 흔적에 봉분으로 조성해 두었다.

대우조선이 들어오며 아주, 아양을 비롯한 5개 마을의 480세대가 이주를 했다. 대우조선은 1971년부터 아주 일대 해변과 옥포만의 바다 100만평을 매립을 통해 자리잡았다. 이는 1979년 12월까지 이어져 옥포만 옥포마을 앞 9,726평을 매립하여 구성되었으며, 이후 다시 일부의 매립이 추가되었다.

---

599) 1973년
600) 1592, 임진년 5월 7일
601) 용소(龍沼)
602) 아주(鵝洲)
603) 아양리삼층석탑(아주삼층석탑) : 1935년 아양리 박학중씨 밭갈이 중 발견

(7) 능포항

능포항은 1종항으로 해양수산부장관이 관리한다. 옥포만 내에 있으며, 고두바위에서 양지암 두툽바위까지 1.7 ㎞에 해당한다. 이 항구는 능포마을이 장승포시가지와 연결되고, 우리나라 3대 정치망의 하나로 진흥수산과 능포수산 등이 있다.

(8) 장승포항

장승포항은 지정항[604]으로 **국제개항**이며 항만청장이 관리한다. 장승포동과 마전동이 항구 언저리에 도시로 발전하고 있으며, 부산방면의 여객선터미널을 비롯하여 장승포세관, 항만관리청, 검역소 등 해양에 따른 사무소와 거제수협 등이 있어 한때는 장승포시로 승격되어 운영되었다. 거가대교의 신설에 따라 현재는 여객선터미널의 기능이 사라졌다.

장승포항은 장승포 뒷개에서 가실바꾸미 끝까지 2.3 ㎞의 항구를 의미한다. 내항은 0.7 ㎞, 항장은 1.8 ㎞고, 내해 수심은 3 m, 외해 수심은 16~18 m다. 외항을 벗어나면 대한해협으로 이어지고 일본 대마도가 수평선 위로 보인다.

이 항구는 고종 26년(1889) 한일통어장정[605] 이후 일본의 **입좌촌(이리사무라)** 어민들이 들어와서 마을을 이루고, 1930년 방파제를 쌓았다. 어항과 무역항으로 발전시켜왔던 유서 깊은 거제의 상징적인 곳이다.

6·25전쟁 당시 홍남에서 주민을 실은 메르디스벡토리호가 정박하여 많은 피난민이 소용되기도 하였다.

(9) 지세포항

지세포항은 1종 항으로 해양수산부장관이 관리한다. 가실바꾸미 끝에서 서이말까지 6.1 ㎞ 지점으로 내항 2.5 ㎞, 항장은 지심도까지 3.0 ㎞다. 내해 수심 13 m, 외해 수심 30 m다. 옥녀봉이 동으로 향해 내려진 곳에서부터 바닷가에서 양팔을 벌리고 있는 형상을 보인다. 항구 입구에 지심도가 가로질러 파도를 막고 있으며, 바깥에서는 항구가 있는 것을 알기 어렵다. 이와 같은 자연적인 방파제로 군사적 가치가 아주 높은 항구다. 자연적으로 좋은 여건이어서 일찍이 중국과 일본을 내왕하던 배들이 이곳에서 바람과 풍랑을 피하고 갔다는 기록이 있다.

---

604) 1965년 6월 25일 지정
605) 한일통어장정(韓日通漁章程) : 조일통어장정, 1889년(고종 26) 조선과 일본 사이에 체결된 어업협정

소동과 지세포 마을은 선사시대 부족이 있었던 것으로 추정되는 지석묘가 많이 있어 오래 전부터 사람살기에 적합한 곳이었다. 항구 주위는 지세포를 비롯하여 소동, 선창, 옥림, 미조라마을이 있고, 선창마을 뒤에는 인종 원년에 축성한 지세포성이 있다.

수심은 깊고 파도가 없는 항구로 1970년대 조선산업 기지로 가장 먼저 후보군에 오른 곳이기도 하다. 포구 전역을 매립하여 도심의 형태를 갖추고 있으며 다양한 개발을 계획하고 있다.

(10) 구조라항

구조라항은 1종항으로 해양수산부장관이 관리한다. **서이말(쥐이끝)**[606]에서 남부면 갈도까지 7.8 ㎞의 해역이다. 항장 7.7 ㎞, 내해 13 m, 외해 20 m, 망치앞 수심은 15 m 정도다.

한려해상국립공원은 여기서부터 시작된다. 구조라항은 북병산이 좌우로 펼쳐져 형성되며 항구의 끝에는 해발 148.8 m의 **수정봉**이 있고, 그 너머는 **구조라 해수욕장**이 있다. 동쪽으로 **가라산**이 있다.

구조라만 안에는 학동만이 포함되어 있다. 예전에는 구조라에서 와현, 조라, 망치, 양화, 수산, 학동마을까지 다 포함되어 관리되었던 탓이다.[607] 구조라의 옛 지명은 **항리**[608]로, 항구 안에 내조라도와 외조라도[609]가 있다. 지금은 이들 섬을 **내도, 외도**라고 부른다. **공곶이**와 내도는 **선사시대** 인류(20만년전 유적지 발굴)가 살았던 유적지가 있고, 내도의 **패총**에서는 **무문후육토기**가 발견되었다.

항구를 벗어나면 대한해협과 일본을 향한다. 거제의 동남지역 해변은 어느 곳을 막론하고 일본과 가까워 곳곳에 방어 성지가 있다. 구조라 앞 수정봉에 조선시대 축성한 성이 있다. 이 성의 진이 선조 37년에 **옥포 조라진**으로 옮겨갔다. 그 때부터 이곳을 옛 **조라(구조라)**라고 하였으며 옥포 조라는 **신조라**라 하다가 지금은 **조라**라고 부른다.

(11) 다대항

다대항 또는 다포항은 가라산이 동남쪽으로 내려선 곳이며, 갈도와 다포도가 방파제 역할을 한다. 항폭은 3.2 ㎞, 내항은 4.3 ㎞, 항장 3.8 ㎞다. 내해 수심 13~15 m, 외해 수심 30 m다.

---

606) 쥐이끝(鼠末)
607) 항리(項里) 절목(節目)과 고문서에 밝혀진 내용
608) 항리(項里)
609) 내조라도(內助羅島 내도), 외조라도(外助羅島 외도)

항구 주위는 다대마을과 다포마을이 있고, 가라산 중봉에는 왜적을 방어하기 위해 축성한 **다대산성**[610]이 있다. 항구를 벗어나면 대한해협과 일본을 향하며, 군사적으로도 중요한 항구다. 600 m의 방파제와 물량장[611]이 있으며, 동국여지승람에 가라산 남쪽 10리 아래 **신라시대 송변현**[612]이 있었다고 한다. 다대포 지역이 그 당시 현의 치소가 있었던 곳으로 **고다대포**[613]가 이곳이다.

다대다포항이 위치한 학동리는 지형이 학이 비상하는 것 같다고 하여 학동리라 부르게 됐으며, 영조 45년 방리개편으로 고다대포방이라 하였는데, 고종 26년에 큰 다대를 다대리로 작은 다대를 다포리로 분리하여 오늘날에 이르고 있다. 다대다포항은 연안어업의 근원지 항으로 항내에 자원 조성과 수산종묘를 위해 설치한 시험장[614]이 있다.

(12) 저구항

저구항은 가라산 지맥인 망산[615]이 왼쪽으로 저구, 명사, 근포, 대포마을을 이루고 항폭 3.7 ㎞, 내항 1.7 ㎞, 항장 2.9 ㎞ 정도다. 내해 수심 13~15 m, 외해수심 22 m다.

한려수도의 아름다운 비경과 **명사해수욕장**이 있다. 한국전쟁 때 **친공 포로수용소**가 있었던 곳이기도 하다.

(13) 율포항

율포항은 2종항으로 경상남도지사가 관리한다. 노자산과 가라산 협곡에 생긴 항구로, 노자산은 가배와 함박구미 끝에서 가배항을 감싸고, 가라산은 탑포로 내려와서 쌍근 은방개 뒤 취[616]에서 율포항을 감싸고 있다.

동망산[617] 줄기가 바다 쪽으로 뻗어 내려 가배량 취곶[618]을 만들어 율포항과 가배항으로 갈라놓는다. 동망산은 고도 287 m의 거제시 동부면 율포리와 가배리에 걸쳐 있는 산이다. 이전에는 **동뫼**라고도 불렀다.

---

610) 다대산성 : 둘레 395 m, 높이 5 m, 폭 4.5 m 규모. 고려시대 축조. 성곽 보존상태가 양호하며 둔덕기성과 축조연대나 형태가 유사. 성내에는 당시 만들어졌던 연못이 3분의1 가량이 남아 있어 향토사 연구자료로 가치가 높음

611) 1998년

612) 송변현(松邊縣)

613) 고다대포(古多大浦)

614) 1998년 기본시설 완공

615) 망산(望山)

616) 취(嘴) : 마을로 사람이 모여 사는 곳

617) 동망산(東望山)

618) 취곶(嘴串)

거제에는 **망**[619]자가 들어간 산들이 많은데, 이는 '기다리다'는 뜻 외에 '지키다'라는 의미가 강하게 배어 있는 현상이다.[620]

율포항과 가배항은 **오아포**[621]라 하며, 율포는 큰까마귀개, 가배는 작은까마귀개라 했다. 함박구미에서 은방개 끝까지 9.7 ㎞고, 율포 내해는 3.1 ㎞, 가배 내해는 1.1 ㎞다. 율포항의 항장은 4.0 ㎞, 가배량의 항장은 2.5 ㎞다. 내해 수심 8 m, 외해 수심 19 m다.

가배량에는 임진란 당시 1593년 8월 이충무공께서 이곳에 삼도수군 통제영을 설치하였다가 선조 35년에 고성 춘원포로 옮긴 후 다시 통영 한산도로 옮겼다. 지금도 그 당시의 관아지와 성벽 일부가 남아 있다.

율포만에는 **덕원해수욕장**이 있고, 탑포마을 앞에는 **대섬**이 있다. 항외에는 남쪽으로 한산도가 풍랑을 막아 군사적 요충지다. 탑포고개에는 **탑포산성**이 있고, 율포마을 송곶에는 **율포진**이 있었다. 이 진은 장목 율포에 있던 진을 이곳으로 옮겨 온 것이다. 이후부터 이곳을 **신율포**, 장목의 것은 **구율포(현 율천)**라 한다.

송곶, 율포진이 있던 곳에 동부면사무소가 있었으나, 1933년 현재의 산양리로 옮겨졌다.

(14) 거제만

거제만은 계룡산 서남쪽에 해당한다. 조선시대 거제부가 있었던 곳으로, 서쪽은 산방산 자락이 법동 고승도에서 산달도를 감싸는 형상이고, 동쪽은 동부면 함박구미 귀도[622]가 오송과 동호를 감싸고 있다.

항구 내에는 산달도, 큰솔섬, 작은솔섬, 전도, 복도 등이 있고, 죽림포에는 조선 중기에 바다를 경계하던 **어해정**[623]이 있었다. 거제의 옛 고을의 면모를 볼 수 있는 기성관, 질청, 향교, 반곡서원 등이 문화재로 지정되어 있어 거제의 고도[624]다.

---

619) 망(望)
620) 국토지리정보원 2011
621) 오아포(烏兒浦)
622) 귀도(龜島)
623) 어해정(禦海亭)
624) 고도(古都)

7-3 식물

거제시는 한반도의 남쪽 해안에 위치하기 때문에 식물구계학625)상으로 **난대**에 해당되지만, 북쪽은 **온대**와 가까운 지역으로 북동부지역과 모든 산림지대에서는 온대식물들이 번성하고 있다. 그 외 해안지대와 부속 도서지역에는 난대에 해당되는 식물들이 다양하게 분포하여 아열대성을 나타낸다.

일운면 **외도의 식물원**과 동부면의 **거제자연예술랜드** 등에는 제주도를 비롯한 여러 지역의 희귀식물은 물론, 각국의 열대 관상식물도 함께 재배하고 있어, 다양한 식물자원이 서식할 수 있는 환경을 지니고 있다.

거제도의 식물 중, 관속식물은 136과 765종류(673종, 82변종, 10품종)가 있다.

7-3-1 구계학상 한일난대구

우리나라의 식물은 북대식물계의 중일구계역626)에 속하며, 이는 한국구와 한일난대구로 구분된다. **한국구**는 우리나라의 남해안과 도서지역을 제외한 나머지 한반도 전역으로서 모두 온대에 해당되며 **온대남부**는 개서어나무대라하고, **온대중부**는 서어나무대 또는 졸참나무대라 하며, **온대북부**는 비술나무대라고 한다.

거제는 **한일난대구**에 속한다. 여기에는 경상남도와 전라남도의 해안선 지역과 그 부속도서 및 제주도지역이 포함되고, 대표 수종은 종가시나무며, 후박나무, 참식나무, 붉가시나무, 가시나무, 동백나무, 구실잣밤나무, 개산초나무, 송악 등이다.

이 외에도 까마귀쪽나무, 생달나무, 육박나무, 돈나무, 굴거리나무, 다정큼나무, 녹나무, 센달나무, 담팔수, 남오미자, 왕볼레나무, 보리밥나무, 죽절초, 황칠나무, 백량금멀꿀, 모람 등 모두 100여 종이 자라고 있으나 제주도, 거제도, 남해도, 완도, 진도 등 지역에 따라 분포하는 수종의 수는 차이가 있다.

가라산, 노자산, 옥녀봉, 구천계곡, 소동골과 같은 산지의 높은 곳에서는 온대 수종인 참나무류, 서어나무류 등 낙엽활엽수가 번성하고 있으나, 낮은 해안지역과 도서지역은 난대수종인 상록활엽수가 번성하고 있는 곳이 많다.

---

625) 식물구계학(floristics 植物區界學) : 한 지역의 식물의 종과 그 식생구성을 연구하는 학문
626) 북대식물계(北帶植物界) 중일구계역(中日區界域)

거제도의 산에는 해송이 울창한 곳이 많다. 최근에는 **재선충**의 확산으로 많은 소나무 군락지가 사라졌다. **재선충**[627]은 소나무재선충으로 소나무, 잣나무 등에 기생해 나무를 갉아 먹는 선충이다. 솔수염하늘소에 기생하며 솔수염하늘소를 통해 나무에 옮는다. 이는 처음부터 우리나라의 해충은 아니었으며 일본, 타이완에 주로 나타나다가 최근엔 우리나라에까지 출현하고 있다.

7-3-2 자생 상록수

상록수는 사계절 늘 푸른 잎을 유지하고 있어 싱그럽고 아름다운 경관을 제공할 뿐만 아니라, 산소를 생산하고 공기를 정화하는 기능을 가지고 있어 낙엽수에 비하여 자연환경 개선과 건강증진에 더 큰 기여를 하고 있다.

상록수는 동백나무와 같이 잎이 넓은 나무를 **상록활엽수**라 하고, 소나무와 같이 바늘 같은 잎을 달고 있는 나무를 **상록침엽수**라 한다. 상록활엽수는 거제시와 같이 한반도의 난대지역에 대부분의 수종이 자생하고 있다.

(1) 상록활엽수

거제에 자생하는 상록활엽수로는 후박나무, 왕후박나무, 동백나무, 생달나무, 참식나무, 순비기나무, 육박나무, 광나무, 돈나무, 구실잣밤나무, 메밀잣밤나무, 감탕나무, 먼나무, 까마귀쪽나무, 개산초나무, 굴거리나무, 회양목, 섬회양목, 다정큼나무[628], 큰잎다정큼나무, 사스레피나무, 우묵사스레피나무, 송악, 보리밥나무, 사철나무, 모람, 팔손이, 남오미자, 자금우 왕볼레나무 등 50여 종에 이른다.

이 외에도 제주도와 다른 지역에 자생하는 수종으로 거제도에 들어와 토착화된 상록활엽수로는 가시나무, 종가시나무, 붉가시나무, 탱자나무, 치자나무, 제주광나무, 호랑가시나무, 꽝꽝나무, 아왜나무, 산호수 등이 있으며, 일본, 중국 등 외국산 수종으로 일반 가정에서 과수나 정원수로 심고 있는 나무로는 유자나무, 차나무, 비파나무, 태산목, 금목서 은목서, 금감, 꽃치자, 당종려, 종려, 남천 등이 있다.

---

627) 재선충(材線蟲)

628) 큰잎다정큼나무 : 남해 도서지방 높이 2~4 m. 4~6월에 흰색 개화. 관상용으로 나무껍질과 뿌리는 생사를 염색하는데 사용. 맹아력이 강하여 수형이 아름답고 잎은 광택이 있고, 새잎이 나올 때 붉은색을 띠어 꽃이 피는 것으로 착각됨

(2) 상록침엽수

거제도에 자생하는 상록침엽수로는 산지에서 왕성하게 자라고 있는 해송과 소나무가 대표적이며, 노간주나무, 향나무, 섬향나무, 개비자나무, 반송 등이 간혹 자라고 있다. 그 외 관상수나 조림용으로 심고 있는 나무는 한국 원산의 측백나무, 눈향나무, 전나무, 비자나무 등이 있으며, 외국에서 수입된 나무로는 리기다소나무, 삼나무, 편백, 화백, 서양측백, 금송 등이 있다. 특히, 편백은 건강에 좋다는 **피톤치드**가 많이 발생하는 것으로 알려지면서 대량으로 식재되고 있다.

7-3-3 노거수와 기념나무

(1) 학동동백림과 팔색조 번식지[629]

동부면 학동리 몽돌해수욕장에서 해금강 가는 길의 1㎞정도 구간 좌우에 늘어선 동백군락지는 국가지정 천연기념물이다. 특히, 해안 쪽으로의 동백나무 숲이 더 울창하며, 이 군락지의 숲 위로는 해송이 상층림을 형성하고 있고 주위에는 벚나무, 때죽나무, 개서어나무, 사스레피나무 등이 왕성하게 자라고 있어 동백나무가 생육하는데 방해를 줄 정도다.

해송과 이들 잡목들은 동백나무숲을 보호하기 위해 제거하고 있으며, 이는 이 지역이 팔색조 번식지로도 유명하기 때문이다.

(2) 덕포 이팝나무

이팝나무는 물푸레나무과 낙엽교목으로 1990년 1월 16일 경상남도기념물 제95호 기념물로 지정되어 있다. 덕포마을 입구 1093번지에 높이 15 m, 가슴높이 둘레 3 m며, 수관의 동서 폭이 16 m, 남북 폭이 14 m다. 수령은 약 300년 정도로 알려져 있으며, 매년 5월 초순이 되면 꽃이 피는 모습이 흰 쌀밥을 나무 전체에 뿌려놓은 것 같아 설화를 보는 것 같은 느낌을 준다. 꽃송이가 **쌀밥같다** 하여 영남지방에서는 옛날부터 **이밥(이팝)**나무라 불러 왔는데, 이팝나무라는 표준명도 여기에서 유래된 것이라고도 하고, 여름이 시작될 때인 입하에 꽃이 피기 때문에 **입하목**[630]이라 부르기 시작한 것이 **입하나무**라는 음운현상에 따라 이팝나무가 되었다고도 한다.

---

629) 국가지정 천연기념물 제233호
630) 입하목(立夏木)

(3) 외간리 동백나무

거제면 외간리 433번지[631]에 동서로 각각 한 그루씩 서 있는 동백나무는 경상남도 기념물 제111호다. 나무높이는 7 m, 수관의 동서 폭 7 m, 남북 폭 6 m고, 지상 40 cm 부위의 나무둘레는 2 m며, 수령은 약 200~300년으로 추정된다. 마을사람들은 이 두 그루의 동백나무를 **부부나무**라고 부르고 있으며, 마을을 편안하게 지켜 주는 수호목으로 받들고 있다. 매년 음력 섣달 그믐날에는 가족들의 무병장수와 마을의 평안을 기원하며 당산제를 지내왔다. 꽃이 동서쪽에 많이 피면 풍년이 들고, 남쪽 편에 많이 피면 흉년, 북쪽이 성하게 피면 비가 많다는 이야기가 전해온다.

(4) 한내리 모감주나무군

연초면 한내리 앞 바닷가에 조성된 모감주나무의 줄나무숲은 경상남도 기념물 제112호다. 모감주나무의 잎은 우상복엽[632]이며, 여름에 노란 꽃이 피고 열매는 검은색을 띠며 콩알보다 약간 크다. 스님들은 이 열매로 염주를 만들기 때문에 염주나무 또는 보리수[633]라 한다.

불교가 번성하던 옛날 남해안을 지나가던 큰 스님이 한내리의 번창을 기원하며 이 모감주나무들을 심었다고 전해지고 있고, 지금도 바닷바람을 막아 주고 마을사람들에게는 좋은 휴식 공간을 제공하고 있다. 바다에서는 많은 고기떼가 모여들 수 있게 하는 **방조어부림**의 역할을 한다.

---

631) 이정묵씨 집뒤 터

632) 우상복엽(pinnate compound leaf 羽狀複葉) : 잎자루의 양쪽에 작은 잎이 새의 깃 모양을 이룬 복엽을 말한다. 등나무 잎과 같은 1회 우상복엽, 자귀나무 잎과 같은 2회 우상복엽이 있다. 등나무 잎과 같이 1개의 엽축(葉軸) 양측에 작은 잎이 늘어서서 붙는 것을 1회 우상복엽, 자귀나무 잎과 같이 엽축 좌우에 측축(側軸)이 붙고 여기에 작은 잎이 붙는 것을 2회 우상복엽이라 한다.

633) 보리수(菩提樹)

모감주나무는 우리나라에서 흔하지 않고 대체로 해안지방에 분포하고 있으며, 자생종이 아닌 도래된 것으로 추정되고 있다. 이 숲에는 현재 모감주나무 41그루가 남아서 자라고 있는데, 그중 가장 큰 나무는 높이가 17 m고, 가슴높이 둘레는 2 m다. 바닷가에 모감주나무를 심어서 줄나무군을 조성한 곳은 전국에서 유일하다. 예전에는 이 나무 아래에서 풍어를 비는 제사를 지내기도 했다.

(5) 명진리 느티나무

경상남도 기념물 제113호로 지정된 이 나무는, 옛날 명진현이 있던 거제면 명진리 마을앞 들 가운데 서 있으며, 높이 14 m, 가슴높이 둘레 7.7 m, 수관은 동서 23 m, 남북 20 m, 수령은 약 600년 정도다. 느티나무는 느릅나무과의 낙엽활엽 교목으로서, 예부터 어린잎은 떡을 찔 때 넣기도 했다.

명진리의 이 나무는 다른 느티나무와 다르게 줄기의 밑둥치가 육각형으로 되어 있으며, 여름이면 마을사람들의 휴식공간이 될 뿐 아니라 마을의 운치를 한층 더해 준다. 마을사람들은 이 나무가 명진리를 지켜 주는 수호목이라고 믿고 매년 섣달그믐날에 **당산제**를 지내왔으며, 갓 시집온 새색시들은 제일 먼저 이 나무 밑에 와서 고신제를 지냄으로써 가정의 평안과 좋은 **부부금슬**이 유지되기를 기원했다.

(6) 명동리 은행나무

이 나무는 거제시 보호수 제1호로, 높이 25 m, 가슴높이 둘레 5 m, 수령은 약 300여년으로 추정된다.

(7) 하청면 유계리 느티나무

이 나무는 거제시 보호수 제2호로, 나무높이 15 m, 가슴높이 둘레 5 m, 수령은 약 400년으로 추정하고 있다. 마을사람들은 마을의 수호목으로 섬기고 있으며, 갈회색의 미끈한 수피 가지를 사방으로 뻗고 있어 아름다운 수형을 보인다.

(8) 지세포리 느티나무

이 느티나무는 일운면 보호수 제1호로 6그루가 한자리에 모여 자라서 지금은 밑둥치 부분이 서로 엉켜 한 그루의 느티나무처럼 보인다. 수령은 약 300년 정도고, 나무높이가 18 m며, 가슴 높이 둘레는 각각 2 m~4 m씩이다. 마을의 수호목으로 보호되어 왔으며, 과거에는 이 나무 밑에서 마을의 번창과 평안을 기원하는 동제를 지냈다.

(9) 하청리 느티나무

이 느티나무의 높이는 15 m, 수령은 600여 년으로 추정되며, 가슴높이 둘레는 과거 천연기념물(제181호)로 지정되어 있었을 때는 9 m 정도였으나, 지금은 줄기와 가지들이 거의 썩어 없어져 서편의 변재[634]부분만 남았으며, 남아 있는 가지들은 시멘트 기둥에 의하여 지탱하고 있다. 거제에서 **가장 오래된 나무**라고 전해진다.

(10) 거림리 마장마을 동백나무

마장마을 주민의 집 뒤 돌담에는 오래된 동백나무가 있다. 이 나무는 줄기가 세 갈래로 갈라져 자라고 있으며, 나무높이 7 m, 수관 폭은 5 m정도로 생육상태는 양호한 편이다. 추정되는 수령은 250~300년 정도고, 과거 결혼식 때 이 나뭇가지를 꽃다발에 사용하면 행운이 오고 무병장수한다고 하여 주민들로부터 사랑을 받았다고 한다.

(11) 한내리 정자나무

연초면 한내리는 서향을 바라보는 위치에 느티나무, 이팝나무, 팽나무 등 세 종류의 나무가 개울 건너 공터에 정자나무군을 형성하고 있다. 5월 초순에 만발하는 이팝나무의 쌀알 같은 흰 꽃은 장관을 이룬다. 이 나무들은 수관이 울창하고 수세가 왕성하며, 나무높이 15~20 m, 가슴높이 둘레 3~5 m, 수령 200~300년 정도로 추정된다. 주민들은 옛날부터 이들 정자나무를 마을의 수호신으로 섬겨오고 있다.

(12) 술역리 내평숲

이 숲은 둔덕면 내평마을 해안가에 있으며, 느티나무 3그루, 말채나무 4그루, 팽나무 3그루, 참느릅나무 3그루 및 해송, 고욤나무, 이팝나무가 각각 한 그루씩 모두 21그루의 큰 나무들이 서 있다. 이 숲 주위에는 벚나무, 해송, 버드나무 등 작은 나무들이 식재되어 있으며, 큰 나무들의 수령은 150~200년 정도고 가슴높이 둘레는 2~3 m정도다.

(13) 가배리 상록수림

이 상록수림은 가배리 해안가 경사면에 위치하고 있었으나, 지금은 해안지대의 매립으로 인하여 해안으로부터 점차 멀어지고 있다. 이곳 해안 경사면에 있는 상록수는

---

634) 변재(邊材) : 통나무의 겉 부분

육박나무, 생달나무, 후박나무, 보리밥나무, 사스레피나무, 광나무, 모람, 송악, 자금우 등이며, 경사면 윗쪽 평지쪽에는 팽나무, 느티나무 등 낙엽 활엽수가 상록수보다 높게 자라서 상록수림을 점차 침입해 가고 있는 실정이다.

가배리 사람들은 옛날부터 정월 보름날이면 그해의 풍어와 마을의 평안을 기원하는 당산제를 이곳 상록수림에서 지내오고 있다.

(14) 저도 해송림

저도는 대통령 별장(**청해대**)으로 사용하던 섬으로, 국방부 해군에서 관할하고 있다. 섬의 남쪽 능선부위와 해안지대에는 자연식생이 잘 보호되고 있으며, 바다 쪽에는 아름드리 해송이 가득하다. 이들 해송 중에는 가슴높이 둘레가 4.0 m에 이르고, 높이가 20 m 정도며, 수령이 200년 정도로 추정되는 것들이 많다.

저도는 경상남도 거제시 장목면 유호리에 속한 섬으로 거가대교가 지나고 있고, 면적은 43만 4181 ㎡며, 해안선 길이는 3.15 ㎞다. 거제도 북단에서 1 ㎞ 정도 떨어져 있는 섬으로, 영조45년(1779) 방리 개편 때 하청면에 속한 12방 가운데 하나가 되었고, 고종26년(1889) 리제 개편 때는 하청면의 15개 리에 속하였다. 1909년 하청면에서 분리되어 신설된 장목면에 편입되었고, 1915년 상유리와 하유리 등과 함께 유호리로 통합되었다. 명칭은 섬의 모양이 돼지가 누워 있는 형상이라 하여 붙여진 것이며 **돝섬**이라고도 한다.

저도에는 2층 규모의 청해대 본관과 경호원 숙소, 관리요원 숙소, 장병 숙소, 자가발전소, 팔각정과 산책로, 전망대, 9홀 규모의 골프장과 해안에 200여 m의 인공 백사장 등이 조성되어 있다. 섬의 남쪽 능선 부위와 해안지대에는 자연식생이 잘 보호되고 있으며, 총길이 8.2 ㎞의 거가대교가 개통[635]되어 부산광역시에서 가덕도, 대죽도, 중죽도, 저도를 거쳐 거제도와 연결됨으로써 거제 동부 지역의 대표적 관광자원으로 꼽힌다.

저도의 소유권을 이관받아 새로운 관광지로 개발해야 한다는 주장이 높다.

(15) 학동리 수산마을 당나무

주민들이 당산나무라고 부르는 이 나무는 가슴높이 둘레가 1.63 m, 수고는 9 m, 수령은 약 150년 정도로서 동부면 수산마을 사람들은 이 나무 바로 옆에 서 있는 팽나무와 함께 마을의 수호신으로 섬기고 있다. 마을의 당산제를 이 나무에서 지내왔다.

---

635) 2010년

(16) 맹종죽 숲

맹종죽은 중국이 원산지로 오래전 우리나라에 수입되어 남부지방에서 경제수종으로 심고 있는 대나무다. 나무높이는 10~20 m에 달하며, 굵기는 직경이 8~20 cm로서 대나무 자체는 필통이나 죽세공품 및 어장목으로 사용할 수 있지만, 죽순생산을 주목적으로 재배한다.

[거제시 보호수 지정현황]

(단위:m)

품목	번호	지정	구분	위치	수종	수령	수고	가슴둘레
시목	12-19-1	1982	정자목	일운면 소동리	느티나무	300	18	6.5
	12-19-2			연초면 명동리	은행나무	300	17	3.7
	12-19-3			하청면 서대	느티나무	400	15	6.0
	12-19-4			능포동 옥명	팽나무	300	13	4.5
	12-19-5			아주동 탑곡	팽나무	300	14	3.5
면목	12-19-5-2	1982	정자목	거제면 서상리	느티나무	370	8	4.5
	12-19-9-3			하청면 서상	느티나무	250	15	6.5
마을나무	12-19-1-4-1	1982	정자목	상문동 문동	팽나무	250	15	3.5
	12-19-6-6-1			둔덕면 상둔	팽나무	160	15	3.4
	12-19—3-1-5			일운면 망치	느티나무	300	14	5.6
	12-19-3-6-4			일운면 옥림	팽나무	200	17	4.2
	12-19-4-2-6			동부면 산촌	팽나무	230	12	4.8
	12-19-4-5-7			동부면 부춘	느티나무	200	16	6.4
	12-19-6-6-9			둔덕면 하둔	배나무	160	14	3.2
	12-19-7-4-11			사등면 지석	모과나무	300	14	2.5
	12-19-7-6-10			사등면 오량	느티나무	300	15	3.4
	12-19-8-1-12			연초면 한내	느티나무	200	20	4.0
	12-19-8-2-13			연초면 오비	느티나무	250	12	5.1
	12-19-10-1-15			장목면 장목	느티나무	350	10	5.0
	12-19-11-1-16			장목면 시방	팽나무	350	15	4.8
	12-10-3-8-1	1996	당산목	동부면 수산	감나무	150	9	1.6
	12-10-6-6-1	1997	당산목	둔덕면 방하	팽나무	350	18	3.5
	12-10-6-10-1			둔덕면 학산분교	팽나무	300	16	3.0
	12-10-10-8-1			장목면 대금	팽나무	320	18	3.5
미지정			기념물	거제면 명진	느티나무	600	15	3.0
			정자목	동부면 산양	느티나무	100	10	0.5
				장목면 율천	느티나무	50	8	0.3
				장목면 율북	느티나무	100	10	0.7
지정	103호	1991	정자목	거제면 명진	느티나무	600	8	0.8
				연초면 다공	느티나무	20	10	0.5

맹종죽의 죽순은 맛이 담백하고 연한 섬유질로 되어 있기 때문에 고급요리에 사용되며, 최근에는 건강식품으로 각광을 받으며 통조림 등으로 가공되어 국내는 물론 수출까지 하고 있다. 이와 같이 경제성이 높은 맹종죽은 하청면과 장목면 일대에서 생육되며 우리나라 최대 생산지(80%)가 되었으며, 국내 최대 조림지가 되었다.

맹종죽은 **호남죽, 죽순죽, 일본죽** 또는 **모죽**이라고도 한다. 최대 높이 20 m 이상 자라며 지름은 20 cm 정도로 대나무 중 가장 굵다. 주산지는 한반도 남부 지역으로 죽피에 흑갈색의 반점이 있는데다 윤기가 적으며 매우 단단하다. 탄력성이 적어 부러지기 쉬운 단점이 있다. 특히, 속이 비고 밑둥이 굵기 때문에 사용에 편리한 점이 많아 표면에 음각이나 양각을 하여 장식용의 재료로도 많이 사용된다.

맹종죽순은 그냥 죽순이라고도 하며, 커다란 짐승 뿔이 솟아나듯 올라온다. 죽순은 여러 가지 요리에 쓰이며, 데쳐서 초고추장에 찍어 먹거나 고추장에 무치거나 볶기도 한다. 추어탕이나 국을 끓일 때 넣어도 좋고 말렸다가 식재료로 사용하기도 하고, 장아찌로도 담근다.

(17) 은방마을 해송

남부면 은방마을은 왕조산 자락 해변에 있었으나 지금은 사람이 거주하지 않는 폐마을이다. 이는 1970년대 남해안에 출몰한 간첩의 활동에서 안전을 위해 주민을 소개한 탓이다. 마을은 해안에 있었으며 아직도 그 흔적이 남아 있다. 왕조산을 두르는 섬앤섬길(해안 임도)의 무지갯길을 쌍근마을에서 시작해 가면 은방마을로 이어지는 길이 있다. 이 길을 따라 마을 입구쯤에 거제에선 매우 큰 해송 한그루가 있다. 이 해송은 수목 둘레가 3.8m로 지역에서 발견된 소나무 중 저도의 해송과 더불어 가장 큰편에 속한다. 이를 **거제 제1송**으로 지정하고 씨앗으로 증식하여 경제성으로 발전시킬 필요가 있다.

7-3-4 특산식물

(1) 거제딸기[636]

이 나무는 거제도 해안가에서 처음 발견되었기 때문에 **거제딸기**란 이름이 붙여졌다. 전남 거문도와 진도에서도 생육하고 있음이 확인되었지만, 잔털로서 구별된다.

---

636) 거제딸기(Rubus tozawai)

거제딸기는 장미과에 속하며 잎은 세 갈래로 갈라지고, 잎자루에 잔털과 더불어 가시가 없는 편이며, 꽃받임은 뾰족하다. 열매는 6월에 익으며 먹을 수 있다. 과즙이 풍부하나 당도는 재배되는 딸기에 비하여 다소 낮은 편이나 신맛이 없다.

특이한 것은 딸기의 색상이 노랗기 때문에 다소 이질적으로 보이는 점이지만, 열매의 크기가 크고 과즙이 많아 향후 개량을 통한 상품성이 매우 높아, 의도적으로 개량하여 번식할 필요가 있다.

(2) 단풍박쥐나무

단풍박쥐나무[637]는 우리나라 거제도 **옥녀봉**에서만 자라는 낙엽관목으로 3 m 높이까지 자라며 박쥐나무과에 속한다. 기본종인 박쥐나무의 잎은 벽오동 잎처럼 3갈래로 얕게 갈라지는 것이 보통이지만, 단풍박쥐나무의 잎은 단풍나무 잎처럼 5갈래로 깊게 갈라지며, 꽃은 연한 황색으로 여름에 피고 어린잎은 먹을 수 있다. 가을에는 단풍이 아름다워 앞으로 관상수로 개발할 가치가 있는 나무다.

(3) 팔손이나무[638]

거제도와 남해도에 자생하며, 일본에도 분포하는 상록 활엽관목으로 잎이 손바닥 모양으로 생겨 붙여진 이름이다. 잎은 8~9개로 갈라지고, 1년생 가지는 굵고, 잎은 두껍고 광택이 난다. 길이가 20~40 cm나 되는 큰 잎이기 때문에 누구나 한번 보면 이국적인 이미지를 느껴 고급 정원수로 많이 심고 있다. 거제도에는 산 곳곳에 흔하게 볼 수 있어 진귀하게 여기지 않으나, 중부 이상의 지역에서는 온실이나 실내 분재용으로만 가능하여 각광을 받고 있다.

637) 단풍박쥐나무(鴨脚板樹 Alangium platnifolium)
638) 팔손이나무(八金盤 Fatsia japonica)

(4) 긴잎산딸기나무639)

거제도 특산으로 장미과에 속하며, 거제도의 산과 들에 흔히 자란다. 산딸기나무에 비해 잎이 얕게 갈라지고 길이가 긴 타원형으로 긴잎산딸기나무라 하며, 열매는 7월에 검붉게 익으며 먹을 수 있다.

(5) 털덜꿩나무640)

인동과에 속하는 나무로, 거제도와 황해도 장산곶에서 야생하는 낙엽 활엽관목이다. 덜꿩나무에 비하여 잎 뒷면에 가는 털이 나기 때문에 털덜꿩나무라 한다. 초여름(5월 이후)에 쌀알 같은 흰 꽃이 우산 모양으로 모여 피며, 관상수로 개발할 가치가 있다.

잎은 대생, 광난형, 길이 4~10 ㎝, 폭 2~5 ㎝, 점첨두, 심장저, 치아상 거치연, 이면은 성모 밀생, 엽병은 2~6 ㎜, 탁엽이 있다. 꽃받침은 5개, 화관도 5개로 중열, 수술은 화관보다 김, 암술은 털이 없다. 열매는 핵과로 9월경에 붉은색으로 성숙되며, 줄기와 잎은 약용으로 구내염, 가려움증 등에 사용한다.

(6) 야고641)

야고는 열당과에 속하는 1년생 기생식물로 우리나라에서는 주로 억새, 참억새 등 억새류 풀밭에서 기생한다. 1970년경 한라산 남쪽 억새풀 틈에서 자라고 있는 것이 처음으로 학계에 보고된 바 있으나, 1998년에 거제도 남부면 갈곶리 함목마을 함목해수욕장 서편 억새풀밭에도 생육하고 있음이 확인되었다.

야고는 줄기가 짧기 때문에 보통 땅 위로 잘 나타나지 않으며, 적갈색을 띤 인편 모양의 잎이 어긋나게 달려 있다. 꽃은 엷은 자색으로 9월경에 피는데, 꽃자루는 털이 없고 끝에 한 개의 꽃이 옆을 향해 달린다. 꽃대의 길이는 10~18 ㎝며, 그 끝에 길이 2~3 ㎝의 통꽃이 옆으로 향하여 핀다. 수술은 4개로서 판통에 붙어 있고 그 중 2개가 길다. 열매는 난상 구형이고 길이 1~1.5 ㎝로서 1실이며 적갈색의 작은 종자가 많이 들어있다. 줄기가 짧기 때문에 거의 지상으로 나타나지 않고 몇 개의 적갈색 비늘조각이 어긋나기 한다.

---

639) 긴잎산딸기나무(長葉木 Rubus subcuneatus)
640) 털덩꿩나무(Viburnum erosum var. furcipilum)
641) 야고(野菰- Aeginetia indica)

(7) 백양꽃[642)]

한국 특산 식물인 백양꽃은 숙근성 다년생 초본으로 수선화과에 속한다. 백양꽃이란 이름은 전라북도 **백양산**에서 자란다고 붙여진 이름인데, 거제도 **가라산** 등에도 자생하고 있음이 밝혀졌다. 가정에서 관상용으로 심고 있는 상사화를 닮은 꽃으로, 앞으로 관상용으로 개발할 가치가 있다.

생육환경은 계곡이나 풀숲의 그늘진 곳에서 자란다. 키는 30~40 ㎝이고, 잎은 뿌리에서 뭉쳐서 이른 봄에 나오며 폭이 약 1.2 ㎝가량이고 연한 녹색이며 끝이 뭉뚝하다. 뿌리는 달걀 모양이고 길이는 3~3.7 ㎝, 폭은 2.7~3.5 ㎝이다.

꽃은 8~9월에 뿌리에서 나온 줄기 윗부분에서 5~7개 정도가 피는데 꽃잎은 6장이고 수술과 암술은 밖으로 돌출되어 있으며 U자 모양을 하고 있고 한쪽을 향해서 핀다. 꽃색은 벽돌색이고 꽃대의 길이는 26 ㎝정도며, 끝부분이 약간 평평한 원주형으로 희미한 능선이 2개 있다. 관상용으로 쓰이며 알뿌리는 약용으로 쓰인다.

(8) 섬회양목[643)]

상록 관목으로 회양목과에 속하며, 거제도와 흑산도 등 섬에서 자란다하여 섬회양목이라는 이름이 붙여졌다. 회양목에 비하여 잎이 크고, 마주나기하며 가죽질이고 타원형이며 뒷면은 황록색이다. 가장자리 뒤로 젖혀지고 잎 뒤 주맥 하반부와 잎자루에 털이 있다. 또, 둥글고 두터우며 윤기가 나고, 잎 뒷면에 털이 없는 것이 특징이다. 정원수로 쓰일 때는 일반 회양목보다 더 고급수로 취급되며, 이 나무줄기는 조각재, 도장을 새기는데 사용되고, 가지와 잎은 한약재로 쓴다.

꽃은 암수한그루로 4월에 개화하며 연한 황색으로 몇 개씩 모여 난다. 열매는 삭과로 구형이며 6~7월에 성숙한다. 작은 가지는 녹색으로 네모지고 털이 있다.

(9) 황칠나무[644)]

황칠나무는 상록 활엽교목으로 두릅나무과에 속하며, 높이가 10~15 m에 달하고 어린 가지는 녹색이며 윤기가 난다. 수피에 상처를 주면 황색의 칠즙을 내기 때문에 황칠나무라 한다. 우리가 많이 사용하고 있는 옻은 검은색을 내지만, 황칠은 가구에 칠하면 황색을 나타내므로 옛날부터 목재의 고급 도료로 취급되어 왔다.

---

642) 백양꽃(Lycoris koreana)
643) 섬회양목(島黃楊- Buxus microphylla var. insuraris)
644) 황칠나무(黃漆木- Dendropanax morbifera)

제주도, 완도, 흑산도 등에 간혹 자라고 있지만, 지금은 경상남도에서는 거제도 해금강 갈곶도에서만 유일하게 자라고 있는 희귀식물이다. 잎은 두텁고 표면에 윤기가 나며 타원형이거나 3~5갈래로 갈라지고, 길이가 10~20 ㎝나 되는 큰 잎들을 가지 끝부분에 달고 있기 때문에 관상수로 개발할 가치가 있는 나무다. 꽃은 6~8월 중순에 연한 황록색으로 피고 암수한꽃이며 산형꽃차례에 달린다. 꽃줄기는 길이 3~5 ㎝고 작은 꽃줄기는 길이 5~10 ㎜ 정도다. 황칠에 사용되는 나무의 진액은 8월에서 9월까지 채취한다.

(10) 백서향[645]

거제도와 제주도에서 자라는 상록관목으로서 높이가 1 m에 달한다. 남부지방에서 흔히 심고 있는 중국 원산의 서향(천리향)은 꽃이 홍자색인데 비하여 백서향의 꽃은 흰색을 띄기 때문에 백서향이라고 한다. 잎은 길이가 3~8 ㎝, 나비는 1~3 ㎝로서 도피침형[646]이며, 표면에 광택이 나고 가장자리에는 톱니가 없다. 갈곶도 정상부분의 햇볕이 풍부한 곳에 자라며 관상수로 좋다.

꽃은 암수딴그루로 2~4월에 개화하며 백색으로 포는 넓은 피침형이며 길이 7~8 ㎜로 잔털이 있다.

생육환경은 반음지에서 잘 자라며 건조에는 강하지만 습기에 약하고 배수가 잘되는 곳에서 잘 자란다. 토질이 비옥하고 암석이 많은 사질양토에서 생장이 양호하며 내염성이 강해서 해변의 숲 가장자리에서 주로 자란다. 번식은 여름에 열매가 성숙된 직후 채취하고 직파로 번식하며 꺾꽂이로도 가능하다.

(11) 발풀고사리[647]

지금까지는 제주도, 남해도, 통영 등지의 양지바른 곳에서만 간혹 자라는 희귀식물로 알려져 왔다. 그러나 거제 둔덕면에 있는 산방산 보현사 입구에서도 발풀고사리가 작은 군락을 형성하고 있음을 확인되었다. 발풀고사리는 상록 초본으로 근경은 옆으로 길게 뻗으며, 갈색 털로 덮여 있다.

잎은 드문드문 나와서 높이가 50~100 ㎝고, 엽병은 길이가 20~60 ㎝며, 끝이 두개로 갈라져서 각각 1쌍의 우편[648]이 달리고, 동시에 엽병이 갈라진 곳에도 1쌍의 우편이 달려 모두 6개다.

---

645) 백서향(白瑞香- Daphne kiusiana)
646) 도피침형(倒披針形)
647) 발풀고사리(Gleichenia dichotoma)
648) 우편(羽片) : 깃조각, 우상복엽으로 분열의 횟수에는 관계없이 제일 작은 분편

(12) 비진도콩[649)]

1978년 통영시 **한산면 비진도**에서 처음 발견하였기 때문에 비진도콩이란 이름으로 불리게 되었다. 거제에서는 **보현사 계곡**에 분포한다.

다년생 덩굴식물로서 풀밭이나 수풀 속에서 자라며, 원줄기는 나약하고 자흑색을 띤다. 잎은 3출 복엽으로서 엽병이 길고, 하나하나의 작은 잎은 난형으로 가장자리가 밋밋하고 잎 뒷면에 흰빛이 돌고 부드러운 털이 약간 있다.

잎은 어긋나기하며 3출엽으로서 엽병이 길고 소엽은 긴 달걀모양이며 위로 갈수록 점차 좁아지고 둔한 끝에 소돌기가 있으며 표면에 털이 없고, 뒷면은 흰빛이 돌고 짧은 복모가 다소 있으며 가장자리는 밋밋한 모양을 하고 있다.

(13) 거제왕찔레꽃

거제에서 미기록종 찔레꽃을 거제왕찔레꽃으로 명명해 줄 것을 식물학회에 요청[650)]하며 관심을 받아온 이 찔레꽃은, 장목면 야산에서 발견한 72개체 가량의 식물로 덩굴성 수고가 작게는 2~3 m에서 크게는 10 m까지 이르며 5~6월에 지름 10 cm의 대형 흰색 꽃 수백 송이가 피고 지며 반복하는 특징을 보이고 있다. 향기가 좋아 산에서 채취하여 집 마당에 심었다는 주민의 제보가 있었으며, 예전부터 산에서 자생하는 것으로 밝혀졌다. 식물학회는 이와 유사한 식물로 일본에 '가가얀바라(학명 Rosa bracteata)'라고 부르는 식물(반짝이는 장미)이 있지만 잎의 개수가 다섯 장으로 이 꽃과는 다르다. 일반적인 찔레꽃에 비하여 꽃의 크기가 대략 10배 정도 크다. 잎은 소엽 세 개가 잎자루에 모이고, 소엽의 길이는 5~6 cm 정도며, 잎 뒷면의 주맥이 도드라져 선명하다. 잎 가장자리에는 톱니무늬가 있으며 타원형이고, 윤기가 있으며 앞뒤로 털이 없이 매끈하고 촉촉한 느낌을 준다. 한 나무에서 잎이 두 종류로 피며, 그 한 종류는 잎이 피침형에 가까운 긴타원형으로 핀다. 가는 줄기에 잔가시가 빽빽이 돋고 본줄기에는 굵은 가시가 있다. 사방으로 줄기를 뻗으며 근처의 식물을 휘감고 올라간다. 꽃은 장미형 홑겹이며 꽃잎은 다섯장 이판화(통꽃이 아니라 낱개의 꽃잎이 모인형태)다. 늦봄에 커다란 흰색 꽃을 피우며, 수술은 노란색으로 가운데 모여 있다. 개화기간엔 한 달 가까이 지속된다. 한 나무에서 수십~수백 송이가 피며, 순백색이나 자세히 보면 꽃잎에 붉은 무늬가 들어있다. 향기는 찔레향과 유사하다. 열매는 10월에 노랗게 익기 시작하여 11월에 세로 2 cm, 가로 1~1.2 cm의 크기로 붉게

---

649) 비진도콩(Dumasia truncata) : 김삼식교수 발견
650) 거제환경운동연합

익는다. 삭과의 모양은 장미의 씨방과 형태가 흡사하나 둥글지 않고 타원형이며, 가는 가시가 빽빽하게 박혀 있는데 매우 억세다. 거제시는 이를 보존하기 위해 농업기술센터에서 육성 중이다.

7-3-5 부속도서의 식물

(1) 갈곶도 식물

갈곶도는 대부분 암석으로 되어 있어 사람들의 접근이 어려워 비교적 자연생태계가 잘 보존되어 있었다. 이곳에서 자생하는 풍란의 경우, 한때는 무분별한 채취가 있었다. 그러나 주민과 뜻있는 사람들에 의해 복원되어 그 생태계가 안정되었다.

갈곶도의 남쪽 사면은 거친 파도가 만든 급경사의 험준한 암벽으로 되어 있어서, 그 정상 부위를 제외하면 식물 서식이 극히 빈약한 상태다. 이에 반해 북쪽 사면은 상부에서 하부까지 비교적 양호한 식생이 유지되어 있다. 한편, 갈곶도 북쪽의 일명 사자바위 위에는 천년송으로 불리던 소나무가 있었으나 지금은 고사하여 흔적도 없다.

이곳에서 자생하는 황칠나무, 백서향 등은 경상남도에서는 유일한 생태계를 이뤄 식물학적 가치가 높으며, 이 외에도 굴거리나무, 소나무, 해송, 굴참나무, 졸참나무, 떡갈나무, 소사나무, 서나무, 층층나무, 후박나무, 광나무, 생달나무, 사스레피나무, 우묵사스레피나무, 배풍등, 기린초, 염주괴불주머니, 꿩의다리, 참나물, 쥐손이풀, 억새, 닭의장풀 등이 있다.

(2) 외도 식물

외도는 갈곶도와 서이말등대 사이에 위치하며, 거제에서도 상록 활엽수림이 잘 보전되어오던 섬 중의 하나였다. 그러나 현재는 섬 주위의 경사면 지대를 제외한 중앙부 평평한 곳을 관광식물원으로 개발하여 하루에도 다수의 관광객이 찾는 명소가 되어 자연 생태계는 다소 사라졌다. 그러나 관광식물원은 제주도 등 국내 다른 지역에서 자생하는 관상수종은 물론, 오스트레일리아, 동남아시아 등 외국에서 다양한 관상수를 도입하므로 인위적이지만 난대와 열대식물의 전시장이 되어 주고 있다.

외도에 서식하는 주요 식물로는 소철. 주목, 해송, 섬잣나무, 반송, 처진소나무, 향나무, 둥근향나무, 측백나무, 편백, 나한백, 나한송, 향나무, 섬향나무, 금반향나무, 가이스가향나무, 담팔수, 녹나무, 비파나무, 월계수, 아왜나무, 까마귀쪽나무, 후피향나무, 참식나무, 후박나무, 동백나무, 생달나무, 센달나무, 구실잣밤나무, 감탕나무, 황칠나무, 팔손이나무, 광나무, 백정화, 사스레피나무, 우묵사스레피나무, 돈나무, 섬딸기, 속새, 쇠뜨기, 도깨비쇠고비, 봉의꼬리, 윤판나물, 절국대, 개승마, 곰취, 미역취, 선인장, 파초, 홍초, 천남성, 맥문동, 무화과나무, 인도고무나무, 벤자민고무나무 등이 있다.

(3) 지심도 식물

능선부분에는 수천평의 경작지와 왕대, 맹종죽 등의 조림지가 있어 자연식생은 오래 전부터 사람에 의한 자연생태계는 피해를 많이 받았다. 그러나 해안지대는 상록활엽수들로 보존이 좋은 편이다.

섬의 서남쪽에 위치한 선착장에서 마을로 올라가는 길 양쪽에는 아름드리 되는 동백나무, 생달나무, 까마귀쪽나무, 후박나무, 참식나무 등 상록수들이 터널을 이루며 늘어서 있어 남도의 정취를 느끼게 한다. 민가 주위의 울타리는 이대(신위대)나 왕대로 조성되어 있는 곳이 많고, 맹종죽은 섬의 동북쪽 경사면에 조림되어 주민의 수입원이 되어 주었다. 더불어 곳곳에는 팔손이나무가 많다.

이들 외에도 해국, 송악, 도깨비쇠고비, 광나무, 털머위, 왕모시풀, 천선과나무, 수국, 팽나무, 비파나무, 골담초, 치자나무, 큰천남성, 유자나무, 은꿩의다리, 꿩의다리, 자금우, 찔레, 작살나무, 왕작살나무, 도깨비바늘, 개솔새, 억새, 붉나무, 계뇨등, 쥐꼬리새, 무릇, 초피나무, 산초나무, 토란, 섬향나무, 이삭여뀌, 왕벚나무, 예덕나무, 쇠서나물, 누리장나무, 엉겅퀴, 멀꿀, 마삭덩굴, 사스레피나무, 흰새덕이, 여뀌, 장대여뀌, 해송, 사철나무, 느티나무, 구기자, 봉의꼬리, 가이스카향나무, 질경이, 바랭이, 쇠비름, 명아주, 대사초, 주름조개풀, 박주가리, 해홍나물, 짚신나물, 참나리, 용담, 띠, 일엽초 등이 있다.

(4) 서이말등대 지역 식물

서이말 등대지역은 일운면 남쪽 해안에 반도처럼 튀어나와 있는 곳으로 동쪽으로는 지심도, 서쪽에는 외도와 내도가 자리 잡고 있기 때문에 식생상태는 이들 섬지역과 유사하다. 특히, 다른 지역에 비해 해송은 적은 편이고 활엽수가 많다.

이 지역은 국가의 중요 시설물(석유비축기지, U2) 보호를 위하여 사람들의 출입이 비교적 자유롭지 못한 관계로 산림보호 상태가 좋은 편이다. 따라서 구실잣밤나무, 참식나무, 생달나무 등의 노거수들이 많으며 특히, 동쪽 경사면 지대는 동백나무의 생육이 양호하다.

분포하는 낙엽활엽수로는 굴참나무, 떡갈나무, 상수리나무, 때죽나무, 비목나무, 자귀나무, 노린재나무, 산뽕나무, 가새잎뽕나무, 굴피나무, 팥배나무, 산오리나무, 사방오리나무, 보리수나무 등이 흔한 편이다.

상록활엽수로는 생달나무, 구실잣밤나무, 동백나무, 참식나무, 까마귀쪽나무, 육박나무, 굴거리나무, 사스레피나무, 남오미자, 광나무, 감탕나무, 모람, 돈나무, 보리밥나무, 송악, 멀꿀, 마삭덩굴, 아왜나무, 사철나무 등이 있다.

침엽수로는 해송, 소나무, 향나무, 노간주나무와 식재된 것으로 편백삼나무, 둥근향나무, 섬향나무 등이 있다.

7-3-6 대표식물

(1) 초본

거제도의 대표적인 초본으로는 백양꽃, 얼레지, 현호색, 일엽초, 젓가락풀, 미나리아재비, 할미꽃, 홀아비꽃대, 투구꽃, 패랭이꽃, 술패랭이꽃, 장구채, 갯장구채, 노루귀, 물매화, 애기똥풀, 양지꽃, 물봉선, 백선, 까치수염, 큰까치수염, 봄맞이꽃, 용담, 재비꽃, 노랑재비꽃, 개구릿대, 갯매꽃, 층꽃풀(층꽃나무라고도 함), 꿀풀, 꽃며느리밥풀, 마타리, 뚝갈, 도라지, 잔대, 바위채송화, 노루오줌, 족도리풀, 쥐오줌풀, 달맞이꽃, 천남성, 큰천남성, 산국, 구절초, 쑥부쟁이(들국화), 미역취, 민들레, 흰민들레, 향유, 개박하, 긴담배풀, 맥문동, 개맥문동, 원추리, 비비추, 참나리, 무릇, 붓꽃, 타래난초, 풍란, 석곡, 보춘화, 콩짜개난 등이 있다.

(2) 목본

거제의 대표적인 목본으로는 거제딸기, 병꽃나무, 큰꽃으아리, 자귀나무, 남오미자, 생강나무, 바위수국, 황매화, 실거리나무, 나도밤나무, 합다리나무, 땅비싸리, 광나무, 쥐똥나무, 정향나무, 때죽나무, 쪽동백나무, 애기동백나무, 작살나무, 좀작살나무, 왕작살나무, 인동넝굴, 딱총나무, 누리장나무, 층층나무, 말채나무, 산딸나무, 진달레, 산철쭉, 철쭉꽃, 이팝나무, 조팝나무, 덜꿩나무, 가막살나무, 동백나무, 고추나무, 말오좀때, 윤노리나무, 팥배나무 등이다.

7-4 동물

7-4-1 포유류

우리나라의 포유류는 제주도와 울릉도를 포함하여, 총 7목 25과 63속 95종(109종 및 아종)이 서식하고 있는 것으로 알려져 있다. 거제도에 서식하거나 과거에 서식했던 포유류는 총 10과 67종이다.[651] 그러나 최근에는 고라니, 멧돼지, 다람쥐과의 청설모, 쥐과의 설치류 및 박쥐류가 다수 출현하는 종 이외에는 좀처럼 보기 힘들다.

거제도에서 포유류의 서식밀도가 비교적 높은 지역은, 대금산 일대의 외포리, 제석산 명동 등지에서 청설모, 족제비가 다수 서식하는 것으로 알려져 있으며, 또한 대금산 일대에서 고라니 및 천연기념물 제330호인 수달(Lutra lutra, European otter)이 서식하고 있는 것으로 확인된다.[652]

수달의 경우, 연초댐 내와 구천댐 일원에 서식하고 있는 것으로 알려져 있다. 수달은 세계적으로 보호되고 있으며, IUCN(세계야생동물보호연맹)에서도 이를 강조하고 있는 종이다. 우리나라에서는 1982년 천연기념물 330호로 지정하여 보호하고 있다. 세계적으로 분류된 총 13종 중 우리나라에 서식하는 수달(Eurasian otter)은 Lutra lutra(학명) 한 개 종만 서식한다. 주로 물속의 어류나 패류, 양서류 등을 먹이로 하고 설치류 및 여러 가지 소형 동물도 포식한다. 수생생활을 위주로 하며 행동권이 넓어 지역에 따라서는 수십 km에 이르는 것으로 알려져 있다. 여러 개의 서식지를 두고 불규칙적으로 옮겨 다니며 조심성이 많고 외부의 간섭에 매우 민감하게 반응한다.

651) 환경부 자연생태계 전국조사 보고서, 1987년, 1993년. 경남도지 및 통영시지
652) 환경부 자연생태계 지역정밀조사 보고서, 1993년

거제의 해안, 계곡, 하천 등에 자주 출몰한다. 거제의 오수, 율포와 같은 거제만 해안 지역은 물론, 남부면 그리고 장승포, 지세포 등지의 해안방면에도 수달의 흔적이 넓게 발견되고 있다. 뿐만 아니라 최근에는 도심지인 고현동에서도 발견되고 있다. 거제의 수달은 거제도의 해안 및 주변 소규모 섬들에 폭넓게 서식하고 있는 것으로, 주변 해안의 양식업 성행이 원인이다.

청설모는 거제 전역에 서식하나 특히 산방산에 많으며, **집박쥐**는 둔덕면 하둔리 부근에서 비행하는 모습이 발견되고 있고, 둔덕 어구리 등의 동굴에서 주로 서식하고 있다.

고라니는 거제도 전역에 많이 분포하고 있으며, **멧돼지**의 출현도 잦은 편으로 일정한 기간을 정해 포획을 허락하여 개체수를 조절하고 있는 형편이다.

한편, 거제도에는 토끼가 서식하지 않는다는 조사결과보고서가 있었지만, 1993년 환경부 조사에서 토끼의 배설물이 다수 확인되기도 하였다.

노자산 일대에선 다양한 동물상이 발견되고 있으며 활엽, 침엽수림이 혼재한 환경으로 인해 **멧돼지, 고라니, 족제비** 등도 많이 서식하고 있다.

남부면 **망산**에는 다람쥐 약 30개체를 방사하였으나 지금은 발견할 수 없다. **대륙족제비**는 전국적으로 널리 분포하고 있으며 흔히 볼 수 있는 소형 포유류로서, 민가 가까운 농작물이나 경작지의 밭둑 또는 냇가의 큰 돌밑 같은 곳에 구멍을 파고 서식한다. 개구리, 집쥐, 들쥐 등을 잡아먹어 야서구제[653] 역할을 한다. 거제에선 비교적 넓은 지역에 서식하고 있는 것으로 알려져 있다.

이외에도 두더지, 등줄쥐, 집쥐, 관박쥐, 집박쥐, 긴날개박쥐 등이 면지역을 중심으로 많은 개체가 발견되고 있으나, 다람쥐나 너구리는 서식하지 않는 것으로 보인다.

7-4-2 조류

한반도는 산악지대가 많아 다양한 새들이 서식한다. 시베리아 대륙에서 번식하고 우리나라로 이동하는 철새는 물론, 텃새들도 그 종류가 풍부한 편이다.

거제도 연안에는 **아비도래**(천연기념물 제227호)지가 있고, 학동 동백림의 **팔색조번식지**는 천연기념물 제233호로 지정되어 있으며, 종 자체가 천연기념물로 지정된 조류도 다수 있다.

653) 야서구제(野鼠驅除) : 해로운 동물을 먹이로 하는 이로운 동물

(1) 팔색조

천연기념물 제204호, 팔색조는 1968년 5월 30일 지정되었다. 이 새는 참새목 팔색조과에 속한다. 멸종위기등급 2급으로 지정되었으며 몸길이는 약 18 ㎝로, 한국, 일본, 보르네오섬 등 동남아시아에 주로 서식한다. 암수가 동일한 형태로 머리 윗부분과 아랫배는 붉은빛을 보이며, 눈썹선, 가슴, 옆구리는 노란색을 띄고, 등과 꼬리는 녹색이며 어깨와 꼬리는 푸른빛이 난다. 꼬리 끝, 눈옆은 검은색, 날개 끝에는 흰점이 있다.

5월 중순에서 7월 하순까지 높은 나무꼭대기 가지에 앉아 꽁지를 위아래로 흔들면서 우는데 그 소리가 독특하여 다른 새들과 구별하기 쉽다. 거제도 동부면, 제주도 한라산 남사면 그리고 전라남도 진도 등에서 번식하는 희귀한 여름새다. 주로 해안의 상록수림이나 산림이 울창한 곳에서 단독으로 생활하며, 경계심이 강하여 좀처럼 모습을 나타내지 않아 발견하기가 쉽지 않다.

팔색조는 해안과 섬 또는 내륙 경사지의 잡목림이나 활엽수림의 밀림에서 번식하고, 딱정벌레류, 갑각류, 지렁이 등을 즐겨 먹는다. 우거진 숲속의 어두운 바위틈이나 바위 위에서 나뭇가지를 이용해 둥지를 만든 후, 입구에는 쇠똥을 깔아 다른 동물의 침입을 막고, 알을 낳은 곳에는 이끼를 깐다. 한 배에 4~6개의 알을 낳으며, 알은 옅은 갈색바탕에 회색 점무늬가 있다.

특히, 거제시 동부면과 학동리와 제주도 한라산의 중복 자연림의 번식지에는 해마다 여러 쌍이 규칙적으로 찾아온다. 지난 수년 동안 거제도 번식지에는 해마다 4~5쌍이 찾아와 번식하고 있고, 경기도 광릉 죽엽산, 전라북도 무주 덕유산 등지에서도 채집되어, 이동 시기에 우리나라 각지에 분포하는 것이 밝혀졌다.

국제조류생존(Bird Life International) 및 국제자연보호연맹(IUCN)의 적색자료에서도 생존 개체수가 정확히 밝혀져 있지 않으며, 멸종을 염려하는 것으로 나타나 있다.

(2) 흑비둘기

흑비둘기는 과거 거제에 서식한 것으로 파악되나 지금은 사라진 것으로 보인다. 그러나 언제 서식지가 발견될지 모를 일이다. 흑비둘기는 1968년 11월 20일 천연기념물 제215호로 지정되었다. 형태는 암수가 동일하며, 몸 전체가 녹색과 적자색 광택을 띠는 검은색이다. 부리는 검은 회색이고 다리는 붉은색이다. 몸길이는 약 40 ㎝다.

습성은 희귀한 텃새로 동해, 서해, 남해의 도서지방에서 번식하며, 후박나무 숲에서 서식한다. 상록활엽수의 나뭇가지 위나 나무구멍에서 번식하며, 풀숲의 암석 위에 둥지를 짓는 경우도 있다. 후박나무 열매나 섬자리공 열매 등 주로 식물성 먹이를 먹는다.

(3) 아비도래지

거제도 연안은 아비도래지로 유명하다. 1970년 10월 30일 천연기념물 제 227호 지정되었으며, 5종으로 분류된다. 이 새는 북극 주변에서 번식하는 한지성[654] 조류로 겨울에는 온대지방에서 월동한다. 그중 3종 정도가 우리나라 연안에서 월동한다. 아비는 몸길이 63 ㎝, 부리는 다소 위로 뻗었으며 회색머리아비보다는 몸집이 작고 선명한 색깔을 지닌다.

우리나라에 오는 종류는 등쪽에 작은 백색반점이 있는 회갈색이며, 배쪽은 흰색을 띈다. 뒷머리와 뒷목은 녹색을 띤 검은색이며 흰색의 세로줄이 여러 개 있으며, 깃 가장자리는 잿빛 갈색이다.

(4) 회색머리아비

회색머리아비는 몸길이 65 ㎝로 아비와 비슷하나 일반적으로 크고 육중하다. 아비와는 등쪽이 더 암색으로 보이고 배는 흰색인 것으로 구별한다. 부리는 곧고 비교적 육중하며, 다리의 바깥쪽은 검은색이나 안쪽은 살구색이다.

겨울을 나는 곳에서는 수십 마리가 무리를 이루어 생활한다. 체형이 유선형이므로 잠수와 수영에 능하다. 경계할 때는 몸을 물속에 잠기게 하고 목만 드러낸다. 둥지는 해안의 물이 고인 곳, 물가 풀밭, 풀이 무성한 곳에 마른풀을 깔아 접시 모양으로 만든다. 알을 낳는 시기는 6~8월이다. 알은 진한 갈색에 얼룩점이 있는 것으로 2개 정도 낳아 20일 정도 품는다.

---

654) 한지성(寒地性)

(5) 큰회색머리아비

이 새는 여름에는 회색머리아비와 비슷하지만 목과 머리가 밝은 회색이어서 등의 암갈색과 대조를 이룬다. 앞 목은 어두운 녹색이다. 목의 옆에서 가슴까지 이어지는 흰색과 검은색 줄무늬가 뚜렷하다. 아비보다 몸집이 크고 등쪽이 어두운 편이며 곧은 부리를 지니고 있어 구별하기 쉽다.

회색머리아비와 큰회색머리아비는 그동안 희귀한 겨울새로 알려졌으나, 거제도 연안에 500~1,000마리 이상이 월동하는 것으로 밝혀졌다.

(6) 까막딱따구리

1973년 4월 12일 천연기념물 제242호로 지정되었으며, 수컷은 머리꼭대기가 붉고 암컷은 뒷머리만 붉다. 몸전체가 광택이 있는 검은색이며, 부리는 녹색을 띤 황색으로 끝은 검다. 몸길이는 약 45.5 ㎝ 정도다.

보기 힘든 텃새며, 자연혼합림의 고목이 무성한 평지에서 고지대에 이르기까지 서식한다. 지상에서 4~25 m 높이의 나무에 암수가 공동으로 8~17일쯤 걸려 구멍을 파서 둥지를 만들어 번식한다. 곤충류나 식물의 열매를 주로 먹는다.

(7) 검독수리

암·수 동일한 형태를 보이며 머리꼭대기와 뒷목은 황갈색이고 나머지 부분은 어두운 갈색으로 날개 중앙부에는 회갈색 무늬가 있다. 어린 새의 날개와 꼬리 안쪽에는 흰 부분이 있다. 몸길이는 약 85 ㎝ 정도다.

주로 내륙지방의 바위 절벽에서 번식하는 텃새로, 해안선과 하천을 따라 남하하여 해안 앞바다 하구나 삼각주에서 1마리 또는 2~3마리가 함께 생활한다. 작은 포유류와 중형 조류를 먹이로 한다.

(8) 흰꼬리수리

이 새는 암·수가 동일한 형태로, 머리와 어깨는 황갈색이고 가슴, 배, 등은 갈색이다. 날개의 끝부분은 특히 어두운 갈색이며, 꼬리는 흰색이고 부리와 발은 노랗다. 몸길이는 수컷이 약 80 ㎝, 암컷이 약 95 ㎝다.

겨울철새로 해안의 바위, 갯벌, 소택지, 내륙의 호수, 하천하구 및 비교적 평탄한 지형의 넓은 곳에서 생활하며 산악지대에는 서식하지 않는다. 주로 단독생활을 하며 송어, 산토끼, 쥐, 오리, 물떼새, 도요새, 까마귀 등을 잡아먹는다.

전체적인 생존집단이 감소되고 있어 세계적인 보호가 시급한 종이다. 흰꼬리수리는 우리나라 섬진강, 대성동(경기도 파주군 군내면 비무장지대), 한강, 낙동강 등 큰 하천이나 하구 또는 동서 해안, 남해 도서연안 등에서 월동하는 드문 겨울새다.

(9) 매류

매류에는 참매, 붉은배새매, 새매, 개구리매, **황조롱이**와 **매**가 있다. 이들은 모두 1982년 11월 4일 천연기념물 제323호 지정되었으며, 전 세계적으로 매목에 속하는 조류는 272종에 이른다.

그 가운데 수리과는 211종, 매과는 61종이 알려져 있으나, 우리나라에서는 수리류 21종과 매류 6종이 기록되어 있다. 이들 27종 가운데, 이미 천연기념물로 지정된 수리류 4종 외에 8종 참매, 붉은배새매, 새매, 잿빛개구리매, 알락개구리매, 개구리매, 황조롱이, 매를 천연기념물로 지정 보호하고 있다.

이 중 **황조롱이**는 거제도에 많이 서식하고 있다. 이 새는 수컷은 머리와 꼬리가 회색이고, 눈 밑에 검은 세로줄이 있으며, 꼬리 끝에는 검은색과 흰색의 줄이 있다. 등은 붉은빛을 띠는 갈색으로 검은 점이 있고 날개 끝쪽은 검다. 암컷은 머리와 꼬리에도 등과 마찬가지로 적갈색에 검은 점이 있다. 몸길이는 수컷이 약 30 ㎝, 암컷이 약 33 ㎝다.

(10) 올빼미

올빼미는 1982년 11월 4일 지정된 천연기념물 제324-1호로, 몸길이는 약 38 ㎝ 정도다. 머리는 둥글고 귀 모양 깃털이 없으며, 온몸이 누런 갈색 바탕에 세로줄무늬가 있다. 몸의 아랫면은 색이 연하고 눈은 검다. 단독으로 생활하며 낮에는 나뭇가지에 앉아 움직이지 않는다. 낮에는 어치나 작은 참새목 조류들이 찾아와 공격하는 시늉을 내기도 한다. 날카로운 발톱으로 들쥐를 잡아 부리로 찢어 먹으며 소화되지 않은 것은 **펠릿**(pellet)으로 토해낸다. 낮에는 잘 날지 않지만 사람이 다가가면 빛이 있는 쪽으로 날아가기도 한다.

알을 품는 기간은 28~30일이고 어미의 보살핌을 받는 기간은 4~5주이다. 들쥐 외에 작은 조류나 곤충류를 잡아먹는다. 거제도에서 종종 발견되고 있다.

(11) 기러기류(개리·흑기러기)

1982년 11월 4일 천연기념물 제325호로 지정된 기러기는 모두 146종이 알려져 있으나, 순수한 기러기류는 14종에 불과하며 우리나라에는 7종의 기러기류가 도래한다. 이 가운데 사라져가는 **개리**와 **흑기러**기 2종만이 천연기념물로 지정되어 보호하고 있다. 개리는 국제조류생활(Bird Life International) 및 국제자연보호연맹(IUCN)의 적색자료서에 의하면 일본, 남북한, 타이완에 50,000마리밖에 생존해 있지 않은 멸종위기 새다.

흑기러기는 암·수 형태가 동일하며 머리, 가슴, 등은 검은색이다. 배는 흰색인데, 검은색의 가로 줄무늬가 있고, 턱밑도 흰색인데 검은 줄무늬가 있다. 다리는 검은색이며 몸길이는 약 61 ㎝다.

남해연안과 도서에 규칙적으로 날아오는 드문 겨울철새로, **거제도**에서도 발견되고 있으며, 홀로 또는 작은 무리를 지어 생활하며 만조 시나 밤에는 해상에서 쉬며 낮의 간조 시에는 해안이나 얕은 곳에서 먹이를 찾는다.

(12) 삼광조

삼광조는 참새목 까마귀과의 조류로, 몸길이는 수컷은 44.5 ㎝, 암컷은 17.5 ㎝로 서식장소는 낮은 산지의 우거진 숲이다.

수컷은 꽁지가 길게 늘어진다. 머리는 푸른빛이 도는 검정색이고 눈 주위는 코발트색이다. 등과 날개는 보랏빛을 띤 밤색이다. 아랫면은 흰색이지만 날개 아랫면과 꽁지 아랫면은 밤색이다. 수컷의 꽁지는 보랏빛을 띤 검정색이고 암컷은 갈색이다. 암컷은 윗면의 색이 연하고 꽁지 길이도 수컷보다 짧다.

낮은 산지의 우거진 숲을 좋아하고 나무 사이를 여기저기 날아다니면서 곤충을 잡아먹는다. 나뭇가지 사이에 작은 둥지를 틀고 한배에 3~5개의 알을 낳는다. 번식기는 5~7월이며 암수 함께 알을 품고 새끼를 기른다. 알을 품는 기간은 12~14일, 새끼를 기르는 기간은 8~12일이다. 먹이는 곤충류가 주식이고 가끔 거미도 잡아먹는다.

동아시아, 일본, 서부 태평양 지역에 분포하며 동남아시아에서 겨울을 난다. 한국에서는 흔하지 않은 여름새이나 **제주도**와 **거제도** 등 섬 지방에는 비교적 흔하다.

(13) 동박새

참새목 동박새과의 조류로 참새목 동박새과로 크기는 몸길이 약 11.5 ㎝ 정도며, 서식장소는 동백나무 등의 조엽수림 분포지역인 동아시아, 일본, 한국에 많다.

턱밑과 멱 및 아래꽁지덮깃은 노란색 또는 녹색을 띤 노란색이다. 가슴 아랫면은 흰색이다. 부리와 다리는 검고 흰색 눈둘레가 돋보인다. 나뭇가지에 둥지를 늘어지게 짓고 5~6월에 한배에 4~5개의 알을 낳아 암수 함께 품고 기른다. 먹이는 거미나 곤충 같은 동물성 먹이도 먹지만 주로 꽃의 꿀을 먹는다.

그 중에서도 동백꽃의 꿀을 좋아한다. 동백나무가 많이 자라는 조엽수림에 많이 찾아온다. 한국에서는 중부이남, 특히 제주도와 울릉도 등 섬 지방에 흔한 텃새이다. 그 밖에 거제도 서해 섬에도 드물게 모습을 나타낸다.

(14) 박새

박새는 우리나라와 일본에 분포하고 있다. 참새목 박새과로 몸길이 약 14 ㎝다. 머리와 목은 푸른빛이 도는 검정색이고 뺨은 흰색이다. 아랫면은 흰색을 띠며 목에서 배 가운데까지 넥타이 모양의 굵은 검정색 세로띠가 있어 다른 박새류와 쉽게 구분된다. 평지나 산지 숲, 나무가 있는 정원, 도시공원, 인가 부근에서 흔히 볼 수 있는 텃새다.

4~7월에 나무구멍, 처마 밑, 바위 틈, 돌담 틈 또는 나뭇가지에 마른 풀줄기와 뿌리, 이끼 등을 재료로 둥지를 틀고 한배에 6~12개의 알을 낳는다. 특히 인공의 집도 좋아해서 크기만 적당하면 정원에서도 둥지를 틀고 새끼를 기른다. 한국에서는 숲에 사는 조류의 대표적인 우점종이다. 곤충을 주식으로 하며 가을부터 겨울에 걸쳐 풀이나 나무의 씨앗을 먹는다. 번식기가 지나면 무리생활을 하는데 쇠박새, 진박새, 오목눈이 등과 섞여 지낸다.

(15) 괭이갈매기

거제의 시조인 괭이갈매기는 몸길이 약 46 ㎝, 날개길이 34~39 ㎝의 중형 갈매기다. 이 새는 도요목 갈매기과에 속하며 머리, 가슴, 배는 흰색이고 날개와 등은 잿빛이다. 꽁지깃 끝에 검은 띠가 있어서 다른 갈매기류와 구별된다. 부리는 다른 종에 비해 긴 편이고 끝 부분에 빨간색과 검은색 띠가 있다. 어린 새끼는 검은 갈색이며 얼룩무늬가 있다.

번식기는 5~8월이지만 번식지에 모이는 것은 이른 봄이다. 번식지는 대개 무인도 풀밭이며 큰 집단을 이루어 마른 풀로 둥지를 틀고 한배에 4~5개의 알을 낳는다. 8월 말경에 어린 새끼와 함께 번식지를 떠나 바다 생활에 들어가는데, 먹이는 물고기·곤충·물풀 등이다. 새끼는 3년쯤 자라서 어른 새가 된다. 울음소리가 고양이 울음소리와 비슷하다. 물고기 떼가 있는 곳에 잘 모이기 때문에 어장을 찾는 데 도움을 주어 어부들의 사랑을 받고 있다.

한국에서의 집단 번식지는 충청남도 태안군 근흥면, 난도, 경상남도 통영시 한산면 홍도[655], 경상북도 울릉군 울릉읍 독도리로, 이곳은 보호구역으로 지정하고 있다. 한국, 일본, 중국(북동부), 사할린섬(남부), 쿠릴열도(남부), 연해주 등지에서 번식하고 중국 남부 앞바다에서 겨울을 난다. 동북아시아 특산종이다.

(16) 몽골 독수리

우리나라, 티베트, 중국, 몽고, 만주 등지에 분포하는 겨울새로, 몸길이는 1~1.5 m에 달하며 수리류 중에서 가장 크며 가장 강한 맹금류이다. 몸 전체가 균일한 암갈색이며, 정수리와 윗목에는 털이 없고, 목 주위에는 특이한 깃이 있다. 초원지대, 고산지대, 강하구를 근거지로 단독 또는 암수 한 쌍이 생활하는 경우가 많으나 무리지어 생활한다. 짐승의 사체나 병들어 죽어가는 짐승 등을 먹이로 한다.

거제는 독수리의 월동지이다. 우리나라의 대표적인 독수리 월동지는 파주 장단반도, 철원 토교저수지, 경남 고성군과 산청군이다. 자연발생적인 먹이보다는 경제발전에 따른 우리의 식생활 습관이 육식소비로 바뀌면서 축산업이 발전하고 이로 인한 죽은 가축을 처리하는 과정에서 독수리가 우리나라에 오게 되었으며, 고성에 온 독수리 중 일부가 거제에서 활동을 한다. 지역에서는 겨울동안 이들에게 신계마을 해변에 먹이를 제공하는 단체가 있다.

7-4-3 곤충

거제도의 곤충은 총 17목 199과 1,310종이 기록되어 상당히 풍부한 편이다. 곤충의 목[656]별로는 나비목이 45과 663종으로 종수가 50.61%고, 딱정벌레목이 38과 213종으로 16.26%며, 벌목 17과 124종으로 9.47% 순위였고, 파리목, 노린재목, 매미목 순이다.

거제에는 환경부가 지정한 특정 야생동, 식물, 곤충류 중에서 다음과 같이 9종이 서식하는 것으로 알려져 있다.[657]

- **노자산, 산방산, 북병산** : 딱정벌레목, 사슴벌레과의 톱사슴벌레, 장수풍뎅이과의 장수풍뎅이
- **노자산, 동부면 구천리 망골** : 비단벌레과의 소나무비단벌레, 꽃무지과의 사슴풍뎅이

655) 홍도(鴻島)
656) 목(目)
657) 1993.1.18.

- **북병산** : 하늘소과의 범하늘소
- **노자산, 공고지** : 나비목, 팔랑나비과의 대왕팔랑나비, 호랑나비과의 청띠제비나비
- **동부면 구천리 망골** : 왕나비과의 왕나비
- **노자산** : 네발나비과의 왕오색나비, 청띠제비나비
- **산방산, 노자산** : 뱀눈나비과의 먹나비
- **동부면 구천리 망골, 학동리 봉곡사일대, 칠천도** : 딱정벌레목, 하늘소과의 참나무하늘소, 톱사슴벌레, 장수풍뎅이, 소나무비단벌레, 사슴풍뎅이, 범하늘소, 대왕팔랑나비, 청띠제비나비, 왕나비와 왕오색나비, 먹그림나비, 먹나비 등

특히, 한국자연보존협회(1989)가 보고한 한국의 희귀 및 위기 동식물 곤충류 중에는, 거제도에서 먹그림나비와 먹나비가 발견된 것으로 나타났으며, 참나무하늘소는 거제도가 북방 한계선인 것으로 밝혀졌다.

[거제도 곤충(목별) 현황 - 환경부, 1997]

목 명	총 계	%
하루살이목	4과 9종	0.69
잠자리목	7과 24종	1.83
바퀴목	2과 2종	0.15
사마귀목	1과 1종	0.08
강도래목	3과 4종	0.31
집게벌레목	3과 6종	0.46
메뚜기목	8과 33종	2.52
대벌레목	1과 1종	0.08
노린재목	20과 68종	5.19
매미목	19과 53종	4.05
풀잠자리목	5과 8종	0.61
딱정벌레목	38과 213종	16.26
벌목	17과 124종	9.47
밑들이목	1과 1종	0.08
파리목	19과 91종	6095
날도래목	6과 9종	0.69
나비목	45과 663종	50.61
합 계 17목	199과 1,310종	100.00

7-4-4 양서류분포

거제도 일대에서 서식하고 있는 것으로 알려진 양서류는 2목 5과 7종이고, 파충류는 1목 3과 8종이다. 청개구리가 우점하고 있으며 참개구리, 무당개구리의 순으로 우세하다. 뱀은 유혈목이가 많고 살모사, 누룩뱀의 순이다.

한편, 양서류 중, 내륙지방에서는 흔히 분포되어 있는 황소개구리는 거제지역에서는 관찰할 수 없으며, 과거의 조사 중, 1987년도 환경처주관 자연생태계조사 중의 동부면 구천리 일대에서 맹꽁이가 조사되었다.

거제도는 산복도로나 임도가 많이 개설되고 있는데 이에 따라 소형 동물종들의 이동이 단절되고 있다. 도로상에서 동물의 사체가 빈번히 발견되고 있어 거제도 전역에 동물 이동통로 마련이 시급한 실정이다.

(1) 대금산 일대

양서파충류의 서식은 주로 연초댐을 중심으로 형성되어진 동물상을 보이고 있다. 제석산 방면의 도천 상류에서 연초댐까지의 소하천 주변에는 부분적으로 천수답이 형성되어 있어 어류와 양서류, 파충류 서식이 양호하다.

연초댐을 중심으로 한 하천에서는 무당개구리, 참개구리, 청개구리 등이 있고, 파충류로서는 까치살모사를 포함하여 살모사, 유혈목이, 누룩뱀, 아무르장지뱀 등이 서식한다.

(2) 산방산 일대

산방산 일대에서는 무당개구리, 참개구리, 청개구리, 유혈목이, 살모사, 누룩뱀 등이 서식한다.

(3) 계룡산 일대

계룡산 일대에서는 무당개구리, 참개구리, 청개구리, 옴개구리가, 유혈목이, 살모사, 누룩뱀이 서식한다.

(4) 북병산 일대

구천댐 상수원과 구천계곡, 망골을 끼고 있는 북병산은 산세가 의외로 험하여 사람의 이용이 거의 이루어지지 않고 있는 지역이다. 이에 따라 주변의 지형도 양호한 보존상태를 나타내고 있으며 참개구리, 청개구리, 산개구리, 두꺼비, 살모사, 능구렁이가 서식한다.

(5) 노자산 일대

거제도 노자산은 그 식생이 우수하고, 온난다습한 해양성 기후의 영향이 잘 반영된 다양한 생물상을 이루는 지역이다. 노자산 정상에서 연담리로 흐르는 하천과 동부저수지와 오망천이라는 긴 하천을 가지고 있다. 노자산 일대에서는 무당개구리, 참개구리, 청개구리, 두꺼비, 유혈목이, 살모사가 서식한다.

(6) 천장산 일대

남부면 천장산에서는 까치살모사(칠점사)가 발견되었다. 이 뱀은 우리나라에서 가장 큰 독사로 움직임이 빠르고 성질이 사나운편이며, 몸에서 기름 냄새가 짙게 난다. 신경독이 있으며, 우리나라 살모사 무리 가운데 독이 가장 센 것으로 알려졌다. 9~10월에 짝짓기 하며, 이듬해 8월에 새끼를 낳는다. 눈썹줄이 없다.

7-4-5 양서류

(1) 도롱뇽

한국의 특산종으로 4~5월 초에 산란하며, 산간이나 구릉지역에 흔히 서식하였으나 최근 수환경의 변화로 인해 감소추세에 있는 종이다. 거제도 전반에 걸쳐 내륙의 하천이나 계류, 특히 바위나 수풀로 가려진 그늘 쪽에서 관찰이 가능하다.

(2) 무당개구리

우리나라에 흔히 서식하고 있는 종으로서, 저지대에서 고지대에 이르기까지 넓게 분포되어 있는 것으로 알려져 있다. 거제도 전 지역에서 관찰이 가능하다.

(3) 두꺼비

두꺼비는 평지나 산간에도 서식한다. 과거에는 우리나라 전역에 서식하는 것으로 알려진 종으로 인가 주변에까지 출현하였으나, 최근에는 그 종의 수가 격감되고 있다. 거제면 등 야산에 종종 나타난다.

(4) 청개구리

민가주변의 잡목숲이나 풀숲에서 흔히 볼 수 있는 종인데, 비오기 전이나 산란기에 큰소리로 우는 특성이 있다. 거제도 전역의 물가주변의 활엽수림에서 매우 쉽게 관찰할 수 있으며, 그 개체수 또한 많은 수가 관찰되며 양서류 중에서 우점을 차지하고 있다.

(5) 참개구리

대표적인 저지성[658] 양서류로서 서식장소는 평지의 못이나 물가근처의 풀숲이며, 위험을 느낄 때면 물로 뛰어들어 물속의 진흙이나 돌 밑에 몸을 감추는 특성이 있다. 거제도 지역에서 청개구리, 무당개구리와 함께 관찰하기가 쉽다.

(6) 옴개구리

물가나 흙 위의 구멍에서 지내는 일이 많다. 마치 옴이 오른 것처럼 피부에 많은 융기가 돋아 있어서 다른 개구리와 구별이 쉬우며 돌밑이나 흙속에서 동면한다.

(7) 산개구리

이 종은 식용으로 포획되기도 하여, 최근에는 그 개체수가 급감하고 있다. 계류나 하천 저지대 등지에서도 발견되는 종이다. 거제도에서는 그 개체수가 많지 않으나, 대금산에서 제석산방면의 도천과 해양사 일대에서 서식하고 있는 것으로 나타났다.

(8) 거제도롱뇽

거제도에만 서식하는 고유종 거제도롱뇽이 국가생물종 목록에 이름이 올려졌다. 2021년 말 기준 국가생물종목록에는 거제도롱뇽을 비롯해 신종 436종과 무늬발게 등 미기록종을 포함해 총 1820종이 추가됐다. 이번 등록으로 한반도에 서식하는 생물종 수는 5만 6248종으로 기록됐다. 거제도롱뇽의 학명은 Hynobius geojeensis로, **학명에 거제**가 들어가 있다. 도롱뇽과 형태적으로 유사하지만 유전적으로는 다른 종으로 전 세계에서 거제도에만 분포하는 거제도 고유종이다. 거제도롱뇽은 거제도 동남부 지역에만 분포하며, 남방도롱뇽에 비해 더 넓고 길지만 다리가 짧은 것이 특징이다. 남방도롱뇽은 거제, 통영, 고성 등 경남 남해안에만 사는 것으로 밝혀졌다.[659]

---

658) 저지성(低地性)

7-4-6 파충류

(1) 아무르장지뱀

야산의 등산로나 돌담 등에서 쉽게 발견이 되는 종이었다. 그러나 최근에는 쉽게 관찰되지 않고 있는 종이다. 1997년 환경부 조사에서는 대금산, 산방산, 북병산, 노자산, 한산도 일대에서 조사되었다. 한산도에서는 출현이 매우 빈번한 것으로 알려져 있다.

(2) 유혈목이

한국, 일본, 시베리아의 연해주, 중국 등지에 분포하는 것으로 알려져 있고, 평지, 구릉지, 초원의 물가에서 흔히 발견된다. 몸의 빨간 무늬 때문에 꽃뱀 또는 화사라고도 알려져 있다. 거제도 전 지역에서 쉽게 목격, 또는 확인할 수 있는 종이며, 거제 지역에서 가장 많이 있는 종이다.

(3) 구렁이

평지 또는 산지에도 서식하며, 인가근처의 돌담이나 지붕 등에도 숨어 있다가 주로 쥐, 새 그리고 새알 등을 잡아먹는다. 최근까지도 계룡산 일대의 마을에서 드물게 관찰되고 있는 것으로 조사되었다.

(4) 누룩뱀

유혈목이와 같이 전국적(울릉도 제외)으로 서식하고 있는 종이다. 주로 밭둑과 돌담 등지에서 발견되는 흔한 종이다.

---

659) 학술지 애니멀즈(Animals), 아마엘 볼체(Amael Borzee) 박사 논문

(5) 능구렁이

우리나라의 전역에 걸쳐 저지대의 농경지 주변이나 바위가 있는 곳에서 발견되며, 개구리 또는 쥐 등을 포식한다. 능사주 등의 식용목적으로 고가로 거래되므로 남획되고 있는 종이며, 그 개체수가 격감하고 있다.

(6) 무자치

한국, 중국 북부지역 등에 분포하고, 우리나라에서는 제주도와 울릉도를 제외하고는 전국에 걸쳐 흔히 볼 수 있는 물뱀이다. 주로 강변의 물가, 수로, 연못, 논둑 등지에 서식하는데, 최근에는 농약 등의 사용으로 논에서의 서식을 기피하고 있는 것으로 보이며, 이러한 서식지의 변화 및 남획 등으로 그 개체수가 감소되고 있는 종이다.

7-4-7 어류

담수어류는 다른 야생동물과는 달리 극히 제한된 수역에서 서식하기 때문에 서식처의 변화는 그들의 생존에 직접적인 영향을 준다.

거제도의 담수어류에 관한 1997년도 환경부 조사보고에 의하면 총 10과 23종이 조사되었다. 조사된 어종 중, 잉어과 7종(30.4%), 망둥어과 5종(21.7%), 미꾸리과 4종(17.4%)이었으며, 뱀장어과 등 7과는 각각 1종씩이었다.

각 과별 채집개체 수는 망둥어과가 507개체(46.3%), 잉어과는 324개체(29.6%), 송사리과 107개체(9.8%), 미꾸리과는 97개체(8.9%)가 있는 것으로 나타났다.

채집 어류 중 우점종은 밀어(논어묵 망둑엇과의 민물고기) 222개체로 20.3%고, 아우점종은 갈겨니 213개체 19.5%, 우세종은 꾹저구 189개체 17.3%, 송사리 107개체 9.8%, 검정망둑 83개체 7.6%, 왕종개 81개체 7.4%, 붕어 48개체 4.39% 등으로 나타났다. 희소종은 치리, 쉬리, 쌀미꾸리, 미유기, 은어, 꺽저기 등이다.

또, 채집 조사된 23종 중, 한국 고유종은 5종으로 쉬리, 왕종개, 미유기, 자가사리, 동사리 등이었으며, 전체 어종의 21.7%를 차지하였다. 한편, 환경부지정 특정 물고기는 꺽저기 1종이 서식하고 있는 것으로 밝혀졌다.

어류의 생태형을 보면, 1차 담수어가 16종이었으며, 강하성과 소하성이 각각 1종, 주연성 4종, 육봉형 1종이었다.

또, 거제도지역에 서식하는 어류 중, 특별히 보호대책이 필요한 종은 쉬리, 미유기,

껵저기 등이며, 쉬리와 껵저기는 현재 거의 멸종단계에 이르러 각별한 보호가 필요하다.

거제도지역에 서식하고 있는 어류의 생활유형은 23종 중, 1차 담수어가 16종으로 가장 많은 종수를 차지하고 있고, 회유성 및 주연성 어류는 7종이다. 이들 중 소하성과 강하성 어류는 은어와 뱀장어로 각각 1종, 주연성 어류는 망둥어과의 문절망둑, 꾹저구, 갈문망둑, 검정망둑, 밀어 등 5종이다.

이와 같이 회유성 어류를 포함한 주연성 어류들이 비교적 많이 나타나는 것은, 거제도가 섬 지역으로 하천의 하구가 바다와 직접적으로 연결되어 있어, 주연성 어류의 출현빈도가 비교적 높기 때문이다. 개체수에 있어서도 주연성 어류인 밀어가 20.29%로 우점종이며, 꾹저구 역시 17.28%로 우세종으로 나타났다.

최근, 한반도에서 **거제도에서만 유일하게 발견**된 것으로, 거제지역 하천에서만 살고 있는 멸종위기 1급 민물고기인 **남방동사리** 서식지가 대규모 하천정비 사업으로 사라질 위기에 처했다.

남방동사리가 발견된 동부면의 산양천은 주요 서식지로 밝혀졌으며, 이는 2012년 5월 멸종위기야생동식물 1급으로 지정된 민물고기로, 국가적색목록멸종위기종과 국제적색목록비평가종으로 등록돼 국제적으로도 보호받고 있다. 남방동사리는 위에서 보면 나비넥타이 모양의 검은 무늬가 있다.

농어목 동사리과인 이 물고기는 야행성으로 하천 수변부의 수초대에 숨어 있다가 지나가는 물고기나 수서곤충 등 작은 동물을 잡아먹는다. 산란기 외에는 혼자 살아가며 일정한 세력권을 형성한다. 생물·지리학적으로 매우 가치가 높지만, 현재는 10㎢ 이하의 매우 좁은 수역에만 서식하고 있어 보존 대책에 시급하다.

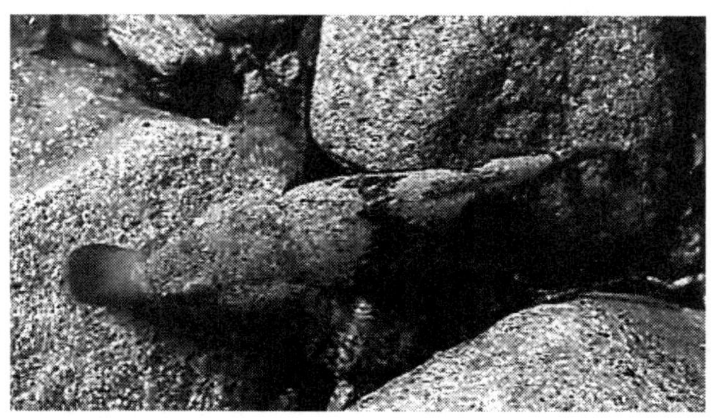

이외에도 **거제외줄달팽이**는 노자산 일대에 많이 서식하고 있으며, 이는 한국 멸종위기 야생동물 2급으로 지정되어 있다.

8장
거제사

8-1 개관

지역은 중앙과 달리 모든 관점에서 멀게만 다뤄졌고 소외되기도 하였다. 그러다 보니 지역의 역사에 대한 관심도 소홀하였던 게 사실이다. 하지만 한 나라의 역사란 중앙만의 것이거나 패권자만을 위해선 안 된다. 역사에서 폐자와 민초들의 삶을 담지 않는다면 이는 진정한 의미에서 역사왜곡에 해당할 것이다.

역사란 인류사회 변천의 과정이다. 역사는 과거부터 미래까지 계속 이어질 것이며, 과거로부터의 조언, 교훈, 의문 그리고 그 해답을 통해 현재와 다음 세대인 미래를 지향해야 한다.

선사시대란 문자기록이 남아 있지 않은 시대를 의미한다. 선사시대의 역사는 구전과 유적·유물로 유추해야 하는 추정의 문제다. 일반적으로 문자의 사용은 청동기시대 이후로 보지만, 국가나 지역에 따라 그 연대가 달라질 수도 있다. 다만 자체의 기록은 없어도 인접국의 기록이 있다면 추정이 가능할 것이다.

거제의 역사는 선사시대 유적을 통해 가능하고 각종 기록과 문헌을 통해 고대사를 유추할 수 있으며, 중세의 역사도 충분히 정립할 수 있다. 이후, 근대와 현대사는 매우 상세하고 다양한 기록들로부터 객관적 이해가 가능하다.

거제역사는 근대화와 국제화에 따른 교섭과 교류가 활발해지던 근대부터, 국제적 통로로서의 해양권의 위치와 역할이 부각되던 과정에 이르면 매우 정치적이고 다양한 사건이 전개된다. 아울러 국제간의 해양자원을 안정적으로 확보하기 위한 안전망의 구축과정에서 또, 국제적 전쟁에서 거제는 어떤 의미에선 중심이 되었고, 이에 따른 아픔을 수용하기도 하였다.

특히, 우리 역사의 과정에서 남해연안이 차지하는 역할과 위치는 재평가되어야 할 것이며, 지금과 미래의 국제화시대에서 거제역사는 재해석되어야 한다.

거제시의 자연적 환경은 한류와 난류가 교차하는 해역이다. 풍부한 해산물이 생산되고 풍부한 수자원을 기반으로 토지가 기름지며, 기후가 온난하여 농업생산에도 유리한 조건을 갖췄다. 더불어 제주도 다음의 큰 면적 등은 사람이 모여 살기 위한 충분한 조건이었다.

그리고 지리적으로 태평양을 향해 출발하는 기점에 있으며, 일본과는 매우 가까이 위치하여 국제화의 선두에 있었다. 현대엔 육지와의 연결이 확대되어 도서지방에서 육지화되었으며, 인근 도심들과 공동 생활권을 형성시키기 시작했다.

도서지방은 독립적이다. 공간이 독립되고 기능과 역할이 독립된다. 이 관점에서 거제도는 때로는 유배지로, 때로는 포로수용소가 되기도 하였으며, 이를 통해 독특한 문화를 창출하였을 것이다.

거제도는 **선사시대**부터의 인류주거의 흔적이 있다. 산달도의 후등패총은 신석기시대 전기, 중기, 후기의 특징(융기문토기에서 이중구연토기)을 모두 지니고 있고, 신석기 후기단계 유적지로는 공고지유적, 내도패총, 이수도 패총 등이 있다.

거제의 고대사는 거제면 남산패총 등에서 발견된 삼한시대의 유적과 하청면, 거제면, 아주동의 고분군으로부터 시작한다. 이곳의 고분유적은 삼한시대 변한 12국 가운데 하나의 소국인 **독로국(두루국/두로국)**의 존재를 확인시켜준다.

이후, 가야 및 신라의 세력권으로 편입된 거제는 한국해양사의 전개과정에서 독립 세력으로서의 위상이 약화되어 갔으나, 상당한 정도의 지리적 위상을 유지하고 있었다. **통일신라시대**에는 거제지역이 신라의 군현체제로 재편되므로 그 위상마저도 중앙의 통제 속으로 예속되었다. 그러나 거제지역이 경주와 멀지 않는 위치에 있어 통일신라의 활발한 대일 해양교섭에 있어서 주요한 주변 통로로 역할을 하였다.

고려시대와 **조선시대**는 왕경이 개경과 한양인 중부지역으로 옮겨갔다. 따라서 **고려시대**는 변방으로서의 역사가 이어졌고, 대일관계보다 **대중교섭**을 중심으로 하는 정책에 따라, 거제는 대일교섭의 항구로서의 역할을 유지하는 것에 불과했다. 13세기 후반, 고려 삼별초 항쟁군의 내습과 여말선초 빈번한 왜구의 침략은 거제현 및 그 속현의 사람들을 인근 내륙지역인 거창현의 부속인 **가조현, 진주목의 영선현** 등으로 **분산이주**하기도 하였다. 그 과정에서 더부살이를 한 경험을 지닌 거제민들은 여러 고초를 겪었을 것이며, 애향심의 발로는 거제를 더욱 강하고 끈질긴 성향을 만들어 주었을 것이다.

나아가 **조선시대**는 역시 변방의 유배지나 군사 요충지와 같이 외곽지대로 주변화 과정을 겪었으며, 임진왜란을 통해 해양방어적 가치로 기능하였다.

조선초기에는 제창현과 진성현[660]을 설치하고, 거제현 등을 병합하므로 독립적 지방행정 조직체계마저도 유지되지 못하는 위기를 초래하기도 하였다. 그러나 거제민들의 강력한 복구의지, 국가의 긴요한 해안 변방방어가 상호 일치하여 거제현의 지방행정 조직체계가 다시 복원될 수 있었으며, 지역의 관방 시설, 주거공간과 생산기반도 갖춤으로써 거제지역의 안정과 발전을 새롭게 하는 계기를 마련하였다.

---

660) 제창현(濟昌縣), 진성현(珍城縣)

16세기에 들어서는 **3포 왜란**과 **임진왜란**을 통해 일시적이나마 왜군의 점령지가 되어 그들의 전략적 후방요충지로 전락하므로 막대한 피해를 입고 존립의 위기까지 직면하게 되었다. 하지만 지역민의 항쟁의지와 자주성을 되찾기 위한 지속적인 노력으로 결국엔 이를 극복하였다.

이같이 거제도는 한국해양사와 해양문화의 전개 양상과 역사를 대변하고 있으며, 왕도의 위치변화에 따른 대외교섭의 치중 형태 및 정치적, 군사적 조건에 따라 그 역할도 성하고 쇠하는 과정을 거듭하였다.

따라서 거제역사의 특징은 변방지역으로의 재편에도 불구하고 중앙 및 내륙의 문화를 수용하여 독자적인 발전을 모색하는 것으로 나타났으며, 고려시대와 조선시대의 국왕, 왕족, 고승, 중앙관료 등의 **유배지**로서 중앙의 고급문화를 접하였고, 여말선초에는 거제민의 인근 내륙지역으로의 이주와, 조선의 방수군[661] 복무과정에서 내륙의 기층[662] 및 토착문화를 수용하여 자기 지역문화를 발전시키는 계기로 삼았다.

결국, 거제인의 시대적응과 삶의 실천의지와 노력은 거제만의 역사적, 문화적 가치를 만들어 그 **정체성**을 형성해 온다.

8-1-1 선사시대

거제의 선사시대 역사는 신석기시대를 중심으로 한다. 거제도는 지리적으로 내륙지역인 통영, 고성, 진해, 부산과 바다를 사이에 두고 있으며, 대한해협을 통해 대마도가 인접해 있다. 이는 거제도 문화가 내륙의 문화를 수용하고 대마도를 통해 일본으로 전달되는 가교적 역할을 하며, 때로는 전달자로서 때로는 독립된 도서지역으로서 융통적이고 독창적인 성향을 만들어 왔다.

거제는 도서지방임에도 불구하고 기후가 온화하고 강수량이 풍부한 아열대지대의 속성을 지녔다. 따라서 토지가 비옥하였으며, 물이 풍부하여 농업생산 기반도 유리한 위치에 있었다. 동부면, 거제면, 둔덕면, 연초면, 하청면, 고현동과 수양동 일대는 소규모지만 나름의 평야가 형성되어 벼농사도 가능하였다. 산세는 전반적으로 경사가 있어 남부면, 일운면 옥포동의 덕포 등의 지역에서는 밭농사가 적합하였으며, 산업으로서의 1차 산업이 발달할 수 있는 계기가 되어 주었다.

661) 방수군(防戍軍) : 국경을 지키는 군사
662) 기층문화(基層文化) : 각 민족이나 지역의 전통적이고 고유한 서민 문화

따라서 이러한 생산조건은 인류의 서식환경에 적합하여, 선사시대부터 거제지역에서 사람들이 거주할 수 있는 조건이 만족되었으며, 현재는 물론 미래에도 그 삶의 풍부함은 지속될 전망이다.

거제도에 가장 먼저 인류가 생활한 것은 **신석기 전기단계**다. 거제시의 서부지역에 위치한 **산달도 후등패총**에서는 신석기시대 전기, 중기, 후기단계에 걸치는 특징을 가진 유적이 발견된다. 이곳에서 우리나라 신석기문화의 가장 이른 단계에 나타나는 **융기문토기**[663]와 마지막 단계의 유물인 **이중구연토기**[664]가 함께 출토되었다. 산달도패총은 신석기시대 전체 기간에 걸쳐 형성된 문화양상을 나타내고 있다.

신석기 후기단계의 유적은 공고지유적, 내도패총, 이수도패총 등이 있으며, 공곶지 유적과 내도유적에서는 신석기시대 **흑요석**[665]이 많이 출토되었지만, 내도패총에서는 신석기 토기편은 확인되지 않았다.

거제도의 신석기 유적가운데 공곶지 유적은 거제 본섬에 위치하고 있으나 그 나머지는 부속 도서지역에 분포하고 있다. 이는 섬을 개발하는 과정에서 사라졌을 것이다. **산달도패총**의 경우, 신석기문화 전반에 걸친 유물이 출토되어 우리나라 신석기 문화 연구에 중요 유적으로 주목받았으나 지금은 그 흔적조차 찾기가 어렵다.

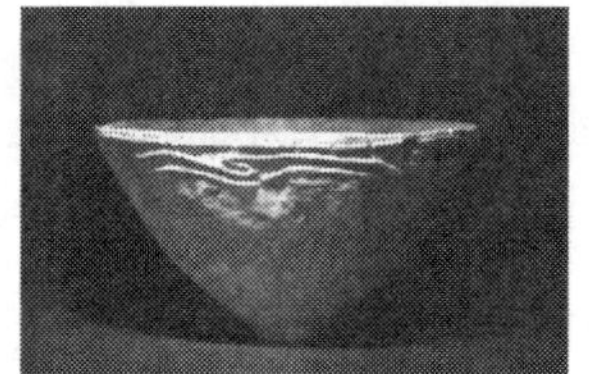

[융기문토기]

[이중구토기]

663) 융기문토기(隆起文土器) : 우리나라에서 가장 이른 단계의 것으로 B.C 10,000~7000년경의 토기유형. 북제주군 고산리유적과 거제도 산달도에서 출토된 토기. 평저에 구연부(口緣部)가 크게 바라진 형태로 전체적인 모양은 양양 오산리유적에서 발견된 대형(大形)의 발(鉢)과 같다. 문양은 반원형의 비교적 굵은 점토띠를 세 줄로 장식한 태선융기문 혹은 융대문 형식이고, 동일한 유형으로 부산 동삼동패총 최하층에서 출토된 사례가 있다. 토기의 태토는 가는 모래가 섞인 점토질로서 적갈색 내지 황갈색을 띠고 있으며, 토기파편이 떨어진 면으로 보아 적륜법(積輪法)으로 만들었음이 확인된다.

664) 이중구연토기(二重口緣土器 **겹아가리토기**) : 구연부에 점토로 된 띠를 덧대어 만든 토기. 형태는 깊은 바리 모양이 대부분이며, 항아리 모양과 얕은 바리 모양도 일부 있다. 신석기시대 말기에 사용되었다. 토기의 기벽이 보다 얇고, 단단하며, 다량의 모래가 보강재로 사용된 특징을 가지고 있다. 덧댄 점토 띠는 너비가 비교적 좁은 편이다.

665) 흑요석(黑曜石) : 경도는 약 5~5.5 정도로 유리와 비슷하고 가벼운 타격에 의하여 예리한 날을 만들 수 있어 석기시대에는 칼·화살촉·도끼로 사용

8-1-2 청동기시대

거제의 청동기시대 존재는 **지석묘**를 중심으로 발굴된 많은 유적들로 확인된다. 주로 구릉이나 주변 평야지역에 형성되어 있었으며 지역적으로는 하청면에 많다. 이는 신석기시대를 이어 지속적으로 사람이 거주하였음을 보여준다.

청동기시대의 유적은 모두 **20여 개소**로 주로 지석묘며, 하청면을 중심으로 거제도 전역에 걸쳐 고르게 분포하고 있다. 청동기시대 지석묘가 발견되는 것은 이 시기 거제도에도 독립적인 정치세력이 등장하여 활동한 것으로, 신석기시대 전기단계부터 사람들이 이주하여 청동기시대를 거치면서 독립적인 지배세력으로 등장한 것을 입증한다.

서쪽인 사등면과 둔덕면에 5개소가 있고, 남쪽 일운면 3개소, 남부면 1개소가 있다. 그러나 대부분은 동쪽인 하청면과 연초면에 분포한다.

하청과 이목리 **이목댐** 부근에서는 지석묘가 적은 반면 무문토기류가 비교적 많이 출토되어 세력의 차이를 보여준다.

공고지유적과 **내도유적**에서도 무문토기류와 유구석부[666], 석착[667], 마제석부[668], 타제석부 등의 석기류를 중심으로 하는 생활유적이 해안에 형성되어있다.

선사시대 거제도는 적절한 토지를 제공하여 농업생산과 바다에 둘러싸인 도서지역의 유리한 입지조건을 충분히 이용하므로, 일찍부터 해산물의 생산과 해상교류에 나섰다.

8-1-3 삼한·삼국시대[669]

삼한시대 **변한**[670]에 속했던 거제도는, 보다 강력한 독립적인 정치세력이 출현하여 소국을 형성하였다. 거제도의 **남산패총**[671]에서 발견된 삼한시대의 유적과 **내도패총** 그리고 하청면과 거제면 및 아주동 등지에 분포한 **고분유적**은, 삼한시대 변한 12국 가운데 하나의 소국인 **두루국**(**두로국**, **독로국**)의 존재를 짐작하게 한다.

---

666) 유구석부(有溝石斧) : 자루를 묶어서 사용할 수 있도록 홈이 패여져 있는 돌도끼. 주로 청동기시대에 출토됨. 오목자귀. 홈자귀

667) 석착(石鑿) : 나무에 구멍을 뚫거나 다듬는 데 쓰이는 너비가 비교적 적고 긴 네모난 돌끌. 신석기시대에서 청동기시대 및 초기철기시대까지 사용

668) 마제석부(磨製石斧) : 돌의 전면을 갈아서 만든 도끼

669) 거제시지

670) 변한(弁韓) : 삼한시대의 정치 집단체로 진한의 소국 연맹체에 소속되지 않은 경상도 지역

671) 남산패총(南山貝塚) : 거제면 남동리 29-21 일대의 패총. 도로개설로 일부가 파괴. 삼한시대 토기편과 패각이 퇴적된 문화층이 잔존. 남산(25.4 m) 구릉 정상에는 삼한시대 주거지와 고분 흔적이 있고, 유물로는 승석타날문이 시문된 적갈색 연질토기와 회색경질 및 연질토기가 발견됨

이들 유적은 삼한시대 변진 24국을 중심으로 나타나고 있어, 거제도의 두로국의 존재를 짐작하게 하고, 이 시기 거제지역이 이들 지역과 빈번하게 교류하거나 접촉한 것을 의미한다.

현재, 대부분의 유적이 파괴되었으나 유물의 출토범위가 넓어, 삼한시대에는 이 일대가 거제도 내부에서 중요한 역할을 하였을 것이다.

8-1-4 두루국/두로국[672)]

삼국지위서 동이전 변진에는 **변진두로국**[673)]으로 그 위치를 추정할 수 있는 내용이 기록되어 있다. 두로국이 왜와 경계에 있다는 부분이다. 하지만 지역의 정확한 위치를 구체적으로 언급하지 않았기 때문에, 현재까지의 위치비정은 **거제도설**과 **동래설**로 나누어져 있다. 그러나 거제도에 두로국이 있었다는 경향으로 정리되고 형편이다.

두로국의 거제 비정은, 정약용의 아방강역고[674)]에서 '거제가 왜국과 경계라는 점 등과 함께 포안 두로국[675)]이다 라는 것은 지금의 거제부를 의미한다.'고 밝힌 점이다. 특히, 이 기록에서 '상군[676)]은 방언으로 **두루기**를 나타내고, **두로**라는 소리에 가깝다'라고 하여, 신라 문무왕 때 처음 설치한 **상군**의 **상**은 **두루기**와 같고, **두로**는 **도로** 또는 **두루**로 읽어 그 소리가 두루기와 가깝다고 한 것이다. 이 경우, 거제도의 모양이 멀리서 보는 형상이란 것이다.

또, 장지연[677)]도 아방강역고를 증보하여 **대한강역고**[678)]를 편집하면서, 거제의 두로국 위치 비정설을 그대로 수용하였다.

한편, 두로국이 동래라는 주장도 있다. 만약, 변한의 두로국이 존재하였다면, 거제지역은 삼한시대 소국을 형성한 상당 규모의 독립적인 정치세력이 성장하고 있었을 것이다. 만약, 거제에 두로국이 있었다면 그 치소의 국읍은 청동기시대 유적이 많이 나타나는 **둔덕면**과 **연초면** 일대로 볼 수 있다.

거제지역의 유력한 정치세력은, **아라국(함안)**[679)]이 신라에게 멸망하는 6세기 중엽 신

---

672) 두로국(瀆盧國)
673) 변진두로국(弁辰瀆盧國)
674) 아방강역고(我邦疆域考) : 조선후기의 문신, 실학자 다산(茶山) 정약용(丁若鏞)의 우리나라 강역에 관한 역사지리서
675) 포안(鋪安) 두로국(瀆盧國)
676) 상군(裳郡)
677) 장지연(張志淵)
678) 대한강역고(大韓疆域考) : 1903년에 장지연이 정약용의 아방강역고(我邦疆域考)를 현대식으로 증보한 책

라의 세력권으로 재편되었다. 가야 멸망기인 6~7세기 경에는 거제지역에 신라의 석실묘가 있었으며, 이는 백제보다 신라와의 정치·문화적 교류를 하며 그 세력권으로 편입된 것을 의미한다.

한편, 거제지역의 10개소 유적은 삼국시대에서 통일신라기에 이르는 것으로, **고분군**은 하청면일대와 이목댐 주변의 **찬샘**을 비롯하여 거제면, 아주동 등지에 분포하고 있으며, **생활유적**은 거제면과 **하청면**일대에 주로 분포하고 있다. 이들 지역을 중심으로 거제지역 사람들이 분산되어 생활한 것으로 보인다.

8-1-5 통일신라시대

통일신라의 지방제도는 9주 5소경을 근간으로 하는 군현제를 시행하여 전국을 120개의 군, 305개의 현으로 편재하였다. 군현에는 중앙에서 외관을 파견하였다. 이와 함께 통일신라 초기인 7세기 후반에 거제지역은 신라의 지방 군현체제에 완전히 편재되어 획기적인 전환기를 맞았다.

거제군에는 신라 문무왕17년(677)이 처음으로 **상군**을 설치하였다고 볼 수 있다. 이후, 경덕왕16년(757)에는 **거로현을 아주현**으로, **매진이현**680)을 지금의 **명진현**으로 바꿨으며, **남수현**(남부면 다대)을 **송변현**으로 하여 이 세 현을 영현으로 삼았다.

이는 거제지역의 유력한 세력이 독립적 위상을 상실하고, 신라의 지방 통치구조에 편입된 것을 의미한다. 이 시기 거제지역의 통치 및 행정 중심지인 **치소는 둔덕면 거림리**에 위치하였을 것으로 파악되며, **거림리 유적발굴 조사**에서 확인된 유구의 배치상태와 성격, 동반유물의 특징과 **상사리 명문기와**의 발견은 이를 뒷받침해 준다.

그러나 신라 골품제의 동요, 토지지배의 문란, 전면적인 농민항쟁 등에 따라 신라의 지방 통제력이 약화된 나말여초의 사회변동기에는, 각 지역에서 지역세력이 성장하여 독자적인 군사력을 보유하고, 중앙의 행정적·경제적 지배권을 배타적으로 행사하게 된다. 이 과정에서 각 지역의 유력자층은 해상 경제력도 장악하여, 경남 남해연안 지역사회에서는 수산물의 생산 관리권과 대중국·일본 무역권을 독점하여 부를 축적하였다.

나말여초의 거제도 토착세력은 지역의 해상경제와 농업 경제력을 장악하여 신라정부의 통제에서 벗어나 주변의 유력한 재향 지배세력과 연대세력을 구축하며, 반독립적 세력으로 독자적인 세력을 형성하여 활동하기 시작하였다.

---

679) 안라국(安羅國) : 경남 함안군 가야시기 고대국가. 광개토대왕 비문과 일본서기, 삼국사기, 삼국유사
680) 매진이현(買珍伊縣)

8-1-6 고려시대

고려에서는 태조 이래 중앙정치 조직과 함께 지방제도를 정비하였다. **고려 군현제**는 소수의 주·부·군·현에 관리(외관)를 파견하여 영군·영현으로 삼고, 외관을 파견하지 않은 다수의 속군·속현을 편재하는 형태를 보인다.

지방관이 파견되지 않은 속군·속현은 재향 토착세력인 **향리**가 관장하였으며, 주군현[681]을 통하여 간접적으로 중앙과 연결시켰다. 예종 때부터는 속군·속현에 **감무**[682]가 파견되기 시작하여 중앙의 직접적 통제가 강화되었으며, 상대적으로 향리에 의한 지배력은 약화되어 갔다.

또, 고려는 983년에 12목을 설치하고, 지방관으로 **목사**를 파견함으로써 중앙의 지방에 대한 통제력이 체계적으로 미치기 시작했다.

이에 따라 거제지역의 군현체계는 재편되었다. 12목이 설치된 성종2년(983년)에는 **기성현(둔덕면 거림리)**으로 개칭하여 성을 쌓고, 12목 가운데 하나인 **진주목**에 편입하였으며, 칠천도와 가조도에는 목장을 두어 말을 공급하는 곳이 되었다.

성종14년 이후, 12절도사 체제에서는 거제지역이 **산남도**[683]에 속하여, 진주절도사의 통제하의 **오양(거제)**으로 불렸다.

이후, **현종9년(1018년)** 5도 양계체계에 따라 통영과 고성지역인 자고현[684]을 거제현의 임내에 두고 현령을 파견하면서, 경상도의 진주목에 소속시켜, 거제현은 주현이 되어 행정규모가 확대되었으나, 뒤에 고성현이 분리됨으로 인해 다시 그 규모가 줄어들었다.

원종12년(1271)에는 왜구의 침략과 진도의 삼별초 항쟁군이 거제지역을 내습하여 명진현 등의 속현 백성을 인근 내륙지역인 거창현의 **가조현**과 진주목의 임내인 **영선현**으로 분산 이주시켰다.

이어 **충렬왕** 때에는 관성에 병합하였다가 곧 복구하였으며, **우왕** 때에는 서해도 도관찰사인 조운흘이 황폐화된 거제도의 농업, 어업의 산업 생산력과 군사적 기능을 복구하는 방안을 제시하기도 하였다.

특히, 12세기 **이후**부터의 거제지역은 해적의 활동거점, 변방의 유배지, 왜구침략의 다발지역, 여몽연합군의 일본 동정 준비, 삼별초 항쟁군의 내습지역 등이 있었으며, 거제도의 상황은 이들로 변모하게 되었다.

---

681) 주군현(主郡縣)
682) 감무(監務)
683) 산남도(山南道)
684) 자고현(自固縣)

고려의 무신정변의 직후인 **의종**[685]24년(1170) 9월에는, 의종이 폐위되어 거제 둔덕면 거림리의 둔덕기성(폐왕성)으로 추방되었다가, 명종3년(1173) 8월 경주에서 살해될 때까지 3년간을 거제도에서 살았다.

고종15년(1228)에는 직학 경유[686]가 무인 최씨정권에 대해 정치를 비방했다는 무고를 당하여 **거제로 귀양** 오는 등 거제지역은 고려 중기이후 국왕을 비롯한 왕족이나 대덕 고승 및 중앙관료의 **변방 유배지** 역할을 하였다.

이러한 유배지로서의 역할은 거제지역이 변방으로의 전락을 의미하는 것이 분명하지만, 한편으로는 중앙의 고급문화, 특히 왕실과 귀족문화, 중앙의 불교와 유교문화를 수용하여 거제지역 사람들의 의식을 자각시키고, 또한 지역문화를 발전시키는 계기로 작용을 하였을 것이다. 특히 의종의 추방은 거제지역의 사람들에게 충격을 주었으며, 그에 따른 의식전환을 초래하였다.

명종 땐 문관의 지방관 임명과 관련하여 탄핵을 받은 **송저**가 거제 현령으로 강직되어 왔고, 고종10년(1223) 모든 문반을 살해하려는 모의를 주동하였던 상장군 최유공이 거제 현령으로 강직되어 왔다. 정중부 무인정권부터 최씨 무인정권까지도 **거제는 변방지역이자 소외지역으로 인식**되었다.

한편, 한일 해상교통 거점이었던 거제지역은 고려말 왜구[687]의 침략이 빈번해짐에 따라 보다 황폐화되어 갔다. **공민왕18년**(1369)에 거제, 남해에서 귀화한 왜인들이 배반하여 자기 나라로 돌아가서, 그해 8월 왜적이 되어 거제도에 침입하였다. 거제지역의 피해상황이 심각하여 포로 등 인적기반, 연안어업 자원, 농업생산 등 경제적 생산기반에 큰 타격을 입었을 것이다.

원종12년(1271)에는 왜구의 혹독한 피해로 인하여 거제현의 관사조직과 거제현민을 거창현의 속현인 가조현으로 옮겼고, 오랜 세월이 지나 조선 세종 때에 와서 돌아왔으나, 거창에 예속되었다.

---

685) 의종 : 1146년 인종의 뒤를 이어서 20세에 즉위. 인종 때 일어난 묘청의 난으로 실추된 왕권을 회복하기 위해 노력. 정치 실권을 가지고 있는 세력들을 견제하기 위해 환관과 측근 세력을 키웠으며 무신세력들에게도 가까이하였으나, 실세 권력을 가진 귀족 세력들의 견제로 의종의 노력은 실패로 돌아가게 되었고, 의종은 실세 문신들을 우대하는 정책으로 돌아서게 되었다. 결국 무신들은 천대되었고 그들의 반발을 사게 되었다. 의종이 총애했던 환관들과 무신사이에 갈등이 증폭되고 문벌귀족과 타협했던 정책은 내란의 불씨를 싹트게 했다. 또한 의종은 술과 여색을 탐하여 원성을 사기도 했다. 결국 1170년 정중부(鄭仲夫)·이의방(李義方) 등이 난을 일으켜 폐위되었으며, 거제도(巨濟島)로 쫓겨났다. 1173년(명종 3) 김보당(金甫當)의 복위운동이 실패하자 계림(鷄林:慶州)에 유폐되었다가 허리가 꺾여 죽음을 당하는 비참한 최후를 맞았다.

686) 직학(直學) 경유(景儒)

687) 왜구(倭寇) : 고려말부터 조선초에 걸쳐 우리나라와 중국연안에서 구도(寇盜)행각을 범하던 일본인 해적집단에 대한 총칭

한편, **고종**6년(1219년) 최충헌의 정권을 계승한 최우가 방도 등 치안유지를 위해 설치한 **야별초**[688]에 소속한 군대가 증가하였다. 이를 좌별초·우별초로 나누고, 몽골과 싸우다 포로가 된 이들이 탈출하여 **신의군**을 조직하였다. 이들은 좌·우별초와 합하여 삼별초라는 조직을 만들었다. **삼별초**[689]는 무신정권의 전위로서 다분히 사병적인 요소가 있지만, 항몽전에서 유격전술로 몽골병사를 괴롭혔다. 무신정권이 무너지고 몽골과 강화가 성립되자 개경으로 환도한 것을 빌미로 개경정부와 몽골에 대항하여 계속된 항쟁을 하였다.

삼별초 항쟁세력은 진도를 비롯하여 제주, 나주, 전주 등 전라도의 도서해안과 내륙지역 및 거제, 남해, 마산, 동래, 김해, 밀양, 청도, 상주 등 경상도의 도서해안과 내륙지방까지 자신의 세력권을 확대해 갔다.

남해연안의 해상교통 거점인 **거제현**은 삼별초 항쟁군의 세력권에 편입되었으며, 개경정부의 한일 해상교류의 거점이었던 거제지역을 비롯한 남해연안지역을 삼별초 항쟁군의 세력권에서 분리시키기 위한 필요성과 긴박성이 크게 대두 되었다. 이에 개경정부는 거제현을 비롯한 주변 남해연안 군현민을 인근 내륙지역으로 옮기게 하여 삼별초 항쟁군의 호응세력을 약화시켰다.

다음 해인 **원종**13년(1272)에는 삼별초 항쟁군이 거제지역으로 와서 전함 3척을 불태우고 현령을 잡아갔다.

삼별초 항쟁기에 있어서 거제지역은 일정 기간 삼별초 정부의 세력권에 편입되었고, 이들 가운데는 적극적으로 호응한 세력들도 있었을 것이다. 이 시기에는 원나라의 과중한 군량요구와 개경정부의 가혹한 수취에 따라 거제를 비롯한 남해연안 지역에 있었던 군현민들의 생활상이 피폐화되어 갔다. 이에 거제지역의 토착세력과 하층 군현민들도 삼별초 항쟁군에게 적극적으로 호응하였던 것으로 볼 수 있다. 따라서 거제현을 인근 내륙지역으로 옮길 수밖에 없었다.

---

688) 별초(別抄) :용사들로 조직된 선발군

689) 삼별초의 난 : 고려가 몽골에 대하여 복속 관계에 들어가는 초기에 일어난 군대의 반란이다. 삼별초란 좌별초、우별초、신의군으로, 원래 용맹한 사람을 선발하여 조직한 특수한 군대 조직으로 전시의 임시적 군대편성이었다.

8-1-7 조선시대[690]

(1) 태조~태종

태조는 원년(1292) 7월부터 고려왕실의 후손인 왕씨를 강화도와 거제도에 분산, 유배시키고, 예상되는 정치적 저항에 대비하여 특별 관리하였다. 이 과정에서 거제지역은 고려에 이어 또 다시 변방의 유배지로서 역할을 하게 되었으며, 태조3년 3월, 이후에는 왕씨 모반사건에 연루된 승려 석능 등을 거제도로 유배시켰다. 거제도는 조선 초기부터 고려왕족의 비참한 유배지로 전락하였다.

거제도로 유배를 온 **고려왕족**들은 둔덕면 거림리 기성인 **폐왕성**에 거주하였다. 이후, 거제도 유배대상이 왕족과 중앙관료 및 대덕고승에서 하층민에까지 확대되었으며, 조선 초기까지 거창으로 옮겨간 거제현과 속현 등으로 거제는 독립적 존립기반이 크게 위축되었다.

태종14년(1414)에 거창현과 병합되어 **제창현**[691]이 되었다. 이 같은 인위적인 병합은 거제현과 그 속현의 독립적 행정단위로서의 존립과 거제민의 독자적 자립의지를 크게 약화시키는 것이었다. 이에 병합된 거제민의 불만이 따랐다.

거제현이 병합된 다음해 **태종15년** 3월에는 이런 불만을 해소시키기 위해 거제 등 8개 읍을 다시 세우는 조치를 취했다. 이는 거제민들의 자기요구를 관철시키는 저력과 거제현의 독립위상 회복에 대한 염원의 결과였다.

그러나 생활터전과 독립적 행정단위를 완전하게 회복하지는 못하였으며, 특히 **강성현과 병합된 명진현**은 태종 때까지 분리되지 못한 상태로 있었다. 이는 명진현의 인구가 적고 땅이 협소하였기 때문이었다.

또, 거제 현민들이 일찍 환도하지 못한 이유는, 그 당시 거제도, 남해 연안지역이 **왜구침략의 최일선**에 노출되어 있었기 때문이었다. 그러나 거제현민들은 조선왕조의 통제에도 불구하고 왜구침략이 진정된 틈을 이용하여 개별적으로 거제도로 입도하였다.

태종9년에는 왜구의 세력이 크게 감소하고 왜구침략이 급격히 줄어들자, 인근 내륙지역에 옮겨간 거제 현민들은 생활터전인 거제도로 서서히 돌아오기 시작했다.

---

690) 거제시지
691) 제창현(濟昌縣)

(2) 세종

세종실록에 따르면 경상도 **진주목 거제현**에 기록된 호수는 153호, 인구는 423명, 현의 수호군은 103명으로 나타나 있다. **세종 초기**에는 입도한 백성을 다시 섬에서 소개시키거나, 거제도에 목책을 설치하여 농민과 그들의 생업을 보호하는 방안이 제기되었다. 이로써 거제현민들의 생활터전으로의 복귀와 생산활동이 정부로부터 공식적 보장받게 되었고, 군사적 보호도 받을 수 있게 되었다. 이는 거제도가 독립 지방행정 조직단위를 복구시키는 중요한 계기로 작용하였다.

특히, 세종 때, 왜구의 소굴인 **대마도정벌**이 실행되면서, 해상교통의 거점인 거제도는 군사상의 역할에서 주목받기 시작하여 군사적으로 안정되었고, 거제현민의 입도가 확대되어 토지개간이 이전보다 활발하게 이루어졌다.

세종18년(1436) 2월에는, 고려시대 원종12년(1271) **삼별초의 항쟁과 왜구의 침략**으로 인해 인근 내륙지역으로 옮겨간 거제현과 그 속현 및 역·원이 거제도로 완전히 **복귀**하였다. 물론 이는 세종 4년(1422)부터 진행된 복귀정책에 따른 것이며, 세종 5년(1423) 거제읍성을 축성하는 등의 후속 조치가 이어졌다. 그리고 지명과 관사조직 등도 복구되었다. 거제도민의 유랑의 세월은 무려 한 세기를 넘긴 **166년** 동안이었다.

거제도는 삼국시대부터 군사적 해상교통의 역할과 한일해상교류의 기능을 하였으며 집권자들의 정치적 행각에 따라 위상이 변모하였다.

(3) 생산물

세종실록에 따르면 진주목 거제현은 땅이 기름지고 기후가 따뜻하며, 간전[692]이 709결[693]이고 지 중에는 논이 조금 더 많았다고 기록되어 있으며, 토산생산품은 벼, 조, 콩, 메밀 그리고 대구, 문어, 생포, 미역, 우무, 표고버섯 등이라고 전해진다. 또, 소금을 만드는 곳은 모두 네 곳으로 둘은 모두 현 동쪽에 있고 하나는 현 서쪽에 있으며 다른 하나는 현 남쪽이라고 밝히고 있다.

거제현에 있던 **목장**에는 구천동에 말 1,115필, 산달도에 소 89두가 있었으며, 칠천도에 말 176필, 한산도 말 173필, 용초도 말 58필, 영등곶 말 67필 등이 있었다.

소금을 만드는 큰 솥을 지니고 있던 곳은 사목리(사등), 오양포, 산달포(둔덕), 한다

692) 간전(墾田) : 진전(陳田)이나 황무지와는 달리 개간되어 경작하고 있는 전지(田地)
693) 결(結) : 논밭 넓이의 단위. 세금을 계산할 때 사용. 1결은 1동의 열 배로, 그 넓이는 시대에 따라 달랐다. 한결은 지금으로는 3만평에서 15만평까지 토지의 비옥과 생산량에 따라 결정. 줌 : 한줌의 곡식을 수확할 수 있는 넓이의 땅. 뭇 : 10줌. 짐 : 10뭇, 100줌. 동 : 10짐, 100뭇, 1000줌. 결 : 10동, 100짐. 1000뭇, 10,000줌

포(명진), 명진포, 산촌포, 오비포(연초), 가이포, 하청포, 사외포(하청), 황포 등지였다.

조선시대 거제지역의 생산기반은 농업과 함께 수산업까지 유리한 조건을 갖추고 있었으며, 섬이라는 지형적 조건과 남해연안의 한류와 난류의 이상적인 흐름이라는 자연적 조건은 거제지역 사람들이 풍부한 해양 수산자원을 획득할 수 있는 기반으로 작용하였다. 이러한 생산기반은 이미 조선 이전부터 가지고 있었던 것으로 거제현민들의 경제생활을 풍요롭게 하는 토대가 되었음이 분명하다.

(4) 향촌

거제현에는 **아주현, 송변현, 명진현** 등 세 개의 현이 있었다. 더불어 하청부곡, 고정부곡, 죽토부곡 등 **부곡**[694] 3개소, 말근향, 덕해향과 같은 **향**[695] 2개소, 연정장 같은 **장**[696] 1개소가 있었다.

향과 부곡은 통일신라 군현의 하부단위로 편제되어 한국사에 처음으로 등장하였으며, 고려시대의 부곡제는 농경지 개간을 통하여 형성된 신생마을로, 인구와 토지가 적은 곳, 반왕조적인 집단의 구성원이나 근거지를 재편하는 등 두 가지 방향에서 형성되었다.

부곡제 영역은 하나의 행정구획으로 토착 지배세력인 장리가 존재하고 있어 부곡사나 향사에 모여 그 지방의 행정업무 처리에 관여하였다.

부곡제의 주민은 **잡척층**[697]이라 하며, 농업 등에 종사하면서 국가에 대하여 각종 조세와 역역을 부담하는 한편, 특정의 역을 추가로 부담하게 하였다. 아울러 그들은 국학의 입학이나 과거의 응시, 승려로서의 출가가 금지되었으며, 자손의 귀속에서도 천인의 대우를 받기도 하였다. 따라서 부곡과 향에 거주하는 주민들은 군현의 백정 농민층에 비하여 사회·경제적으로 열악한 존재들이었다. 물론 부곡제는 군현으로 승격하거나 반대로 군현이 부곡제로 강등되는 경우가 적지 않았다.

군현으로의 승격은 대개 국가적인 공을 세운 인물을 배출하거나 고위관인을 배출하는 경우로 한정되었다. 강등은 반왕조내지 반국가 행위를 한 반역인물의 출신지 경우에 해당되며, 따라서 주민들은 군현으로의 복귀를 강력하게 요구하였다.

---

694) 부곡(部曲) : 통일 신라·고려 시대의 천민 집단 부락. 특히 고려 시대에는 이를 특수 지방 행정 단위로 조직화하여 목축·농경·수공업 따위에 종사하게 하였으며, 양민들과는 한곳에서 살지 못하도록 한 곳
695) 향(鄕) : 신라 때부터 조선 전기까지 있었던 특별 행정 구역. 천민이 집단으로 거주
696) 장(莊) : 군현제 행정 조직의 하부 단위로, 왕족과 사원에도 분급되어 그 영지를 형성하기도 하였다.
697) 잡척층(雜尺層)

(5) 조선시대 문화

거제현에는 견내량 동쪽 벼랑에 **무이루**[698], 오아포에 위치한 **만경루, 청해루, 임해정**[699] 등이 있었다.

현 서쪽에는 **향교**가 있어 거제지역민의 유교적 소양과 문화를 확대시키는 공간으로 역할을 하였으며, 세종14년 일운면 고현리에 창건된 **거제향교**가 그것이다. 그러나 임진왜란으로 인하여 고현성이 함락되었을 때 소실되었고, 현종5년(1664) 현령 이동구가 고현에서 계룡산 기슭의 서정리로 이전하여 중수하였다.

유림들은 향촌에서의 일정한 위치를 보장받고 세력권을 유지하기 위해, 향론의 조정과 풍속교정의 필요성을 내세워 공적인 기구이면서도 자치적인 운영이 가능했던 향교를 그들의 세력 거점으로 삼고 있었다. 그러므로 향교는 향촌사회에 있어서 유림들이 공론을 조성하는 모체가 될 수 있었고, 전통적인 지역문화의 거점으로도 작용할 수 있었다.

한편 거제지역에는 **사직단, 문묘, 성황당, 여단**도 있었으며, 이는 지역민의 공동체 결집공간과 정신적 의지처로 기능하였을 것이다.

불교의 정치·사회적 역할이 크게 약화되었지만 **견암사**[700]는 조선 전기까지 그 기능과 역할을 일정하게 유지하고 있었다.

(6) 거제의 왜인들

조선시대 거제지역에는 왜인들이 일정한 세력을 형성하며 살았다. 조선의 건국 초기부터 **대일정책**은 교린의 원칙에 따라 사신을 파견하거나, 외교적 교섭을 통하여 왜구의 입국을 금지하며 출몰하는 왜구들은 직접 회유하기도 하였다. 또, 투항한 왜구에게는 벼슬, 토지, 가옥 등을 제공하므로, 태조 말년에는 투항한 왜구가 많았다. 이들 투항 귀순왜구는 **항왜인, 투화왜인, 향화왜인** 등으로 불렸으며, 거주를 희망하는 왜인을 **항거왜인**[701]이라 하여 일정한 지역에 거주하도록 하였다.

그리고 조선과 교역을 원하는 **흥리왜인**[702] 또는 **상왜**[703]에게는 무역을 허락하였으며, 표류민 송환이나 양국의 외교교섭에 있어 특별한 공적이 있는 왜인과 특별한 기능이나 예능을 보유한 왜인은 **수직왜인**[704]이라 하여 벼슬을 주어 회유하고, 성을 주

---

698) 무이루(撫夷樓)
699) 만경루(萬景樓), 청해루(靑海樓), 임해정(臨海亭)
700) 견암사(見庵寺)
701) 항거왜인(恒居倭人), 향화왜인(向化倭人), 투화왜인(投化倭人)
702) 흥리왜인(興利倭人) : 교역을 목적으로 조선에 건너오는 일본인
703) 상왜(商倭) : 조선시대 장사를 위해 해마다 왕래하던 일본인

고 이름을 바꾸는 것도 허락하여 내국인과 구분하지 않고 거주할 수 있도록 허용하였다.

그러나 **투항왜인**의 증가하면서 폐단이 발생하였으며, 왜인들의 경제적 점유비중이 증가하였고 조선인과의 교환하는 자도 발생하였다. 이런 과정을 통해 군사기밀을 본국으로 제공하였다. 이에 태종은 왜인들을 통제하여 흥리왜인에게 지정된 포구에서만 무역하도록 제한시켰다. 하지만 왜인들의 불만과 요구가 확대되고 그 폐단이 계속 일어나므로 태종18년(1418)에는 염포와 거제도의 가배량에도 항거왜인을 제한적으로 거주하게 하였다.

세종10년(1428) 5월에는 대마도 좌이문대랑이 조선의 예조에 글을 보내어 거제도 밖의 작은 섬에 사람을 보내어 보리를 심게 해달라고 요청하였으나, 거제도의 밖에 경작할 땅이 없다고 거절하였다.

8-2 임진왜란

8-2-1 특성

거제도는 임진왜란 때 경상도와 전라도 수군이 합동작전을 수행하여 옥포해전을 승리하며 최초의 승리라는 큰 의미를 지니고 있다.

임진왜란은 정유재란을 포함한 7년 전쟁으로 한중일 삼국의 수백만 명 병력이 동원된 전쟁이었다. 따라서 그 영향은 당시로서는 매우 심각하고 광범위하였으며, 특히 침략국인 일본은 문화적 이득은 획득했으나 인적, 물적 및 정신적으로 막대한 손실을 받았다. 결국, 일본제국은 도요토미 히데요시 정권에서 도쿠가와 이예야스로 넘어가며 흥망이 뒤바뀐 전쟁이었다.

임진왜란은 4단계로 구분할 수 있다.

- 1단계
  1592년 4월 13일(양력 5월 23일)부터 6월까지 약 2개월로서 전쟁의 발발과 조선의 일방적 피해 및 조선 수군과 의병의 반격하는 기간

704) 수직왜인(受職倭人) : 조선시대 투화 또는 향화하여 벼슬을 얻은 일본인

- 2단계
  1592년 7월부터 1593년 7월까지 약 12개월 동안 조선의 반격단계
- 3단계
  1593년 8월부터 1596년 9월까지 약 3년간 명나라 참전과 강화 교섭단계
- 4단계
  1596년 9월부터 1598년 11월 24일까지 약 2년간 왜군이 다시 침범해왔으나 피해만 입고 패주한 단계(정유재란)

거제도는 일본과 가장 가까운 지역으로 예로부터 일본의 침략이 잦았다. 임진왜란 당시에는 조선수군의 초기 대응에서 경상우수영과 전라좌수영 수군이 합동작전을 펼친 역사적 현장이다. 그리고 조선의 삼도수군이 궤멸했던 칠천량해전이 있었던 곳이기도 하다. 특히, 옥포해전은 경상우수영 함대와 전라좌수영의 함대가 합동작전으로 왜적을 물리친 최초의 전투로 이를 통해 조선의 의기가 높아지는 계기가 되었다.

8-2-2 군사체계

조선초기의 국방체제는 **고려시대**의 중익, 좌익, 우익으로 한 북방지역의 군사체제와, 연해안의 영과 진[705]이라는 남방지역의 진관체제다. 이런 국방체제는 조선 세조3년(1458) 10월에야 비로소 **진관체제**로서 완전하게 정비되어 각 진을 중심으로 자전자수[706]를 원칙으로 하여, 각 군사기지는 책임해역을 사수하면 되었다. 이는 지금의 **향토방위** 개념과 비슷한 제도다.

따라서 왜적이 바다로 침입해 있는 상황에서는 수군이 나가 싸우고 육군은 이를 지원하며, 왜군이 상륙하면 육군이 나가 싸우고 수군이 지원했다.

군사조직은 주로 전국의 행정단위인 도·읍·군현을 기준으로 진을 삼았으며, 도에는 지휘소로서 주진이 되고 병영으로 운용되었다. 최고지휘관은 **병마절도사**[707](병마사)로 예하의 읍·군현(12군현)의 거진과 제진을 지휘하였다. 물론 이 군사지휘관은 **행정단위의 수령**으로 그 임무를 겸하였다.

---

705) 영(營), 진(鎭)
706) 자전자수(自戰自守)
707) 병마절도사(兵馬節度使)

수군의 경우도 진관체제에 따라 국방임무를 수행했지만 내륙의 육군과는 달랐다. 행정단위인 도를 기준으로 삼되 해역의 전략적 중요성을 고려하여 군사기지가 설치된 탓이다. 즉, 도 단위의 해안에는 수영이 설치되고 **수군절도사(수사)**[708]가 최고 지휘관으로서 관할 해안 포구의 진(포진)을 지휘하였다.

수사의 예하에는 **첨절제사(첨사)**[709]와 **만호**[710]가 있었으며, 첨사는 거진에 해당하고, 만호는 그보다 작은 연해안의 포구에 배치되었다.

8-2-3 왜의 침략

풍신수길(도요토미 히데요시)은 1587년에 구주(큐우슈우)를 정벌함으로써 자국을 거의 통일하였다. 그 여세를 몰아 **대마도주 종의조**와 **종의지** 부자에게 조선침략의 뜻을 표명하고, 가신 **귤강광**을 일본국사로 삼아 조선에 파견하여 왜의 국내 상황을 설명하고 조선의 통신사를 보내 줄 것을 요청하였다. 이 요청은 조선의 조정에 의해 거절당했다. 이런 요청이 거절당하자 풍신수길은 대마도주의 알선으로 **현소**를 정사로, 종의지를 부사로 하여 1588년 10월과 1589년 6월에 두 차례에 걸쳐 조선에 보내어 통신사의 파견을 거듭 요청하였다.

이에 조선에서는 마지못하여 **황윤길**을 정사로, **김성일**을 부사로, **허성**을 종사관으로 하여 1590년 3월에 통신사로서 일본에 파견하였다. 이들은 1년이 지난 1591년 3월에 귀국할 때 현소와 종의지가 함께 와서 조정에서 명나라를 치기 위해 조선이 길을 내어주길 요청했다. 이를 거절하자 왜는 1592년 3월 1일 군사 204,320명을 동원하여 대마도 부포에 이르고, 4월 1일에 가세포를 거쳐 4월 2일에 대포에 출동준비를 마친 후, 음력 4월 13일 **소서행장(고니시 유키나가)**이 제1군 병력 15만 8,700명을 700척에 나누어 대마도 대포항 출항하였다.

이에 가덕봉수감고 이등이 적정을 최초 보고(적선 90여 척)하였다. 이 무렵 소서행장의 병선 700여 척이 부산항 앞에 도착한 뒤 정탐하며 대기하다가 이튿날 4월 14일 기습 공격을 하였다. 이날 오전에 부산진이 함락되었고, 15일 오전에는 동래성이 함락되었다. 이러한 상황을 경상우수사 **원균**이 공문을 보내어 전라좌수사 **이순신**에게 전달했으며, 이순신은 이날 저녁 해질무렵에 전황을 접수하였다.

한편, 전라도 **정읍현감**(종6품)으로 있던 **이순신**은 1591년 2월 13일 **전라좌수사**(정3

708) 수군절도사(水軍節度使)
709) 첨절제사(僉節制使, 僉使)
710) 만호(萬戶)

품)로 승진하여 부임해 있었다. **원균**은 임진왜란이 일어나기 3개월 전인 1592년 1월에 부령부사[711](정3품)에서 **경상우수사(정3품)**로 부임되었다. 일본에 통신사로 파견했던 부사 김성일은 경상도 우병사로 임명되어 있었으며, 경상좌수사 박홍은 이미 배치되어 있었다.

경상도는 좌도와 우도로 나뉘어져 각 지역을 담당하고 있었다. 이런 체제에서 군이 제대로 정비되고 훈련되었더라면 왜적의 침입에도 방어능력을 충분히 갖추었을 것이지만 당시의 방비상황과 군정을 보면 매우 허술했다.

8-2-4 초기

경상도의 수군은 동과 서로 나뉘어져 **경상좌도와 우도**로 되어 있었으며, 경상우수영은 처음에 **제포**[712]에 있다가, 거제 오아포인 **가배량**[713]으로 옮긴 후, 다시 **고성**으로 옮겨졌다. **거제도**는 경상우수영 관할이며, 남방지역을 방위하는 최전방 지역이었다. 임진왜란 당시 **우수영은 가배량**에 있었다.

임진왜란 당시의 경상우수영의 수군진은 11개 진에 총 163척의 전함이 있었으나, 전선은 102척이었다. 당시의 전선 1척의 규모는 대맹선은 80명, 중맹선은 60명, 소맹선은 30명이었으며, 경상우수영의 전선의 군사는 모두 4,980명이었다.

이에 따라 경상우수영은 주진인 거제 가배량과 옥포, 지세포, 영등포, 조라포 등의 5곳에 진이 있었으며, 이곳에는 병선 86척 중 전선만 56척에 이르고 군사는 2,730명이었다. 경상우수영 보유 수군력에서 병선이 차지하는 비율은 54.9%, 수군은 54.8%에 이르므로 그 역할이 매우 중요했다.

그동안 거제는 수군이 관할하는 지역이지만 왜적이 상륙하였을 때 백성들이 의병을 일으켜 많은 공을 세웠다. 이는 임란 후, 공적이 있다고 추가로 선정한 선무원종공신[714] 2,475명 중 거제민이 22명이나 포함되어 있는 것으로 짐작된다.

임진왜란 당시 왜적들은 거제에 침범하여 불을 지르고 약탈하면서 고현성을 공격하려고 했다. 거제에서는 백성들이 스스로 일어나 의병이 되었으며 거제를 지키는 원동력이 되었다. 이와 더불어 왜적이 서쪽으로 진격하고자 하는 작전을 지연시키는 결정적인 역할을 하였다고 볼 수 있다.

---

711) 부령부사(富寧府使)
712) 제포(薺浦) : 울산 (3포 : 부산포, 제포, 염포(진해))
713) 오아포(烏兒浦) 가배량(加背梁)
714) 선무원종공신(宣武原從功臣)

8-2-5 옥포해전

전라좌수사 이순신은 좌수영관할 함선 85척(판옥선 24척, 협선 15척, 포작선 46척)을 진형으로 편성하고 있었다. 옥포해전의 전투편성에서는 **거북선**은 없었고(**사천해전**부터 등장), 돌격선은 **판옥선**이었다.

이순신의 함대가 5월 4일 새벽에 출항하여 남해도 남단 미조항 바깥으로 이동하여 소비포를 거쳐 5월 6일 한산도에서, 경상우수사 **원균**은 우수영 관할 함선 6척(판옥선 4척, 협선 2척)으로 **견내량**을 통해 합류하였다. 그리고 이날 거제도 송미포에서 하룻밤을 지낸 후, **합동함대**는 5월 7일 새벽에 출항하여 왜적이 정박하고 있는 천성과 가덕으로 가는 중, 정오쯤에 옥포 앞바다에 이르렀다. 이때 우척후장 사도첨사 김완, 좌척후장 여도권관 김인영 등이 신기전을 쏘아 왜선이 있는 것을 알려 포구 안으로 일제히 들어가 30척 중 26척을 당파 분멸시켰다.

옥포해전은 5월 6일~5월 8일의 전투로 거제도 앞바다에서 **이순신과 원균이 합동**하여 왜적선 26척을 파괴한 전투다. 이때, 경상우수사 원균의 전선 보유수는 30척 정도로 늦게나마 이순신의 지원군을 맞은 원균은 눈물로 사례하고, 그와 작전계획을 세운 다음 관할 수사로서의 책임감 등을 통감하여 스스로 선봉에 섰다. 옥포만호 이운룡과 영등포만호 우치적을 좌우에 세우고 그는 중앙에 서서 적을 찾아 물길을 헤쳐 나갔다. 원균이 이순신과 5월 6일 당포에서 합세할 때 6척으로 나와서 7일 새벽에 송미포에서 일제히 옥포 앞바다로 진격하니 진을 치고 있던 왜선들이 몰려 있어, 원균은 북을 높이 울리면서 직진해 쳐들어가 적의 중앙을 침투했다. 이 승세를 타고 이순신 등이 일제히 공격하여 대승을 이루었다.

그 뒤 영등포로 물러나 다음에 있을 전투를 준비하고 있던 중, 왜의 큰 전함 5척이 지나간다는 보고를 받고 다시 출항하여 웅천땅 합포에서 5척 모두 분멸시켰다.

임진왜란의 총 전투는 **106회**였다. 그 가운데 해전은 **29회**다. 여기서 원균이 단독으로 지휘한 **3번**은 모두 패했으며(합동전투 제외), 나머지 **26회는 모두 이순신이 지휘하여 승리**하였다. 이순신은 싸워서는 단 1척의 전선도 잃지 않았다. 그 반면 **왜적선** 700**척**을 부수고 **23척을 나포**했으며, 671급의 목을 베기도 하였다.

8-2-6 견내량(한산도대첩)

풍신수길은 육상에서는 항상 승리하였지만 바다에서는 단 한 번도 이겼다는 보고를 듣지 못했다. 이에 육상전투 군사까지 동원하여 조선수군을 격파하도록 하였다.

와키자카[715]는 용인전투에서 이기고 나서 6월 19일에 웅천으로 내려왔다. 7월 6일에 전함 73척을 거느리고 웅천을 떠나 거제도 견내량에 도착한 것은 그 다음 날인 7일이었다.

선조25년(1592) 7월 8일, 일본 수군은 조선 침입 후 일련의 해전에서 연패하였음에도 불구하고 전력을 증강하여 경상도 해역을 확보하려 하였다. 웅천에 있는 와키자카의 함대와 부산포에 있던 **구키, 가토 함대**가 합세하여 연합함대를 이룬 후, 경상도 서쪽 해역으로 진출하여 조선 수군을 격파하려 한 것이다. 이를 탐지한 전라도 수군은 경상도 해역으로 재차 출동하여 일본 수군의 기도를 봉쇄할 계획을 세웠다.

7월 6일 **전라좌수사 이순신**과 **전라우수사 이억기**는 함대를 이끌고 출동하여, **경상우수사 원균**이 이끄는 함대와 합류하였다. 조선의 통합함대는 총 72척이었다. 조선 통합함대는 7월 7일 저녁 당포 앞바다에 진출하여 일본 수군이 견내량에 정박하고 있음을 확인하였다. 거제도 견내량에 진출한 일본 함대의 지휘관은 수군장 **와키자카**였으며 대소 82척으로 구성되었다.

7월 8일 아침 조선군 함대는 당포(통영) 앞바다에서 **견내량**으로 진출하여 일본군 함대의 위치를 확인하고 전투준비를 갖추었다. 그러나 견내량은 포구가 좁고 암초가 많은 해협이라 조선군의 대형전함인 판옥선은 기동하기가 곤란한 곳이었다. 이에 조선의 수군은 일본 함대를 **한산도 앞바다**로 끌어내어 공격할 계획을 세우고, 판옥선을 견내량 포구쪽으로 접근시켜 왜군을 자극하였다. 이미 전투태세를 갖추고 있던 일본 수군은 모두 출항하여 접근하는 조선군 함선을 공격하기 시작하였다.

유인에 성공한 조선 수군은 한산도에서 일제히 선수를 돌려 **학익진**[716]을 펼쳐 일본 함대를 포위하고 급속히 추격전을 전개하는 한편, 일본군 선단의 중앙으로 **거북선**을 돌격시키면서 화포사격을 가하였다. 이 과정에서 여러 척의 일본 함선은 격파되고 왜군의 대형은 흐트러졌다. 조선 수군의 포위망에 갇힌 일본함대는 결국 66척의 함선을 잃고 궤멸하였으며, 수군 부장 **마나베**는 배를 버리고 부하 4백여 명과 함께 간신히 한산도에 상륙하였으나 전황이 절망적인 것을 깨닫고 할복자살하였다. 주장 **와키자카**는 간신히 탈출하여 김해성으로 도주하였다.

---

715) 협판안치(脇坂安治)

716) 학익진(鶴翼陣)

학익진 개념도

한산도대첩은 **임진왜란 3대첩**의 하나로 평가되며, 이 전투에서 대승한 조선 수군은 남해안 일대의 제해권을 완전히 장악할 수 있었고, 일본 수군의 경상도 서쪽 해안 진출 기도는 좌절되고 말았다.

8-2-7 장문포해전(장목)

이 전투는 선조27년(1594) 9월 29일부터 10월 4일까지 이순신이 이끄는 조선 수군이 육군과 합동작전하여 거제도에서 전개된, **정유재란 이전의 마지막 전투**였다.

장문포해전은 임진왜란 기간 동안 이순신이 9차례 출전해 총 17회에 걸쳐 벌인 크고 작은 해전 가운데에서 성과가 가장 작은 편이다. 총 3회의 전투가 벌어졌으며, 제1차 장문포해전과 영등포해전, 제2차는 장문포해전으로 세분하기도 한다.

조선 함선 50여 척, 일본수군 함선 117척이 서로 대치하였다. 10월 1일 조선 수군은 새벽에 거제도 장문포 앞바다에 머물다 영등포로 들어가 왜군에게 싸움을 걸었다. 그러나 왜군은 바닷가에 배를 정박한 채 항전하지 않았다. 해질 무렵 장문포 앞바다로 돌아와 배를 정박하려 할 무렵, 적의 포격을 맞아 배에 불이 붙었으나 번지기 전에 진화하였다.

이후 10월 3일까지 왜군이 항전하지 않아 소강상태가 지속되었다. 10월 4일에는 의병장 **곽재우, 김덕령**과 함께 수륙 합동작전을 전개하기로 하고, 먼저 군사 수백 명을 뭍으로 올려보내 싸움을 걸었다. 이어 저녁 무렵 수륙 합동작전을 벌여 적을 혼란에 빠뜨린 뒤 돌아와 칠천량에 진을 쳤다.

총 6일 동안 치른 수륙 합동작전에서 아군은 왜선 2척을 격침시켰다. 아군 피해는 없었으나, 왜군이 항전하지 않아 전과는 미미하였다. 그러나 이 해전의 영향은 여기에서 그치지 않았다. 이순신과 조선 수군은 이 해전으로 인해 일대 위기를 맞았다.

장문포해전은 원래 이순신이 계획한 것이 아니라, 경상우수사 원균이 도체찰사 겸 좌의정 윤두수에게 건의해 윤두수 자의로 행한 수륙 합동작전이었다. 뒤에 영의정 류성룡 등에 의해 선조의 재가를 받아 작전 중지 명령이 내려지기도 했지만, 명령이 도착하기도 전에 이미 작전이 전개된 상태였다. 결국 수륙 합동작전은 성공하지 못하고, 2척의 적선만을 격침시키는 것으로 만족할 수밖에 없었던 것은 바로 이 이유 때문이다.

원균의 패전과 장문포 해전의 사실상 실패 등이 원인이 되어 조정은 혼란에 빠졌고, 조정에서는 북인과 서인 사이에 당쟁이 일어났다. 한편 일본군 **요시라**의 **간첩행위**로 이순신 장군은 조정에 불복종하였다는 사유로 **도원수 권율**의 휘하로 들어가 **백의종군**하게 되었다. 장문포해전은 임진왜란 기간에 전황과 조선군의 지휘체계가 흔들리게 된 원인으로 작용하였다.

8-2-8 영등포해전(장목 구영)

두 번째 장문포해전이 있기 직전 10월 1일에 영등포해전이 있었다. 거제도 영등포에는 왜적 시마즈 요시히로[717]와 시마즈 다다쓰네[718] 등 6,000여 명이 있었다. 영등포는 임진년 첫해 이순신이 옥포해전을 마치고 합포해전을 하기 직전에 휴식하려 상륙했던 곳이기도 하다. 그런데 고성 수군 진신귀가 왜적에게 잡혔다가 도망쳐 와서는 왜적이 영등포에 포구의 과녁 터와 부둣가 및 북봉 아래 집 200여 채를 지었고, 북봉의 나무를 베어내어 땅을 깎아 토성을 쌓았으며, 선창에서 가리포에 이르기까지 정박하고 있다는 정보를 전했다.

9월 29일 1차 장문포해전을 마치고 칠천량에서 밤을 새운 조선수군은 10월 1일 아침에 출항하였다. 충청수사 및 선봉의 여러 장수들과 함께 곧장 영등포로 들어갔지만 적들은 바닷가에 배를 대어놓고 항전하지 않았다. 해질 무렵 장문포 앞바다로 돌아와서 사도의 2호선이 뭍에 배를 정박할 때, 왜의 작은 전선이 와서 불을 던져 공격했다. 불은 번지지 않고 바로 꺼졌지만 전라우수사 군관과 경상우수사의 군관은 실수를 꾸짖은 후, 밤 열시쯤에 칠천량으로 돌아와서 묵었다. 이 전투는 왜적이 응대하지 않아 해전이라 할 수 없으나, 작전을 벌였기에 해전의 하나로 분류한다.

거제지역에서 발생한 해전은 7곳이며, 전투는 8회가 있었다. 이 과정에서 왜선 98척을 격침시키고, 12척을 나포하는 많은 전과를 올렸던 것은, 그만큼 거제도가 지리적으로 중요한 위치에 있었다는 것을 의미한다.

8-2-9 칠천량해전[719]

이 해전은 **정유재란** 1597년(선조30년) 7월 15일 원균이 지휘하는 조선 수군이 칠천량에서 일본 수군과 벌인 전투다.

---

717) 도진의홍(島津義弘)
718) 도진충항(島津忠恒)
719)

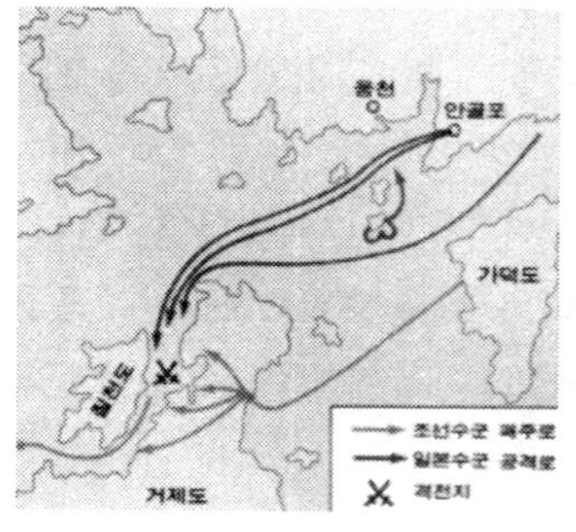

일본은 임진왜란 중 명나라와의 화의가 결렬되자, 1597년 1월 다시 조선을 침범했다. 그들은 임진왜란에서 실패한 것이 바다를 제패하지 못했기 때문이라고 판단했다. 이에 따라 수군통제사 이순신을 제거하려는 이간책을 사전에 꾸몄다. 당시 조정에서는 중신들이 당쟁에 휘말려 이순신을 하옥시키고, **원균을 삼도수군통제사**로 임명하였다. 일본군은 조선수군을 부산 근해로 유인해 섬멸하려고 이중첩자인 **요시라**[720]를 시켜 유혹했다.

이에 **도원수 권율**은 **도체찰사 이원익**과 상의해 **원균**에게 출전명령을 내렸다. 원균은 무모하게 출전해 보성군수 안홍국 등을 잃고 되돌아왔다. 그리고 한산도의 본영에 앉아서 경상우수사 **배설**로 하여금 웅천을 급습하도록 하였다. 배설이 전선 수십 척을 잃고 패하자, 권율은 이에 대한 책임을 물어 원균을 태형에 처한 뒤 다시 출전하라고 명하였다.

원균은 부산의 왜군 본진을 급습하려고 삼도 수군의 160여 척 전함을 이끌고 한산도를 출발하였다. 7월 14일 원균은 부산 근해에 이르렀다. 그러나 이 사실을 미리 탐지한 적들의 교란작전에 말려들어 고전하였다. 퇴각하여 되돌아오던 중 가덕도에서 왜군의 복병에게 기습을 받아 400여 명의 수군을 잃었다. 원균이 칠천량(거제시 하청면)으로 이동하여 무방비 상태로 휴식하고 있을 때, 적은 조선 수군을 기습할 계획을 세우고 7월 14일 **도도, 와키자카, 가토**[721] 등 장수들이 함께 거제도 북쪽으로 이동하였다. 15일이 되자 왜군은 달밤을 이용해 일제히 수륙양면 기습작전을 개시하였다.

이에 당황한 원균과 여러 장수들은 응전했으나 적을 당해낼 수 없었으며 대부분의 전선들이 불타고 침몰하였다. 전라우수사 이억기와 충청수사 최호 등 수군 장수들도 전사하였다. 원균은 선전관 김식과 함께 칠천도로 상륙하여 탈출하였으나 결국 왜군의 추격을 받아 전사했다. 원균의 독자 **원사웅**도 전사했다는 이야기가 전해온다. **경상우수사 배설**만이 **12척의 전선**을 이끌고 남해 쪽으로 후퇴하여, 훗날 이순신이 복귀하며 '그래도 **신에겐 12척의 전함**이 있습니다'라는 장계를 올린 근거가 되었다.

이로써 삼도 수군은 일시에 무너지고 적군은 남해 일원의 제해권을 장악해 서해로 진출할 수 있게 되었다. 이후 우키타, 고니시, 모리[722] 등은 쉽게 남원과 진주 등지로 진출하였다.

조정에서는 7월 21일 원균과 함께 탈출하다가 겨우 목숨을 구한 **김식**으로부터 칠천량에서의 패전 보고를 듣고 크게 놀랐으며, 권율의 휘하에서 백의종군하고 있던 이순신을 다시 삼도수군통제사로 임명해 수군을 수습하게 하였다. 이순신은 복귀하여 곧장 **명량해전**을 승리로 이끌었다.

---

720) 요시라(要時羅)
721) 도도(藤堂高虎), 와키사카(脇坂安治), 가토(加藤嘉明)
722) 우키타(宇喜多秀家), 고니시(小西行長), 모리(毛利秀元)

8-2-10 거제출신 선무원종공신

1605년(선조 38년) 임진왜란이 끝난 후, 조정에서는 임진왜란 때 공을 세운 18인에게 **선무공신**으로 봉했으며, 1등에는 임진왜란에서 육군과 해군을 이끈 이순신, 권율, 원균 등의 장수가 선정되었다. 한편 그보다는 공이 낮은 9천 60인에게는 **선무원종공신**의 칭호를 내렸다. 이에 거제출신은 모두 22명이 선정되었다.

(1) 김옥춘

호는 송년으로 선전관 훈련원첨정 김명석의 아들이다. 김해 출신으로 선무원종 2등공신이며 효종 땐 가선대부 중추부사에 올랐다. 이들 부자는 임진왜란이 일어나자 석자되는 칼을 들고 팔공산에 들어가 망우당 곽재우의 휘하에서 의병을 거느리고 왜적을 쳐서 전공을 많이 세웠다. 전해오는 말에 따르면 임진왜란의 대승전으로 이들 부자가 개선하여 통영의 원문고개에서 갑옷을 벗어놓고 경상도 상주로 갔다가 부친이 죽자 그곳 선영에 안장하고, 뜻한 바 있어 다시 거제도 하청면 사환마을로 돌아왔다고 한다.

하청에서는 바다에서 고기를 잡고 해조류를 캐며 논밭을 일구어 살았다. 알고 지내는 사람들이 많았지만 귀가 들리지 않는 듯이 처신을 하며 지난 일들은 입에 담지 않았고 청빈하게 살았다고 한다. 그의 무덤은 사환마을에 있으며, 지금은 상록수가 울창하게 둘러싸인 작은 공원으로 단장되어 있다.

(2) 김후석

신라 경순왕의 직계 후손으로 가선대부 김육양의 아들이며 호는 만산이다. 선조 때 무과에 급제하여 판관까지 되었다. 공은 당파의 난국을 한탄하며 관직을 마다하고 부친과 함께 후학 양성에 힘쓰고 있던 중 임진왜란을 맞았다.

왜적들이 거제를 침범하여 불을 지르고 약탈하면서 고현성을 공격하려고 할 때, 초유사 김성일은 진주관할의 고을 군대를 모두 진주성으로 집결하라고 명령을 했다. 이 명령을 받은 거제현령 김준민이 군사를 모아 진주영으로 떠나면서 전직 판관을 지낸 김후석에게 자신을 대신하여 현령 직책을 맡아 끝까지 수호해주길 부탁하였다. 하지만 왜적의 세력은 우수한 신무기와 잘 훈련된 군사였기에 고현성은 함락되었다. 그러자 김후석은 다른 의병장과 함께 이순신의 휘하로 들어가 많은 공훈을 세웠다.

김후석은 100여 명의 적병을 무찌른 공적을 조정에 바쳐 배 1척을 받았으며 8년 동안 상을 받았다. 어모장군(정3품 당하관)으로 선무원종공신 2등에 올랐다가, 통영 정충사에 봉안되었으며 훗날 착량묘에 다시 배향됐다.

(3) 김희진

호는 구수암이며 김해 사람으로 통정대부 장예원 판결사(정3품 당상관) 김원의 아들이다. 공은 1575년에 무과에 급제하였으며 임진왜란 때 훈련원 첨정(종4품)으로 선무원종공신 1등에 책록되었고, 뒷날 연초면 다공리의 삼충사에 모셔졌다가 통영의 충정사로 옮겨서 봉향됐다.

하청장터에서 왜적이 부녀자들을 겁탈하고 민가를 약탈하며 불태우는 등 만행을 저지르자, 김희진은 윤영상, 신응수와 함께 야음을 틈타 적진으로 들어가 솥뚜껑에 불을 담아서 왜적의 화약고와 총기고에 던졌다. 그 폭발로 왜군은 많은 사상자를 내었다. 이는 왜적이 거제에 상륙(5월 7일)하여 온갖 만행을 저지른 것에 대한 설움을 씻었으니 **하청장터 설욕전**[723]이라고 전해진다.

(4) 반관해

자는 서은, 본관은 거제며 임진왜란이 일어나자 같은 문중의 반중인, 반중경과 함께 거제 방어작전에 참전하였고, 이순신의 막하로 가서 해전에도 참가했다.

이들은 유생으로 전위부대에 자진 참여하여 강력한 능력을 발휘하여, 유생의병의 진수를 보여 주었다. 1596년(병신) 4월 8일에 전사하여 훗날 통정대부의 벼슬과 선무원종공신 2등에 책록되었다. 무덤은 옹정에 있으며, 도론곡 영모사[724]에 봉향되어 있다.

(5) 반중경

호는 오봉으로 거제에서 태어났으며 반부의 후손이다. 임진왜란이 일어나 고현성이 함락되자 이순신의 막하로 가서 형 반중인과 함께 향토수호의 항전을 하였고, 해전에 참가하기도 하였으나, 1595년 5월 2일에 한산해전에서 전사하였다.

훗날 훈련원 첨정과 선무원종공신 1등에 책록되었으며, 후손들이 장목면 궁농리에 수궁사를 세워 제향하고 있으며, 고현 문절사에서 거제 반씨의 시조 반부와 함께 배향되고 있다.

(6) 반중인

자는 여선, 호는 삼봉으로 임진왜란이 일어나자 아우 반오봉과 윤홍량, 조윤전과 함께 의병활동을 하다가 이순신의 막하로 들어가서 한산해전에서 많은 공을 세웠다.

정유재란 때에는 의병들과 함께 팔공산으로 나아가 왜적을 치기도 했으며, 해전에

---

723) 설욕전(雪辱戰)
724) 영모사(永慕祠)

도 참가하여 혁혁한 공을 세워 장락원 주부(종6품)의 선무원종공신 2등에 책록되었다. 묘는 연초면 죽토리 삼봉산에 있고, 고현 도론곡 문절사에 시조 반부와 함께 해마다 10월 20일에 향사 받고 있다.

(7) 신덕룡

본관은 영산, 호는 하은으로 임진왜란 당시 둔덕의 유림 신씨문중을 대표하여 의병을 일으켜 왜적을 물리치는 공이 많았으므로 선무원종공신 1등에 책록되었고, 판관을 지냈으며 훈련원 첨정의 벼슬에 올랐다.

5월 12일 고현성이 함락되자 옥계성과 함께 망우당 곽재우의 막하로 가서 많은 공을 세웠다. 공은 1598년 11월 19일 삼도수군과 명나라 수군이 왜군 500여 척이 참여한 노량해전에 참여하였다가 창선도 앞바다에서 전사하였다. 연초면 연사리의 충효사에 모셔져 있다.

(8) 신응수

본관은 영산, 호는 와은으로 거제 명진리에서 태어났다. 임진왜란 5월 12일 고현성이 함락되자 반중경 등과 함께 남여산 암혈에 모여 재기를 모의할 때, 이순신의 막하에서 싸우는 것이 상책이라면서 떠나갔다가 돌아와 고현성을 지키며 거제민을 구하고, 원수를 갚기로 하며 신응수는 윤영상, 김희진과 의형제를 맺고 항전하였다.

이들 세 사람은 남아 있던 왜병을 소탕하였으며, 이곳이 고현성 동쪽을 몰바대라고 전해온다. 훗날 의병장 반중경을 찾아가 이순신의 막하에서 많은 공을 세웠다.

(9) 여막동

본관은 의령으로 임진왜란 때 이순신의 막하에서 김희진, 윤영상, 신응수 등과 함께 종군하여 공을 세웠다. 훈련원의 정(정3품 당하관)에 추증되고, 선무원종공신 2등에 책록되었다.

(10) 옥계성

본관은 의령, 호는 견수당이며 거제출신 옥관의 아들이다. 1571년 4월 6일 생으로 임진왜란이 일어나자 의병을 모집하여 곽재우 막하에서 많은 공을 세웠다. 이에 곽재우가 옥계성에게 견수당이라는 호를 주었으며, 조정에서는 선무원종공신 2등에 책록하였다. 연초면 오비리에 1926년 경절사를 중건하고 매년 10월 첫 정자일에 사림이 향사하고 있다.

(11) 원평

본관은 원주, 자는 산, 호는 학란으로 절충장군과 중추부사에 이르렀다. 임진왜란이 일어나자 의분으로 불타는 마음을 참지 못하여 곽재우와 같이 낙동강 연안에서 왜군과 여러 차례 싸워 혁혁한 공을 세워 선무원종공신 3등에 책록되었다.

(12) 유녹상

본관은 거창, 자는 천상, 호는 하은으로 송나라 정헌대부 병부상서 유전의 18세손으로 무과에 급제하였다. 훈련원의 부정(종3품)이 되어 임진왜란이 일어나자 이순신의 막하에 들어가 우국충청으로 많은 공을 쌓았다. 선조 38년(1605) 4월 16일에 선무원종공신 2등에 책록되었다.

(13) 윤개보

본관은 칠원, 호는 다헌으로 형 윤승보와 함께 의병을 일으켰다. 그때 거제 현령 김준민은 진주성으로 군사를 거느리고 나갔으므로 이들 형제가 의병들과 함께 고현성을 지키던 중 적세가 거셌지만 의분을 참지 못하여 동지들에게 맹세한 후 창을 앞세워 적진으로 돌격하였다. 이 과정에서 적의 목을 베고 병기를 빼앗아 돌아왔으나, 오히려 왜적은 흥분하여 고현성이 위험에 처했다.

5월 10일부터 사흘간의 격전 끝에 그의 형 윤승보가 적의 화살에 맞아 쓰러지자 다시 격분하여 적진 속으로 돌진하다가 적의 칼에 부상을 당해 돌아왔다. 이때 왜구를 다 잡아 죽이지 못하고 어찌 눈을 감을 수 있겠는가 하면서 소리쳐 울었다. 이후 이순신의 막하에 들어가 수문장을 지내고 병절교위(종6품)로 선무원종공신 3등에 책록되었다.

(14) 윤승보

본관은 칠원, 자는 선보, 호는 다계로 그의 아우 윤다헌과 그의 아들 윤영상, 윤홍량과 함께 의병을 일으켰다. 5월 초에 왜적들이 장목, 옥포, 지세포 등지에서 사람들을 죽이고 관청과 민가를 불을 지르는가 하면 부녀자에게 행패를 부리는 등 온갖 만행을 저지르며 고현성으로 진입해 왔다. 윤승보는 의병을 거느리고 산과 하천을 이용하여 유격전을 벌이면서 적을 괴롭혔다. 그러나 중과부적으로 5월 12일 고현성이 함락되면서 왜군의 화살을 맞고 전사하였다.

(15) 윤영상

본관은 칠원, 자는 국서, 호는 돈암으로 첨정 윤승보의 맏아들이다. 아버지 윤승보와 함께 의병을 일으켜 전주로 가던 중, 왜적이 거제를 침범하였다는 소식을 듣고 밤을 새워 달려오다가 남해, 사천 등지에서 장정들을 추가로 모집한 후, 거제 견내량을 건너와 고현성 영내에서 그의 부친을 만난 후, 신응수, 김희진과 의형제를 맺고 고현성을 구하기로 맹세하였다. 그의 아우 윤홍량도 가세하여 항전하였으나 중과부적으로 아버지 윤승보가 전사하였다.

(16) 윤홍량

본관은 칠원, 호는 송재, 윤승보의 둘째 아들로 임진왜란이 일어나자 부자간이 모두 의병이 되어 활과 화살을 만드는 장정들을 모집하고, 고현성을 지킬 전투준비를 하였다. 왜적이 쳐들어오자 밤을 이용하여 적진을 기습하였으며 하룻밤에 수백 명의 왜적을 베기도 하였다. 5월 12일 고현성이 무너지면서 부친 윤승보가 전사하고, 형 윤돈암과 함께 겨우 빠져나와 부친의 원수를 갚고자 하였다. 며칠이 지나서 왜적들이 하청장터에 있다는 정보를 받고는 밤중에 기습하여 왜적의 두목을 비롯하여 수백 명의 목을 베어 공을 세웠다.

(17) 이언량

본관은 전주, 완풍군 원계의 후손으로 통정대부 이윤량의 아우며 찬위수군장이었다. 1592년 5월 10일 거제현령 김준민을 따라 진주성으로 출동하여 고령의 무계에서 전공을 세우고, 선조 26년(1593) 6월 28일 진주성이 함락될 때 김준민과 함께 옥사하였다. 이러한 공으로 선무원종공신 2등(녹권 73쪽)에 수문장으로 수록되어 있다.

(18) 제괵

본관은 칠원, 첫 이름은 인국, 호는 삼수당으로 임진왜란이 일어나자 제억, 제진 등 삼형제와 아들 제홍록은 이순신 휘하로 들어가 여러 해전에서 공을 세웠다. 이순신의 눈길을 끌게 한 것은 제괵과 그 아들 제홍록이었다. 이들은 언제나 진두에 남아 있으면서 늘 아버지를 모셨으며 왜적과 싸울 때는 다른 사람보다도 앞장섰다. 견내량 해전을 비롯하여 당포, 노량, 벽파정 전투에서 많은 공을 세웠다. 거제 의병을 가장 먼저 창설하고 선봉장으로 활동하였다. 선무원종공신 2등에 책록되었다.

(19) 제억

본관은 칠원으로 호는 명산이다. 임진왜란이 일어나자 그의 형들과 함께 항일구국의 의병을 일으켜 고현성을 지키는데 많은 공을 세웠으나 중과부적으로 성이 함락되었다. 그 뒤에 이순신의 휘하에 들어가 당포, 노량, 벽파정 전투에서 공을 세워 수문장으로 선무원종공신 2등에 책록되었다.

(20) 제진

본관은 칠원, 호는 명곡으로 임진왜란이 일어나자 그의 형인 제픽, 제억과 함께 옥포해전에서 상륙해온 왜적들을 무찌르기 위하여 가족결사대를 조직하는 한편, 하청, 연초 등지에서 수백 명의 의병을 모아 연초 다공전투에서 왜적을 살상하는 큰 공을 세웠다. 이순신의 휘하로 들어가 해전마다 모두 이겨 많은 공을 세움으로써 선무원종공신 2등에 책록되었다.

(21) 제홍록

본관은 칠원, 자는 중보로 제픽의 아들이다. 19살에 무과에 급제하였고 임진왜란이 일어나자 아버지를 따라 의병을 일으켜 고현성을 지키다가 고현성이 무너지자 이순신의 막하로 들어가 숙부 제말장군과 함께 싸웠다. 진주성 전투에서 공을 세웠으며, 정유재란 때에는 고성전투에 용전하고 다시 진주성 전투에서 싸우다가 전사하였다. 훗날 병조판서에 올랐다. 정조는(1792)는 진주성에 제씨쌍충비각을 건립하였으며, 지금은 지방유형문화재 제3호로 지정되어 있다.

(22) 조윤전

본관은 함안, 자는 태익, 호는 둔와로 조연령의 아들이다. 임진왜란이 일어나자 거제를 지키기 위하여 동지 윤홍량, 반중인과 더불어 의병을 모아 험한 곳에 진을 치기도 하였으며, 고현성이 함락되자 유격전을 벌여 수많은 왜적을 베기도 하였다. 이순신의 휘하로 들어가 해상작전에서 많은 공을 세웠으며, 특히 견내량 해전에서는 용양위좌부장, 훈련원첨정을 제수받았다. 정유재란 때에도 많은 의병들과 함께 팔공산에 모여 세 길로 나누어 왜적을 쳤으며, 거제를 중심으로 남아서 최후까지 향토를 수호한 공으로 선무원종공신 2등에 책록되었다.

8-2-11 옥포·지세포 만호

(1) 이운룡

재령사람으로 청도에서 지내며 24살에 무과에 급제하여 26살에 선전관이 되었다. 임진왜란 때 옥포만호로서 경상우수사 원균의 휘하에 있었을 때, 원균이 전선을 버리고 도망가려 하자 항의하면서 전라좌수사 이순신에게 구원을 청하자고 주장하였다. 옥포해전 이래로 많은 공을 세웠다. 당시 원균의 부하로서 이순신에게 신임을 받고 동지가 된 이는 이운룡과 이영남 등이다.

1593년에는 웅천현감이 되었고, 당항포 싸움에서는 우척후장으로 활약했었다. 1594년에는 웅천현감, 1596년에는 이순신의 천거로 경상우수사가 되었다. 1597년에는 육군으로 전출되어 영천의 창암 등지에서 왜적과 접전하였다. 1598년 포로에게서 풍신수길이 죽은 것을 알고 도망가는 적을 막으려고 후진한 일로 모함을 받았다. 이는 체찰사 **이덕형**의 변호로 무마되었다. 이순신은 자기를 대신할 사람은 이운룡이라며 신임했다.

선무공신으로 책정되었으며, 식성군에 봉해지고 이에 겸하여 도총부 부총관, 포도대장, 화기제조, 비변사 당상관 등이 되었다. 함경병사가 되어 북쪽 오랑캐의 침입을 막아내기도 하였으며, 44살에 제7대 삼도수군통제사가 되어 이순신의 전통을 이었다. 그러나 모함을 받고 충청수사로 좌천되었다가 1610년에 집으로 돌아와 종기를 앓다가 세상을 떠났다. 뒤에 병조판서로 추증되었다.

(2) 한백록

선조25년(1592) 5월 7일(음)의 옥포해전은 전라좌수사 이순신과 우수사 이억기의 병선 85척, 경상우수영의 전선 6척으로 모두 91척의 조선수군 연합함대가 벌인 해전이다. 선봉장으로 옥포만호 이운룡과 율포만호 이영남, 영등포만호 우치적이 함께 참전했다. 왜장 도오또오 다카도라의 적선 30여 척 중 26척을 당파분멸[725]한 것이 임진왜란의 첫 번째 옥포대첩이다.

선조25년(1592) 8월 24일에는 경상우수영 지세포만호 한백록이 격전 중 왜적의 총탄을 맞고도 계속 진전을 하였으며 전투가 끝나자 순직하였다. 이영남과 우치적은 선무원종공신 1등, 전사한 한백록은 2등 절충장군(정3품 당상관)으로 책록되어 있다.

725) 당파분멸(撞破焚滅)

(3) 이완근

옥포해전 때 전사한 지세포만호 한백록의 후임으로 도임한 이완근은 광산 출신으로, 30세 때에 서암찰방으로 재임하였다. 임진왜란이 일어나자 전라도 순찰사 권율의 막하 주부로 있다가 수원의 독산 방어전에 참전하였다. 선조26년(1593) 2월 11일 행주대첩의 전공으로 권율이 도원수가 되고, 이완근은 어모장군(정3품)을 제수받았다. 행주대첩에 권율과 참여하여 대첩비에 함께 올랐다. 지세포만호의 교지를 받고 2년간 재임하였다.

1594년 3월 4일의 당항포, 9월 29일의 장문포, 10월 1일의 영등포, 10월 4일의 장문포해전에 참전하였고, 1597년 정월 정유재란의 초기에 완도의 고금도해전에서 통제사 이순신의 선봉장으로 참전하였다. 벽단진 첨절제사로 승급하여 재임하였으며 선무원종공신 2등의 절충장군으로 책록되며 충절공의 시호를 받았다. 이는 유성룡의 징비록에 수록되어 있다.

8-3 일제의 침탈[726]

8-3-1 일본어업인 정착

1904년 2월 10일 러일전쟁을 전후하여 많은 일본인이 조선으로 들어왔다. 대마도에서 60㎞, 한반도의 동남쪽에 자리 잡은 거제도 장승포에는 **이리사무라**는 일본인 어촌이 만들어졌으며, 이를 통해 경남연안을 중심으로 형성된 수많은 일본인 어촌의 전형적인 침탈의 역사를 시작하는 계기가 되었다.

거제도는 일본과의 관계가 매우 깊다. 지금은 거제대교와 거가대교에 의해 육지와 이어져 있지만 과거에는 한반도의 최남단으로 대한해협을 사이에 두고 왜인의 침탈이 잦았던 섬이었다. 13~15세기 왜적의 침략 때는 언제나 전방기지[727]로서 역할을 하였으며, 임진왜란 7년 동안은 왜인에게 땅을 빼앗긴 유일한 지역이었다.

1889년 한일통어장정이 공포되어 조선연안 3리 이내에서의 일본인 조업이 허가되었다. 이에 따라 왜인들이 연안의 저인망 어로와 소규모 정치망 및 암초의 어패류 채취를 주로 하였으므로 거제도 어민과의 충돌이 잦았다.

726) 거제시지
727) 전방기지(前方基地)

1893년에는 세도나이카이의 고지마와 아이네현 우오지마 어민들이 거제도 구조라로 이주하여 정어리를 잡기 시작하였으며, 이를 반발하는 거제민들이 밤마다 죽창을 가지고 나서기도 했다. 이때 일본어부들은 소총을 휴대하고 있었다.

8-3-2 이리사무라(입좌촌)[728]

1904년 러일전쟁 당시에는 일본인이 여권도 없이 조선에 올 수 있게 되어 이주가 활발해졌다. **사까꾸라**[729]가 조선으로 건너온 것도 이 무렵이다. 사까꾸라는 장승포 이리사무라마을(신부시장 일대)에서 **우편국**을 시작했다. 한편 **가네마루 겐이찌라**는 경부철도 부설공사에 종사하다가 조선해 수산조합이 장승포로 지정되자 거제도로 왔다.

1905년에는 후쿠오카, 아이네, 와까야마, 도꾸시마, 나가사끼 등지에서 모집된 일본인 17가구 이곳으로 이주하였다.

[이리사무라, 1920년대]

[장승포 일본가옥]

728) 이리사무라(入佐村)
729) 사까꾸라(坂倉浩佐賀)

한편, 오다슈지로[730]는 이리사무라 마을에 입주한 후 어업을 전개해나갔다. 그는 거제도 근해의 정어리 건착망을 본격적으로 창시하였으며, 이로 인해 1902년 장승포의 이리사무라마을은 고등어 건착망어업의 황금기를 맞았다. 오다슈지로는 어업 이외에도 1907년부터 1910년에 이르며 이리사무라에 **소학교**를 개설하고, 일본어민의 신앙인 **곤삐라 신사**를 건립하였으며 마을길을 만들어 일본인 모임을 조직하였다. 이어 행정사무소와 면사무소를 설치했으며 일본인 2세들의 연대감을 높여갔다.

신사로 가는 60계단은 일명 **가이단(60계단)**으로 불리며 아직도 남아 있다.

8-3-3 장승포

한일합방에 따라 일본이 조선 식민지화에 성공할 무렵, 거제도의 인구는 약 5만 명이었고, 일본인 거주자는 250명 정도로 장승포의 이리사무라(입좌촌)와 그 주변에 거주하고 있었다. 이어 해가 바뀌면서 일본인 563명 134세대로 전년에 비해 두 배로 증가하는 등 활발한 증가가 시작되었으며, 관리와 상업, 어업, 고리대금업 등을 통해 다양한 직업군을 만들었다. 또, 매춘을 위한 집을 두어 일본 본토의 어촌과 유사한 거리를 만들어 갔다.

[장승포 곤삐라 신사]

730) 오다슈지로(太田種次郎)

조선총독부의 임시토지조사국에 의해 진행된 장승포리 토지조사사업은 1914년부터 진행되었으며, 1918년부터는 임야조성사업을 시행하였다. 이러한 두 조사로 일본인 토지가 된 것은 211정보[731]로 장승포 전체 면적의 65%에 해당하였다. 이를 소유한 일본인으로는 개인이 43명, 단체가 7개였으며, 이 중에서 가장 많은 토지를 확보한 이는 가네마루 겐이찌로 10,216평 정도였다.

8-3-4 고등어 건착망어업

1911년 거제에서 고등어 건착망어업을 성공한 일본인은 점차로 그 영역을 넓혀갔다. 봄철에는 거제도 근해를 중심으로 조업하고 여름에는 전남으로 나갔으며, 가을이 되면 경북 동해안으로까지 조업을 확장하였다. 비록 재래식 목선에 의존하였지만 일본은 고등어잡이 전성기를 맞았다.

1921년 장승포에는 일본인의 세대수가 138세대로 약 700여 명에 달하였으며, 그중 어업인은 73명 상업인은 37세대였다. 성어기에는 어선 500척, 종업원 4,500명, 운반선은 290척이나 몰려들었다. 1922년경부터 어선이 동력선으로 바뀌며 일본인들의 어업은 기업화되었으며, 그 활동권역을 거제연안에서 원근해로 확장하여 어업 독점화를 가속해 갔다. 거제도 근해는 난획이 횡행해져 어장은 황폐화되어갔다.

한편, 이들의 그물수리는 조선인들이 장승포에서 주로 하는 작업이었다. 어장을 뺏긴 거제도나 진해만 일대의 조선인 중에는 일본으로 가서 직업을 구하거나 조선에 정착한 일본인 선주에게 고용되었다. 조선인들은 자국 땅에서 일어나는, 저임금이지만 현금수입을 얻을 수 있는 일을 반길 수밖에 없었다. 더불어 선원이 된 조선인은 일본의 선박기술을 배우는 것을 만족스럽게 여겼다.

한편, 이리사무라에는 우편국을 중심으로 연초전매국, 전기회사, 부산으로 가는 정기여객선 등을 경영하는 이들이 생겨났고, 항만을 매립하여 어로에 필요한 건축과 건조장 등을 시설하였으며, 멸치와 고등어 등의 어업은 일본인들에게 완전히 독점되었다.

1930년에는 이리사무라의 전승기로 현재의 장승포 등대가 건설되었으며, 장승포는 환락, 도박의 마을로 변하였고 일본인들은 자국에서보다 더 흥청거리며 지냈다.

제2차 세계대전[732] 말기인 1944년에는 장승포에서 조선인 학도병의 출정이 있었다.

731) 1정보 = 9,917.35537m2 = 3,000평
732) 1939년부터 1945년 8월 15일까지

그리고 1945년 8월 초, 장승포항 일대에는 미군의 공습이 있었다. 이때 장승포 등대가 폭격을 받았으며 지심도 앞바다에서는 일본의 유조선이 격침당했다. 공습을 하는 동안 조선인은 모두 흰옷을 입고 산으로 도망갔다. 이는 일본인들이 흰옷을 입지 않기 때문이었는데, 이러한 차이를 통해 흰옷을 입은 사람을 미군은 폭격을 하지 않을 것이라는 기대 때문이었다.

8-3-5 광복

거제도에 광복의 소식이 알려진 것은 8월 16일이었다. 곳곳에서 주민들이 모여 만세를 불렀다. 8월 17일에는 장승포초등학교 교정에서 거제도민대회가 개최되었고, 장승포에 있던 거제경찰서를 비롯하여 일본인에 의해 장악된 각종 행정기관을 되찾았다.

16일부터 18일까지엔 각 읍·면에서도 광복을 반기는 면민대회가 개최되었으며, 경찰지서와 행정기관 접수는 물론 일본인과 친일파 조선인에 대한 보복이 확산되어 유혈참사가 확대되어 갔다. 이리사무라의 일본인은 이 일을 **장승포폭동**이라 부르며 공포에 떨었다. 그 중 어떤 일본인 자매는 장승포동의 북쪽에 있는 통신대(지금도 잔해가 있음)로 가서 부산으로 폭동사실을 전했다.

한편, **지심도**(일본은 **항공모함섬, 능도, 죽도**로 부름)에는 일본군 포대 4개가 설치되어있었다. 물론 이를 위한 탄약고도 별도로 있었다. 일본군은 이러한 시설을 구축하기 위해 20호의 지심도의 조선 원주민을 내쫓았다. 이곳에 주둔한 일본 육군은 아까쯔끼부대였다.

아까쯔끼부대는 정예부대로 해안작전을 담당하였으며, 지심도 곳곳에 관사를 지었고 지금도 그 잔해가 남아 있다. 아까쯔끼부대는 패전소식을 듣고 부산으로 철수하였으나 장승포의 폭동 소식을 접하고, 8월 19일 장승포로 되돌아와 상륙하였다. 완전무장한 부대병력은 무력으로 경찰서와 각 기관을 차지하고 있던 조선인의 주동자를 검거하고 보복하였다.

8-3-6 러일전쟁

러일전쟁은 1904~1905년에 만주와 조선의 지배권을 두고 발생한 전쟁으로, 1904년 2월 8일 일본함대가 뤼순군항을 기습공격하는 것으로 시작되었다. 조선과 만주(중국 동북지방)의 분할을 둘러싼 이 전쟁의 배후에는 영·일동맹과 러시아·프랑스동맹이 있었다. 그리고 이는 제1차 세계대전의 전초전이 되었다.

이 전쟁에서 패배한 러시아는 혁명운동이 진행되었으며, 승리한 일본은 조선에 대한 지배권을 확립하고 만주로 진출할 수 있게 되었으며, 본격적인 미국과 대립이 시작되었다.

거제에는 지금도 러일전쟁에서 승리한 것을 기념하는 일본의 **전승비**가 두 곳에 남아 있다. 그중 하나는 **시청** 본관 뒤편 창고에 있고, 다른 하나는 사등면 **취도**에 있다. 이 승전비는 일본해군이 러시아에 승리한 것을 찬양하고 기념하고 있다.

이 중, **시청사 창고**에 있는 것은 높이 160 ㎝, 폭 60 ㎝, 두께 30 ㎝의 화강암으로 만들어졌다. 이 전승비에는 일본의 **도고 헤이하치로**733) 제독이 친필로 쓴 시가 새겨져 있으며, 일본해군이 러시아의 발틱함대를 물리친 것을 찬양하는 내용이다. 이 기념비는 일본정부의 고관과 황족까지 찾아 와 참배를 하였다. 그러나 1946년 서북청년회에서

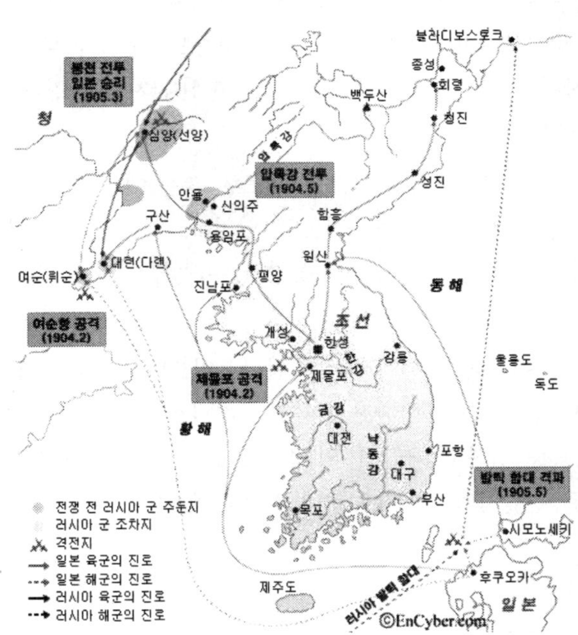

733) 헤이하치로(東鄕平八郎)

[취도의 전적비]

이 비를 폭파하려 하였으나 뜻을 이루지 못하고, 1947년에 반일단체에서도 다시 시도했으나 장비가 부족해 뜻을 이루지 못했다.

1951년에는 거제도에 포로수용소가 설치되는 것을 계기로 이승만은 포로수용소 소속 특수공병대에게 폭파를 명령했다. 하지만 이 폭파로도 완전히 파손되지 않아 지금 거제시청에 보관이 되어 있다. 이후 일본은 이에 대한 반환을 요구하고 있다.

한편, 사등면 취도에 있는 비는 높이 2 m 정도다. 이는 1935년 진해에 주둔했던 일본군 사령부에 의해 세워졌다. 이 기념비에도 도고제독이 승전을 칭송하는 내용이 기록되어 있다.

러일전쟁은 일본연합 함대사령관 도고가 1904년 12월 하순 여순함대를 격멸한 뒤, 러시아 발틱함대의 출항 소식을 듣고 일본함대전력을 대한해협에 두며 발틱함대의 행동을 감시하는 것으로 시작되었다. 본격적인 전쟁을 치루기 전 **해전연습장**으로 진해만(지금의 마산시 진동면 앞, 구산반도 서쪽, 고성군 고성반도의 동쪽과 거제도의 북쪽바다)을 이용하였다. 도고는 기함 미카사를 타고 1905년 2월 21일에 가덕수도에 먼저 도착한 후, 거제도 외해를 차단하고 러시아 함대를 기다렸다. 다시 송진포로 옮겨 함포사격, 어뢰발사, 접전, 기습공격 및 야간습격 등을 훈련하고, 포격훈련을 위한 표적으로 **취도**[734]를 선택하였다. 취섬은 이로 인해 3천 평정도의 면적이 2천 평으로 작아졌다는 말이 전해진다.

734) 취섬(鷲島)

5월 9일 이후, 도고는 대한해협 남서쪽 방면에 70여 척의 초계함을 배치하여 엄중한 경계태세에 들어갔고, 러시아 함대는 이런 정황을 모른 채 지름길을 통해 대한해협을 지나 블라디보스토크로 향하는 동진을 계속하였다.

러시아함대가 대한해협 전면에 나타난 것은 5월 27일 아침이었다. 발틱함대는 일반적인 함대 이동방식인 종대를 형성하고 거제도를 지났다. 가덕수도에 정박하고 있던 일본함대는 T자형으로 전진하여 최단 거리가 되자 선두부터 공격을 시작하였다. 전쟁은 일본해군의 전략대로 진행되었으며 러시아는 대패하였다.

8-3-7 항일운동

(1) 아양리 당등산

당등산은 거제도 독립운동의 시발점이다. 1919년 4월 3일(음력) 고종황제의 국장[735]에 참석하고 돌아온 아양리 주민들[736]은 바닷가에 있는 당등산(현 대우조선)에서 만세를 부르며 독립운동을 시작하였다. 당시, 아양은 거제의 유일한 개화 중심지자 부의 집결처로 생활수준과 교육수준이 독립운동의 중심지로서 적절했다. 특히, 아주·아양은 가까이 장승포를 비롯한 일운면이 있고 이곳에는 일본인이 많이 거주하여, 반일감정이 어느 곳보다 높았다. 또, 거제의 토호들이 사는 중심 마을이었다. 이러한 상황들은 반일감정에 따른 애국이념을 지닌 우국지사를 증가시켰다.

독립운동을 위한 준비는, 4월 1일 이운면 아양 서당에 모여 10여 장 분량의 대한제국 독립만세라는 격문을 만드는 것으로 시작했다. 격문은 눈에 잘 띄는 대문에 붙이거나 아주장터 길 위에서 뿌려졌다.

4월 2일, 옥포의 유지들[737]과 옥포 천주교 신도들이 합류하였으며, 거사 당일에 사용할 태극기를 만들었다.[738] 그리고 4월 3일 당등산에서 대한독립을 위한 모임을 갖는다는 격문을 곳곳에 부착하였다.

4월 3일, 이날 정오쯤 참여자가 200여 명으로 불어났다. 그때 주동자는 지형이 높은 곳에 올라가서 격문을 읽고, 모였던 주민들은 사회자의 선창에 따라 독립만세를 외쳤다.[739]

---

735) 1919년 3월 3일
736) 이공수, 윤택근, 이주근, 이인수, 윤사인, 이주무 등
737) 주종찬 외
738) 이주근, 이인수

[아주 당등산]

[아주독립만세운동 재현]

저녁무렵에는 주민 2,500여 명이 합세하였고, 이들은 하나같이 함성과 함께 태극기를 흔들며 운동을 계속하였다. 이러한 소식이 일본인에게 전해지자, 거제지역 헌병분소와 송진포 해군방비대 및 가조도 해군경비대 등에서 헌병과 경찰들이 출동해 시위를 진압했다. 이때 갑자기 비가 쏟아졌다. 이 비로 인해 군중들은 흩어졌고 총격도 중지되었다. 참여한 옥포 주민[740]들은 아주 용소마을에서 옥포로 돌아가는 곳에 있는 뱀(배암)바위 모퉁이 길을 지나며 계속 만세를 외쳤다. 한편, 아주장터에서 마지막까지 저항하던 주동자들과 주민들은 일본헌병과 대치하며 시비를 벌였으나, 일본헌병의 위협적인 사격으로 인명이 상할 것을 염려하며 긴급히 대피하였다.

이날의 운동은 일단 해산하였으나, 일본헌병들은 그들의 앞잡이를 통해 주동자들의 색출에 나섰고 아주, 아양, 옥포 일대에서는 여러 청년들이 검거되었다.[741]

739) 윤택근 사회, 이공수, 이주근, 이인수, 이주무, 윤사인, 이중수, 주종찬 주동
740) 주종찬 주동
741) 윤택근, 이인수, 이주근 등 대구복심법원에서 1년형 선고

(2) 두 번째 독립만세

첫 번째 운동이 음력 4월 3일 당등산을 중심으로 거행된 후, 4월 6일에는 옥포를 중심으로 독립만세가 시작되었다. 4월 3일 당등산 모임에 참가했던 이들이 중심이었으며, 일요일을 이용하여 오전 11시경 옥포 중앙에 있는 **망덕봉**[742]에서 주민 200여 명이 모여 대한독립 만세를 제창하였다. 그리고 아주장터를 향해 이동하였다.[743]

이들은 종이에 쓴 **자주수호 대한독립만세**라는 깃발과 **태극기**를 앞세우고 행진했다. 이 광경을 본 주민들은 길가에 나와 함께 만세를 외쳤으며, 아주시장에서도 만세운동이 시작되었다. 이후, 옥포와 아주의 만세운동을 하던 이들은 아주에 있는 이운면사무소를 점거하고 침략자 일본인들은 물러가라고 외쳤으며, 친일파 매국노들은 각성하라는 함성을 질렀다.

[아주동과 아양동, 당등산]

(3) 독립운동가 체포

4월 7일, 만세운동을 한 이들이 생업에 종사하는 틈을 타 일본헌병들은 주동자와 청년 10여 명을 잡아갔다. 주동자들은 법정에서도 지조를 굽히지 않았으며 초지일관 자주독립을 주장했다. 그리고 모든 책임은 자기에게 있다고 주장하였고, 모진 고문에도 함께한 사람들에 대하여는 함구하며 불응했다.[744]

이런 소문이 거제도 전역에 확산되자 거제면, 둔덕면, 사등면, 장승포 등지에서도 각 대표들이 통영의 만세운동에 참가하였다.

742) 망덕봉(望德峰) : 옥포초등학교 뒤 국도변에 거북의 머리모양을 한 동산
743) 주종찬 주동
744) 주종찬, 윤택근

8-3-8 좌경화

독립운동 이후, 1920년대에 들어오면서 청년을 중심으로 면과 리에 다양한 조직이 결성되었다. 1924년 거제청년연맹이 결성되었고, 아주와 아양의 이운청년회, 기독교 교회당을 중심으로 한 기성청년회, 보명강습회에 사무실을 둔 연초청년회, 노동야학을 실시한 둔덕청년회, 체육단을 이끈 사등청년회, 사회주의 내용을 강령으로 한 동부청년회, 농어촌계몽을 중시한 지세포청년회, 하청청년회, 능포청년회, 장승포청년회, 유계청년회 등이 그것이다.

이와 같이 3·1운동과 청년운동 등 민중운동은 급진적으로 전개되어 일부 지식인들 사이에는 좌경화의 경향이 나타났다. 그러자 민족주의자 내부에서는 분열이 발생하였고, 기회주의자들은 점차 일제와 접근하였으며, 뒷날 일제협력자로 타락하고 부패되어 갔다.

일부 급진세력은 사회주의 시류에 합류하여 반일투쟁 통일전선에 진출하였으며, 민족해방운동사상에 새로운 기원을 만들었다. 이는 1962년의 6·10만세운동에 이어 노동쟁의와 소작쟁의 등 새로운 민족운동의 계기가 되었다.

한편, 거제도에서는 이러한 영향을 받아 민족운동이 나타났다. 노동동맹 등 청년동맹의 거제지부도 결성되었다.

더불어 1924년 5월 30일 연초면 이목, 천곡, 명동 3개 마을을 중심으로 한 농민운동[745] 조직이 만들어져 활동하기 시작하였으며, 이들은 농업개량과 농민상식 보급기관 상설, 소작인에 대한 조세와 공과금을 소작인이 부담치 않고 소유자가 부담하도록 하는 등의 운동을 전개했다. 1925년 8월 11일 유계리[746]에서도 농민단체를 조직하여 농민운동에 나섰다.

또, 전국적으로 조직된 신간회는 거제지부[747]를 결성하여, 민족운동을 지도하며 민중계몽운동을 전면적으로 진행하였다.

8-3-9 일제감정기 후반

일제 말기의 거제도 행정은 수탈과 징용에 의한 청년들의 수난기였다. 물론 이는 전국의 현실이기도 하였다. 일본은 제2차 세계대전인 태평양전쟁을 일으킨 후, 전세가 불리며 최후의 발악을 하였다. 특히, 전쟁의 승패가 기로에 놓이자 극악한 통제행정을 펼

745) 김계윤, 옥상동, 옥상은, 옥상목, 신정석, 신재옥, 허영, 윤용근, 제용준, 윤시학, 이덕봉, 윤달홍, 윤좌근, 윤영병

746) 김윤오, 김윤칠, 권병호, 권식호, 김대춘, 권정호

747) 이정, 옥산, 박달, 윤사인, 주인발, 김성, 윤열, 김진배, 이주근, 장기상, 지한철, 김광, 이인수, 손도상, 김성, 진홍기, 최봉근, 김링, 주인찬, 김순남, 지한명, 황명노 등

쳤고 약탈을 일삼았으며, 온갖 명목의 공출을 통해 수탈하였다. 이로 인해 전국과 거제도에는 헐벗고 굶주린 사람이 늘었으며 일본의 전투력 강화에 짐승처럼 혹사당했다.

1945년 8월초에 장승포항 일대에는 연합군의 공습이 감행되었다. 그러자 장승포 양지암과 지심도에 일본군 포대가 설치되어 정예군 서부대[748]가 주둔하였고, 이곳의 주민들은 다른 지역에 비하여 더 혹사당해야 했다.

8-3-10 광복 이후

1948년 8월 15일 라디오 방송을 통해 일본천황은 무조건 항복할 것을 밝혔다. 하지만 거제도에 소식이 전해진 것은 하루 뒤인 8월 16일 이었다. 만 35년간의 세월동안 일본 무단정치의 압박과 서러움이 끝났다.

하지만 1945년 9월 6일 건국준비위원회는 공산주의 혁명을 지향하는 전국인민대표자대회를 소집하여 조선인민공화국 임시 조직법안을 통과시키고, 주석에 이승만(이 무렵 미국에서 돌아오지 않았음), 부주석에 여운형(건준위원장), 국무총리에 허헌(건준부위원장)을 내세워 소위 조선 인민공화당을 조직하였다. 그리고 각 지방의 건준지부를 인민위원회로 개편하여 공산화 작업을 완료하였다. 질서유지를 위해 과도기의 초당파적인 치안대, 자위대 등 자발적인 치안단체의 조직 등을 공산주의 방식으로 개편하여, 정국은 좌익 일색이었다.

이 무렵은 광복은 되었으나 정부수립이 되지 않았던 시기라 거제도의 질서와 치안은 혼란스러웠고, 이를 바로잡기 위한 주민에 의한 자발적 조직인 치안대가 구성되었다. 그러나 치안대는 곧장 공산주의에 흡수되었다. 그러자 중국의 임시정부를 지지하는 민주진영 정당이 결성되었으며, 이런 영향으로 통치부재에 있던 **거제도**에는 인민위원회의 **인공파**와 **민주진영**이 나타나 대립이 시작되었다.

(1) 보도연맹[749]

보도연맹은 **'국민보도연맹'**으로 좌익운동에서 전향한 이들로 조직된 **반공단체**다. 1949년 6월에 결성되었으며, 1950년에는 회원 수는 30만 명에 달했다. 이들의 결성 목적은 1948년 12월 국가보안법이 시행되면서 좌익활동을 하던 사람들을 보호하려는 목적이었으며 다음과 같은 주장을 중심으로 활동하였다.

---

748) 서부대(曙部隊)
749) 보도연맹(保導聯盟)

① 대한민국 정부의 절대 지지
② 북한괴뢰 정권의 절대 반대
③ 공산주의 사상의 배격분쇄
④ 남북노동당의 멸족과 파괴정책
⑤ 민족세력의 총집결 등

(2) 거제의 보도연맹 피해

거제에서는 1947년 8월 19일 300여 명의 주민들이 연초면 다공리 집회에서 **보리공출**에 대한 항의를 하였다. 이를 해산시키는 과정에서 경찰의 발포로 3명이 사망했다. 또, 1949년 4월 국군 2사단 16연대의 일부 군인들이 거제로 출동하여 민간인 피해가 속출했으며, 일부 청년들이 재판을 받았고 상당수의 청년들이 살해당했다. 하청지서 유치장에 갇혀 있던 주민들은[750] 1949년 5월 26일을 전후하여 토벌군인들(하청중학교 주둔)에 의해, 중학교 앞산과 옥산리 야산 등지에서 집단희생 당했다.

거제경찰서에 연행되었던 주민들[751]은 1949년 4월 22일 장승포 일본인 신사터에서 국군에 의해 총살되었다. 당시의 총살은 공개적으로 진행되어 주민들이 목격하였다. 총살 장소에는 미리 큰 구덩이를 파 두었으며, 기둥을 세워 희생자들을 묶었다. 희생자들은 총살된 후 기둥에 묶은 줄을 끊으면 곧장 구덩이로 떨어졌다.

같은 시기 동부지서에 갇혀 있던 주민들은 구천리 서당골에서 희생되었고, 일운면 주민들은 마을 해변에서 집단희생 되었다.

토벌국군이 거제지역에서 활동하는 동안, 거제경찰서에서는 민간인들에 대한 연행과 고문을 일상적으로 저질렀다. 이로 인해 사망에 이르게 된 사건이 발생했다.[752] 당시 거제에는 토벌 국군이 주둔하면서 많은 민간인들을 학살하였으나, 장승포경찰서 측에서는 아무런 조치도 하지 않았다.

---

750) 구복서 박동조, 원정국, 이만기 등
751) 윤학도 등 11명
752) 이종정 사건

[보도연맹 관련 희생상황]

구분	사건발생일	희생장소	희생자 수	가해조직
전쟁 전	1947. 8. 19.	연초면 다공리	3	경찰
전쟁 전	1949. 4. ~5.	장승포 신사터 등		16연대
보도연맹	1950. 7. 27.	지심도 앞바다	72	CIC 등
보도연맹	1950. 8. 19.		10	CIC 등
보도연맹	1950. 8. 26.	가조도 해안		성포지서
보도연맹	1950. 9. 19.		40	거제경찰서

특히, 거제는 인민군에게 점령당하지 않을 것이 분명했던 시기엔, 72명의 보도연맹원을 지심도 앞바다에서 살해하는 등 3개월간 많은 주민들이 살해됐으며, 가조도 해안 등에서도 많은 사살이 있었다.

8-4 한국전쟁[753)]

1945년 8월 15일 12시, 일본 천황은 **포츠담선언**을 수락하고 무조건 항복하였다. 이는 1941년 12월 8일, 일본이 미국의 진주만 공격으로 시작된 **태평양전쟁**이자 제2차세계대전[754)]이 끝나는 것을 의미한다. 이로서 우리를 비롯한 동남아 일대의 국가들은 광복을 맞이하였다. 그러나 연합국 정상들에 의한 카이로, 얄타, 포츠담 등의 선언에 따라 한반도는 **38도선**을 경계로 남과 북으로 양분되었으며, 미국과 소련(러시아)이 진주함으로써 광복은 독립으로 연결되지 못하였다. 국토는 분단되어 자유진영과 공산진영으로 나뉘는 큰 비극을 다시 맞게 되었다.

753) 거제시지

754) 1939년 9월, 독일의 폴란드 침공으로 시작되어 1941년 12월, 태평양 전쟁 개시와 함께 세계 전쟁으로 발전한 추축국과 연합국 사이의 대전쟁. 1945년 5월에 독일, 같은 해 8월에 일본이 무조건 항복으로 대전쟁은 종결되었다.

8-4-1 6·25 전쟁

1950년 **6월 25일 새벽**, 한국전쟁이 발발하였다. 6월 28일 인민군이 서울에 진입하고, 한강을 건넌 피난민들은 기차 등을 통해 부산을 경유한 후, 거제도로 모여들기 시작하였다.

8월 1일 낙동강 전선을 구축한 남한은 경남 진동, 진북, 진전과 의령군, 함안군을 최후의 경계로 북한군과 대치하였다. 이에 따른 후송 피난민과 고성군, 통영군의 자발적 피난민 등 **10만여 명**이 거제도로 모여들었다. 거제도에서는 이들을 각 읍·면으로 분배시키고 학교, 창고, 교회 등에 수용하였다. **8월 11일**에는 **피난민수용 임시조치법**이 제정되었으며, **난민구호 중앙위원회**가 발족되었다. 9월 15일의 인천상륙과, 9월 28일의 서울 탈환으로 이들의 대부분은 고향이나 이전의 거주지로 되돌아갔다.

다음은 6·25전쟁에 대한 대략의 경과과정이다.

- 1950. 6. 25. 인민군 38도선 전역에 남침
- 1950. 6. 28. 서울 피침 02:30 한강 인도교 폭파
- 1950. 7. 3. 국군 한강 방어선에서 철수
- 1950. 7. 4. 맥아더 원수 대전에 주한 미군 사령부 설치
- 1950. 7. 9. 미 제8군사령부 대구에 설치
- 1950. 7. 14. 국군 작전지휘권 유엔군 사령관에게 위임
- 1950. 9. 15. 미 제10군단 인천상륙작전
- 1950. 10. 1. 국군 수도 제3사단 38도선 돌파 양양 탈환
- 1950. 10. 10. 국군 수도 제3사단 원산 탈환
- 1950. 10. 19. 국군 제1사단, 제7사단, 미 제1기병사단 평양 탈환
- 1950. 10. 25. 중공군 제1차 30만명 개입
- 1950. 10. 26. 국군 제6사단 국경선 초산에 도달
- 1950. 11. 25. 중공군 서부전선 제2차 공세
- 1950 11. 27. 거제도 포로수용소 설치
- 1950. 12. 1. 전 유엔군 전면후퇴 결정
- 1950. 12. 15. 미 제8군 38도선 방어선 구축
- 1950. 12. 31. 중공군 6개군 제3차 공세
- 1951. 1. 4. 국군·유엔군 서울에서 후퇴
- 1951. 1. 14. 37도선 평택·삼척에 신방어선 구축
- 1951. 2. 11. 38도선 돌파 양양 탈환

- 1951. 3. 14. 국군 제1사단, 미 제3사단 서울 탈환
- 1951. 4. 21. 국군·유엔군 철의 3각지대 확보
- 1951. 7. 1. 휴전회담 개성에서 개막
- 1951. 10. 28. 군사분계선을 휴전조인시의 접촉선으로 합의
- 1951. 12. 2. 국군 지리산지구 공비토벌 개시
- 1953. 4. 20. 유엔군·공산군 포로 교환 실시
- 1953. 6. 8. 포로 자유송환 합의
- 1953. 6. 18. 반공포로 27,389명 석방
- 1953. 7. 13. 중공군 중동부전선 최후공세
- 1953. 7. 27. 판문점 휴전협정 조인, 22:00 전 전선에서 전투종료
- 1953. 8. 유엔군 11,551명과 공산군 132,474명 포로 발생
- 1954. 1. 23. 송환 희망 포로교환
- 1954. 2. 23. 제3국(인도 등) 희망자 한국군 2명, 인민군 74명, 중공군 12명 송환

8-4-2 거제도 포로수용소

(1) 포로발생

남북한에 의한 국내전쟁은 유엔군과 중공군의 개입과 남진과 북진이 거듭되며 많은 포로들을 발생시켰다.

북한 인민군 포로는 1950년 8월 20일, 통영 탈환 때 인민군 사살 469명과 생포 87명을 시작으로, 9월 15일 유엔군 인천상륙과 9월 16일의 낙동강 전선의 총 반격작전으로 막힌 1950년 9~10월에 발생하였다.

중공군 포로는 1950년 10월 25일 한국전에 개입한 후, 1951년 1월 14일 37도선의 경기도 평택에서 충북의 제천까지 진출한 후, 1951년 2월 11일 38도선 이북으로 퇴각하던 시기에 대부분 발생하였다.

특히, 인민군과 중공군 포로는 1950년 8~9월 경주 안강과 영일, 기계 등 전쟁초기 포항지구 전투와, 휴전직전 금성 남방 삼현지구 전투에서 많이 발생하였다.

한편 **유엔군 포로**는 인민군의 기습적인 남침으로 38도선의 방어선이 붕괴된 전쟁 초기인 1950년 6~7월에 많이 발생하였고, 1950년 11~12월의 유엔군이 중국 국경선 가까이 진격한 후, 중공군의 침공으로 한강까지 후퇴하던 시기에 발생하였다.

(2) 초기 포로수용소

전쟁 초기의 포로수용소는 다음과 같이 설치되었다.

시 기	위 치
1950. 7. 7.	대전 포로수용소 설치
1950. 7. 14.	대구 제100포로수용소 설치
1950. 7. 19.	미 제24사단 임시포로수용소
1950. 7. 24.	부산 거제리 포로수용소 설치
1950. 8. 1.	부산 영도 포로수용소 설치
1950. 9월 초순	부산 제일 포로수용소 설치
1950. 9월 하순	인천 임시 포로수용소
1950. 10. 2.	서울 마포형무소 포로수용소
1950. 11. 27.	거제도 포로수용소 설치
1950. 12. 4.	인천 포로수용소 설치
1951. 6월말	거제도 포로수용소 이송 완료

(3) 결정

처음에는 포로들을 임시로 관리하였으나, 1950년 11월, 포로의 총수가 13만7천명에 달하자, 유엔사령부는 증가된 공산포로에 대한 경계문제를 해결하기 위해 남해안 중 육지와 560m 떨어진 **거제도에 격리**시키는 결정을 하였다.

거제도의 포로는 **고현만** 해안을 이용하여 수송되었고, 위치는 경계문제를 고려하여 계룡산, 옥녀봉, 국사봉 등으로 둘러싸인 중심부인 **고현지구**로 정하였다.

(4) 설치

1950년 11월 27일, 거제도포로수용소 설치를 확정한 유엔군 사령부는 설치공사를 시작하여 도로 개설과, 길이 830m 폭 50m 규모의 **장평비행장**을 만들기 위해 360만평의 농토와 임야를 징발하였다. 그리고 중장비로 구획을 정리한 후 야전용 천막을 설치하는 것으로 수용소 건립을 시작하였다.

고현지구는 **고현동, 장평동, 상문동, 수양동**이었으며, 나중엔 인접한 연초면 연사리의 **임전마을**로 확장하였으며, **포로공동묘지**로 **송정리** 일부가 징발되었다. 여자포로는 수월동에 배치하고, 포로수용소 폭동 후 일부를 통영 추봉도와 용호도(용초도)로 이송하여 분리 배치 시켰다.

1951년 2월~6월 사이, **15만여 명의 공산군 포로**는 LST[755]를 이용하여 고현항으로 수송된 후 각 단위수용소로 배치되었다.

단위수용소에는 공산포로의 특성별로 수용하였으며, 5유형으로 분류되었다.

① 고현·상동·문동	**: 인민군 반공포로**
② 수월(해명)	**: 중공군 포로**
③ 수월(주작골)	**: 여자 포로**
④ 양정·수월	**: 인민군 친공포로**
⑤ 고현·수월	**: 남한출신 의용군**

(5) 도트준장 납치

1952년 5월 7일, 공산포로들에 의해 포로수용소 사령관 **프란시스 도트준장**이 납치되었다. 이 발생의 원인은 **친공, 반공**으로 포로들을 분류하는 것에 대한 반발 때문이었다.

도트준장이 이내 석방되지 않자, 5월 9일 포로 폭동제압을 이유로 고현지구 내의 주민 1,116**세대**를 24시간 내에 강제로 이주시켰다. 이주기간은 휴전 후 수용소 철수작업이 종료된 1955년 봄까지 지속되어, 3년 동안 소개민으로서 고충을 겪었다. 도트준장은 5월 10일 오후 9시경에 석방되었다.

755) LST(Landing Ship Tank) : 병사, 전차 등의 상륙용 주정

도트준장을 납치한 상태에서 공산측이 요구한 각서의 내용은 다음과 같다.

- 미국의 야만적 행위인 모욕, 고문, 위협, 감금, 학살, 세균무기, 원자탄 실험 등을 즉시 중지하고 인권과 생명 보장을 요구
- 포로의 불법적인 자유송환 즉시 중지
- 포로의 불법적 재무장 노예화를 위한 강제심사 중지
- 위 4개항에 대하여 만족할 서면답변을 받고 인도

이러한 요구를 받은 후임소장인 **콜슨준장**은 5월 10일 아침 공산측의 요구를 일부 수정한 후, 다음과 같은 내용에 서명했다.

- 유엔군이 다수의 포로를 살상한 유혈사건이 있었고, 장차 포로를 인도적으로 대우하며 다시는 불미스러운 일이 없도록 하겠다.
- 자유송환 문제는 판문점에서 토의하고 있다.
- 도트준장이 석방되면 포로에 대한 강제심사는 없을 것이다.

한편, 거제도 포로수용소 소장은 1952년 2월 20일 제11대 도트준장, 5월 8일 12대 콜슨준장, 5월 중순 13대 보트너준장 등이 임명되었다.

(6) 친공포로

도트준장 납치사건 후, 1952년 6월 10일 친공의 악질 포로관리를 위하여 남부면 저구와 다포리 및 통영시 한산면 봉암도, 용초도에 수용소를 설치하고 이송하였으며, 2중 철제 담장에 50~60명씩 분산 수용시켰다. 이 포로들은 휴전 후 모두 북으로 송환되었다.

(7) 경비병력

17만 3천명에 달하는 공산포로의 경비와 관리를 위한 유엔군측 경비병력은 **9천명**으로, 한국군 제33경비대대 1,300명, 미군 1개 대대 및 187공수부대 7,700명이었다.

경비병 주둔을 위하여 상당 규모의 막사를 장평에 지었으며 비행장, 부두, 탐조등, 보급창, 발전선박, 도로 등이 건설되었다. 또, 포로들의 분리수용을 위해 포로영창, 악질포로수용소, 여자포로수용소가 있었으며, **반공포로수용소**는 별도로 설치하여 운영했다.

(8) 포로 생활

거제도의 포로들은 대부분 부산 등지의 육지로부터 배편으로 이송되어 고현만 항구에 도착했다. 그리고 트럭을 통해 수용소로 배치되었는데, 수용소에 배치되면 **소지품**을 검사하고 의복, 신발, 식기 등 **필수품**을 지급받은 후, DDT[756] **소독**을 하였다. 이어 이발을 시킨 후 막사를 지정하면 포로수용소 생활이 시작되었다.

한편, 많은 포로들을 적은 수의 경비병력으로 통제하여야 했기 때문에, 수용소 생활을 하는데 있어서는 **규칙**을 정해 철저하게 감시되었다. **여자포로**들은 수월 **주작골**로 분리 배치하였으며, 분리 이외에 특별한 규정은 없었다.

포로들의 **복장**은 미군복, 군화, 모자 등이고, 윗옷의 등 부분이나 바지에는 흰 페인트로 PW[757]를 써서 포로임을 표시했다. 식기, 포크, 스푼 등을 지급하고, 지정된 배급량에 따라 식사를 지급하였다. 수용소 내의 보건을 위해 정기적으로 식기소독을 하였다.

수용소는 천막 하나에 60명씩 배치하였으며, 그 중앙에는 폭 50㎝, 깊이 30㎝의 복도식 길을 내었다. 바닥은 가마니를 깔아 침실용 막사를 만들었고, 의식주 외에 제한적이나마 담배, 디젤유, 땔감, 석탄 등의 물품들도 지급되었다.

포로들은 **작업**에 동원되기도 하였는데, 주로 동원된 작업은 막사를 유지하기 위한 둑을 쌓거나 도로정비, 구내건설, 구내에 필요한 물품제작 등이었다.

한편, 포로들의 **여가이용**은 관심과 불만을 분산시키고, 수용소내의 경직된 분위기를 위해 제공되었다. 연극공연, 악기연주, 조각, 만들기, 노래연습 등도 가능하였으며, 수용소 내에서 공연이나 작품을 전시하기도 했다.

포로들에게 **종교생활**도 허락되었는데, 이를 위한 선교사가 있었고, 이들은 주로 기독교 성경책 강의와 예배를 도왔다. 그리고 포로들에 대한 종교행사가 허락되었다. 이러한 종교활동은 포로들을 순화시키거나 전향시키는데 도움이 되었다.

그러나 도트준장의 납치사건 이후, 천막을 걷었고 60명 단위로 막사를 지었으며, 이들 사이마다 간격을 두어 철조망으로 분리하였다. 지붕은 미국산 함석판을 올렸으며 야전용 침대와 담요를 지급하였다.

이 같은 조치는 포로들의 주거환경 개선과 분산수용으로 단체행동을 와해시키고 분규를 사전에 방지하였으며, 이와 더불어 심리적 동요를 방지하기 위해 그들만의 **기념행사**를 경비병의 경계 속에서 진행하도록 허락했다.

---

756) DDT(Dichloro Diphenyl Trichloroethane) : 과거에 사용된 살충제

757) PW(Prisoner of War)

(9) 포로 교육

포로에게는 이념과 교양 등 다양한 교육이 제공되었다. 교육 내용은 다음과 같다.

- **이념교육**
  - 한국전쟁의 발발과정
  - 민주주의란 무엇인가
  - 민주주의와 평화
  - 공산주의와 전쟁
  - 유엔은 무엇인가
- **교양교육**
  - 한국의 역사
  - 한국의 교본
  - 미국의 모습
- **기타교육**
  - 감자 수확을 늘리는 법
  - 채소 농사법
  - 공중건강
  - 한국의 노래 등

이러한 다양한 교육은 반공포로로 전환하는 계기가 되었으며, 친공포로들과 갈등이 발생하기도 하였다.

(10) 지원시설

포로수용소의 지원시설은 수용, 야전병원, 방송, 전화교환, 우편처리, 통신대, 사무실 등 여러 시설로 나뉘었다. 그러나 제한된 경비병력과 포로수 급증으로 수용소 관리업무가 번잡하였으며, 특히 수천 명 단위로 수용한 포로수용소 건물과 건물 사이를 단순히 철조망으로만 분리하므로, 대규모 시위와 폭동은 물론 자유롭게 정보들을 주고받을 수 있었다.

이에 유엔군 경비병은 야간에는 수용소 내에 들어가지 않았다. 포로들은 나름대로 자유로웠고, 어지간한 일은 처벌을 받지도 않게 되어 폭행과 심지어 살인이 발생하기도 했다. 이 같은 상황은 급기야 경비병이 무기를 절취당하거나, 통제가 어려울 지경의 상황이 발생하여 통제불능의 상황에 처하기도 했다.

(11) 제네바 협정

1949년 8월 12일 유엔의 **포로대우**에 관한 제네바 협정의 주요 내용은 다음과 같다.

① 제3조 : 무기를 버린 전투원 및 질병, 부상, 억류, 기타의 사유로 전투력을 상실한 자와, 적대행위에 능동적으로 참가하지 아니하는 자는, 모든 경우에 있어서 인종, 색, 종교 또는 신앙, 성별, 문벌, 빈부 또는 기타의 유사한 기준에 근거한 불리한 차별 없이 인도적으로 대우하여야 한다.
② 제13조 : 포로는 항상 인도적으로 대우하여야 하며, 억류 하에 있는 포로를 사망케 하거나 건강에 중대한 해를 가하는 어떤 불법적 작위나 부작위도 금지하며, 이를 어기면 본 협약의 중대한 위반으로 간주한다.
③ 제14조 : 포로는 모든 경우에 있어서 그들의 신체와 명예를 존중받을 권리를 지닌다.
④ 제19조 : 포로가 된 후, 가능한 신속히 그들에게 위험이 없을 정도로 전투지역으로부터 충분히 떨어진 지역의 수용소에 후송되어야 한다.

한편, 제네바협정에는 다음과 같은 **민간인 보호**에 대한 내용도 있다.

① 제16조 : 부상자, 여자, 허약자 및 임산부는 특별한 보호 및 존중의 대상이 되어야 한다.
② 제18조 : 부상자, 병자, 허약자 및 임산부를 간호하기 위하여 설립된 민간병원은 어떠한 경우에도 공격의 대상이 되어서는 아니 되며, 항시 충돌 당사국에 의하여 존중되고 보호되어야 한다.
③ 제32조 : 권력 하에 두고 있는 피보호자들에게 육체적 고통을 주거나 또는 그들을 학살하는 것과 같은 조치를 금지할 것에 특히 동의한다.
④ 제33조 : 피보호자는 그 자신이 행하지 않은 위반행위로 인하여 처벌되어서는 아니 된다. 단체벌 및 모든 협박 또는 공갈에 의한 조치는 금지되며, 약탈은 금지된다. 피보호자 및 그들의 재산에 대한 보복도 금지된다.

(12) 정치단체

1951년 봄부터 수용소에는 **정치단체**가 조직되기 시작했다. 5월에는 92수용소에서 **조선노동당 거제도지부**를 만들었으며, 이들은 조선인민공화국의 최후의 승리를 위하여 생명을 바치고 당에 충성을 다할 것을 선언하였다.

수용소 안에는 정치, 치안, 군사편성으로 구분된 정치위원회가 구성되었고, 이러한 친공 정치단체가 주축이 되어 해방동맹을 탄생시키기도 하였다.

해방동맹은 포로수용소 내의 당조직을 구성하고 확장해 각종 시위와 폭동을 주도하였다.

(13) 해방동맹

포로수용소에서의 기간이 길어지자, 친공포로들은 해방동맹이라는 당조직을 구축하고, 지하신문인 '**돌진**'과 조선민주동맹 주간지 '**전진**' 등 유인물을 제작하였다. 그리고 포로들에게 배포하며 선동하였다. 이는 포로들이 친공과 반공으로 나뉘는 결정적 계기가 되었다. 특히, 친공포로는 자기들이 정한 법에 따라 임의의 **인민재판**을 실시하여 반공포로들을 살상하기도 하였다.

이들은 이후, 휴전회담이 진행될 때, 자유송환에 대한 조직적인 저항과 시위를 이끌었으며, 본국으로의 송환을 두려워하는 포로들을 설득하기 위해 각종 유인물을 배포하는 등 후방에서의 북송지원활동을 적극적으로 실천했다.

(14) 대한반공청년단

1951년 8월 5일, 공산포로들의 만행을 저지하고, 반공포로를 구출하는 사건이 발생했다[758]. 이후, **대한반공청년단**을 조직하게 하고, 8월 6일 새벽 수용소 내에서 애국가와 전우가를 부르게 한 후 태극기를 게양하였다. 그리고 수용소를 수색하여 친공포로를 색출해 유치장에 감금시켰다.

비밀리에 조직된 반공청년단의 포로 500명은, 친공포로 감찰대장인 여단장을 제거하였으며, 5천명의 포로를 친공과 반공으로 구분하는 자체심사를 실시하여 친공포로를 색출하여 분리하였고 **반공신문**도 발간하였다.

한편, 1952년 3월경, 포로에 대한 유엔군 측의 송환희망 여부와 남북 자유선택 심사 결과, 북송을 거부한 경우는 북한군 9만명(40%), 중공군 2만명(75%), 남한출신 50% 등 총 **17만명 중 8만여 명**이었다.

758) 거제도 83수용소 여단장 이관순

(15) 인민재판

1951년 7월 10일 개성에서 **휴전회담**이 열리자, 포로들은 공산파와 반공파로 나눠졌다. 이들은 충돌하여 살육전이 발생했다. 공산포로들은 낮에는 **적기가**를 부르고 시위를 하였으며, 밤에는 인민재판을 통해 반공포로를 살해했다.

이 과정에서 발생한 시신은 수용소 내에 묻거나 가마니에 넣어 쓰레기 반출 때 버렸으며, 경우에 따라서는 토막 낸 후 화장실에 버리기도 하였다. 이를 발견하면 모두 송정리 **포로묘지**에 매장하였다. 휴전 후 포로 교환을 통해 이 유골들은 북송되었다. 하지만 당시에는 이 과정의 사망자들은 도망병으로 처리하여 수용소 내에서 발생한 사건들을 위장시켰다.

(16) 폭동

66수용소는 **인민군 장교급 이상**이 수용된 곳으로, 고현 들판에 위치하였다. 여기에는 친공포로의 최고 지휘본부격이 있었으며, 1951년 3월 20일 밤 10시에 인민군 간부들은 비밀통로를 통하여 지하실에 모였다. **여단장 이학구**의 지휘 아래 평양에서 온 간첩 오영자가 술집 접대부를 가장하고 쓰레기통에 숨어 잠입한 후, **김일성의 비밀지령문**을 전달하였다.

이 지령은 포로간부가 작업장에 나갈 때 다른 수용소 포로와 자리바꿈을 하는 방법으로 여러 수용소로 전파되었다. 비밀리에 모의 된 폭동은 1951년 3월 21일 오후부터 77수용소에서 인민군기가 게양되는 것으로 시작되었다.

당시의 김일성의 지령문에는 다음과 같은 내용이 있었다.

- 밤마다 인민군가를 부르고 군사훈련을 실시할 것
- 유엔군이 지급한 포로복을 인민군복으로 갈아입고, 무기를 제작하고, 인민군 조직을 강화할 것
- 수용소 감찰대를 강화할 것
- 수용소마다 붉은 깃발을 게양하고 완전 공산지대로 만들며, 이에 불응하는 자는 처단할 것
- 포로 폭동을 일으켜 세계여론을 유엔군에게 불리하도록 할 것

또, 판문점회담 공산군측 수석대표인 **남일의 지령**도 전달되었는데, 이는 1951년 9

월 15일 64야전병원 환자로 입원했던 포로가 83수용소에 전달한 것으로 발바닥 밑에 숨겨 들여왔다. 지령은 포로인 이학구에게 보낸 것으로 다음과 같은 내용이다.

- 포로수용소에서 전선과 같이 싸우라
- 반공포로를 처단하라
- 9월 17일 새벽 2시를 기해 폭동을 일으켜 거제도를 장악하라

하지만 이 지령은 83수용소 감찰대장에 의해 발견되었고, 경비대는 반공포로들이 장악하고 있는 수용소에서 대비하도록 지시했다.

미군 경비대는 병력증강을 요청하여 헌병 3개 대와 장갑차 3개 중대를 준비하여 경비에 임했다. 결국 경비들과 탈출을 시도하려는 친공포로들 사이에 접전이 일어났고, 수백 명이 사망하고 많은 부상자가 발생하는 폭동은 끝내 진압되었다.

1951년 6월 9일부터 16일까지 친공포로 수용소에서 죽은 반공포로는 **500명**이나 되었다. 이에 친공포로 간부들을 체포하여 국제재판에 회부했지만 제네바 협정 때문에 처형할 수 없어 분리 수용하는 것으로 매듭지었다. 이와는 달리, 반공포로들의 투쟁도 발생하여 양측은 심각한 갈등에 처했다.

또, 장기간의 억류와 장래에 대한 불확실성 및 유엔군에 의한 정훈교육에 대한 공산포로들의 반발도 있었으며, 반공과 친공포로간에 파벌경쟁이 심하여 서로 간에 폭행이나 난폭한 행동이 나타나기도 하였다.

특히, 심한 상황은 포로교환을 위해 인민군 포로 37,000명을 1차 선발하는 과정에서 발생하였다. 공산포로들은 송환을 거부하기도 하였으며, 훈련된 공산주의자를 재분류하는 과정에서 강제로 분류되는 것에 항의해 큰 폭동으로 이어졌다. 인민군 포로들은 곡괭이 자루, 칼, 도끼 및 천막지주 등으로 무장하였고, 경비군은 수류탄으로 포로의 돌격을 저지하기도 하였다. 하지만 수적으로 밀린 경비들은 사격을 개시하였다.

(17) 기타

1) 기지사령부

포로수용소 기지사령부는 **장평**에 첫 임시 사무실을 설치하였다가, 서문 **선창** 높은 지대의 밭에 철조망을 치고 군용 텐트로 임시 막사를 만들었다. 이후, 고현 성벽을 뜯어 돌담으로 사용하였으며, 연병장과 화단을 만들고 부둣가의 전답에는 장교 막사를 지었다.

부두와 연결된 토지에는 사령관실 막사를 붉은 벽돌로 짓고 함석판으로 지붕을 만들었다. 사령관실 앞에는 경비 초소를 두었고 미군 헌병이 지켰으며, 유엔기와 미군기가 게양되었다. 현재는 기지사령부가 있던 곳은 주택지가 되었으며 고현 서문의 선창에 접해 있던 바다는 매립되어 아파트와 상가가 들어섰다.

고현만은 해수면이 얕아 큰 배의 정박은 불가능했다. **부두**는 일반선박의 출입이 통제되었다.

2) 미 제64야전병원

포로들의 건강관리를 위하여 **주작골** 입구에 미 제64야전병원을 두었다. 이곳에는 병상침대가 3,000개 준비되었고, 2개의 별관이 있어 각각 2,500개의 병상침대가 있었다. 별관 부속병원은 요양소였다.

야전병원에는 대부분 미군 군의관이 있었으며, 한국군 군의관과 간호사들이 있었지만 부족하여 포로 가운데 의사 출신과 경험이 있는 사람을 간호사로 채용하기도 하였다. 이곳은 포로들의 접속 장소로 이용되기도 하였다.

3) 기타

이외에도 **한국군 경비대대**가 고현 금곡마을 앞에 있었으며, 공보관실과 **극장**이 있었다. 이 건물들은 모두 함석으로 지어졌다. 더불어 **댄스홀**이 만들어졌으며, **목욕탕**도 건축되었다. 그리고 PX(**미군 상점**)가 생겨 여러 물건들이 들어왔다. 또, **이동용 발전소**가 고현지구와 저산지구에 각각 설치되어 포로수용소와 그 주위 경비병 막사까지 전기를 공급하였다.

포로들은 제네바협정에 의하여 비교적 대우를 잘 받은 편으로, 피복이 남아서 다른 물건들과 바꾸어 사용하기도 했다. 심지어 옷을 팔아서 미국의 달러를 확보하여 내부 투쟁과 통신에 필요한 물건들을 몰래 구입하고 노동당 자금으로도 보내기도 하였다. 이에 반해 한국군은 보급품이 모자라고 군량이 부족하여 헐벗고 굶주리며 생활했다. 오히려 포로들로부터 옷이나 통조림을 제공받기도 하였다.

포로수용소의 설치는 거제도에 **커피**와 **설탕**, **비누**를 비롯한 **생활용품**이 전파되는 계기가 되었다.

계룡산 정상에는 **통신대**가 있어 군사 작전용 통신을 담당하였으며, 현재도 그 잔해가 가장 많이 남아 있는 편이고, **관광용 모노레일** 상부 쪽 휴게소 인근이 이에 해당한다.

장평 **비행장**은 길이가 830 m, 폭 50 m로 경비행기가 이착륙하였다.

8-5 장승포 산사태

1959년 9월 17일 장승포를 비롯한 경남일대는 **사라호** 태풍에 큰 피해를 입었다. 이어 1963년 5월~8월까지 거제도 일원에는 4개월간 연속적으로 **호우**가 있었다. 그러는 사이 6월 20일 **샤리호** 태풍이 있었고, 거제에는 폭우가 쏟아졌다. 이해는 봄부터 가뭄이 계속되어 농작물 피해와 식수에 어려움을 겪고 있었기에, 초기의 비는 단비로 여겨졌다.

하지만 6월의 폭우 속에 태풍 사라호가 이어진 것이다. 이로 인해, 1963년 6월 25일 오전 8시 30분경, 장승포 3구 마을뒷산 약 70 m 중턱이 무너졌다. 사고 전날부터 하루 500 mm이상의 비가 왔다. 이 산사태는 도로를 거쳐 마을로 덮쳤다. 이 사고로 주택 6동 9세대가 완전 매몰되었으며 **주민 61명과 경찰관 9명**이 목숨을 잃었다. 매몰 현장에서는 인명을 구출하기 위한 공무원과 주민의 노력이 있었지만 쏟아져 내린 토사로 인명 피해가 늘었다.

이 사고는 6월 24일, 장승포 뒷산이 균열이 가는 것으로 시작되었다. 이를 발견한 인근 주민들은 대피하였지만, 이후 특별한 조짐이 없어 25일 아침에 비가 소강상태를 보이자, 대피해 있던 주민들도 이 틈을 이용해 집에 돌아와 아침 식사를 하므로 피해가 커졌다.

참사 후, **긴급대책위원회**[759]가 구성되었고 거제중학교와 거제고등학교에 대책본부를 설치하였다. 그리고 유가족 구호와 매몰된 주민의 발굴 작업에 착수하였다. 자발적으로 참여한 연 1천여 명의 인근 주민, 공무원, 학생들은 삽과 괭이로 진흙더미를 파헤쳤으며, 곧 해군통제부(진해)에서 중장비의 지원을 받아 발굴작업을 계속하였다. 그러나 단 한 사람도 구하지 못했다.

759) 위원장 군수

1963년 7월 20일, 합동위령제를 통해 이들에 대한 장례가 치러졌으며, 구호곡을 통해 복구사업에 참여한 노임이 지급되었다. 노임으로 1일 1인당 쌀 또는 보리쌀 등이 3되 4홉씩 지급되었다. 지금은 해당 위치에 **위령비**가 세워져 있다.

8-6 조선소

현재 거제의 주된 산업은 조선산업이다. 물론 해양관광산업과 1차산업인 어업을 중시하여 농업, 임업, 수산업, 축협 등도 발전되어 있으나, 조선산업이 거제도에 끼친 영향은 지대하다.

1970년대까지만 하여도 거제지역의 경제발전은 1차산업이나 2차산업 중 건설계통이 전부였다. 이 무렵 대우조선과 삼성조선의 양대 조선소의 설립은 거제도에서는 과히 산업혁명에 해당하고, 지역발전에 결정적 역할을 하였다. 이러한 발전과 더불어 문화, 경제, 산업, 인구동태 및 교육 등에 많은 변화가 나타났으며 시민은 급증하였고, 고도화된 지역경제는 한때 거제시를 도시경쟁력 부문에서 전국 최상위로 끌어 올렸다.

양대 조선소가 들어오기 전까지 거제의 인구는 10만 명 정도였다. 그러던 것이 2001년 18만 명에서 증가하여 2016년에는 26만 명에 이르렀다. 특히, 외국인의 비중도 증가하여 최대 약 2만 명에 육박하였다. 이에 거제시는 가까운 미래에 인구 30만 명 이상을 계획하는 도시발전계획을 수립하기도 하였다.

그러나 조선소 발전의 뒷면에는 노동자의 권익을 위한 투쟁과 회사측의 입장차로 인한 갈등이 발생하기도 하였고, 2020년 연말부터 전 세계를 휩쓴 COVID-19의 확산으로 인한 조선업 경기침체 등으로 2022년 4월에는 시민이 239,212명으로 감소하였고, 외국인도 5,223명으로 줄었다.

8-6-1 대우조선해양(주)

1963년부터 추진된 경제개발계획에 의해 우리나라의 근대화 산업은 의미 있게 추진되었다. 1973년부터 시작된 제3차 경제개발5개년계획에서는 중화학공업화를 표방하고 기계, 자동차, 조선, 화학부문을 중점적으로 육성하기로 하였다.

이 같은 정부의 중화학공업 육성정책에 따라 1973년 5월, 초대형 조선소인 **옥포조선소**의 건설계획이 확정되었다. 1973년 10월 11일 **대한조선공사**에서 기공식을 가졌으며,

사업비 1,030억원을 투입, 100만평의 부지 위에 100만 DWT(재화중량톤수)급 도크 1기, 15만DWT급 선대 1기, 50만DWT급 수리도크 1기를 착공하였다.

하지만, 착공직후인 1973년 말 발생한 **오일쇼크**는 세계경제를 침체시켰고, 높은 인플레이션이 나타났다. 사업주체인 대한조선공사는 옥포조선소 건설의 기술용역을 맡은 영국과 협의하여, 신조선과 수리조선 중심의 옥포조선소의 계획을 현재와 같은 신조선 및 해양산업플랜트를 복합 생산할 수 있는 다목적 조선소로 변경하였다. 이 같은 사업 변경 등으로 소요자금은 1,500억원으로 증가하였으며, 세계경기 침체에 따른 조선경기의 급격히 감소에 대형 조선소건설의 필요성과 경제성 논란이 발생하기도 하였으며, 1976년부터 사업성, 건설자금 조달 어려움 등으로 건설공정 30%상태에서 중단되기도 하였다.

옥포조선소 건설공사가 중단되자 정부와 대한조선공사는 옥포조선소 전체의 사업성 재검토 하는 한편, 건설공사의 재개여부도 검토하였다. 그러나 향후 조선경기 회복 시 국제경쟁력이 충분할 것으로 판단하고, 정부는 옥포조선소 사업주체를 자금조달 능력과 경영능력이 뛰어난 업체로 변경하여 조선소건설을 재개하는 것으로 결정하였다. 이 과정에서 **대우그룹**이 선택되었다.

대우그룹의 **김우중회장**은 당시 어려운 여건과 조선불황에 따른 사업의 불확실에도 불구하고, 정부의 중화학공업 육성정책에 적극 호응하며 선박 등을 비롯한 중공업제품 수출의 강화를 위해 과감한 결단력을 보였다.

이로부터 **대우조선해양**이 탄생하였다. 이후, 대우조선해양은 5만 명 이상의 고용창출 효과를 보이며 국민경제 발전에 크게 기여하였다. 그리고 오늘날, 거제신화를 일구어냈다.

8-6-2 삼성중공업 거제조선소

1974년 3월 15일 **고려조선**은 거제 신현읍 장평리지구에 조선소를 설립하였다. 대우조선소의 설립과 비슷한 시기다. 1977년 4월 **삼성조선주식회사**로 설립되었으며, 1979년 9월부터 선박건조를 시작하였다. 조선소의 부지는 100만평에 이른다.

삼성중공업 거제조선소의 생산품목은 철강교량, 건물철골, 해양석유가스, 생산설비 등을 포함하여, 해상플랜트, LNG선, 부유식 원유생산, 저장운반선, 셔틀탱커 등의 해양 개발관련 특수선 개발기술력을 보유하고 있다.

[거제죽도조선소 기공식-1974.12.1]

8-7 토목사업

8-7-1 다나까 농장

장승포에 정착한 일본인들은 근해 바다는 물론 오지에까지 땅을 개척하며 조선의 재산적 잠식을 단행하였다. 그중에서 **야마구찌**는 당시 이운면 수월리(수양동과 연초면 경계 부분)에 간척을 통한 매립을 하였으며, 여러 포구마다 소규모 매립사업을 시작하였다. 그곳에는 주로 어장막을 건립하였으며, 건조장을 설치하는 등 자신들에게 필요한 토지를 만들며 일본식의 문화를 만들어 갔다.

특히, 수월 바다 쪽은 야마구찌가 시작한 것을 다나까에 의해 완공되어 이를 **다나까 농장**이라고 지금도 부른다. 현재는 대단위 아파트가 들어섰고 일대는 농지로 활용되고 있다.

[다나까 농장 일원]

8-7-2 하둔 간척지

둔덕면 방답마을 해안에는 갑각류를 비롯하여 많은 해산물이 서식했다. 이곳에 일본인들은 1930년부터 1934년까지 매립하여 약 100 ha(1 ㎢, 1,000,000 ㎡)를 간척하였다.

이 사업은 일본인 2인[760]이 하둔의 맞바구미 등마루를 파고, 하둔천을 건너는 철교를 가설하며, 흙과 돌로 방조제[761]를 쌓기 시작했다.

이 **간척지**는 논 30 ha, 염전 30 ha, 저수지 5 ha, 유지못 10 ha와, 방조제 상하 2중으로 축조하여 거제에서 제일 큰 간척지가 되었다. 염전은 1975년경까지 운영되었다.

간척지는 호수나 바닷가에 제방을 만들고 그 안에 있는 물을 빼내어 육지화하는 것으로, 농토나 산업부지 확장을 위해 주로 사용된다. 한반도의 경우, 3면이 바다인 관계로 간척지 대상은 많은 편이며, 서해안과 남해안에는 해안선이 복잡하고 섬들이 많아 **간석지**[762]가 발달되어 있어 간척할 수 있는 곳이 많다. 한편, 간척으로 인해 갯벌이 사라지고 환경적 변화가 나타나므로 반대하는 목소리가 높다.

---

760) 서택효삼랑(西澤孝三郞), 고하녹일(古賀鹿一)

761) 방조제(防潮堤) : 조수(潮水)의 피해를 막기 위한 제방. 해면간척지에서는 바다로부터 농지를 보호하기 위하여 방조제를 쌓는데, 간척 전공사비의 50~70%를 차지하며 간척지의 생명선이 된다.

762) 간석지(干潟地) : 강을 타고 운반된 미립 물질이 해안에 퇴적되어 생기는 개펄구역

8-7-3 오수·산촌 습지

거제면과 동부면의 경계에 있는 오수마을과 산촌마을에는, 1970년대 이후 마을주민들의 부역 등을 통해 매립을 시도하였다. 그러나 이 사업은 중도에 그치게 되어 부분적으로는 농지로 사용되고, 바다 쪽 구역은 간석지가 되어 방치되어있었다.

2000년 무렵 거제시는 이곳의 습지를 매립하여 일괄 농지로 바꾸려 하였다. 그러나 환경관련 단체를 포함한 여러 시민단체에서는 전체 영역에 대한 보존을 주장하였다. 이에 UN AGENDA 21 거제시 늘푸른거제21 시민위원회(지속가능발전협의회)는 여러 의견을 듣고 현장을 분석한 후, 농지로 개발된 구역은 농지로 전환하여 주민에게 돌려주고, 나머지 습지구역은 보존하자는 의견을 제시하였으며 이에 모두가 동의하여 수용하였다.

현재는 전체 44.1 ha 중, 농지 28.3 ha와 습지 14.5 ha 및 방조제와 수로 0.98 ha로 남아 있다. 습지구역엔 생태계가 복원되어 재두루미, 노랑부리저어새, 흰꼬리수리, 독수리 등이 찾아오는 곳으로 거제도의 새로운 환경적 자원이 되었고, 농지는 인근 주민의 소유가 되었다.[763]

8-7-4 댐건설

섬 지역의 단점은 물의 부족이다. 그러나 거제도는 비교적 수자원이 풍부하여 큰 가뭄이 아니면 어려움이 없었다. 오히려 1974년부터 둔덕면 하둔리 하천을 굴착해 지하수를 양수하여 통영의 식수로 제공하기도 하였다. 그러나 1970년대에 대우조선과 삼성조선이 들어오면서 증가한 주민식수와 공업용수를 위하여 **이목댐**(연초댐)과 **구천댐**을 건설하였다.

(1) 이목댐

이목댐은 대금산과 강망산이 남으로 내려와서 작은 분지를 이룬 곳에 있다. 이곳은 토지가 비옥하여 오래전부터 농경마을이 자리 잡았고, 사람의 정착이 빨랐던 곳이다. 하지만 이러한 부농마을은 약탈의 근거지가 되어 임진왜란 이후엔 주민들은 다른 곳으로 이주하는 사정도 발생했다. 1680년 4월 이목리[764]로 개칭되었다.

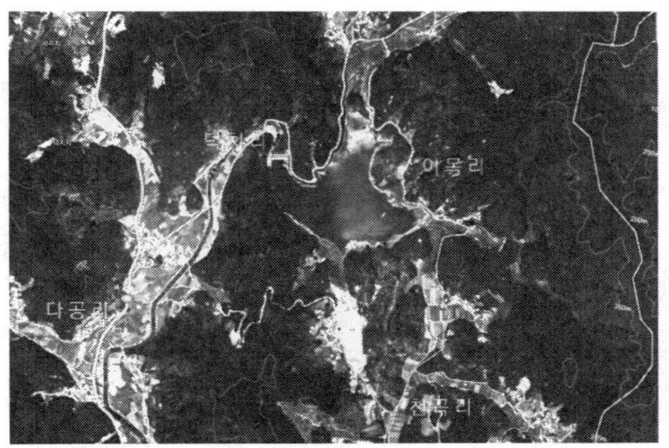

763) 이 건은 협치의 사례가 되었다.
764) 이목리(梨木里)

이목댐은 1970년 국가시책으로 거제도에 두 개의 국가산단이 조성된 후, 1977년 이목리 일대를 산업기지개발공사 거제공업용수지구로 정하여, 1977년부터 1979년 사이에 연초천 수계의 물을 얻기 위한 사업으로 건설되었다.

이 댐은 석괴댐(rock fill dam)으로, 높이 25 m, 길이 12, 유역 면적 11.7 ㎢, 홍수위 49.6 m, 만수위 48 m, 저수위 36.3 m고, 저수 총량 496만 ㎥며, 유효량 459만 ㎥, 용수 공급 600만 ㎥, 1일 배수량 1만 6천 톤이다.

이로 인해 87호 중 74호가 수양동 해명마을로 집단 이주하였고, 13호는 저수지 윗 쪽에 남았다.

공업용수와 인근 지역 주민의 생활용수를 위하여 축조되어, 원수를 정수 처리하는 시설도 두고 있지만, 지금은 공업용수로만 사용한다.

(2) 구천댐

구천댐은 1984년부터 1987년까지, 동부면 산양천과 구천천의 수계를 이용해 건설된 석괴댐(rockfill dam)이다. 높이 50 m, 길이 234 m, 유역 면적 12.7 ㎢, 홍수위 94.5 m, 만수위 93 m, 저수위 58 m고, 저수 총량 967만 ㎥, 유효량 925만 ㎥, 용수 공급은 700만 ㎥, 1일 배수량은 2만 톤 정도다.

이 댐은 거제산업기지개발 구역 내의 조선소 확장 계획에 따라 소요되는 공업용수와, 인근 지역 주민의 생활용수를 공급한다.

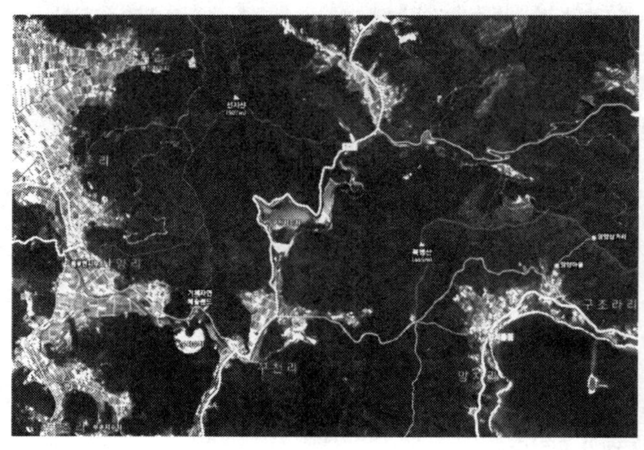

8-8 거제시의 등장

1989년 장승포지역이 시로 승격되었다. 이는 거제 발전의 큰 축이 되었으며, 향후 거제도 발전에 많은 부분을 기여했다.

장승포는 원래 자연 지명이었다. 이후 행정지명으로 사용되었으며, 1914년에는 종전의 거제군과 용남군이 통합되어 신설된 통영군의 **이운면**[765]이 되었고, 아양리에 면사무소가 있었다. 1935년 이운면이 **장승포읍**으로 승격되고 읍사무소가 장승포리로 이전되었다. 1953년에는 거제군이 부활하여 거제군에 속하게 되었으며, 1987년에 장승포읍 옥포출장소가 설치되었고, 1989년 장승포읍이 **장승포시**로 승격되었다.

1994년 말 장승포시의 면적은 30.11 ㎢, 인구는 5만 767명, 6개 동이 있었으며, 시청 소재지는 장승포동 구 거제고등학교 자리에 있었다. 그리고 1995년 1월 1일 행정구역 개편에 따라 장승포시와 거제군이 통합되어 오늘의 **거제시**가 되었다.

거제시가 탄생하기까지에는 많은 갈등도 있었다. 장승포시에서 옥포대승첩을 기리기 위한 **옥포대첩기념행사**를 5월 7일 문화행사로 거행하자, 거제군에서는 삼한시대 독로국의 이름을 이용하여, 10월 1일 **독로문화행사**를 개최하기도 하였다. 이 같은 지역 간의 갈등 속에 **지방자치법**이 개정되었다.

장승포는 시가 된지 5년 동안 어려운 여건 속에서도 도시발전을 위해 노력해 왔고 시민의 긍지와 자부심이 높았으며, 시군 통합에 반대하였다. 나아가, 시군 통합의 전제로 통합시 명칭과 시청소재지를 장승포에 두어야 한다는 여론이 높였다.

그러나 법령 제정 시, **통합시의 명칭**을 거제시로 하였기에 변경은 어려웠다. 이와 달리 **시청사 위치**문제는, 당시에 진행되었던 90여 개의 시군 통합에서 보이듯이 군이 시로 편입되는 상황에서 장승포에 둘 것이 당연시 되었다. 1994년 5월 10일, 제28회 장승포시 의회의 임시회에서 시군 통합 찬반투표가 실시되어, 총 투표수 7표 중 반대 5표, 찬성 2표로 통합반대가 공식화되었다. 하지만, 1995년 **1월** 1일 행정구역 개편에 따라 **거제시**로 변경되었다.

통합된 거제시 의회에서는 새로운 의장단이 선출된 후, 1995년 1월 13일 시청소재지 결정을 위한 표결결과는 시청사소재지를 당시, **신현읍 고현리** 717번지로 하는 것으로 결정하였다.[766]

---

765) 이운면(二運面)
766) 장승포의원 7명 퇴장, 찬성 11표

8-9 조선산업

우리나라의 조선산업은 여러 지표측면에서 세계 1위를 10여년 이상 차지하였다. 우리의무역수지에 지대한 역할을 세우오고 있던 조선산업은 2015년부터 어려움에 처했다. 20여개의 중소형 조선소는 말할 것도 없고, 빅3(**현대, 대우, 삼성**)마저 경영적자에 어려움을 보이고 있으며, 3만5천 명 이상의 근로자가 **명예퇴직**을 하였다. 이에 거제지역경제는 어려움에 처했고, 지역의 상권과 주택 등 부동산 시장은 한순간에 얼어버렸다.

세계 조선산업은 우리 이전에 10년 동안 일본이 1위를 고수한 산업이다. 이를 앞질러 세계1위 자리를 차지한 우리나라의 조선업은 컨테이너선, LNG선 등 고부가가치 선박에 주력하면서 2007년까지 10년간 최대의 활황기를 누렸으며, 이 기간 저임금 하청노동자 중심의 생산 시스템을 구축해 추가 이윤을 극대화하였다.

조선업은 노동집약산업, 수주산업, 거대한 건조시설, 장기간 생산 등 여러 측면에서 한 국가의 주요한 산업적 특징을 지닌다.

2008년 기준 조선업 종사 노동자 15만 명 중 협력업체의 하청인력 8만6천여 명(2000년 대비 2배 증가)으로 과반을 넘어섰다. 조선업 붐이 일자 중소형 조선소가 급증하고 해외 진출(현대중공업 : 베트남, 대우조선해양 : 중국, 삼성중공업 : 중국, 한진중공업 : 필리핀)에도 집착했다.

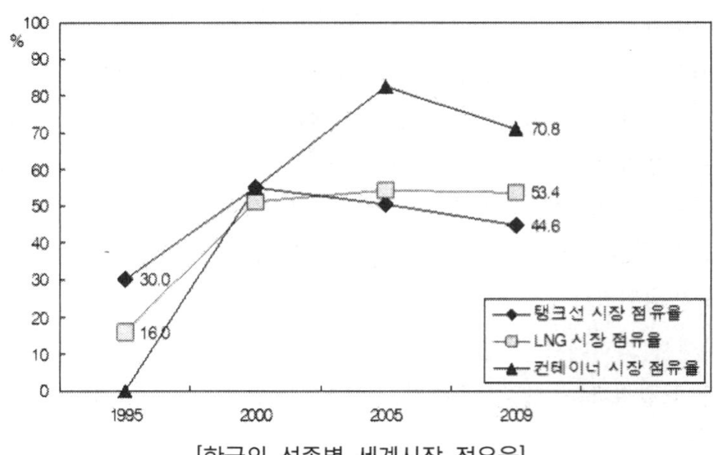

[한국의 선종별 세계시장 점유율]

그러나 2008년 **미국발 금융위기**[767]가 순식간에 세계경제를 냉각시켰다. 이렇게 실물경제가 위축되자 곧바로 해상물동량이 급격하게 줄었으며, 선박을 사고파는 해운시장에선 거래가 사라졌다. 미국의 경제파국은 **유럽권의 경제침체**로 이어졌고, 이어 중국을 비롯한 **중국경제권 국가**들은 시장을 잃게 되었다.

이후, 세계 조선시장은 수주 취소와 인도지연 사태가 줄을 이었으며, 선박의 선가와 운임료는 끝없이 추락하며 파국을 맞았다. 2010년과 2013년 일시적으로 반등을 이루기도 하였으나 세계 조선시장은 장기 침체에 접어들었다. 세계경제는 **트리플 딥**[768]에 빠진 것이다.

2008년부터는 신조선 수주도 급감했다. 그 동안은 그간의 남은 수주로 버텼지만, 2014년에 들어 그것도 바닥에 이르자 일제히 경영적자로 돌아섰다. 국내 조선3사(BIG3 : 현대, 삼성, 대우)의 영업 손실은 총 10조9천억 원(현대 : 4조7천억원, 삼성 : 1조5천억원, 대우 : 4조4천억원)에 이르고, 공급 과잉이던 중소형 조선소는 더 상황이 심각하여, 구조조정 7곳(자율협약 3곳, 법정관리 4곳), 폐업 11곳으로 진행되었다.

그러나 문제는 여기에 그치지 않았다. 불황의 탈출구를 찾던 조선3사가 2010년 일제히 해양산업에 뛰어들었으며, 이는 막대한 손실로 이어졌으며, 공적자금의 투입으로 진행되었다.

해양플랜트란 해양자원(석유, 가스)을 시추하는데 필요한 장비를 건조하는 산업으로, 당연히 유가에 민감할 수밖에 없다. 이런 사정에 해양플랜트를 수주하기 위해 치열한 영

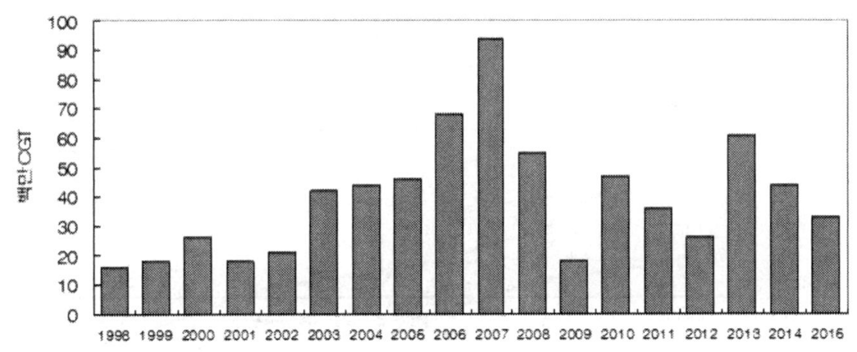

[전 세계 신조선 수주량 추이]

767) 리먼 브라더스, 모기지론
768) 트리플딥(triple-dip) : 경기가 일시적으로 회복되었다가 다시 침체되는 현상이 반복해서 일어나는 일

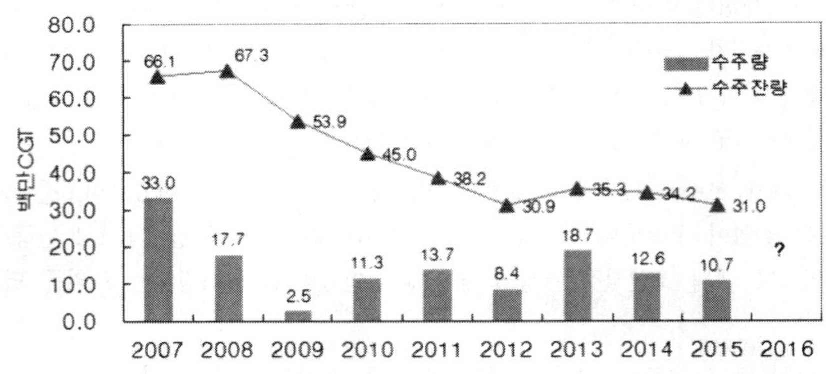

[국내 신조선 수주 및 수주잔량]

업활동을 단행하였고, 기술력과 건조경험을 확보하지 못한 가운데 수주하므로 수주를 받고도 손실이 발생하는 등 악순환은 심해져 갔다. 해양플랜트 수주잔고는 3사 평균 20조원을 상회하였다. 이런 사정에 미국이 **셰일가스** 개발에 성공하자 석유 생산국들 간에 유가전쟁, 속칭 '**치킨게임**'으로 유가가 폭락했다.

유가가 해양플랜트산업의 손익분기점인 배럴당 60달러 미만으로 거래되자, 심해 석유는 뽑아낼수록 손해를 보는 상황이 발생하였다. 이로 인해 7천억 원에 달하는 드릴쉽(석유 시추선) 계약이 취소되고, 생산이 중단되는 사태가 발생했으며, 기자재 산업이 충분히 구축되지 못한 시점에 경험과 역량이 부족한 상태에서 무턱대고 해양플랜트 시장에 뛰어들어 참극을 맞은 것이다.

조선3사의 2014년 대규모 적자는 대부분 해양플랜트 부문에서 발생하였다.

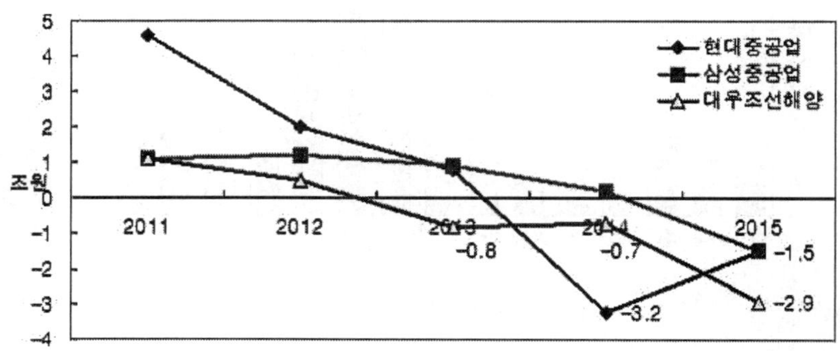

[조선 BIG 3의 영업이익 추이]

	구분	선주	척수	금액	취소시점
대우조선해양	드릴십	미주지역	1	6억 달러	2015년 7월
	원유생산설비	덴마크 동 에너지	1	2억 달러	2016년 3월
현대중공업	드릴십	노르웨이 시드릴	1	5억7000만 달러	2015년 9월
	드릴십	노르웨이 프레드올센	1	6억2000만 달러	2015년 10월
삼성중공업	드릴십	미국 PDC	1	5억 달러	2015년 10월
	원유생산설비	노르웨이 셸	3	47억 달러	취소 통보

*자료: 각 사

[조선 BIG 3의 계약해지 사례]

2014년부터 해양플랜트 발주가 급감하고, 조선3사의 경영부실이 가시화되면서 **인력감축**이 시작됐다. 조선3사는 정규직 감원에 착수하여, 2015년 현대는 1,500명, 대우는 200명의 관리직을 감원하였고, 2016년에는 현대가 무려 3천 명에 이르는 사무관리직(비조합원)을 대상으로 희망퇴직을 접수받았다. 그리고 대우는 2천여 명 감원을 추진하였다.

그러나 더 심각한 것은 **사내하청 노동자**의 대규모 감원 사태다. 2014년 말부터 최근까지 현대에서는 8,530명, 대우에서는 6,000명의 사내하청 노동자가 일자리를 잃었다. 특히, 대우의 해양플랜트 사업이 마무리되는 시점에선 1만 명에 이르는 사내하청 일자리가 사라졌다. 조선산업 경영 실패의 결과가 고스란히 노동자들에게 전가되었다.

이런 사정이 지속되자, 그동안 발전과 부흥으로 치달던 거제시는 조선 BIG 3 중, 2개사가 있는 관계로 지역경제에 치명적인 타격이 발생했다.

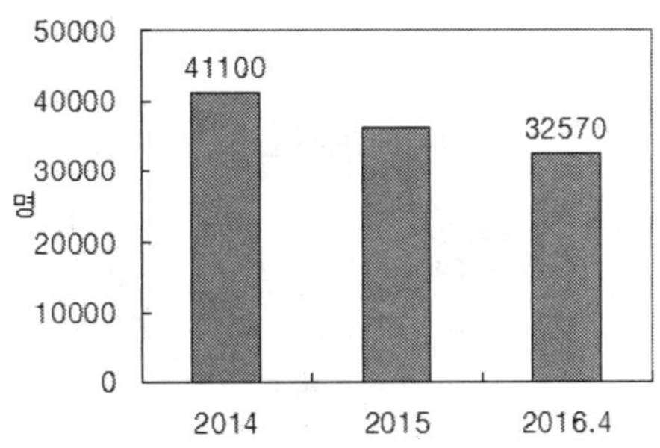

[현재중공업 사내하청 노동자 수]

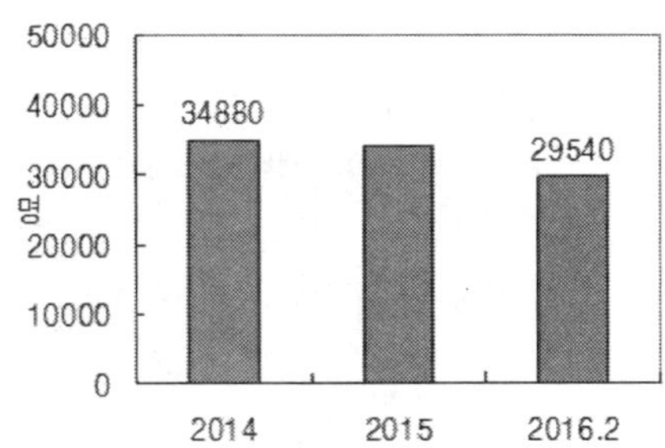

[대우조선 사내협력사 노동자수]

이와 같은 어려움에도 불구하고, 조선산업은 사양산업이 아니다. **조선산업**은 종합적인 산업으로 부가적 기자재산업도 동반하여 성장할 수 있다. 따라서 조선산업을 지금의 위기만 인식하여 포기해서는 안 되며, 기술력에서 최고의 수준을 이미 확보하고 있는 우리로서는 중심산업으로 지속 발전시켜야 한다. 우리의 기술수준은 일본을 능가하고 있으며, 인건비도 중국과 비교하여 큰 차이를 보이지 않는다.

한국, 중국, 일본의 주력 **건조선박**은 다르다. 노동자들의 숙련도나 고부가가치 선박건조 기술과 경험에서 우리가 우위를 점하고 있다.

일본은 우리보다 먼저, 1980년대 말 조선산업을 사양산업으로 규정했다. 대형도크 철수와 숙련인력 퇴출작업이 이어졌으며, 대형 중공업들은 항공, 철도 등으로 주력 분야를 변경했다. 그 결과 일본 조선산업은 지역을 기반으로 한 중형조선소 중심으로 재편됐으며, 70년대 중반 16만여 명에 달했던 일본 조선인력은 2010년 5만여 명으로 급감했다. 지금 일본의 조선산업은 다시 부활을 노력하지만 인력과 기술측면에서 어려움을 겪고 있다.

따라서 우리의 조선산업이 위기를 겪고 있는 지금, 미래를 준비해야 한다. 조선시장은 개선될 것이다. 이는 조선산업의 주기성과, 노후 선박교체, 환경성 규제강화 등 많은 호재를 앞두고 있다. 지금의 어려움을 통해 산업구조 개편과 생산성향상에 노력을 기울이고, 다가올 미래 조선산업을 위한 기술력을 축적해야한다.

조선산업은 미래다. 조선산업은 후판의 절단과 용접으로 시작하는 특징을 지니고 있으며, 이는 미래의 우주산업에서도 유용한 기술이고 기능이기 때문이다.

한편, 지역의 조선산업은 2016년부터 세계경기의 위축에 따라 큰 영향을 받았고, 이어 2020년부터의 세계적으로 큰 변화를 야기한 코로나(COVID-19) 시국은 보다 더 큰 위기로 작용하고 있다. 하지만 2022년 상반기부터 조선산업의 수주 상황이 나아지고 있으며 수주선가가 증가하고 있는 등 조선산업의 환경은 서서히 개선되고 있다[769].

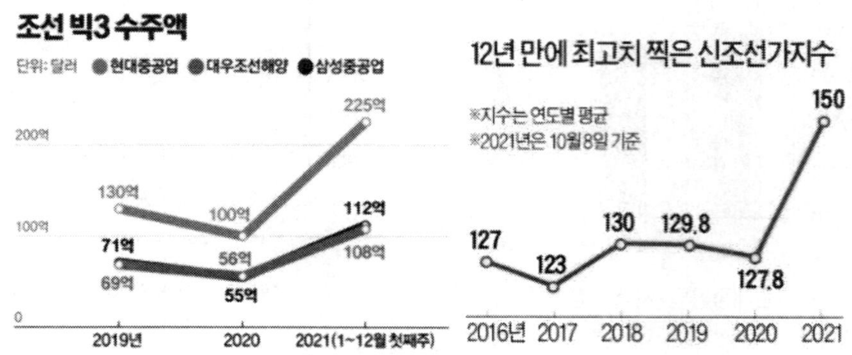

769) 2022년 해당 조선소 자료 및 클라슨 리서치

이와 같이 조선업이 불황기를 겪으면서 처우가 나빠지자 조선해양공학을 전공한 학생들이 조선업계 취업을 꺼려 설계·연구 등 고급 전문인력도 급속히 감소한 것으로 나타났다. 대학에서 조선해양공학을 전공한 뒤 전공 분야인 조선업계에 취업한 사람은 2021년 졸업생(2, 8월 합계) 930명 중 202명에 그쳤으며, 학업을 마친 사람의 22%만 전공분야에 취업하는 현상으로 이어졌다. 이는 2014년 58%에 비하면 36% 줄어든 수치다. 또한 2020년의 26% 비해서도 4%P가 줄었다. 석·박사 과정을 마친 사람 중에서도 103명 중 57명(55%)에 그쳤다. 관련 조사에서는 20개 대학의 조선전공을 기준으로 2017년 대학의 지원자가 없어 관련학과 신입생 모집을 중단하기도 했다.

특히 이 분야의 취업자가 줄면서 조선소의 설계 및 연구 인력수는 2016년 3,917명에서 2021년 1,043명으로 4분의 1 수준이 됐다.

조선업계 인력난은 생산현장의 기능인력 부문에서도 나타나고 있다. 하지만 코로나 시국이 최근 안정세를 보이면서 수주물량 증가로 올해 9월쯤에는 용접 분야 4,200명을 포함해 기능인력 9,500명 정도가 부족할 것으로 예상하고 있다. 이에 우리의 정부는 2022년 5월 거제(대우조선, 삼성중공업)와 울산(현대미포), 영암(현대삼호) 등 주요 조선업종 근거지를 **뿌리산업 특화단지**로 지정하고, VR 용접 도장 교육 장비 등을 지원하겠다고 밝히기도 하며 다양한 정책을 펼치고 있다.

조선업계의 인력난은 장기 불황에 따른 구조조정과 이로 인한 조선산업에 대한 부정적 이미지 등이 누적된 결과다. 조선업계 구조조정 당시 설계연구 역량을 갖춘 엔지니어들은 육상 플랜트 등 다른 산업 분야로 대거 이동했는데, 전직한 분야에서 이들에 대한 평가와 근무여건이 좋아 조선업계로 돌아오기를 꺼리고 있다.

조선업계에서는 수주 회복으로 조선업 경기가 살아나는 현 시점부터 불황기에도 전문인력이 유지될 수 있도록 대비가 필요하다는 지적을 하고 있다. 이를 위해 조선업 관련 학과에 우수 신입생이 지속적으로 유입될 수 있는 토대를 마련하고, 이런 인재들이 현장 수요에 기반한 고급 교육을 받고 실습할 수 있도록 민관이 협력해야 한다.

8-10 해양관광산업의 도래

거제는 2015년까지 조선산업의 발전으로 도시의 위상이 높아졌으며, 지역경제도 고도로 발전하였다. 그러나 세계적인 불황의 여파로 조선산업이 어려움에 빠져 인구가 매월 수백 명씩 감소하는 추세를 보였고 지역경제도 위기에 처했다. 이러한 상황에서 그동안 잠복되었던 **해양관광산업**에 대한 여론이 높아졌고, 급기야 시민들은 능동적으로 관광산업 활성화에 나섰다.

거제는 연평균 700만 명 이상의 방문객을 보이고 있는 천혜의 관광지다. 대표적인 관광지는 포로수용소, 외도, 지심도, 해금강, 공곶이, 바람의언덕, 학동흑진주몽돌해변 등과, 다양한 축제 그리고 역사적 유적·유물 등이다. 그러나 이를 보다 체계적이고 능동적이며 미래 관광으로 제시하려는 움직임은, 시대적 당면 문제와 기대를 지니고 접근해야 하는 과제에 놓였다.

조선해양플랜트 산업의 위기로 인한 관광산업 활성화 방안 마련은 **관광특구** 지정을 검토하고, 필요한 경우 다각적인 대정부 활동을 전개하는 한편, 관광산업 전반적인 현안문제 발굴과 해결책을 제시하는 등으로 이어져야 한다.

8-10-1 관광산업발전을 위한 노력

거제의 관광산업 발전을 위한 노력은 먼저, 시민을 중심으로 이어져, **거제도관광협의회**가 구성되었다. 이에서 **관광특구**에 대한 필요성이 제기되었으며, **저도**에 관한 정책을 제안했다. 한편, 거제시의회는 시대의 요구에 따라 **거제시관광산업발전을위한특별위원회(관광특위)**[770]를 구성하여 1년간의 활동을 전개하고, 보고서를 작성하였다.

또, **거제해양관광개발공사**는 다양한 사업을 검토한 결과, **관광모노레일**을 준공하였으며, 지역대학에서는 **관광경영학과**를 신설해 전문인력 지원을 마련했다.

거제시의회의 **관광특위**[771]는 거제 관광산업 발전을 위한 주요 현안들에 대하여, 관광관련단체 와의 간담회, 선진 관광자원 발굴을 위한 벤치마킹, 관광정책 세미나 등을 통하여 도출된 문제점에 대한 개선방안을 마련하고, 조선해양플랜트 산업 위기로 위축된 거제 관광산업을 활성화 시키고자 구성한 후, 활동결과를 채택하여 시정발전에 기여했다.

이 보고서에서는 거제관광산업이 이제 막 태동하여 성장하려는 유아기와 같다고 지적하고, 각계각층의 발전에 대한 의견이 분분하며, 이를 수용하기에는 정책적 또는 시정의 노력이 필요한 때임을 밝혔다. 그리고 이 요구들을 집대성하여 정책에 반영함은 물론 원활한 관광산업발전을 위해 다음을 제시하였다. 첫째, 시행정 조직에서 **관광국**을 설치하여, 현재 관광과의 기능을 확대하고 전문적인 업무로 전환한다. 둘째, **관광정책**의 수립으로 **거제시관광종합개발계획서**를 주기적으로 작성한다. 셋째, **관광특구**를 지정한다 등이다.

---

770) 2017년
771) 2016년 12월 16일부터 2017년 12월 15일 활동

8-10-2 거제관광산업의 개선

(1) 컨벤션 사업

대규모 관광을 존치시키기 위해서는 컨벤션 산업에 역점을 모아야 한다. 컨벤션이란 '대부분 많은 사업가 또는 전문직업인들이 참가하는 회의를 말한다. 회의분야에서 가장 보편적이고 광범위하게 사용되는 용어로서 컨퍼런스(conference) 또는 콩그레스(congress)라는 단어와 동일한 의미로 사용되었는데, 이는 각종의 대내외적인 회의를 개최하고자 상호 공통적인 관심사항을 협의·사교·교류하는 모임의 총칭'이다.

시대적 추세는 MICE 산업으로 이는 거제에서 충족할 필수적 과제다.

1) MICE 산업

분 류	정 의	범위	내 용
Meeting	아이디어 교환, 토론, 정보교환, 사회적 네트워크 형성을 위한 각종 회의	국제	외국인 10명 이상이 참가하는 정부·공공. 협회·학회, 기업회의(4시간 이상)
		국내	외국인 참가자가 10명 미만
Incentive	조직원들의 성과에 대한 보상 및 동기부여를 위한 순수 보상 여행 (관광)	국제	외국인 10명 이상 참가하는 인센티브 트래블(1박 이상 체류)
		국내	외국인 10명 미만
Convention	아이디어 교환, 토론, 정보교환, 사회적 네트워크 형성을 위한 각종 회의	UIA(Union of International Association) 기준에 부합하는 정부·공공. 협회·학회, 기업회의(미팅보다는 규모가 크며, 국제적 성격을 띤 회의)	
Exhibition	유통, 무역, 소비자, 일반인 등을 대상으로 판매, 홍보, 마케팅 등 활동의 각종 전시회	국제	전시산업발전법에 의한 100명 이상의 외국인 구매자가 참가하는 무역전시회, 소비자전시회, 혼합전시회(1일 이상)
		국내	전시산업발전에 의한 100명 미만의 외국인 구매자가 참가하는 무역전시회, 소비자전시회, 혼합전시회(1일 이상)

MICE산업을 위해 지역에 관광호텔 및 대형 리조트 시설을 확보해야 한다.

2) 자체 이벤트성의 축제 난발

현재, 12개 이상의 지역축제가 개최되고 있으나, 이를 지원하는 예산의 부족으로 행사다운 행사가 되지 못하고 있다. 따라서 지역축제를 종합적으로 분석하여 정비하고, 필요시 격년제 또는 자체적으로 치룰 수 있도록 예산을 배정해야 한다. 이를 위해 특별기구 설치가 필요하다.

3) 성수기에 대한 쏠림현상

거제지역의 탐방객들은 여름철을 중심으로 쏠리는 현상이 크다. 이에 따라 친절과 가격 등으로 불만이 많은 것을 고려하여, 관련 협의회나 단체에 대한 사전 의식전환이 필요하다. 나아가 타지자체의 성공사례를 준용하여 관광거제의 새로운 **의식개혁**을 단행해야 한다.

4) 관광마케팅 능력 강화

관광마케팅이란 개인 및 조직의 목표를 만족시키는 교환을 실현하기 위하여 아이디어, 제품 및 서비스의 개념구성과 개발, 가격설정, 프로모션 및 유통을 계획하고 실천하는 과정이다. 따라서 지역 내 단체와 호텔 및 콘도 등의 동참해야 한다.

성공한 기업은 그들이 추진해 나가려는 방향과, 수행하고자 하는 목표를 사전에 명확히 파악한다. 그리하여 요즘의 관광산업체나 기업들은 공식적이고 문서화된 마케팅 계획과 해외시장 진출을 위한 마케팅부서와 마케팅 담당을 강화하고 있다.

마케팅이란 특정상품 및 서비스를 구매토록 하는 구매자 확신에 있으며, 이를 위해 판매자 측이 행하는 모든 의사결정과 행동의 총체임을 확인하고, 조직을 구축하여 활동을 전개해야 한다. 그리고 시행정과 해당 조직들은 마케팅을 위한 노력을 체계적으로 수립하여 이행해야 한다. 이를 위해 필요하다면 부시장급 또는 국장을 중심으로 **거제관광산업 마케팅단**을 구성할 필요가 있으며, 이 활동은 국내는 물론 해외까지 확대하여 **고급관광산업 활성화**를 시도해야 한다.

특히, 관광시장은 경쟁이 치열하기 때문에 관내의 호텔 등과 유기적인 관계를 가지고 활동하고, 아울러 마케팅은 소비자가 무엇을 원하고 있는가를 정확히 파악해야 한다. 또, 소비자의 욕구에 맞게 상품을 제공해 주어 상품을 팔기 위한 가장 적절한 장소를 선택한 후, 상품의 유용성을 잠재고객에 알려주는 것이 필요하다. 이는 마케팅 전체과정을 평가하는 것뿐만 아니라 판매를 창조하는 것으로 사전분석 등 자료와 연구를 선행해야 할 것이다.

5) 문화관광의 정착

문화는 집단구성원의 의식주 등 생리적 욕구 문제를 해결하게 하고, 집단의 존속을 위하여 일련의 행동유형을 제공한다. 더불어 환경적 상황에 적응하도록 구성원들의 협동을 확보하는 일련의 규칙을 제공한다.

이와 같은 관점에서의 문화를 계승하고 창조하여 관광산업과 접목하면 문화관광이 될 것이다.

나아가 문화관광을 위한 지역 문화재를 정비하고, 관광지를 개발하며 스토리텔링을 통하여 흥미롭고 유익한 문화관광 테마를 상품화해야 한다. 최근 힐링이나 체험, 항노화관광산업 등은 이런 관점을 필요로 한다.

6) 관광자원화 노력

관광자원이란 관광자의 관광욕구나 관광행동을 유발시키는 유·무형의 소재(대상)다. 거제의 경우, 관광자원을 많이 지니고 있다. 하지만 지역의 이들을 관광상품화 하는 것에는 아직 남은 부문들이 많으므로 면밀한 분석이 필요하다.

특히, **문화적 관광자원**은 경치, 자연사, 건물, 유물, 전통 및 한 세대에서 다음 세대로 문헌적으로 또는 형이상학적으로 전해 내려오는 것들과 혹은 이러한 것들 사이에서 관광욕구를 충족시킬 수 있는 자원이다. 역사적·전통적 가치가 큰 것을 역사적 자원 혹은 **전통적 자원**이라 한다.

나아가 **사회적 관광자원**으로 거제지역의 독특한 역사와 전통을 비롯하여 역사적 지역사회제도, 주민성 등 사회형태와 인정, 풍속, 예절, 관습, 생활양식, 음식, 의복, 주거형태 등의 생활형태로 구성된 자원을 발굴하고 이를 관광자원화할 필요가 있다. 이는 지역학의 과제로 **거제학**의 필요성이 되어 준다.

7) 접근성 개선

거제지역은 과거에 비하여 접근성이 매우 개선되었다. 그러나 현재에도 관광객의 입장에서 보면 보다 편리하고 쾌적한 접근성을 요구하고 있다.

접근성은 크게 내부적 이동성과 외부적 접근성으로 나눌 수 있다. **내부적 이동성**은 지금의 인입지에서 거제의 주요관광지로의 이동에 대한 편리함으로, 필요시 교각의 설치나 터널의 구축하는 것이며, **외부적 접근성**은 타지역에서 방문의 편리를 제공하는 것으로, 남부철도(KTX급)의 착공과 가덕도 신공항 등이 마련되어야 하는 측면이다. 따라서 이 두 관점에서의 개선이 모두 필요하다.

(2) 관광국 신설

관광 경쟁력 제고를 위해서는 지역 역사와 문화를 **스토리텔링**하고 홍보 마케팅을 강화하는 한편, 관광객 환대 서비스를 개선하는 등의 좀 더 차별화된 시책이 요구된다. 이와 같은 관광산업 활성화를 위해 행정의 혁신이 필요하다. 그리고 세계적인 휴양·힐링 관광도시 조성에 집중할 수 있도록 행정이 전개될 필요가 있다.

관광국에는 해양관광과, 해양관광시설과, 해양관광개발과, 관광마케팅과 등 관광에만 전념할 수 있는 부서 신설을 적극 검토하는 한편, 전략387201-01-162265 국민고성도서유한대사업과, 공보문화담당관, 위생과, 해양항만과, 산림녹지과, 교통행정과, 농업기술센터 등의 부서에서도 관광 경쟁력 제고 및 관광객 수용태세를 개선할 수 있는 행정을 선도하도록 업무분장 체계를 마련해야 한다.

그리고 주된 행정의 국을 통해 다음을 개선해 나가도록 해야 한다. 첫째, 거제는 타지역에서 쉽게 지닐 수 없는 천혜의 해양관광 자원과 구조를 지니고 있다. 이를 통한 종합적인 경쟁력을 키워 새로운 지역산업을 발전시켜야 하며, 이를 활용하여 더 많은 관광객들의 방문을 유도하고, 미래의 중심산업으로 발전시켜 나가기 위해서 **행정개선**을 통해, 인식을 전환하고 시민과 함께 노력하도록 한다.

둘째, 지역에 산재하고 있는 문화공간, 체육공간, 역사공간 및 해양경관의 특징 등을 고려하여 1차산업인 수산자원, 농산자원 등을 체계적으로 이용하고, **상호 연계성**을 높이며, 효율적인 **정보체계**를 마련하기 위해 행정조직이 필요하다. 더불어 지역축제를 단순한 물리적 특징만을 내세워 무차별적으로 시행하기보다는 행정이 중심이 되어 상호 시너지를 창출하도록 연계시스템 등을 마련하기 위해서도 행정조직의 검토가 필수적이다.

셋째, 관광국의 설치를 통해 해양문화와 체험 및 힐링의 공간으로 변모시키고, 외국관광객의 유입을 위한 새로운 관광요인을 발굴하기 위한 초석을 마련한다. 거제는 이미 일정기간을 상주하고 있는 외국인이 많은 편이므로, 이들의 편익과 생활의 활력을 부여하는 것은 물론, 이들로 인해 파급될 외국인 관광객 증대가 잠재된 점을 미루어 볼 때, 매우 발전적인 요인을 지니고 있는 형편이다. 따라서 이들의 생활상을 개선하고 지원하는 체계 확립을 통해 이미지를 개선시키며, 관광산업의 활성화를 도모한다.

(3) 관광특구 지정

글로벌, 문화, 관광도시로의 이미지 구축과 지속가능한 관광인프라 구축을 위해 거제관광특구를 지정해야 한다.

이를 위해 관광특구 조성을 위한 마스트 플랜 수립, 레포츠단지, 경관지구, 체험지구 등의 특화된 특구 마련, 외국인 대상의 글로벌 마케팅 추진, 외국 관광객 유치 촉진 등을 위한 서비스 확보 및 안내체계 수립 등을 실시한다.

쇼핑센터 유치를 통한 소비유도를 하고, 지역 특색을 살린 차별화된 기념품을 개발하며, 면세점 등을 확보한다.

특히, 옥포권을 중심으로 많은 외국인이 거주하고 있다. 따라서 이들의 편리를 지원하고 관광문화를 체험하도록 하며, 면세점 등 이들에게 필요한 시설과 제도를 마련해야 한다.

8-10-3 개선

구 분	현 황	개 선
거제딸기 자원화	거제딸기 분포가 넓으나 소멸 중	농업기술센터 등 관련 기관에서 종자를 보존하고 육성·발전시켜 거제딸기의 상품화 시도
거제시목(해송)	은방마을 입구 소나무 등 가장 큰 해송을 발굴	거제 제1송 지정, 조경 및 기념수로 보급
8경⇨9경	8 시리즈를 9 시리즈로 개선(2019년 확정 개선)	거가대교 추가
8미⇨9미		왕우럭조개 개발로 추가
8품⇨9품		맹종죽 추가

거제의 산과 들에는 **거제딸기**로 지정된 특산종이 있다. 이의 색은 노란 것으로 북병산 등 거제 전역에 확장되어 있으나 날로 훼손되어 서식지가 줄어들고 있다. 이제라도 이를 확보하고 번식시켜 새로운 특상품으로 개발할 필요가 있다.

거제의 시목은 **해송**이다. 하지만 기념될 해송을 특정하고 있지 못하다. 이를 발굴하여 지정하고 개체수를 증가시킨다면 다양한 상업적 가치는 물론 관광자원화가 가능할 것이다.

이와 같이 8경, 8미, 8품에서 누락된 것을 반영하여 9 **시리즈**(**9경**, **9미**, **9품**)로 개선할 필요가 있었다. 이 경우 '거제의 9경을 구경가자', '거제에서 구미에 맞는 9미를 먹자', '거제에서 good품을 구입하자' 등 다양한 스토레텔링을 만들 수 있어, 2019년 3월 39일 여론의 분석 등을 한 후 선정 위원회를 거쳐 확정하였다.

9장

거제 종교

9-1 거제의 신앙과 종교

거제는 크고 작은 여러 섬으로 구성된 지역이다. 따라서 섬지역 특징과 이를 통해 형성된 정체성이 있다. 섬에서의 삶은 척박하나 격리로 은닉되어 보호받는 안락함도 있다. 하지만 어업을 중심으로 살아가는 사이, 자연현상은 두려움에 앞서 극복해야 하고, 노력만으로 극복되지 못하는 시련은 무엇인가에 의존해서라도 벗어나야 했다.

섬은 그들의 특징으로 정체성을 만든다

이런 섬, 거제의 삶에서는 현재와 같은 **대중종교·고등종교**가 들어오기 전까지 토속신앙을 중심으로 다양한 신앙체계가 자리 잡고 있었다. 한순간 불어오는 돌풍에서도 생각지 않은 큰 사고가 발생하고, 작은 실수가 큰 재앙으로 돌아오는 섬에서의 삶은 그들만의 믿음 체계를 만들 수밖에 없었던 것이다.

이에 따라 섬의 삶에는 조심과 부정을 피하기 위한 것들이 **금기**로 자리를 잡았다. 예를 들어, 뱃일을 나갈 때 불을 빌려주지 않는 것이나, 웃어른을 만나도 공손한 인사를 하지 못하는 경우가 그러하다. 공손한 인사가 왠지 이별을 의미할지도 모른다는 염려가 있었기 때문이다. 이러한 금기 행동은 평소에 예의와 범절이 몸에 배여 있는 경우라도 예외 없이 지켜졌다.

아무리 분주한 시기라도 배에는 여인을 태우지 않았다. 여인이 배를 타면 '**부정탄다**'는 말이 그러하다. 그러나 이는 뱃일이 여성에게는 너무도 험한 노동이라고 여기거나, 만약에라도 바다에서 사고가 발생하여도 부모 모두가 그 피해를 당하지 않도록 하여 남겨진 가족에게 가해질 피해를 최소화 시키려는 의도였다. 하지만 이를 합당하게 설명하거나 합리적으로 금기하는 것이 아니라, 이어온 경험을 통해 형성된 지혜들을 무조건 지켜야 할 사항으로 여겼다. 이 같은 비합리적인 사회적 강요는 오히려 강력한 효력이 발할 수 있게 하였다. 이때 금기사항은 일종의 믿음 체계가 되고 확고한 믿음은 **신앙체계**와 같이 강력한 힘으로 작용했다.

이런 사정은 심리적인 안정을 위해 간밤의 꿈이나 불길한 마음 또는 불길한 징조로 여겨지는 현상 앞에서 무시하지 않고 방도를 찾는 것으로 확대되었다. 그 어떤 상황에서도 삶은 지속되어야 하고, 뱃일은 강행해야만 하였다. 결국 매사에서 필요한 조심과 금기들을 한 번에 해결할 수단을 찾아, 그 대상을 **신앙체계의 대상**으로 발전시켰다.

섬에서의 신앙적 대상은 바다 용왕에서부터 앞뒤 산의 산신령, 바람 부는 방향마다 이를 주관하는 신, 계절풍과 이에 해당하는 신 등으로 다양하다. 이는 섬생활에서 극복되어야 할 그 어떤 것들을 인지하고, 이를 주관하는 신을 등장시켜 신앙적 대상이 되도록 구성한 결과였다.

뿐만 아니라, 이런 사정에서 등장한 신앙의 대상은 우리민족의 기존 토테미즘(totemism)들과 어우러져 보다 확고한 대상으로 바뀌거나 결합한 형태가 되기도 하였다. 특히, 토템과 샤머니즘은 대륙으로부터 유입된 것으로 그 권위를 쉽게 받아들이도록 하여, 육지의 신앙체계(무교, 무속신앙)와 유사한 모습을 지니게 하였다. 그러나 이를 통해서도 삶의 피해를 받는 경우, 자신들만의 체계를 더욱 곤고히 하여 독특한 형식으로 발전시켰는데 섬에는 그 문화가 고스란히 남겨져 오고 있다. 더불어 이들은 문화적 종교적 섬의 정체성을 만들어 주었다. 이런 관계로 섬의 곳곳에 기도나 기원을 할 공간을 만들었는데 대표적인 것이 **당집**이다.

피해를 줄이기 위한 경험은 금기를 만들고,
금기하며 살아도 나타나는 피해는 이를 극복시켜줄 대상을 만들며,
이 대상에게 기복하는 신앙체계를 형성한 후
종교가 되었다

섬에서 만들어진 신앙체계는 **토테미즘**이나 **샤머니즘**이 결합되는 과정에서 지역마다 조금씩 다른 유형과 체계를 보이고 있다. 예를 들어 당제사의 경우 지역마다 통일된 그 무엇이라면 안녕과 행복을 비는 기복현상일 뿐, 제사를 지내는 구체적 과정과 발원하는 형식들은 조금씩 다르게 나타난다. 이러한 차이는 지역끼리 갈등으로 번지기도 하여 이를 지키려는 의지가 섬 지역마다 보다 확고한 고집적 체계를 완성하게 하였다. 거제 별신굿의 경우, 각 부속 유인도마다 또는 지리적으로 서로 반대편에 위치하는 동쪽(동부면 수산마을)과 서쪽(거제면 죽림마을)에서는 유사한 기능과 의미가 담겨있지만 다소 다른 절차와 형식으로 진행된다.

따라서 한번 자리잡은 신앙적 체계는 쉽게 변화를 가할 수 없는 큰 힘으로 전해져, 아직도 엄격한 절차로 고스란히 남아있다. 이는 주민에게선 일종의 절대적인 신앙의 체계이자 종교로 인식되었다.

한편, 이러한 상황의 역사 속에서 **고등종교**가 유입되었으며, **불교**가 먼저 거제에 전래되었다. 거제에 유입된 불교는 서서히 민중의 속으로 스며들며 보다 합리적이고 과학적인 타당성을 제시하고 위대한 존재의 가치를 부각시켰을 것이다.

그러나 그동안 섬주민이 지켜온 기존 신앙과 대립과정에서, 불교는 갈등을 피하고 오히려 이를 수용하여 새로운 형태의 종교체계로 변모하였으니, 사찰마다 용왕각, 산신각, 칠성각 등을 두었으며 나아가 종교지도자는 지역의 토속적 제사를 주관하기도 하였다.

이 과정에서 섬의 주민들은 보다 신앙에 대한 확고한 신뢰와 이를 통해 행복한 삶을 기대하게 되었다.

9-2 불교

우리나라에 불교가 들어온 것은 삼국시대다. 고구려는 소수림왕 2년(372년)에 불교가 유입되었고, 백제는 침류왕 원년(384년) 그리고 신라는 눌지왕 때 전래되었다가 법흥왕 14년(527년)에 이차돈의 순교로 발전하였다.

거제에 불교가 유입된 시기는 통일신라시대로 추증된다. 이때는 우리나라 불교의 중흥기로 각 지역에서 많은 사찰이 조성되었다.

거제의 불교는 계룡산 동쪽 원효대사가 창건한 **원효암**과 계룡산 정상부 의상대사가 수도하였다는 **의상암**(의상대)이 있었다고 전해지며 지금은 그 옛터가 남아있다. 사등면 오양리 절골에는 조선 중기에 폐찰된 **각호사**가 있었으며 이곳에서는 석조여래좌상(통일신라시대)이 발견되었다. 하청 앵산에는 **북사**가 있어 동종이 있었으나 현재는 일본 사가현 혜일사에 보관되어 그들의 문화재로 취급되고 있다. 그러나 지금의 거제에는 큰 사찰이 없고 대부분 그 역사가 짧은 편이다.

특히, 거제의 불교는 지역의 기존 신앙을 받아들여, 그들이 본질적으로 추구하고 있는 깨달음 등을 미루고 지역민이 요구하는 다양한 기능으로 발전하였으며, 이는 지금의 사찰 구조나 종교지도자의 역할에서 엿볼 수 있다. 또, 섬 지역은 지리적 특징으로 산이 많아 서로 왕래가 쉽지 않고, 자신들의 제한된 구역에서 바다를 중심으로 살아간다. 이러한 상황은 거제의 경우, 육지에서와 같은 큰 규모 사찰이 없는 이유가 되었을 것이다.

(1) 역사속의 사찰

◒ 정수사[772)]

하청면 유계리 앵산에는 조선시대 창건된 사찰로 전해지는 정수사 옛터가 남아있다. 정수사는 영조 때에 통제사 조경이 제승당, 정당, 협사 등 35동을 중창하였다는 기록이 제승당 중수기를 통해 전해지고 있다. 여기에는 정수사 승도들로 하여금 제승당을 수호하게 하였다는 내용도 있다. 이 사찰은 조선후기에 없어진 것으로 추정된다.

◒ 은적사[773)]

일운면 삼거리 옥녀봉의 서남쪽 기슭에 고려시대 창건되었다는 은적사가 있다. 지금은 암자 터만 남아 있고 그 부근에는 은혜사라는 절이 있다. 이곳은 거제에선 비교적 큰 편에 속하는 계곡이 있으며, 마을과는 적당히 떨어져 있어 사찰의 입지로서는 적합한 곳이다.

◒ 북사[774)]

하청면 하청리 앵산에 위치한 것으로 전해지는 북사는, 고려 때 창건된 큰 사찰로 당시 **영남의 4대 사찰**로 전해진다. 고려 현종 17년(1026년) 기록에 따르면 북사에 120근(270 kg) 규모의 큰 **동종**이 있어 그 크기가 사람의 키와 같다고 한다. 이와 같이 큰 종이 있었다면 북사의 규모도 짐작할 수 있다.

한편, 일본문헌에 의하면, 이 북사의 동종이 현재 일본의 사가현 동송군 종촌 혜일사에 보관되어 있으며, 고려 공민왕 7년(1358년) 처음 이동되었을 때는 승낙사에 있었다고 기록되어 있다. 북사의 동종은 일본 국보로 지정되어 있다.

◒ 원효암

계룡산 동쪽 계곡인 구천계곡 대앙산에 있었다는 원효암은, 1960년경 길이 15~16 cm 정도의 금동불상이 발견되었다고 전해지며 그 존재를 분명하게 하고 있다. 계룡산은 지금도 훌륭한 산세를 지니고 있지만 오래전부터 이름 높은 승려들이 암자나 움막을 지어 도량을 쌓던 곳으로 알려졌다.

---

772) 靜水寺
773) 隱跡寺
774) 北寺

◒ 의상암(의상대)

의상암은 계룡산 정상의 바위 사이에 약 50평쯤 되는 절터로 남아 있다. 의상대사가 수도한 곳으로 전해지고 있으며, 절터에서는 당시의 기와와 그릇 조각이 발견되었다. 1950년 중반 이곳에서 주민이 금동불상을 발견하였으나 분실하였다는 증언이 있다.

◒ 설매암

둔덕면 산방산에 있었다는 설매암은 고려 초기에 창건된 것으로 조선시대에 폐사된 것으로 전해진다.

◒ 은적사

아주동 승지산 너머 북병산 자락에 있었다는 은적사는 고려초기에 창건되어 조선중기 무렵 왜구에 의해 소실되었다고 전해진다.

◒ 법률사

이 사찰도 구전으로만 전해왔으나 일대에서 3층석탑이 발견되어 실체가 확인되었다. 이 3층석탑은 아양리 석탑으로 불리며 현재는 아양동 및 아주동에 걸쳐 위치하고 있는 대우조선 내 작은 공원에 있다. 이 석탑의 발견 장소와 아주동 탑골마을의 유래에 의해 법률사의 위치가 파악된다.

◒ 귀절암

이 암자는 둔덕면 산방산에 있었던 것으로 고려시대에 창건되었다. 산방산에는 이 암자 외에도 7곳의 고려시대 사찰이 있었다고 하여 당시에는 불교문화가 융성하였던 것으로 보인다.

◒ 세오암

덕포 강망산 정상에 있었다는 세오암은 고려시대 것으로 조선말기에 폐찰되었다. 이 암자에 전해오는 이야기는, 왜구가 남편을 납치하고 부인을 욕보였다. 이후, 부인은 승려가 되어 남편이 끌려간 먼 바다를 바라보려 강망산에 암자를 짓고 몸과 마음을 씻는다는 의미로 세오암이라고 하였으며, 일생을 남편을 위한 불공을 올리며 눈물로 보냈다고 한다.

◒ 견암사

견암사의 소재지는 여러 곳으로, 가라산 견암봉 아래와 둔덕면 우두봉 등이다. 아마도 이 두 곳 중 어디선가 창건하고 이후 옮겨진 것으로 파악된다. 견암사에 대한 기록으로는 세종실록에 이 사찰의 전답이 50결에서 100결이 되었고, 승려는 70명임을 밝히고 있는 부분이다. 이 정도의 규모라면 그 당시로는 매우 큰 사찰에 해당한다.

(2) 사찰 현황

◒ 금강사

금강사는 수양동 수양마을에 있으며 전통사찰음식을 제공하고, 경연과 체험마당, 축하공연, 세계음식경연, 차문화 축제, 야생 희생동물 위령제 등 다양한 활동을 펼치며 대중에게 친숙한 사찰 활동을 전개하고 있다. 불교대학을 오랫동안 진행하고 있고 학생들을 위한 여름명상학교를 운영하며 항상 새로운 모습으로 대중들에게 다가고 있다.

◒ 계룡사

계룡사는 고현동에 있으며 법화종 사찰이다. 1955년에 창건된 계룡사는 계룡산의 동쪽에 위치하며 인근에 거제시청이 있다. 계룡산은 신라 의상대사가 수도한 곳으로 전해지며, 포로수용소 당시 주요한 기능을 하였다. 1953년 포로수용소가 철수함에 따라 주민들이 복귀하고 당시의 거제군청이 옮겨왔다. 이 무렵 계룡사는 창건되었다. 대웅전은 팔작지붕이고, 스리랑카에서 석가모니 진신사리 3과를 가져와 7층석탑을 건립하여 봉안하였다. 대웅전에는 석가모니불, 관세음보살, 지장보살 등을 봉안하고 삼천불을 조성하였으며, 뜰의 남쪽에는 석조 비로자나불이 있다.

◒ 용주사

상문동에 있는 용주사는 태고종의 사찰이다. 1970년 삼거리 돌고개에 있다가 구천계곡 서쪽편으로 옮긴 후 다시 현재의 위치로 이전했다. 대웅전과 산신각이 있으며 현대식 요사채가 있고, 대웅전 앞에는 5층석탑과 종각 등이 있다. 대웅전에는 아미타불, 관세음보살, 대세지보살 등이 봉안되어 있다. 용주사의 아래에는 연못이 있으며 그 아래엔 룸비니유치원이 있다.

◒ 심원사

상문동 삼거마을을 지나 북병산의 북쪽 자락에 있는 심원사는 한국불교 태고종 소속의 사찰이다. 1781년 창건하였으며 숲길을 따라 잠시 오르면 북병산 등산로가 있고 본격적인 등산이 시작되는 곳에 위치하고 있다. 이 길은 수목이 울창하여 원시적 싱그러움이 사계절 가득하다. 특히 초봄에는 계곡사이에 여러 산야초가 피고, 절을 오르는 길 곁으로는 삼지닥나무가 향기를 가득히 채운다. 심원사 곁으로 여러 갈래로 내려오는 북병산 계곡은 삼거마을의 아래에서 모여 구천댐으로 들어간다. 이 일대는 상수원 보호구역으로 지정되었다. 30여평 규모의 대웅전에는 삼존불과 칠성불 후불탱화와 아미타불 및 지장보살 등 여러 신장탱화가 있다.

◒ 관음암(이진암)

일운면 옥림리 옥녀봉 동쪽 기슭에 있는 관음암은 이진암으로 불렸다. 소속종단은 조계종으로 1967년 창건되었다. 이 사찰의 창건은 각각 이혼한 남녀가 합하여 불심으로 살다가, 꿈속에서 이곳을 보고 불도를 이루려 한 것으로 시작된다. 꿈을 꾼 이후 이들은 거제를 찾아 꿈에서 본 현재의 이곳을 찾고, 지니고 있던 것을 모두 팔아 움막을 지어 지냈다. 한편, 이들과는 달리 부산에서 살고 있던 이가 꿈에 관세음보살을 만나 거제도의 높은 산을 찾아가면 움막을 짓고 사는 남녀가 있으니 그들을 도우라는 말을 들었다. 이에 인편으로 확인한 후, 움막에 살고 있던 남녀에게 여러 도움을 주었고 지금의 사찰규모를 갖추게 하였다.

대웅전 앞뜰에는 5층석탑과 범종각이 있으며 산신각, 명부전, 납골당과 요사채 등으로 구성되어 있다. 관음암에서 바라보는 동쪽 바다로는 지심도가 보이며 그 경관이 뛰어나 절경을 보려는 이들이 찾기도 한다. 대웅전 뜰 끝자락에는 해수관세음보살석상이 있다. 산사로서는 비교적 넓은 주차장이 마련되어 있어, 이곳을 지나 옥녀봉으로 오르려는 등산객들이 이용한다.

◒ 지선암

일운면 지세포에서 와현으로 가는 고갯마루 숲에 있는 지선암이 있다. 조계종단의 사찰로 대략 100여년 전 연초면 견성암의 승려가 창건하였다.

◒ 영은사

영은사는 일운면 지세포에 있으며 대한불교 조계종 사찰이다. 창건은 1998년으로 알려져 있다. 이 사찰의 위치는 옥녀봉과 북병산이 합쳐지는 곳으로 지세포항을 내려다보는 곳이다. 인근에는 **구대청**이라는 지세포진의 관청이 있었으며, 현재는 자연수림을 가꿔둔 아름다운 곳이다. 구전에 따르면 합천 해인사의 팔만대장경판 제작에 사용한 자작나무를 거제에서 옮기는 관리를 하였던 대청이 있던 곳이라고 하여 구대청이라고 부른다.

영은사는 비교적 안정된 규모를 지니고 있으며, 인근에는 **천주교기념사업공원**이 있으며 **힐사이드컬리지잇**이라는 외국인 학교가 들어서있다.

◒ 세진암

거제면 동상마을에 있는 세진암은 거제지역의 대표적인 사찰이다. 조선후기에 창건된 된 것으로 보이며, 대한불교 조계종 소속으로 쌍계사 말사다.

조선 고종32년(1895)에 편찬된 거제읍지에는 폐찰로 정수사와 원효암, 은적암이 기록되어 있으며, 당시의 사찰로 유일하게 세진암이 등장한다. 이 절은 원래 절골이라는 곳에 있었으나 화재로 지금의 수정봉 아래로 옮겨 왔다. 대웅전에는 삼존불(석가모니불, 관세음보살, 대세지보살)이 봉안되어 있고, 모두 향나무로 조각된 목불이다. 지금은 거제시 향토유적으로 관리되고 있다. 대웅전 이외에 용왕단, 범종각 등이 있다.

◒ 보현사

둔덕면 산방리 보현사는 1930년 창건되었으며 법화종에 소속이다. 산방산에는 설매암이 있었다고 하나 이와의 관련성은 확인되지 않는다.

보현사는 처음엔 대덕사로 불리었으나, 1954년 중창한 후 보현사로 개칭하였다. 6·25 피난시절 불자들이 즐겨 찾았다.

조선 인종 때 **지우대사**가 산방산을 찾아와 수도를 하는 과정의 이야기가 전해진다. 지우대사가 산방산을 오르다 쉬고 있을 무렵, 암노루 한 마리가 와서 대사와 이야기를 나눴다. 이후 산방산 8부 능선에서 석굴을 발견한 대사는 그 곳에 머물며 장좌불와 수도를 하였다. 수행이 9년쯤 흘렀을 때, 예전에 만난 암노루가 동굴로 들어 와 함께 수행하였으며, 노루는 다음 생애엔 사람으로 태어날 것 기원하였다. 어느 날 암노루가 와서 열달 후 둔덕면 산방리의 김초시 막내아들로 태어나 날 것이라고 하고는 동굴입구에서 죽었다. 지우대사는 노루를 묻어주고 수륙 천도재를 지낸 후, 김초시댁을 찾으니 겨드랑이에 노루털이 달린 아이가 태어나 있었다고 한다.

◒ 신광사

사등면 오량마을에 있는 신광사는 대한불교 조계종단 직할교구의 말사다. 1930년경에 창건되었다. 신광사 원적에는 1930년경 오량리 절골마을 주민이 밭일을 하던 중 돌부처를 발견하였고, 석불에 소원을 빌어 자녀를 얻거나 병을 치료하였다고 기록되어 있다. 이 소식을 들은 통영 안정사 승려가 석불을 안정사에 봉안하려 인부들과 10여리를 옮기던 중 휴식하고, 다시 이동하려하자 석불은 움직이지 않았다. 이에 사찰을 지어 **석불암**이라고 하였으며 신광사로 개명하였다. 이 석불은 경남 유형문화재 제48호로 지정되어 있다.

◒ 광청사

광청사는 하청면 유계리 앵산자락에 있다. 대한불교 화엄종 소속이며 1982년 창건되었다. 창건주는 7년 동안 사찰 건립을 위해 전국을 다니던 중, 이곳에 도착하여 100일 기도를 하고 북사와 정수사에 이어 광청사를 완성하였다.

◒ 총명사

장승포에 있고 1900년대 초에 창건되었다. 소속 종단은 조계종으로 장승포의 역사에 큰 역할을 하였다. 이 사찰은 처음 신부마을에 있었으나 일제강점기 장승포의 **이리사무라**에 사는 일본인들에 의해 폐찰되었고 그곳에는 **곤삐라신사**가 건립되었다. 다시 장승마을에 건립하였지만 현재의 위치로 옮겨졌다. 조계종 제13교구 쌍계사 말사다.

◒ 해원암

해원암은 능포동에 있으며, 장승포에서 능포동으로 가는 해안도로의 끝자락에 위치한다. 이곳은 **원효종** 소속으로 창건은 1970년대로 파악된다. 법당에는 삼존불을 모시고 아래 작은 암자에는 **약사여래**를 봉안해 두고 있다. 특히, 이 절을 내려가는 길 양편에는 **돌탑**들이 세워져 있으며, 법당과 아래 암자 사이 화강암 벽에는 **해수관세음보살상**이 **암각** 되어있다. 약사여래가 있는 암자 안의 작은 바위에는 **문수동자상**이 새겨져 있어 마음을 정화시켜준다.

○ 약수암

장승포동 마전의 **기미산(지미산, 구미산)**에 있는 이 사찰은 대한불교 조계종 소속으로 1975년에 창건되었다. 창건주는 4월 초파일 밤에 현몽을 받고 비몽사몽간에 이곳에 절을 지었다. 대웅전에는 석가모니불과 협시보살로 문수보살과 보현보살을 봉안되어 있다. 이외에도 산신각, 용왕각, 9층석탑, 종각, 감로선원 및 요사채가 있다.

이외에도 **장평동**의 심적사, **수양동**의 칠보사가 있고 **동부면**의 봉곡사, 장수암, 백련암, 해양사가 있으며 **남부면**의 대성암, 관음사, 서자암, 용궁사(녹야서원)이 있다. **거제면**에는 벽수암, 내원암, 둔덕면의 봉원사, 정인사가 있으며 **사등면**의 대덕사가 있고 **연초면**의 죽림정사, 대비정사, 해인정사, 바름정사, 연등사, 천곡사, 자비사가 있다. **하청면**에는 대곡사, 대성사, 광청사, 해룡사가 있다. **장목면**에는 대홍사, 장홍사가 있고 **옥포동**의 거사림, 대연사, 보광사, 대성사가 있으며 **능포동**에는 백연암, 안적사(수도암) 등이 있다.

9-3 기독교

우리나라에 기독교(개신교)가 전래된 것은 **천주교**에 비해 늦은 편이다. 천주교가 18세기말부터 유입되어 선교를 위한 노력과 희생을 치른 것에 비하면, 기독교의 유입과 선교는 비교적 수월하였을 것으로 보인다.

초기의 기독교는 국가권력과의 충돌을 피해(정교분리정책) 주로 교육과 의료사업을 통해 그 기반을 넓혀 갔다. 이와 같은 교육선교와 의료선교의 성과를 바탕으로 한 기독교의 성장은 근대 한국종교사에 지대한 영향을 미쳤다.

이러한 기독교의 성장과정은 불교·유교 등 전통종교에서 종교개혁을 통해 스스로의 전통을 혁신하는 개혁운동을 벌였는가 하면, 근대 한국종교사를 주도한 신흥 종교 가운데 하나인 **동학** 역시 **천도교**로 개신하여 문명개벽의 논리를 추구하기도 하였다. 뿐만 아니라 천주교 역시 개신 기독교가 취한 문명선교의 대열에 합류하고자 노력하였다. 나아가 기독교는 일제 강점기에 기독교 청년운동을 위한 YMCA·YWCA를 통해 계몽과 건전한 스포츠 활동을 전개하였다. 하지만 우리나라의 초기 기독교회는 조선사회의 전통성과 이질감 때문에 심한 박해를 받았다.

1921년 선교사들의 신사참배 불가 진정서를 조선총독부에 제출하며 저항한 기독교는 이 문제로 신학교가 폐쇄되었으며 2백여 교회가 문을 닫아야 했다. 이 과정에서 신도 2

천여 명이 투옥되고 교역자 50여 명이 순교하였다. 이는 거제에서도 반대운동으로 나타났고 많은 박해로 이어졌다.

6·25 전쟁에서는 공산주의자들에 의한 종교타파 대상이 되었다. 이때 파괴된 교회는 장로교 152개, 감리교 84개, 성결교회 27개, 구세군영 4개 등이었으며, 순교와 납치가 자행되어 그 인원이 장로교 177명, 감리교 44명, 성결교 11명에 달했다. 장로교는 이런 과정을 거치며 기독교장로회와 예수교장로회로 분리되었다.

(1) 거제 기독교

거제지역에서 기독교가 시작된 것은 1896년 옥포동(당시 거제군 국산리) 국산의 한 초가에서 유생이었던 주금주와 그의 부인 윤혜선, 아들 주형찬 등이 창립예배를 한 것으로부터 비롯한다. 기독교가 옥포에서 시작된 것은 당시의 해상교통망에 따라 옥포가 그 관문지역이었기 때문이다. 1946년 10월 **옥포교회**에서 거제도 기독교 입교 희년 50년 축하예배를 했다는 기록이 있다. 거제에서 첫 세례식은 1897년 옥포교회의 주형찬, 주금주, 주인찬으로 손안로 선교사에 의해 진행되었다. 이후 사등, 거제면, 연사, 유천, 삼거리, 서상, 덕호교회에서도 세례식이 이어졌다.

거제의 기독교 역사는 이미 백수십년이 지났다. 거제 기독교 100년을 기념하는 사업이 1996년에 개최되었으며, 1999년에는 **거제기독교100년사**를 발간하였다. 이러는 과정에서 기독교는 지역발전과 더불어 큰 역할을 하였으며 많은 지역 지도자들을 배출하였다. 현 옥포교회 앞에는 큰 느티나무 한 그루가 있다. 이 느티나무는 구전에 의하면 **당산목**으로 사용되었다고 한다. 따라서 거제의 오래된 신앙체계와 기독교의 만남이 적절히 진행되었음을 의미하며, 이는 거제 기독교의 부단한 노력의 결과로 보인다.

1896년을 전후하여 호주 장로교 선교사들이 거제에 들어오거나 영향을 미쳤다.[775] **손안로(아담슨)**는 통영과 고성 등지에서 활동하며 거제에 많은 영향을 주었으나 거제에 입도한 것은 확인되지 않는다. 그러나 연사교회, 거제제일교회(서상교회), 구영교회 등 교회설립에 큰 영향을 주었다. **왕길지(엥겔)**는 1900년 입국하여 선교활동을 펼쳤고 부산진 초대목사로 부임하며 경남지역으로도 선교활동을 넓혔다. 1904년에는 그의 부인이 거제도를 방문하여 크리스와 선교활동을 펼쳤다. **왕대선(왓슨)**은 연사, 지세포, 칠천도, 옥포, 사등, 구영교회를 순회하며 교회 설립과 전도활동을 한 후 부산지역으로 이적하였다. 이 외에도 스킨너(신애미), 무어, 쿠거, 테일러 등도 여러 면에서 거제 기독교에 영향을 주었다.

775) 거제기독교100년사, 1999

한편, 거제 기독교 교회는 일제강점기를 통해 일본의 신사참배에 대한 반대운동을 전개하였다. 이로 인해 1940년 목사신분으로 옥고를 치룬 이가 있으며 지세포교회, 옥포교회, 장승포교회, 유천교회, 서상교회 등에서도 투옥되는 이들이 있었다. 뿐만 아니라 이들 교회 중에는 일본의 군용창고로 사용되기 위해 압류되는 등 그 피해가 다양하게 나타났다. 거제에 포로수용소가 있을 무렵엔 수용소별로 목회자와 선교사가 배치되었다. 이에 거제지역의 교회에서는 직접개입하지 않았지만 반공포로들 중에는 지역의 교회에 입교하고 거제를 제2의 고향으로 삼고 활동한 사례가 있다.

(2) 거제 기독교회 현황

◯ 옥포교회

옥포교회는 옥포1동에 있으며 종파는 장로교다. 1896년 거제에서 설립된 최초의 교회며 **거제교회** 또는 **국산교회**로 불렸다. 당시엔 국산마을에 천주교 교회(1886년)가 있었다. 이런 상황에서 주씨 문중과 윤씨 문중에서는 갈등이 있었다. 이 과정에서 **주금주**는 호주 선교사로부터 기독교 세례를 받았다. 그는 본가를 이용하여 국산에 교회를 설립하고 나중에 옥포본당으로 옮겼다.

1909년 박한주에게 복음을 전해 많은 사람들이 전도되는 계기가 되었으며, 주옥련은 전도회 활동을 하며 야학운동에 적극 나섰다. 1920년도에는 강습소를 설립하여 야학 청소년들에게 조선어, 성경, 체육, 미술, 연극 등 다양한 내용을 교육하였다. 이 교육에는 수십 명의 청소년들이 참여하였다.

옥포교회는 거제 초기 기독교의 선구자적 역할을 하였으며 이후 부흥기를 이루는 데 큰 영향을 주었다.

◯ 고현교회

고현동에 있는 고현교회는 대한예수교 장로교로 처음에는 초가 2채로 시작하였다. 1952부터 1953년까지 인근에 설치된 포로수용소의 폭동으로 주민들이 소개되어 2년가량 교회는 문을 닫았다. 1981년 양정성결교회를 영입하고 어린이선교원, 경로대학 등을 설립하였다.

◯ 수월교회

수양동 수월마을에 있는 이 교회는 1964년 해명교회로 시작하여, 1990년 수월교회로 개명한 후 현재에 이른다. 소속은 (재)**기독교대한성결교회유지재단**이다.

◐ 고현재림교회

이 교회는 고현동에 있으며 6·25 피난생활을 하던 이들이 가정예배를 시작으로 이어져 오다가 1963년 미국 구호물자 배부를 통해 인원이 증가하였다.

◐ 가배교회

이 교회는 동부면 가배리에 있으며 1928년에 설립되었다.

◐ 동부교회

1950년 6·25 전쟁의 피난민과 집사가 바위 위에 천막교회를 세워 시작하였으며 오망천, 동부중학교 교정 등으로 장소를 옮기다가 현재 동부중학교와 동부초등학교 사이에 위치하고 있다.

◐ 다대교회

남부면 다대마을에 있는 이 교회는 1935년 가정예배로 시작하여 1979년 1차 교회를 건축하고 1994년 현재의 위치에 새로운 교회를 갖추었다. 이 교회는 마을의 개선과 발전에 크게 기여하였다.

◐ 하청교회

하청면 하청리의 교회는 1918년 진해 웅천 명동에서 전도 받은 이로부터 시작되었다. 1920년 초가 예배당을 신축하였으며 1925년 하청 창동에 예배당을 건립하고, 다시 유계리 서항마을로 교회를 옮겼다가 해명고개에 예배당을 신축하므로 두 곳으로 분립하였다. 1937년 현재의 하청중학교 뒤편에서 재건한 후 1947년 노회로부터 당회 조직 허락을 받았다. 지금의 하청교회는 하청면사무소 앞에 있으며 100주년 기념관을 두고 있다.

◐ 유계교회

하청면 유계리 동리회관 맞은편에 있는 이 교회는, 1918년 하청면 창동마을에서 복음을 전하며 시작되었다. 1933년 하청 해명고개에 교회를 세웠으며 1936년 태풍으로 교회 건물이 파손되어 하청, 유계로 분리되었다. 1937년 유계리에 다시 건물을 세워 지금에 이른다.

◒ 새장승포교회

장승포동에 있는 이 교회는 **장승포제일교회**와 **장승포중앙교회**가 통합되며 시작되었다. 장승포 제일교회는 1924년 시작되었으며 이후 장승포교회로 명칭을 바꿨다. 장승포중앙교회(아양교회)는 1937년 설립되었다. 새장승포교회는 1979년 연합모임에서 이들의 두 교회를 통합하기로 장승포제일교회에서 합의하며 시작되었다. 장승포동과 능포동 사이에 위치하며 본당과 교육관 등을 구성하며 오늘에 이른다.

◒ 장승포교회

장승포동 장승포초등학교 앞에 있는 이 교회는 시작의 역사가 1920년대 중반으로 추정되어 장승포지역에서는 최초의 교회로 알려져 있다. 1954년 새로이 교회를 건축한 후 오늘에 이르고 있다.

◒ 옥수교회

이 교회는 능포동 옥수시장과 주민센터 사이에 있으며 1952년 아주동에서 아주교회로 시작하였다. 1974년 현재의 위치로 옮겨 옥수교회로 개명하고 2001년 새로이 건축하여 오늘에 이른다.

◒ 염광교회

능포동의 이 교회는 대한예수교장로회 소속으로 1946년에 시작되었다. 장승포교회에서 나와 장승포읍교회로 시작한 이후 1981년 염광교회로 변경한 후 오늘에 이르고 있다.

◒ 장승포순복음교회

아주동에 있는 이 교회는 1985년 장승포동에서 창립한 후, 1990년 아주동으로 옮겼다. 1999년 현재의 교회를 통해 오늘에 이른다.

이외에도 **고현동**의 고현감리교회, 고현충현교회, 샘물교회, 주은교회, 화평교회, 신현교회가 있고, 상문동에는 동산교회, 주은교회, 고현제일교회가 있다. **장평동**에는 평강교회, 장평교회, 경남교회, **사등면**에는 거제침례교회, 광리순복음교회, 금포교회, 두동교회, 사등교회, 성포교회, 오량교회, 지석교회, 창호교회, 성곡교회가 있으며, **일운면**에는 구조라교회, 동광교회, 소동교회, 지세포교회, 지세포제일교회가 있고, **동부면**에는 동부중앙교회, 영월교회, 유천교회, 재건영북교회, 평지교회, 학동교회 등이 있고, **남부면**에는 남부교회, 여차교회, 쌍포교회, 해금강교회, 다포교회, 탑포교회, 근포교회가 있다. **거제면**에는 거제성광교회, 거제제일교회, 내간교회, 동림교회, 법동교회, 산달순복음교회, 소랑교회, 오수교회, 옥산교회, 외간교회, 죽림교회가 있고, **둔덕면**에는 거림교회, 거제중앙교회, 방하교회, 술역교회, 어구교회, 화도교회가 있으며, **연초면**에는 다공교회, 송정교회, 연사교회, 연초중앙교회, 오비교회, 오비성결교회, 한내교회, 효촌교회가 있다. **하청면**에는 대곡교회, 석포교회, 실전교회, 연구교회, 장안교회, 재건칠천도교회, **장목면**에는 관포교회, 구영교회, 농소교회, 대금교회, 서목교회, 송진교회, 신명교회, 유호교회, 율천중앙교회, 외포교회, 장목교회, 황포교회, 제칠일안식일예수재림하유교회가 있다. **마전동**에는 옥림중앙교회가 있으며, **아주동**에는 아주교회가 있다. **옥포동**에는 갈릴리교회, 성도교회, 거제옥포교회, 하나님의교회, 새거제옥포교회, 거제가정교회, 거제온누리교회, 임마누엘거제교회, 옥포영광교회, 꿈이있는교회, 동행교회, 거천교회, 섬김의교회, 덕포교회, 늘푸른성서침례교회, 새중앙교회, 옥포실로암교회, 옥포은혜교회, 옥포제일교회, 옥포중앙교회 등이 있다.

9-4 천주교

거제도에 천주교가 전래된 것은 정확하게 알 수 없지만 지금까지 알려진 것은 1801년 **신유박해** 무렵이다. 당시 두 사람(유일석, 이윤혜)의 천주교 신자가 거제도로 귀양을 왔다는 기록이 있다.

기록에 따르면, 가장 먼저 언급되는 이가 1801년 10월 전주 감영에서 순교한 **유한검**(아오스딩)의 막내아들 **유일석**이다. 유한검은 **호남의 사도**로 불리던 사람으로 전라도 지역에서 천주교 박해가 진행될 때 가장 먼저 체포되었다. 그의 며느리인 **이순이(루갈다)**의 옥중편지에 따르면 부인 신회, 큰아들 유중철(요한), 차남 유문석과 본인은 참수형을 당하고, 9살 난 딸은 흑산도, 6살의 삼남이었던 유일문은 신지도, 3살의 막내 유일석은 거제도로 귀양 갔다고 한다.

두 번째 이는 **이윤혜**로, 그녀는 1801년 서소문 밖에서 순교한 황사영(알렉산델)의 어머니다. **이윤혜**가 거제도로 귀양하였다는 기록은 있지만 세례명은 알려지지 않고 있다.

신유박해의 결과 두 순교 성인 가족이 거제도와 인연을 맺게 되었지만, 본격적인 거제 전교는 1866년 **병인박해** 무렵이다.

신유박해는 **신유사옥**이라고도 하며 1801년(순조1년) 천주교도를 박해한 사건이다. 천주교는 중국을 통해 들어온 이후, 성리학 지배원리의 한계성을 보고 새로운 원리를 추구하는 진보 사상가와 부패하고 무기력한 봉건 지배체제에 반발한 민중을 중심으로 18세기 말 교세를 크게 확장시켰다. 그러나 가부장적 권위와 유교적 의례·의식을 거부하는 천주교의 확산은, 유교사회에 대한 도전이자 지배체제에 대한 중대한 위협으로 여겨졌다.

1801년 어린 순조가 왕위에 오르자 섭정을 하게 된 **정순대비**는 삿된 서양종교를 근절하라는 금압령을 내렸다. 이로서 천주교도에 대한 본격적인 탄압이 시작되었다. 이 박해로 이승훈, 이가환, 정약용 등의 천주교도와 진보 인사들이 처형되거나 유배되었다. 주문모를 비롯한 약 100명의 교도가 처형되었고 400명가량은 유배되었다. 신유박해는 급격한 천주교세에 위협을 느낀 지배세력의 종교탄압이자, 이를 구실로 집권 보수세력인 노론이 남인 등을 탄압한 권력다툼의 일환이 되었다.

신유박해와 병인박해는 많은 천주교 신자들이 산속으로 숨거나 대마도로 피신하였다. 특히 이때 거제도로의 유입도 많았다. 이 과정에서 양산의 **윤사우**는 부산 동래에서 대마도를 향해 길을 나섰다가 풍랑으로 거제도에 입도하였다. 그는 서이말 부근에서 지내다가 거제도 내부지역으로 거처를 옮겼다. 이런 내용과는 달리 부산에서의 출항이 어려워 거제도로 숨어든 후, 장목면 유호리에서 지내다가 외포, 덕포를 거쳐 옥포에 정착하였다는 이야기도 있다.

윤사우의 삶은 고달팠다. 어느 날 필묵을 팔려고 서당에 들렀다가 **진진보**를 만났다. 진진보는 윤사우의 유식함을 알고 화장실을 간 틈을 타 그의 봇짐을 살펴보고 천주교도임을 알게 되었다. 윤사우는 진진보를 신앙인으로 인도하여 첫 신자가 되게 하였다. 진진보는 윤사우와 함께 걸어서 성주로 가서 세례를 받았으며 요한으로 불렸다. 이후, 진요한의 딸 **진순악(아네스)**과 윤사우의 아들 **윤봉문(요셉**1852~1888)은 혼인을 하였다. 윤사우의 큰아들 윤경문(베드로)은 지세포 주관옥의 딸 주또금과 결혼하여 신자가 늘어났다.

한편, 1887년 경북 칠곡 신나무 골에 은거하고 있던 프랑스 로베르(김신부)는 그 동안 준비해 온 거제도의 예비 신자들을 위하여 옥포 **진목정**을 방문하였다. 여기서 거제의 첫 영세자들이 탄생했으며, 진진보의 가족과 한상필(도마)등 15명이었다. 이로부터 약 40년 뒤(1926년) 진목정 공소가 본당으로 승격하였다. 이가 거제의 첫 본당이고 현재의 **옥포본당**의 전신이다.

1886년 한불 수호조약으로 선교의 자유가 보장되었지만 지방에서는 관헌에 의한 사사로운 박해가 끊이지 않았다. 진목정 공소도 혹독한 시련을 거쳐야 했는데, 이때 윤봉문(요셉), 한상필(도마), 진명석, 주남이 등이 체포되어 고문을 당했다. 특히, 윤봉문은 통영으로 압송되었다가 진주로 이송되어 3개월 동안 문초를 받았으며 1888년 교살당해 순교하였다. 유해는 순교 직후 진주 비라실(장재동)에 안치되었다가 유족에 의해 옥포 족박골 산으로 이장되었다.

현재, 윤봉문 순교자가 박해와 탄압을 피해 종교 활동이 자유로운 대마도로 건너가기 위해 나섰던 길 등은 **천주교 순례길**이라 하여 발굴하고 단장되었다. 천주교 순례길은 거제 일운면 예구마을 선착장에서 시작해 거제 9경 중 하나인 공곶이를 지나 와현봉수대, 서이말등대, 지세포성을 거쳐 거제조선해양문화관 앞까지 걷는 13.7 ㎞ 정도다.

그 중에서도 **지세포 성지**는 2009년부터 개발하여 2013년 윤봉문 순교자 묘지를 이장하고 자연의 아름다움을 간직하여 편안한 기도와 묵상의 공간이 되었다.

(1) 거제 천주교성당 현황

◒ 옥포성당

1886년 병인박해 시 윤사우가 거제도로 피신한 후 전역을 다니며 전교하였다. 1888년 윤사우의 둘째 아들 **윤봉문(요셉)**이 천주학의 괴수로 지명되어 관가에 끌려가 순교하였으며, 그의 주검은 **진목정** 족발골에 이장되었으나, 진목정을 천주학을 믿는 이(쟁이)가 죽은 곳이라 하여 **국산**이라 고쳤고 다시 **옥포**라고 개명하였다. 옥포1동에 있는 이 성당은 1916년 진목정(국산) 신축경당 헌당식으로 시작되었으며, 1919년 통영 본당에서 분리하여 거제단독 공소가 되었다. 1926년 국산성당을 신설하고 1935년 거제면 명진을 분리한 후, 1954년 해성중·고등학교를 설립하였다. 1962년 장승포 본당을 분리하고, 1986년 옥포성당을 승격하여 오늘에 이른다.

◒ 거제성당

거제면 동상리에 있는 이 성당은 1935년 명진리에 본당을 설립하고 1943년 태평양전쟁으로 신부가 부족하여 옥포본당 신부가 관리하였다. 1946년 명진리의 본당을 현재 위치로 옮겨 신축성당을 건립하였으며 1972년 부산교구에서 마산교구로 소속이 변경되었다.

◒ 장승포성당

장승포동에 위치한 성당으로 천주교 마산교구청 소속이다. 1952년 거제 종합중학교를 개교하고 1954년 해성중고등학교를 설립인가 받았으며, 1960년 학교를 마전동에서 장승포동으로 이동하였다. 1964년 현재의 위치에 본당을 신축하고 이전하였다. 1973년 부산교구에서 마산교구로 편입되었으며, 1983년 옥포 본당에서 분리하고 부속건물을 신축하여 지금에 이른다.

◒ 고현성당

고현동에 있는 이 성당은 천주교 마산교구청 소속으로 1903년 본당 관할의 제산공소가 진목정 공소에서 분리되면서 시작되었다. 1926년 제산공소에서 장평공소를 분가하고 1935년 명진본당이 신설되어 옥포본당 소속에서 명진으로 바뀠다. 1971년 장평공소를 매각하고 고현공소를 신축한 후, 1975년 고현공소는 본당으로 승격되었다. 1980년 성미유치원을 개원하였으며 1983년 수녀원을 신축하고, 1994년 장평성당 건립과 장평지역과 3개 공소를 통해 칠천도, 송진포, 하청 등으로 분리하였다. 1995년 거제시로 승격으로 명칭을 고현본당으로 고치고 1997년 교육관을 축성하여 오늘에 이른다.

◒ 장평성당

장평동에 있는 성당으로 1994년 고현성당에서 분리되었다. 1994년 성모상 봉헌이 있었으며 오늘에 이른다.

이외에 공소[776]가 있으며, 제산공소, 연초공소, 양정공소, 하청공소, 칠천도공소, 유계공소, 송진포공소, 외포공소, 문동공소, 석포공소, 산달공소, 탑포공소 등이 있다.

9-5 원불교

원불교[777]는 1916년(원기1년) **소태산 박중빈**이 궁극적 종교체험인 대각을 이룸으로써 **법신불일원상**을 종지로 하여 진리와 함께 불교의 생활화, 대중화, 시대화를 추구하며 창시한 한국의 새로운 불교다.

1924년(원기9년) 불법연구회 창립총회를 개최하고 전북 익산에 중앙총부를 건설하여 활발한 교화활동을 전개하다가, 1943년(원기28년) 열반에 들자 수제자인 정산종사가 법통을 이어, 1947년 **원불교**라는 정식교명을 반포했다.

소태산의 **정전**과 **대종경** 및 **교지**를 결집시키고 **종법사**를 법주로 하여 최고결의기관인 수위단회 아래 교정원, 감찰원, 중앙교의회의 3권분립 체제를 갖추었다. 교구제를 시행하여 교도를 재가교도인과 출가교역자인 전무출신제도를 확립했다.

---

776) 본당보다 작은 천주교 단위교회. 주임신부가 상주하지 않는 지역신자들의 모임. 신부가 상주하지 않아 미사를 집전할 수 없고 공소교우들의 본당신부를 대리하는 공소회장을 중심으로 성찬의 전례가 빠진 미사형식의 공소예절이 행하여짐

777) 원불교대사전, 원불교100년기념성업회

소태산은 1891년 5월 5일(음3.27.), 전남 영광군 백수면 길룡리 영촌마을에서 태어났다. 7세(1897년)에 자연현상에 대한 의문을 지녔고, 9세에는 우주와 인생에 대한 의문이 깊어졌다. 서당을 다녔으나 얼마 지나지 않아 학업을 접고, 의심의 해결을 위해 산신을 찾으며 다양한 노력을 했다. 1916년 4월 28일 이른 아침, 동녘에 번지는 서광을 보면서 홀연히 마음이 밝아지고 온몸이 상쾌해지며, 영문이 열려 오랫동안 품어 왔던 모든 의심을 한꺼번에 해결하며 대각을 이루었다. 이날을 대각개교절이라 하고 원불교 창립일로 삼고 있다.

소태산은 과거 성현들의 깨친 바를 참조하기 위해 각 종교의 경전을 열람하다가 **금강경**을 보고 석가모니불은 성인들 중의 성인이라 하고, 내가 스승의 지도 없이 도를 얻었으나 발심한 동기로부터 얻은 경로를 돌아본다면 과거 부처님의 행적과 말씀에 부합되는 바가 많으므로 나의 연원을 부처님에게 정한다고 하였다.

1932년(원기17년) 보경육대요령의 발간을 시작으로 삼대요령, 조선불교혁신론, 예전, 회원수지, 불법연구회약보 등을 발간하여 시국에 대처했다. 1934년 회규를 고쳐 종법사를 두고 교정원, 서정원의 2원 체제를 확립한 후, 1935년 중앙총부에 대각전을 세우고 법신불일원상을 봉안하여 **일원상** 신앙체계를 확립하였다.

소태산은 교단이 사회에 유익을 주면서 발전하는 방향으로 교화, 교육, 자선(사회복지)을 3대사업 목표로 설정했다.

소태산의 뒤를 이어 **정산**이 법통을 계승하였으며, 종법사에 올라 교단해체를 획책하는 일제말기의 난국을 헤쳐나갔다. 이후 서울, 부산, 익산 등에 귀환 전쟁동포 구호소를 설치하고 식사, 의복, 숙소, 응급치료 등의 활동을 전개하였으며, 중앙총부 등에 야학원을 개설하여 한글을 교육하고, 전국 교당에 하달하여 일제히 문맹퇴치운동을 전개했다. 이는 원불교 선포 시대에 해당한다.

1972년 **원광대학교**를 종합대학으로 개편하고, 1976년 **원광보건대학**을 설립했다. 1974년(원기59) **교무**를 출가교역자의 대표적인 호칭으로 결정했다.

1994년(원기79) **좌산종사**가 종법사에 취임하고 대산은 상사가 되었으며, 1995년(원기80) 좌산은 UN에서 **세계공동체 건설을 위한 종교간 협력**을 강연했다.

2018년 전산종사가 소태산 대종사, 정산종사, 대산종사, 좌산상사, 경산종법사를 이어 제15대 종법사로 선출되었다.

교구별 교당은 강원교구 19개 교당, 경기·인천교구 36개 교당, 경남교구 42개 교당, 광주·전남교구 49개 교당, 대구·경북교구 34개 교당, 대전·충남교구 35개 교당, 부산교구 55개 교당, 서울교구 65개 교당, 영광교구 15개 교당, 전북교구 82개 교당, 제주교구 16개 교당, 중앙교구 40개 교당, 충북교구 13개 교당이 있다. 특별교구를 제하면 국내에 13개 교구에 500여 개의 교당이 있다.

원불교의 사상적 특징은 불법의 시대화, 생활화, 대중화를 통해 새 종교로서 새 불교에 있다. 그리고 물질문명만으로는 사람이 참다운 구원을 얻을 수 없으며, 정신을 개벽해야 한다는 것이다.

○ 원불교 신현교당

상문동에 있는 이 교당은 1970년경 고현 서문마을에서 시작하였다. 신현교당의 여여선방을 통해 본래 갖추고 있는 청정심을 회복하는 데 주력하고 있다. 더함도 덜함도 없는 여여한 성품 그대로를 살려내는 노력 등으로 오늘에 이른다.

○ 원불교 옥포교당

옥포1동 수협은행에서 시작한 후, 지금은 옥포2동 수협마트와 옥포제6어린이공원 사이에 있다. 지역에서는 원불교 기념일을 통해 이웃돕기를 지속적으로 진행하고 있다.

9-6 기타 종교

(1) 재단법인 한국 SGI

SGI는 니체렌 대성인 불법의 수행으로 우주와 생명에 내재하는 근본법인 '남묘호렌게쿄(나무 묘법연화경)'의 부르고 기원하는 데서 시작한다. 이로 인해 '남여호랑교'로 불리기도 했다. 니치렌 대성인은 부처의 모든 경전을 깊게 탐구하고, 법화경이야말로 불법의 궁극적인 가르침을 내포하고 있다는 결론에 도달하여, 궁극적 가르침으로 누구라도 불계(부처의 경지)를 획득할 수 있다고 한다.

법화경의 제목이 묘법연화경[778]이며, 이를 니치렌 대성인은 '묘호렌게쿄(묘법연화경)'라고 했다. 서울 구로구 소속으로 조직수 28개 방면, 96개권인 SGI에는 거제회원이 6천여명으로 분석된다. 1975년 한국 SGI 결성으로 본격적인 활동을 전개했으며, 우리의 문화와 전통을 존중하면서 니치렌 대성인의 불법을 올바르게 계승해 불법의 근본이념인 인간생명의 존중을 바탕으로 진실한 인간부흥운동을 추구하고 있다. 이는 행복한 생활

778) *妙法蓮華經*

추구, 국가번영, 세계평화 실현에 기여하는 순수한 종교단체다. SGI는 초대 마키구치 회장과 도다 2대 회장이 불법을 근간으로 인간변혁과 사회건설을 위해 1930년 국제창가학회의 전신인 창가교육학회를 결성하였다.

그러나 당시 일본의 전쟁상황이 악화되어감에 따라 국가에서는 국가신도를 강요하였고, 마키구치 초대회장은 군국주의 협력을 거부하다가 사상범으로 체포되어 옥사하였다. 이때 출옥한 도다 회장은 창가교육학회를 창가학회로 개칭하였고, 1975년 3대 이케다 회장은 전세계적 일대평화단체인 SGI(국제창가학회)를 발족하였다. 1978년 우리나라는 정식 회원국이 되었으며 회원국은 163개국으로 UN의 비정부조직(NGO)으로 등록되어 있다.

주요사업으로는 불법연구와 각 지역의 문화회관 건설, 불교문화 연구, 해외교류 등이 있으며, 최근에는 환경보호사업과 복지사회건설과 관련한 사업을 진행하고 있다. 현재 거제 SGI는 고현동 시외버스터미널 인근에 위치하고 있다.

(2) 대한천리교

천리교는 1789년에 출생한 일본인 나카야마는 41세 때 남편과 아들의 병을 고치기 위하여 신대를 잡고 기도드리던 중 빙신의 경험과 신탁을 받았다. 그리고 1838년 종교를 창시하였다. 1952년 종교법인을 획득하고 1900년에 우리나라에 들어왔다. 1945년 광복을 통해 왜색종교로 낙인되어 위축하기도 하였으나, 1948년 천경수양원을 설립하여 교단체제를 정비하고 미군정청에 교단등록을 한 후 신도가 급증하였다.

1952년 대한천리교연합회로 개칭하였으며 1963년 대한천리교단으로 법인등록 하였다. 1965년 무렵에는 신도가 50만여 명에 달하였다. 1973년 각 도에 교구를 설치하여 행정적인 체제를 확립하고 서울, 부산, 대구, 광주, 제주 등지에 수강원을 개설하여 교역자를 양성하고 있다.

천리교의 교리는 인간은 원신을 신앙하며 삼개훈과 팔계명을 철저히 지켜 수행해나가면 스스로가 구원되어 재난과 질병을 면하고 세상은 감로대세계 즉, 지상천국이 된다는 것을 중심으로 한다.

◒ 천리교 고현교회

고현동 거제시공설운동장 아래편에 있는 이 교회는, 포로수용소의 철수 후 어려운 시민을 구제한다는 일념으로 포교를 시작하였으며 오늘에 이른다.

◒ 천리교 옥포교회

옥포1동에 있는 이 교회는 옥포에 살며 질환으로 고생하던 이가 전도를 받고 병을 치료하였다. 1962년 옥포 바닷가에서 시작하였다가 현재의 위치에 교회를 건립하였다.

(3) 여호와의증인 거제회중

1872년 설립되었으며 설립자는 러셀(Russel, C. T.)이다. 1872년 미국의 펜실베이니아주 알레게니(Allegheny)에서 러셀을 중심으로 창립된 기독교계 신종교다. 이의 신념체계는 구약성서와 신약성서에 바탕을 두며 근본주의 신앙의 성격을 띠나 독특한 점을 지니고 있다. 예수를 유일신 여호와의 아들로 보면서도 여호와와 동급은 아니라고 주장한다. 자체 집계에 따르면 235개국 6,117,666명의 여호와의증인들이 활동하고 있는 것으로 나타나고, 93,154개의 회중과 연합하고 있다. 우리나라 신자수는 총 83,700명이고 침례 받은 교인은 79,319명이다. 총 회중은 1,509개소며 장로 5,992명, 봉사의 종 6,775명이 활동하고 있다. 본부는 경기도 안성시에 있다.

거제회중은 상문동에 있으며 1959년에 여호와의증인의 활동이 시작되었다. 1964년에 당시 거제면과 장승포읍에 성서연구그룹이 형성되었고, 1965년에 그 두 곳에 여호와의증인의 회중이 정식으로 설립되었다. 1970년대 말에는 장승포 회중을 중심으로만 활동이 유지되다가 1984년에 거제면 다시 회중이 설립되었다. 1987년에는 옥포에 회중이 설립되었다. 또 수양동 양정마을에도 회중이 있다.

(4) 세계평화통일가정연합 거제가정교회

거제가정교회는 세계평화통일가정연합의 교회로, **세계기독교통일신령협회**로 시작하였으며 약칭은 **통일교**다. 1954년 **문선명**이 서울에서 창시한 신흥 그리스도교인 통일교는 1996년 **세계평화통일가정연합**으로 변경한 이후, 2010년 약칭으로 불렸던 **통일교**로 다시 개칭하였다. 본부는 서울 용산구에 위치하며 경기 가평군 설악면에 **천정궁**을 비롯한 통일교 성지가 조성되어있다.

1957년 일본, 1958년 미국으로 해외 선교활동을 전개해 전 세계 194개국에 약 300만 명의 통일교도를 두고 있다.

통일교의 설립 목적은 세계에 흩어져 있는 교회를 신령과 진리로 통일하여 하나님 참사랑을 중심으로 인류의 평화를 이루고자 하는 것이다. 이에 따라 첫째, 유일신인 창조주 하나님을 인간의 아버지로 믿는다. 둘째, 신·구약성서를 경전으로 받든다. 셋째, 하느님의 독생자인 예수님을 인간의 구주인 동시에 복귀된 선의 조상으로 믿는다. 넷째, 예수께서 한국에 재림할 것을 믿는다. 다섯째, 인류세계는 재림하는 예수를 중심으로 삼고 하나의 대가족사회가 될 것을 믿는다. 여섯째, 하느님의 구원 섭리의 최종 목표는 지상과 천상에서 악과 지옥을 없애고 선과 천국을 세우는 데 있는 것으로 믿는다 등을 신앙의 주제로 삼고 있다.

통일교가 운영 중인 교육기관으로는 학교법인인 선문학원 및 청심학원 산하의 선화유치원, 경복초등학교, 선정중학교, 선화예술고등학교, 청심국제중고등학교, 선문대학교, 청심신학대학원대학교와 미국의 통일신학대학원(UTS), 브릿지포트대학교가 있다. 중국의 연변대학교에 공과대학을 건립해 기증하기도 했다.

문화예술 분야에서는 한국문화재단(구, 한미자유문화재단) 산하에 1962년 **리틀엔젤스 예술단**과 1984년 **유니버설발레단**을 창단하였다. 평소 축구에 관심이 많았던 문선명 총재에 의해 1989년 K리그 **성남일화천마 프로축구단**을 창단하기도 하였다.

세계평화통일가정연합 거제가정교회는 옥포1동 옥포시장 맞은편 농협은행 옥포지점 아래에 있으며, **세계평화와 인류구원은 가정에서부터 시작한다**는 이념으로 다양한 활동을 하고, 1977년 세계평화통일가정연합 거제가정교회로 명칭을 변경하여 현재에 이르고 있다.

(5) 세계밀알선교회[779)]

1967년 경 시작된 이 교회는 **내가 진실로 너희에게 이르노니 한 알의 밀이 땅에 떨어져 죽지 아니하면 한 알 그대로 있고 죽으면 많은 열매를 맺느니라** 라는 기독교성경을 주제로 삼고, **밀알 3대 기본목표**를 **전도**(장애인에게 복음을 전한다), **봉사**(장애인을 돕는다), **계몽**(장애인에 대해서 바로 알린다)으로 하고 있다. 또, 밀알의 신조는 성경 66권을 하나님의 말씀으로 믿고 인간의 구속을 위해 성육신하여 십자가에서 돌아갔다가 부활·승천하고, 영원한 하나님 나라의 통치를 위해 다시 올 예수 그리스도를 믿는 복음주의 신앙을 신조로 한다.

한편, 밀알의 10대 행동강령은 밀알은 하나님을 사랑한다, 밀알은 장애인을 사랑한다, 밀알은 서로 사랑한다, 밀알은 맡은 일에 최선을 다한다, 밀알은 동역자의 신의를 지킨다, 밀알은 희생을 거부하지 않는다, 밀알은 가정과 교회와 직장을 소중히 여긴다, 밀알은 정직하게 일한다, 밀알은 법과 질서를 지킨다, 밀알은 결정에 순종한다 등이다.

779) 세계밀알선교회 제공

거제의 세계밀알 선교회는 주 예수 그리스도의 지상 명령인 민족 복음화와 세계 선교를 목표로 하고, 이를 실천하기 위하여 일본, 미국, 루마니아 그리고 태국에 다수의 지회를 설립 운영 중이며, 회원들의 교육 훈련과 예배를 위해 1979년 동부면 부춘리에 **밀알회 수양관**을 설립하며 시작되었다.

(6) 국제도덕협회 일관도780)

국제도덕협회는 1947년 **곤수곡인** 김복당이 한국 개황의 장도에 올랐다가 간첩으로 오해받기도 하였다. 여러 과정을 거쳐 1961년 사회단체 등록허가를 받았다. 이후 1995년 미국 인의법단이 개황하고 1997년에는 프랑스 지인법단이 개황하였으며, 1999년 제주도 심인법단 수양원을 준공한 후 다시 2001년 미국 홍인법단을 개황하였다. 이의 강령은 **도덕제세**, **진리화민**, **구정세도**, **실천강륜**, **국시순응**이다.

도덕제세는 하늘에 있어서는 도(道)요, 사람에 있어서는 본성이다. **진리화민**은 나쁜 습관과 버릇으로 익혀진 습기를 진리로 변화시켜 새사람으로 교화하는 것이며, **구정세도**는 술류동정의 신비롭거나 기기묘묘한 현상으로 현혹되지 않고 정도정법인 심법으로 중생을 구원한다는 의미다. **실천강륜**은 잃어가는 강상과 윤리를 궁행 실천하는 것으로, 삼강오륜으로 아름다운 미풍양속을 회복하여 요순시대를 되살린다는 의미를 지닌다. **국시순응**은 가정은 나라가 존재해야만 가능하고, 나라는 개개인의 행복 추구를 위해 필요한 구성체이므로 근본이 되기 때문에 한 나라 안에서 생활하려면 그 속해 살고 있는 국가의 시책을 준수해야 하는 책임과 의무가 따른다는 내용이다.

한편, **일관도**는 그 이념으로 **극기복례** 즉, 참회법을 제시한다. 이는 사리사욕적 사념을 다스려 대공무사한 천리, 자성의 예로 돌아온다는 의미다. 성인의 도덕이 몰락하고 옛 강상이 소멸하여 대도가 타락되어 가는 원인은 다 사람 마음에서 지어지는 것으로 보고, 마음으로 말미암아 재앙을 짓기도 하고 또한 재앙을 없애기도 하는 성찰을 통해, 사람의 마음이 만사의 강령이 되고 만물의 근본이 되며 천지간의 근원이 된다는 것이다. 일관도의 목적은 **격물공부**, **극기복례**하는데 있다.

거제의 국제도덕협회 일관도는 고현동 거제도서관 맞은편에 있다.

---

780) 재단법인 국제도덕협회 제공

찾아보기

ㄴ

ㄷ

ㅂ

ㅅ

ㅇ

ㅈ

ㅊ

지역학거제학

2022년 7월 25일 초판 발행

저 자 이 헌
발 행 인 송기수
발 행 처 도서출판 GS인터비전
편 집 처 도서출판 GS인터비전
편 집 인 공예서, 이선경
표지디자인 이선경
인 쇄 처 대명 프린팅
등 록 번 호 제 25100-2016-000050호
I S B N 979-11-5576-273-8(93980)

주 소 서울 은평구 증산로 15길 69 2층
전 화 02-976-7898, 02-3272-7898.
팩 스 02-6468-7898
홈페이지 gsintervision.co.kr
E-Mail gsinter7@gmail.com

정 가 40,000원